75 YEARS आपसे हैं हम

दावानल

माओवाद से जंग

दावानल

माओवाद से जंग

नन्दिनी सुन्दर

अनुवाद

जितेन्द्र कुमार

सत्य प्रकाश चौधरी

राजकमल प्रकाशन

मूल कृति 'The Burning Forest : India's War Against The Maoists' का हिन्दी अनुवाद।

ISBN : 978-93-93768-46-9

मूल्य : ₹995

पहला संस्करण : 2022

प्रकाशक : राजकमल प्रकाशन प्रा. लि.
1-बी, नेताजी सुभाष मार्ग, दरियागंज
नई दिल्ली-110 002
शाखाएँ : अशोक राजपथ, साइंस कॉलेज के सामने, पटना-800 006
पहली मंजिल, दरबारी बिल्डिंग, महात्मा गांधी मार्ग, प्रयागराज-211 001
36 ए, शेक्सपियर सरणी, कोलकाता-700 017
वेबसाइट : www.rajkamalprakashan.com
ई-मेल : info@rajkamalprakashan.com

मुद्रक : यश प्रिंटोग्राफिक्स
नोएडा-201 301 (उत्तर प्रदेश)

DAVANAL : Maovad Se Jang
by Nandini Sundar
Translated by Jitendra Kumar, Satya Prakash Choudhary

मनीष कुंजाम

के लिए

जिन्होंने अपने लोगों के लिए सम्मान के साथ लड़ाई लड़ी और इस डरावने समय में अपने हास्यबोध को बनाए रखा।

स्वर्गीय अशोक देसाई और **नित्या रामकृष्णन**

के लिए

जो भारतीय संविधान को सार्थक बनाने की कोशिश करते रहे हैं।

क्रम

भूमिका 9

प्रस्तावना : दंडकारण्य, वनवास का वन 13

भाग एक : **प्रतिरोध का परिदृश्य**

1 जले हुए चावल 19

2 कलेजे में लोहा 38

3 'क्योंकि मैं अमन चाहती हूँ' 58

4 माओवादी राज्य 76

भाग दो : **गृह युद्ध**

5 एक 'शान्तिपूर्ण जन आन्दोलन' 97

6 डर और हिम्मत के बीच 118

7 सबरी का दुख 134

8 सीमा पार शरण और वापसी 152

9 एक 'अभियान' के बारे में नोट्स 165

10 सरकारी सैनिक 189

भाग तीन : **कठघरे में संस्थान**

11 सुरक्षा या विकास? 221

12 लोकतंत्र का स्मृतिलोप 240

13 मानव अधिकार और संवाद की ज़रूरत 258

14 न्याय प्रक्रिया की कोशिश 269

15 प्रचार युद्ध 277

16 न्याय के लिए गुहार 295
17 क़ानूनी मौत और सलवा जुडुम का पुनर्जन्म 317

उपसंहार : एक नया करार *330*
सन्दर्भ और टिप्पणियाँ *332*
आभार *347*
अनुक्रमणिका *352*

नक़्शों की सूची

1 बस्तर संभाग, छत्तीसगढ़ 12
2 बस्तर के खनिज क्षेत्र 41
3 दंडकारण्य गुरिल्ला जोन, सी. 1999 78
4 बीजापुर : सलवा जुडुम की शुरुआत, 2005-06 104
5 कोंटा : सलवा जुडुम का विस्तार, 2006-07 113
6 ताड़मेटला, आसपास के गाँव और सीआरपीएफ के कैंप 175
7 अविभाजित दंतेवाड़ा जिले में स्वास्थ्य केन्द्र 233

भूमिका

दिल्ली स्कूल ऑफ़ इकोनॉमिक्स के मेरे सहकर्मी रवींद्र रॉय ने मुझे एक क़िस्सा सुनाया, जो 1970 के दशक में काफ़ी चला था। ये वो वक़्त था जब वे एक 'नक्सली' या हथियारबन्द क्रान्तिकारी थे और दुनिया-भर के कम्युनिस्ट संघर्षों से प्रेरणा ले रहे थे। एक पुलिसवाले ने एक युवक को गिरफ़्तार करने के बाद उस पर तंज किया, 'तुम नक्सली लोग वियतनाम के बारे में बहुत बात करते हो, नक़्शे पर मुझे दिखाओ कि ये कहाँ है?' युवक जो कि अनपढ़ था, उसने अपना हाथ सीने पर रखा और जवाब दिया, 'ये मेरे दिल में है।'

छत्तीसगढ़ के दक्षिण में 39,114 वर्ग किलोमीटर में फैला पुराना अविभाजित बस्तर ज़िला, वहाँ के निवासियों का दिल एक फटे हुए नक़्शे की तरह है, जो प्रतिरोध और पीड़ा के बीच फड़फड़ा रहा है। भारत सरकार के माओवादी गुरिल्लाओं के ख़िलाफ़ युद्ध के केन्द्र में यही इलाक़ा है। भारत सरकार की नुमाइन्दगी यहाँ कँटीले तारों वाले कैम्प, हेलीकॉप्टर और जंगल को क्षत-विक्षत करती सड़कें व खदानें करते हैं। दूसरी तरफ़, भारत की कम्युनिस्ट पार्टी (माओवादी) की *जनताना सरकार* (जनता की सरकार) है, जिसकी सीमाएँ अचिह्नित हैं और जिसके पास सूचना के रहस्यमय रास्ते हैं। इसके नागरिक एक अनिश्चित, ख़तरनाक यात्रा का सामना करते हैं जिस पर वे दृढ़निश्चय से निकल चुके होते हैं लेकिन कोई स्पष्ट मंज़िल नहीं होती। वे हमेशा इसे लेकर सुनिश्चित नहीं होते कि उनके सहयात्री हैं कौन। जब मैंने एक आदमी से पूछा कि वह किसे ज़्यादा पसन्द करता है, सरकार को या माओवादियों को, तो उसने जवाब दिया, 'मेरे अपने दिल में क्या है मुझे पता है, लेकिन मैं दूसरों के दिल की बात नहीं कह सकता।'

1980 के दशक के पूर्वार्द्ध से शुरू करके, नौकरशाही के छोटे-मोटे उत्पीड़नों के ख़िलाफ़ लड़ने में ग्रामीणों की मदद करते हुए

माओवादियों ने बस्तर में मज़बूत ठिकाना बना लिया। इसके बाद वर्षों तक छिटपुट लड़ाई चली। 2005 में भारत सरकार ने इलाक़े को अपने नियंत्रण में लाने के लिए सु-समन्वित अभियान शुरू किया। बस्तर के ढेरों खनिज संसाधन और व्यावहारिक सम्प्रभुता, दोनों दाँव पर थे। पहला क़दम सलवा जुडुम नामक तथाकथित जन-आन्दोलन खड़ा कराना था, जिसका गोंडी में शाब्दिक अर्थ हुआ 'शुद्धीकरण शिकार'। सुरक्षा बलों के साथ मिलकर सलवा जुडुम के हथियारबंद गिरोहों ने गाँवों में आगजनी और लूट-मार करके, गाँववालों को जबरन हटाकर सरकार-नियंत्रित कैम्पों में पहुँचाया। 2009 तक, जुडुम को पूरी तरह पुलिस और अर्द्धसैनिक अभियान में बदल दिया गया, जिसे ऑपरेशन ग्रीन हंट नाम दिया गया। तब से बीते सालों में, अगर हम सुरक्षा बलों और माओवादी कैडरों की मौतों को बिल्कुल छोड़ दें, तो भी नागरिकों की मौतें, बलात्कार और गिरफ़्तारियाँ बढ़े ही हैं। ऐसे युद्धों की एक चिर-परिचित ख़ासियत यह होती है कि इनमें संख्या और यहाँ तक कि दोस्त-दुश्मन की पहचान सुनिश्चित कर पाना नामुमकिन होता है।

इस किताब के पहले भाग में, मेरी कोशिश शोषण के सामाजिक ताने-बाने में युद्ध को ढूँढ़ने और प्रतिरोध की शुरुआतों का वर्णन करने की है। दूसरे भाग में, मैंने अब तक घटित काउंटर-इन्सर्जेंसी (उग्रवाद-दमन) के विविध रूपों और एक आदिवासी नागरिक के हथियारबन्द टकराव में फँस जाने का क्या मतलब है, इसकी खोजबीन की है। तीसरे भाग में, मैंने जानना चाहा है कि जब किसी सैन्य शासन या औपनिवेशिक सरकार के बजाय लोकतंत्र में काउंटर-इन्सर्जेंसी अभियान चलाया जाता है तो क्या फ़र्क़ आता है। राजनीतिक दलों से लेकर मानवाधिकार संगठनों, मीडिया और न्यायपालिका तक, भिन्न-भिन्न संस्थाओं और भूमिकाधारकों ने किस तरह प्रतिक्रिया दी है? भारत की त्रासदी यह नहीं है कि केवल चन्द परिधीय तत्त्व (फ्रिंज एलीमेंट्स) या बहादुर असहमति-धारक ही हैं जो उसके युद्ध का विरोध कर रहे हैं, बल्कि यह है कि, एक ठीकठाक विकसित सांस्थानिक ढाँचा होने के बावजूद, कॉरपोरेट एवं राजनीतिक लालच तथा अधिकारियों की उदासीनता के चलते, राज्य के भीतर मौजूद सबसे बुनियादी सन्तुलनकारी अवरोध तक विफल हो जाते हैं।

यह किताब माओवादी आन्दोलन को लेकर सरकार की सैन्यवादी समझ, जो इसे क़ानून-व्यवस्था की समस्या मानते हुए हर हाल में कुचलने की पक्षधर है तथा माओवादियों और उनके हमदर्दों, जो

मानते हैं कि क्रान्ति ही एक मात्र समाधान है, दोनों के ख़िलाफ़ लिखी गई है। यह उन सभी के लिए लिखी गई है जो भारतीय राज्य की हेकड़ी और उसके किसी सज़ा से ऊपर होने से नफ़रत करते हैं, जो माओवादियों को उनकी क़ुर्बानियों के लिए सराहते तो हैं लेकिन उनके रास्ते की अक़्लमन्दी से असहमत हैं, और जो यह मानते हैं कि हिंसा, भले ही वह अन्याय के ख़िलाफ़ हो, नृशंसता और भ्रष्टाचार में पतित हो सकती है।

यह किताब उन सभी आम आदिवासियों के लिए लिखी गई है, जिन्हें मैं जानती हूँ, जो जटिल सीमाबद्धताओं के बीच मुश्किल नैतिक विकल्प चुनते हैं, और उनमें से कई तो सारी सीमाओं से परे इतने बड़े नायक हैं कि मेरे लिए यह कल्पना कर पाना भी असम्भव है। आज के हालात में, उनको महज़ जीने के लिए महामानवीय प्रयास करने होते हैं।

यह किताब इसलिए लिखी गई है कि इन्साफ़ की ग़ैरमौजूदगी में कम-से कम सच्चाई तो दर्ज रहे।

यह किताब मैंने ख़ुद अपने लिए लिखी है—मन हल्का करने के लिए, एक असहाय गवाही के रूप में, लोगों और उनके जीने के तरीक़े को नेस्तनाबूद किए जाने से उपजे ग़ुस्से के रूप में।

—नन्दिनी सुन्दर

बस्तर संभाग, छत्तीसगढ़

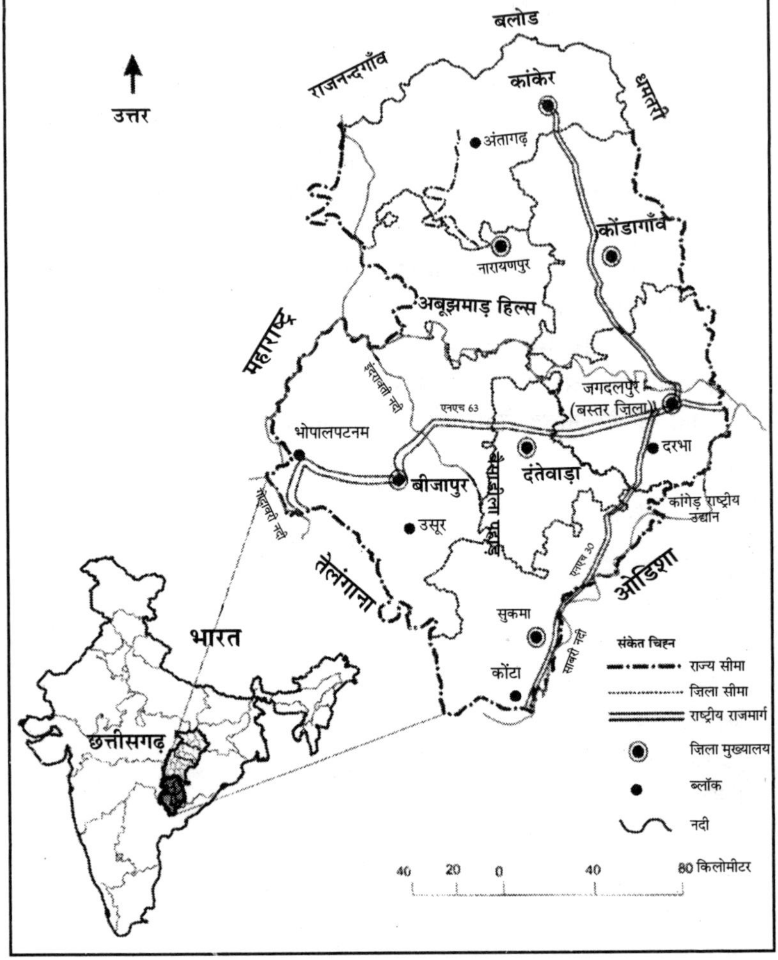

प्रस्तावना

दंडकारण्य, वनवास का वन

भोर में धोखा खानेवालों के नाम पर माफ़ी देना
यह तुम्हारे बस की बात नहीं, सचमुच इन्हें माफ़ मत करना

—जिबिनेफ हरबर्ट, *द एन्वॉय ऑफ़ मिस्टर कॉजिटो*

फरवरी 2006

भोर की फूटती रोशनी में बिला रहे तारों को गिनते, सुबह के अपने कामों को और कुछ देर टालते हुए हुंगी लेटी हुई है। बकरी के बच्चे ने उसके बिस्तर के नीचे धमाचौकड़ी करते, जिस रस्सी से खाट बुनी थी उससे अपनी पीठ रगड़ते और उसके पैर के अँगूठे को चुभलाते हुए उसे आधी रात तक जगाए रखा। पंडरी (सफ़ेद मुर्ग़ा), जिसे उसके पिता इनामी लड़ाई के लिए तैयार कर रहे थे, ने बाँग देना शुरू ही किया था, लेकिन अभी तक ज़िद पर नहीं उतरा था। उसकी माँ, देवे दिशा-मैदान के लिए जल्दी ही उठ गई थी जबकि अभी अँधेरा ही था—ऐसा वक़्त जब लोगों की बस धुँधली आकृतियाँ नज़र आएँ। लेकिन उस सुबह हुँगी अलसाई हुई थी। अचानक, गाँव के सन्तरियों में से एक, 16 साल का मासा, पूरे गाँव में दौड़ते और चिल्लाते हुए आया, 'जुडुम आ रहा है।' हुँगी के घर के पास पहुँचते हुए, दम फूलती आवाज़ में उसने कहा, 'वे इटापल्ली तक आ गए हैं...और अब हमारी बारी है।' झटपट उठ खड़ी हुई हुँगी ने अपने नन्हे से भाई को उठाया और उस दिशा में भागी जिधर उसने अपनी माँ को जाते देखा था। उसका बाप, रामा—जो कुछ देर पहले ही उठा था और अलाव के पास अपने हाथ सेंक रहा था, घर के भीतर गया और कपड़े के एक छोटे थैले में जितना अनाज अँट सकता था भरा, जल्दी से मवेशियों को खोला और हुँगी के पीछे-पीछे भागा। आधे घंटे के अन्दर, पूरा गाँव उजाड़ हो गया था, सिवाय शोर करते मुर्ग़े-मुर्ग़ियों और कुछ सूअरों के।

वे पूरब से आए। क़रीब 400 आदमी कैमोफ्लॉज ड्रेस (जंगल में छिपनेवाले कपड़े) में। कुछ के सर पर काला स्कार्फ बँधा हुआ था। हाथों में उनके कलाश्निकोव राइफ़लें थीं। अभी भोर हो ही रही थी कि वे पहुँच गए। सामने पूर्व-माओवादी किचे हाँदा था जो अब पुलिस के साथ 'विशेष पुलिस अधिकारी' के रूप में काम कर रहा था। उसका काम घरों की निशानदेही करना था। उसने इशारा करते हुए कहा, 'वो घर मुखिया का है, माओवादी नेता जब भी गाँव आते हैं हमेशा वहीं ठहरते हैं। और वो घर एक सक्रिय समर्थक हड़मा का है।' फ़ोर्स घरों के भीतर घुसी और जो मिला लूट लिया—चावल, पैसा, गहने। हुँगी के घर में उन्होंने बीन्स के उस बोरे को लात मारी जिसे उसने बड़े जतन से जमा किया था, फिर आग लगाने से पहले उन्हें पूरे घर में बिखेर दिया। आग ने फैलने में समय लिया क्योंकि घर एक दूसरे से कुछ दूरी पर थे। लेकिन सुबह के 11:00 बजे तक, मिट्टी और छप्पर से बनीं, इस गाँव की सभी सत्तर झोंपड़ियाँ धू-धू कर जल रही थीं। फ़ोर्स थक गई थी और स्थानीय कमांडर ने उन्हें थमने को कहा। वहाँ से थोड़ा हटकर उन्होंने खाना पकाना शुरू किया। जिन डरे-सहमे मुर्गे-मुर्गियों को उन्होंने पकड़ा था और जो चावल उन्होंने लूटा था, उससे भोज का बढ़िया इन्तज़ाम हो गया था। दोपहर का खाना निपटने तक दिन के दो बज गए थे। अब अगले गाँव पर धावा बोलने का वक़्त था।

पड़ोस के गाँव के पश्चिमी किनारे पर, जोगी के घर के सामने आम और इमली के पेड़ों का एक झुरमुट था। वह भोर के 4:30 बजे से, देसी शराब बनाने में इस्तेमाल होने वाले महुआ फूल बीनने निकली थी, और अभी-अभी घर लौटी थी। कुछ साल पहले पेड़ से गिरने के बाद से जोगी के बाप हुँगा का एक पैर गड़बड़ है। जैसा कि वह अक्सर दुपहरी में करता है, उस दिन भी घर के बाहर बैठकर बाँस की टोकरी बना रहा था। जब फ़ोर्स आई, न तो जोगी और न ही उसका बाप इसके लिए तैयार थे। उन आदमियों में से दो, हुँगा को राइफ़ल की बट से मारते हैं, और जब जोगी उसे बचाने आई तो पकड़ ली गई। उसे धकेल कर घर में ले जाया गया। बलात्कार करने के बाद जवानों ने जोगी को गोली मार दी। कैम्प लौटकर उसी शाम, फ़ोर्स के कमांडर ने एक प्रेस कांफ्रेंस बुलाई। उन्होंने बड़े गर्व से, जैतूनी-हरी वर्दी में एक औरत की लाश की नुमाइश की। कहा—एक जबरदस्त मुठभेड़, जिसमें दोनों ओर से कई राउंड गोलियाँ चलीं, के बाद एक गुरिल्ला दस्ता कमांडर को पकड़ा गया।

कोरुटगुड़ा गाँव के लोग उस रात घर नहीं लौटे, यहाँ तक कि अगली रात भी नहीं लौटे। जंगल से वे लपटों को अपने घरों को निगलते देखते रहे। क़िस्मत से हुँगी को उसकी माँ और गाँव के कुछ और लोग जंगल में मिल गए थे। उन्होंने अपने साथ लाया हुआ थोड़ा-सा चावल पकाया, इस दौरान वे नन्हे-मुन्नों को चुप

कराते रहे क्योंकि फ़ोर्स अब भी लौटी नहीं थी। हुँगी का बाप रामा कुछ अनाज बचा लेने की कोशिश में थोड़ी देर के लिए गाँव वापस गया, लेकिन घर अब भी सुलग रहे थे। जब तीसरे दिन लोग छिपना छोड़ बाहर आए, तो उन्हें अपने घरों के केवल जले हुए अवशेष मिले। कहीं-कहीं मिट्टी की एक दीवार अब भी खड़ी हुई थी, और कुछ जगह काले पड़े बरतनों के ऐंठ गए मुँह राख के बीच से झाँक रहे थे। यहाँ तक कि गाँव की चिर-परिचित आवाज़ें भी गुम थीं—मुर्गे-मुर्गियाँ लुट चुके थे, सूअर भी अब घुरघुरा नहीं रहे थे।

क़रीब दो हफ़्ते जंगल में रहने की कोशिश के बाद पूरा गाँव घर-बार छोड़कर चला गया। ज़्यादातर लोग सीमा पार आन्ध्र प्रदेश के खम्मम गए, जो एक दिन पैदल की दूरी पर है, जहाँ तेलुगु किसानों के बीच उनके सम्पर्क थे, जो उन्हें सीजन में मिर्च तोड़ने के काम पर रखते थे। कुछ लोगों ने अभी तक जलाए जाने से बचे गाँवों में अपने रिश्तेदारों के यहाँ शरण ली। कुछ ने थोड़े-बहुत मवेशियों को साथ ले जाने की कोशिश की और कुछ ने जो हुआ उसकी भयावहता से पस्त होकर उन्हें ऐसे ही छोड़ दिया। मवेशी आवारा हो गए। कभी जंगल के किनारे बनैले झुंडों में नज़र आते, तो कभी इधर-उधर भागते हुए। घरों में घास उगने लगी थी, और जंगल से ढँककर पगडंडियाँ गुम हो गई थीं। आख़िरकार, गाँव मर गया।

अप्रैल 2009

रामा गाँव लौटनेवाला पहला व्यक्ति था। वह पास में चर रही गायों के एक झुंड के पास पहुँचा, उसे अपनी प्यारी भूरी गाय, मोती मिल गई। उसने हौले से उसके चेहरे को छुआ और उसे उसके नाम से बुलाया, और मोती चुपचाप उसके पीछे-पीछे घर चली गई। इनसान और गाय दोनों के लिए, यह पुनर्मिलन सच्ची ख़ुशी लेकर आया। एक-एक, दो-दो करके दूसरे लोग भी लौटने लगे। उन्होंने अपने मवेशियों को वापस लाना, अपने घरों से जले हुए अनाज और टूटे हुए बरतनों का मलबा साफ़ करना शुरू किया। ये लोग जंगलों में गए और लट्ठे काटकर लाए। धीरे-धीरे गाँव फिर से बढ़ने लगा।

पड़ोस के गाँव, इटापल्ली, में कुछ परिवारों को फ़ोर्स ने पकड़ लिया था, और वे दूसरे गाँवों के लोगों के साथ, दोरनापाल में सलवा जुडुम के 'राहत' शिविर (रिलीफ़ कैम्प) में रह रहे थे। ऐसा दिखाया जाता था कि ये लोग माओवादियों के चलते शरणार्थी बने हैं और पुलिस की हिफ़ाज़त में रह रहे हैं। जब उन्होंने सुना कि कोरुटगुड़ा और इटापल्ली गाँवों के लोग घर लौटने लगे हैं, तो हिड़मा और महेश ने, यह पूछने के लिए कि क्या वे भी वापस आ सकते हैं, कैम्प से एक चिट्ठी भेजी : 'जंगलों और खेतों के बिना, नदी पर उगते सूरज के बिना,

और चिड़ियों की आवाज़ के बिना हमारी ज़िन्दगी बेकार हो चुकी है। दूसरी तरफ़ रहने के लिए हमें माफ़ कर दो।'

फरवरी 2016

गाँव फिर तनाव में थे। सूखे के कारण इस साल खेतों में बहुत कम उपज हुई थी। इटापल्ली से 2 किलोमीटर दूर एक अर्धसैनिक कैम्प लग गया था, और फ़ोर्स रोज़ गश्त के लिए निकलती थी, भोर में गाँवों पर छापा मारते हुए, मर्दों को गिरफ़्तार कर कैम्प ले जाते हुए। औरतें अपने मर्दों की रिहाई के लिए पुलिस की चिरौरी करते दिन बितातीं। इटापल्ली और कोरुटगुड़ा के बीच के जंगल से, लकड़ी काट रहे दो लड़कों को उठा लिया गया था। एक हफ़्ते बाद, कोरुटगुड़ा के गाँववालों को पता चला कि उन्हें माओवादी बताकर मार दिया गया था।

पिछले साल हुँगी की शादी हो गई थी और वह पड़ोस के गाँव में रह रही थी, लेकिन अपने माँ-बाप को देखने घर आती थी। परिवार रात में बतिया रहा था। हुँगी की माँ, देवे, ने कहा, 'हम जब सात साल पहले वापस आए थे, तो हमने कसम खाई थी कि फिर कभी गाँव नहीं छोड़ेंगे।' इस पर हुँगी के बाप रामा ने कहा, 'लेकिन कौन जानता है कि वक़्त आगे क्या लेकर आएगा?'

भाग एक

प्रतिरोध का परिदृश्य

1

जले हुए चावल

मानव जीवन शुरू होने से पहले, जब अत्यधिक ताप और दाब के बीच धरती ने फैल-सिकुड़ कर ख़ुद को सुडौल बनाया, तो गोंडवाना के बीचोबीच आर्कियन ग्रेनाइट परतदार चट्टानों (शैल या नाइस) में रूपांतरित हो गया। पठार ज़ोर के झटके से ऊपर की ओर आए, वहीं चट्टानों से पानी बह निकला। और इस तरह, वह भूदृश्य (लैंडस्केप) बना जिसे हम आज बस्तर के रूप में जानते हैं। जो ओडिशा, छत्तीसगढ़, महाराष्ट्र और तेलंगाना-आन्ध्र राज्यों को अलग करनेवाली सबरी और गोदावरी नदियों से बनी सीमा-रेखाओं के बीच स्थित है।

इन्द्रावती पूरे ज़िले से होते हुए गुज़रती है। यह ओडिशा के कालाहाँडी में अपने उद्गम से दक्षिण-पश्चिम की ओर बहती हुई, छत्तीसगढ़-तेलंगाना सीमा के पास, गोदावरी में मिलने से पहले, बस्तर राज्य की पूर्व राजधानी जगदलपुर के पास से गुज़रती है। इन्द्रावती के उत्तर में माढ़ पहाड़, अमानचित्रित पहाड़ियाँ हैं, और इसके दक्षिण में बीजापुर और दंतेवाड़ा ज़िले हैं।[1] हर रात नदी के रेतीले तट के ऊपर चाँद उगता है और इन्द्रावती के पानी में झलमल करता है। फिर ख़ामोश जंगलों पर धुंध छाने के साथ वह जंगलों में गुम हो जाता है। उसका पानी उलटकर उसकी एक पूर्व सहायक नदी, जोरा नाला, में बह रहा है। यह दुनिया के इस हिस्से में सब कुछ उलट-पुलट हो चुकने का लक्षण है।

जिनका जीवन-व्यापार नदियों से ज़्यादा सड़कों पर निर्भर है, उनके लिए दो पुराने व्यापारिक मार्ग, जो अब राष्ट्रीय राजमार्ग बन चुके हैं, जगदलपुर से होकर दक्षिण और पश्चिम की तरफ़ जाते हैं। इस दौरान ये मार्ग अपेक्षाकृत गर्म, कम छायादार, मैदानी इलाक़ों में उतरने से पहले, वनाच्छादित पहाड़ी दर्रों से गुज़रते हैं। छत्तीसगढ़ से महाराष्ट्र और तेलंगाना को जोड़नेवाली ये सड़कें कारोबार और राज्य-नियंत्रण, दोनों के लिए मुख्य मार्ग की भूमिका निभाती हैं।

ये प्राचीन पठार हैं, लेकिन इस क्षेत्र की पहली भूगर्भीय परिघटना, परतदार चट्टानों (शैल) से भी अधिक पुरानी, 50 करोड़ से ज़्यादा वर्षों से पहले बनीं

धारवाड़ की चट्टानें हैं। ये तीन अलग लौह पहाड़ी क्षेत्र बनाती हैं, जिनका फैलाव उत्तर से दक्षिण की ओर है : चारगाँव-कोंडापाखा-हहलाद्दी पहाड़ियाँ और उत्तर में रावघाट और दक्षिण में बैलाडीला पहाड़ियाँ। यहीं से लोहे ने राष्ट्र की आत्मा में प्रवेश किया है और देश को सभी मानवीय भावनाओं से दूर कर दिया है। और यहीं से आदि समय वर्तमान को बार-बार सताने के लिए लौटता है।

इन पहाड़ियों में कभी एक सभ्यता बसती थी। सदियों के कालखंड में, इन लोगों ने देवताओं के नाम पहाड़ों के नाम पर रखे और पहाड़ों को देवताओं का नाम दिया : रावघाट घोड़े की सवारी करनेवाले राव के नाम पर है जो माढ़ के प्रवेशद्वार की पहरेदारी करते हैं, तो ओमलवार कुंजाम कुलदेवता ऊरूमोइतोर के नाम पर है। उन्होंने इस भूदृश्य पर सीधे-सादे नाम उकेर दिए : बियरे मेट्टा यानी बड़ा पहाड़, जिसका नाम, इसके बैल के कूबड़ के आकार का होने के कारण, बाहरी लोगों ने बदलकर बैलाडीला कर दिया। नदी और समुद्र दोनों के चौड़े पाट को अभिव्यक्त करनेवाले इन्दा का अब इन्द्रावती के रूप में संस्कृतीकरण कर दिया गया है। सावड़ा नदी शबरी बन गई, और इस अंचल को एक राष्ट्रीय महाकाव्य की परिकल्पना में समेटने की कोशिश में पूरे अंचल को दंडकारण्य या उस वन के रूप में जाना जाने लगा, जहाँ राम को निर्वासित किया गया था, जहाँ के स्थानीय लोग डरावने व राक्षसी थे, और गोरी चमड़ीवाले आर्यों ने सभ्यता का निर्माण किया था।

आदिवासियों के लिए, जंगल ख़तरनाक होते हुए भी एक अन्तरंग निवास था। उन्होंने धौरा के सफ़ेद पेड़ों से रंगहीन गोंद इकट्ठा करने के लिए बाघों और जंगली सूअरों से लड़ाई की, तोरा के पीले बीजों को पेर कर तेल निकाला और तेंदू फल के खुरदुरे लाल छिलके को हटाकर उसके नीचे का मीठा, नरम गूदा खाना सीखा। उन्होंने पाया कि बीजा पेड़ पर जब कुल्हाड़ी चलती है तो उससे इनसान की तरह ही लाल ख़ून बहता है। जहाँ उन्हें जंगलों को साफ़ करना पड़ा, वहाँ उन्होंने मेड़ों को चिह्नित करने के लिए महुआ और ताड़ी के पेड़ छोड़ दिए, और गाँव में छाया के लिए इमली के पेड़ लगाए। ख़ाली वनभूमि में, हवा में डोलने से लकड़ी के एक जुगाड़ से होनेवाली तड़तड़ाहट इनसानों और जानवरों को एक-दूसरे की मौजूदगी की याद दिलाती रही। इन्द्रावती के उत्तर में स्थित एक गाँव में दुलसाई ने बताया, 'अगर आप गहरी गुफाओं में ठीक से झाँकें तो बाघों के चिह्न देख सकते हैं।'

हालाँकि, शहरों में, जीवन के इन रूपों को पूछनेवाला कोई नहीं है। पहाड़ों में रहनेवाले देवताओं को खनन कम्पनियों के सुपुर्द कर दिया गया है, जिनकी छुद्र दृष्टि जंगल के वैभव, कान के पीछे खुँसे फूल, नाचते समय पहने जानेवाले शिरोभूषण में सजे पर को नहीं देख पाती, बस नीचे दबे खनिज को ही देख पाती है।

राज्य को सभी भूमि का अधिग्रहण करने का अधिकार देनेवाले, 'इमिनेंट डोमेन' (भू-स्वामित्व पर राज्य के सर्वोपरि अधिकार) के औपनिवेशिक-युगीन सिद्धान्त

में, सम्पत्ति के मामले में स्थानीय मान्यताओं के लिए कोई जगह नहीं है। बस्तर में पृथ्वी, जिसे भूम, जागा या माटी के नाम से जाना जाता है, सम्प्रभु है, जिसने बसने के लिए कुछ निश्चित वंशों को अनुमति दी हुई है; अगर धरती नाख़ुश है, तो लोग बीमार पड़ जाते हैं और उन्हें चले जाना पड़ता है। प्रारंभिक संस्थापकों ने दूसरों को ज़मीन दी, पर इसके लिए उन्होंने उन लोगों की ओर से धरती से निवेदन किया। प्रत्येक गाँव जानता है कि कहाँ से उसका जंगल शुरू हुआ है और उसके पड़ोसियों का ख़त्म हुआ है; उन्होंने यह सुनिश्चित किया कि प्रत्येक वन देवता को उसका अपना हक़ मिले। मातृ देवियाँ (माताएँ)—हर गाँव में कम से कम एक होती ही हैं—ठीक अपने अनुयायियों की तरह एक-दूसरे से प्यार करती हैं, लड़ती-झगड़ती हैं और एक-दूसरे के घर मिलने जाती हैं।

मध्य भारत के वन क्षेत्र, जिनमें बस्तर पड़ता है, कई गोंडी-भाषी समूहों द्वारा आबाद है, और ये समूह ख़ुद को सीधे-सीधे *कोइ, कोया* या *कोइतोर* कहते हैं, जिसका मायने इनसान होता है। बस्तर के बड़े आदिवासी समुदायों में हल्बा शामिल हैं, जो किसान हैं और जिन्होंने छोटे डोंगर या हमीरगढ़ जैसे छोटे क़िलों की रखवाली के लिए सैनिकों का काम किया है; पूर्वोत्तर बस्तर में भतरा हैं, जिनकी भाषा हल्बी और ओड़िया का मिश्रण है; (जिसे पहले परजा के नाम से जाना जाता था), जो कांगेर वन के आसपास के इलाक़ों पर क़ाबिज़ हैं; और तेलंगाना से लगे दक्षिणी मैदानों में रहनेवाले दोरला हैं। सबसे अच्छे-से दक्षिणी माड़िया जाने जाते हैं, जिनके—कौड़ियों के फुंदनों से सजे, जंगली भैंसे की सींगोंवाले सबसे अलग शिरोभूषण को सरकार ने आदिवासी विविधता की नुमाइश के लिए हड़प लिया है। और, उत्तरी मुरिया अपने *घोटुल* के लिए प्रसिद्ध हैं, जहाँ युवाओं को कामकाज और जीवन के लिए तैयार करने की शुरुआत होती थी। बस्तर के विशेष चरित्र को पूर्णता प्रदान करनेवाले अन्य समुदायों में से कई अन्य पिछड़ा वर्ग (ओबीसी) के रूप में वर्गीकृत हैं, जैसे कि धाकड़, मरार (माली), राउत (ग्वाला), गड़वा (कांस्य-शिल्पी), कुम्हार, कलार और सुंडी (शराब बनानेवाले)। अनुसूचित जातियों (एससी) में पनका और मृगान पारम्परिक बुनकर और संगीतकार थे। कई अन्य ओबीसी और एससी समुदाय हैं जो पड़ोसी राज्यों से आए हैं, और अब बीजापुर ज़िले में बस गए हैं, जैसे आन्ध्र से आए तेलगा और महाराष्ट्र से महार। वहाँ एक बड़ा समुदाय माहरा भी है जो वहाँ के मूल निवासी हैं लेकिन उन्हें सरकार की तरफ़ से एससी/एसटी का दर्जा नहीं मिला है जिसके लिए वे संघर्ष कर रहे हैं।

लेकिन राजनीतिक और आर्थिक शक्ति उन आप्रवासियों के हाथों में केन्द्रित है जो पिछली सदी, ख़ासकर पिछले कुछ दशकों में इन क्षेत्रों में आए हैं। इनमें राजस्थान, उत्तर प्रदेश, बिहार और पंजाब के व्यापारी; बैलाडीला खदानों और

राज्य की नौकरशाही में निचले स्तर पर काम करनेवाले; तथा आधिकारिक रूप से ईस्ट पाकिस्तान डिसप्लेस्ड पर्सन्स (ईपीडीपी) कहलानेवाले, 1971 के युद्ध के बंगाली शरणार्थी हैं, जिन्हें कोरापुट और बस्तर के जंगलों में उसे ख़ाली ज़मीन मानकर सरकार ने बसाया था।

~

1990 में जब मैंने उपनिवेशवाद और प्रतिरोध पर शोध करनेवाली पीएचडी छात्रा के रूप में पहली बार बस्तर का दौरा किया था, तो अख़बार में हत्याओं और नरबलि की रिपोर्ट के साथ ही, कभी-कभार पुलिस-गुरिल्ला मुठभेड़ जैसी 'नक्सली घटनाओं' की भी रिपोर्ट छपा करती थी। लेकिन ये सब राज्य के पश्चिम तथा दक्षिण के बिल्कुल आख़िरी छोर में, बीजापुर या गोलापल्ली या किस्ताराम जैसी जगहों के 'दूरदराज़ के मामले' थे। लोगों के इलाक़े में, जहाँ मैं रहती थी, माओवादी अब भी अजूबे थे। अख़बारों में तब इस बारे में ज़्यादा कुछ नहीं होता था कि नक्सली कौन थे या उनके बारे में गाँववाले क्या सोचते थे। उसके बारे में बात करनेवाले तो बहुत थे लेकिन बतानेवाला कोई नहीं था। ऐसी स्थिति वर्षों से निरन्तर बनी हुई है।

भले व्यवहार में न हो सका हो, पर सिद्धान्त रूप में सरकार ने, पुरानी बस्तर और कांकेर रियासतों की परिपाटी की जगह एक उदासीन प्रशासन लाकर, एक बड़े भूभाग पर दिल्ली और भोपाल के नौकरशाही के क़िलों से राज किया। जो मुख्य समस्या मैंने देखी, वह थी ठाकुर कहे जानेवाले आप्रवासी व्यापारियों द्वारा शोषण, जो लघु वनोपज और अवैध टिन खनन का धंधा चलाते थे। साथ ही, व्यापारियों और स्थानीय अधिकारियों ने ऐसे तरीक़े खोज लिये थे जिनसे वे आदिवासी कल्याण की सरकारी योजनाओं से मलाई काट सकते थे। लेकिन शुक्र हो, संसदीय भारतीय कम्युनिस्ट पार्टी (सीपीआई) का जो कुछ वर्षों तक इस क्षेत्र में सक्रिय रही। ये वो दिन थे जब वन रक्षकों या पटवारियों की ग्रामीणों से मुर्ग़े और बेगार की माँग बन्द हो गई थी, और अब भी ज़मीन ज़्यादातर आदिवासियों के हाथों में थी। इस पूरे अंचल में, बच्चे गाँव के स्कूलों में शिक्षक के आने पर नियमित रूप से जाते थे, और शिक्षक के फ़रार रहने पर अनियमित रूप से; सरकारी स्वास्थ्य सेवाएँ बहुत कम और यदा-कदा ही उपलब्ध थीं, और लोगों की एकमात्र उम्मीद—कल भी और आज भी—वड्डे या स्थानीय झाड़-फूँक करनेवाला था। गर्मियों की ख़ामोश शामों को, रोगी पर सवार माता से उसे छोड़ देने की मिन्नतें करने के दौरान, वड्डे के लम्बे और धीमे मंत्रोच्चार को अचानक आरोह पर पहुँचते और फिर एक अन्तरंग बुदबुदाहट में बदलते, दूर से सुना जा सकता है।

मैं तब युवा थी, और मैंने धुरवा बोलना सीखते हुए तथा गाँव की राजनीति की पेचीदगियों की खोजबीन करते हुए, अपना समय अन्य युवाओं और गाँव के बुज़ुर्गों के बीच बाँट रखा था। मैं इसे ऐसे समय के रूप में याद करती हूँ जब मैं ख़ूब हँसा करती थी। मेरे दिन परिवारों की जनगणना करते और वंशावलियाँ जुटाते, अनुष्ठानों में हिस्सा लेते, अनाज कूटने और इमली की फलियों को फोड़ने में लगी महिलाओं से गपशप करते, और पनका बुनकर को करघे पर काम करते देखते बीतते थे। पूर्णिमा की रात को घर लौटते हुए, मैं खेतों के पास यह देखने रुक जाती थी कि अनाज की हर बाली किस तरह जगमगा रही है। साप्ताहिक हाट का दिन, शुक्रवार, किसी छोटे-मोटे त्योहार की तरह होता। उस दिन कोई, कोई काम नहीं करता था, और लोग पूरी सुबह व्यापारियों से मोल-भाव करने और दोस्तों से मिलने-जुलने के बाद प्रसन्नचित्त और थके हुए घर लौटते थे।

मैंने कभी-कभी दूर-दराज की यात्राएँ भी कीं, जैसे कि बीजापुर में कुटरू के पास बड़े करकेली की एक छोटी ग्रामीण हाट में गई, जहाँ हमने लांदा या हंड़िया पिया और मेरी दोस्त कला ने सूखी छोटी मछलियों की टोकरियाँ ख़रीदीं। कुटरु के पूर्व ज़मींदार की जीर्ण-शीर्ण हवेली के पास पारसी शिकारी, पेस्टन नौरोजी खरस की क़ब्र है, जिन्हें 1948 में एक जंगली भैंसे ने अपने सींगों से हमला करके मार दिया था। नागपुर की एल्विन कूपर कम्पनी इलाक़े में शिकार का आयोजन किया करती थी। 1998 तक, क़ब्र बिना मरम्मत के पड़ी थी और जंगली भैंसे भी इन्द्रावती राष्ट्रीय उद्यान में तब तक उतने ज़्यादा नहीं रह गए थे। मेरे फ़ील्ड नोट्स में बैरीकेड वाले पुलिस थानों का ज़िक्र था : 'कुटरू में सब तरफ़ से कँटीले तारों से घिरा, क़िलेबन्दी किया हुआ पुलिस कैम्प। रात के वक़्त पुलिस सभी आती-जाती गाड़ियों पर सशंकित टॉर्च चमकाती और आवाज़ देकर पता लगाती कि अन्दर कौन है।'

युद्ध पहले ही शुरू हो चुका था, हालाँकि मुझे मालूम नहीं था। मुझे जो ज़्यादा साफ़-साफ़ याद है, वह है हर दिन होनेवाला अपमान और डॉक्टर न होने से अचानक मर जानेवाले दोस्तों का नुक़सान और किसी पुलिसवाले के आने से पहले गाँव के बड़े-बुज़ुर्गों की तनावपूर्ण चुप्पी। बाहरी लोगों द्वारा जब-तब दिखाए जानेवाले नस्लवाद पर ग़ुस्सा न आए, यह मुश्किल था : बस कंडक्टरों का बुज़ुर्ग आदिवासी पुरुषों को लात मारना और किसी छोटे-मोटे अधिकारी के लिए आदिवासी महिलाओं को झिड़ककर सीट से उठा देना, हमेशा शिकायतों का पुलिंदा खोलकर बैठ जाना कि कैसे आदिवासियों ने शराब पीने के अलावा कुछ नहीं किया और वे शिक्षा या आधुनिक चिकित्सा नहीं चाहते।

मुझे मेलों और शादियों के दौरान नाचने की कुछ उन्मत्त रातें, और मुर्ग़ों की लड़ाई के तनावपूर्ण क्षण याद पड़ते हैं, पर शायद ही कभी आपस में मारने-पीटने की कोई आवाज़ याद आती हो। गाँव के विवादों के निपटारे में बहुत ही जटिल

मोल-तोल चलता था, जैसे कि एक मामले में पुजारी ने पूरा सूअर हड़प लिया, जबकि दस्तूर के हिसाब से उसका हक़ केवल सर पर बनता था। लेकिन अमूमन सारे विवाद बड़े-बुज़ुर्ग पुरुष एक साथ पीते और हँसते हुए ख़त्म कर लेते।

2005 में, जब सरकार ने अपने विनाशकारी काउंटर-इन्सर्जेंसी अभियान शुरू किए तो दंतेवाड़ा या दक्षिण बस्तर ज़िले के माओवादी गढ़ों में रहनेवाले ग्रामीणों के लिए अचानक यह सब बदल गया। मेरा जीवन, जो मुझे नई शोध-रुचियों के सिलसिले में कहीं और ले गया था, वह भी बदल गया, क्योंकि बस्तर से हिंसा की ख़बरें रिस-रिस कर आनी शुरू हो गई थीं। सलवा जुडुम से मेरा शुरुआती सामना मानवाधिकार जाँच या 'फैक्ट-फाइंडिंग' के ज़रिये नवम्बर 2005 (पीयूसीएल/ऑल इंडिया फैक्ट-फाइंडिंग टीम, जिसे आगे ऑल इंडिया फैक्ट-फाइंडिंग कहा जाएगा, के साथ) और मई 2006 (इंडिपेंड सिटिजंस इनिशिएटिव, जिसे आगे आइसीआइ कहा जाएगा, के साथ) में हुआ।

उसके बाद, पिछले एक दशक से ज़्यादा समय में, मैंने अकेले या विभिन्न दोस्तों के साथ बार-बार बस्तर का दौरा किया है। 2007 में आइसीआइ से हम तीन लोगों, रामचन्द्र गुहा, ई. ए. एस. सरमा और मैंने मानवाधिकारों के उल्लंघन और राज्य प्रायोजित हथियारबंद गिरोहों को लेकर सुप्रीम कोर्ट में एक याचिका दायर की। एक समाजशास्त्री के रूप में स्वतंत्र रूप से यात्रा करने और हर पक्ष से बात करने का जो लाइसेंस मेरे पास था, उसे इस मुक़दमेबाज़ी ने सीमित कर दिया। लेकिन शुरुआत में, मैंने जो कुछ भी देखा, उसने मेरी रातों की नींद उड़ा दी, और एक दर्द सदा के लिए मेरे दिल में घर कर गया।

काउंटर-इन्सर्जेंसी का इतिहास

काउंटर-इन्सर्जेंसी की कहानी सुनाना, मैं कहाँ से शुरू करूँ—लौ से या मोमबत्ती बुझाने के आले से, सपने से या मौत से, ज़िन्दा जंगल से या कठोर लोहे से?

मैंने अपने वकील मित्रों से सीखा है कि किसी भी याचिका के पहले पन्ने पर एक 'टाइमलाइन', यानी विषय से सम्बन्धित तारीख़ों और घटनाओं की क्रमवार सूची होनी चाहिए, जो मामले को समझने और उसका सन्दर्भ पकड़ने में न्यायाधीशों की मदद करती है। लेकिन यहाँ प्रासंगिक तारीख़ें कौन-सी हैं जिनके बारे में पाठकों को जानना चाहिए? क्या 1910 से, भूमकाल से शुरू करना चाहिए, जब बस्तर के आदिवासियों ने अपनी ज़मीन और जंगल को बख़्श दिए जाने की माँग पर औपनिवेशिक हुकूमत के ख़िलाफ़ बग़ावत कर दी थी, जिसकी स्मृति माओवादियों के गीतों और पर्चों में बार-बार जगाई जाती है? या 1947 से, जब स्वतंत्र भारत ने एक नए लोकतंत्र की स्थापना करने का वादा किया, लेकिन कई

पुराने औपनिवेशिक क़ानूनों को बनाए रखकर आदिवासियों को कमतर आँका गया? कोई 1967 से शुरू कर सकता है, जब पश्चिम बंगाल का एक छोटा-सा गाँव, नक्सलबाड़ी, उम्मीद का पर्यायवाची बन गया था, तथा युवक-युवतियों ने उत्पीड़न के ख़िलाफ़ सशस्त्र संघर्ष शुरू कर दिया था; या 1980 के दशक से, जब मार्क्सवादी-लेनिनवादी (एमएल) पीपुल्स वार के पहले दस्ते ने तेलंगाना से बस्तर के लिए कूच किया था; या 2004 से, जब सीपीआई (एमएल) पीपुल्स वार और माओवादी कम्युनिस्ट सेंटर ऑफ़ इंडिया के विलय से, अधिक शक्तिशाली सीपीआई (माओवादी) का गठन हुआ। कोई चाहे तो अपनी ऐतिहासिक 'टाइमलाइन' समेट कर नज़दीक ला सकता है और इसे 2005 से शुरू कर सकता है, जब बस्तर की खनिज-समृद्ध पहाड़ियाँ देश का सबसे मूल्यवान रियल एस्टेट बन गईं, और माओवादियों जैसे जो लोग उनके दोहन में आड़े आ रहे थे, वे पूर्व प्रधानमंत्री मनमोहन सिंह के शब्दों में, 'भारतीय राज्य के लिए सबसे बड़ा आन्तरिक सुरक्षा ख़तरा' क़रार दिए गए।

'सबसे बड़ा सुरक्षा ख़तरा' अपने भीतर देश-भर से, व्यक्तिगत ज़िन्दगियों और सामुदायिक दुखों की बहुत-सी छोटी-छोटी कहानियों को समेटे हुए है। 20वीं सदी के आख़िर और 21वीं सदी के शुरू के भारतीय माओवादियों का इतिहास लिखते समय निम्नलिखित को उचित जगह ज़रूर मिलनी चाहिए : मज़दूरी और सम्मान के लिए उच्च जाति के ज़मींदारों के ख़िलाफ़ बिहार के दलितों या अनुसूचित जातियों का जांबाज संघर्ष; 'तृतीय प्रस्तुति कमेटी', पीपुल्स लिबरेशन फ्रंट ऑफ़ इंडिया जैसे कई धड़ों में बँटे, झारखंड के जबरन उगाही करनेवाले गिरोहों, जो ख़ुद को माओवादी कहते हैं लेकिन पुलिस के समर्थन से टिके हुए हैं, द्वारा शुरू किया गया भ्रष्टाचार; बंगाल में पुलिस-अत्याचार से जन्मा लालगढ़ आन्दोलन जो थोड़े समय के लिए उभरा, और ममता बनर्जी की तृणमूल कांग्रेस द्वारा हड़पे और छले जाने के पहले जिसने अपने ख़ुद के स्वास्थ्य केन्द्र और स्कूल चलाए; ओडिशा के कुई लोगों की त्रासद कहानी, भूमि अधिकारों के लिए जिनके पूरी तरह संवैधानिक आन्दोलन को राज्य ने माओवादी बताकर कुचला। 2004 में विफल शान्ति वार्ता के बाद, आन्ध्र प्रदेश में माओवादियों की खुली (ओवरग्राउंड) मौजूदगी जो नए आर्थिक-राजनीतिक अवसरों और प्रशासनिक दमन के कारण कम होती चली गई।

मेरा लेखा-जोखा बस्तर या छत्तीसगढ़ के दक्षिणी भाग पर केन्द्रित है, जहाँ बीते तीन दशकों में, माओवादियों ने भूमि वितरित करते हुए, विवादों को निपटाते हुए, ठेकेदारों पर कर लगाते हुए और अन्तरंग सम्बन्धों की छोटी-छोटी चीज़ों में जगह बनाते हुए लगभग एक समानांतर राज्य जैसा स्थापित कर लिया। पर मेरी कहानी माओवादियों के बारे में नहीं है, हालाँकि वे अपरिहार्य रूप से इसमें शामिल हैं। मेरा नैरेटिव (कहानी) दरअसल भारतीय लोकतंत्र के बारे में है जिसमें राज्य-

प्रशासन अधिकारों और न्याय की बातों की माँग को क़ानून-व्यवस्था का मामला बना देता है और इस पर बातचीत करने के बजाय अपने सर्वाधिक ग़रीब नागरिकों के ख़िलाफ़ जंग छेड़ देता है।

विद्रोह (इन्सर्जेंसी) में कई स्थानीय विशेषताएँ होती हैं, लेकिन इसके उलट काउंटर-इन्सर्जेंसी दुनिया-भर में एक ही तरीक़े से चलती है। मलेशिया, वियतनाम, ग्वाटेमाला, अल सल्वाडोर और कोलम्बिया, या यहाँ तक कि श्रीलंका, अल्जीरिया और केन्या जैसी जगहों के राजनीतिक इतिहास, आन्दोलनों के प्रकार (राष्ट्रवादी, मार्क्सवादी, इस्लामवादी), और सत्तारूढ़ शासन-व्यवस्थाओं के प्रकार (औपनिवेशिक सरकार, तानाशाही शासन या लोकतंत्र) क़तई भिन्न हो सकते हैं, लेकिन विभिन्न मैनुअलों और सैन्य प्रशिक्षण कॉलेजों के माध्यम से दुनिया-भर में पहुँच चुका काउंटर इन्सर्जेंसी साफ़्टवेयर एक ही है।[2] इसका मूल लक्ष्य है नागरिकों को इतना पस्त और मजबूर कर देना कि वे विद्रोहियों का समर्थन करना छोड़ दें। जब आदिवासी लोगों के मार्क्सवादी क्रान्ति का सपना देखने की बात आती है तो ये समानताएँ ख़ास तौर पर स्पष्ट दिखती हैं।

औपनिवेशिक भारत में किसान विद्रोह के बुनियादी स्वरूपों पर लिखनेवाले इतिहासकार रणजीत गुहा द्वारा इस्तेमाल पारिभाषिक पद उधार लेकर[3], कोई चाहे तो काउंटर-इन्सर्जेंसी के कुछ निश्चित 'बुनियादी पहलुओं' की पहचान कर सकता है। विद्रोहियों के ख़िलाफ़ जनाक्रोश का छद्म रचकर उसकी आड़ में, काउंटर-इन्सर्जेंसी सीधे पुलिस या सेना द्वारा संचालित की जा सकती है; या फिर हथियारबंद गिरोहों, जिनमें ख़ूनी दस्ते भी शामिल होते हैं, को काम में लगा दिया जाता है, और राज्य का दावा होता है कि वह अपराधियों की पहचान करने और उनके ख़िलाफ़ कार्रवाई करने में अक्षम है। हालाँकि, ज़्यादातर काउंटर-इन्सर्जेंसी अभियान सरकारी और सरकार-समर्थित ग़ैर-सरकारी लोगों के एक संयोजन को आधिकारिक रूप से काम में लगाते हैं। सरकार-समर्थक भाड़े के लड़ाके बन चुके पूर्व विद्रोहियों को 'होम गार्ड', 'विशेष पुलिस अधिकारियों' या अर्धसैनिक बलों के रूप में संगठित किया जाता है जो मुख़बिर के रूप में काम करते हैं, और हमलों में अग्रिम पंक्ति की भूमिका निभाते हैं। अक्सर, विद्रोहियों के ख़िलाफ़ लड़ने के लिए ग्रामीणों को 'नागरिक गश्ती दलों' या 'ग्राम रक्षा इकाइयों' में भी जबरन भर्ती और हथियारबन्द किया जाता है।

इसके अलावा, काउंटर-इन्सर्जेंसी के एक जैसे ही नतीजे नागरिकों को भुगतने पड़ते हैं। हत्या, बलात्कार और बड़े पैमाने पर नागरिकों की गिरफ़्तारी की तरह ही, गाँवों को लूटना व जलाना एक मानक कार्रवाई है। विद्रोहियों को अलगाव में डालने और उनको नागरिकों से मिलनेवाला समर्थन रोकने के क्रम में, ग्रामीणों को पुलिस, अर्धसैनिक बलों या सेना की निगरानी में शिविरों में रहने के लिए

मजबूर किया जाता है, जिन्हें अक्सर 'मॉडल विलेज' कहा जाता है। यह एक व्यापक रणनीति का हिस्सा होता है जिसे 'ग्रुपिंग' (गुटबन्दी), रणनीतिक ग्राम-स्थापन या जबरन आबादी विस्थापन जैसे विविध नामों से जाना जाता है। गुटबन्दी और टकराव दोनों ही अमूमन व्यापक विस्थापन का कारण बनते हैं। भुखमरी और बुनियादी सेवाएँ देने से इनकार किया जाना उथल-पुथल भरे हालात से पैदा बाइ-प्रोडक्ट भर नहीं हैं, बल्कि अक्सर इनका इस्तेमाल नियंत्रण के हथियार के रूप में किया जाता है।

आख़िर में, काउंटर-इन्सर्जेंसी अभियान मीडिया पर नियंत्रण के अलावा, ऐसे विशेष क़ानूनों के इस्तेमाल का सहारा लेते हैं जो सरकार को गिरफ़्तारी करने, बिना जमानत हिरासत में रखने जैसी आपातकालीन शक्तियाँ प्रदान करते हैं।

जैसा कि मैं आगे बताऊँगी, बस्तर में इनमें से लगभग सभी तत्त्व मौजूद रहे हैं; बीते कई सालों के दौरान इनका संयोजन (कांबिनेशन) ही बदलता रहा है। यह किताब शुरुआती वर्षों पर ध्यान केन्द्रित करती है क्योंकि बाद में जो भी सामने आया उसके लिए पैटर्न इन्हीं वर्षों ने तय किया। साथ ही, यह किताब ये भी दिखाती है कि बीते एक दशक में हिंसा ने कैसे अपना रूप बदला है।

एक निहायत राज्यवादी जन-आन्दोलन

2005 में जब सलवा जुडुम शुरू हुआ, तो मीडिया में इसे माओवादियों के ख़िलाफ़ लोकप्रिय उठान (अपराइज़िंग) के रूप में पेश किया गया, और एक दशक बाद भी तत्कालीन भाजपा सरकार इसी पर अड़ी रही कि यह 'नक्सलियों के ख़िलाफ़ लोगों का स्वत:स्फूर्त और ख़ुद से शुरू किया गया आन्दोलन' था। लेकिन व्यवहार में, ये पुलिस और राजनेता थे जिन्होंने 'लोगों' को गोलबन्द किया था। भाजपा सरकार के मंत्रियों और विपक्षी राजनेताओं, जैसे कांग्रेस के महेंद्र कर्मा, ने माओवादियों के ख़िलाफ़ जनसभाएँ और रैलियाँ (जन जागरण अभियान) कीं; इन आधिकारिक बुलावों पर पहुँचनेवाले गाँववालों की दूसरे गाँवों पर धावा बोलने के लिए अनिवार्य-भर्ती की गई।

भारत में पहले इसी तरह की काउंटर-इन्सर्जेंसी में, जैसे कि तेलंगाना और मिज़ोरम में, पुलिस और सेना ने पूरा अभियान चलाया। तो भी, कम से कम शुरू में, माओवादियों के ख़िलाफ़ सेना का इस्तेमाल वैध नहीं माना गया होता, क्योंकि अलगाववादी लड़ाई के मुक़ाबले सामाजिक और आर्थिक अधिकारों की लड़ाई के साथ अलग तरह से सलूक किया जाता है। इतना ही नहीं, 'जन-आन्दोलनों' (पीपुल्स मूवमेंट) की लोकप्रियता ने इसे अपने इस्तेमाल में लगाने के लिए वांछित लेबल मुहैया कराया। दिल्ली 1984 और गुजरात 2002 दोनों के अनुभव उपयोगी

साबित हुए, जब सिखों और मुसलमानों के नरसंहारों का दोष 'भीड़ के ग़ुस्से' पर डाल दिया गया था, जबकि वे स्पष्ट रूप से क्रमश: सत्तारूढ़ कांग्रेस और भाजपा के सदस्यों द्वारा आयोजित किए गए थे। एक आदर्श सार्वजनिक-निजी भागीदारी (पीपीपी) में, सरकारों ने पुलिस की निष्क्रियता और साठ-गाँठ सुनिश्चित की।

2009 के बाद से, सरकार ने ग़ैर-सरकारी लोगों (नॉन स्टेट एक्टर्स) का इस्तेमाल करने का ढोंग छोड़ दिया। उसने छत्तीसगढ़ पुलिस के साथ, केन्द्रीय रिज़र्व पुलिस बल (सीआरपीएफ), सीमा सुरक्षा बल (बीएसएफ) और भारत-तिब्बत सीमा पुलिस (आईटीबीपी) जैसे केन्द्रीय सशस्त्र पुलिस बलों का इस्तेमाल कर 'ऑपरेशन ग्रीन हंट' या माओवादियों के ख़िलाफ़ राष्ट्रव्यापी कार्रवाई शुरू की। स्थानीय लोगों को माओवादियों से विमुख करने के लिए उनकी भर्ती अर्धसैनिक बलों और पुलिस में करना इस रणनीति का एक बेहद अहम हिस्सा है।[4] अपनी कमान में इतना विशाल बल होने के बावजूद, सरकार हथियारबंद गिरोहों द्वारा निगरानी बन्द करने की इच्छुक नहीं है। वास्तव में, 2014 में मोदी के नेतृत्ववाली सरकार के आने तथा अल्पसंख्यकों और उदारवादियों पर हिंसक हमलों के साथ, सलवा जुड़ुम देश-भर में मुख्यधारा बन गया है। दक्षिणपंथी ग़ैर-सरकारी लोगों की हिंसा के ख़िलाफ़ प्रत्येक प्रतिवाद के लिए, पुलिस-समर्थित जवाबी प्रतिवाद मौजूद है। इस राष्ट्रीय माहौल से हिम्मत पाकर, 2015-16 में पुलिस ने माओवादी-विरोधी रैली आयोजित करने, मानवाधिकार कार्यकर्ताओं को धमकाने और पुलिस के प्रति सार्वजनिक रूप से प्रेम प्रदर्शित करने के वास्ते अपने शहरी पिट्ठुओं को सामाजिक एकता मंच, नक्सलपीड़ित संघर्ष समिति और बस्तर संघर्ष समिति जैसे समूहों के गठन के लिए प्रोत्साहित किया।

सामूहिक दहन और गाँवों की गुटबन्दी

जून 2005 और 2007 के बीच, पूरे के पूरे गाँवों को सड़क किनारे बस्तियों में रहने के लिए जबरन लाया गया। हिंसा से बचने के लिए, कई गाँव ख़ुद ही शिविर में रहने आ गए। आधिकारिक भाषा में, इन शिविरों का ज़िक्र 'राहत शिविर' के रूप में किया गया। लेकिन जुड़ुम नेताओं ने उन्हें सलवा जुड़ुम के 'आधार शिविरों' (बेस कैम्प) के रूप में पेश किया, जहाँ से हमला बोला जा सकता था। माओवादी-विरोधी रैलियों में शामिल होने से मना करनेवाले गाँवों को जला दिया गया। पुरुषों, महिलाओं और यहाँ तक कि बच्चों को भी मारा गया, और कई महिलाओं के साथ नृशंसतापूर्वक सामूहिक बलात्कार किया गया। माओवादियों ने जवाबी कार्रवाई में जुड़ुम नेताओं की हत्या की, जिनमें वो मुखिया भी शामिल थे जिन्होंने अपने गाँवों को इस बात के लिए राजी किया कि सरकार के साथ रहना अधिक सुरक्षित है।

इसके बाद मारे गए लोगों के भयभीत रिश्तेदारों ने सरकारी शिविरों में शरण ली।

ब्रिटिश-नियंत्रित मलाया (1948-60) गुटबन्दी के उत्कृष्ट आदि-प्रारूप (क्लासिक प्रोटोटाइप) के रूप में प्रसिद्ध है। 5,70,000 चीनी लोगों को उनकी जगह से उजाड़कर, 'नए गाँवों' के नाम से महिमामंडित बन्दी शिविरों में रखा गया, ताकि उन्हें मलाया की कम्युनिस्ट पार्टी से विमुख किया जा सके। यह रणनीति अमेरिकियों ने अंग्रेजों से उधार ली थी, जिन्होंने वियतनाम में 'रणनीतिक गाँव' क़ायम किए, ताकि किसानों को वियत कांग से अलग किया जा सके, और वियत कांग को रसद तथा फ़ौजी टुकड़ियों की गतिविधियों की सूचनाओं से वंचित किया जा सके। इस प्रक्रिया को प्रियोक्तिपूर्ण ढंग से नागरिकों को विद्रोहियों का 'शिकार' बनने से 'बचाने' के रूप में वर्णित किया गया है, और इसे दुनिया-भर में नागरिक आबादी पर विनाशकारी प्रभाव डालते हुए लागू किया गया है।[5]

हालाँकि, औपनिवेशिक-एवं आपातकाल-युगीन मलाया ने जो किया, उसी कालखंड में वही काम लोकतांत्रिक भारत ने किया। 1949 और 1951 के बीच, हैदराबाद राज्य के खम्मम में लगभग 1000 कोया गाँव जला दिए गए, मवेशी ज़ब्त कर लिये गए और लोगों को उन बड़े-बड़े सैन्य शिविरों में जाने के लिए मजबूर किया गया, जिन्हें प्रियोक्तिपूर्ण ढंग से तत्कालीन राष्ट्रवादी नेताओं के नाम पर अशोक नगर, गांधी नगर, जवाहर नगर जैसे नाम दिए गए थे। तेलंगाना सशस्त्र संघर्ष (1946-51) को दबाने के लिए, छापामारी, गिरफ़्तारी, यातना और यौन हिंसा के अलावा, इस्तेमाल की गई रणयुक्तियों में से यह बस एक थी। तब अविभाजित सीपीआई के छापामार दस्तों ने ग्राम रक्षा दलों के सहयोग से हैदराबाद निजाम के निजी हथियारबन्द लड़ाकों यानी रजाकारों, और उसके बाद भारतीय संघ की सेना, दोनों से लड़ाई लड़ी थी।[6]

हालाँकि, भारतीय सेना गुटबन्दी के अपने सबसे सफल इस्तेमाल के रूप में मिज़ोरम को शुमार करती है, जिसमें 82 प्रतिशत आबादी को कई छोटे, बिखरे हुए गाँवों से हटाकर, ग्रुपिंग सेंटर कहे जानेवाले बड़े गाँवों में स्थानांतरित कर दिया गया था, ताकि 1966 में आज़ादी की घोषणा करनेवाने मिज़ो नेशनल फ्रंट को हराया जा सके। तब भी, भागीदारी को 'स्वैच्छिक' दिखाया गया था :

> दुनिया के इस हिस्से में मैंने अब तक जिन समृद्ध गाँवों को देखा है, दारज़ो (मिज़ोरम) उनमें से एक था...मुझे आदेश थे कि गाँववाले जितना सम्भव हो चल सम्पत्ति ले लें, और शाम को सात बजे वे अपने ही गाँव को आग लगा दें। मुझे यह आदेश भी दिए गए थे कि वह सारा धान और दूसरे अनाज जलवा दें जिन्हें गाँववाले नए सेंटर नहीं ले जा सकते थे, ताकि भोजन को विद्रोहियों की पहुँच से दूर रखा जा सके...मैंने दारज़ो

> ग्राम परिषद के अध्यक्ष तथा उनके गाँव के बुज़ुर्गों को बुलाया और उन्हें एक दस्तावेज़ पर दस्तख़त करने का आदेश दिया जिसमें कहा गया था कि उन्होंने सुरक्षा बलों की हिफ़ाज़त में नाहथियाल पीपीवी (प्रोटेक्टेड एंड प्रोग्रेसिव विलेज) में पुनर्वासित किए जाने के लिए स्वेच्छा से कहा है, क्योंकि उन्हें विद्रोहियों द्वारा तंग किया जा रहा है, और इसके अलावा उनके अपने गाँव में संचार, शिक्षा, चिकित्सा समेत अन्य सुविधाएँ नहीं हैं। एक अन्य दस्तावेज़ में कहा गया था कि उन्होंने अपने ही गाँव को जला दिया है, और सुरक्षा बलों द्वारा कोई बल प्रयोग या ज़ोर-ज़बरदस्ती नहीं की गई है। उन्होंने दस्तख़त करने से इनकार कर दिया। इस कारण मैंने उन्हें बाहर भेज दिया और एक घंटे के बाद फिर से बुलाया, लेकिन इस बार बारी-बारी से—एक बार में एक आदमी को। मेरी मेज पर एक भरी हुई रिवॉल्वर रखी थी, और कोने में दो एनसीओ भरी हुई स्टेन-गन के साथ खड़े थे। इसने उन्हें डरा दिया, और एक-एक करके उन्होंने दोनों दस्तावेज़ों पर हस्ताक्षर कर दिए।[7]

भारत में, गुटबन्दी केवल 'आदिवासी' आबादी पर लागू की गई है। तेलंगाना और मिज़ोरम के अलावा, श्रीकाकुलम नक्सली विद्रोह (1957-1970) और 1950 के दशक में, सम्प्रभुता के लिए चलाए गए नागा सशस्त्र संघर्ष को दबाने के लिए गुटबन्दी का उपयोग किया गया था। यूँ तो तेलंगाना में पूरी आबादी प्रतिरोध में शामिल थी, मगर शिविरों में 'क़ैद' होना पड़ा केवल आदिवासियों को। लेकिन इसमें आश्चर्य की बात नहीं, क्योंकि जीवन शैली के आदिवासी तरीक़ों का कोई मोल नहीं समझा जाता है। गुटबन्दी के एक प्रचलित काउंटर-इन्सर्जेंसी रणयुक्ति बनने के पहले ही, आदिवासी लोगों को औपनिवेशिक सरकारों द्वारा 'बसाया' जा रहा था, जो झूम खेती, शिकार एकत्र करने और घुमन्तू पशुचारण को संसाधनों के बर्बादी-भरे उपयोग के रूप में देखती थीं। आधुनिक सरकारें भी सेवाओं को ज़्यादा दक्ष तरीक़े से पहुँचाने के नाम पर गुटबन्दी को न्यायोचित ठहराती हैं, क्योंकि पारम्परिक रूप से तितर-बितर व फैले हुए गाँव इसको मुश्किल बनाते हैं। यह तर्क मलाया में जनरल जेराल्ड टेम्पलर द्वारा इस्तेमाल 'दिल और दिमाग़ जीतने' के तरीक़े के साथ सटीक बैठता है। तब यह तर्क दिया गया था कि जिन नए गाँवों में चीनी बसाए गए हैं, वे उनके द्वारा पीछे छोड़ दिए गए गाँवों के उलट परोपकारी और दक्ष प्रशासन के मॉडल होंगे। सलवा जुडुम शिविरों को भी शुरू में मॉडल बस्तियों के रूप में प्रचारित किया गया था, लेकिन बाद में राज्य और सलवा जुडुम के नेताओं, दोनों के व्यापक भ्रष्टाचार ने यह सुनिश्चित कर दिया कि उनमें मिसाल जैसा कुछ नहीं था।

विस्थापन से लेकर भुखमरी तक

युद्धों के दौरान धरती झुलसाने की नीतियों का इस्तेमाल इतना आम है कि अन्तरराष्ट्रीय कन्वेंशनों ने उन्हें खुले तौर पर ग़ैरक़ानूनी घोषित किया हुआ है :

> लड़ाई के एक तरीक़े के रूप में नागरिकों को भूखों मारना निषिद्ध है। इसलिए उस मक़सद से, नागरिक आबादी के ज़िन्दा रहने के लिए अपरिहार्य चीज़ों जैसे खाद्य पदार्थों, खाद्य पदार्थों के उत्पादन के लिए कृषि क्षेत्रों, फ़सलों, पशुधन, पेयजल संस्थापनाओं एवं आपूर्ति और सिंचाई प्रणाली पर हमला करना, उनको नष्ट करना, हटाना या बेकार बनाना निषिद्ध है।[8]

जब जुडुम ने हमला किया, तो उन्होंने न केवल भीतर रखी सारी चीज़ों के साथ घरों को, बल्कि जंगल में उन्हें जो भी भंडारित अनाज मिला वह भी जला दिया। उन्होंने हैंड-पम्प तक नष्ट कर दिए। शिविरों में धकेले जाने से बच गए लोग माओवादियों का आश्रय लेकर जंगलों में भाग गए; लगभग 1,00,000 लोग पड़ोसी राज्यों में, ख़ासकर आन्ध्र प्रदेश (वर्तमान तेलंगाना) भाग गए।[9] ऐसे लोग भात से निकाले गए माँड या अपने जले हुए घरों से बरामद अनाज पर जीवित रहे। सामान्य दिनों में, जले हुए अनाज की गंध और स्वाद को पचा पाना कठिन होता है, लेकिन जीवित रहने के लिए इनसान कुछ भी खा लेता है। शिविरों में, खाद्य आपूर्ति में भ्रष्टाचार का मतलब था कि लोग हमेशा भूखे रहें। मलाया और मिज़ोरम की तरह, सरकार ने अन्दरूनी इलाक़ों के बाज़ारों में चावल के परिवहन पर भी पाबन्दी लगा दी थी।

लड़ाई सड़कों, पेड़ों, स्कूलों, ट्रांसफार्मरों और हैंड-पम्पों—हर जगह फैल चुकी है, हर क़दम पर पूरी कड़वाहट से लड़ी गई है। सरकार जंगल साफ़ करती है और राजमार्गों का विस्तार करती है, और माओवादी रात में सड़कों को काटने के लिए ग्रामीणों को गोलबन्द करते हैं, गहरी खंदकें वाहनों को धीमा कर रेंगने पर मजबूर कर देती हैं। अब संरचनात्मक युद्ध (इंफ्रास्ट्रक्चरल वार) की सबसे साफ़ निशानियाँ परित्यक्त स्कूल हैं, जिनकी छतें आधी गिरी हुई हैं, धमाके से क्षतिग्रस्त दीवारों के बगल से लताएँ उग रही हैं। शुरुआती वर्षों में, स्कूलों को सुरक्षाकर्मी अपने सघन तलाशी अभियानों के दौरान क़ब्ज़ा करके रखते थे, और रात में माओवादी आदेशों पर उन्हें उड़ा दिया जाता था, ताकि गाँवों में पुलिस के स्थायी ठिकाने न बन जाएँ। लेकिन इससे पहले भी, जैसे ही जुडुम शुरू हुआ था, सरकार ने स्कूलों को बन्द करने और शिक्षकों को कैम्प में जाने का आदेश दे दिया था। वर्षों तक, अन्दरूनी साप्ताहिक हाट भी बन्द रहे, और जो लोग गाँवों में रह गए थे वे पकड़े जाने और

मारे जाने के डर से इतने भयभीत थे कि बीमार होने और चिकित्सकीय मदद की अत्यंत ज़रूरत होने पर भी बाहर नहीं निकलते थे।

2015-16 में, अपेक्षाकृत शान्त माहौल के एक दौर के बाद, आतंक ने फिर से सर उठा लिया है। घरों से नकदी, गहनों और मुर्ग़े-मुर्ग़ियों की लूट, अन्दरूनी इलाक़ों में चावल पहुँचानेवाले व्यापारियों पर रोक, और ग्रामीणों, ख़ासकर पुरुषों, के गिरफ़्तारी के भय से बाज़ार आने से डरने की ख़बरें आने लगी हैं।

स्थानीय युवाओं की सहायक के रूप में भर्ती

सरकार ने शुरू में 'ग्राम रक्षा समितियाँ' बनाने का प्रस्ताव रखा, जिन्हें कश्मीर या नागालैंड की तर्ज पर हथियारबन्द किया जाना था,[10] काफ़ी कुछ ग्वाटेमाला के नागरिक गश्ती दलों की तरह, जहाँ 'डर्टी वार' के लिए नागरिकों की व्यापक अनिवार्य भर्ती की गई थी।[11] लेकिन, बात बन नहीं पाई, और इसके बजाय, सरकार ने नागरिकों के बीच से विशेष पुलिस अधिकारियों (एसपीओ) का बल बनाया। इन एसपीओ में से कई पूर्व माओवादी या *संघम* सदस्य कहे जानेवाले उनके ग्राम-स्तर के कार्यकर्ता थे, जिन्हें जुडुम रैलियों में 'आत्मसमर्पण' करने और अपने पूर्व-साथियों की शिनाख़्त करने तथा उन्हें ट्रैक करने के लिए पुलिस में शामिल होने पर मजबूर किया गया।

यहाँ भी सरकार ने कश्मीर में इख्वानियों, असम में सल्फा (सरेंडर्ड यूनाइटेड लिबरेशन फ्रंट ऑफ़ असम), या पंजाब के 'कैट्स'[12] की तरह पाला-बदलुओं का इस्तेमाल किया, जो अच्छी तरह आजमाए हुए काउंटर-इन्सर्जेंसी मॉडल से उधार लिया गया था। ये लोग एक अस्पष्ट बल बनाते हैं, जो अनुत्तरदायी होता है क्योंकि वे आधिकारिक रूप से पुलिस में नहीं होते। औपचारिक रूप से स्थानीय पुलिस में समाहित कर लिये जाने पर भी, वे अक्सर बल के अन्दर एक अनुशासनहीन मौजूदगी के रूप में ही रहते हैं। दुश्मन के सहयोगी और ग़द्दार होने के नाते एक तबक़े के बतौर स्थानीय आबादी की घृणा के पात्र इन लोगों में से कुछ तो जुल्म के शिकार नागरिकों के बीच ख़ास तौर पर बदनाम हो जाते हैं, जबकि राज्य उन्हें काउंटर-इन्सर्जेंट योद्धाओं के रूप में इज़्ज़त बख़्श रहा होता है।

कश्मीरी इख्वानी गुलाम मोहम्मद मीर उर्फ मुमा काना को 2010 में देश के सर्वोच्च सम्मानों में से एक, पद्मश्री दिया गया था,[13] जिसका ख़ुद का दावा लगभग 5000 लड़कों की गिरफ़्तारी में सहयोग करने का था। बस्तर में, एसपीओ कर्तम सूर्या, जो आगजनी, बलात्कार और हत्याओं में अपनी भूमिका के लिए स्थानीय लोगों में कुख्यात था, 2012 में नक्सलियों द्वारा मारे जाने पर उसे पुलिस द्वारा बन्दूक़ों की सलामी दी गई थी।

2011 में, सुप्रीम कोर्ट ने काउंटर इन्सर्जेंसी अभियानों में स्थानीय युवाओं के एसपीओ के रूप में इस्तेमाल को असंवैधानिक क़रार दिया। न केवल राज्य की आर्थिक नीतियाँ नव-उदारवादी थीं, बल्कि जब बढ़ती सामाजिक अशान्ति के रूप में इन अनर्थकारी नीतियों के अपरिहार्य नतीजों से उसका सामना हुआ, तो उसकी प्रतिक्रिया भी उतनी ही नासमझी-भरी थी—जैसे कि विद्रोह से लड़ने के लिए बाक़ायदा प्रशिक्षित बलों के बजाय बदले की भावना से भरे हुए पाला-बदलुओं या बेरोज़गार युवाओं पर भरोसा।

इस आदेश पर राज्य सरकार तुरन्त हरकत में आई और एसपीओ को 'सहायक सशस्त्र पुलिस बल' का नया नाम दे दिया, लेकिन बेलगाम धावा दल और गाइड के रूप में पहले की तरह ही उनका इस्तेमाल करना जारी रखा। 2013 में, राज्य पुलिस ने फिर से उनका नाम बदल दिया। इस बार 'निचले कैडर के पूर्व नक्सलियों, माओवादियों के हमदर्दों, सलवा जुडुम के दौरान विस्थापित ग्रामीणों' में से 1700 लोगों का 'डिस्ट्रिक्ट रिज़र्व गार्ड' (डीआरजी) बनाया गया।[14] 2016 में, पुलिस ने ग्राम रक्षा समितियों के विचार को भी पुनर्जीवित किया।

क़ानून का सितम

काउंटर-इन्सर्जेंसी की ज़्यादतियों पर नज़र रखने के बजाय क़ानून हमेशा उसके साथी और सहयोगी के रूप में ही अधिक सक्षम ढंग से काम करता रहा है। सितम्बर 2005 में, सरकार ने सीपीआई (माओवादी) और उसके सभी फ्रंट संगठनों पर प्रतिबन्ध लगाने की घोषणा की, और दिसम्बर 2005 में, राज्य विधानसभा ने पूर्व के एक अध्यादेश के आधार पर छत्तीसगढ़ विशेष सार्वजनिक सुरक्षा अधिनियम (सीएसपीएसए) पारित किया। अन्य बातों के अलावा, इस अधिनियम ने किसी भी व्यक्ति के लिए 'ऐसे संगठनों की ग़ैरक़ानूनी गतिविधियों में किसी भी तरह से सहयोग करने या भाग लेने या फिर ऐसा किसी माध्यम या साधन के ज़रिये करने' को अवैध बना दिया। किसी भी ग्रामीण का माओवादी बैठक में भाग लेना या गाँव में गुरिल्ला दस्ते की पहल पर बनाए जा रहे तालाब में योगदान देना, तकनीकी रूप से क़ानून का उल्लंघन हो सकता था। हालाँकि, जब बात सामान्य आदिवासियों की हो तो पुलिस को छत्तीसगढ़ विशेष जन-सुरक्षा अध्यादेश की ज़रूरत नहीं होती, उन पर हत्या और हत्या के प्रयास के आरोप बेधड़क लगाए जाते हैं। जब लोगों के पास से कुल्हाड़ियों या तीर-धनुष के अलावा कुछ भी नहीं मिलता है, तो भी शस्त्र अधिनियम, डकैती और राज्य के ख़िलाफ़ युद्ध छेड़ने से सम्बन्धित प्रावधानों (दंड प्रक्रिया संहिता, आईपीसी की धारा 120-121) का उपयोग किया जाता है।

आदिवासियों और नक्सलियों से निपटने की पुलिस की रणनीति में चार दशकों में थोड़ा-सा ही बदलाव दिखता है। जैसा कि 1970 के दशक में अमृता रंगासामी ने लिखा है :

> केन्द्रीय रिज़र्व पुलिस को नक्सलियों और उनके पैरोकारों के एक छोटे से दल को मार गिराने के लिए श्रीकाकुलम लाया गया था। वे अब पूरे आदिवासी समुदाय को सन्दिग्ध मानते हैं। पूरे आन्ध्र प्रदेश में बड़ी संख्या में आदिवासियों को क़ैदख़ानों में ठूँसे जाने में पुलिस की किंकर्तव्यविमूढ़ता साफ़ दिख रही है और जेलों में 'छनाई अभियान' शायद इस उम्मीद में चलाए गए हैं कि 'नक्सली' सामने आएँगे...परम्परागत रूप से, भारतीय आदिवासियों को कभी इंसाफ़ नहीं मिला है। लेकिन श्रीकाकुलम में तो इंसाफ़ से इन्कार को आधिकारिक नीति का सर्वमान्य सिद्धान्त बना दिया गया है।[15]

छत्तीसगढ़ में जेलों के आँकड़े चौंकाने वाले हैं, और बीतते सालों के साथ केवल बदतर हुए हैं। 2013 में, छत्तीसगढ़ की जेलें 6070 क़ैदियों की क्षमता के मुक़ाबले 261 प्रतिशत या 15,840 क़ैदियों की क्षमता के साथ चल रही थीं, जो देश की जेलों में क्षमता से अधिक भीड़ का उच्चतम स्तर था। इसमें से, कांकेर जेल के भरे होने की दर 428 प्रतिशत, दंतेवाड़ा की 371 प्रतिशत और जगदलपुर की 260 प्रतिशत थी।[16] इन क़ैदियों में से ज़्यादातर विचाराधीन हैं, जो अन्ततः बरी हो जाते हैं क्योंकि उनके ख़िलाफ़ न कोई सबूत होता है और न ही हो सकता है। लेकिन इस बीच, वे कई साल जेल में गुज़ार चुके होते हैं। बड़े पैमाने पर गिरफ़्तारियों की अपनी नीति पर पुनर्विचार करने की जगह, छत्तीसगढ़ सरकार ने क्षमता से अधिक भीड़ की समस्या दूर करने के लिए अतिरिक्त बैरक बनाने के वास्ते 2016 के अपने बजट में 21.66 करोड़ रुपए मंज़ूर किए।[17]

ख़बरों पर पहरा

काउंटर-इन्सर्जेंसी या युद्ध के समय में, राज्य के नैरेटिव का अनुसरण करने की मीडिया की प्रवृत्ति जगजाहिर है—चाहे युद्ध और हताहतों के दृश्यों एवं टीवी चैनलों पर दिखाई जा रही ख़बरों के ज़रिए हो, या पहले पन्ने पर छपे प्रशासन के नज़रिये के मुक़ाबले असहमति रखनेवालों को न दी गई जगह का मामला हो।[18]

छत्तीसगढ़ में, जब-जब स्थानीय मीडिया ने तत्परतापूर्वक राज्य से जुड़कर काम नहीं किया है, उसे डराया-धमकाया गया है। जुडुम जब चरम पर था, तो बमुश्किल 50 या 100 किलोमीटर दूर तक के गाँवों या क़स्बों के चन्द लोगों

को ही पता रहता था कि वास्तव में क्या हो रहा है, क्योंकि अख़बारों में जो वे पढ़ते थे उसमें हिंसक माओवादी हमले की घटनाओं के पोथे के सिवा कुछ नहीं होता था।

राष्ट्रीय मीडिया ज़्यादातर उदासीन ही रहा है। पिछले 10 वर्षों में सशस्त्र टकराव की उसकी कवरेज में राज्य के अत्याचारों पर चुप्पी है और नक्सलियों के ख़िलाफ़ राज्य की लड़ाई में बिना नुक्ताचीनी के राज्य की तारीफ़। 2005 से 2007 तक लगभग मीडिया-ब्लैकआउट रहा। 2008 और 2011 के बीच मानवाधिकार हनन की कुछ घटनाएँ उजागर हुईं, जब हथियारबंद गिरोहों की दोबारा शुरुआत और मानवाधिकार कार्यकर्ताओं, वकीलों, पत्रकारों तथा अन्य लोगों पर हमलों ने इसकी अनदेखी को असम्भव बना दिया। इसके बाद 2015-16 तक अपेक्षाकृत ख़ामोशी रही। अधिकांश कवरेज ने मध्य-वर्ग के वार्ताकारों पर ध्यान केन्द्रित किया है, लेकिन बस्तर में एक दशक के युद्ध का मतलब है कि सलवा जुडुम की शुरुआत की तुलना में अब सामान्य आदिवासियों पर भी काफ़ी ज़्यादा रिपोर्टिंग है। सबसे बड़ा फ़र्क़ यह है कि जिस ख़ौफ़ज़दा ख़ामोशी के साथ गाँववालों ने सलवा जुडुम को भुगता था उसके मुक़ाबले अब वे बात करना चाह रहे हैं कि उन पर क्या-क्या गुज़रा है।

आम तौर पर, जब बात राष्ट्रीय सुरक्षा की आती है तो राष्ट्रीय मीडिया नागरिकों पर पड़नेवाले प्रभावों को लेकर ज़्यादा ही सकारात्मकता से भर उठता है। 1960 के दशक में, जब पूर्वोत्तर राज्य मिज़ोरम की लगभग पूरी आबादी को सेना-नियंत्रित शिविरों में जबरन विस्थापित किया जा रहा था, *इंडियन एक्सप्रेस* ने, स्पष्ट सहमति के साथ, स्वीकार किया कि 'ऑपरेशन सिक्योरिटी' में एक मात्रा में बल प्रयोग भी शामिल होगा'।[19] कश्मीर में, 1989 में जब से कश्मीर आन्दोलन शुरू हुआ, बे-निशान क़ब्रों की खोज, हज़ारों लोगों की गुमशुदगी और कुछ अनुमानों के मुताबिक़ 70,000 से 90,000 मौतों के बावजूद, शायद ही कभी ये मुद्दे राष्ट्रीय बहस में आए हैं।

काउंटर-इन्सर्जेंसी अभियान में उतार-चढ़ाव

गुज़रते मौसमों के साथ, युद्ध मन्द भी पड़ा है और दोगुना तीखा भी हुआ है। इस दौरान वह अपना नामकरण और पुनर्नामकरण भी करता रहा है—सलवा जुडुम, ऑपरेशन ग्रीन हंट, स्थानीय अभियान जैसे ऑपरेशन माड़, किलम और पोडकु, या मिशन 2016। उत्तर और पूर्व में कांगेर नेशनल पार्क के धुरवा और कोया गाँवों में, और सुदूर उत्तर में कांकेर, अन्तागढ़ और भानुप्रतापपुर तक पहुँचकर टकराव ने नए क्षेत्रों में विस्तार किया है। ज़िले-भर से मुठभेड़, घात लगाकर हमलों, सामूहिक गिरफ़्तारियों और नागरिक हत्याओं की ख़बरें आती रहती हैं। कॉम्बिंग ऑपरेशन अब मॉनसून के दौरान भी चलते हैं, बिना यह परवाह किए कि यह लोगों को बड़ी

मुसीबत में डाल सकता है, क्योंकि इस मौसम में खाद्य भंडार पारम्परिक रूप से कम होते हैं।

ख़ुद को तथा अपनी जनताना सरकार को ज़िन्दा रखने की कोशिश में, वर्दीधारी गुरिल्ला कंकड़ों से भरी जलधाराओं को पैदल पार करते हुए, सर्पदंश और कँटीली झाड़ियों को लेकर सशंकित रहते हुए रात-भर पदयात्रा करते हैं। वर्दीधारी अर्धसैनिक बल दिन-भर गर्मी में पदयात्रा करते हैं, और उनमें से कई इस जगह से बाहर कहीं तबादले के लिए प्रार्थना करते रहते हैं। कभी-कभार, माओवादी सनसनीखेज शिकार करते हैं, जैसे कि अप्रैल 2010 में ताड़मेटला में घात लगाकर 76 सीआरपीएफ जवानों की हत्या; और कभी-कभी सुरक्षा बल अपने खाते में मौत का आँकड़ा बढ़ाते हैं, जैसे कि 2012 में एक रात सारकेगुडा में 17 ग्रामीणों को गोली मार दी गई थी। इस ख़ामोश जंगल ने मौत की आवाज़ सुनना सीख लिया है।

सुरक्षा बल टिकने आए हैं। किसी आधिपत्यकारी सेना की तरह, उन्होंने हर 5 से 8 किलोमीटर की दूरी पर कैम्प लगाकर, जंगल को तहस-नहस कर, कँटीले तारों से बड़े-बड़े इलाक़ों को घेरकर, ऊपर मँडराते हेलीकॉप्टरों एवं मानवरहित ड्रोनों के साए में जंगल की सड़कों को समतल करने में लगे घड़घड़ाते हरे बख़्तरबन्द टैंकों के ज़रिये अपने पाँव पसार लिये हैं। ग्रामीण कहते हैं कि ये कैम्प रातोंरात उग आते हैं, और कभी-कभी तो उस ज़मीन पर भी जिसे वे दशकों से जोतते आए हैं। वन-बस्तियों से होकर छह लेन के राजमार्ग बनाए जा रहे हैं। अभी वहाँ पूरे दिन में शायद पाँच या छह वाहन गुज़रते होंगे—स्कूटर पर कुछ जोड़े, अन्तरराज्यीय ट्रक, गाहे-ब-गाहे किसी अधिकारी की कार, और हाट के दिन लोगों और उपज को ढोती ठसाठस भरी जीप-टैक्सियाँ और बसें। मोटरगाड़ी की बात ही छोड़िए, ग्रामीण सड़कों पर मीलों चलने पर भी हो सकता है कि एक आदमी तक न मिले। 2011 की जनगणना के अनुसार, दंतेवाड़ा में जनसंख्या घनत्व 59 व्यक्ति प्रति वर्ग किलोमीटर है, जबकि बीजापुर में यह 39 है। लेकिन, योजना स्पष्ट रूप से उस भविष्य के लिए है जहाँ अयस्कों से भरे ट्रकों का रेला लगातार चलता रहेगा।

यूँ तो ज़्यादातर ग्रामीण जुडुम शिविरों या आन्ध्र प्रदेश से लौट आए हैं, जहाँ वे 2005 और 2007 के बीच भाग गए थे, लेकिन उस वक़्त गाँव छोड़कर जानेवाले कुछ लोग कभी नहीं लौटेंगे, क्योंकि जान बचाने को किए गए पलायन तक से नई जड़ें फूटती हैं। कुछ लोग सलवा जुडुम शिविरों में बस गए हैं, जहाँ उनके बच्चे पुलिस का हिस्सा बन चुके हैं, और कुछ लोगों ने अपनी जड़ें, नाज़ुक ही सही, तेलंगाना में जमा ली हैं—उनके बच्चे तेलुगु में पढ़ते हैं, और उनके पास नए पहचान पत्र हैं और कुछ मामलों में नए धर्म भी।

जो लौट भी आए हैं, उनका अपने गाँवों में रहना अनिश्चित जैसा है : सुरक्षा बलों द्वारा बार-बार चलाए जानेवाले सघन तलाशी अभियान, यातना और सामूहिक

गिरफ़्तारी के साथ-साथ काम के अवसरों का अभाव युवाओं को, कम से कम एक सीजन, और अक्सर कहीं ज़्यादा लम्बे समय के लिए, गाँव छोड़ने पर बाध्य कर देता है। अर्धसैनिक बलों के कैम्पों और मुख़बिरों को पुलिस द्वारा पैसे दिए जाने के दबाव में, माओवादी भी ग्रामीणों पर पिल पड़ रहे हैं, 'मुख़बिरों' को मार डाल रहे हैं और पुलिस के साथ सहयोग करने के लिए लोगों की पिटाई कर रहे हैं। बातचीत में, लोग 'शान्त' या 'गड़बड़' होने की रिपोर्ट करते हैं मानो वे साप्ताहिक या मासिक आधार पर मौसम का हाल बता रहे हों। और जब भी सुरक्षा बलों और माओवादियों के बीच कोई बड़ी 'मुठभेड़' होती है, आसपास के सभी गाँवों में सन्नाटा पसर जाता है, क्योंकि राज्य की जवाबी कार्रवाई के इन्तज़ार में सारे ग्रामीण दम साध लेते हैं।

जुडुम या उसके बाद के अभियानों से सीधे तौर पर प्रभावित न होनेवाले इलाक़ों में अन्य प्रकार के विभाजन सामने आए हैं। प्रत्येक जनजाति का अपना एक संघ है, जैसे हल्बा समाज या कोया समाज, जो विवाह और भोजन को लेकर अपने नियम तय करता है। धर्मांतरित ईसाई गाँव के मेलों के लिए चन्दा देने से यह कहते हुए मना करते हैं कि वे अब उन देवताओं को नहीं मानते जिनके नाम पर ये मेले लगते हैं, और पारम्परिक मार्ग के अनुयायी तर्क देते हैं कि ये सिर्फ़ धार्मिक त्योहार नहीं, बल्कि पूरे गाँव के सम्मिलित आयोजन हैं। इसे लेकर दोनों के बीच झगड़े होते हैं। सांप्रदायिक विश्व हिन्दू परिषद (वीएचपी) अब अपने काम में लग गया है, और बहुत ही स्थानीय क़िस्म के टकराव में ज़्यादा व्यापक हिन्दू-ईसाई विद्वेष घोल रहा है।

भावी इतिहासकार जंगल को समझनेवाली एक सभ्यता के ख़त्म होने, और बिचौलियों, ठेकेदारों, अर्धसैनिक बलों, तथा धर्म एवं राजनीतिक दलों द्वारा उत्प्रेरित विभाजनों से युक्त समाज के उदय होने को दर्ज करेंगे।

2

कलेजे में लोहा

अप्रैल 2015 में, मैं बस्तर ज़िला मुख्यालय जगदलपुर से 16 किलोमीटर पूरब की ओर, नगरनार में चाय की एक दुकान पर बैठी थी, जहाँ राज्य-स्वामित्व वाला राज्य खनिज विकास निगम (एनएमडीसी) एक इस्पात संयंत्र लगा रहा था। बैलाडीला पहाड़ियों में स्थित इस अंचल के सार्वजनिक क्षेत्र के प्रथम खनन टाउनशिपों, किरंदुल और बचेली की तरह, नगरनार इस्पात संयंत्र के अन्दर भी सड़कें चौड़ी और चिकनी हैं। वहीं, इसके बाहर गाँव को जानेवाली सड़क कच्ची और ऊबड़-खाबड़ है; यह एक चौक पर जाकर ख़त्म होती है, जहाँ चाय, सॉफ़्ट ड्रिंक और ठंडे पड़े समोसे बेचनेवाली मामूली दुकानें, एक बस अड्डा और पंचायत भवन है। चाय की दुकान में चल रही बातचीत उस समय जारी भूमि-अधिग्रहण के बारे में थी। गन्ने को कोल्हू में डालते हुए दुकानदार ने कहा कि सरकार अभी 28 से 30 लाख रुपए प्रति एकड़ के हिसाब से अधिग्रहण कर रही है, जबकि 2001 में उन्होंने लोगों को 11,000 रुपए एकड़ में अपनी ज़मीन देने के लिए मजबूर किया था। ज़्यादातर ज़मीन तभी अधिगृहीत कर ली गई थी। ग्रामीणों ने विरोध किया तो उन पर लाठी चलाई गई और उन्हें गिरफ़्तार कर लिया गया। एक गंजे आदमी, शंकर ने, सुर में सुर मिलाते हुए कहा कि उसे 5 एकड़ के 73,000 रुपए मिले थे। दूसरी ज़मीन ख़रीदने के लिए यह रक़म बहुत कम थी; अब उसका परिवार एनएमडीसी में उसके बेटे को मिली चतुर्थ श्रेणी, यानी जांगर खटने की नौकरी पर पलता है। तभी, जगदलपुर के राजनीतिज्ञ और व्यापारी ज़मीन ख़रीद चुके थे। सुंडी जैसे ग़ैर-आदिवासियों से उन्होंने अपने नाम पर ज़मीन ख़रीदी, जबकि आदिवासी ज़मीन भरोसेमन्द आदिवासी नौकरों के नाम पर (*बेनामी*) ख़रीदी गई, क्योंकि उसे ग़ैर-आदिवासियों को बेचना क़ानूनन मना है। एक लम्बे, दुबले-पतले और तीखी मूँछोंवाले आदमी, जो पंजाब नेशनल बैंक में काम करते थे, ने ज़ोरदार ढंग से कहा कि बाज़ार तो अपना काम कर रहा है। स्थानीय लोग चुप्पी लगा गए। उन्होंने जो गँवाया था, उसका ज़िक्र उन्होंने लगभग सतही ढंग से किया, मानो

यह किसी और की कहानी हो, या फिर मुझसे अलग से हुई बातचीत में बताया कि उन्होंने क्या-क्या खोया।

जगदलपुर की दूसरी तरफ़, लोहंडीगुड़ा में, जहाँ 2005 में हुए एक क़रार के बाद टाटा का इस्पात संयंत्र बनना था, वहाँ के गाँववाले 11 सालों से अनिश्चितता और तनाव में जी रहे थे। सीपीआई द्वारा संगठित किए गए गाँववाले, टाटा के लिए अपनी ज़मीन छोड़ दें, इसके लिए उन्हें झुकाने के वास्ते 2007 में राज्य ने बलात्कार और गिरफ़्तारियाँ कराईं।[1] कम्पनी इस पर चुप थी, मगर अपने कॉरपोरेट सामाजिक दायित्व (सीएसआर) के अंग के रूप में उसने स्कूलों में खेलकूद के कार्यक्रम किए, और एक क्लिनिक संचालित किया। किसानों ने अपनी ज़मीन को जोतना जारी रखा, लेकिन अधिकारियों ने उन्हें क़र्ज़ या खाद देने से मना कर दिया क्योंकि ज़मीन आधिकारिक रूप से अधिगृहीत की जा चुकी थी। अगर कोई ख़ुश था तो वह थे दलाल, जो ज़मीन अधिग्रहण और बिक्री के इस छल-कपट में अच्छा दख़ल रखते थे। अगस्त 2016 में, कम्पनी ने औपचारिक तौर पर अपना प्रोजेक्ट समेट दिया। कारण के रूप में ज़मीन अधिग्रहण में देरी, और उसके चलते कैप्टिव लौह अयस्क खान के छिन जाने को दिखाया गया, लेकिन ऐसा विश्व स्तर पर इस्पात उत्पादन की इफ़रात हो जाने के कारण भी हुआ था।

धरती के नीचे दौलत

मई 2015 में, प्रधानमंत्री नरेंद्र मोदी ने दंतेवाड़ा का दौरा किया और 24 हज़ार करोड़ रुपए के निवेश का ऐलान किया, जो जगदलपुर के दक्षिण में स्थित डिलमिली में एक 'अल्ट्रा मेगा' इस्पात संयंत्र, बैलाडीला इलाक़े में एनएमडीसी की मौजूदा लौह अयस्क खानों के पास बचेली-किरंदुल में एक करोड़ मीट्रिक टन के प्रसंस्करण संयंत्र, जगदलपुर के उत्तर में प्रस्तावित रावघाट खानों से लौह अयस्क लाने के लिए रेलवे लाइन, और नगरनार में स्लरी पाइप और पेलेट प्लांट के लिए था।[2]

अगर सरकार अपने रास्ते पर चल पाई होती, तो जगदलपुर इस्पात संयंत्रों से घिर गया होता और पूरे अंचल को लौह अयस्क एवं अन्य खनिज ढोनेवाली पाइपलाइनों, सड़कों तथा रेलवे लाइनों ने छिन्न-भिन्न कर डाला होता। जहाँ खानें नहीं हैं, वहाँ उद्योगों को बिजली आपूर्ति करने के लिए बाँध और जलागार होते : अगर आन्ध्र प्रदेश में पोलावरम बाँध बनता है तो कोंटा ब्लॉक का बड़ा हिस्सा डूब जाएगा, जबकि बोधघाट पनबिजली परियोजना—जो कभी ठंडे बस्ते में चली गई थी, लेकिन अब पुनर्जीवित हो गई है—दंतेवाड़ा में गाँवों को डुबो देगी। खानों, बाँधों तथा मारडुम स्थित डिफेंस बेस और कांकेर के जंगल वारफेयर कॉलेज जैसे रक्षा प्रतिष्ठानों के बीच इस अंचल की घनी जैव-विविधता बीते दिनों की बात हो जाएगी।

अगर 19वीं सदी का उत्तरार्ध वन विभाग का था (जब जंगल अंग्रेजों की जहाज़ निर्माण और रेलवे सम्बन्धी ज़रूरतों को पूरा करने के लिए आरक्षित थे), और 20वीं सदी उन सरकारी इंजीनियरों की जिन्होंने बाँध बनाए, तो 21वीं सदी निस्सन्देह—कम से कम अब तक—खनन में सार्वजनिक-निजी साझेदारी (पीपीपी) की है। ब्रिक्स देशों (ब्राजील, रूस, भारत, चीन और दक्षिण अफ्रीका) से माँग के चलते, 2000-08 के ग्लोबल कमोडिटी बूम या दीर्घतर अवधि में कमोडिटी सुपरसाइकिल की वजह से बुनियादी जिन्सों की क़ीमतों में बड़ा इज़ाफ़ा हुआ और इन जिन्सों का कहीं ज़्यादा वित्तीयकरण हुआ, साथ ही नई खनन तकनीकों का विकास भी हुआ। 21वीं सदी के पहले दशक में, दुनिया-भर में लोहे का उत्पादन 10 फ़ीसदी बढ़ गया। खनन के लिए नए इलाक़े खोले गए। इन नए इलाक़ों में राज्य के हस्तक्षेप से ग्रामीण अवसंरचना—सड़कों, बिजली, दूरसंचार टावरों की झड़ी-सी लगने लगी।[3]

यह वैश्विक परिघटना छत्तीसगढ़ में भी दिखाई पड़ती है। 1982 से 1990 के दौरान, 96 फ़ीसदी भूमि-अधिग्रहण जल संसाधनों से जुड़ी परियोजनाओं के लिए था, जो 1991 से 2007 के बीच घटकर 49.9 फ़ीसदी रह गया। इसके उलट, बाद की अवधि में उद्योग, खानों, रक्षा और सड़कों के लिए अधिग्रहण में नाटकीय उछाल (कुल अधिग्रहण का 34.72 फ़ीसदी) आया, जबकि स्वास्थ्य और शिक्षा के लिए यह अधिग्रहण शून्य रहा। 1991 और 2007 के बीच, अकेले बस्तर में 3703.75 एकड़ ज़मीन रक्षा (डिफेंस) के लिए अधिगृहीत की गई।[4]

बस्तर के खनिज के खजाने में बॉक्साइट, प्लेटिनम, कोरंडम, डोलोमाइट, चूना, पत्थर वग़ैरह के अलावा, देश के कुल लौह अयस्क भंडार का 10 फ़ीसदी हिस्सा शामिल है। राज्य के राजस्व में खनिज बड़ा योगदान देते हैं।[5] (नक़्शा देखें) इसका ज़्यादातर हिस्सा निजी हाथों में जा रहा है।[6] ओडिशा में कलिंग नगर और काशीपुर से लेकर झारखंड में नोआमुंडी और उत्तर छत्तीसगढ़ में रायगढ़ तक, भू-दृश्य बदल रहे हैं। वहाँ स्पंज आयरन प्लांट गाढ़ा काला धुआँ उगलते रहते हैं, कोयले की खानें हरे-भरे जंगलों को बर्बाद कर रही हैं, लौह अयस्क या बॉक्साइट के लिए खनन छोटे-छोटे असहाय गाँवों का विस्थापन कर रहा है, उनके पानी को कीचड़ से लाल बना रहा है और पानी के स्रोतों को चूस ले रहा है।

औपचारिक खनन के साथ ही अनौपचारिक निजी खनिज निकासी भी चलती रहती है। मैं उत्तर स्थित अन्तागढ़ में उन नदियों से गुज़री हूँ जहाँ पानी से सोने के कण छानने का काम चलता है, और दक्षिण स्थित तोंगपाल में, मैंने व्यापारियों को अवैध रूप से पिघलाया टिन अयस्क मोटरसाइकिल के बगल में बँधे झोलों में लेकर ओडिशा और आन्ध्र की सीमा की ओर जाते देखा है। व्यापारियों ने सटीक आँकड़ा देकर बताया कि रास्ते के सभी पुलिस थाने इसके लिए अपना हिस्सा लेते

बस्तर के खनिज क्षेत्र

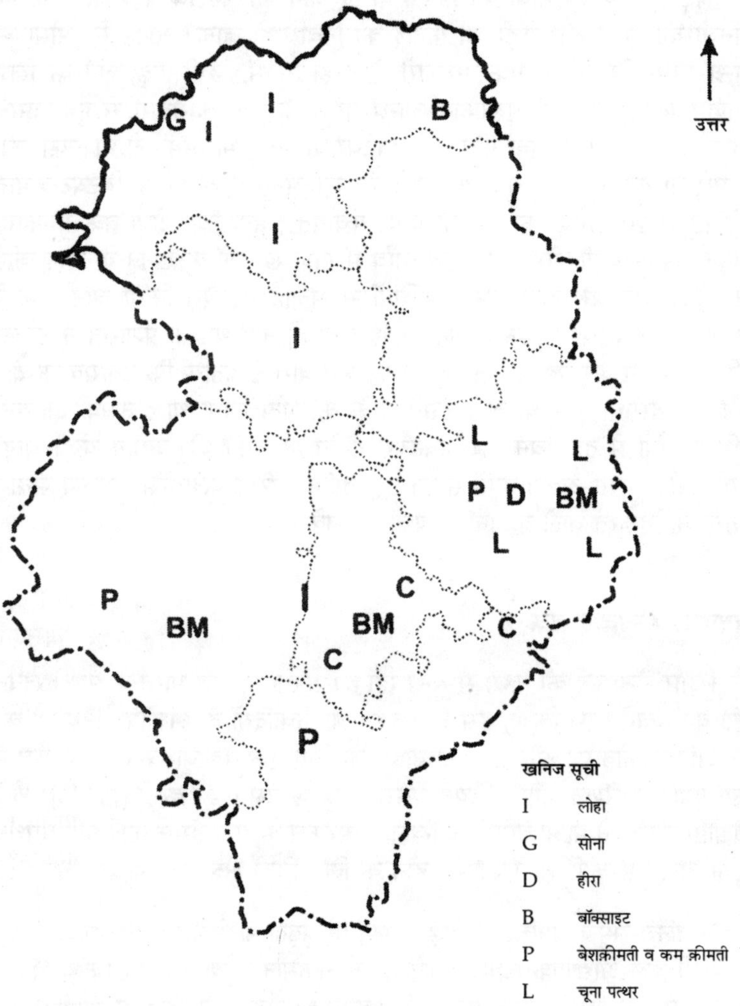

स्रोत : भू-विज्ञान और खनन निदेशालय, रायपुर, छत्तीसगढ़

हैं। दंतेवाड़ा के एक पत्रकार के मुताबिक़, हर रात 14-15 ट्रक 16 से 40 टन लौह अयस्क के साथ, एनएमडीसी की बचेली और किरंदुल खानों से चोरी-छिपे राज्य के स्पंज आयरन प्लांटों में भेजे जाते हैं।

जुडुम के ज़रिये गाँवों को ख़ाली कराए जाने का मतलब था, छोटे स्तर पर खनिजों की खोज और पेड़ों की कटाई का निर्बाध हो जाना। 2008 में, सीमा के आन्ध्र तरफ़ चिन्तुरु के एक सरकारी गेस्ट हाउस में, छत्तीसगढ़ जाने के लिए इन्तज़ार करते हुए, मेरी मुलाक़ात आन्ध्र प्रदेश के एक कारोबारी से हुई जिसने ग्रेनाइट खदान के लिए एक गाँव में 3 हेक्टेयर ज़मीन अभी-अभी ली थी। उस गाँव के सारे बाशिंदे कैम्प जा चुके थे। कारोबारी का अन्दाज़ा था कि 3 हेक्टेयर ज़मीन उसे 10 से 20 करोड़ का मुनाफ़ा देगी। पंचायत (अनुसूचित क्षेत्रों तक विस्तार) क़ानून, 1996 यानी 'पेसा' के तहत, गाँव में गौण खनिजों के खनन के लिए कोई पट्टा दिए जाने से पहले उसके बाशिंदों से सलाह-मशविरा किया जाना ज़रूरी है। लेकिन चूँकि वहाँ पूछने के लिए कोई बचा ही नहीं था, तो प्रशासन ने उनका अधिकार हड़प कर यह फ़ैसला ले लिया। कारोबारी ने बताया कि टकराव के दौर में जब प्रतिस्पर्धा कम थी तभी उसने मौक़े को भाँप लिया था : उसकी कम्पनी विभिन्न गाँवों में तक़रीबन 100 हेक्टेयर ज़मीन ले चुकी थी। ज़मीन थोड़ी-थोड़ी करके और अलग-अलग नामों से ली गई, ताकि फ़ॉरेस्ट क्लीयरेंस के लिए संघीय मंज़ूरी की ज़रूरत वाले क़ानूनों से बचा जा सके।

खनन से सैन्यवाद तक

खनन और सैन्यवाद का गहरा सम्बन्ध रहा है। 2003 में, जब भारत ने अपनी खनन नीति का उदारीकरण किया, इस अंचल पर माओवादियों के अघोषित नियंत्रण को तेज़ औद्योगिकीकरण और भूमि अधिग्रहण के लिए एक बड़े बाधक तत्त्व के रूप में देखा गया। फ़ेडरेशन ऑफ़ इंडियन चैंबर्स ऑफ़ कॉमर्स एंड इंडस्ट्री (फ़िक्की) जैसे औद्योगिक संघों ने माओवादियों के ख़िलाफ़ सरकार के सैन्य हमले का खुला समर्थन किया और इस कोशिश में शामिल होने के लिए निजी क्षेत्र का आह्वान किया :

> खनिज-समृद्ध ग्रामांचल के बड़े भू-भाग पर बढ़ता माओवादी विद्रोह जल्दी ही कुछ औद्योगिक निवेश योजनाओं को नुक़सान पहुँचा सकता है। ठीक उस समय जब भारत को वृद्धि हासिल करने का मौक़ा भुनाने के लिए अपनी औद्योगिक मशीन की रफ़्तार बढ़ाने की ज़रूरत है और जब विदेशी कम्पनियाँ इसका हिस्सा बन रही हैं— माओवादी उन खनन और इस्पात कम्पनियों से भिड़ रहे हैं, जो भारत की दीर्घकालिक सफलता के लिए बेहद ज़रूरी हैं।[7]

मानवाधिकार कार्यकर्ता तर्क देते हैं कि यह महज़ संयोग नहीं है कि सलवा जुडुम ठीक तभी शुरू हुआ जब जून 2005 में राज्य सरकार ने एक इस्पात संयंत्र के लिए टाटा के साथ एमओयू पर दस्तख़त किए। लगभग इसी समय, एस्सार कम्पनी एक दूसरे इस्पात संयंत्र के लिए धुरली और भांसी गाँवों में ज़मीन का अधिग्रहण कर रही थी, और टाटा तथा एस्सार दोनों को बैलाडीला पहाड़ियों में कैप्टिव लौह अयस्क खदानें दी गई थीं। पेसा के तहत ग्रामवासियों की 'रजामन्दी' हासिल करने की आधिकारिक ज़रूरत पूरी करने के क्रम में, लोहंडीगुड़ा, धुरली और भांसी में 'जन-सुनवाइयाँ' आयोजित की गई थीं :

> दंतेवाड़ा आदिवासी महासभा और संघर्ष समिति धुरली के नेतृत्व में गाँववालों ने कहा कि 9 सितम्बर को पुलिस ने उन्हें अनापत्ति पत्रों पर दस्तख़त करने के लिए मजबूर किया। प्रत्येक घर में दो कांस्टेबल तैनात किए गए थे। किसी बाहरी व्यक्ति को बैठक की जगह पर रहने की अनुमति नहीं दी गई थी। लोगों को अपने घरों से निकलने या एक दूसरे से बात करने की अनुमति नहीं थी। गाँववालों के मुताबिक़, सुबह 9:00 बजे उन्हें गाड़ियों में भरकर मीटिंग की जगह पर ले जाया गया। विपक्ष के नेता (महेंद्र कर्मा) के समर्थकों ने भी इस प्रक्रिया में पुलिस की मदद की। गाँववालों ने बयान किया कि दो-दो करके उन्हें एक कमरे में ले जाया गया और उनकी कनपटी पर पिस्तौल रखकर जहाँ चाहा वहाँ दस्तख़त करा लिये। इसके बाद उन्हें गाँव से बाहर क़दम नहीं रखने की हिदायत दी गई।[8]

जिन गाँववालों ने दस्तख़त करने से मना किया उन्हें गिरफ़्तार कर लिया गया, और इलाक़े में धारा 144 (मजमा लगाने पर रोक) लागू कर दी गई।

उत्तर बस्तर में, भावी रावघाट खानों की रखवाली में अर्धसैनिक बलों के 22 कैम्प लगे हैं। खान के पास के गाँववालों ने हमें बताया कि क़रीब 10 साल पहले जब यह परियोजना प्रस्तावित की जा रही थी, पुलिस उनके सारे तीर-धनुष ले गई, और उन्हें जंगली जानवरों के हमले के ख़तरे के सामने असहाय छोड़ गई। तब से वे खानों और रेलवे लाइन का विरोध कर रहे कई ग्राम-नेताओं को गिरफ़्तार कर चुके हैं। यहाँ तक कि रावघाट खानों पर बनी त्वरित पर्यावरणीय प्रभाव आकलन रिपोर्ट के बोझिल शब्द भी यह उजागर करते हैं कि अगर दल्ली राजहरा को जगदलपुर से जोड़नेवाली रेलवे लाइन और खानें अस्तित्व में आती हैं तो लोगों और प्रकृति दोनों को कितना नुक़सान होगा :

> [यहाँ] 26 पादप प्रजातियाँ हैं जो भारत के संवहनी पादपों की दुर्लभ और विलुप्तप्राय प्रजातियों की लाल सूची में शामिल हैं; उच्च औसत

> जीवित-वृक्ष सम्पदा है और सबसे बढ़कर, 22 स्तनधारी प्रजातियों की मौजूदगी है जिनमें से 15 आईयूसीएन के परिशिष्टों अथवा डब्ल्यूपीए अनुसूचियों की या तो विलुप्तप्राय या फिर संकटग्रस्त सूची में शामिल हैं; बड़ी संख्या में कीड़े, जिनमें से कुछ दुर्लभ हैं (जिनकी पहचान जारी है), तितलियों की 28 प्रजातियाँ और 38 कुलों के पक्षियों की 102 प्रजातियाँ हैं।[9]

रिपोर्ट में चेतावनी दी गई कि खनन-कचरा डालने के लिए जो जगह प्रस्तावित है उससे पूरी घाटी का जल-निकास बर्बाद हो जाएगा; और सम्भवत: लोगों की पूरी संस्कृति विलुप्त हो जाएगी।

हितों की आपस में जुड़ी कड़ियाँ

खनन और संसाधनों का दोहन इस कहानी में महत्त्वपूर्ण कड़ी तो है ही, लेकिन पूरी कहानी इतने तक सीमित नहीं है। ज़मीन अधिग्रहण पूरे देश में चल रहा है, और इसका विरोध करनेवाले ग्रामीणों पर गोली चलाकर पुलिस अक्सर कॉरपोरेट के एजेंट के रूप में भी काम करती है,[10] लेकिन उन्होंने किसी और जगह सलवा जुडुम की तर्ज पर गुटबन्दी (ग्रुपिंग) का सहारा नहीं लिया है। इसके बजाय, हम यहाँ दिल्ली स्थित सुरक्षा प्रतिष्ठान, स्थानीय नेताओं, पुलिस, खनन उद्योग, सांप्रदायिक हिन्दू संगठन राष्ट्रीय स्वयंसेवक संघ (आरएसएस) और बेरोज़गार नौजवानों जैसे कई हितों को साथ आते हुए देखते हैं। शिक्षा या स्वास्थ्य जैसी बुनियादी सेवाओं से वर्षों तक अछूती रहीं, भारत की परित्यक्त आदिवासी गृहभूमियों में भारतीय राज्य ने अपनी सम्प्रभुता में कुछ ढील दी हुई हो सकती है। वहीं दूसरी जगहों जैसे यूपी या बिहार में, पुलिस स्थानीय दबंगों की हथियारबन्द ताक़त के साथ सह-अस्तित्व में और अक्सर ताबेदारी में होती है। परन्तु बड़े भू-भाग पर माओवादी नियंत्रण होना राजसत्ता को मंज़ूर नहीं होता है। अगर उस स्थलाकृति (टोपोग्राफ़ी) पर सरसरी नज़र डालें, जिससे होकर सलवा जुडुम बढ़ा और अपने पीछे जलते हुए गाँवों को छोड़ गया, तो पाएँगे कि हमलों का शिकार हुए गाँवों और खनन क्षेत्रों के बीच कोई एकैक (वन-टू-वन) सह-सम्बन्ध नहीं है। इसके बजाय, बड़े माओवादी गढ़ों को निशाना बनाकर हमले की शुरुआत की गई, और बाक़ी जो रास्ते में पड़े उन्हें लगभग रैंडम ढंग से जलाया गया।

आरएसएस ने कम्युनिस्टों को हमेशा अपने पहले दुश्मन के रूप में देखा है। आरएसएस के एक थिंकटैंक की रिपोर्ट वनवासी कल्याण आश्रम, विद्या भारती जैसे संघ परिवार के संगठनों तथा गायत्री परिवार जैसे वैचारिक समानता रखनेवाले

समूहों और माओवादियों के बीच टकराव के इतिहास की चर्चा करती है, और सलवा जुडुम में आरएसएस का हाथ होने की सगर्व पुष्टि करती है :

> गायत्री परिवार, संघ परिवार और दंतेवाड़ा के गुमरगुंडा गाँव स्थित दिव्य सेवा संघ की भागीदारी अद्‌भुत है...यह आन्दोलन (सलवा जुडुम) 15 साल पहले शान्तिपूर्ण जन जागरण कार्यक्रम के ज़रिए शुरू हुआ था। इस आन्दोलन का कुल मिलाकर उद्‌देश्य ग्राम सुरक्षा समिति बनाना था। यह आन्दोलन किसी तरह के प्रचार या प्रोपेगैंडा से पूरी तरह दूर रहता है। यही उसकी मुख्य ताक़त है।[11]

मालिक मकबूजा घोटाले में अभियोजन से भागना

जुडुम के कथित नेता, कांग्रेसी राजनीतिज्ञ महेंद्र कर्मा के लिए यह अभियान अपने तथा अपने अनुगामियों के वास्ते नाम और पैसा बनाने का एक मौक़ा था। 2005 में, कई लोगों ने मुझसे कहा कि कर्मा मालिक मकबूजा घोटाले में अभियोजन से बचने के लिए जुडुम में शामिल हुए। इस घोटाले में बड़े पैमाने पर इमारती लकड़ी के पेड़ों की अवैध कटाई हुई थी। खनन के मुख्य आकर्षण बनने से पहले कम से कम एक सदी तक, बस्तर की वन सम्पदा राज्य और निजी व्यापारियों, दोनों के लिए भारी मुनाफ़े का स्रोत रही है। 1947 से पहले, निजी ज़मीन पर लगे सागौन या फलदार पेड़ों को काटना मना था, सिवाय इसके कि उनकी छाया या झड़नेवाली पत्तियों से खड़ी फ़सल ख़राब हो रही हो। आज़ादी के बाद, किसानों को सरकार से अनुमति लेकर अपनी ज़मीन के पेड़ काटने का अधिकार (मालिक मकबूजा) दिया गया। ठेकेदारों ने इसका इस्तेमाल लाखों के सागौन के पेड़ों को कौड़ियों के भाव बेचने के लिए किसानों को राजी करने में किया जिन्हें बाज़ार भाव की समझ न के बराबर थी। ठेकेदारों ने सरकारी जंगल से भी पेड़ काट लिये, जिन्हें निजी ज़मीन से आया दिखाकर बाहर निकाला गया। सैकड़ों ट्रक इमारती लकड़ी इस तरह पार कर दी गई थी। इसे देखते हुए सरकार ने 'मध्य प्रदेश अनुसूचित जनजातियों का संरक्षण (वृक्षों में हित) अधिनियम, 1956' लागू किया, जिसके तहत आदिवासी ज़मीनों के पेड़ों की बिक्री के लिए कलेक्टर की मंजूरी और निगरानी ज़रूरी कर दी गई, ताकि यह सुनिश्चित हो सके कि आदिवासी छले नहीं जाएँ।

हालाँकि, इस क़ानून को धता बताने के लिए टिंबर व्यापारियों के साथ साँठ-गाँठ करके, प्रशासन एक ग़ैर-भरोसेमन्द संरक्षक साबित हुआ। दलाल, जो अमूमन आप्रवासी होते थे, गाँववालों से सम्पर्क करते, उन्हें पेड़ बेचने के लिए ललचाते और एक कमीशन के बदले इसमें शामिल जटिल काग़ज़ी काम पूरा कराने की पेशकश

करते। लेकिन उनका मुनाफ़ा किसी वाजिब कमीशन से कहीं ज़्यादा था। इसमें उस इलाक़े में व्याप्त निरक्षरता उनकी मददगार थी। 1997 में, मालिक मकबूजा घोटाले पर शोध करते हुए, मैंने कुकानार में मुंडरू नाम के एक आदमी का इंटरव्यू किया था। दलाल ने मुंडरू की बैंक पासबुक अपने पास रख ली थी और अपनी मर्जी से पैसे निकाल लेता था। पेड़ों की बिक्री के बदले उसके खाते में आए 2,72,000 रुपए में से मुंडरू को महज़ 16,000 रुपए मिले। टिंबर व्यापारियों ने सिर्फ़ पेड़ नहीं ख़रीदे, बल्कि जहाँ सम्भव हो सका, उन्होंने इस क्रम में पेड़ों समेत ज़मीन ही ख़रीद ली। कांग्रेस और भाजपा दोनों पार्टियों के पैसेवाले आदिवासी राजनीतिज्ञ, जैसे महेंद्र कर्मा और राजाराम तोडेम, दूसरे आदिवासियों से ज़मीन ख़रीदने के लिए क़ानूनी रूप से योग्य थे। फिर, ज़मीन के रिकॉर्ड और टिंबर ढुलाई के परमिट में वन और राजस्व कर्मियों की मदद से हेरफेर की गई, ताकि सरकारी जंगलों से चोरी सम्भव हो सके।

उस समय के सीपीआई विधायक मनीष कुंजाम ने इस घोटाले के बारे में विधानसभा में सवाल उठाया और बस्तर के कलेक्टर ने अपने ही उच्चतर अधिकारी, कमिश्नर, के ख़िलाफ़ मालिक मकबूजा घोटाले में साँठ-गाँठ में शामिल होने की शिकायत की। इसके बावजूद, 1993 से 1996 के बीच, मध्य प्रदेश सरकार ने कुछ नहीं किया। कर्नाटक के एक पर्यावरणविद, समाज परिवर्तन समुदाय के हीरेमठ, और कांकेर स्थित एक एनजीओ, एकता परिषद, के रत्नेश्वर नाथ तब इस मामले को सुप्रीम कोर्ट ले गए। 1997 में सुप्रीम कोर्ट ने बस्तर में हर तरह की पेड़-कटाई पर रोक लगा दी। उसने सरकार की एक निगरानी संस्था, लोकायुक्त, द्वारा स्वतंत्र जाँच भी बिठा दी। कई लोगों के ख़िलाफ़ आरोप दाख़िल हुए, लेकिन इससे हुआ कुछ नहीं।

लोकायुक्त की रिपोर्ट कासोली गाँव के पाँच लोगों, जिनकी ज़मीन महेंद्र कर्मा ने ख़रीदी थी, के साथ धोखाधड़ी के लिए महेंद्र कर्मा का नाम साफ़-साफ़ लेती है जो तब बस्तर के सांसद थे। रजिस्ट्री कराए गए बेनामे में, ज़मीन की क़ीमत महज़ 22,050 रुपए है, जबकि उस पर खड़े सागौन के 25 पेड़ों, बीजा के दो पेड़ों और महुआ के सात पेड़ों का मूल्यांकन 1,61,000 रुपए किया गया था। इस तरह कुल 1.83 लाख रुपए हुए थे। कर्मा ने लोकायुक्त के सामने दावा किया कि उन्होंने यह पूरी रक़म चुका दी थी, लेकिन ज़मीन बेचनेवाले कहते हैं कि उन्हें केवल 1.5 लाख रुपए मिले। कर्मा ने पेड़ों की पुनर्बिक्री की और उन्हें इसके लिए 17.50 लाख रुपए मिले, और तभी पता चला कि दरअसल कुल 79 पेड़ थे, न कि महज़ 34 जैसा कि बेनामे में ज़िक्र था। संक्षेप में, कर्मा ने छह महीने के भीतर ही 16 लाख रुपए का मुनाफ़ा कमाया, जबकि असली ज़मीन-मालिकों को व्यावहारिक रूप से कुछ नहीं मिला। जैसा कि लोकायुक्त की रिपोर्ट निरपेक्ष

भाव से उल्लेख करती है, यह सब अफ़सरशाही के हर स्तर पर साँठ-गाँठ के कारण सम्भव हो पाया :

> इन अफ़सरों (वन और राजस्व अधिकारी बिक्री की निगरानी के लिए ज़िम्मेदार होते हैं) ने महेंद्र कर्मा (सांसद), राजाराम तोडेम (अभी मध्य प्रदेश विधानसभा में विपक्ष के उपनेता) जैसे प्रभावशाली व्यक्तियों, सुराणा, अवस्थी, बृजमोहन गुप्ता जैसे प्रभावशाली व्यापारी परिवारों और ऐसे कई लोगों के पक्ष में जो पेड़ों समेत ज़मीन ख़रीदने तथा टिंबर बेचने के धंधे में उतर गए हैं, खुलकर अनुमति दी। रिकॉर्ड की जाँच के आधार पर यह नज़र में आया है कि उनके मामले सर्वाधिक तत्परता से निपटाए गए, वहीं अन्य सामान्य लोगों के मामले रोज़मर्रा के ढंग से निपटाए गए।[12]

जब जुडुम शुरू हुआ, वे सारे मामले ग़ायब ही हो गए।

जंग जारी रहने में पुलिस की चाँदी

नक्सलियों की मौजूदगी पुलिस के लिए काफ़ी फ़ायदेमन्द रही है, जैसा कि तत्कालीन गृहमंत्री शिवराज पाटील ने 2006 में हमारे सामने क़बूल भी किया था। पुलिस थानों में 'नक्सल प्रभावित' घोषित किए जाने के लिए होड़ रहती है, क्योंकि इसके साथ आती हैं 'सुरक्षा सम्बन्धी खर्च' की सम्भावनाएँ और जवाबदेही के किसी मापदंड के बग़ैर केन्द्र सरकार (करदाताओं) से मिलनेवाला मुफ़्त का धन। पुलिस प्रमोशन भी चाहती है, जो ज़्यादा से ज़्यादा विद्रोहियों को मार गिराने से मिलता है, और उसे कोई फ़र्क़ नहीं पड़ता कि ये 'असली मुठभेड़' हैं या फिर न्यायेतर हत्याएँ।

दूसरी तरफ़, जितनी बार कोई बड़ी मुठभेड़ होती है या घात लगाकर हमला होता है जिसमें पुलिस या सीआरपीएफ के लोग मारे जाते हैं, यह सुरक्षाबलों के लिए और ज़्यादा पैसा माँगने का मौक़ा बन जाता है। प्रेस पूरी कर्तव्यनिष्ठा से स्टैंडर्ड ऑपरेटिंग प्रोसीजर के उल्लंघन, बेहतर उपकरणों तथा केन्द्र और राज्यों के बीच बेहतर समन्वय की ज़रूरत को रिपोर्ट करता है।

पुलिस के नैरेटिव में, उनके पास माओवादियों से लड़ने के लिए कभी पर्याप्त कर्मी नहीं होते। वे दावा करते हैं कि प्रशासन ने शुरू में सलवा जुडुम के हथियारबंद गिरोहों का सहारा इसलिए लिया कि दशकों की उपेक्षा के कारण छत्तीसगढ़ में लोगों और पुलिस का अनुपात बहुत नीचे चला गया था, और यह पुलिस द्वारा सम्पूर्ण नियंत्रण स्थापित करने की एक शुरुआत भर थी। हालाँकि छत्तीसगढ़ में पुलिस और आबादी के अनुपात के आँकड़े माओवादियों की मौजूदगीवाले कई अन्य पड़ोसी राज्यों से

ऊपर हैं।[13] यह सही है कि छत्तीसगढ़ निम्नतम पुलिस-क्षेत्रफल अनुपात वाले राज्यों में शामिल है—2005-06 में प्रति वर्ग किलोमीटर 17.59 पुलिसकर्मी थे जो बढ़कर 2009 में 31.8 पुलिसकर्मी हुआ—लेकिन फिर, यह आँकड़ा कुछ पड़ोसी राज्यों से ऊपर भी है।[14] जिस चीज़ की सुरक्षा प्रतिष्ठान अनदेखी करते हैं वो यह है कि अनुसूचित क्षेत्र में नीति यह रही है कि वहाँ पुलिसिंग और प्रशासन, दोनों हल्के हों।

पुलिस की कमी को केन्द्र द्वारा भेजे गए सशस्त्र कर्मियों के ज़रिये ज़रूरत से ज़्यादा पूरा कर दिया गया है। 2016 में केन्द्रीय सशस्त्र पुलिस बलों की 116 बटालियनें मध्य भारत के 10 राज्यों में तैनात थीं, साथ ही और बलों की तैनाती की भी योजना थी। इसके पिछले साल तैनात 93 बटालियनों में से आधी से ज़्यादा (48 बटालियनें) अकेले बस्तर में थीं, जिनमें से चार बटालियनों को केवल रावघाट खानों के लिए रखा गया था।[15] एक अनुमान के मुताबिक़, 2016 तक 30.9 लाख (2011 की जनगणना) की आबादी वाले बस्तर में एक लाख जवान मैदान में होंगे।[16] माओवादी गतिविधियों का पता लगाने के लिए मानवरहित वायुयानों, सुरक्षा बलों को पहुँचाने के लिए हेलीकॉप्टरों, बुलेटप्रूफ सुरंगरोधी वाहनों और दूसरे उपकरणों के लाव-लश्कर ने इसके साथ जुड़कर, 2004 और 2015 के बीच 11 सालों में, मध्य भारत को लोमहर्षक युद्ध का मैदान बना दिया है। वायु सेना ने कम ऊँचाई से हवाई हमले का अभ्यास शुरू कर दिया है, हालाँकि आधिकारिक रूप से वे इसे केवल आत्मरक्षा के लिए बताते हैं। लेकिन सुरक्षा प्रतिष्ठान के लिए कुछ भी कभी भी काफ़ी नहीं होता।

मध्यवर्गीय सपने

इस अंचल के जीवन में एक दोहरापन है। नाचती गोंड औरतों—कांसई पेंट के गहनों से विभूषित नग्न काले जिस्मों—की 'लार्जर-दैन-लाइफ़' मूर्तियाँ जगदलपुर के गोलचक्करों को पहचान देती हैं, बाहर से आकर बसे लोगों की फंतासियों को तृप्त करती हैं, पर हक़ीक़त यह है कि इस शहर में असली आदिवासियों की मौजूदगी सिमट रही है। सुकमा और बीजापुर जैसे छोटे क़स्बे जहाँ पहले चन्द छोटी दुकानें, पेट्रोल पम्प और इक्का-दुक्का ढाबे हुआ करते थे, अब वहाँ से पीले डिवाइडरों वाली चौड़ी सड़कें गुज़रती हैं। बीजापुर अब ज़िला पुस्तकालय, स्विमिंग पूल और सामने काँच लगी अपनी सरकारी इमारतों पर इतराता है। देश नौकरी खोज रहे नौजवानों से भरा पड़ा है; अगर उद्योगों की राह बनाने के लिए आदिवासियों की क़ुर्बानी देनी ही पड़े, तो होने दो।

मध्यवर्ग का बड़ा हिस्सा पूरी सक्रियता से खनन की योजना का समर्थन करता है (भले ही यह घोर पुलिस दमन के साथ हो)। वह ताल ठोंककर कहता है कि यही रास्ता है जिसके ज़रिये आदिवासी 'सभ्य' बनेंगे और 'मुख्यधारा' में आएँगे।

1938 में, बस्तर राज्य के प्रशासक तथा प्रामाणिक मानी जानेवाली किताब *द मरिया गोंड्स ऑफ़ बस्तर* के लेखक विल्फ्रेड ग्रिग्सन ने लिखा :

> जैसा कि 67 साल पहले मराठा अमिल ने किया था, उसी तरह अब विक्टोरियन अंग्रेज : व्यापार का विकास करेंगे और सभ्यता उसके पीछे-पीछे आएगी। सदियों का अलगाव ख़त्म हो जाएगा, ज़मीन और पानी के रास्ते बस्तर को दुनिया के लिए खोल दिया जाएगा, और यहाँ के 'जंगली' 'सभ्यता के आकर्षणों और सुख-सुविधाओं'—व्यापार एवं व्यापारियों, कपड़ों, तम्बाकू, एक बेहतर दंड एवं न्यायिक प्रक्रिया, टीकाकरण और ताँबे के सिक्कों...के लिए अपनी आज़ादी का प्रतिदान करेंगे। नियमों एवं विनियमों से मुक्त एक भू-भाग और एक नस्ल जिसके लिए ताँबे के सिक्कों का कोई इस्तेमाल नहीं था—एकरूपता की उस लगन से मेल नहीं खाते थे जो भारत के विक्टोरियन शासकों की विशेषता बयान करती थी और वर्तमान भारत के संविधान-निर्माताओं की भी यही ख़ासियत है।[17]

तब से लेकर 2010 तक तरक़्क़ी की धारणाओं में कितना कम बदलाव आया है। 2010 में गृहमंत्री पी. चिदंबरम ने घोषित किया कि 'भले ही पेसा और एफआरए (वन आधिकार क़ानून, 2006) जैसे क़ानून लागू होने से वनवासियों को अधिकार मिल जाएँ, पर दीर्घकालिक हल उस आधारभूत विकास में है जो उन्हें जंगल से बाहर लेकर आएगा। उन्होंने आगे कहा, "उन्हें ज़रूर मालूम होना चाहिए कि सरकार ज़िन्दगी के उनके तौर-तरीक़ों को लेकर दोस्ताना है, लेकिन ज़िन्दगी के उनके तौर-तरीक़ों को बदलने में उनकी मदद करना चाहती है।"'[18]

मगर, ग्रिग्सन के ज़माने से चिदम्बरम या नरेंद्र मोदी के ज़माने तक सबसे बड़ा बदलाव, आप्रवासी लोगों की एक स्थानीय कांस्टीट्यूएंसी (एक जैसे हितोंवाला तबक़ा) का विकास है। बीते कुछ दशकों में, देश के बहुत से आदिवासी इलाक़े बड़ा जनसांख्यिकीय बदलाव देख चुके हैं, जिसका नतीजा बाहर से आकर बसे ग़ैर-आदिवासियों की आबादी के प्रतिशत में तेज़ वृद्धि होना है। उनका नौकरशाही पर क़ब्ज़ा और व्यापार पर नियंत्रण है। अपरिहार्य रूप से, वे धीरे-धीरे आदिवासी ज़मीनों पर भी क़ाबिज़ हो रहे हैं, जिसमें आदिवासी सम्पत्तियों के संरक्षण के लिए बने क़ानूनों का लचर ढंग से लागू होना उनका मददगार है, और वे चुनावी राजनीति में भी हावी होने लगे हैं। बस्तर में, बीते कुछ दशकों में ग़ैर-आदिवासी आबादी का विस्तार इतनी तेज़ी से हुआ है कि कभी आदिवासियों के लिए 'सुरक्षित' विधानसभा सीट रही जगदलपुर की चुनावी नुमाइन्दगी अब ग़ैर-आदिवासी भी कर सकते हैं, और अपरिहार्य रूप से यह सीट एक पैसेवाले मारवाड़ी ने जीती है। ग़ैर-आदिवासी

सड़कों के किनारे छोटे-छोटे शहरी क्लस्टरों में बसे हुए हैं और राजमार्गों पर उनका दबदबा है। बीते वर्षों में, उनके बच्चे ख़ुद को आदिवासियों से भी ज़्यादा देशज समझ कर बड़े हुए हैं, और वे आदिवासियों को पिछड़ा तथा इस इलाक़े की ख़ूबियों का पूरा इस्तेमाल करने में अक्षम मानकर उन्हें सख़्त नापसन्द करते हैं। ज़मीन के ज़्यादा उत्पादक इस्तेमाल के वास्ते आदिवासियों के विस्थापन को जायज़ ठहराने के लिए, उनकी घोर ग़रीबी को उनके ही ख़िलाफ़ कर दिया गया है। 1947 से लेकर सदी के बदलने तक, राष्ट्रीय स्तर पर हर चार में से एक आदिवासी बाँधों, उद्योगों, खानों और ऐसी ही अन्य परियोजनाओं के लिए विस्थापित हो चुका है।

यह आप्रवासी कांस्टीट्यूएंसी है जो रेलवे लाइन, खनन और औद्योगिकीकरण की माँग को लेकर ख़ास तौर पर मुखर है। वे सोचते हैं कि इनसे उन्हें रोज़गार मिलेगा। सरकार द्वारा आयोजित धोखाधड़ी वाली जनसुनवाई का जवाब देने के लिए, 2009 में जब सीपीआई द्वारा लोहंडीगुड़ा में प्रस्तावित इस्पात संयंत्र की जगह पर जनसुनवाई आयोजित की गई, तो इन्हीं ग़ैर-आदिवासी युवाओं ने प्रशासन के मौन समर्थन से, कार्यक्रम को रोकने के लिए सड़क की बैरिकेडिंग की। इन अधिकार-मुखर 'भीतरियों' की तुलना में, जो भी संसाधनों के उनके दोहन के रास्ते में आता है—जैसे माओवादी, मानवाधिकार कार्यकर्ता, शहरी पत्रकार—वह बाहरी होता है।

इन अप्रवासियों ने भारत के अन्य हिस्सों से अपने क़रीबी सम्पर्क बनाए रखे हैं। इनकी भाषा-बोली और आकांक्षाएँ उन महानगरीय शहरी मध्य वर्गों वाली ही हैं, जो 1991 में उदारीकरण शुरू होने के समय से, वृद्धि के साथ पूँजी संचय की कहानी पर पला है और जिसने निजी पूँजी को अपने दौर का उद्धारक मानकर उससे प्यार करना सीख लिया है। यहाँ तक कि कांग्रेसनीत संयुक्त प्रगतिशील गठबन्धन (यूपीए) शासनकाल के आख़िरी दिनों में जब 'घोटालों' की गठरी या प्राकृतिक संसाधनों को इस्तेमाल में लाने में साँठ-गाँठ के मामले खुल्लमखुल्ला नज़र आने लगे थे, तब भी जनता का ग़ुस्सा आर्थिक वृद्धि के उस मॉडल पर नहीं था जो आदिवासी संसाधनों के इस्तेमाल पर आधारित है, बल्कि वह राजनीतिज्ञों द्वारा पैसा बनाने पर था। यही वह कांस्टीट्यूएंसी है जो सरकार के तमाम काउंटर-इन्सर्जेंसी प्रयासों का मोटामोटी समर्थन करती है, भले ही जिस तरह शुरू में आदिवासी विशेष पुलिस अधिकारियों (एसपीओ) को निर्बाध शक्ति देकर सलवा जुडुम चलाया गया, वह उनकी पसन्द के हिसाब से नहीं था।

क्रू-कट बालोंवाले, फ़ौजी पोशाक पहने ब्रिगेडियर पोंवर, जिन्होंने कांकेर के जंगल वारफेयर कॉलेज को शुरू किया था और जो ख़ुद को ब्वॉय स्काउट और रैंबो दोनों के रूप में देखना चाहते हैं—ने एक बार धरती पर स्वर्ग की अपनी परिकल्पना के मुक़ाबले उस इलाक़े के अभावों का ज़िक्र किया। देश के सबसे ज़्यादा जैव-विविध जंगलों में से कुछ बस्तर में हैं, जहाँ गोंड रहते हैं (भील नहीं),

लेकिन ब्रिगेडियर पोंवर ने बड़े अफ़सोस से कहा : 'यहाँ मॉल नहीं हैं, केवल भील और बस्टर (बस्तर) हैं। गुड़गाँव (दिल्ली से सटा एक उपनगरीय विस्तार जो अपने मॉल्स के लिए जाना जाता है) में, आप भारत में रह सकते हैं, लेकिन विदेश की तरह ख़रीदारी करते हैं।'[19] उनके कॉलेज में थुलथुल पुलिसवाले फ़ौलादी गुरिल्ला लड़ाके बनाए जाते हैं, और एक अख़बार ने बहुत काम की बात बताने के अन्दाज़ में लिखा कि उनकी ट्रेनिंग जवानों की सेक्स लाइफ के लिए भी बहुत फ़ायदेमन्द है। वे 'ड्राउनिंग पूल' के हिट गाने—'लेट द बॉडीज हिट द फ्लोर' (जिस्मों को ज़मीन पर गिरने दो) के आक्रामक कोरस का प्रशिक्षण देते हैं। मुझे इस बात की जानकारी नहीं है कि क्या ब्रिगेडियर ने इसे ग्वांटानमो बे की कैम्प जेलों से उधार लिया है जहाँ 2003 में यातना देने के लिए इसे बजाया जाता था।

आप्रवासी युवाओं के मुक़ाबले, खनन और औद्योगिकीकरण के प्रभावों को लेकर स्थानीय आदिवासी और 'बस्तरिया' युवा कहीं ज़्यादा ऊहापोह में हैं। वे जानते हैं कि बैलाडीला खानों जैसी परियोजनाएँ उनके लिए विस्थापन और पर्यावरण की बर्बादी के सिवाय कुछ नहीं लाईं, लेकिन इसके साथ ही उनको रोज़गार का कोई वैकल्पिक मॉडल भी नहीं दिखता। आदिवासी इलाक़ों में शिक्षा और साक्षरता के बहुत ही उपेक्षित रहने के बावजूद, ऐसे युवाओं की आबादी बढ़ रही है जिन्होंने 12वीं तक स्कूली या कॉलेज की पढ़ाई की है, और जो, अपने परिवेश से पराया बनानेवाली शिक्षा के कारण भी कुछ हद तक, खेती-बाड़ी की ओर नहीं लौटना चाहते। ग़ैर-आदिवासी युवाओं के पास जिस तरह के पारिवारिक सम्पर्क हैं वैसा कुछ उनके पास नहीं होने के कारण, उनकी मुख्य उम्मीद औपचारिक सरकारी सेक्टर से होती है जिसमें एक निश्चित संख्या में नौकरियाँ क़ानून द्वारा अनुसूचित जाति एवं अनुसूचित जनजाति के लिए आरक्षित हैं। लेकिन सरकारी कर्मचारियों की संख्या में हो रही कटौती और ठेकाकरण को देखते हुए, इन नौकरियों को पाना लगभग नामुमकिन हो गया है। 2015 में, छत्तीसगढ़ के आर्थिकी एवं सांख्यिकी निदेशालय में चपरासी के 30 पदों के लिए 75,000 लोगों ने आवेदन किया था।[20]

2005 में, सरकार ने जब सलवा जुडुम शुरू किया, आदिवासी युवाओं के पास बहुत कम विकल्प थे। कई युवा, माओवाद की ओर आकर्षित हुए। एक तो ये लोग उनकी मौजूदगी से अपने बचपन से ही परिचित थे। दूसरा, माओवादियों के इस तर्क में कि लोगों को अपनी ज़मीन बचाने के लिए उनका समर्थन करना चाहिए, एक गहरी अनुगूँज थी। गाँवों पर सलवा जुडुम के बर्बर हमलों से इसे और बल मिला, जिसने कइयों को विशुद्ध आत्मरक्षा में माओवादियों के साथ शामिल होने को मजबूर कर दिया। लेकिन बहुत से युवाओं—ख़ासकर दलित और अन्य पिछड़ा वर्ग के, जो माओवादियों को मूलतः आदिवासी पार्टी के रूप में देखते हैं—को बतौर एसपीओ, सरकारी नौकरियों की सम्भावना ने आकर्षित किया।

आदिवासियों का अमानुषीकरण

दशकों के सवर्ण नस्लवाद ने आदिवासियों और पशुओं के बीच के नाते को इतना स्वाभाविक बना दिया है कि अक्सर उन्हें मानव से निम्नतर प्राणी के रूप में वर्णित किया जाता है। जैसा कि बस्तर टूरिज़्म की वेबसाइट में किया गया। 2005 से लेकर कुछ साल यह वेबसाइट तब तक चली, जब तक कि मध्यवर्गीय आदिवासी इसे बन्द करवाने में सफल नहीं हुए। इसमें माड़िया लोगों के पीने के तरीक़े को सरकार ने कुछ इस तरह बताया था : 'किसी जलधारा से पानी पीते समय वे पानी अपने हाथ में नहीं लेते, बल्कि मवेशियों की तरह अपना मुँह पानी तक ले जाते हैं।' विकृत यौन-कौतूहल के साथ इसमें आगे कहा गया, 'इस इलाक़े के आदिवासी अपने 'घोटुल' के लिए मशहूर हैं जहाँ भावी जोड़े 'डेटिंग' करते हैं और मुक्त यौन सम्बन्ध बनाते हैं।'[21]

राष्ट्रीय पशु और राष्ट्रीय गीत की तर्ज पर, माओवादी 'राष्ट्रीय कीड़े' बन चुके हैं, और पूरी तरह अपने ही समूचे लाल गलियारे को अपनी 'चपेट में ले रहे हैं'। माओवादी तथा जिनकी वे नुमाइन्दगी करते हैं वो गाँववाले निम्न क़िस्म के जीव माने जाते हैं, कुछ इस तरह के जीव जिन्हें इनसान कुचलना और ख़त्म करना चाहता है, वहीं अपने भीतर का जानवर जगाने के लिए सुरक्षाबलों की हौसलाअफ़्ज़ाई की जाती है—जितना भयानक उतना बढ़िया। नक्सलविरोधी अभियानों के लिए ख़ास तौर पर प्रशिक्षित पुलिस और अर्धसैनिक इकाइयों को आन्ध्र प्रदेश में ग्रेहाउंड, झारखंड में जगुआर और छत्तीसगढ़ में कोबरा (कमांडो बटालियन फॉर रेजोल्यूट एक्शन, सीआरपीएफ की एक इकाई) कहा जाता है। सुरक्षा बल विस्फोटकों की खोज और घात लगाकर होनेवाले हमलों को भाँपने के लिए कुत्तों को भी लगाते हैं, जिसके लिए बेल्जियन मालीनुवा आयात किए जाते हैं।[22] बस्तर की एक यात्रा के दौरान पुलिस ने हमारी कार की जाँच के लिए कुत्ता छोड़ दिया। वह पिल्ला विशेष रूप से उत्साही निकला जिसने हमारे चेहरों को चाटा। जैसा प्रभाव पुलिस देखना चाहती थी, वैसा क़तई नहीं हुआ। कुत्तों के इस्तेमाल का प्रतीकात्मक महत्त्व दुश्मन की औक़ात को दबोचे गए शिकार तक सीमित कर देना है।

यहाँ तक कि जब बात युद्ध नहीं, कल्याण की हो, तब भी अमानुषीकरण की भाषा साफ़ दिखती है : अगर गाँवों को राशन और दूसरी सेवाएँ देने से इन्कार किया जाता है तो कोई फ़र्क़ नहीं पड़ता, क्योंकि इन इलाक़ों में केवल नक्सली 'भरे पड़े हैं'। इसके उलट, अगर गाँववालों को सेवाएँ प्रदान की जानी हैं, तो यह केवल इसलिए कि वे 'नक्सल-ग्रसित' हैं और उन्हें नक्सलियों से 'दूर हाँकने' की ज़रूरत है, ना कि इसलिए कि बतौर नागरिक वे इसके हक़दार हैं। भाजपा के एक थिंक टैंक, सूर्या फाउंडेशन द्वारा जून 2015 में आयोजित एक बैठक में एक प्रतिष्ठित सरकारी सुरक्षा थिंक टैंक से जुड़े एक सुरक्षा विशेषज्ञ ने समाधानों की सूची पेश

की। इनमें से एक यह भी शामिल था कि माओवादियों का मुख्यालय माने जानेवाले अबूझमाड़ में चावल ले जानेवाले ट्रकों का प्रवेश रोक दिया जाए, ताकि माओवादी ट्रकों को न रोक सकें और अपने लिए रसद हासिल न कर पाएँ। जब मैंने ध्यान दिलाया कि माढ़ में सामान्य ग्रामीण रहते हैं, तो उन्होंने फ़रमाया, 'उन तक चावल पहुँचाने के और भी तरीक़े हैं, जैसे कि घर-घर जाकर चावल बाँटा जाए।' इस पर मैंने कहा, 'लेकिन तब माओवादी हर परिवार से अपने लिए कुछ चावल अलग निकालने को कह सकते हैं।' उन्होंने जवाब दिया, 'तब गाँववाले मना करेंगे और यह माँग माओवादियों से उन्हें अलग करने में मदद करेगी।' इस बिन्दु पर मैंने हार मान ली। ऐसे अहंकारग्रस्त लोगों को कोई कैसे समझाए कि माओवादियों और आदिवासियों के बीच एक जटिल ओवरलैपिंग है।

सार की ओर बढ़ें तो, दुनिया के विभिन्न हिस्सों में काउंटर-इन्सर्जेंसी का कौशल-भंडार एक ही हो सकता है, लेकिन छत्तीसगढ़ में इसने एक ख़ास चरित्र के साथ भिन्न रूप पाया है, जिसे इसने भारतीय लोकतंत्र की प्रकृति से ग्रहण किया है। यह इस प्रकार है : भारतीय आबादी के सबसे ग़रीब और सबसे 'पिछड़े' हिस्से के रूप में आदिवासियों की मौजूदगी को जंगल-निर्भर जीवनशैली से दूर कर शहरी मुख्यधारा के समाज तक ले जाने की जरूरत; वर्गों की संरचना, ख़ासकर बढ़ता मध्य वर्ग, जो किसी भी क़ीमत पर आर्थिक वृद्धि चाहता है; और पुलिस या अर्धसैनिक बलों में सरकारी रोज़गार का आकर्षण, ख़ासकर जब अन्य नौकरियों का घोर अभाव हो। काउंटर-इन्सर्जेंसी, ख़ासकर जब वह औद्योगिकीकरण और खनन का रास्ता साफ़ करने के लिए हो, तो उसे रोज़गार उपलब्ध कराने की बड़ी क़वायद के रूप में न्यायसंगत ठहराया जाता है, और ग़रीबों के विस्थापन का पवित्रीकरण कर उसका महिमामंडन वृद्धि और विकास के रूप में किया जाता है।

इस कहानी का पुनर्कथन

टकराव पर टिप्पणी भी, टकराव की तरह ही, अपरिहार्य रूप से कुछ स्पष्ट लाइनों पर ध्रुवीकृत होती है। पुलिस अफ़सरों और सुरक्षा विशेषज्ञों ने एक बड़ी मात्रा में जो रचा है, उसे कोई चाहे तो 'नक्सोलॉजी' भी कह सकता है। यह उस औपनिवेशिक इंडोलॉजी की तरह है, जो ज्ञान की एक ऐसी विधा के रूप में सामने आई थी जिससे अंग्रेजों को भारतीय आबादी को बेहतर ढंग से नियंत्रित करने में मदद मिलती हो। 2008 में लिखी योजना आयोग की रिपोर्ट जैसे, 'मूल कारणों' पर ध्यान देनेवाले कुछ अपेक्षाकृत ज़्यादा सहानुभूतिपूर्ण अर्ध-आधिकारिक विश्लेषण भी हैं, जो तथाकथित नक्सली इलाक़ों में भेदभाव और ग़रीबी को ख़ास तौर पर सामने रखते हैं। लेकिन एक दशक से जारी संगठित काउंटर-इन्सर्जेंसी प्रोपेगंडा की वजह से

ऐसे दृष्टिकोण सार्वजनिक विमर्श से धीरे-धीरे ग़ायब हो गए हैं। पुलिस अधिकारी बार-बार दावा करते हैं कि बातचीत के बजाय फ़ौजी कार्रवाई ज़्यादा जायज़ है, क्योंकि माओवादियों के पास अब वैसा कोई वैचारिक आधार नहीं बचा है जो शायद कभी हुआ करता था। मगर, उनकी ख़ुद की रणयुक्तियाँ इस सिद्धान्त पर आधारित हैं कि जिसके पास ज़्यादा ताक़त होगी नागरिक उसकी बात मानेंगे—दूसरे शब्दों में कहें तो नियंत्रण सीधे-सीधे ताक़त का एक फलन है, और विचारधारा कोई मायने नहीं रखती।

भावनाहीन परिमाणात्मक सामाजिक विज्ञान में भी विचारधारा के लिए इतनी ही कम जगह है। कुछ विश्लेषक वन आच्छादन, खनन, आदिवासी आबादी और इन्सर्जेंसी के बीच एक ओवरलैप (अधिव्यापन) चित्रित करना पसन्द करते हैं, मानो एक का होना अपने आप दूसरे की ओर ले गया हो। यह सही है कि इनके बीच गहरे जुड़ाव हैं, पर ये अपने आप में कोई व्याख्या पेश नहीं करते। झाबुआ और दंतेवाड़ा ज़िलों में वन आच्छादन का प्रतिशत, ग़रीबी और आदिवासी आबादी काफ़ी हद तक एक जैसे हैं। लेकिन जहाँ दंतेवाड़ा माओवादी विद्रोह का सबसे शक्तिशाली केन्द्र रहा है, जिसका एक बड़ा कारण आन्ध्र से उसकी दूरी कम होना है, वहीं झाबुआ कई सारे गांधीवादी 'जन आन्दोलनों' की प्रयोग-स्थली रहा है। बस्तर में, या असल में कहीं भी, माओवादियों को समझने के लिए, किसी को माओवादी विचारधारा तथा उसके सांगठनिक ढाँचों, क़ुर्बानी से भरी व्यक्तिगत ज़िन्दगियों, ऐतिहासिक रूप से सीखे गए प्रतिवाद के तमाम कला-कौशल और स्थानीय लोगों के साथ उनकी एकजुटता पर ज़रूर नज़र डालनी चाहिए। यहाँ तक कि दंतेवाड़ा के भीतर ही गाँवों के बीच काफ़ी विभिन्नता है। कुछ को माओवादियों का गढ़ समझा जाता है और अन्य को अपेक्षाकृत तटस्थ।

जैसा कि पत्रकारिता और मानवाधिकारों में चलन है, विश्लेषण इस पर निर्भर करता है कि आप राजनीतिक रूप से कहाँ खड़े हैं। दक्षिणी खेमे के एक टिप्पणीकार के लिए, बहकाने में माहिर नक्सलियों द्वारा भोलेभाले आदिवासियों का ब्रेनवाश किया जाता है। उदारवादियों के लिए, आदिवासी माओवादियों और सरकार के बीच 'फँसे' (सैंडविच हो रहे) हैं। एक रैडिकल, जिसकी लड़ाई अक्सर जितनी राज्य से होती है उतनी ही उदारवादियों से भी होती है, के लिए, उदारवादी 'सैंडविच सिद्धान्तकार' हैं, सबसे अच्छे रूप में नादान और सबसे ख़राब रूप में राज्य का बचाव करनेवाले, जो 'राज्य की हिंसा और माओवादी हिंसा को समतुल्य बताने' का महापाप करते हैं।

ये भावी क्रान्तिकारी जहाँ भी नज़र डालते हैं बस प्रतिरोध ही देखते हैं। आदिवासी माओवादी की छवि को वे कारपोरेट विस्थापन के ख़िलाफ़ गौरवशाली लड़ाई के साथ एकाकार कर देते हैं। लोग माओवादियों के साथ क्यों शामिल होते हैं, इसके कारणों की बहुलता से उन्हें कोई मतलब नहीं होता। बेशक, प्रतिरोध और हिम्मत

की मौजूदगी है। उल्लेखनीय परिमाण में है। मध्य भारत के आदिवासियों जैसे शोषित और घेरेबन्दी में फँसे लोगों के लिए यह ख़ास तौर पर मायने रखता है। मगर, एक साथ कई तरह की सम्बद्धताओं और इच्छाओं की नैतिक जटिलता, इलाक़े के हिसाब से तथा वक़्त के साथ लोगों की बदल जानेवाली निष्ठाओं के अन्तरों, और शान्ति के लिए उनकी तड़प के साथ पेश आ पाने में शहरी रैडिकल लोग अक्षम हैं। लोग माओवादियों और राज्य दोनों को चाहते हैं, लेकिन बिल्कुल भिन्न वजहों के लिए : माओवादी नापसन्द की जानेवाली नौकरशाही से आज़ादी मुहैया कराते हैं, और राज्य कल्याण के वादे को बनाए रखता है, वह भी उस पैमाने पर कल्याण, जैसा कोई और नहीं कर सकता। सरकार उनके साथ जो कर रही है, इसके लिए गाँववाले जिस वक़्त उससे नफ़रत कर रहे होते हैं, उसी वक़्त वे उसी सरकार से इंसाफ़ चाह रहे होते हैं। और इसी तरह, माओवादी संविधान को कोसते हैं, पर जब उनके नेताओं की ग़ैर-न्यायिक हत्या या गिरफ़्तारियाँ होती हैं तो वे उसी संविधान के सिद्धान्तों का हवाला देते हैं। भारत का संवैधानिक लोकतंत्र, अपनी तमाम विफलताओं के चलते और उनके बावजूद, एक ऐसी साँसत और एक ऐसा वादा है कि कोई नागरिक इससे छुटकारा नहीं पा सकता।

काउंटर-इन्सर्जेंसी और मौजूदा लोकतंत्र

परिमाणात्मक राजनीतिविज्ञान के साहित्य का एक छोटा कुटीर उद्योग यह आकलन करने में जुटा है कि क्या काउंटर-इन्सर्जेंसी के तौर-तरीक़े पर लोकतंत्र से कोई फ़र्क़ पड़ता है। कुछ अध्येता तर्क देते हैं कि लोकतंत्र में आन्तरिक इन्सर्जेंसी पैदा होने की आशंका कम होती है। वे कहते हैं कि सैनिकों की मौत पर, साथ ही साथ मानवाधिकारों के उल्लंघन पर जन-प्रतिक्रिया राज्य के लिए ख़र्च बढ़ाती है। और, लोकतांत्रिक राज्यों द्वारा निर्विचार हत्याओं से बचते हुए तथा काउंटर-इन्सर्जेंसी के साथ कल्याणवाद और अभिजात वर्ग के सहयोजन को शामिल कर 'सन्तुलित' और 'नरम' रवैया अपनाने की सम्भावना ज़्यादा होती है। अन्य अध्येता इस दावे को चुनौती देते हुए तर्क देते हैं कि शासन-प्रणालियों की तुलना करने पर, ऐसा कोई अनुभवसिद्ध सबूत नहीं है कि लोकतंत्र काउंटर-इन्सर्जेंसी को औपनिवेशिक या तानाशाही मिज़ाज के शासन से कुछ अलग ढंग से चलाते हों।[23]

भारत में एक चुनावी लोकतंत्र, आज़ाद प्रेस, राष्ट्रीय मानवाधिकार आयोग जैसी वैधानिक संस्थाएँ, एक स्वाधीन न्यायपालिका और एक फलता-फूलता मानवाधिकार आन्दोलन होने का निश्चित रूप से कुछ मतलब होना चाहिए। लेकिन इनके होने का जो मतलब है, हो सकता है कि वह वो ना हो जिसकी हम उम्मीद करते हैं। सच कहूँ तो मेरा तर्क यही है जो वो छिद्र मुहैया करते हैं जिनसे होकर भारतीय लोकतंत्र

पतित होता है—अपनी संस्थानिक कमज़ोरियों के ज़रिए भी और उस आधिकारिक वैधता के ज़रिए भी, जिसे वे मुहैया कराते हैं।

काउंटर-इन्सर्जेंसी के चलते बड़े पैमाने पर मानवाधिकारों के उल्लंघन की रोकथाम में चुनावी लोकतंत्र का उपयोग सीमित ही मालूम पड़ता है। इसका सबूत है : सलवा जुडुम के संचालन में दो मुख्य राजनीतिक दलों की साँठ-गाँठ और अपने-अपने राज्यों में इसी तरह के अभियानों पर सभी बड़े राजनीतिक दलों की मौन सहमति; जनसंहारों को जायज़ ठहराने और उसके दोष से बचने के लिए चुनावी जीत का इस्तेमाल और चुनाव की फंडिंग में खनन कम्पनियों की भूमिका। अगर आज़ादी से काम करनेवाले एक लोकतंत्र में मीडिया का योगदान है, तो इसकी वही आज़ादी लोकतंत्र को कमतर बनाती है जब वह कुछ निश्चित चीज़ों की रिपोर्ट करने में विफल होता है या फिर कहानी को एक झुकाव के साथ पेश करता है। अदालतें या एनएचआरसी जैसी वैधानिक संस्थाएँ चाहें तो सरकार पर लगाम कस सकती हैं, लेकिन जब वे ऐसा नहीं करती हैं, तब मानवाधिकार उल्लंघनों को छिपाने की उनकी शक्ति फ़ौजी शासन के मुक़ाबले लोकतंत्र में कहीं ज़्यादा होती है।

एक बदलाव यह हुआ है कि अब काउंटर-इन्सर्जेंसी को अन्तरराष्ट्रीय साइबर-एक्टिविज़्म से मुक़ाबला करना पड़ रहा है। अलबत्ता, पारम्परिक और नया मीडिया राज्य प्रोपेगंडा का प्रभावी विस्तार भी हो सकते हैं। कुछ अन्य सांस्थानिक ख़ूबियाँ भी हैं जिनसे कुछ लगाम लगती है। भारत के संघवाद को पुलिस सीमा-पार अभियानों के लिए अक्सर एक समस्या के रूप में देखती है, लेकिन इसका मतलब यह भी है कि सलवा जुडुम के पीड़ितों के पास आन्ध्र प्रदेश भागने का विकल्प था, जहाँ उन्होंने भले बहुत-सी कठिनाइयाँ सहीं, पर वहाँ ज़िन्दगी थोड़ी ज़्यादा सुरक्षित थी। और चूँकि किसी का बड़ा अनुयायी वर्ग होने पर उसे पूरी तरह दबाया नहीं जा सकता, अन्तिम संस्कार या स्मृति सभाएँ वैकल्पिक निष्ठाओं को प्रदर्शित करने की जगह बन सकते हैं। किशनजी के नाम से लोकप्रिय मल्लोजुला कोटेश्वर राव नवम्बर 2011 में पश्चिम बंगाल में सुरक्षा बलों के हाथों जब मारे गए, उनके अन्तिम संस्कार में हज़ारों लोग इकट्ठा हुए, जिनमें विधानसभा के सदस्य भी शामिल थे : 'सुबह से निजामाबाद, आदिलाबाद और विशाखापत्तनम जैसी जगहों से लोगों का उमड़ना शुरू हो गया। किशनजी के ब्राह्मण वीधि (गली) स्थिति घर पर, जहाँ उनका पार्थिव शरीर रखा था, लोगों की लम्बी क़तार देखी जा सकती थी।'[24]

अगर माओवादी आज राज्य पर मँडरा रही प्रेतछाया हैं, तो उन्होंने राज्य की कल्पना-शक्ति को ज़्यादा सकारात्मक तरीक़ों से भी प्रभावित किया है—कम से कम इतना तो किया ही कि 'कैम्पेन फॉर सर्वाइवल एंड डिग्निटी' या 'नेशनल एलायंस ऑफ़ पीपुल्स मूवमेंट्स' (एनएपीएम) जैसे अन्य समूह वनवासियों को ज़मीन का मालिकाना हक़ दिलानेवाले वन अधिकार अधिनियम (एफआरए), 2006,

या सामाजिक प्रभाव के आकलन और सहमति के प्रावधानों को पहली बार शामिल करनेवाले भूमि अधिग्रहण अधिनियम, 2013 जैसे क़ानूनों के लिए दबाव बनाने में सक्षम हो सके। यह अलग बात है कि यूपीए शासन में पास हुए इन क़ानूनों को 2014 में सत्ता में आई मोदी सरकार लगातार कमज़ोर करती जा रही है।

सबसे बड़ी बात, लोकतंत्र असहमति रखनेवालों को एक बुनियादी लाभ प्रदान करता है : उन्हें उसी संविधान के आदर्श और क़ानून का शासन मुहैया कराता है जिसके नाम पर उन्हें अवैध घोषित किया गया है। तो फिर आख़िर में, बस्तर की कहानी इतिहास में केवल उस लम्हे के रूप में दर्ज नहीं होगी जब अपने नागरिकों की ज़िन्दगी रौंद कर, लोकतंत्र को विफल और दरकिनार कर दिया गया, बल्कि उस लम्हे के रूप में भी दर्ज होगी जब लोकतंत्र को लोगों ने बचाया—पोडियम पांडा जैसे पुरुषों ने, जिन्होंने सबसे मुश्किल हालात में किसी तरह अपना मानसिक स्वास्थ्य और हास्यबोध बनाए रखा; या उन महिलाओं ने, जिन्होंने डराए-धमकाए जाने की सारी हदें पार होने के बावजूद सुरक्षा बलों द्वारा किए गए बलात्कार के ख़िलाफ़ गवाही दी। जब राज्य लड़खड़ाता है, तो ये नागरिक ही होते हैं जो जवाबदेही और क़ानून के शासन की माँग करते हुए, राज्य की अवधारणा को सहारा देने के लिए हस्तक्षेप करते हैं, बस यही चीज़ उम्मीद की एक निशानी के रूप में प्रतिमानहीनता और मायूसी के बावजूद फलती-फूलती रहे। ये निशानियाँ गृहयुद्ध के झुलसे हुए भू-दृश्य में चमत्कार हैं, एक लोकतंत्र के लिए पथ-प्रदर्शक स्तम्भ हैं जो हमेशा प्रक्रिया में ही चल रहा होता है, कभी पूरी तरह प्राप्त नहीं होता, तो कभी पूरी तरह परित्यक्त भी नहीं होता।

3

'क्योंकि मैं अमन चाहती हूँ'

क्योंकि मैं अमन चाहती हूँ
और जंग नहीं
क्योंकि मैं नहीं देखना चाहती
भूखे बच्चे
या ठठरी हो गई औरतें
या ख़ामोशज़बां मर्द
इसलिए मुझे लड़ते रहना होगा...
क्योंकि कई इलाक़े हैं
जो अब मुक्त हैं
जहाँ अनपढ़ लोग पढ़ना सीख रहे हैं
बीमारों का इलाज हो रहा है
और ज़मीनों की उपज
सभी की है
इसलिए मुझे लड़ते रहना होगा
क्योंकि मैं अमन चाहती हूँ
और जंग नहीं चाहती

—**क्लेरीबेल अलेग्रिया,** *क्योंकि मैं अमन चाहती हूँ*

हिन्दीभाषी छत्तीसगढ़ सरकार माओवादियों का ज़िक्र हमेशा तेलुगुभाषी बाहरी लोगों के रूप में करती है, जबकि अभी के समय बस्तर में 90 फ़ीसद से ज़्यादा माओवादी कैडर और यहाँ तक कि उच्चस्तरीय कमांडर भी स्थानीय आदिवासी हैं, और सभी बैठकें गोंडी में होती हैं। लेकिन बस्तर हमेशा से ही उत्तर और दक्षिण के बीच आवाजाही का गलियारा रहा है, और वे दो आवागमन जिन्होंने बस्तर के इतिहास की दिशा बदल दी, दोनों ही दक्षिण से उत्तर की ओर रहे हैं। 14वीं सदी

में, काकतीय राजा अन्नम देव वारंगल (जो अब तेलंगाना में पड़ता है) से भाग कर आए और बस्तर रियासत की स्थापना की, जो 1947 में भारतीय राज्य में विलय होने तक क़ायम रही। उत्तर की ओर दूसरी भविष्य-निर्णायक यात्रा 1980 के दशक में नक्सली दस्तों की थी।

शुरुआती साल

> **सवाल :** आप कब और कैसे 'पीपुल्स वार' में शामिल हुए?
>
> **जवाब :** 1980 के दशक में, के. एस. (कोंडापल्ली सीतारामैया) ने हमसे जंगलों में जाने को कहा। हमने पूछा कि हमें जंगलों में क्यों जाना चाहिए जब मैदानी इलाक़ों में इतनी सारी समस्याएँ हैं, और जंगलों में कोई समस्या दिखती नहीं है। केएस ने हमसे कहा, 'जहाँ भी लोग हैं, उनकी समस्याएँ होंगी ही। पता लगाओ कि उनकी समस्याएँ क्या हैं?'
>
> *—ए. रेड्डी के साथ साक्षात्कार, 2010*

1980 में बस्तर आए ज़्यादातर नौजवान तेलुगु पुरुष (और बाद में महिलाएँ) माओवादी विचारधारा और बलिदान एवं प्रतिरोध की लम्बी पारिवारिक परम्पराओं में पगे हुए थे। 2009-10 में मैंने वारंगल में कइयों से साक्षात्कार लिया। कुछ तो उन परिवारों और गाँवों से आते थे जिन्होंने तेलंगाना सशस्त्र संघर्ष (1946-51) में हिस्सा लिया था। कुछ गाँव कैडर देने के लिए ख़ास तौर पर जाने जाते थे। एक महिला एक्टिविस्ट, मंजू ऐसे गाँव से आती थी जहाँ 11 लोग 'शहीद' हो चुके थे। इनमें उसका भाई भी शामिल था जो स्थानीय स्तर पर एक युवा क्लब चलाता था। एक दस्ते के नेता द्वारा छोड़ा गया ग्रेनेड घर में फट जाने से उसकी मौत हो गई। शिवन्ना जैसे अपेक्षाकृत उम्रदराज और शादीशुदा मर्द भी कुछ थे, जो ताड़ी निकालनेवाली जाति से आते थे और जिन्होंने अपने गाँव में सामन्तवाद को झेला था। जब वह भूमिगत हुए तो उनकी पत्नी ने बीड़ी बनाकर परिवार चलाया। दूसरों ने तो इमरजेंसी के दौरान जेल भी काटी थी। क्रान्तिकारी छात्र राजनीति भी, जिसमें 'गाँवों में जाओ और लोगों से सीखो' के लिए उन्हें प्रेरित करनेवाला 1978 का अभियान भी शामिल है, बहुतों को अपने साथ बहा ले गई। कुछ ऐसे भी शामिल हो गए जो अभी स्कूल से निकले ही थे—जैसे लचन्ना, जिसका बड़ा भाई एक मुठभेड़ में मारा गया था और वह 15 साल की उम्र में ही भूमिगत हो गया था। एक और नेता प्रशान्त 1985 में जब पार्टी में शामिल हुआ तो उसकी उम्र 17 साल थी और उसने 28 साल के बाद पार्टी छोड़ दी। एक स्थानीय संगठनकर्ता जानु चिन्नालु ने

वारंगल से युवाओं को भर्ती करने में अहम भूमिका निभायी। 'पेशेवर क्रान्तिकारी' की मुश्किल व ख़तरनाक ज़िन्दगी के लिए कैरियर व सुख-सुविधाएँ छोड़ने के अपने बच्चों के फ़ैसले से कम ही माँ-बाप ख़ुश थे। लेकिन यह भी उतना ही सच है कि उनमें से कोई-कोई ही अपने बच्चों के रास्ते में आया, क्योंकि वे भी अमूमन पार्टी के साथ हमदर्दी रखते थे। यहाँ तक कि आज भी, जब ज़माना उतना निःस्वार्थ नहीं है, माँ-बाप जंगल में रह रहे अपने बच्चों को ख़त लिखकर बताते रहते हैं कि उनके लिए घर के दरवाज़े हमेशा खुले हैं, पर वे अपने आदर्शों के हिसाब से जीने के लिए अब भी आज़ाद हैं। माताएँ बस वही सवाल करती हैं जो सभी माँओं का होता है : 'क्या तुम ठीक हो? ठीक से खा रहे/रही हो?' 1980 के दशक से लेकर 1990 के दशक तक, ज़ोरदार दमन के बावजूद, वारंगल के तमाम इलाक़े आन्दोलन के साथ रहे। अगर किसी बस में पुलिस सवार होती थी, तो ड्राइवर ख़ास तरह से हॉर्न की आवाज़ करता था जिससे अगर कोई गुरिल्ला इलाक़े में हो तो वह होशियार हो जाए और भाग सके।

ये रंगरूट भारत की कम्युनिस्ट पार्टी (मार्क्सवादी-लेनिनवादी) पीपुल्स वार (सीपीआई एमएल पीडब्ल्यू, जिसे अक्सर सिर्फ़ पीपुल्स वार कहा जाता है) से ताल्लुक़ रखते थे, जिसकी स्थापना कोंडापल्ली सीतारामैया ने की थी, और जिसकी जड़ें चारू मजूमदार की सीपीआई (एमएल) तक पहुँचती थीं।[1] सशस्त्र संघर्ष सर्वोपरि लाइन थी, लेकिन पीपुल्स वार ने खुले संगठनों की भी वकालत की। और वास्तव में पार्टी ने रिवोल्यूशनरी राइटर्स एसोसिएशन या विरासम (1970 में स्थापित), जन नाट्य मंडली (1971), तथा फ्रंट संगठनों जैसे रैडिकल स्टूडेंट्स यूनियन, रैडिकल यूथ लीग और रायतु कुली संघम के ज़रिए जनमानस में अच्छी पैठ बनाई। रायतु कुली संघम ने अन्य चीज़ों के साथ, खेतिहर मज़दूरी तथा ज़मींदारों द्वारा बेगार कराए जाने के मुद्दे को भी उठाया। जैसे-जैसे आन्दोलन फैला, पुलिस दमन भी तेज़ होता लगा।

सरकार ने कई घटनाओं के द्वारा यह धारणा मज़बूत करने में मदद की कि शान्तिपूर्ण प्रतिरोध नामुमकिन है। ऐसी एक घटना 1981 में आदिलाबाद के इन्द्रावेल्ली में हुई। हाट के दिन पड़ रही गिरिजन रायपुर कुली संघ की एक सभा को अन्तिम समय पर मंज़ूरी देने से मना कर दिया गया था। लोगों को यह मालूम नहीं था और वे बड़ी संख्या में जमा हो गए। पुलिस ने बिना चेतावनी दिये गोलियाँ बरसानी शुरू कर दीं। आधिकारिक रूप से 13 गोंड और एक पुलिसवाला मारे गए; अनधिकारिक आँकड़ा लगभग 100 मौतों का है। मानवशास्त्री क्रिस्टोफ वोन फ्यूरर हाइमेनडॉफ, जो शायद ही सशस्त्र संघर्ष के हामी थे, के लिए इन्द्रावेल्ली नरसंहार केवल आदिवासियों के भविष्य के लिए उनके निराशापूर्ण पूर्वानुमान को ही पुष्ट करता था। *ट्राइब्स ऑफ़ इंडिया* के पश्चलेख में उन्होंने लिखा कि गिने-चुने

भारतीय प्रकाशनों में इन्द्रावेल्ली की तुलना जलियाँवाला बाग से करते हुए प्रकट की गईं 'प्रतिवाद और जुगुप्सा की भावनाएँ' ही 'इस अनवरत घने अन्धकार के बीच इकलौती उम्मीद की किरण हैं'।[2]

1979 में पार्टी ने सैन्य मामलों को गम्भीरता से लेने का फ़ैसला किया। जैसा कि पार्टी का इतिहास, *नक्सलबाड़ी के 30 साल,* बताता है :

> 1979 तक आन्ध्र प्रदेश में आन्दोलन बहुत ही महत्त्वपूर्ण चरण में पहुँच गया था। अब आगे बढ़ने का मतलब था : केवल ज़मींदार वर्ग से नहीं, बल्कि पुलिस और अर्धसैनिक बलों से भी भिड़ने के लिए ज़रूरी तैयारी करना। ऐसी किसी सम्भावना के लिए तैयारी का मतलब न केवल संघर्ष के नए रूपों को अंगीकार करना था, और न केवल संगठन के नए तरीक़े थे, बल्कि पार्टी की सैन्य तैयारी भी थी।

पार्टी ने 'गुरिल्ला जोन' की सम्भावनाओं का ख़ाका तैयार किया, जिसमें गोदावरी के आन्ध्र वाली तरफ़ दमन तेज़ होने पर दंडकारण्य जंगल का इस्तेमाल शरणस्थली के रूप में किया जाना था। स्थानीय आदिवासियों को संगठित करना दूसरी प्राथमिकता थी। यहीं से बस्तर की कहानी शुरू होती है।

गोदावरी को पार करना

आन्ध्र के कम्युनिस्टों द्वारा बस्तर में लोगों को गोलबन्द करने की कोशिश का एक लम्बा इतिहास है। तेलंगाना सशस्त्र संघर्ष के इतिहास-लेखक पी. सुन्दरैया लिखते हैं कि 1951 में पहली बार अविभाजित सीपीआई ने गोदावरी पार करके बस्तर में प्रवेश करने की कोशिश की। लेकिन उन लोगों के बीच से उन्हें कोई सकारात्मक प्रतिक्रिया नहीं मिली। वे उनकी भाषा तक नहीं समझ सकते थे। इसके बजाय, उनका सामना हुआ शत्रुतापूर्ण पुलिस से। भोपालपटनम में जब उनके तीन सदस्यों को गोली मारी गई, तो कम्युनिस्ट वहाँ से लौट आए।[3] इसके बाद अगले 30 सालों तक, बस्तर में प्रवेश की छोटे-मोटी कोशिशें होती रहीं। इनमें तेंदू पत्ते तोड़नेवालों के लिए बेहतर मज़दूरी की माँग करते हुए 1963 में लाल झंडों के साथ निकाली गई साइकिल रैली भी शामिल है। 1968 में, असली और सन्देहास्पद 'उग्रवादियों' की ताक में रहनेवाली पुलिस ने वाइ. एस. मूर्ति नामक एक व्यक्ति को गिरफ़्तार किया जब वह जगदलपुर में दीवार-लेखन कर रहा था और पोस्टर चिपका रहा था। जब शंकर गुहा नियोगी, जो बाद में भारत के सर्वाधिक आदरणीय श्रमिक नेताओं में से एक बने, मूर्ति के बचाव में आगे आए, तो पुलिस ने उन्हें भी फ़ौरन गिरफ़्तार कर लिया।

वारंगल से एमबीबीएस शरुनी विजय कुमार ने 1974 में भोपालपटनम में, अपने कंपाउंडर तुषार कांति भट्टाचार्य उर्फ मोहन सिंह के साथ, डॉक्टर श्रीनिवास राव नाम से काम शुरू किया। भट्टाचार्य बाद में तरलागुड़ा में अपना अलग क्लीनिक चलाने लगे। उन्हें काम करते केवल एक साल हुआ था कि पुलिस का उनके घरों पर छापा पड़ा।[4] इसके बाद यह सिलसिला 1980 में पीपुल्स वार के पहले दस्तों के आने तक ठंडा ही रहा।

पहले सात दस्ते, या *दलम* जैसा कि इन्हें स्थानीय तौर पर कहा जाता है, 1980 में भेजे गए थे। प्रत्येक दस्ते में 5 से 7 सदस्य थे। पार्टी का इतिहास हमें बताता है कि, 'शुरू में उन्हें आदिवासियों के बीच जड़ें जमाने में भारी दिक़्क़तों का सामना करना पड़ा, क्योंकि पुलिस दमन और तलाशी अभियान तुरन्त ही शुरू हो गए थे। फिर भी, दुश्मन की ओर से आन्दोलन को कुचलने के लिए 1985 में शुरू किए गए पहले अभियान से पूर्व, आन्दोलन पार्टी की उम्मीदों से भी ज़्यादा, जंगल की आग की तरह फैल गया था।' 1985 तक, दक्षिण बस्तर में सभी दस्ते, अनियमित रूप से ही सही, आपस में जुड़ गए थे। 1987 में, गढ़चिरौली, आदिलाबाद, बस्तर और आन्ध्र-ओडिशा सीमांचल को शामिल कर, दंडकारण्य राज्य सम्मेलन आयोजित हुआ : स्थानीय लोग भी जुड़ने लगे और पार्टी ने नए-नए मुद्दों में हाथ डालना शुरू किया। इस माओवादी इतिहास की पुष्टि पुलिस सूत्रों से भी होती है।[5]

जनता के मुद्दों को उठाना

> मुझे गोंडी सीखने में तीन महीने लगे। शुरू में संघम बनाना काफ़ी मुश्किल था। लोग हमसे बहस करते और कहते कि आपके आने से पहले भी हम अपना काम ठीकठाक चला रहे थे। फिर हम झाड़ू के दाम बढ़ाने के लिए लड़े, माढ़ में हमने लोगों को बालू में कुआँ खोदकर निकाले गए पानी को उबालना सिखाया, हमने चिकित्सकीय मदद देनी शुरू की।
>
> *—लछन्ना के साथ साक्षात्कार, 2009*

पहले-पहले जब दस्ते आए तो वे सोच में पड़ गए कि आख़िर करें क्या, क्योंकि बस्तर के समतावादी नज़र आनेवाले आदिवासी समुदाय, वर्ग संघर्ष के उस मॉडल में फिट नहीं बैठते थे जिसे उन्होंने सामन्ती आन्ध्र में सीखा था। शुरुआत में, दलम ने समानांतर राज स्थापित करने के बजाय, इस पर ध्यान केन्द्रित किया कि राज्य की संस्थाएँ ठीक से काम करें। वे रात में गाँव में बैठकें करते, विभिन्न तरह के सर्वेक्षण करते और स्थानीय समस्याओं को चिह्नित करते। कभी-कभार माओवादी

भेस बदलकर मातहत सरकारी कर्मियों के पास जाते और उनसे सरकारी योजनाओं की स्थिति और मज़दूरी की सरकारी दर के बारे में पूछताछ करते। वे न्यूनतम मज़दूरी दर से कम भुगतान करनेवाले वन अधिकारियों और ठेकेदारों, बिना एक अक्षर पढ़ाये या बिना कोई इलाज किए तनख़्वाह उठानेवाले शिक्षकों और स्वास्थ्य कर्मियों, दाख़िल ख़ारिज या मामला दर्ज करने जैसे रोज़मर्रा के कामों के लिए घूस माँगनेवाले भूमि राजस्व कर्मियों एवं पुलिस, और गाँववालों को ठगनेवाले दुकानदारों को धमकाते। उन्होंने महिलाओं के ख़िलाफ़ शारीरिक हिंसा तथा यौन शोषण और बेगार का विरोध किया। उन दिनों, सरकारी कर्मी ज़मीन के दाख़िल ख़ारिज और ऐसे ही अन्य कामों के लिए एक गाँव से दूसरे गाँव चारपाई पर ले जाए जाने की माँग करते थे। वे गाँववालों से घी, मुर्गे, बकरे और शराब की भी फ़रमाइश करते थे। माओवादी 'घटनाओं' पर 'विस्तृत केस स्टडी' करनेवाले वी. पी. पटेल पाते हैं कि पिटाई और—उन दिनों काफ़ी विरल रूप से होने वाली हत्याओं—के सभी मामलों का एक पूर्व इतिहास रहा था, जिसमें सम्बन्धित व्यक्ति को पहले चेताया गया था।[6]

सभी के साथ सामना टकराव भरा ही नहीं था। निचले स्तर के कई सरकारी कर्मियों—चपरासियों, बिजली मिस्त्रियों और अन्य—ने माओवादियों के साथ अपनी सौहार्दपूर्ण मुलाक़ातों का ज़िक्र मुझसे किया। अन्दरूनी गाँवों में प्राइमरी स्कूल के शिक्षक भी उनकी बैठकों में शामिल हुआ करते थे, और जैसे-जैसे समय बीता माओवादियों ने व्यापारियों के बीच भी विस्तृत नेटवर्क बना लिया जो उनके लिए कूरियर का काम किया करते थे। माओवादी नेता सादे कपड़ों में साप्ताहिक हाटों में घूमने जाया करते थे और, लम्बे समय तक उतने खुले रहे, जितना कोई भूमिगत आन्दोलन हो सकता है।

शुरू-शुरू के ये माओवादी गाँववालों को रॉबिन हुड की तरह लगे। वे खाकी वर्दी और आदिम क़िस्म के हथियार धारण करते थे। एक गुरिल्ला ने पुराने दिनों को कुछ यूँ याद किया, 'हमें केवल इतनी ट्रेनिंग दी गई थी कि एक बन्दूक़ लो और जंगल में जाओ। हमारा एकमात्र हथियार मार्क्सवाद-लेनिनवाद था।' उसने बताया कि शुरुआत में उनके हथियार बहुत ही बुनियादी ढंग से बने होते थे : वे बन्दूक़ें बनाने के लिए लोहे और बेकार हुई राइफ़लों का इस्तेमाल करते थे और इस बात को लेकर चिन्तित रहते थे कि बारिश के मौसम में ये कैसे काम करेंगी। उनके दूसरे उपकरण भी आदिम क़िस्म के थे। शिवन्ना ने याद किया कि कैसे उनके जूते करेगुट्टा पहाड़ के पथरीले रास्तों पर एक हफ़्ते में ही फट जाया करते थे। आख़िरकार, हर हफ़्ते 100-150 रुपए का ख़र्च बचाने के लिए वे नंगे पाँव रहने लगे।

दक्षिण स्थित कोंटा के कई गाँवों में, वहाँ के बाशिंदों ने बताया कि पार्टी की उनकी पहली स्मृतियाँ उन दस्तों की हैं जिनके पास हथियार के नाम पर केवल कुल्हाड़ी रहती थी, और जो नगाड़े की थाप पर नाचा करते थे। उत्तर बस्तर में भी,

गाँववाले गुरिल्लाओं से मज़ाक़ किया करते थे, और गाना नहीं गाने पर उन्हें रात में खाना नहीं देने की धमकी देते थे। शुरू में, क्रान्तिकारी केवल बचा हुआ खाना माँगते थे, लेकिन बाद में लोगों ने ख़ुद ही तय किया कि ये लोग ताजा खाने के हक़दार हैं। अब, जब दलम गाँव आता है, तो गाँववाले उन्हें अनाज देते हैं क्योंकि उनकी संख्या काफ़ी ज़्यादा होती है। कई सारे गाँवों में, गाँव के भीतर ही पुनर्वितरित की गई कुछ ज़मीन गाँव आए दस्तों को खिलाने और ज़्यादा ग़रीब किसानों को बीज मुहैया कराने के लिए अलग से रखी गई है।

कुछ सालों के बाद, वन और राजस्व-कर्मियों ने घूस माँगनी बन्द कर दी और वे ब्लॉक मुख्यालयों में ही रहने लगे। शोषणकारी राज्य भले ही पूरी तरह ग़ायब न हुआ हो, पर क्योंकि वह पीछे हट गया था, इससे माओवादी असमंजस में पड़ गए। उनके संघर्ष मौसमी हो गए, जो तेंदू पत्ता तोड़ने की मज़दूरी बढ़ाने पर केन्द्रित थे।

लेकिन जब एक बार लोगों ने देखा कि माओवादियों के पास रेंजरों और स्थानीय पुलिस से लड़ने की ताक़त है, तो वे उनके पास हर तरह के मसले लेकर आने लगे, यहाँ तक कि वैवाहिक झगड़े भी। लछन्ना के मुताबिक़, शुरू-शुरू में पार्टी ने उन्हें इन मामलों को स्थानीय स्तर पर निपटाने को कहा। 1983 और 1987 के बीच, पार्टी के भीतर खेती के ढाँचे को लेकर तीखी बहस थी : सवाल था कि आदिवासियों के बीच के वर्गभेद महत्त्वपूर्ण हैं या फिर मुख्य विरोध राज्य के साथ ही है? 1987 का साल अहम था : बतौर मुख्य शत्रु राज्य पर ही ध्यान केन्द्रित करने का समर्थन करनेवाले तब के माओवादी नेता शिवाजी को पार्टी से निकाल दिया गया था; दंडकारण्य अंचल के लिए एक जंगल कमेटी का गठन किया गया था; और पार्टी ने तय किया कि गाँवों में वर्ग के आधार पर संघम बनाने ज़रूरी हैं। ये संघम ग्राम स्तरीय कमेटियाँ हैं, जिनमें ज़्यादातर युवा होते हैं, और जो पार्टी के रोज़-ब-रोज़ के कार्यक्रमों को कार्यान्वित करते हैं।

इन्द्रावती नेशनल पार्क दलम ने पार्क से विस्थापन को लेकर विरोध प्रदर्शन के लिए जब गाँववालों को संगठित करने की कोशिश की, तो उन्होंने पाया कि स्थानीय मुखिया उनके काम को ध्वस्त कर रहे थे। मुखिया ने गाँववालों को प्रदर्शन में शामिल नहीं होने की चेतावनी दी थी कि पुलिस द्वारा माओवादियों के हमदर्द के रूप में उन्हें भी परेशान किया जा सकता है। रैली में कोई नहीं आया। दक्षिण में भी, स्थानीय कमांडर रमन्ना (जिसने बाद में सीआरपीएफ पर कुछ बड़े हमले अंजाम दिए) ने पाया कि पुजारी और मुखिया नवगठित संघों को भितरघात कर नुक़सान पहुँचा रहे थे।

1987 की एक विशेष घटना ने यह स्थिति बदल दी। मूल रूप से सुकमा के पेंटापाड़ के एक माड़िया, कलमा देवा ने कोंटा के पास तक़रीबन 100 एकड़ ज़मीन आबाद की हुई थी। स्थानीय दोरला लोगों ने पार्टी से कहा कि इसमें से कुछ

ज़मीन उनके बीच बाँट दी जाए। कमांडर राजन्ना और डिप्टी कमांडर रमन्ना के दलम ने कलमा देवा को कुछ ज़मीन देने के लिए राजी करने के वास्ते गाँव में दो-तीन बैठकें कीं। इस दौरान गाँव में एक शादी पड़ी जिसमें दलम भी उसमें नाच रहा था। कलमा देवा ने पुलिस को ख़बर कर दी। छापामारी में बाक़ी दलम तो बच निकला, लेकिन राजन्ना एक गड्ढे में गिर गया और पकड़ा गया। अगले ही हफ़्ते, रमन्ना ने ग़द्दारी करने के लिए कलमा देवा को मार डाला। मगर, गाँववालों ने इस घटना से समझ लिया कि पार्टी ज़मीन के मुद्दे को गम्भीरता से लेने को तैयार है और वे बड़ी संख्या में उनके पास आने लगे।

'बस्तर के आर्य'

> हमें यह महसूस करने में लम्बा वक़्त लगा कि आदिवासियों के बीच भी वर्ग संघर्ष थे।
>
> *—सिवन्ना से साक्षात्कार, 2010*

आदिवासी भारत में ज़मीन ही सभी प्रवासनों और राजनीति की अनुप्रेरक शक्ति रही है। 1990 के दशक में अपने फील्ड रिसर्च से, मैंने यह पाया कि धुरवा और दोरला अपने ही गाँवों में बने रहने की प्रवृत्ति रखते हैं। लेकिन इर्द-गिर्द स्थित, पहाड़ियों में फैले, छोटे-छोटे गाँवों में रहनेवाले गोंड हमेशा ज़मीन की तलाश में रहते हैं। लछन्ना दक्षिणी गोंडों का वर्णन 'बस्तर के आर्यों' के रूप में करता है, जो नए भू-भाग में जाकर उसे आबाद करने को हमेशा तैयार रहते हैं। 1980 के दशक में, गोंड पुरुषों का एक समूह कुकानार के पास के जंगमपाल और अन्य गाँवों से आकर, सीपीआई की मदद से, कांगेर नेशनल पार्क में भद्री महू और चाँदामेटा जैसे पुराने गाँवों की जगह पर बसा। इन गाँवों को इनके मूल बाशिंदे बीमारियों या 1935 और 1965 के भीषण सूखों के चलते छोड़कर चले गए थे। दूसरी जगह से आकर बसे इन लोगों ने वन विभाग द्वारा बार-बार ज़मीन ख़ाली कराने और गिरफ़्तारियों का प्रतिरोध किया। कभी-कभी बाप ज़मीन को अपने बेटों की देखरेख में छोड़ देते और अपने लिए नई ज़मीन तथा कुछ मामलों में नई बीवी भी ढूँढ़ लेते, लेकिन अक्सर बेटे ही ज़मीन की खोज में जाते थे। अन्य लोगों ने, ख़ासकर गादीरास, सुकमा और कुआकोंडा के इर्द-गिर्द के इलाक़ों से और ज़्यादा दक्षिण स्थित गोल्लापल्ली और किस्ताराम रेंज के जंगलों की ओर प्रवास किया, जहाँ वे जंगल काट कर या फिर दोरला समाज के परित्यक्त गाँवों में बसे। पारम्परिक रूप से, फ़सल कटाई के बाद जल्द ही, विभिन्न गाँवों के 60-70 पुरुष शिकार पर निकला करते थे, जो दो या तीन महीने चलता था। इस दौरान वे लम्बी दूरियाँ तय करते थे। बीज बुआई

के समय के आसपास *वेट्टा* कहलाने वाले छोटी अवधि के शिकार के मुक़ाबले, लम्बी अवधि के इन शिकारों, जिन्हें *जुड्डम* कहा जाता है, के दौरान ही वे उपयुक्त ज़मीनें चिह्नित किया करते थे। कोंटा से लेकर पूरी आन्ध्र प्रदेश सीमा पर ज़मीन की तलाश चलती रहती थी।

दक्षिण बस्तर में वनभूमि पर क़ब्ज़ा करने और गाँव बसाने में गोंडों की मदद करके, 1980 के दशक में माओवादियों ने अपने संगठन के लिए बहुत से रंगरूट जुटाये। कोंटा से लगी आन्ध्र सीमा पर स्थित पालपोचा गाँव के मनकूराम ने मुझे बताया कि 1980 के दशक के शुरुआती वर्षों में वह किस तरह वहाँ पहुँचे। धाराप्रवाह हिन्दी बोलनेवाला यह कांग्रेस कार्यकर्ता अपने गाँव का पहला शख़्स था जिससे नया-नया आया पीपुल्स वार का दस्ता मिला था। उस वक़्त यह सब वनभूमि थी। यहाँ बसने के इरादे से इस ज़मीन को मनकूराम ने चिह्नित किया था। दस्ता सही मौक़े की ताक में था, और जब वन विभाग ने पेड़ों की कटाई की, तो उन्होंने लकड़ी के लट्ठों के ढेर में आग लगा दी। रेंजर ने मनकूराम को बुलाया और बची हुई लकड़ियों को बैलगाड़ी से वहाँ से ले जाने में मदद करने को कहा। बदले में, रेंजर ने 25 परिवारों को अतिक्रमण के लिए बिना जुर्माना लगाए प्रिलिमनरी ऑफेंस रिपोर्ट (पीओआर) दी। वैसे तो पीओआर गुनहगारी की निशानी है, पर यह उस इलाक़े में गाँववालों की मौजूदगी के सबूत का भी काम करता है, और बाद के सालों में जब सरकार 'अतिक्रमणों' का नियमितीकरण करती है, तो पीओआर क़ानूनी मिल्कियत हासिल करने का पहला क़दम बन जाता है।

जब कुछ शुरुआती परिवार बस जाते, तो विभिन्न गाँवों से आए लोगों के बीच झगड़े होते, लेकिन दस्तों ने उनके बीच सीमारेखा खींच दी। किस्ताराम में इस तरह की सीमारेखाएँ अब भी सड़क के आर-पार रस्सी से लटकी सफ़ेद झंडियों के रूप में मौजूद हैं। दस्तों ने प्रत्येक गाँव के लिए मुखिया नियुक्त किया और वन विभाग को गाँववालों को परेशान नहीं करने की चेतावनी दी। तभी से, जब भी वन विभाग कोई काम करवाना चाहता, जैसे जंगल के किसी हिस्से में पेड़ों की कटाई या जंगलों को आग से बचाने के लिए फायरलाइन बनाना, वे माओवादियों की मदद लेते। यह चलन आज भी जारी है। अपने काम की प्रकृति को देखते हुए, वन अधिकारी अपने-अपने स्तर से माओवादियों के साथ अक्सर एक समझदारी बनाकर रखते हैं। आत्मसमर्पण कर चुके एक माओवादी ने मुझे रेंजर की वर्दी में अपनी तस्वीरें दिखाईं। यह वर्दी और साथ में ज़रूरी जाली आईडी, एक हमदर्द वन अधिकारी ने उसे दी थी। वह बैठक में अन्य सभी लोगों से ज़्यादा कद्दावर था, छह फुट लम्बा, बिल्कुल एक रेंजर की तरह।

मार्च 2012 में मैंने एक दोस्त की मोटरसाइकिल पर किस्ताराम जंगल से होकर यात्रा की। हम ज़मीन पर गिरे लाल पत्तों और सागौन के पत्रहीन पेड़ों से मीलों तक

घिरे हुए थे। बीच-बीच में, हम महुए के किसी पेड़ से गुज़रते जिसके नीचे आग के छोटे-छोटे धधकते घेरे और राख थी। प्रशासक डब्ल्यू. जी. ग्रिग्सन ने 'सदाबहार नम जंगलों, ठंडी आबोहवा, भरपूर जल-उपलब्धता और अक्सर सघन आबादी वाले' उत्तर बस्तर और कोंटा व दक्षिणी बीजापुर के 'पतझड़ी जंगलों, पानी की कमी और तितर-बितर आबादी वाले गर्म खुश्क इलाक़ों' के बीच फ़र्क़ का यथोचित वर्णन किया है।[7] माओवादी राज्य का कोई अन्य सबूत हो या नहीं, पर मैं 2005 और 2015 के बीच भैरमगढ़, बीजापुर, दंतेवाड़ा, सुकमा और कोंटा ब्लॉकों के जिन दर्जनों गाँवों में गई, उनमें से लगभग हर गाँव में कुछ न कुछ ज़मीन-वितरण हुआ था। मसलन, एक एकड़ वाले परिवार को अतिरिक्त ज़मीन दी गई थी जो किसी ज़्यादा ज़मीन वाले से ली गई; या कोई बेऔलाद मर गया हो तो उसकी ज़मीन दूसरों में बाँट दी गई।

संघम के निर्देशों के तहत, गाँववालों ने तटबन्ध बनाने, या ज़मीनों को समतल करने और सर्वाधिक ग़रीब लोगों के खेतों को बेहतर बनाने में सहयोग किया। यहाँ तक कि जनवरी 2016 में, जब नए सिरे से शुरू हुए दमन की लहर चरम पर थी और पुलिस के छापों के कारण लोगों के लिए अपने घर में ही सोना मुश्किल हो गया था, मैंने कई जगह गाँववालों को दल बाँध कर इस तरह के सामूहिक काम करते देखा। गाँववालों ने कहा कि वे इस दायित्व को पूरा करने के बाद ही कुली मज़दूरी के लिए आन्ध्र जाएँगे। पार्टी ने ग़रीबों को बैल दिए, अनाज भंडार बनाए और बिना सूद का क़र्ज़ दिया। कभी-कभी, वन उपज को सामूहिक रूप से बेचा जाता था और उस पैसे से लोगों की मदद कर्ज, शादी-ब्याह के ख़र्च वग़ैरह के रूप में की जाती थी। अपने ख़ास इलाक़ों में, पार्टी ने लोगों से सरकारी पट्टों या ज़मीन के काग़ज़ात जला देने को कहा, क्योंकि ये अब असल मिल्कियत को नहीं दिखाते थे। इसकी जगह उन्होंने अपने पट्टे जारी किए, जो पति और पत्नी दोनों के नाम पर थे।

सामूहिक रूप से तालाब बनाने के लिए पार्टी को गाँववालों का साथ मिला, जिसकी सख़्त ज़रूरत थी, क्योंकि 2011 तक भी (जनगणना के मुताबिक़) बीजापुर ज़िले में खेती योग्य ज़मीन का केवल 1.49 फ़ीसदी और दंतेवाड़ा ज़िले में 1.63 फ़ीसदी ही सिंचित था। उन्होंने कृषि कोऑपरेटिव भी स्थापित किए, जो अलग-अलग मात्रा में सफल रहे। पारम्परिक व्यवस्था में, समूह एक दूसरे के खेतों में मांस और लांदा (चावल से बना एक तरह का नशा) के बदले काम करते थे। लेकिन यह धनी लोगों के लिए ही ज़्यादा फ़ायदेमन्द था जो अधिक दिन काम कराने का ख़र्च उठा सकते थे। माओवादी व्यवस्था में, कोई जितना श्रम देता है उसके बराबर ही श्रम हासिल करता है। इसके ऊपर कोई अतिरिक्त काम करने पर ग़रीब को मज़दूरी मिलती है। जिन समूहों में घरों की संख्या कम है और शामिल घर मोटामोटी बराबर मात्रा में ज़मीन वाले हैं, वे सबसे बढ़िया ढंग से काम करते हैं। 2013 में, मज़दूरी

100 रुपए रोजाना के आसपास थी। माओवादियों की लम्बी मौजूदगी वाले कुछ गाँवों में, लोगों ने मुझे बताया कि इस तरह के कार्य-समूह और जनताना सरकार उनके यहाँ स्वचालित रूप ले चुके हैं, जबकि अन्य गाँवों में, ख़ासकर जहाँ माओवादी अभी-अभी आए थे, ये चीज़ें संस्थागत रूप लेने के लिए संघर्षरत थीं।

एक पत्ता जो सरकार बना या गिरा सकता है

अगर ज़मीन आजीविका का सबसे अहम स्रोत है, तो जंगल का नम्बर इसके ठीक बाद आता है। पुराने पत्तों का झड़ना और नए पत्तों का आना जीवन, गुजर-बसर और उत्सव के चक्र को नियंत्रित करता है। और, यह जंगल में आदिवासियों द्वारा बड़ी एहतियात से किया जानेवाला वनोपज संग्रह है जिसके चलते शहरी बाज़ारों तक इमली और तेंदू, चार (जिससे चिरौंजी निकलती है), बहेड़ा, साल बीज, आँवला, धूप तथा तरह-तरह के अन्य उत्पाद पहुँचते हैं। गाँववालों के लिए, वनोपज, ख़ासकर तेंदू पत्तों की बिक्री नक़द आमदनी का मुख्य स्रोत है।

छत्तीसगढ़ में लघु वन उपज (एनटीएफपी) दो श्रेणियों में वर्गीकृत है : राष्ट्रीयकृत एनटीएफपी (तेंदू पत्ते और विभिन्न तरह के गोंद) और लघु वन उपज एनटीएफपी (बाक़ी सब)। आधिकारिक रूप से, राष्ट्रीयकृत वनोपज का व्यापार केवल छत्तीसगढ़ राज्य लघु वनोपज कोऑपरेटिव फ़ेडरेशन कर सकता है। चाहे सीधे या एजेंटों के ज़रिये जिन्हें इसके लिए रॉयल्टी चुकानी पड़ती है। व्यापारी अन्य वनोपज को बेरोकटोक स्थानीय साप्ताहिक हाटों में गाँववालों से सीधे ख़रीद सकते हैं, और बाद में उन्हें कृषि मंडियों में बेच देते हैं।

बस्तर में लगभग सभी व्यापारी और ठेकेदार बिना अपवाद ग़ैर-आदिवासी आप्रवासी हैं। इनमें से ज़्यादातर अपेक्षाकृत ग़रीब हाल आए थे और उन्होंने अपनी क़िस्मत जंगलों से या अवैध खनिजों की तस्करी के धंधे से बनाई। इनकी दौलत का एक संकेत यह है कि ट्रांसपोर्टरों के संगठन, बस्तर परिवहन संघ में 6000 से ज़्यादा ट्रक पंजीकृत हैं, जिनके मालिक यही व्यापारी हैं।

व्यापारियों के पदानुक्रम में सबसे ऊपर मारवाड़ी थोक कारोबारी हैं, जिनके व्यापारिक रिश्ते पूरे देश में फैले हैं। छोटे व्यापारियों के एक नेटवर्क के ज़रिये, मारवाड़ी बड़ी मात्रा में वनोपज और अनाज ख़रीदते हैं, और भारत के दूसरे हिस्सों से सामान आयात भी करते हैं जो नीचे खुदरा बिक्री के लिए जाता है। सबसे नीचे छोटे एजेंट हैं जिन्हें कोचिया कहा जाता है, जो असल में हाट के दिन उपज तौलते हैं। उपज की घटतौली और गाँववालों को ठगना रोज़ की बात है।

गाँववालों से तेंदू पत्ते कौन ख़रीदेगा, इसे लेकर सरकार और माओवादियों में लम्बी लड़ाई चली है। तेंदू पत्तों में तम्बाकू लपेट कर बीड़ी बनाई जाती है।

तेंदू की झाड़ियों की छँटाई फरवरी-मार्च में की जाती है और मई में पत्तों की तुड़ाई होती है। गाँववालों को झाड़ियों की छँटाई के लिए दिहाड़ी मज़दूरी मिलती है, जबकि जितना पत्ता वे तोड़ते हैं उसके लिए भुगतान पत्तों के बंडलों की संख्या के हिसाब से होता है। 1988-89 में, मध्य प्रदेश सरकार ने एक राज्य वनोपज विपणन संघ बनाया, जिससे ग्राम स्तरीय कोऑपरेटिव जुड़े हुए थे। वन विभाग ने तेंदू पत्ते ख़रीदने, सुखाने और बोरे में भरने के लिए प्रत्येक गाँव में एक एजेंट नियुक्त किया। इसने उस व्यवस्था की जगह ली जिसमें ठेकेदार, सरकार को रॉयल्टी भुगतान की शर्त पर, निर्धारित इलाक़े से पत्ते ख़रीदने के लिए बोली लगाते थे। इसके पीछे विचार यह था कि गाँववालों को ज़्यादा पैसे मिले, और सरकार का राजस्व बढ़े क्योंकि ज़्यादातर तेंदू पत्ता सरकारी ज़मीन से ही तोड़ा जाता था।

हालाँकि, नौकरशाही और पूरा तेंदू पत्ता ख़रीदने के लिए धन की कमी ने सरकार की राह में मुश्किल पैदा कर दी। इतना ही नहीं, व्यवहार में, माओवादी इलाक़ों में, जहाँ वन विभाग की कुछ ख़ास नहीं चलती, एजेंटों को भुगतान ठेकेदारों द्वारा किया जाता है। बीते दशकों में, गाँववालों को हड़ताल के लिए संगठित करके और अगर ठेकेदार भुगतान की दर नहीं बढ़ाए तो पत्ते तोड़ने से इन्कार करके, उनका फ़ायदा सुनिश्चित करने में सरकार के मुक़ाबले माओवादी ज़्यादा सफल रहे हैं। अनेक गाँवों में, मुझे बताया गया कि दरें जनसभाओं में तय की गईं। गाँवों के क्लस्टर बनाकर बुलाई गई इन जनसभाओं में दलम और ठेकेदार दोनों मौजूद रहे। अभी ठेकेदारों द्वारा जो दरें दी जा रही हैं वे सरकार द्वारा तय दरों से कहीं ज़्यादा हैं। किसी इलाक़े से पत्ते तोड़ने की अनुमति हासिल करने के लिए, पत्ते तोड़नेवालों को ज़्यादा ऊँची दर और माओवादियों को टैक्स का भुगतान, ठेकेदारों के लिए घाटे का सौदा नहीं है। एक तेंदू पत्ता ठेकेदार, जिसका मैंने 2005-06 में इंटरव्यू किया था, के मुताबिक़, उन्होंने 100 पत्तों के बंडल के बदले 80 पैसे चुकाये। एक किलोग्राम या मोटामोटी 14 बंडलों की ख़रीद क़ीमत 15.70 रुपए (11.20 रुपए ख़रीदने में, 3 रुपए ढुलाई में, 1-1.5 रुपए रॉयल्टी में, जिसकी दर 500 रुपए बोरा है) पड़ती थी। दूसरी तरफ़, एक किलो पर 20-25 रुपए की आमदनी थी, मुनाफ़ा 5-10 रुपए प्रति किलो बैठता था। 2013 में, उत्तर बस्तर में, मैंने पाया कि जहाँ पार्टी मज़बूत थी, ठेकेदार हर 100 बंडल के लिए 110 रुपए की सरकारी दर के ऊपर गाँववालों को 40 रुपए तक अतिरिक्त देने को तैयार थे। दरें अलग-अलग होती हैं जो इस पर निर्भर है कि पार्टी किस इलाक़े में कितनी दर लागू करवा सकती है। औसतन, एक गाँववाला एक दिन में 100 बंडल तोड़ सकता है। गाँववालों की कमाई का एक छोटा हिस्सा स्थानीय जनताना सरकार को सहयोग के रूप में अलग रखा जाता है।

सत्ता के पुराने ढाँचे को हटाना

> तीन साल तक हमने गाँवों की आन्तरिक राजनीति में कोई दख़लअन्दाज़ी नहीं की, केवल तेंदू पत्ता जैसे मुद्दों को लिया जो राज्य के ख़िलाफ़ थे फिर हमें लगा कि हमें लोगों की ज़िन्दगियों में घुसना होगा, नहीं तो हम कहीं जुड़ नहीं पाएँगे।
>
> —*लछन्ना से साक्षात्कार, 2010*

जैसे-जैसे ज़मीन और जंगल के मुद्दों को उठाना शुरू किया, पार्टी ने ख़ुद को स्थानीय सत्ता ढाँचे के साथ जूझते पाया। पारम्परिक रूप से, पुजारी (*पेरमा*) और मुखिया (पटेल) दोनों के ही पद खानदानी होते थे और गाँव के संस्थापकों के वंशजों को ही मिलते थे। इसके अलावा *परगना मांझी* थे जो गाँवों के एक समूह या परगना कहलानेवाली एक पुरानी प्रशासनिक इकाई की अगुवाई करते थे। कुछ परगना मांझी, जैसे कि समतावादी माढ़ में, गोत्र के मुखिया होते थे; जबकि दक्षिण बस्तर में कई परगना मांझी उन छोटे-मोटे सरदारों के खानदान से थे जिन्होंने गढ़ों (जैसे भैरमगढ़) पर राज किया था। बीजापुर या कुटरू जैसे इलाक़ों में परगना मांझी बिल्कुल थे ही नहीं, और यहाँ गाँव के मुखिया ही ताक़तवर हुआ करते थे।[8]

1930 के दशक से, बस्तर, छोटानागपुर और संथाल परगना जैसे इलाक़ों में सरकार ने स्थानीय राजनीतिक ढाँचे को संहिताबद्ध और मानकीकृत करना शुरू किया। जहाँ मुखिया नहीं थे वहाँ मुखिया बनाए गए। धीरे-धीरे, ये अपने समुदाय और सरकार के बीच की कड़ी बन गए। माओवादियों ने उन्हें गाँव में राज्य के नुमाइन्दों, और सामन्ती व्यवस्था के अवयवों के रूप में देखा। अगर माओवादी अपने संघम और जनताना सरकार बनाना चाहते थे तो इस सामन्ती व्यवस्था को ढहाना ज़रूरी था।

जब माओवादियों ने समानांतर संघम खड़े करने शुरू किए, तो कुछ मुखिया और पुजारियों ने संघमों की बढ़ती ताक़त और अपने विस्थापन को चुपचाप क़बूल कर लिया, जबकि बाक़ियों ने, जो अपनी ताक़त का छुद्र तरीक़ों से दुरुपयोग करते आ रहे थे, इस पर अपनी नाराज़गी दिखाई। अबूझमाड़ में, पटेलों और बाक़ी लोगों के बीच कुछ ख़ास फ़र्क़ नहीं था, लेकिन दंतेवाड़ा के इलाक़ों में 'बड़े आदमी' हुआ करते थे जिनके इख़्तियार में काफ़ी ज़मीन थी और इलाक़े में दबदबा था। बस्तर में माओवादियों की मौजूदगी के शुरुआती वर्षों के इतिहास, *ये जंगल हमारा है*[9] के छद्मनामधारी लेखक 'पी. शंकर' के शब्दों में, बुर्का सामय्या, डुब्बा कन्नय्या, बोर्जा सायन्ना और कुर्साम रामय्या जैसे लोग 'सामन्ती रुकावटें' और 'क्रूर जमींदार' थे, जिनमें से कुछ 'लोगों के हाथों कुत्ते की मौत मारे गए'।[10]

लछन्ना ने मुझे बेदरे के पटेल, बन्दी की कहानी बताई जिसकी हत्या ने 1990 के जन जागरण अभियान की ज़मीन तैयार की। नक्सलियों के ख़िलाफ़ हथियारबंद गिरोहों का यह पहला पुलिस समर्थित आन्दोलन था। बन्दी लगभग 25-30 गाँवों को नियंत्रित करता था : उसके आदमी इन गाँवों को खंगालते रहते थे और छोटी-मोटी ग़लतियों के लिए लोगों को मुर्ग़ा और चावल के रूप में भारी जुर्माना देने पर मजबूर करते थे। 1988 में, गुरिल्लाओं से हिम्मत पाकर, मगर उनकी ग़ैरमौजदूगी में और बग़ैर उनकी जानकारी के, एक ग्राम संघम के नेताओं ने बन्दी को अगवा कर लिया। पुलिस ने संघम नेताओं के परिवार के सदस्यों को अगवा कर जवाबी कार्रवाई की। बन्दी के मारे जाने के बाद पुलिस दमन तेज़ हो गया और गाँववाले अपने घर छोड़कर भाग गए। बन्दी के छोटे भाई मासा ने तब सितम्बर 1990 में जन जागरण अभियान शुरू किया, जिसे पीछे से पुलिस का समर्थन था।

यूँ तो माओवादी नीति काफ़ी व्यावहारिक रही है, पर पारम्परिक नेतृत्व को उखाड़ फेंकने में संघमों को मिली सफलता गाँव-गाँव के हिसाब से अलग-अलग रही। कुछ हद तक यह इस पर निर्भर रहा कि गाँव कितना स्तरीकृत है। इसके अलावा, किसी नए इलाक़े में आने पर अन्य सभी लोगों की तरह माओवादी भी स्थानीय नेताओं के ज़रिये ही सम्पर्क और काम करते हैं। अगर ऐसे बड़े लोग हैं जिन्होंने माओवादियों का तीखा विरोध किया, तो ऐसे लोग भी हैं जो अपने इलाक़ों में खासा असर रखते हैं और जिन्होंने माओवादियों के साथ काफ़ी नज़दीकी से काम किया। जैसा कि एक गाँववाले ने बताया, 'ऐसे आदमी न तो हथियारबन्द नक्सल हैं और ना ही महज़ उनके हमदर्द। वे भरोसेमन्द लोग हैं जो जानते हैं कि सभी तरफ़ से कैसे निपटा जाए।'

अपने ऊपर प्रशासन की बहुत ज़्यादा नज़र होने की वजह से, स्थानीय नेता एक ख़ास तरह की मुश्किल स्थिति में होते हैं : एक तरफ़ उनसे माओवादियों के लिए छोटे-मोटे काम करने को कहा जाता है, जिसमें सामूहिक रूप से बनाए गए गाँव के तालाबों के लिए मछली, किताबें, रेडियो उपकरण, वर्दी और अन्य रसद लाने से लेकर गाँववालों की गिरफ़्तारी होने पर उनकी ओर से मध्यस्थता करना तक शामिल हो सकता है। कुछ माँगों को पूरा करना बाक़ी के मुक़ाबले मुश्किल होता है—मसलन, माओवादियों द्वारा बन्दूक़ की नली साफ़ करने का तेल माँगना। दूसरी तरफ़, इन बड़े लोगों को काफ़ी कस कर रखा जाता है और उन्हें इस डर से चुनाव में खड़े होने से या सरकारी कामों का ठेका-पट्टा लेने की अनुमति नहीं दी जाती कि इससे वे भ्रष्ट हो जाएँगे और प्रशासन द्वारा सहयोजित कर लिये जाएँगे। इस स्थिति से साफ़ तौर पर नाखुश होने के बावजूद, इन नेताओं में से एक ने स्वीकार किया : 'हम लोग केवल 10 प्रतिशत हैं, और बाक़ी बचे 90 प्रतिशत

लोग माओवादियों से ख़ुश हैं क्योंकि उनकी मुख्य महत्त्वाकांक्षा वन, राजस्व और पुलिस विभाग को बाहर रखना है।'

आन्दोलन का वित्तपोषण

> **सवाल :** टाटा और एस्सार को निशाना क्यों नहीं बनाते, क्यों केवल छोटे कर्मचारियों को पीटते हैं?
>
> **जवाब :** लेकिन लोगों ने टाटा और एस्सार को नहीं देखा है, और ये उनके स्थानीय नुमाइन्दे हैं।
>
> *—लछन्ना से साक्षात्कार, 2010*

स्थानीय नेताओं की तरह, व्यापारियों पर भी माओवादियों का स्टैंड मोटे तौर पर व्यावहारिक चिन्ताओं से अनुप्रेरित था। व्यापारी अपनी ओर से माओवादियों और पुलिस दोनों के समर्थकों की भूमिका में रहे हैं, कभी जान-बूझ कर तो कभी दबाव में। ठेकेदारों और माओवादियों के बीच रिश्ता बहुत सहज नहीं है, यह अविश्वास और पारस्परिक निर्भरता पर आधारित है, जो भ्रष्टाचार, प्रश्रय व संरक्षण के नेटवर्क की वजह बनता है। माओवादियों को ठेकेदारों की ज़रूरत फंड के लिए होती है, और बदले में, ठेकेदारों को उनके इलाक़ों में काम करने या ठेका पाने के लिए माओवादियों की अनुमति की ज़रूरत होती है, अन्यथा उनके सामने बहिष्कार और डंपर एवं ट्रक समेत गाड़ियों को फूँक दिए जाने का जोख़िम होता है। सुकमा के एक ठेकेदार, आरजे, ने मुझे बताया कि चिन्तलनार जैसे अन्दरूनी बाज़ारों में वाहनों के परिचालन की अनुमति देने के लिए माओवादियों का रेटकार्ड होता है। गाड़ी-मालिकों को प्रत्येक जीप के लिए 3000 रुपए और ट्रैक्टर के लिए 5000 रुपए देने पड़ते थे। बाक़ी सभी लोगों की तरह, आरजे के परिवार का दोनों पक्षों के साथ दोस्ताना था, लेकिन जुडुम शुरू होने के बाद, माओवादियों ने उनसे अपना पक्ष चुनने को कहा।

इसे विडम्बना ही कहेंगे कि जब जुडुम ने सभी तरह की सार्वजनिक सेवाओं को रोक दिया था, तो केवल तेंदू ठेकेदार ही, जिनमें से कई भाजपा को धन मुहैया कराते थे, अन्दरूनी गाँवों की यात्रा करते थे। अगर उन्हें यह छूट नहीं रही होती, तो चावल और अन्य रसद का भीतर पहुँचना नामुमकिन हो गया होता। उन्हें रोकने की पुलिस की कोशिशों के विरोध में दुकानदारों और व्यापारियों ने गीदम में एक बड़ी रैली की। सलवा जुडुम के बाद जब सरकार ने मौजूदा साप्ताहिक हाट बन्द कर दिए, तो माओवादियों और व्यापारियों ने मिलकर उन वैकल्पिक जगहों को चिह्नित किया जहाँ साप्ताहिक बाज़ार चल सकते थे।

इसके अलावा, कुछ कम भौतिकवादी रिश्ते भी थे। अपनी ग्रामीण और छोटे शहर की ज़िन्दगी से ऊबे, यूपी, बिहार और अन्य जगहों के युवा, माओवादियों के ग्लैमर से आकर्षित हुए। यह ग्लैमर जुड़ा था बन्दूक़धारी मर्दों से। इससे प्रभावित युवा कूरियर और सन्देशवाहकों के रूप में काम करने को इच्छुक थे। हालाँकि, सलवा जुडुम ने उनमें से कइयों को अचानक नेता बनने और माओवादियों के बजाय सरकार से बन्दूक़ व ठेके हासिल करने का मौक़ा उपलब्ध कराया।

माओवादी बार-बार दावा करते हैं कि कम्पनियों और ठेकेदारों के साथ उनकी डील अपने समर्थक-वर्ग की क़ीमत पर नहीं होती है। उदाहरण के लिए, यहाँ तक कि वे जब किसी ठेकेदार से डील करते हैं, तो भी न्यूनतम मज़दूरी या तेंदू पत्तों के लिए समुचित दर के लिए ज़ोर देते हैं। हालाँकि, यह शायद ही औद्योगिक पूँजीवाद की प्रणाली का पारदर्शी विकल्प दे पाता है। और जब बात आती है कि किन कम्पनियों को काम करने की अनुमति वे देते हैं और किन पर रोक लगाते हैं, तो इसकी निर्धारक रेखा थोड़ी मनमानी लगती है। एक माओवादी नेता ने कहा कि वे उन 20 बड़ी कम्पनियों, जिनको उन्होंने 'कंप्राडोर बिग बुर्जुआ' (साम्राज्यवाद के एजेंट बड़े बुर्जुआ) की सूची में डाल रखा है, के अलावा कुछ कम्पनियों से पैसा लेते हैं। दूसरों ने इससे इनकार किया, और कहा कि सड़क निर्माण और खनन की अनुमति तो कभी नहीं होती है, पर कुछ अन्य क़िस्म की कम्पनियाँ हैं। एक समय, गाँववालों के दबाव के तहत, पार्टी ने गाँववालों को अवैध खनन करने और उसे तस्करों को बेचने के लिए कोऑपरेटिव बनाने की अनुमति बिना ज़्यादा सोचे-विचारे दे दी, लेकिन जब खनन से बने गड्ढों में लोग और मवेशी गिरने लगे, तो उन्होंने इस विचार को त्याग दिया।

उद्योगपति अक्सर माओवादियों से निजी डील साधने की कोशिश करते हैं। विकीलीक्स में अमेरिकी दूतावास का एक केबल सन्देश 'एक बड़ी कम्पनी, जिसका छत्तीसगढ़ में खनन का और इस्पात सम्बन्धी बृहत कामकाज है, एस्सार के एक वरिष्ठ प्रतिनिधि' को उद्धृत करता है, जिन्होंने 'कौंसुल जनरल ऑफिस को बताया कि कम्पनी नुक़सान नहीं पहुँचाये जाने या अपनी गतिविधियों में दख़लअन्दाज़ी नहीं किए जाने के लिए माओवादियों को "एक ठीकठाक रक़म" चुकाती है; जब कभी-कभार माओवादी इस क़रार को तोड़ते हैं और एस्सार की सम्पत्ति को नुक़सान पहुँचाते हैं या उसके कर्मियों को धमकाते हैं, तो एस्सार स्थिति पर काबू पाने के लिए अलग-अलग माओवादी समूहों को एक दूसरे के ख़िलाफ़ खड़ा कर देती है।'[11]

जगन्ना, जो आन्ध्र-ओडिशा सीमा कमेटी का नेतृत्व किया करता था लेकिन अब आत्मसमर्पण कर चुका है, ने मुझे बताया कि एस्सार समूह के एक वरिष्ठ अधिकारी ने उसके इलाक़े से पाइपलाइन गुज़रने की अनुमति देने की अपील

उससे की थी। यह पाइपलाइन छत्तीसगढ़ की बैलाडीला खानों से लौह अयस्क को विशाखापत्तनम बन्दरगाह पम्प करने के लिए थी। उसने बताया कि एस्सार के अधिकारी ने उनसे कहा : 'क्योंकि आप यहाँ स्थानीय सरकार हैं इसलिए हम आपको उसी दर से रॉयल्टी देंगे जिस दर से सरकार को देते हैं।' यहाँ बता दें कि यह दर 27 रुपए, एक डॉलर से कम, प्रति टन थी, और 2010 में लौह अयस्क का बाज़ार भाव 5600 रुपए या 120 डॉलर प्रति टन था,[12] जिसे देखते हुए एस्सार समूह को इसमें कोई मुश्किल नहीं थी। माओवादियों ने सालाना मिले 2.8 करोड़ रुपए को पार्टी फंड और स्थानीय विकास के बीच बाँटने का फ़ैसला किया, लेकिन पहले साल उन्होंने पूरी रक़म 60 गाँवों के खपरैल पर ख़र्च कर दी। अगले साल माओवादियों की छत्तीसगढ़ राज्य इकाई ने इस आधार पर एस्सार द्वारा खनन पर आपत्ति की कि इससे स्थानीय पर्यावरण का विनाश हो रहा है और छत्तीसगढ़ के लोगों को कोई लाभ भी इससे नहीं है। नतीजतन, माओवादी केन्द्रीय कमेटी ने एस्सार के साथ डील ख़त्म कर दी, और ओडिशा कमेटी को पाइपलाइन तोड़ देने का आदेश दिया। हालाँकि, एक छत्तीसगढ़ी माओवादी ने दावा किया कि जगन्ना ने अपनी निजी डील की थी और शुरू से ही केन्द्रीय कमेटी की ओर से कोई मंज़ूरी नहीं थी। उसने यह दावा भी किया कि जगन्ना का आत्मसमर्पण एस्सार द्वारा रचा गया। जिस समय तक पार्टी ने अपनी दरभा डिवीजन का गठन किया, एस्सार उससे पहले ही पाइपलाइन बना चुकी थी। 2008 में, जब मैंने चित्रकोंडा की यात्रा की, तो मैंने एस्सार पावरहाउस के काले अवशेष देखे; माओवादियों ने एस्सार से जुड़े 76 ट्रक भी जला दिए थे, और 2009 में पाइपलाइन को विस्फोट से उड़ा दिया था।

पाइपलाइन पर हमले और उसकी मरम्मत बारी-बारी चलते रहे। 2011 में, पुलिस ने एस्सार के महाप्रबन्धक को एक ठेकेदार बीके लाल के साथ और एक आदिवासी शिक्षिका सोनी सोड़ी को उसके भतीजे लिंगाराम कोड़ोपी के साथ गिरफ़्तार किया। आरोप था एस्सार से माओवादियों तक पैसे पहुँचाने का। एक सुरक्षा विशेषज्ञ के मुताबिक़, उन्हें पुलिस से पता चला था कि यह गिरफ़्तारी इसलिए हुई कि एस्सार ने स्थानीय पुलिस को उसी दर से भुगतान करने से मना कर दिया था जिस दर से उसने माओवादियों को किया था। अमूमन, सरकार आसानी से मैनेज हुई है। सेंटर फॉर पब्लिक इंटरेस्ट लिटिगेशन द्वारा मई 2015 में दायर एक हलफ़नामा, जो एस्सार ग्रुप ऑफ़ कम्पनीज के आन्तरिक ईमेलों और दस्तावेज़ों पर आधारित था, बताता है कि कैसे 'कॉरपोरेट घरानों ने अपने धनबल का इस्तेमाल सरकारी नीतियों को बदलवाने, संसद में अपने हित में सवाल उठवाने, आन्तरिक सरकारी दस्तावेजों/कैबिनेट पेपरों तक पहुँच हासिल करने, लाभ लेने के बदले में राजनीतिज्ञों और नौकरशाहों को अनुगृहीत करने, और मीडिया में अपने हिसाब से स्टोरी चलवाने में किया'। यह बताता है कि कैसे एस्सार ने दिल्ली में छत्तीसगढ़ सरकार के वरिष्ठ

अधिकारियों, साथ ही महेंद्र कर्मा जैसे वरिष्ठ नेताओं की निजी यात्राओं के लिए कारों और ठहरने का इन्तज़ाम किया।[13]

ठेकेदारों, माओवादियों, राजनीतिज्ञों और बिचौलियों की दुनिया में, धन के प्रवाह के निशान ढूँढ़ पाना अक्सर मुश्किल होता है। एक मामले में मैंने यह कोशिश की। टाटा के साथ क़रार के तहत काम करनेवाली आन्ध्र की एक कम्पनी, जो सैंपलों के ज़रिये लौह अयस्क में लोहे की मात्रा की जाँच कर खनन की सम्भावना पता लगाती है, ने बैलाडीला में काम करने की अनुमति हासिल करने के लिए एक स्थानीय पत्रकार के ज़रिये माओवादियों तक पैसा पहुँचवाया। पत्रकार का इस बारे में कहना है कि शुरुआत में कम्पनी उस तक एक पुलिस अफ़सर के ज़रिये पहुँची, और 10 लाख रुपए दिए। उसने माओवादियों तक पहुँचाने के लिए 3.5 लाख रुपए एक ठेकेदार को दिए। फिर उसने कम्पनी को सूचित किया कि वे काम शुरू कर सकते हैं। कम्पनी ने कामगारों को 100 रुपए दिहाड़ी भुगतान के साथ काम शुरू किया। क़रीब दो हफ़्तों बाद, बीजापुर का एक दस्ता आया और कामगारों को 120 रुपए रोज़ देने का फ़रमान सुनाते हुए गाड़ियाँ जला दीं। इस बारे में माओवादियों का कहना है कि उन्हें यह पैसा कभी नहीं मिला। डील कराने के लिए पत्रकार ने पैसे लिए थे, इस बारे में उन्हें तब जाकर पता चला जब कम्पनी द्वारा की गई शिकायत सेंट्रल कमेटी से होते हुए उनके पास पहुँची। सच जो भी हो, यह पूरा प्रकरण पुलिस, माओवादियों तथा इन दोनों के बीच आवाजाही करनेवालों के बीच के क़रीबी सम्पर्कों को दिखाता है। 2014 में, पुलिस ने एक ठेकेदार धर्मेंद्र चोपड़ा को गिरफ़्तार किया। चोपड़ा ने उजागर किया कि उसने भाजपा व कांग्रेस के राजनीतिज्ञों और जैसवाल नेको व गोदावरी इस्पात जैसी खनन कम्पनियों के लिए डील कराने के बदले में माओवादियों को रसद मुहैया कराई थी।[14]

4

माओवादी राज्य

> गुरिल्ला युद्ध पर सैन्य साहित्य पढ़ते हुए, जो कि अभी पेंटागन में काफ़ी फ़ैशन में है, किसी को लग सकता है कि ये लेखक धुँधले काँच वाली खिड़कियों से नृत्य देख रहे लोगों की तरह हैं। वे लय-गति देखते हैं लेकिन संगीत नहीं सुन सकते। वे यांत्रिक मुद्राओं को पांडित्यपूर्ण निष्ठा के साथ काग़ज़ पर उतारते हैं लेकिन इनके ज़रिये ज़ख़्मी नस्ली भावनाएँ, तकलीफ़ें, सालते रहनेवाले अपमान, नफ़रत, समर्पण, प्रेरणा और छटपटाहट शायद ही कभी अभिव्यक्त हो पाती हो। इसलिए वे सचमुच नहीं समझते कि वह क्या चीज़ है जो इनसान से प्रेम, बच्चे, घर, करियर और दोस्त छुड़वा कर, उन्हें जंगल ले जाती है और हाथ में बन्दूक़ लिये, शिकार किए जानेवाले पशु का-सा जीवन बसर कराती है; तिरस्कार, अन्याय व ग़रीबी को चुपचाप बर्दाश्त करने की जगह उनसे अभिभूतकारी रूप से बड़ी सैन्य ताक़त को चुनौती दिलवाती है।
>
> —**आइ. एफ. स्टोन,** *इन ए टॉइम ऑफ़ टॉरमेंट, 1961-1967*

माओवादी राज्य ने बस्तर में बीते तीन दशकों में आकार लिया है, और इसकी सीमाएँ इन्सर्जेंसी और काउंटर-इन्सर्जेंसी की ताक़त के हिसाब से बढ़ती और सिमटती रही हैं। एक स्तर पर, माओवादी राज्य एक आभासी परिघटना, एक विचार, एक भावनात्मक पहचान है जिसका भौतिक सीमा-रेखाओं से ज़्यादा लेना-देना नहीं है। एक अन्य स्तर पर, माओवादी राज्य की आकृति-रेखाओं को भारतीय राज्य की दृश्यमान कल्याणकारी निशानियों, जैसे सड़कों, स्कूलों और स्वास्थ्य सेवाओं की अनुपस्थिति के ज़रिये मानचित्रित किया जा सकता है।

भारतीय राज्य एक हावी भाषाई समुदाय से पहचाने जाते हैं, जबकि माओवादी राज्य कमेटियों की सीमाएँ शोषित समुदायों के प्रसार, भाषाओं तथा गुरिल्ला लड़ाई के लिए उपयुक्त स्थलाकृतियों (टोपोग्रॉफी) के हिसाब से तय होती हैं। 'दंडकारण्य

गुरिल्ला जोन' में कभी छत्तीसगढ़, तेलंगाना, आन्ध्र प्रदेश, महाराष्ट्र और ओडिशा के हिस्से शामिल हुआ करते थे, भले अभी यह काफ़ी छोटा है (देखें मानचित्र : पृष्ठ 78)। वह इलाक़ा जिसे बाहरी लोग अपमानजनक ढंग से अबूझमाड़ (अनजाने पहाड़) कहते हैं—क्योंकि इसका कभी सर्वे नहीं हुआ था—माओवादियों का सबसे मज़बूत गढ़ माना जाता है।

जैसे-जैसे पार्टी बड़ी हुई, उसने पोलित ब्यूरो और केन्द्रीय कमेटी से लेकर नीचे विभिन्न राज्य कमेटियों या स्पेशल जोनल कमेटियों तक, अपना ढाँचा तैयार किया। ये राज्य/ जोनल कमेटियाँ मौजूदा राज्य-सीमारेखाओं के दोनों ओर हैं। मसलन, दंडकारण्य स्पेशल जोनल कमेटी (डीकेएसजेडसी) के दायरे में छत्तीसगढ़ का अविभाजित बस्तर, महाराष्ट्र का गढ़चिरोली आते हैं और इसके तहत आठ डिवीजन हैं। डिवीजन कमेटियों के नीचे एरिया कमेटियाँ हैं, जो (गुप्त) पार्टी सेलों और जन संगठनों : चेतना नाट्य मंच, जिसे स्थानीय तौर पर सिनेम बैच (सीएनएम) कहा जाता है, दंडकारण्य आदिवासी किसान मज़दूर संगठन (डीएकेएमस) और महिला शाखा, क्रान्तिकारी आदिवासी महिला संगठन, की देखरख करती हैं।

हालाँकि, गाँववालों के लिए मुख्य फ़र्क़ दलम ('पेशेवर क्रान्तिकारियों' या सशस्त्र दस्ते) और संघम (ग्राम-स्तरीय कार्यकर्ताओं के जन संगठनों) के बीच ही है। दलम स्थानीय गुरिल्ला दस्ते (एलजीएस), स्थानीय संगठन दस्ते (एलओएस) और पीपुल्स लिबरेशन गुरिल्ला आर्मी (पीएलजीए) के प्लाटून के रूप में गठित किए गए हैं। एलजीएस और एलओएस हथियारबन्द हैं, लेकिन उनकी भूमिका पीएलजीए से भिन्न है। उनका मुख्य काम लड़ना नहीं है। उनका काम वैचारिक और सांगठनिक है।

पीएलजीए में एक मुख्य बल है और उसके बाद एक द्वितीयक बल और एक आधार बल (बेस फोर्स) है। मुख्य बल लगभग 21 लोगों के प्लाटूनों से बना होता है, जो साथ आकर 70-80 लोगों की कम्पनी, और ज़रूरत होने पर 250-300 लोगों की बटालियन बनाते हैं। इसका प्राथमिक काम लड़ना होता है। द्वितीयक बल सांगठनिक दस्तों (एलजीएस और एलओएस) से बना होता है। जबकि, आधार बल होता है 'जन मिलिशिया', जिसे 'ग्राम रक्षक दल' (ग्राम सुरक्षा समितियाँ) मिलकर बनाते हैं। मिलिशिया की गोलबन्दी किसी ख़ास काम के लिए की जाती है। 2009 में, इन्द्रावती के उत्तर स्थित एक गाँव में, मैं एक जन मिलिशिया के कमांडर से मिली जो लुंगी के ऊपर एक बेमेल फ़ौजी बेल्ट लगाए हुए था। यह अपने खेत के *कोठार* (पक रही फ़सल की रखवाली के लिए खेतों में बनाया जानेवाला खुला छप्पर घर) में अपनी मिलिशिया इकाई के साथ रहा करता था। उसकी मिलिशिया में लगभग 25 लड़के-लड़कियाँ थे, जो 12 बोर की बन्दूक़ों से लैस थे। एक वायरलेस सेट था जो सुरक्षा बलों की गतिविधियों से

दंडकारण्य गुरिल्ला जोन, सी. 1999

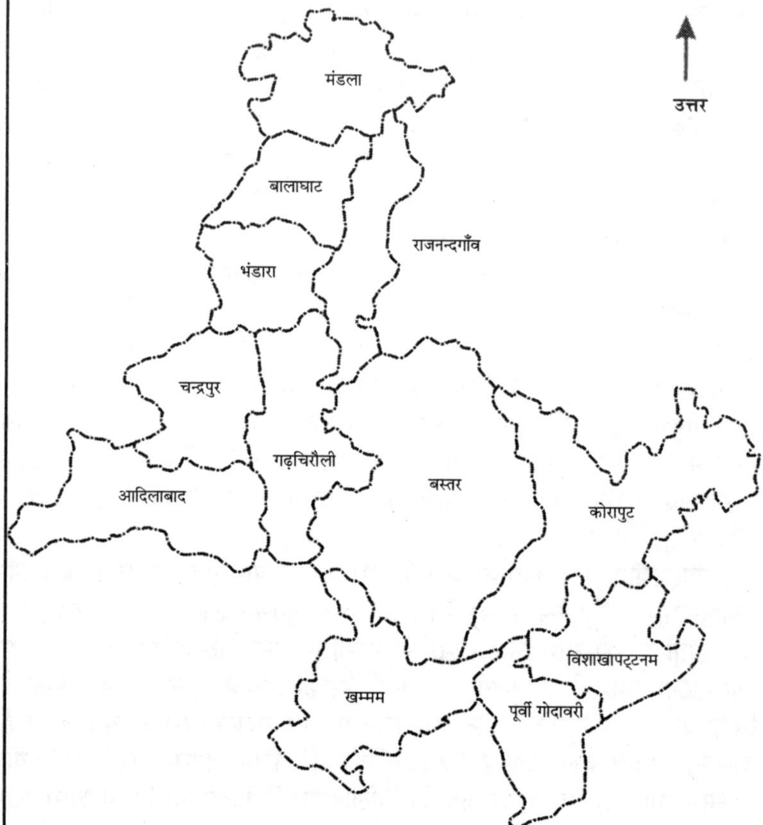

स्रोत : पी. शंकर; 1999; *यह जंगल हमारा है*; पृ. 20; न्यू विस्तास पब्लिकेशंस।

दंडकारण्य गुरिल्ला जोन, जिसमें अब (2016) पूर्वी गोदावरी, खम्मम, विशाखापट्टनम, कोरापुट और मंडला जिले शामिल नहीं हैं।

सतर्क करता था। हालाँकि, कुछ अन्य ने बताया कि उनकी मिलिशिया के पास केवल तीर-धनुष और चाकू हैं।

2004-05 में गृह मंत्रालय ने एक रिपोर्ट में कहा कि नक्सलियों के पास 'एक आकलन के अनुसार 9300 हार्डकोर भूमिगत कैडर हैं और 6500 के आसपास नियमित हथियारों के जखीरे के अलावा बड़ी संख्या में ग़ैर-लाइसेंसी देसी आग्नेयास्त्र हैं'।[1] माओवादियों के असलहे का ज़्यादातर हिस्सा पुलिस के शस्त्रागारों से या मुठभेड़ों के दौरान मारे गए पुलिसवालों से लूटा गया है, अलबत्ता स्थानीय स्तर पर भी वे कुछ हथियार बनाते हैं। 2006 में, रक्षा विश्लेषक राहुल बेदी ने अपना आकलन पेश किया कि माओवादी अपने सभी नेताओं के लिए एके-47, साथ ही साथ 'कार्बाइन, 7.62 (मिमी) सेल्फ-लोडिंग राइफ़लें, ग्रेनेड लांचर, बारूदी सुरंगें, इम्प्रोवाइज़्ड एक्सप्लोसिव डिवाइस (आईईडी) और मोर्टार' हासिल कर चुके हैं।[2] लेकिन 2015 तक भी, मुठभेड़ों के पुलिसिया ब्योरे से पता लगता है कि आम कैडरों के पास बीते ज़माने का असलहा ही था : 'बस्तर पुलिस ने एक 303 सर्विस राइफ़ल और 12 बोर की दो राइफ़लों के साथ चार लाशें माओवादी वर्दी में बरामद कीं। मारे गए माओवादियों में सभी महिला नक्सली हैं।'[3] बेशक, यह बहस का विषय हो सकता है कि जो मारे गए वे लोग सचमुच माओवादी थे या आम गाँववाले।

माओवादी सैन्य क्षमता हथियारों पर कम और गुरिल्ला रणयुक्तियों पर ज़्यादा भरोसा करती है। सबसे बड़ी चीज़ वह है, जिसे अमिताभ घोष *फ्लड ऑफ़ फायर* में, अलबत्ता एक अलग सन्दर्भ में, ऐसे लिखते हैं, 'वह भाव जो उन पुरुषों के चेहरों पर झलकता है जब वे अपनी ज़मीन, अपने घरों, अपने परिवारों, अपने रिवाजों, वह सबकुछ जो उन्हें अजीज है, को बचाने के लिए लड़ रहे होते हैं'।[4] लेकिन माओवादी कितना भी दावा कर लें कि बन्दूकें उनकी राजनीति के अधीन हैं, उनके लेखनों—और मुठभेड़ों व घात लगाकर हमलों के उनके द्वारा तैयार व प्रसारित वीडियो छवियों में—जो सैन्यवाद प्रदर्शित होता है वह आत्मरक्षा के लिए जितना ज़रूरी है, उससे कहीं ज़्यादा होता है। माओवादियों को अपनी सैन्य कार्रवाइयों, जैसे दंतेवाड़ा व जहानाबाद में जेल तोड़ना; दंतेवाड़ा में गोला-बारूद डिपो और एनएमडीसी के गोदामों से विस्फोटकों की लूट; ट्रांसफॉर्मर उड़ाने; और अहम राजनीतिज्ञों की हत्याओं की कोशिशों पर गर्व है। 2008 में, उन्होंने ओडिशा के बालीमेला बाँध जलाशय में एलीट ग्रेहाउंड फ़ोर्स पर घात लगाकर हमला किया और उसके 38 जवानों को मार दिया। अप्रैल 2010 में उन्होंने छत्तीसगढ़ में सीआरपीएफ के 76 कर्मियों को मारा। 1 दिसम्बर, 2014 को माओवादियों ने सुकमा के कासलपाड़ में सीआरपीएफ के 14 लोगों की हत्या की। यह फ़ेहरिस्त और लम्बी हो सकती है। कासलपाड़ की घटना के बाद एक गोंडी गीत लोकप्रिय

हो गया था जिसमें वर्णन किया गया है कि किस तरह दिल्ली ने गाँवों पर हमले के लिए सीआरपीएफ को भेजा, लेकिन उल्टे उन्हीं का सफ़ाया हो गया।

लड़ाई में महिलाएँ क्यों शामिल होती हैं

एक शाम, जब मैं एक गाँव में थी, लाल साड़ी पहने, सितारोंवाली काली शाल लपेटे, एक छोटा हैंडबैग लिये एक महिला ने मुझे बुलवाया। साफ़ था कि उसने अभी-अभी वर्दी उतारकर ये कपड़े पहने थे। उसने मुझे और अन्य महिलाओं को शिकागो में महिला दिवस के शुरू होने पर एक भाषण दिया। उसने कहा, 'महिलाएँ घरेलू उत्पीड़न की वजह से नहीं, बल्कि इसलिए हमारे साथ आती हैं कि वे उन सुरक्षा बलों के ख़िलाफ़ लड़ना चाहती हैं जो हत्या और बलात्कार करते हैं, और वे हमारे मक़सद में उतना ही विश्वास करती हैं।' मेरे अविश्वासी कानों को शुरू में यह कोई रटा हुआ भाषण लगा, लेकिन बाद में मैंने सोचा कि फिर वह क्या चीज़ है जो सुरक्षा बलों द्वारा बर्बर बलात्कारों के बावजूद इन आदिवासी महिलाओं के हौसले की व्याख्या कर सकता है? अभी 40 फ़ीसदी कैडर महिलाएँ हैं।

माओवादियों द्वारा प्रकाशित एक पुस्तिका, *भारतीय क्रान्ति की महिला शहीद* बताती है कि जिन इलाक़ों में उनकी अच्छी पैठ थी, वहाँ पार्टी ने कैसा आकर्षण पैदा किया :

> गोमपाड़ की कॉमरेड ओयाम येन्की जब बच्ची ही थी तभी पार्टी के सम्पर्क में आईं। चूँकि उनका पूरा परिवार विभिन्न संघमों की गतिविधियों में हिस्सा ले रहा था इसलिए वह एक भी कार्यक्रम नहीं छोड़ा करती थीं। उन्हें नृत्य, गीत और बैठकों में बहुत दिलचस्पी थी। एक बच्चे के रूप में उन्होंने पहले बाल संघम में काम किया और फिर केएएमएस में काम करने लगीं। वह दस्ते में शामिल होना चाहती थीं, लेकिन पार्टी राजी नहीं हुई क्योंकि वह बहुत छोटी थीं। लेकिन उन्होंने ज़िद की और 16 साल की उम्र में जनवरी 2003 में उन्हें भर्ती कर लिया गया। (पृ. 66)

मेरे अपने साक्षात्कारों ने भी युवाओं को प्रेरित करने में आदर्शवाद के महत्त्व की पुष्टि की। सोनी ने बताया कि माढ़ में वह और उसके स्कूल के दोस्त दस्तों द्वारा लाए जानेवाले पार्टी साहित्य पर चर्चा करते हुए घंटों बिताते थे। जैसे ही वे 16 के हुए वे भी दस्ते में शामिल हो गए। बहुत-सी महिलाएँ व्यक्तिगत कारणों, जैसे शादी के लिए माँ-बाप का दबाव, घरेलू विवाद या बस घुमक्कड़ी के लिए शामिल हुईं। एक दोरला महिला, लक्के, माँ-बाप द्वारा शादी कराए जाने से बचने के लिए पार्टी में आई। उसने एक तेलुगु कॉमरेड से शादी की और उसकी एक

बेटी थी। लेकिन चूँकि पार्टी बच्चे पैदा करने को हतोत्साहित करती थी, उन्हें उस लड़की को एक गाँव के नि:सन्तान दम्पती के पास छोड़ना पड़ा। उसने मायूसी से कहा, 'अब तो वह मुझे पहचानती भी नहीं है।'

2005 के बाद, बहुत सी नवयुवतियाँ और पुरुष सलवा जुडुम के चलते पार्टी में आए। ख़ूबसूरत मुस्कानवाली एक ख़ुशमिज़ाज युवती नीला से 2012 में मैं संयोग से मिली। जब वह बासागुड़ा 'आश्रमशाला' में पढ़ रही थी तभी जुडुम का उस इलाक़े के गाँवों में हमला शुरू हुआ। उसके माँ-बाप ने उससे घर आने को कहा क्योंकि माहौल बहुत असुरक्षित था। स्कूल छोड़ने की बात करते हुए नीला अफ़सोस से भरी लग रही थी। लेकिन उसने कहा, 'वैसे भी, पढ़ाई के बाद कौन-सी नौकरी मिलनी थी?' इसके बाद वह मुस्कुराई और कहा : 'अब मैं पार्टी स्कूल में पढ़ती हूँ।' नीला ने बताया कि वह बचपन से ही माओवादियों के प्रति आकर्षित थी, क्योंकि 'दादा लोग' (बड़े भाई; जैसा कि लोग माओवादियों को अक्सर बुलाते हैं,) उससे गम्भीरतापूर्वक बात करते थे और उसे पढ़ने के लिए कुछ न कुछ देते थे। दस्ते में उसके साथी, उलझे बालों वाले एक लड़के हुँगा, का भी पढ़ाई की ओर झुकाव था और वह अपने साथ 11वीं की इतिहास की मोटी पाठ्यपुस्तक लिये घूमता था। उसने बताया कि उसे ब्रिटिश इतिहास में खासतौर पर दिलचस्पी है। वह भी हॉस्टल में ही रहकर पढ़ रहा था जब उसके स्कूल के कुछ लड़के सलवा जुडुम में शामिल हुए और उस पर तथा एक-दो और लड़कों पर माओवादियों की मदद करने का आरोप लगा। इसके चलते वह घर चला गया और जब जुडुम ने उसका गाँव दूसरी बार जलाया तो उसने माओवादियों के साथ शामिल होने का फ़ैसला कर लिया। दस्ता सदस्य के रूप में नीला ने जिन पहली ज़िम्मेदारियों को अंजाम दिया उनमें से एक थी एक युवती, गंटाल श्रीदेवी, की लाश लिंगागिरी के आसपास के जंगलों से बरामद करना, जहाँ सामूहिक बलात्कार के बाद उसकी हत्या कर दी गई थी। गहरे मलाल के साथ उसने इसे कुछ यूँ याद किया : 'उसके शरीर पर मक्खियाँ भिनभिना रही थीं। जिस समय उसका बलात्कार हुआ उसे माहवारी हो रही थी...उसे कपड़ों से प्यार था और जुडुम वालों ने हत्या से पहले उसके सारे कपड़े चुरा लिए।'

महिला माओवादियों के लिए ज़िन्दगी मुश्किलों से भरी होती है। घंटों-घंटों पैदल चलना, भले ही माहवारी हो रही हो। बार-बार मलेरिया के हमलों से जूझना। कभी-कभी उन्हीं कपड़ों को कई-कई दिनों तक पहने रहना। और अगर सुरक्षा बल पकड़ लें तो बलात्कार का ख़तरा तो रहता ही है। जैसा कि लक्के ने बताया, दलम का दिन भोर में 4:00 बजे शुरू होता है। नित्यकर्म निपटाने के बाद, वे उस दिन के लिए निर्धारित गाँव की ओर पैदल रवाना होने के लिए तैयार होते हैं। जब वे पहुँच जाते हैं तो उनकी हाज़िरी ली जाती है और ड्यूटी तय की जाती है। उस

गाँव में दिन बिताने के बाद शाम क़रीब 4:00 बजे दलम निकलता है, और क़रीब दो घंटे पैदल चलकर अगले गाँव में रुकने के लिए पहुँचता है। फिर हाज़िरी लगती है, और उसके बाद बैठकें होती हैं जो रात 10-11 बजे तक चलती हैं। इसके बाद रात में सोने के लिए फिर जंगल की ओर पैदल रवानगी। अगर इलाक़ा और हालात सुरक्षित हुए तो दलम के लोग गाँव में भी सो लेते हैं। इस ज़िन्दगी में छुट्टियों के लिए कोई जगह नहीं है। स्थानीय कैडर अपने परिवारों से साल में एक बार मिल पाते हैं। इस मौक़े पर पार्टी उन्हें छोटे-मोटे तोहफ़े, मसलन बेडशीट, घर ले जाने के लिए देती है, क्योंकि उन्हें कोई वेतन नहीं मिलता। गाँववाले इन कैडरों की क़ुर्बानियों के लिए प्रशंसा भाव रखते हैं। जैसा कि एक गाँववाले ने मुझसे कहा : 'एक बार जाने के बाद ये बच्चे पार्टी के ही हो जाते हैं। यह ऐसा है मानो वे हमारे लिए मर गए हों।'

अनेक महिलाएँ सक्रिय लड़ाकू हैं। *भारतीय क्रान्ति की महिला शहीद* पुस्तिका में कॉमरेड करुणा का ज़िक्र कुछ ऐसे आता है :

> 1997 से लेकर 2005 तक, अपने क्रान्तिकारी जीवन के नौ सालों में कामरेड करुणा ने बहुत-सी सैन्य कार्रवाइयों में हिस्सा लिया। वह एक फ़ौलादी महिला लड़ाकू थीं और उन्होंने एक बार फिर साबित किया कि सैन्य क्षेत्र में महिलाएँ किसी मायने में पुरुषों से कम नहीं हैं। बासागुड़ेम के पास तोड़ेम गाँव में घात लगाकर हमला उनकी पहली सैन्य कार्रवाई थी। इस कार्रवाई में 16 पुलिसवाले मारे गए थे और 17 घायल हुए थे। इस सफल हमले पर करुणा ने बहुत गर्व महसूस किया था। बाद में उन्होंने कोंगुपल्ली, वकुलवाई की घातों में सपोर्ट टीम की सदस्य के रूप में भागीदारी की। उन्होंने उत्तर बस्तर डिवीजन के बजरंगबली और पश्चिम बस्तर के टिगेटा, मोटुकपल्ली, उसीकापटनम, सालपल्ली वग़ैरह स्थानों पर घात लगाकर किए जानेवाले हमलों में भागीदारी के ज़रिये अपने लड़ाकू जज़्बे को प्रदर्शित किया। उन्होंने तल्लागुड़ेम, मोटुकुपल्ली, वेदिरे, गीदाम इत्यादि पुलिस थानों पर हुए हमलों में भी हिस्सा लिया। वह गीदाम धावे में घात दल की डिप्टी कमांडर थीं। उनकी शहादत से पीएलजीए ने अपना एक क्षमतावान और कार्यकुशल सिपाही, ख़ासकर एक आकांक्षी महिला लड़ाका खो दिया। (पृ. 49-50)

हिन्दी और तेलुगु में पढ़ना व लिखना सीखना भी, ट्रेनिंग का एक महत्त्वपूर्ण हिस्सा है। गाँववालों के लिए, दलम से होनेवाली मुलाक़ातों में यह सबसे ज़्यादा याद रखने लायक बात होती है। कई सारे लोगों ने मुझे बताया : 'दलम के सदस्य बैठकों के दौरान पढ़ते रहते हैं।' 'जो भी उनमें शामिल होता है तेलुगु बोलना और

पढ़ना सीखता है।'' उनके सभी पोस्टर हाथ से लिखे होते हैं—उन्हें कितना लिखना पड़ता होगा!'

बाल संघम के सदस्यों के रूप में बच्चों को भी एक भूमिका सौंपी जाती है। अमूमन उनका मुख्य कार्यभार सन्देश पहुँचाने का होता है। बच्चे अपने काम पर बहुत गर्व करते हैं। एक बार जब हम दो गाँवों के बीच नदी के घाट पर खड़े थे, तो एक छोटे से सन्तरी ने हमारा नाम पूछने के बाद नदी पार करने में हमारी मदद की। उसने चौड़ी मुस्कान बिखेरी और पूछा : 'मैं दोस्त लगता हूँ न?' साफ़ दिख रहा था कि वह ख़ुद को लेकर कितना ख़ुश है।

ऐसे माहौल में, पुलिस के आरोपों के विपरीत, माओवादियों को भर्ती के लिए कोई ज़ोर-ज़बरदस्ती नहीं करनी पड़ती। लक्के ने बताया कि कई ऐसे दौर आए जब पार्टी को इतने कैडर मिले जितने कि वह सँभाल भी नहीं सकती थी, और उसे लोगों को वापस ले जाना पड़ा। ख़ासकर यह जुडुम के बाद हुआ। किसी गाँव का आकार ही स्थानीय स्तर पर उसके प्रभाव के लिहाज से असली फ़र्क़ पैदा करता है। बड़े गाँवों में अतिरिक्त लोग अधिक होते हैं, इसलिए यह सम्भावना ज़्यादा होती है कि परिवार अपने बच्चों को घर छोड़ने और माओवादियों के साथ शामिल होने की अनुमति दे दें। लोग माओवादियों का कितना समर्थन कर सकते हैं, इसे तय करनेवाला एक फैक्टर थाने से दूरी भी है।

एक नए प्रशासनिक ढाँचे की स्थापना

> जनताना सरकार (जेएस) नवगठित जन लोकतांत्रिक राज्य होगी और एक सरकार की सत्ता भी। एक देशव्यापी जन लोकतांत्रिक गणराज्य संघ के गठन के साथ यह सत्ता अपना पूर्ण चरित्र और स्वरूप ग्रहण करेगी। पार्टी द्वारा तैयार न्यूनतम साझा कार्यक्रम के अनुसार, दंडकारण्य में क्रान्तिकारी संघर्ष के विकास की प्रक्रिया में गठित जनताना सरकारें, जनता की सरकार की सत्ता को नई राज्यसत्ता के रूप में लागू करने का प्रयास करेंगी।
>
> *जनताना सरकार का नीतिगत कार्यक्रम, भाकपा (माओवादी) दस्तावेज 2004*

> जब दो-दो सरकारें हों, तो हम किसकी सुनें?
>
> *बासागुड़ा कैम्प में एक महिला, 2008*

पारम्परिक सत्ता-ढाँचे को विस्थापित या सहयोजित करते हुए, माओवादियों ने 1990 के दशक के मध्य तक एक समानांतर प्रशासनिक ढाँचा खड़ा कर लिया :

क्रान्तिकारी जन समितियाँ (Revolutionary People's Committees—RPC) या जनताना सरकार के रूप में। सिद्धान्ततः, संघम या जन संगठनों के सदस्य ही नहीं, कोई भी इन समितियों के लिए निर्वाचित हो सकता है। लेकिन अमल में, यक़ीनन, संघम के सदस्य जनताना सरकारों में भी अपनी दोहरी भूमिका में रहते हैं। दलम वन विभाग और तेंदू ठेकेदारों के साथ संवाद स्थापित करते हैं, और लगभग महीने में एक बार गाँवों में आते हैं; रोज़-ब-रोज़ के कामों की देखरेख संघम द्वारा की जाती है।

एक औसत जनताना सरकार में 500 से 3000 की आबादी के साथ चार या पाँच गाँव शामिल होते हैं। इसका संचालन अध्यक्ष, उपाध्यक्ष समेत 7 से 11 सदस्यों की एक कमेटी करती है। भैरमगढ़ और कोंटा में मैंने अपने सर्वेक्षणों में किसी एक जनताना सरकार के तहत गाँवों की संख्या में बड़ी भिन्नताएँ पाईं। जनताना सरकार के आठ विभाग होते हैं : वित्त, रक्षा, कृषि, न्याय, शिक्षा-संस्कृति, स्वास्थ्य, वन संरक्षण और जन सम्पर्क। प्रत्येक विभाग के अपने कार्यकर्ता होते हैं। जैसा कि गाँववालों ने बताया, कृषि विभाग खेती के लिए कोऑपरेटिव के गठन व हल-बैल साझा करने, और सिंचाई व मछली पालन के लिए तालाब बनाने को प्रोत्साहित करता है। वन विभाग के पास हर गाँव में दो लोग होते हैं जो महीने में एक बार यह जाँचने निकलते हैं कि क्या-क्या काटा गया है और कटाई अधिकृत थी या नहीं। वे यह भी सुनिश्चित करते हैं कि घरों को सामूहिक प्रयास से बनाया जाए। काफ़ी हद तक यह इस इलाक़े में मौजूद पारम्परिक वन संरक्षण उपायों का ही विस्तार है जहाँ लोग या तो हर घर से अंशदान के आधार पर किसी पहरेदार को रखते हैं, या अगर पड़ोस के गाँव के जंगल का उपयोग करते हैं तो उसे हर साल एक छोटी रक़म, जिसे *देवसारी* या *मान* कहा जाता है, का सामूहिक रूप से भुगतान करते हैं। इसमें हर महीने आम बैठक होती है, जो विभिन्न शरीक गाँवों में बारी-बारी से की जाती है। सभी मुद्दों पर चर्चा होती है। औरतों, बच्चों समेत इन बैठकों में सभी शामिल होते हैं, जो उन पारम्परिक बैठकों से एकदम उलट है जिनमें केवल पुरुष शामिल होते थे।

संघम गाँव के हर घर पर काफ़ी क़रीब से नज़र रखते हैं। लोगों के आगमन और रवानगी का रिकॉर्ड रखते हैं। सलवा जुडुम शुरू होने के बाद निगरानी सख़्त कर दी गई है (जब-जब दमन तेज़ होता है निगरानी और बढ़ जाती है, जैसे 2015-16) और लोगों को गाँब छोड़ने के लिए अब अनुमति लेनी पड़ती है। उन्हें ठीक-ठीक बताना पड़ता है कि वे कब तक बाहर रहेंगे और कहाँ जा रहे हैं, ताकि उन्हें मुख़बिर बनने से रोका जा सके। टाटापाडु का गंगू, जो अपने कुछ बकाये पैसे की वसूली के लिए मजबूरन गाँव से बाहर रहा था, डरा हुआ था, क्योंकि उसे लगता था कि उसकी ग़ैरहाज़िरी पर संघम कार्रवाई करेगा। सलवा जुडुम

कैम्पों से लौटने के इच्छुक लोगों को संघम से अनुमति लेने के लिए चिट्ठी लिखनी पड़ी थी।

हालाँकि, इन नियंत्रणों के लिए मुझे ज़्यादा नेक वजहें बताई गईं। किसी को एक महीने से अधिक समय के लिए गाँव छोड़ने की ख़बर पार्टी को क्यों देनी पड़ती थी, इसकी वजह यह बताई गई कि ताकि बीमार पड़ने पर उनके परिवार के सदस्यों की देखभाल की जा सके, या महिलाओं को मानव तस्करी से बचाया जा सके, जो कि इन इलाक़ों में तेज़ी से एक बड़ी समस्या बनती जा रही है। हालाँकि, इसमें कोई शक नहीं कि संघम सदस्य भी छोटे-मोटे तौर पर 'जुल्मी' हो सकते हैं। कई जुडुम कैम्पों में, मैंने यह सुना कि दलम सदस्य तो अच्छे थे, लेकिन संघम सदस्यों ने फ़ैसले लेने में अपने निजी पूर्वग्रहों का इस्तेमाल किया और दलम से ग़लतबयानी की। जुडुम जब चरम पर था, संघम सदस्य पकड़े गए, मारे गए या गाँव से भाग गए। लेकिन उन्हें पुनर्स्थापित होने में बहुत ज़्यादा समय नहीं लगा, अलबत्ता इस बार पहले के मुक़ाबले कहीं ज़्यादा गोपनीयता बरतनी पड़ी।

सामान्यत:, संघम या जनताना सरकार की न्यायिक शाखा विवादों का निपटारा करती है। पारम्परिक व्यवस्था, जहाँ दोषी को जुर्माना भरना पड़ता था, के उलट माओवादियों के अधीन, विवाद केवल सुलह के ज़रिये निपटाए जाते हैं। लोगों ने मुझे बताया कि विवाद के दोनों पक्षों को हाथ मिलाना पड़ता है। अगर कोई झगड़ा गाँव के भीतर नहीं निपट पाता है, तो उसे दलम के पास भेजा जाता है। अगर मामला सचमुच गम्भीर हुआ तो दलम *जन अदालत* बुलाने का फ़ैसला भी कर सकता है। किसी को मारे जाने या इलाकाबदर किए जाने से पहले दो बार चेतावनी ज़रूर दी जाती है। दलम की बैठक में लिए गए फ़ैसले को तब मिलिशिया लागू करती है। यह जानना मुश्किल है कि जन अदालतों में आम लोग किस हद तक अपनी पसन्द से भागीदारी करते हैं, लेकिन निश्चित रूप से, किसी फ़ैसले के उल्लंघन को लेकर उनमें गहरा डर होता है। माओवादियों द्वारा की जानेवाली पिटाई को गाँववाले बर्बर क़रार देते हैं। उन्होंने बताया कि कभी-कभी पिटाई में आरोपी के पति या पत्नी और यहाँ तक कि बच्चों को भी हिस्सा लेने, या कम-से-कम देखने के लिए मजबूर किया जाता है। अगर लोगों को लगता भी है कि मुख़बिर के रूप में लांछित कोई व्यक्ति बेगुनाह है, तो उनकी हैसियत विरोध करने की नहीं होती। मुझे बताया गया कि बंगासाई के एक एसपीओ, दसरू की माओवादियों द्वारा हत्या के बाद, गाँववाले उसकी माँ को दसरू की लाश को गाँव में नहीं दफ़नाने देना चाहते थे, क्योंकि इसे उस परिवार के प्रति नरमी के रूप में देखा जा सकता था। आख़िरकार दसरू को मराईगुड़ा में दफ़नाया गया जहाँ वह बतौर एसपीओ रहा था। एक अन्य मामले में, 2015 में जब एक आदमी की हत्या कर दी गई थी, दस्ते ने पूरे गाँव, ख़ासकर पटेल, पेरमा और सरपंच, को खेती करने पर तब तक रोक लगा दी, जब तक कि वे

हत्यारों को नहीं खोज लेते। जल्द ही, गाँववालों ने हत्यारों की पहचान कर ली, जो लंपट युवाओं के रूप में सामने आए जिन्हें किसी निजी दुश्मनी के कारण सुपारी दी गई थी।

सामाजिक सम्बन्धों और अनुष्ठानों में बदलाव

> जब टाटा और एस्सार द्वारा लाए गए बदलावों की बात आती है तो महेंद्र कर्मा कहते हैं कि आदिवासी अजायबघर की चीज़ नहीं हैं। तो फिर अगर माओवादी भी आदिवासी संस्कृति में बदलाव ला रहे हैं, तो उन्हें समस्या क्यों होती है?
>
> *—राजू से साक्षात्कार, 2011*

माओवादी दावा करते हैं कि जब वे इस इलाक़े में पहुँचे, तो यह 'अन्धकार का महासागर' था; 'औरतें सुबह से लेकर रात तक गुलामी करनेवाली निजी सम्पत्ति से ज़्यादा कुछ नहीं थीं'; उन्हें त्योहारों में आदिवासी राजा (जैसा लिखा है) के सामने नाचने के लिए मजबूर किया जाता था, और बच्चे 'बर्बाद ज़िन्दगी' गुज़ार रहे थे।[5] आदिवासी महिलाओं की बेगारी की यह निराशाजनक तस्वीर अतिरंजित है, और यहाँ औरतें भारत के अन्य, ज़्यादा सामन्ती हिस्सों से बेहतर स्थिति में हैं, फिर भी उनकी बहुत सारी समस्याएँ हैं, जिनमें स्वास्थ्य और पोषण तक उनकी बहुत कम पहुँच भी शामिल है।

लक्के ने मुझे बताया कि उसे माओवादियों की महिला विंग, केएएमएस की दूसरी महिलाओं के साथ 25 गाँवों को कवर करने का काम दिया गया था। उन्हें इन गाँवों में पाक्षिक बैठक करनी होती थी और केएएमएस के लिए महिलाओं को भर्ती करना होता था, संगठन के घोषणापत्र का बड़े ध्यान से पंक्ति-दर-पंक्ति पाठ करना होता था। उन गाँवों की महिलाओं ने स्थानीय समस्याओं जैसे जबरन शादी, पत्नी की पिटाई, द्वि-विवाह, वधू मूल्य, बुआई या पशु बलि के सामूहिक अनुष्ठानों में महिलाओं के शामिल नहीं होने की अनुमति के बारे में बात की। मेडुलपेंटा गाँव की एक महिला, हिड़मे से मैं आन्ध्र में मिली। केएएमएस की बैठकों से प्राप्त सन्देशों को उसने कुछ ऐसे याद किया : 'वे कहा करते थे कि दो पत्नियों वाले पुरुषों की नाक ज़मीन पर रगड़वाई जानी चाहिए'। पत्नी को छोड़ने वाले पुरुष को 8000 रुपए देने पड़ते थे, अगर महिला छोड़ती है, तो यह भुगतान उसे या उसके नए पति को करना पड़ता है।' जब मैंने पूछा कि मौजूदा प्रथा से यह किस तरह भिन्न है, तो उसने कहा : 'वे हमें अपने रिवाजों का पालन करने को कहते हैं, सरकारी रिवाजों का नहीं।' मेरे ख़याल से, ज़मीन पर रेंगने जैसी सज़ाएँ आला कमान के

बजाय स्थानीय दलम के दिमाग़ की उपज होती होंगी। हिड़मे ने आगे बताया, 'जब से दादा लोग आए, लड़कियों को जबरन भगाकर ले जाना बन्द हो गया है, और शादियाँ केवल आपसी रज़ामन्दी से हो रही हैं। वधू मूल्य की रक़म घट गई है। पहले लोग वधू मूल्य के रूप में मवेशी लेते थे, अब वे बकरियों और सूअरों से ही सन्तोष कर लेते हैं। लोग अब भी पीते हैं, लेकिन उतनी नहीं।'

माओवादियों द्वारा प्रस्तावित बहुत से बदलावों को समय चाहिए होता है। एक कट्टर माओवादी समर्थक, दुलाटोंग गाँव के रावा, से मैं पहली बार 2011 में मिली। वह बहुत उखड़े हुऐ थे क्योंकि उनके बेटे ने पड़ोसी की बेटी से शादी कर ली थी। लड़की भाईचारे वाले गोत्र की है और उसे बहन समझा जाना चाहिए था। रावा ने कहा कि वह उनके बेटे से चार साल बड़ी है, और पहले दो बार गर्भपात करा चुकी थी, लेकिन इससे कोई दिक़्क़त नहीं होती अगर वह विवाह सम्बन्ध करने लायक गोत्र (सगा) से होती। माओवादी और उनके अन्य प्रगतिशील दोस्त उन्हें कायल करने की कोशिश में लगे रहे कि यह सब कोई अर्थ नहीं रखता, लेकिन एक सिराहा और गाँव में इज़्ज़तदार आदमी होने के नाते, रावा रिश्तेदारों की खरी-खोटी का आसान निशाना थे। उन पर अपने बेटे को सामाजिक नियम तोड़ने की अनुमति देने का आरोप लगता था। मध्यमार्ग अपनाते हुए, रावा ने अपने बेटे-बहू से बात करना बन्द कर दिया, लेकिन उन्हें किसी भी पारिवारिक अनुष्ठान से अलग नहीं किया। माओवादियों से पहले के ज़माने में, इसके लिए उन्हें बिरादरी बाहर होना पड़ता। 2015 में मुझे पता चला कि शर्म के मारे रावा ने गाँव छोड़ दिया और वह आन्ध्र में रह रहे हैं।

पार्टी के पास ग्रामीण जीवन के हर पहलू के लिए एक दृष्टि है और उस समाज में उसकी पैठ जिस हद तक थी उतनी सरकार की कभी नहीं हो सकती थी। कोंटा के माटपल्ली गाँव में, मुझे बताया गया कि दस्ते किस तरह लोगों को प्रशिक्षित कर रहे हैं कि मवेशियों को गाभिन करने के लिए सिवान में बाँधना है, न कि घरों के पास जहाँ उनके साथ मक्खियाँ (कुकुरमाछी) आ जाती हैं। स्थानीय आहार में सुधार के लिए वे लोगों को हरी सब्ज़ियाँ उगाने और खाने के लिए भी समझा रहे हैं। माओवादियों ने मुर्ग़ा लड़ाई पर रोक तो नहीं लगाई है, लेकिन उसके संचालन के लिए कुछ नियम-क़ायदे बना दिए हैं : इस दौरान शराब बिल्कुल नहीं पी जाएगी और कोई भी कुल 10 रुपए से ज़्यादा दाँव पर नहीं लगा सकेगा। अधिकतर लोग इसकी परवाह नहीं करते : मैंने इस तरह की लड़ाई से लौटते हुए पुरुषों को स्थानीय दस्ता कमांडर, जो एक महिला थी, से हँसी-ख़ुशी इस बारे में बतियाते देखा कि किसका मुर्ग़ा जीता है। हालाँकि, कुछ युवा, ख़ासकर जिन्होंने बाहर पढ़ाई-लिखाई की है, फ़िल्मों पर रोक और शादियों में केवल पारम्परिक ढोल के इस्तेमाल से नाराज़ रहते हैं। उनकी नाराज़गी इस बात पर भी है कि धनी

गाँववालों को बिना मंज़ूरी लिये ट्रैक्टर ख़रीदने की अनुमति नहीं है, जबकि व्यापारियों पर ऐसी कोई रोक नहीं है।

स्थानीय त्योहार कृषि-चक्र से बहुत क़रीब से जुड़े हैं : *बीजा पंडुम* गर्मियों में पड़ता है जब बीजों की बुआई की जाती है, *करुम* या *कुरमी पंडुम* सावन के महीने में पड़ता है जब कोदो में पहली बालियाँ फूटती हैं, और *कोड़ता पंडुम* धान की बालियाँ लगने के समय होता है। माओवादी इतिहास लेखक, 'पी शंकर' इन त्योहारों का वर्णन बेकार के अन्धविश्वासों के रूप में करते हैं, जबकि नियमों (जैसे *मरका पंडुम* से पहले कच्चा आम खाने पर रोक) को तोड़ने पर लगाए जानेवाले जुर्मानों को वे गाँव के पुजारी और मुखिया के लिए अलग से पैसे बनाने के एक तरीक़े के रूप में ही देखते हैं। लेकिन एथनो-बॉटैनिस्ट मधु रामनाथ लिखते हैं कि ये परम्पराएँ पेड़ों को नवजीवन का पूरा मौक़ा देती हैं और एक चिरस्थायित्व प्रदान करनेवाली लय का अनुसरण करती हैं।[6] वास्तव में, कुछ माओवादियों को ख़ुद ही एहसास हुआ कि ये नियम एक हद तक समतावाद क़ायम करते हैं। लछन्ना ने इस बात को इंगित किया कि धनी परिवार इन नियमों को छोड़ना और गायत्री परिवार जैसी आस्थाओं की ओर जाना चाहते थे, जिससे कि वे जल्द बुआई शुरू कर सकें।

माओवादियों के नियंत्रण वाले इलाक़ों में, आधिकारिक रूप से उनके द्वारा कितना भी ख़ारिज करने पर, पारम्परिक त्योहारों को अब भी मनाया जाता है। बल्कि, जो इलाक़े बाज़ार और बाहरी लोगों के लिए खुले हैं वहाँ जुए के साथ-साथ अब होली और दिवाली का प्रचलन भी बढ़ रहा है। माओवादी कुछ नए बदलाव लाए हैं, जैसे, एक हफ़्ते के अन्तर पर मनाए जानेवाले कुरमी पंडुम और कोड़ता पंडुम को मिलाकर एक आयोजन बनाने के लिए गाँववालों को राजी करना, जिससे कि पीने-पिलाने और वक़्त की बर्बादी को कम किया जा सके। इसके अलावा, सलवा जुडुम और ऑपरेशन ग्रीन हंट से पैदा हुए हालात में, इन त्योहारों का समय स्थानीय मिलिशिया से सलाह-मशविरे के बाद तय करना पड़ता है। सुरक्षा की ज़रूरत पड़ती ही है क्योंकि किसी भी ग्रामीण जुटान को माओवादी बैठक समझा जा सकता है। इसके अलावा, बुआई का त्योहार वह समय होता है जब ज़मीन और बीज का वितरण तय होता है, इसलिए इसमें दलम हाजिर हो सकते हैं।

माओवादी दूसरी जातियों के मुक़ाबले गोंडों के बीच अपनी मौजूदगी क़ायम करने में ज़्यादा सफल रहे हैं। कुछ हद तक ऐसा इसलिए है कि सभी बैठकें गोंडी में संचालित की जाती हैं और उनके गीत गोंडी में होते हैं। दूसरी जातियाँ अमूमन अल्पसंख्यक हैं और राज्य के साथ ज़्यादा एकीकृत हैं, जैसे लोहार, बुनकर (महरा, पनका), शराब बनानेवाले (कल्लार, सुंडी), ग्वाला (राउत)। ये ज़मीन पर उतने निर्भर नहीं हैं। दक्षिण में दोरला लोग लोक निर्माण कार्यों पर गोंडों से ज़्यादा निर्भर

हैं, और इसीलिए उनमें दैनिक सरकारी मज़दूर का काम करने पर पाबन्दियों को लेकर कहीं न कहीं ज़्यादा नाराज़गी है। दोरला और धुरवा जनजातियाँ जहाँ आम सहमति तक पहुँचने में लम्बा समय लेती हैं, वहीं गोंड फ़ैसले लेने की प्रक्रिया में उनसे ज़्यादा केन्द्रीकृत हैं।

लेकिन यह साधारणीकरण करना जल्दबाजी होगी कि अन्य जातियाँ माओवादियों का समर्थन नहीं करतीं। माओवादियों को सभी औपचारिक राजनीतिक सम्बद्धताओं से समर्थन भी हासिल है। मसलन, प्रेम राउत मटकापाल में आरएसएस का फ्रंट संगठन सेवाभारती चला रहे थे और आदिवासियों के हिन्दूकरण में लगे हुए थे। लेकिन, वह भी संघम की बैठकों में शामिल होते थे क्योंकि गाँव में हर कोई माओवादियों के साथ था; वह सोचते थे कि माओवादी ग़रीबों में ज़मीन, मवेशी और अनाज बाँटकर अच्छा काम कर रहे हैं। उन्होंने अफ़सोस जताते हुए कहा कि वह संघम में सक्रिय नहीं हो सकते क्योंकि उन्हें अपने बूढ़े माँ-बाप की देखभाल करनी पड़ती है।

एक राज्य के अनुष्ठानिक तामझाम

> जन लोकतांत्रिक सरकार व्यापक मेहनतकश लोगों के सभी क़िस्म के अधिकारों व आज़ादी की गारंटी लेगी...यह लोगों के निम्नलिखित मौलिक अधिकारों की गारंटी लेती है : अभिव्यक्ति (बोलने, लिखने, प्रकाशन) का अधिकार; सभा का अधिकार; संगठन बनाने; हड़ताल और प्रदर्शन करने; अपनी मर्जी के हिसाब से जीने; प्राथमिक शिक्षा पाने; प्राथमिक चिकित्सा पाने; न्यूनतम रोज़गार पाने का अधिकार। इन अधिकारों के साथ लोगों को निम्नलिखित कर्तव्य पूरे करने होंगे : देश की हिफ़ाज़त करना; संविधान और क़ानून का सम्मान करना; सरकारी सम्पत्तियों की हिफ़ाज़त करना; सैन्य सेवा प्रदान करना; करों का भुगतान करना।
>
> *जनताना सरकार का नीतिगत कार्यक्रम*

किसी भी एक राज्य को सिर्फ़ सेना और प्रशासनिक ढाँचे की नहीं, बल्कि शासन के दृश्यमान प्रतीकों, जैसे एक संविधान, एक झंडे और सह-स्मरणीय दिवसों की भी ज़रूरत होती है। माओवादी कैलेंडर के शहीद दिवस (चारू मजूमदार की मृत्यु का स्मरण, 28 जुलाई से 3 अगस्त) और महिला दिवस 8 मार्च को कृषि त्योहारों के सालाना चक्र में शामिल कर लिया गया है। शहीद सप्ताह के दौरान, मारे गए लोगों को याद किया जाता है; स्थानीय वाहन अमूमन सड़कों से दूर रहते

हैं क्योंकि उन्हें माओवादी सड़कबन्दी का पता होता है। 2008 में, माओवादियों ने बिजली के ट्रांसफॉर्मर उड़ा कर शहीद दिवस मनाया। पहले, गाँववालों का कैलेंडर कृषि और वनोपज संग्रह से जुड़ा था, अब यह लड़ाई से भी जुड़ा है। मार्च-मई हमलों (रणयुक्तिक जवाबी-हमला अभियानों) का समय है, लेकिन चूँकि अब पुलिस के अभियान पूरे साल चलते हैं, इसलिए इस कैलेंडर का कोई मतलब नहीं रह गया है।

माओवादी वास्तुकला के नाम पर मुख्यत: स्मारक दिखाई देते हैं। पूरे माओवादी राज्य के भू-दृश्य में, ऊपर हँसिया-हथौड़ा वाले लाल सीमेंट के विशाल ढाँचों का दबदबा है। व्यक्ति के जीवन को दर्शानेवाले पारम्परिक प्रस्तर-खंडों या काष्ठ-स्तम्भों पर ख़ूबसूरत कलात्मक काम के लिए कोई जगह नहीं है। स्थानीय रिवाज के लिए बस इतनी गुंजाइश है कि इन स्मारकों का उद्घाटन जनवरी-फरवरी के आसपास, *गद्दी पंडुम* यानी मृतकों की आत्माओं की पूजा के त्योहार के समय किया जाता है। पार्टी ही तय करती है कि स्मारक कहाँ बनाया जाएगा और ज़रूरत पड़ने पर बाहर के राजमिस्त्री भी लाती है। आज़ाद जैसे किसी प्रमुख माओवादी नेता के कई सारे स्मारक विभिन्न चौराहों पर रणनीतिक रूप से अवस्थित हो सकते हैं। ओडिशा के मलकानगिरी में पटेल सुधाकर रेड्डी का स्मारक एक बहुत शानदार जगह पर स्थित है, मानो जामबाई में उन नौकाओं को ऊपर से निहार रहा हो जो 'सम्पर्क से कटे इलाक़े'—बालीमेला बाँध द्वारा अलग-थलग पड़े गाँवों—में जाती हैं। दूर तक फैली पहाड़ियों, जंगल और मैदान की पृष्ठभूमि में यह ख़ूब उभरकर दिखाई देता है। इस स्मारक पर किसी ने विडम्बनापूर्ण ढंग से 'शहीदों के लिए आख़िरी बस पड़ाव' लिख दिया है। इसे बनाने में 30 दिन लगे और 3,15,000 रुपए का ख़र्च आया। चार पंचायतों के लोगों ने इसमें हिस्सा लिया और हर रोज़ 400-500 लोगों ने काम किया। निर्माण कार्य का पुलिस की नज़र से बच पाना लगभग नामुमकिन था, लेकिन साफ़ है कि पुलिस ने सावधानी में ही बहादुरी समझी। लोकप्रिय नेताओं, जिनकी मौत बीमारी से हुई हो सकती है, के स्थानीय स्मारक भी हैं जिनका ख़र्च गाँववाले उठाते हैं। 2015-16 में सुरक्षा बलों ने माओवादी स्मारकों को ढहाना शुरू किया, यह दिखाने के लिए कि उनका कलेजा ठंडा करनेवाली यह जीत केवल जीवित लोगों पर नहीं, बल्कि मुर्दों पर भी है।

माओवादी राज्य के पास अनिवार्यत: ख़ुद का झंडा है, जिसका वर्णन जनताना सरकार का नीतिगत कार्यक्रम कुछ यूँ करता है : 'नाम : जनताना सरकार; झंडा : हँसिया-हथौड़ा वाला लाल झंडा 2:3 की लम्बाई और चौड़ाई के अनुपात के साथ। गीत : झंडे के सामने कम्युनिस्ट इंटरनेशनल गाना आवश्यक।' भारतीय राज्य के उत्सवों—स्वाधीनता दिवस और गणतंत्र दिवस पर भारतीय तिरंगा झंडा फहराए जाने के जवाब में माओवादी इलाक़ों में काला झंडा फहराया जाता है।

भारतीय राज्य को बाहर रखने के फ़ायदे-नुक़सान

> **सवाल :** माओवादी किसलिए लड़ रहे हैं?
>
> **जवाब :** पूर्ण बराबरी और एक आदिवासी राज के लिए, जहाँ अगर एक व्यक्ति के पास मोटरसाइकिल है तो बाक़ी सभी लोगों के पास भी हो और हम चीज़ों को अपने तरीक़े से चला सकें...लेकिन (वह हँसता है) यह कब होगा, मैं नहीं जानता। मैं बूढ़ा होकर मर जाऊँगा और हम तब भी इसके लिए लड़ रहे होंगे।
>
> *माटपल्ली में एक गाँववाले से बातचीत, 2012*

माओवादी साहित्य दावा करता है कि माओवादियों ने बीते 20 सालों में काफ़ी विकास कार्य किए हैं। मसलन, वे लिखते हैं कि दक्षिण बस्तर और गढ़चिरोली में 2000 तक उन्होंने 135 जनता क्लीनिक खोले, छह प्राइमरी स्कूल और 10 रात्रि पाठशाला (नाइट स्कूल) शुरू किए, सरकारी शिक्षकों के लिए 25 झोंपड़ियाँ बनाईं, 10 ग्रामीण पुस्तकालय स्थापित किए, वग़ैरह वग़ैरह। ज़्यादातर काम कृषि और आजीविका की बेहतरी के क्षेत्र में किया गया : दंतेवाड़ा ज़िले में 81 जलाशय बनाए गए, कोंटा दस्ते के इलाक़े में चार लाख मछली जीरा बाँटे गए, 16,200 पौध बाँटी गईं (किसी सरकारी विभाग की तरह ही, उन्होंने शिकायत की कि लोगों की लापरवाही के चलते इनमें से 30 फ़ीसदी ही बच सकीं), 10 गाँवों में बैलगाड़ियाँ बनाई गईं, नौ गाँवों में पहली बार डीजल पम्प सेट लाए गए, 268 कांजी हाउस बनाए गए, पाँच राइस मिल लगाई गईं, और लोगों को जंगल बचाने, कोऑपरेटिव धान बैंक स्थापित करने और 220 गाँवों में कृषि कोऑपरेटिव बनाने के लिए प्रशिक्षित किया गया। वे कहते हैं कि यह सब जनताना सरकारों के ज़रिये किया गया।[7]

माओवादियों के नियंत्रण में जो इलाक़ा है और यह तथ्य कि उनके द्वारा किए जानेवाले विकास कार्यों में राज्य शामिल नहीं होता है—को देखते हुए, ज़मीन और तालाबों के वितरण के अलावा, उनके विकास कार्यों का असर अपरिहार्य रूप से बहुत कम है। राज्य के मददगार हाथ से निपटना माओवादियों की सबसे कमज़ोर नस है—उनकी आन्तरिक बहस में भी और गाँववाले इसे जिस तरह देखते हैं, दोनों लिहाज से। माओवादी दलील है कि गाँवों में सरकारी फंड का प्रवेश भ्रष्टाचार और वर्गीय विषमता को बढ़ाता है, और सामूहिक श्रम के ज़रिये गाँववालों द्वारा अपनी परिसम्पत्तियाँ ख़ुद बनाना कहीं बेहतर है।

हालाँकि, सबसे प्रतिबद्ध माओवादी समर्थक भी सरकारी फंड को अनुमति नहीं दिए जाने की माओवादी नीति से नाख़ुश हैं। ऐसे ही एक व्यक्ति ने मुझसे अफ़सोस भरे लहजे में कहा, 'अगर हम सरकार से पैसा ले पाते, तो हम अपने गाँव

को विकसित कर पाते। लेकिन हमें मज़दूरी के लिए आन्ध्र जाना पड़ता है जिससे केवल तेलुगु किसानों को फ़ायदा होता है।' आन्ध्र प्रदेश के लिए सामूहिक प्रवासन तेज़ हो चुका है—कुछ तो इसलिए कि युवा मनमाने ढंग से होने वाली गिरफ़्तारियों से बचने के लिए पलायन करते हैं, लेकिन ऐसा इसलिए भी होता है कि लोगों को पैसों की सख़्त ज़रूरत होती है, और छत्तीसगढ़ में कोई काम मयस्सर नहीं है।

कुछ इलाक़ों में, सीआरपीएफ की भारी मौजूदगी भी माओवादियों के लिए लोगों के समर्थन में बहुत ज़्यादा फ़र्क़ नहीं डाल पाती है। टाटापाड़ु के एक गाँववाले ने मुझसे कहा, 'हम में से चन्द लोग ही बैठकों में जा पाने की स्थिति में होंगे, लेकिन वे हम तक सूचना पहुँचा देंगे।' हालाँकि, दूसरे इलाक़ों में पुलिसिया दमन, प्रोपेगंडा, और माओवादियों के आन्तरिक विघटन के चलते लोगों के रवैये में बदलाव आया है। 2013 में जाड़े की एक रात, कांगेर जंगल के काफ़ी भीतर एक गाँव में, महिलाओं और पुरुषों का एक समूह, आग के पास बैठकर महुआ पीते हुए, अपने आसपास माओवादियों के होने के फ़ायदे और नुक़सान का मूल्यांकन कर रहा था। यह इलाक़ा पारम्परिक माओवादी गढ़ नहीं था, पिछले छह-सात सालों में ही यहाँ उनकी गतिविधियाँ होने लगी थीं। फ़ायदों में शामिल थे : पहला, कृषि कोऑपरेटिव स्थापित हुए थे और मज़दूरी दर में बढ़ोतरी हुई थी; दूसरा, गाँव में आपसी लड़ाइयाँ बहुत कम हो गई थीं, और जो विवाद होते भी थे वे बिना पैसा लिये-दिये निपटाए जाते थे; तीसरा, वन विभाग उन्हें अब परेशान नहीं करता था। नुक़सान ये थे : पहला, माओवादी केवल उन्हीं लोक निर्माण कार्यों को अनुमति देते थे जिन्हें वे अपने लिए उपयुक्त पाते थे—उन्होंने गाँवों के भीतर सड़कें बनाने की अनुमति दी, लेकिन रणनीतिक वजहों से गाँवों के बीच सम्पर्क मार्गों को नामंज़ूर कर दिया, जिससे बीमार लोगों को अस्पताल ले जाना कठिन हो जाता है; दूसरा, माओवादियों और युवाओं की गिरफ़्तारी के कारण पुलिस सघन तलाशी अभियान चलाती थी; तीसरा, माओवादी उन लोगों को पीटते हैं जो उनकी बात नहीं मानते। 2013 में, गाँववालों का बहुसंख्य हिस्सा यह महसूस करता था कि वे माओवादियों के साथ आराम से हैं, लेकिन 2016 तक, जो कि सूखे वाला साल था, उनका नज़रिया कुछ-कुछ बदल गया था। बैठकों में शामिल होने या तेंदू और महुआ से होने वाली अपनी कमाई का एक हिस्सा देने की माँग, और सरकार द्वारा वित्तपोषित मज़दूरी के काम में शामिल होने पर पाबन्दियाँ उन्हें भारी लगने लगी थीं। उन्हें यह भी अखर रहा था कि आत्मसमर्पण करनेवाले माओवादी पुलिस में नौकरी पा रहे हैं, जबकि वे ख़ुद रोज़गार के लिए जूझ रहे थे।

एक आदर्श दुनिया में, सरकार दमनकारी या हकमार नहीं होगी, तो माओवादियों की भी कोई ज़रूरत नहीं होगी। लेकिन गाँववालों के पास जो विकल्प मौजूद हैं, उनमें सबसे अच्छा यही है कि सरकार और माओवादी दोनों का शान्तिपूर्ण सहअस्तित्व

बना रहे, या कम से कम अपनी बन्दूकें वे एक दूसरे पर ही तानें, और गाँववालों को अपना काम करने दें। गाँववालों में से ज़्यादातर के लिए, माओवादियों का बिल्कुल न होना एक अच्छा विकल्प नहीं है, क्योंकि तब शोषण से टक्कर लेने के लिए कोई बराबर की ताक़त नहीं होगी। माओवादियों की दलील है कि उनका आकलन इससे नहीं किया जाना चाहिए कि उन्होंने क्या किया है, बल्कि इससे होना चाहिए कि उन्होंने किन चीज़ों को होने नहीं दिया है—वे उत्तर छत्तीसगढ़ के उजाड़ हुए माइनिंग बेल्ट, और झारखंड में ग़ैर-आदिवासियों की आई बाढ़ के बाद आदिवासी आबादी में तेज़ गिरावट की ओर इशारा करते हैं।

अगर माओवादियों द्वारा लाए गए किसी एक बड़े बदलाव की बात करें तो वह यह है कि उन्होंने लोगों को एक नया आत्मविश्वास दिया है। अजनबियों से नजरें चुराते हुए अभिवादन करने की बजाय, माओवादी राज्य के नागरिक अब आँखों में आँख डालकर देखते हैं और हाथ मिलाते हैं। बाक़ी भारत भी अब बस्तर के लोगों के अस्तित्व और उनकी अविश्वसनीय बहादुरी को जानता है तो इसका श्रेय भी उन्हें ही जाता है।

भाग दो

गृह युद्ध

5

एक 'शान्तिपूर्ण जन आन्दोलन'

वामपंथी उग्रवाद के ख़िलाफ़ छत्तीसगढ़ के वनवासियों द्वारा शुरू किया गया पावन युद्ध...

माओवादी हमलों का जवाब देने के लिए आदिवासियों की स्वत:स्फूर्त प्रतिक्रिया से उपजा एक शान्तिपूर्ण गांधीवादी आन्दोलन...

—**रमन सिंह**, *छत्तीसगढ़ के भाजपाई मुख्यमंत्री, 2007, 2010*[1]

बस्तर में जून और जुलाई महीनों में सबसे ज़्यादा बुआई होती है। तेंदू पत्ते का मौसम ख़त्म होने, नए आम खाए जा चुकने, और गाँव के पुजारी द्वारा 'धरती माँ के स्थान' में पहला बीज बोये जा चुकने के बाद, मवेशी के सींग हाँक लगाकर एक दूसरे को बुलाना शुरू कर देते हैं। खेत जुताई का गम्भीर काम शुरू होने से पहले लड़के और पुरुष शिकार पर निकलते हैं। कई बार कुछ घंटों के लिए, तो कई बार कुछ दिनों के लिए। गर्मी बढ़ने से पहले काम निपटाने के लिए लोग जल्दी उठते हैं। भोर के धुँधलके में ही, औरतें घर में झाड़ू लगा लेती हैं और गोबर से आँगन लीप देती हैं। पुरुष मवेशियों को हाँकते हुए, हल के पीछे-पीछे बीज डालते हुए खेत में गोल-गोल घूमते हैं। खेत का काम होने और दोपहर ढलने के बाद, बीच-बीच में मुर्ग़े की बाँग से टूटती खामोशी के बीच, औरतें अपने दुआर पर अनाज कूटने बैठती हैं। मूसल हवा में उठने और गिरने लगते हैं। एक हाथ से वे भूसी किनारे करती हैं, तो दूसरे हाथ से चोट करती हैं। दरख़्तों से ढके किनारोंवाली साफ़ जलधाराओं में दिन-भर लोटने के बाद भैंसें घर लौटती हैं। पहाड़ियों की पथरीली, वनाच्छादित ढलानों पर, शाम के वक़्त आग के घेरे कभी-कभी साँप की तरह आगे बढ़ते नज़र आते हैं, क्योंकि पेड़ों के नीचे उगा झाड़-झंखाड़ राख में बीज बोने के लिए जलाया जा रहा होता है।

यह वक़्त है जब पारम्परिक रूप से हर कोई अपने काम पर ध्यान देता है। गाँववाले अपने खेत तैयार कर रहे होते हैं, माओवादी नेता सैन्य कैम्पों में लौट

जाते हैं, और सुरक्षा बल अपनी बैरकों में रहते हैं। एक खेतिहर कैलेंडर में विद्रोह का समय समान्यत: फ़सल कटाई के बाद ही होता है। और जब जून 2005 के आख़िर में माओवादियों के ख़िलाफ़ बड़े 'जन उठान' की ख़बरें छनकर आने लगीं, तो किसी ने यह सहज-सा सवाल पूछना ठीक नहीं समझा : 'जन' अभी यह क्यों करेंगे, जब बुआई के मौसम के नुक़सान का मतलब होगा पूरे साल के खाने के इन्तज़ाम का नुक़सान?

स्वतःस्फूर्तता के लिए रची गई योजना

माओवादियों के ख़िलाफ़ जन-असन्तोष का दूर-दूर तक कोई इशारा किए बिना, 2005 के पूरे पूर्वार्ध के दौरान, पुलिस और ज़िला प्रशासन ने ऊपर के अधिकारियों को माओवादियों के पास जन-समर्थन होने की शिकायत करते हुए पाक्षिक रिपोर्टें लिखीं। सुप्रीम कोर्ट को दी गई 2008 की अपनी रिपोर्ट में एनएचआरसी द्वारा इन्हें बतौर अनुलग्नक शामिल किया गया था और हमें अदालत की अनुमति से इन्हें उपलब्ध कराया गया।[2] यहाँ तक कि इन रिपोर्टों में तेंदू पत्ते की क़ीमत 45 पैसे की सरकारी दर से बढ़वा कर 85 पैसे प्रति बंडल (50 पत्तों का) करवाने की उल्टी पड़ गई माओवादी कोशिश का भी ज़िक्र नहीं है, जिसका नतीजा यह हुआ था कि 2005 में ठेकेदारों ने कोंटा इलाक़े में पत्ते ख़रीदने से मना कर दिया था। (इसे बाद में 'स्वत:स्फूर्त' विद्रोह की मुख्य वजह के रूप में रखा गया।)

माओवादियों और पुलिस के बीच हमेशा की तरह 'मुठभेड़ें' हो रही थीं, जिनमें गाँववाले या तो क्रॉसफ़ायर में या 'माओवादियों' के रूप में मारे गए। एक ठेठ पुलिसिया एंट्री 8 जनवरी, 2005 की है, जो बीजापुर के पास पेद्दाकोरमा गाँव में मुठभेड़ का वर्णन यूँ करती है : 'एक गाँववाला क्रॉसफ़ायरिंग में ज़ख़्मी हुआ। उसके साथ तीन औरतें मारे डर के सुबक रही थीं। उनके घर की तलाशी के दौरान मुझे एक देसी बन्दूक़ और एक छोटी प्लेट में विस्फोटक मिले।' माओवादियों ने जनवरी 2005 में दक्षिण में मुफ़स्सिल सरकारी ठिकानों जैसे जगरगुंडा पुलिस थाने पर, और अप्रैल में कांकेर में वन विभाग के एक दफ़्तर पर हमला किया। 24 मई को ज़िले के पश्चिम में स्थित कर्रेमरका में घात लगाकर हमला हुआ जिसमें पाँच पुलिसवाले मारे गए, और 29 मई को दक्षिण में भेजी और कोंटा के बीच एक धमाका हुआ।

लेकिन साफ़ तौर पर, सबकुछ पहले जैसा नहीं चल रहा था। 2000 के दशक में, कई सारे फैक्टर एक साथ आए : 2001 में छत्तीसगढ़ का गठन, 2003 में खनन नीति का उदारीकरण, और पीपुल्स वार और माओवादी कम्युनिस्ट सेंटर (एमसीसी) के विलय के ज़रिये 2004 में भाकपा (माओवादी) का गठन। सरकार के लिए माओवादियों के ख़िलाफ़ कुछ करना नए सिरे से ज़रूरी हो गया था।

2004-05 में, छत्तीसगढ़ सरकार ने अबूझमाड़ में माओवादी कैम्पों के नक़्शे तैयार करने के लिए हैदराबाद स्थित नेशनल रिमोट सेंसिंग एजेंसी से सम्पर्क किया। उसने कांकेर में जंगल वारफेयर कॉलेज स्थापित किया, और राज्य के बाहर से अतिरिक्त बलों की माँग की, जिनमें गुजरात और नगालैंड से इंडिया रिज़र्व बटालियनें भी शामिल थीं।[3]

जहाँ तक केन्द्र सरकार की अपनी भूमिका की बात है, तो उसने 'स्थानीय प्रतिरोध समूह' बनाने की नीति को बढ़ावा दिया। झारखंड के पूर्वी सिंहभूम ज़िले के लांगो गाँव ने यह रास्ता दिखाया। वहाँ गाँववालों ने एक स्थानीय ज़मीन विवाद निपटाने आए पीपुल्स वार के 11 सदस्यों को जहर दे दिया था। लांगो की पुलिस-समर्थित नागरिक सुरक्षा समिति को दो लाख रुपए का इनाम दिया गया था और गृह मंत्रालय ने इसे नक्सलियों के ख़िलाफ़ एक लोकप्रिय उठान के रूप में प्रचारित किया :

> झारखंड, जहाँ पूर्वी सिंहभूम ज़िले के डुमरिया थाने के लांगो गाँव के निवासियों की ओर से सीपीआइएमएल-पीडब्ल्यू को मज़बूत प्रतिरोध का सामना करना पड़ा, के हालिया घटनाक्रम गाँववालों के विभिन्न हिस्सों में एक मज़बूत नक्सल-विरोधी भावना को दिखाते हैं। इन भावनाओं को पकड़ने की ज़रूरत है। नक्सली संगठनों द्वारा की जानेवाली ज़्यादतियों का जवाब देने के लिए जन प्रतिरोध समूह बनाने और उसकी दिशा मोड़ने की भी ज़रूरत होगी। इन स्थानीय प्रतिरोध समूहों को प्रोत्साहित और प्रचारित किया जाना चाहिए। राज्यों से नक्सलवाद प्रभावित गाँवों में विशेष पुलिस अधिकारी (एसपीओ), नागरिक सुरक्षा समितियाँ, ग्राम रक्षा समितियाँ नियुक्त करने की सम्भावनाएँ तलाशने का अनुरोध किया गया है। इन स्थानीय समूहों को जन अदालतों के ख़िलाफ़ सामने आने और नक्सली संगठनों व उनके नेताओं के दुष्कृत्यों को उजागर करने के लिए भी प्रोत्साहित करने की ज़रूरत है। यह नक्सलियों को मिलनेवाले खुले (ओवरग्राउंड) समर्थन को कम करने में मददगार होगा।[4]

छत्तीसगढ़ एक ऐसा राज्य है जो गृह मंत्रालय की हिदायतों को गम्भीरता से लेता नज़र आता है, अलबत्ता उसे 'स्थानीय प्रतिवाद समूह' के एक मॉडल के लिए उतनी दूर, झारखंड की ओर देखने की ज़रूरत नहीं थी। उसके पास 1990-91 का अपना ख़ुद का जन जागरण अभियान (जेजेए) था। जेजेए पर एक पुलिस नोट दावा करता है कि उनके सुनने में आया कि संघमों में जबरदस्ती भर्ती से गाँववाले क्षुब्ध थे, जिसके बाद (पुलिस ने) 'असन्तोष की आग को हवा देते हुए जन जागरण अभियान की योजना बनाई। 3 सितम्बर, 1990 को बीजापुर थाने के ग्राम एर्मनार में 13 गाँवों के 800 लोगों के बीच जन जागरण अभियान शुरू किया गया।' इसके बाद जेजेए

की सभाएँ भैरमगढ़, बीजापुर, उसूर और कोंटा ब्लॉकों में विभिन्न जगहों पर हुईं। इस दौरान एक भूगोल मानचित्रित हुआ, जो वैसा ही था जिसका अनुसरण 2005 में सलवा जुडुम करने वाला था।[5] 1991 में जब मैं महेंद्र कर्मा से मिली—तब भी अभियान का आधिकारिक चेहरा वही थे—उन्होंने मुझे बताया कि पूरे बीजापुर में हुई जेजेए की सभाओं में 3000 संघम सदस्य आत्मसमर्पण कर चुके हैं। सीपीआइ भी शुरू में जेजेए में शामिल हुई थी, लेकिन माओवादियों द्वारा 1992 में बासागुड़ा के सीपीआइ नेता गोपाल की हत्या के बाद वह पीछे हट गई। सीपीआइ ने बाद में क़बूल किया कि जेजेए में शामिल होना एक ग़लती थी, लेकिन यही वह बिन्दु था जहाँ से चीज़ें बदल गईं : उनका जनाधार माओवादियों की ओर जाना शुरू हो गया।

पहले जन जागरण अभियान के उद्‌भव के लिए माओवादियों की अपनी व्याख्या है। वे इसे पुलिस की योजना के मुक़ाबले स्थानीय फैक्टरों और बन्दी पटेल जैसे ग्रामीण कुलीनों के प्रतिरोध के रूप में ज़्यादा देखते हैं। एक पूर्व माओवादी, लछन्ना, ने याद करते हुए कहा कि किस तरह जेजेए के लोग गाँवों का दौरा किया करते थे और पारम्परिक कम्युनिस्ट अभिवादन 'लाल सलाम' से लोगों का अभिवादन किया करते थे। अगर कोई जवाब में लाल सलाम कहता था तो उन्हें पीटा जाता था। लोगों को—पूर्व राजशाही शासकों द्वारा पूजी जानेवाली, माँ दंतेश्वरी को बलि दिए गए बकरों के ख़ून सने चावल—की कसम खिलाई जाती थी कि वे माओवादियों को खाना नहीं देंगे। औरतों के साथ बलात्कार किया गया; कुछ लोगों ने डर के मारे खुदकुशी कर ली। सलवा जुडुम के तहत जहाँ पूरा गाँव जला दिया जाता था, जेजेए के दौरान हर गाँव के कुछ घरों को ही निशाना बनाया गया। शुरू में, इन घटनाओं से विचलित हुए माओवादी ख़ुद को दोष देते रहे, लेकिन फिर उन्होंने जेजेए नेताओं की हत्या के ज़रिये पलटवार का फ़ैसला किया। जेजेए के जुलूसों में शामिल होनेवाले कुछ मुखिया बीजापुर भाग गए।

जेजेए के माओवादी प्रतिरोध की एक झलक *नवभारत* अख़बार की 1991 की इस कतरन में मिलती है :

> नक्सलियों द्वारा बुलाया गया बन्द सफल रहा। बताया जाता है कि बन्द के दो दिन पहले, चिन्तलनार में विस्फोटक तैयार किए गए, और कांकेर से जगरगुंडा की बसें भी रोकी गईं। पूरी जगरगुंडा-बासागुड़ा सड़क पर गड्ढे खोद दिए गए और लट्ठे डाल दिए गए तथा विभिन्न जगहों पर भाजपा के ख़िलाफ़ बैनर टाँग दिए गए। पुलिस वाहनों को लौट जाने को कहा गया, और कहा गया कि *जन जागरण शिविर* नहीं चाहिए।[6]

लछन्ना ने बताया कि जेजेए को परास्त करने में एक साल लग गया, और इसके बाद पार्टी ने फ़ैसला किया कि संघम ज़्यादा गोपनीयता से संचालित किए जाने

चाहिए। 1998 में एक और छोटा जेजेए आया, लेकिन यह भैरमगढ़ के आसपास के गाँवों तक सीमित था।

1990 के जेजेए को गुमरगुंडा स्थित शिवानन्द आश्रम और बाबा बिहारी दास के अनुयायियों का समर्थन था। बाबा बिहारी दास 1970 के दशक के एक हिन्दू पुनरुत्थानवादी नेता थे जो अपने को प्रबीरचन्द्र का अवतार बताते थे। उन्होंने शाकाहार और संयम की वकालत की।[7] उनके अनुयायी मतांतरण से इनकार करनेवालों के यहाँ भोजन या आपस में विवाह सम्बन्ध करने से मना करते थे। जेजेए को जवाब देने के क्रम में, गाँव में ग़ैर-मतांतरित लोगों ने बिहारी दास के अनुयायियों को गोमांस खाने पर मजबूर किया और उनकी चुटिया काट दी जो उन्होंने ब्राह्मण पुजारियों की नकल में रखनी शुरू की थी। मीडिया ने पूरी कर्तव्यनिष्ठा से इसका श्रेय धर्म के प्रति माओवादियों की अवमानना को दिया। 2005 तक, गुमरगुंडा आश्रम फिर से माओवादी-विरोधी गतिविधियों में सक्रिय था। आश्रम के पुजारी नन्दलाल ने दंतेवाड़ा समन्वय समिति (डीएसएस) के बैनर तले ग्राम रक्षा समितियाँ बनाईं। इसमें सतवास के सरपंच सुदरु इचामी (जिनकी बाद में गाँव के संघम ने भ्रष्टाचार के आरोप में हत्या की), और चैतराम अटामी, जो बाद में सरकार द्वारा संचालित मॉडल जुडुम कैम्प, कासोली कैम्प का नेता बना, जैसे व्यक्तियों ने मदद की।[8] कई सलवा जुडुम नेता अपना डीएसएस बैज प्रमुखता के साथ प्रदर्शित करते थे।

2005 में, छत्तीसगढ़ पुलिस ने जेजेए मॉडल पर जमी धूल झाड़ने का फ़ैसला किया। पाक्षिक पुलिस रिपोर्टें और साथ ही साथ पुलिस द्वारा बनवाया गया एक वीडियो जनवरी 2005 से बीजापुर और भैरमगढ़ में 'गुप्त और खुले अभियान, गश्त में तेज़ी, सूचना आधारित अभियान और (पोस्टर और परचे के रूप में) प्रोपेगंडा' शुरू करने की बात करते हैं।[9] दो 'एनजीओ' बस्तर बन्धु और जनवादी मुक्ति मोर्चा की भी इसके लिए गोलबन्दी की गई। किसी को भी इनका नाम, इसके पहले या बाद, सुना हुआ नहीं लगा, ठीक वैसे ही जैसे किसी ने उस रहस्यमयी सोडी देवा के बारे में भी कभी नहीं सुना था जिसके नाम पर जन जागरण सभाओं में शामिल होने के लिए आमंत्रण भेजे जाते थे।

जो योजना बनाई जा रही थी, माओवादी उससे बेख़बर नहीं थे। जेजेए संचालकों में से एक या दो के ख़िलाफ़ कार्रवाई की छिटपुट घटनाएँ हुई थीं—उदाहरण के लिए, अप्रैल 2005 की सरकारी डायरियाँ (सनहा) लच्छमैया नामक एक 'जन जागरण सैनिक' को माओवादियों के (इन्द्रावती) नेशनल पार्क दस्ते द्वारा घर लौटते समय चाकू मारे जाने का ज़िक्र करती हैं—लेकिन इस नए ख़तरे से मुक़ाबले के लिए कोई सुव्यवस्थित प्रयास नहीं दिखता। इससे पहले सितम्बर 2004 में, माओवादी ताकिलोड़ गाँव के कुम्माराम कर्मा को फरसपाल जाने और उनके बारे में महेंद्र कर्मा से शिकायत करने के लिए पीटते हैं। दंतेवाड़ा के विधायक तथा जेजेए के पूर्व नेता

के रूप में, महेंद्र कर्मा साफ़ तौर पर वह व्यक्ति थे जिनके पास माओवादियों से शिकायत होने पर जाना बनता था।

वह चिनगारी जिससे भड़की जुडुम की ज्वाला

> सलवा जुडुम में हर वह व्यक्ति शामिल है जो सभा में आता है और कहता है कि नक्सलियों के ख़िलाफ़ लड़ेंगे।
>
> *—मधुकर, जुडुम नेता, मई 2006*

योजना तैयार होने के बावजूद, जेजेए को दोबारा गति देने के लिए एक चिनगारी की ज़रूरत थी। 13 मई, 2005 को करकेली गाँव के संघम सदस्यों द्वारा सीआरपीएफ कैम्प को चावल पहुँचा रहे एक ट्रक पर घात लगाकर किए गए हमले को स्थानीय रूप से इसका श्रेय दिया जाता है। इस घटना की एफआइआर (मामला संख्या 4/2005, नेलसनार थाना, दायर होने की तारीख़ 17 मई, 2005) में दर्ज है कि ट्रक ड्राइवर जगतार सिंह और शेख रियाजुद्दीन 1.71 लाख रुपए क़ीमत का 570 बोरी चावल जगदलपुर से बीजापुर ले जा रहे थे। तभी 13 मई, 2005 की सुबह 7.30 और 11.30 बजे के बीच, तक़रीबन 25 पुरुषों और महिलाओं ने ट्रक को रोका, ड्राइवरों की आँखों पर पट्टी बाँध दी और चावल लूट लिया। जैसा कि करकेली गाँव के लोगों ने बाद में हमें बताया, पुलिस ने इसके जवाब में करकेली गाँव के सभी पुरुष बालिगों की पिटाई और गिरफ़्तारी की। 15 मई को, तक़रीबन 1000 गाँववालों ने इन लोगों की रिहाई के लिए नेलसनार थाने का घेराव किया। पुलिस इस शर्त पर राजी हुई कि माओवादी नेताओं को उसके सुपुर्द किया जाए।

आगे चलकर जो सलवा जुडुम आन्दोलन बनने वाला था उसके स्थानीय नेताओं से साक्षात्कारों का एक दौर मैंने 2009 में पूरा किया था। इस दौरान मुझे 2005 में हुई घटनाओं के ठीक-ठीक क्रम को लेकर थोड़े विरोधाभासी बयान मिले। अंबेली, करकेली और बन्दीपाड़ा के जिन 20-25 आदमियों ने यह अभियान शुरू किया था, उनमें से अब कुछ ही ज़िन्दा हैं। लेकिन इस पर सभी सहमत हैं कि अंबेली के तोडसा गणपत, या गन्नू पटेल (जैसा कि उसे कहा जाता था) ने बड़ी भूमिका निभायी। गन्नू पटेल एक मज़बूत नेता थे। शुरू में, वह इलाक़े में माओवादियों के लिए मुख्य पैरोकार और आपूर्तिकर्ता की भूमिका में थे; हालाँकि, उन्होंने हमेशा यह सुनिश्चित करने की कोशिश की कि माओवादी ऐसा कुछ न करें जिससे गाँववालों पर बदले की कार्रवाई की आफ़त आए। (जुलाई 2005 में, जुडुम शुरू होने के कुछ ही समय बाद, माओवादियों ने गन्नू पटेल, उनके बेटे बुधराम और अंबेली के सरपंच एनका किशोरे की हत्या कर दी। गन्नू पटेल का दूसरा बेटा मंगल एसपीओ बन गया।)

शुरुआती संगठनकर्ताओं में से एक, गुड़मा के पुरुषोत्तम ने मुझे बताया कि गाँवों के नेता 26 या 28 मई, 2005 को अंबेली में मिले थे। उन्होंने माओवादियों के साथ काम करना या उन्हें चावल देना बन्द करने, और संघम के हार्डकोर सदस्यों को पीटने का भी फ़ैसला किया। लोगों ने चुनावों में हिस्सा लेने और सरकारी फंड हासिल करने की अनुमति नहीं दिए जाने की शिकायत की। हालाँकि, बन्दीपाड़ा के मिचा टुग्गे और अंबेली के लछमन पोयाम जैसे दूसरे संगठनकर्ताओं, और अंबेली की कुछ महिलाओं ने दावा किया कि पहली बैठक 4 जून को मंडीमरका गाँव में हुई, जिसके बाद दो और बैठकें अंबेली और उस्कापटनम गाँवों के बीच जंगलों में हुईं। यह सालाना शिकार का समय था और अंबेली में लोग वैसे भी 5 जून को बीजा पंडुम या बीज-बुआई के उत्सव के लिए जमा हो रहे थे।

5 जून, 2005, यह तारीख़ सलवा जुडुम की शुरुआत के रूप में अब रस्मी स्वीकृति पा चुकी है। इसी दिन नेताओं ने राजू, गट्टापल्ली का एक संघम सदस्य जिसने चावल लूट अभियान का नेतृत्व किया था, को बिना हथियार के अंबेली आने को कहा। उसे पकड़ कर पीटा गया और करकेली गाँव के लोगों की रिहाई के बदले में पुलिस के सुपुर्द किया गया। अगली बैठक 14 जून को गुड़मा गाँव में हुई थी। संगठनकर्ताओं ने तब दो समूहों में बँटने का फ़ैसला किया : गुड़मा के इर्द-गिर्द के गाँववालों को तक़रीबन 15-16 किलोमीटर दूर कोटरापाल गाँव जाना था, और अंबेली/ उस्कापटनम के गाँववालों को ताड़मेंडरी गाँव जाना था। ये दोनों गाँव माओवादियों का गढ़ समझे जाते थे। इस समय तक, पुलिस इसमें खुलकर मुब्तिला हो चुकी थी।

ताड़मेंडरी और कोटरापाल की बैठकें 18 और 19 जून को हुईं। यही वह बिन्दु लगता है जहाँ से अभियान का दायरा बढ़ना शुरू हुआ। ताड़मेंडरी की बैठक में शामिल गाँववालों ने मुझे बताया कि वहाँ तक़रीबन 50 गाँवों के पाँच-छह हज़ार लोग मौजूद थे। पुलिस दस्तावेज़ों में ये संख्याएँ 35-45 गाँवों के 3500 लोगों के रूप में दर्ज हैं। स्थानीय लोगों ने बताया कि गाँवों को आदेश दिए गए थे कि सभी संघम सदस्यों को ताड़मेंडरी की बैठक में आत्मसमर्पण करना पड़ेगा, इसके बाद अपने स्थानीय थाने में जाकर बतौर एसपीओ योगदान करना होगा।

ताड़मेंडरी की बैठक में, अपने गाँव के संघम सदस्यों का नाम नहीं बताने पर जन जागरण अभियान द्वारा पटेल की पिटाई की जाती। संघम सदस्यों ने इसका जवाब दिया और एक लड़ाई छिड़ गई। कुछ संघम सदस्य वहाँ से भागने में सफल रहे। उन्होंने लड़ाई की ख़बर पास में कैम्प कर रहे माओवादियों को दी। इस बीच जेजेए का जुलूस एक खुले मैदान में आ गया। एक महिला कमांडर के नेतृत्व में माओवादी ताड़मेंडरी में घुसे और हवा में गोलियाँ दागनी शुरू कर दीं। साथ ही मवेशियों को भीड़ में छोड़ दिया। सब लोग अपनी साइकिलें छोड़कर भागने लगे।

बीजापुर : सलवा जुडुम की शुरुआत, 2005-06

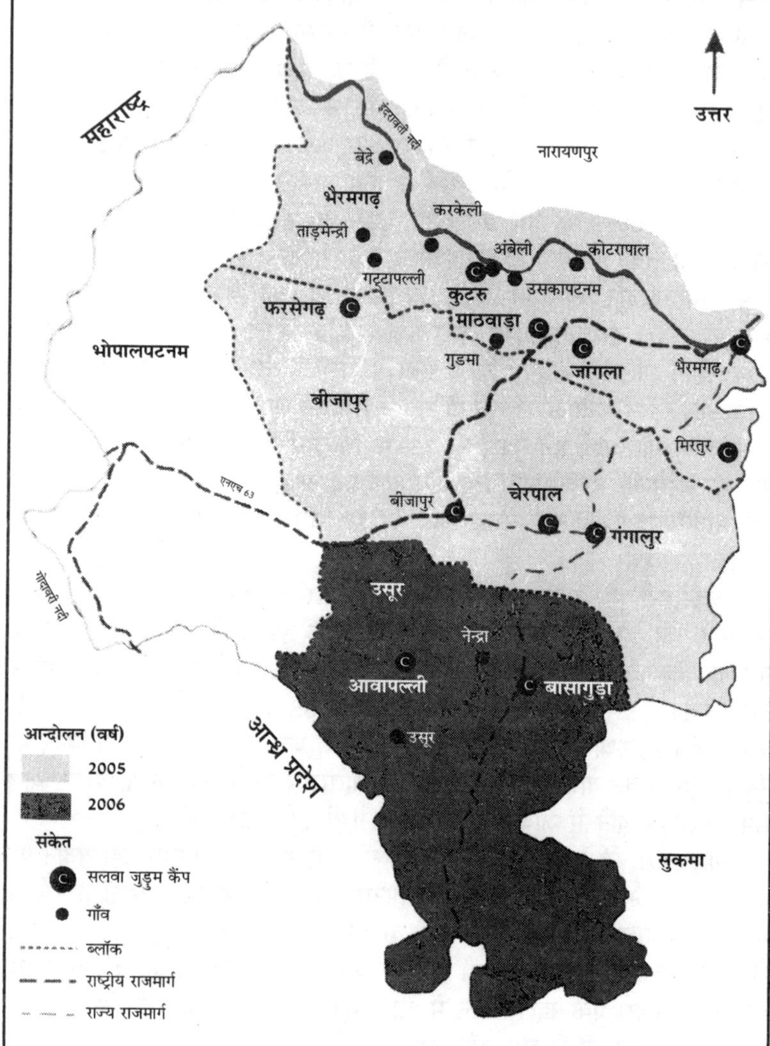

पुलिस रिकॉर्ड भी इस ब्योरे के साथ सहमति जताते हैं, बस इतना और जोड़ते हैं कि इस भगदड़ में 27 लोग घायल हुए। जब लोग उस शाम अपने घर नहीं लौटे तो घबराहट फैल गई। हालाँकि, पाँच दिनों के अन्दर सभी घर आ गए और साइकिलें लौटा दी गईं। लेकिन आख़िरकार, ताड़मेंडरी संघम के सभी सदस्य भी एसपीओ बनने को मजबूर हो गए, और उनमें से कुछ 2007 में रानी बोदली में एसपीओ कैम्प पर हुए माओवादी हमले में मारे गए।

18 जून यानी ताड़मेंडरी की बैठक के दिन ही, माटवाड़ा में भी एक बैठक राष्ट्रीय राजमार्ग पर साप्ताहिक हाट के दिन हुई।

कलेक्टर की मासिक रिपोर्ट के मुताबिक़, 32-50 गाँवों के 5000-8000 लोगों ने बैठक में हिस्सा लिया, जिसे कांग्रेस विधायक महेंद्र कर्मा और राजेन्द्र पामभोई ने सम्बोधित किया। भीड़ 15-20 संघम सदस्यों को घेरे हुए थी जो तीर चलाते हुए भागने की कोशिश कर रहे थे। इस दौरान भगदड़ के बाद सरवे मोहन उर्फ मोहन सिंह जंगल में घायल पड़ा रहा; बाद में उसकी मौत हो गई। भले ही कोटरापाल पर हमले का फ़ैसला पहले ही लिया जा चुका हो, पर कलेक्टर लिखते हैं कि चूँकि कोटरापाल से बैठक में कोई नहीं आया, गाँववालों ने अगले दिन कोटरापाल जाने और 'उन्हें समझाने' का फ़ैसला किया। 19 जून को 15000 लोग जुलूस की शक्ल में कोटरापाल गए, लेकिन उनके गाँव पहुँचने से पहले ही संघम सदस्यों ने उन पर गोलीबारी शुरू कर दी, और 12 लोगों को अगवा कर लिया। एक ठाकुर, भुवनेश्वर, को मार डाला गया; बाक़ी को छोड़ दिया गया। इस जुलूस के साथ मौजूद सुरक्षा बलों ने एक पुलिया के पीछे छिपकर पहले ख़ुद को सुरक्षित किया। 11 दिनों बाद, एक जुलाई को महेंद्र कर्मा ने कोटरापाल के लिए एक और जुलूस का नेतृत्व किया। कलेक्टर दर्ज करते हैं : 'इस अवधि के दौरान, कोटरापाल का एक भी बाशिंदा दिखाई नहीं पड़ा। सब अपने घरों में ताला मारकर चले गए।'

कलेक्टर ने जो रिपोर्ट नहीं किया वह था—दो बूढ़ों उइके सन्नू और वंजाम माँगू की हत्या, और कोटरापाल में थोक में की गई आगजनी। ख़बर तेज़ी से फैली। दूर पहाड़ी में, कर्रेमरका गाँव के लोग कोटरापाल में जलती लकड़ियों के चिटकने की आवाज़ सुन सकते थे और आसमान में उठती लपटों को देख सकते थे। संघम सदस्यों के आत्मसमर्पण करने और सभी गाँववालों को जबरन कैम्प ले जाए जाने से पहले, कोटरापाल पर उस साल कम से कम दो बार और हमला किया गया। 2005 और 2008 के बीच इस गाँव से 18 लोग मारे गए। पुलिस ने इनमें से किसी भी मौत को दर्ज नहीं किया, यहाँ तक कि 'मुठभेड़' के रूप में भी नहीं।

माओवादियों ने रायपुर के प्रेस को बीजापुर के पुलिस अधीक्षक (एसपी) डी. एल. मनहर का एक वायरलेस इंटरसेप्ट उपलब्ध कराया, जिसमें वह कोटरापाल पर शुरुआती हमलों के आसपास के किसी समय अपने मातहतों से बात कर रहे

हैं। वह अपने मातहतों से नक्सलियों की ख़बरें छापने की कोशिश करनेवाले किसी भी पत्रकार को मार डालने, जो गाँव जेजेए में शामिल हुए हैं उन्हें दो लाख रुपए मिलने (झारखंड के लांगो की तरह) की बात बताने, हथियार सौंपने पर इनाम की बात फैलाने, और इलाक़े में सभी संघम सदस्यों की सूची बनाने को कहते हैं। इसके अलावा, एसपी कहते हैं :

> 8.43 जन जागरण के लोग गाँववालों को साफ़-साफ़ बता रहे हैं कि अगर वे उनके साथ शामिल नहीं होंगे, तो तीसरी बार में वे उनके गाँव जला देंगे।
>
> 9.01 आज कोटरापाल के संघम सदस्य आत्मसमर्पण करेंगे। एक बार जब वे आत्मसमर्पण कर देंगे, तो हम उन्हें अपनी टीम में शामिल कर लेंगे और आपके इलाक़े में भेजेंगे।
>
> 9.09 जन जागरण के लोग हमें (पुलिस को) बता रहे हैं कि 'आपको कुछ करने की ज़रूरत नहीं। हम अपने तीर-धनुष के साथ जाएँगे और उन्हें मारने के बाद अपने कंधों पर लेकर लौटेंगे, जैसा कि हम शिकार में करते हैं।'

नवम्बर 2005 में, जब एक ऑल इंडिया फैक्ट-फाइंडिंग टीम कलेक्टर के.आर. पिसदा से मिली, उन्होंने दावा किया कि पहली बार जेजेए का नाम उन्होंने 24 मई को कर्रेमरका में घात लगाकर हुए हमले के बाद सुना, जब सुरक्षा की माँग करते हुए गाँववालों की चिट्ठियाँ उन्हें मिलने लगीं। मैंने बाद में सुप्रीम कोर्ट के रिकॉर्ड रूम में ये 12 एक जैसी चिट्ठियाँ देखीं, जो 14 जून की तारीख़ (तारीख़ पर ओवरराइटिंग की गई थी) में एक ही हैंडराइटिंग में लिखी गई थीं। कुटरू के इर्द-गिर्द गाँवों के पते वाली इन चिट्ठियों में शिकायत की गई थी कि नक्सली 'माताओं, बहनों, जवान मर्दों और औरतों' को जबरन भर्ती कर रहे हैं। यह भी कहा गया कि, 'नक्सलियों से हमें बचाएँ या हमें अपने भरोसे छोड़ दें—मरने या मारने के लिए।' ये चिट्ठियाँ एक आधिकारिक बहाना मुहैया कराने का ज़रिया जैसी ही ज़्यादा लगीं।

लम्बी और घातक पदयात्राएँ

जून और अगस्त 2005 के बीच किसी समय, आन्दोलन ने अपना नाम जन जागरण अभियान से बदलकर सलवा जुडुम कर लिया जिसका सरकारी अनुवाद 'शान्ति यात्रा' के रूप में किया गया। हालाँकि, ज़्यादा सही अनुवाद है 'शुद्धीकरण शिकार'। गोंडी में 'सलवा' शान्त करने या शुद्धीकरण की प्रक्रिया होती है (जैसे तपती धूप से छाया

में आना या एक बीमार व्यक्ति पर बीमारी से मुक्ति के लिए जल छिड़कना), जबकि जुडुम शब्द गर्मियों में चलनेवाले लम्बे शिकार के लिए इस्तेमाल किया जाता है।

18 जून से, भैरमगढ़-बीजापुर इलाक़े के विभिन्न गाँवों में लगभग रोज़ ही रैलियों का आयोजन किया गया, जिन्हें सुरक्षा बलों के भारी बन्दोबस्त के बीच मंत्रियों ने सम्बोधित किया। मसलन, कलेक्टर के 'पाक्षिक ब्योरे' उल्लेख करते हैं कि 24 जुलाई, 2005 को, इलाक़े के प्रभारी मंत्री केदार कश्यप, चित्रकोट के एमएलए लच्छू राम कश्यप, छत्तीसगढ़ अनुसूचित जाति आयोग के भाजपाई सदस्य राजाराम तोडम, और सैनिक कल्याण परिषद सदस्य विजय तिवारी ने भैरमगढ़ की जेजेए रैली में शिरकत की। ऐसा दिखाया गया कि ये राजनीतिज्ञ 'लोगों' को नैतिक समर्थन देने के लिए ही मौजूद थे, और पुलिस की ज़रूरत माओवादियों की जवाबी कार्रवाई के ख़तरे से सुरक्षा के लिए थी। मीडिया ने इसका वर्णन कुछ यूँ किया :

> मुट्ठी-भर लोग अब हज़ारों हो चुके हैं। और इस तरह बस्तर में, नक्सलियों के मुख्य केन्द्र में, नक्सल-विरोधी आन्दोलन ज़मीन पकड़ रहा है... दशकों तक अपना मुँह बन्द रखने के बाद, आदिवासी लोग पीपुल्स वार के ख़िलाफ़ एकजुट हो रहे हैं...यह सरकार के लिए निर्णायक क्षण है क्योंकि आदिवासी लोग पुलिस और प्रशासन के समर्थन का बेसब्री से इन्तज़ार कर रहे हैं। अगर सरकार पीछे हटती है और अपना समर्थन खींच लेती है, तो नक्सलियों के ख़िलाफ़ खड़े हुए लोग अपना रुख़ सरकार के ख़िलाफ़ मोड़ सकते हैं। मुख्यमंत्री डॉ. रमन सिंह इसे ऐतिहासिक लम्हा कहते हैं। धमतरी में लोगों को सम्बोधित करते हुए, उन्होंने कहा कि इतिहास में यह पहली बार है जब इतना बड़ा आदिवासी आन्दोलन घटित हो रहा है।[10]

लेकिन असलियत में, माओवादियों के ख़िलाफ़ पुलिस के युद्ध में जनता की भर्ती जबरन की गई थी। पुलिस और जुडुम नेताओं ने गाँवों के मुखियाओं को चिट्ठियाँ और जबानी सन्देश भेजे। उन्हें जुडुम की बैठकों में शामिल होने और अपने गाँवों से संघम सदस्यों को लाने को कहा गया। फिर इन संघम सदस्यों में से बहुतों को एसपीओ बनने पर मजबूर किया गया। मुखिया मुश्किल में थे : अगर वे लोगों को जुडुम में ले गए तो माओवादियों ने गाज गिरायी, और नहीं ले गए तो पुलिस ने। गाँववाले भी इन जुलूसों में लगातार दो या तीन दिन बिताने को लेकर उतने ही नाख़ुश थे। उन्हें अपना खाना अपने साथ लाना पड़ता था, और बुआई के बेहद अहम मौसम में काम का नुक़सान उठाना पड़ता था। अपरिहार्य रूप से, कुछ लोग उन गाँवों की लूटपाट में शामिल हुए जहाँ से वे गुज़रे। लोगों ने याद किया कि उन्हें धमकाया गया कि अगर वे नहीं आएँगे, तो उन पर 700 रुपए जुर्माना लगाया

जाएगा, उनके घरों और पशुओं को लूट लिया जाएगा, और उन्हें नक्सली घोषित कर दिया जाएगा। उन्हें ट्रकों में भरकर रैलियों में ले जाया गया। एक महिला, जो नहीं जा सकी थी, ने मुझे बताया कि उसे जुर्माना भरने के लिए अपना खेत बेचना पड़ा था। जब मैंने सलवा जुडुम के संगठनकर्ता पुरुषोत्तम से पूछा कि क्या इन बैठकों में लोगों को लाने के लिए ताक़त का इस्तेमाल ज़रूरी था, तो उन्होंने पहले इन्कार किया, और फिर कहा : 'शायद थोड़ी ज़रूरत थी, सही माहौल बनाने के लिए। यह एक क्रान्तिकारी स्थिति थी।'

पुलिस और स्वतंत्र सूत्रों, दोनों द्वारा बनाए गए बैठकों के वीडियो दिखाते हैं कि पूरी कर्तव्यनिष्ठा से तीर-धनुष लहराती और 'सलवा जुडुम जिन्दाबाद, नक्सलवाद मुर्दाबाद' के नारे लगाती बड़ी-बड़ी भीड़ों को पुलिस जमा कर रही है। जैसे-जैसे पुलिस, या महेंद्र कर्मा जैसे नेता, सूचियों से संघम सदस्यों के नाम पढ़ते, डर से सिकुड़े नौजवान पुरुषों और महिलाओं को सामने लाया जाता। उनके माथे पर तिलक लगाया जाता, जो इस अभियान में उन्हें धार्मिक रूप से समाहित किए जाने का प्रतीक था।

जुडुम की बैठकों का समापन अमूमन लक्षित गाँवों के सभी घरों में लूटपाट और उसके बाद सलवा जुडुम एक्टिविस्टों या सुरक्षा बलों द्वारा आग लगाए जाने के साथ होता (यह हिस्सा बेशक सरकारी वीडियो या किसी अख़बार की रिपोर्ट में नहीं दिखाया जाता था)। इसका निशाना आम तौर पर माओवादी गढ़ समझे जाने वाले गाँव होते थे, लेकिन जो गाँव जुलूस के रास्ते में पड़ते थे अक्सर उन पर भी हमला होने की आशंका रहती थी।

सलवा जुडुम के नेताओं ने, और कभी-कभी पुलिस व अर्द्धसैनिक बलों ने अपने से ही, हथियार नहीं डालनेवालों को मार गिराया। उन्होंने जंगलों में छिपकर गाँवों में बार-बार छापे मारे जब तक कि उन्हें संघम सदस्य नहीं मिल गए। मसलन, सागकेली में सितम्बर और अक्टूबर 2005 के बीच पाँच लोग मारे गए, जिनमें एक को छोड़ सभी संघम सदस्य थे। उनमें से दो की निशानदेही कच्ची उम्र के एक लड़के की मदद से खेत जोतने के दौरान की गई, जिसे पहले के एक हमले में उठाकर ले जाया गया था।

सरकार का 'मानवीय' रूप

सरकारी प्रोपेगंडा के मुताबिक़, माओवादी गाँववालों पर भड़के हुए थे कि वे अब उनका साथ नहीं दे रहे, और बदला लेने के लिए उन लोगों के घर जला रहे थे जिन्होंने सलवा जुडुम की बैठकों में हिस्सा लिया था। लोग सरकार की आसरा देनेवाली बाँहों में शरण खोजने को मजबूर हुए, जिस पर सक्रियता दिखाते हुए

सरकार ने सड़क किनारे राहत शिविर लगाए, और खाना व दवाएँ मुहैया कराईं। मीडिया में यह सब इस तरह के शीर्षकों के साथ पूरी वफ़ादारी से दिखाया गया : 'माओवादियों ने हमें हमारी ही ज़मीन पर शरणार्थी बनाया', जबकि नीचे एक पैराग्राफ़ कुछ और ही उजागर कर रहा था : 'एक अन्य राहत शिविर में, पालनार गाँव के चन्नू या इरौली के मंगू इस बारे में कुछ नहीं जानते थे कि वे कैम्प में कैसे आए...उनमें से बहुतों को दूरदराज़ इलाक़ों से लाया गया था।'[11]

नवम्बर 2005 में, मुख्यमंत्री ने सलवा जुडुम के लिए तक़रीबन 86 करोड़ रुपए मंज़ूर किए। लेकिन कैम्प का बुनियादी ढाँचा, साफ़-सफ़ाई और वहाँ रहनेवालों के लिए भोजन के इन्तज़ामात शायद ही 'आन्दोलन' की चिन्ता में शामिल रहे दिखते हैं। कहीं ज़्यादा पैसे ख़र्च हुए सलवा जुडुम की तारीफ़ और माओवादियों की निंदा वाले बैनरों, होर्डिंगों और परचों पर। ये हर जगह दिखाई देते थे, राजमार्ग के किनारे पेड़ों से लटके हुए और कैम्पों के प्रवेश द्वार पर। ऐसे ही एक परचे में लिखा था :

> नक्सली कौन हैं?
>
> — देशद्रोही, आतंकवादी, ऐसे लोग जो राष्ट्र की प्रगति में बाधा डालते हैं
>
> — इनके सम्बन्ध आइएसआइ [पाकिस्तान की इंटर सर्विसेज एजेंसी] और नेपाली माओवादियों से हैं
>
> — ये गाँववालों की हत्या करते हैं; हज़ारों निर्दोष गाँववालों की हत्या कर चुके हैं
>
> — नक्सली लूटपाट करते हैं—उन्होंने पैसा, औरतों की इज़्ज़त, ग़रीबों के घर लूटे हैं
>
> — चीनियों ने माओवाद छोड़ दिया है और लोकतंत्र की ओर चले गए हैं; माओवादी लोकतंत्र को नष्ट कर रहे हैं और माओवाद की ओर जा रहे हैं
>
> — नक्सली माओ के भूत को बस्तर ला रहे हैं और लोगों को दुखी कर रहे हैं
>
> — नक्सली समाज के दुश्मन हैं, राष्ट्र के दुश्मन हैं

मीडिया ने रिपोर्ट किया कि गाँववालों ने 'ग्राम-स्तरीय समूह गठित करने की ज़रूरत शिद्दत से महसूस की थी, और माओवादी ख़तरे का सामना करने के लिए राज्य सरकार से हथियारों की माँग भी कर रहे थे।'[12] यही लोकप्रिय माँग थी जिसने ख़ुद को अनिच्छुक दिखा रही सरकार को हरकत में आने को मजबूर किया। राज्य के सर्वोच्च पुलिस अधिकारी, पुलिस महानिदेशक (डीजीपी), ओ. पी. राठौर ने

कहा, 'स्थितियाँ भीषण हों तो इलाज भी वैसा ही चाहिए। अब एक ऐसी अवस्था आ चुकी थी जब स्थानीय आदिवासियों को अपनी रक्षा के लिए प्रशिक्षित करने के अलावा कोई विकल्प नहीं था—जरूरी हुआ तो बन्दूक़ों के साथ भी।'[13] अगर सरकार की बात पर यक़ीन करें तो हमें यह विश्वास करना पड़ेगा कि देश के सबसे ग़रीब नागरिकों को लेकर खड़े किए गए इस 'जन आन्दोलन' के लिए उन सभी मंत्रियों और नेताओं के खर्चों का भुगतान करना पहली प्राथमिकता थी, जो उन रैलियों में शामिल हुए थे।

सलवा जुडुम का घोषणापत्र

2005 में दंतेवाड़ा के कलेक्टर के. आर. पिसदा ख़ुद एक आदिवासी थे, लेकिन छत्तीसगढ़ के दूसरे हिस्से से। वह एक 'प्रमोटी' थे—प्रोन्नति से रैंक पानेवालों को सीधी भर्ती से आए साथियों द्वारा तिरस्कारपूर्वक यही कहा जाता है। मेहँदी से रँगे बालों वाले और मृदुभाषी, पिसदा ऐसे ख़ूनख़राबे के लिए क़तई उपयुक्त न लगनेवाले योजनाकार थे। नवम्बर 2005 में जब ऑल इंडिया फैक्ट-फाइंडिंग टीम उनसे मिली, तो पिसदा व्यापक रूप से जुडुम के नेता समझे जानेवाले महेंद्र कर्मा के प्रति हिकारत से भरे थे। पिसदा ने कहा कि कर्मा केवल राजनीतिक फ़ायदे के लिए काम कर रहे हैं। फ़ख्र के साथ एक ब्लूप्रिंट निकालते हुए उन्होंने इसे सलवा जुडुम के लिए तैयार किए जाने का दावा किया[14]—'जन जागरण अभियान के लिए कार्ययोजना'। पिसदा ने दिखाया कि कितने व्यवस्थित ढंग से हर चीज़ की योजना तैयार की गई थी—एसपीओ की नियुक्ति, 'ग्रामीणों में तीर-धनुष, कुल्हाड़ी, कुदाल, डंडे जैसे पारम्परिक हथियारों' के वितरण से लेकर गाँवों को ख़ाली कराए जाने तक। यह दस्तावेज़ माओवादी सांगठनिक ढाँचों के प्रति गहरी ईर्ष्या की चुगली करता है :

> अगर हम नक्सलियों को पूरी तरह ध्वस्त करना चाहते हैं, तो हमें उन्हीं की रणनीतियों को अपनाना होगा, अन्यथा हम कामयाब नहीं होंगे। हमें चाहे जितना पुलिस बल मिल जाए, वह अपर्याप्त ही साबित होगा... इसके लिए हमें भी नक्सलियों की तरह ग्राम रक्षा दस्ते बनाने होंगे। इसके लिए एसपीओ और ग्राम रक्षा समितियों के भरोसेमन्द लोगों को लाइसेंस और बन्दूक़ें देनी होंगी। 15-20 हथियारबन्द गाँववालों के इस तरह के दस्ते और तीर-धनुष से लैस 50-60 गाँववालों को अपने इलाक़े के गाँवों में तीन से चार महीने तक लगातार गश्त करनी चाहिए। (अध्याय 4, पैराग्राफ 18)

सरकार के हिसाब से संघम सदस्यों को निशाना बनाने का औचित्य यह था कि वे स्थानीय स्तर पर माओवादी आन्दोलन की रीढ़ हैं, भले ही वे साफ़ तौर पर निहत्थे हों :

> नक्सली वह है जो वर्दी पहनता है, हथियार से लैस होता है, दस्ते के साथ चलता है, लेकिन एक स्तर पर उनकी भूमिका एक निर्देशक की है। उनकी असली ताक़त प्रत्येक गाँव के संघम सदस्यों और ख़ुद गाँववालों में निहित है...नक्सली समस्या के ख़ात्मे के लिए, नक्सलियों को मारना भर काफ़ी नहीं है—उन्होंने हर गाँव में जो तंत्र खड़ा किया है उसे भी तोड़ना और नष्ट करना होगा...एक लिहाज से, संघम सदस्य बस एक आम गाँववाला है जो दूसरों की तरह ही अपना और अपने परिवार का पेट भरने के लिए दिहाड़ी मज़दूरी करता है। उनके पास न तो नक्सलियों की तरह वर्दी होती है और ना ही हथियार। (अध्याय 4, पैराग्राफ 13)

दस्तावेज में आश्चर्यजनक साफ़गोई थी :

> पुलिस को अब आक्रामक होना ही पड़ेगा। कभी-कभी, अज्ञात कारणों से, ऐसे अभियान चलाए जाने के दौरान कुछ ज़्यादतियाँ हो जाती हैं और कुछ निर्दोष व्यक्ति इस कार्रवाई के शिकार बन जाते हैं। बड़े अभियानों के दौरान ऐसे मामलों पर चुप रहकर ऊपर के लोगों का समर्थन ज़रूरी है...जब वे नक्सलियों को मारे जाते या भागते देखते हैं, तो वे एक झटके में पुलिस की तरफ़ आ जाते हैं। इसलिए इस क्रियाकलाप से दूसरों को जोड़ना ज़रूरी है। इसके लिए पुलिस अधीक्षकों को लक्ष्य दिए ही जाने चाहिए। (कार्रवाई के लिए, गृह विभाग, एसपी बीजापुर और सभी थाना प्रभारी)। (अध्याय 4, पैराग्राफ 10)

> मीडिया के उत्साह पर नियंत्रण ज़रूरी है। यह मीडिया पर पूर्ण रोक का प्रस्ताव नहीं है, बस इस पर पाबन्दियों के लिए है। राज्य स्तर पर, सभी सम्पादकों और न्यूज चैनलों की एक बैठक बुलाई जानी चाहिए और उन्हें लोगों के प्रति उनकी जिम्मेदारी की याद दिलाई जानी चाहिए। (अध्याय 4, पैराग्राफ 28)

वास्तव में जो हुआ था उसका ज़्यादा सही ब्योरा मीडिया में आई 'स्वत:स्फूर्त' जन आन्दोलन की रिपोर्ट के मुक़ाबले कलेक्टर का 'कार्य प्रस्ताव' पेश करता था।

नए इलाक़ों में घुसा जुडुम

2006 के शुरुआती महीनों में, आन्दोलन पश्चिम में बीजापुर व भैरमगढ़ से दक्षिण में उसूर व कोंटा तक फैल गया। उसूर में, 2008 में हीरापुर कैम्प के वासियों ने मुझे बताया कि उन्हें वहाँ सीधे सलवा जुडुम की बैठक से लाया गया। यह बैठक 3 फरवरी, 2006 को दोपहर बाद स्थानीय बाज़ार आवापल्ली में हुई थी। महेंद्र कर्मा की अगुवाई में हुई इस बैठक में, बासागुड़ा, लिंगागिरी, धर्मपुर और हीरापुर के संघम सदस्यों ने आत्मसमर्पण किया, लेकिन कोरसागुड़ा से कोई नहीं आया; बाद में, जुडुम कोरसागुड़ा और दूसरे गाँवों में गया और उन्हें जला दिया। लोग जंगल में या आन्ध्र प्रदेश भाग गए।

कोंटा इलाक़े में और दक्षिण स्थित आन्ध्र प्रदेश से लगी सीमा पर, हर कोई सलवा जुडुम के आगमन से ख़ौफ़ज़दा था। उन्होंने इसका वर्णन एक ऐसी आफ़त के रूप में किया जिसने लोगों और घरों को अपने चंगुल में ले लिया, और जिस पर किसी का कोई वश नहीं था। फरवरी 2006 में, महेंद्र कर्मा के आदमियों ने पहले सड़क किनारे के एक गाँव डुब्बाटोटा के कुछ गाँववालों को अपने साथ शामिल होने के लिए राजी किया। इसके बाद डुब्बाटोटा के इन लोगों ने 20 फरवरी को दोरनापाल सोमवार हाट आए पड़ोसी गाँव मिस्मा के कुछ गाँववालों को पकड़ लिया और उन्हें थाने ले गए। उनसे कहा गया कि जब तक मिस्मा से हर कोई कैम्प नहीं आता है, उन्हें नहीं छोड़ा जाएगा।

दोरनापाल हाट आए दूसरे लोगों का भी ऐसा ही अनुभव था—पकड़े जाने तथा ट्रकों में कोंटा ले जाए जाने का, और दूसरों को लाने के लिए राजी होने तक तीन दिन वहाँ रखे जाने का। छह या सात ट्रकों में भरकर लोग बीजापुर से लाए गए और कोंटा में 24 व 25 फरवरी के दौरान एक बड़ी बैठक हुई, जिसमें महेंद्र कर्मा, कलेक्टर के. आर. पिसदा और अन्य लोग शामिल हुए। जुडुम ने उसी दौरान बिरला गाँव को जला दिया। आनेवाले सोमवार को, दोरनापाल में बाज़ार के दिन (27 फरवरी को), जुडुम की एक और बैठक हुई, जिसके बाद कई गाँवों पर हमले हुए। इसके एक दिन बाद, माओवादियों ने कोंटा से लौट रहे, जुडुम के जुलूस में शामिल लोगों से भरे ट्रक को उड़ा दिया, जिसमें 28 लोगों की मौत हुई। इस स्थिति में डालने के लिए, लोग न सिर्फ़ माओवादियों बल्कि जुडुम पर भी आगबबूला थे। इस हमले में बचे एक घबराए हुए शख़्स ने मई 2006 में मुझसे कहा, 'जुडुम हमें चूतिया बनाकर ले आए।'

2006 में पूरे साल, जुडुम ने कोंटा के इर्द-गिर्द सैकड़ों गाँवों को जलाया और लोगों को कोंटा, एर्राबोर, दोरनापाल और इंजेराम के कैम्पों में जाने पर मजबूर किया। कुछ मामलों में उन्होंने लोगों को मीटिंग में आने पर राशन देने का वादा करके ललचाया, और उसके बाद उन्हें कैम्प में भर्ती कर लिया गया। 2007 के शुरुआती महीनों में, जुडुम आन्ध्र सीमा पर स्थित किस्ताराम रेंज जैसे नए इलाक़ों में पहुँचा। छत्तीसगढ़ में हमलों की तीव्रता के आधार पर, आन्ध्र की तरफ़ शरणार्थियों

की संख्या में उतार-चढ़ाव आता रहा। आन्ध्र ग्रेहाउंड्स ने और छत्तीसगढ़ के अर्धसैनिक बलों व एसपीओ ने भी आन्ध्र की तरफ़ वाली सीमा में सघन तलाशी अभियान चलाए, और गाँववालों को लौटाकर छत्तीसगढ़, जुडुम के कैम्पों में ले आए। वहीं, माओवादियों को जब-जब मौक़ा मिला उन्होंने एसपीओ की हत्या की, यहाँ तक कि आन्ध्र प्रदेश के साप्ताहिक बाज़ारों में भी।

बीजापुर की तरफ़ भी, जुडुम और पुलिस के छापे 2005 और 2008 के बीच जारी रहे। बचे-खुचे गाँववालों को भी वहाँ से निकालकर कैम्पों में पहुँचाने के लिए उन्हीं-उन्हीं गाँवों पर बार-बार हमला किया गया। हो सकता है कि एक ही गाँव में अलग-अलग समय एसपीओ के अलग-अलग गिरोह गए हों। 2008 में, मैं बीजापुर के पुलाम गई। बड़े-बड़े पेड़ गिराकर रास्ता बन्द किया हुआ था।

कोंटा : सलवा जुडुम का विस्तार, 2006-07

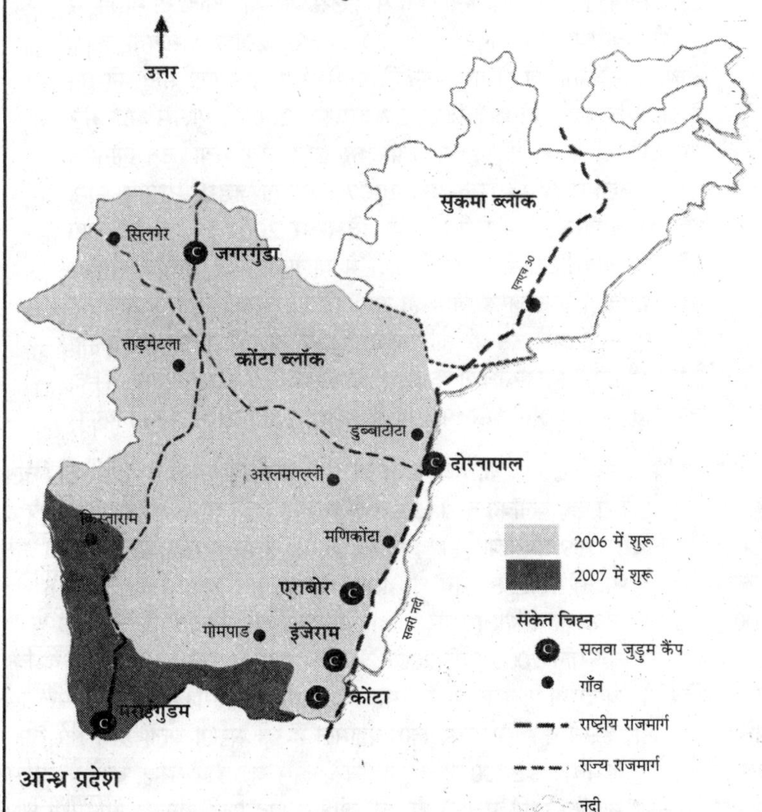

हालाँकि, बार-बार पुलिस आती रहती थी, जिसे देखते हुए यह तरीक़ा कुछ ख़ास असरदार नहीं लगता था। जब हम पुलाम पहुँचे, तो गाँववाले हमें देखकर भाग गए। फिर उन्होंने एक छोटे लड़के को जायज़ा लेने भेजा। धीरे-धीरे वे आए। हाथों में तीन-धनुष लिए हुए (जून का महीना था तो वे क़ानूनी तौर पर शिकार पर निकल सकते थे)। एक आदमी के पास कारतूसों वाली पेटी भी थी। हम एक नौजवान से मिले, जो साफ़ तौर पर संघम का सदस्य था। वह घटनाओं का रोज़नामचा रखता था, जिसके आधार पर सूचनाएँ दलम को पहुँचाई जाती थीं :

> **सितम्बर 2005** : गाँव में दो पुरुष मारे गए; **13 जुलाई, 2006** : अपने खेतों में काम करते हुए चार लोग मारे गए, जिनमें दो महिलाएँ थीं, एक गर्भवती भी थी; **2, 9** और **27 दिसम्बर, 2006** : पुलिस व सलवा जुडुम पुलाम आए और जाते हुए दूसरे गाँवों में लूटपाट की; **जून** और **8, 23, 25 जुलाई, 2007** : विभिन्न थानों से पुलिस बार-बार आई; दो मौक़ों पर उन्होंने बकरियाँ और मुर्ग़ियाँ लूटीं; **20 अगस्त, 2007** : सलवा जुडुम आया और लोगों को ले गया, उन्होंने उनमें से एक, हेमला सन्तु को रख लिया, और बाक़ी को छोड़ दिया; **27 अगस्त, 2007** : पुलिस आई और चार और लोगों को ले गई; उन्हें पीटकर छोड़ दिया गया। उन लोगों ने 70 घर जला दिए। **24 सितम्बर, 2007** : सलवा जुडुम भैरमगढ़ आया और 15 बकरियाँ, एक मुर्गी ले गया; **दिसम्बर 2007** : गाँव में 9 लोग मारे गए। तीन किलोमीटर दूर तोकादी में गोलीबारी की आवाज़ सुनकर सभी गाँववाले एक जगह जमा हो गए; लेकिन सुरक्षा बल अप्रत्याशित दिशा से आया और उन पर गोलियाँ दागीं। इस बारे में पुलिस का कहना है कि गाँववाले माओवादियों के साथ बैठक के लिए गाँव में जमा थे। दो दिन बाद, पुलिस आई और फिर गोली चलाई, लेकिन सभी भाग निकले।

जैसा कि जनवरी 2007 का एक सरकारी मेमो उल्लेख करता है, दंतेवाड़ा ज़िले के 11 ब्लॉकों में से छह ब्लॉकों के 1153 गाँवों में से 644 'जुडुम में शामिल' हो चुके थे। 47 बैठकें और 139 पदयात्राएँ हो चुकी थीं; 2008 संघम सदस्य आत्मसमर्पण कर चुके थे; 20 कैम्पों में 47,238 लोग थे; 4048 एसपीओ नियुक्त किए जा चुके थे। 2005 से 2007 तक राहत शिविरों पर 11.17 करोड़ रुपए ख़र्च किए जा चुके थे।[15]

अधिकतम नुक़सान 2005 और 2007 के बीच हुआ : पुलिस ने दावा किया कि माओवादियों ने इस दौरान पुलिसकर्मियों समेत 412 लोगों को मारा। हालाँकि, ये संख्याएँ सन्दिग्ध हैं, और इसमें कई सारे ऐसे लोग शामिल हैं जो सुरक्षा बलों द्वारा मारे गए। मुक़दमे के लिए, हमने कोई 3000 जलाए गए घरों, और जुडुम व सुरक्षा बलों के ज़ुल्म से मारे गए 537 नागरिकों की सूची तैयार की, जो कि ख़ुद एक न्यूनतम-आकलन था।

सलवा जुडुम का प्रतिरोध

> बहुत ही स्पष्ट है कि सरकार बस्तर छत्तीसगढ़ के लोगों की राजनीतिक और आर्थिक आकांक्षाओं को कुचलने के लिए, और लूट का राज क़ायम रखने के लिए यह 'नया मोर्चा' खोल चुकी है, जो सलवा जुडुम के नाम के तहत आदिवासियों का नस्ली संहार है।
>
> *'सलवा जुडुम : प्रच्छन्न युद्ध का एक नया मोर्चा' भाकपा (माओवादी), 2006*

माओवादियों और संघम सदस्यों ने सलवा जुडुम जुलूसों का भरसक प्रतिवाद किया—जुलूसों के गाँवों में घुसने से पहले या निकलने के बाद उन पर गोलीबारी करके (ताकि गाँववालों को उनके बीच माओवादियों के होने के लिए ज़िम्मेदार न ठहराया जाए, और ऐसा इसलिए भी कि जब गाँवों में हर जगह जुडुम मँडरा रहा हो तो 'इम्प्रोवाइज़्ड एक्सप्लोसिव डिवाइस' यानी आईईडी का विस्फोट करना मुश्किल था)। उन्होंने स्थानीय मुखियाओं को इन बैठकों में गाँववालों को नहीं ले जाने की चेतावनी दी। और, लोगों को इसके बजाय जंगल में उनके साथ शामिल हो जाने के लिए राजी करने की कोशिश की। पुलिस में दर्ज शिकायतें, मसलन मिरतुर थाने में दर्ज यह शिकायत, इन कोशिशों की एक झलक हमें देती है :

> हापका लछमन सुपुत्र अइतु राम निवासी हालुर ने शिकायत की कि 15.10.03 को हलुर में रात 10 बजे, स्थानीय गुरिल्ला दस्ते के नेता सन्तोष निवासी तिमेनार, जोगा, उर्सा अइतू व 100 अन्य संघम सदस्य शिकायतकर्ता के घर आए और उस पर सलवा जुडुम की रैलियों में संघम सदस्यों की ख़बर देने का आरोप लगाया तथा उसका घर लूट लिया।

जुडुम के पहले साल के दौरान दंतेवाड़ा से जो इकलौती ख़बर सामने आई, वह जुडुम का समर्थन कर रहे सरपंचों पर माओवादी हमले की थी, जिन्होंने फिर अपने गाँव छोड़ दिए और कैम्पों में जुडुम की रीढ़ बन गए। माओवादियों ने दावा किया कि गाँववालों का ज़्यादातर हिस्सा उनके साथ था, और केवल थोड़े-से गाँववाले जो मुखिया या सरपंचों के नज़दीकी थे वही इस आन्दोलन में शामिल होने के लिए उत्सुक थे। लेकिन, भारी अनिश्चितता और हमलों के लगातार मँडराते ख़तरे की स्थिति में जब एक बार लोगों को अपना पक्ष चुनने के लिए मजबूर किया गया, तो जैसा कि होना था, स्थिति और जटिल हो गई। भैरमगढ़ तहसील के टेकनार में जब जुडुम शुरू हुआ, हल्बी-भाषी कल्लारों—एक 'पिछड़ी जाति' जिसका पारम्परिक पेशा शराब बनाना है—ने 2005 में अपने गाँव पर हमले के बाद कैम्प में चले आना ज़्यादा सुरक्षित समझा, लेकिन गोंडी-भाषी मुड़िया वहीं रुके रहे।

ऐसा ही विभाजन महरा, जो एससी हैं, और मुड़िया आदिवासियों के बीच सामने आया। मसलन, 24 अगस्त, 2005 को बीजापुर के एक प्रमुख बाजार-गाँव, गंगालुर में जुडुम की बैठक होने के अगले दिन, माओवादियों ने पाटनाड़ गाँव में एक बैठक की और उन 10 लोगों के नाम नोट किए जिन पर सलवा जुडुम के लोगों से बात करने का आरोप था। उनकी इस सफ़ाई ने, कि वे गाँव को बचाने के लिए यह कर रहे थे, कुछ ख़ास असर नहीं डाला। 4 सितम्बर, 2005 को, माओवादियों ने पाटनाड़ गाँव के लोगों को अपने साथ पहाड़ों में कैम्प करने को कहा। यह एक बुद्धिमत्तापूर्ण सावधानी थी जिसके चलते, जुडुम ने 21 सितम्बर को जब गाँव पर हमला किया, तो वह उन्हें ख़ाली मिला। हालाँकि, माओवादियों ने जुडुम में शामिल हो चुके दो महरा लड़कों के साथ, पटेल और सरपंच की हत्या भी की। इसके कुछ ही समय बाद, कोई 50 ग़ैर-आदिवासी परिवार गाँव छोड़कर बीजापुर चले गए, जबकि 250-300 मुड़िया परिवार जंगलों में माओवादियों के साथ बने रहे।

लेकिन आदिवासी और स्थानीय ग़ैर-आदिवासी बस्तरवालों का विभाजन कोई परम सत्य नहीं था। दोरला जुडुम के साथ हैं और गोंड माओवादियों के साथ, यह दावा करते हुए सरकार और मीडिया ने शुरू में दोरला-गोंड विभाजन का तूमार बाँधा। लेकिन जुडुम ने दोरला और तेलगा गाँवों पर भी हमले किए, और माओवादी संगठन में, विभिन्न स्तरों पर दोरला और गोंड दोनों शामिल थे।

2006 के शुरुआती महीनों से, माओवादियों ने जुडुम के ख़िलाफ़ पूरे दमखम के साथ जवाबी कार्रवाई शुरू की। न सिर्फ़ उसे पीछे धकेलकर, बल्कि कार्रवाई को और भी ज़्यादा तीव्र गृहयुद्ध के स्तर पर ले जाकर। पहली बड़ी घटना 28 फरवरी, 2006 को जुडुम के जुलूसवालों को ले जा रहे ट्रक पर हमले की थी। जुलाई, 2006 में, लोगों को कैम्पों से 'मुक्त' कराने की रणनीति के हिस्से के रूप में, माओवादियों ने एर्राबोर कैम्प पर धावा बोला। इसके बाद जो गोलीबारी हुई उसमें एक छोटे बच्चे समेत 32 लोग मारे गए।

माओवादियों ने जन अदालतें भी लगाईं जहाँ उन्होंने सलवा जुडुम रैलियों में सक्रिय लोगों को सज़ा दी। अप्रैल 2006 में मनिकोंटा में ऐसी ही एक जन अदालत में 13 पुरुषों को मारा गया। इसके क़रीब दो महीने पहले पुलिस मनिकोंटा गाँव के लोगों को जबरन कोंटा कैम्प में लाई थी। 25 अप्रैल को जब वे अपना अनाज और घर का सामान लेने के लिए लौटे, माओवादियों ने उनमें से कोई 50 लोगों को अगवा कर लिया। भागकर आंध प्रदेश पहुँचे गप्पापल्ली के एक लड़के ने क़रीब एक साल बाद, मुझसे इस घटना का किसी चश्मदीद की तरह जीवंत वर्णन किया, हालाँकि पूरे वक़्त वह दावा करता रहा कि उसने यह सब केवल दूसरों से सुना है :

> माओवादी नेताओं ने पकड़ कर लाए गए आदमियों से पूछा कि उन्होंने जुड़ुम के जुलूसों के साथ रहते हुए कितने गाँवों को जलाया और कितने सूअर वग़ैरह लूटे। उन्होंने इन आदमियों को मुँह खोलने पर मजबूर किया। भीड़ में मौजूद लोगों ने भी इन 13 लोगों की सबसे बुरे लोगों के रूप में पहचान की। दलम और कोई 50-60 लोगों ने उन्हें पीट-पीट कर मार डाला। यह बैठक एक घंटे के आसपास चली थी। अगल-बगल के सभी गाँवों के लोग आए थे। इन आदमियों को इसके पहले तीन या चार बार चेतावनी दी गई थी लेकिन उन्होंने नहीं सुनी, इसलिए जनता ने कहा, 'इन्हें मार दो'।

मई 2006 में, मनिकोंटा के इन 13 पुरुषों की विधवाओं में से कुछ से हम दोरनापाल कैम्प में मिले। वे अपने पतियों को मारनेवाले माओवादियों और उन्हें कैम्प लानेवाले जुड़ुम दोनों से ख़फ़ा थीं। सरकार ने उन्हें दो-दो लाख रुपए मुआवज़ा दिया था, लेकिन उन्हें बिल्कुल समझ नहीं थी कि उनकी बैंक पास-बुकों में क्या है।

जुड़ुम कई मायनों में माओवादियों के लिए फ़ायदेमन्द था : इसने उनकी ताक़त को बढ़ाया और उन्हें नए इलाक़ों में फैलने में मदद की, और इससे लोगों को टकराव के दौरान भी अपनी सुरक्षा करने और जंगल में खेती करने का अनुभव प्राप्त हुआ।

2006 में, माओवादियों के पलटवार के बाद, सरकार ने 'सलवा जुड़ुम आन्दोलन के नए इलाक़ों में विस्तार से पहले इसे दो ब्लॉकों में चाक-चौबन्द करने' के इरादे की आधिकारिक रूप से घोषणा की, जो इस बात का कबूलनामा था कि 'जन आन्दोलन' दरअसल सरकार-नियंत्रित था।[16] लेकिन कम-से-कम दो ब्लॉकों, भोपालपटनम और सुकमा में, वहाँ के बाशिंदों ने जुड़ुम की राह रोक दी थी, सुकमा ब्लॉक के गाँव गनीष कुंजाम और दूसरे सीपीआइ कैडरों के चलते जुड़ुम से बच सके।

भोपालपटनम में भी, स्थानीय नेताओं के विरोध की वजह से जुड़ुम कभी तेज़ी से आगे नहीं बढ़ सका। पूरे बीजापुर की औसतन 1.49 फ़ीसदी के मुक़ाबले भोपालपटनम की 19.67 फ़ीसदी ज़मीन सिंचित है (2011 की जनगणना)। उसूर से जो आन्ध्र नहीं भाग सके, वे काम की तलाश में भोपालपटनम गए। अपने खेतिहर मज़दूरों से जुड़ुम के बारे में सुनने के बाद, भोपालपटनम के किसानों ने अपने इलाक़े में फ़ोर्स को नहीं आने देने का दृढ़ निश्चय कर लिया था। 2006 की गर्मियों में, भोपालपटनम के जिन पंचायत सदस्यों ने उच्च अधिकारियों के पास शिकायत के लिए रायपुर जाने का प्रयास किया, उन्हें रास्ते में ही जुड़ुम नेताओं ने रोका और पीटा; उन्होंने नवम्बर में फिर से कोशिश की। अलग-अलग रास्ते से होकर जाने में उन्हें 12 दिन लग गए। किसी तरह, वे जुड़ुम का प्रतिरोध करने में सफल रहे।[17]

6

डर और हिम्मत के बीच

> डर लोगों को आपस में जोड़ता है। और डर ही उन्हें तितर-बितर करता है। हिम्मत, मिसाल देने लायक हिम्मत, समुदायों को प्रेरित करती है—क्योंकि हिम्मत भी उतनी ही संक्रामक होती है जितना डर। लेकिन हिम्मत, ख़ास तरह की हिम्मत, बहादुरों को तनहा भी कर सकती है।
>
> —**सूजन सॉन्टैग,** *ऑन करेज एंड रेजिस्टेंस*

2007 के मध्य तक, ऐसा एक भी व्यक्ति मिलना कठिन था जो अपने अनुभवों की खुलकर गवाही दर्ज कराए। गाँवों तक पहुँच—या कहें कि राजमार्ग से हटकर कोई भी आवाजाही—सुरक्षा बलों ने रोक रखी थी। दावा था कि यह आगंतुकों की सुरक्षा के लिए है। राजमार्गों पर सलवा जुडुम कैम्पों का राज क़ायम था। जगह-जगह बालू की बोरियों से बैरिकेड बनाए गए थे और उनके पहले चेक प्वाइंट थे जहाँ एसपीओ तैनात रहते थे। सादे कपड़ों में एसपीओ, गाड़ियों की तलाशी लेते थे और जो मन करता, छीन लेते थे। कभी-कभी, एक ही गाड़ी बार-बार, हर सौ गज की दूरी पर एसपीओ के अलग-अलग समूहों द्वारा चेक की जाती। जब हमने एतराज किया कि उनके नेता हमें पहले ही निकलने की अनुमति दे चुके हैं, एक ने कहा, 'यहाँ कोई नेता नहीं है, हर कोई नेता है।' रात में, एसपीओ और जुडुम नेताओं के दल डंडे लेकर कैम्पों में गश्त करते थे, ताकि सुनिश्चित हो सके कि न कोई भीतर आया है और ना बाहर गया है। मुझे 2007 की एक बस यात्रा याद आती है। मेरी बस कोंटा रोड पर कैम्पों के सामने से गुज़र रही थी। मेरा चेहरा दुपट्टे से ढँका हुआ था। मैं डरी हुई थी कि एसपीओ कहीं मुझे बाहर न खींच लें और माओवादी घोषित न कर दें।

जुडुम कैम्प असल मायने में खुली जेल थे। ये सांप्रदायिक दंगों के बाद लगाए जानेवाले उन राहत शिविरों से बिल्कुल अलग थे, जो सहधर्मी लोगों या मानवाधिकार

संगठनों द्वारा संचालित सुरक्षित आश्रय होते हैं। सलवा जुडुम नेता और एसपीओ यहाँ रिपोर्टरों या मानवाधिकार समूहों से बातचीत पर कड़ी नज़र रखते थे। नवम्बर 2005 में जब ऑल इंडिया फैक्ट-फाइंडिंग टीम गंगालूर कैम्प में गाँववालों से बातचीत करने का प्रयास कर रही थी, तो एसपीओ देखते ही आक्रामक हो उठे और पूछने लगे, 'तब तुम कहाँ थे जब माओवादी लोगों को मार रहे थे?' स्थानीय प्रशासन दख़ल देना चाहता था तो भी जुडुम नेताओं और एसपीओ के सामने वह असहाय था, जिन्होंने हमारे सामने उन्हें सीधा आदेश दिया कि हमें आगे न जाने दें।

मई 2006 में, जब आइसीआइ ने दौरा किया, हालात में मुश्किल से ही कोई सुधार आया था। हमारे पास मुख्य सचिव का अनुमति पत्र था, फिर भी हमें सीआरपीएफ ने रोक दिया। एक टीम, जिसमें रामचन्द्र गुहा, फराह नकवी और मैं शामिल थी, ने नेलसनार में इन्द्रावती पार करके दूसरी तरफ़ के प्रभावित गाँवों में जाने की कोशिश की। लेकिन गाँववालों ने कहा कि कोई नाव उपलब्ध नहीं है। इसलिए हम कुटरू गए जहाँ सीआरपीएफ कमांडेंट ने ख़ुश होते हुए कहा कि अगर हम जल्द ही नहीं लौट गए, तो कोई नक्सल बम हमारे परखचे उड़ा देगा और हमारे शरीर का मांस पेड़ों पर लटका मिलेगा। वापसी के दौरान, गोधूलि के समय, भैरमगढ़ थाने पर हमें भीड़ ने रोक लिया। तब तक यह अफ़वाह फैल चुकी थी कि हमने नदी पार कराने के लिए नेलसनार के गाँववालों को एक लाख रुपए देने की पेशकश की थी। और इसका मनगढ़ंत नतीजा यह निकाल लिया गया कि यह माओवादियों द्वारा किसी भी क़ीमत पर भागने की कोशिश थी। भीड़ के नेता अड़ गए कि उन्होंने कुछ हफ़्ते पहले रामचन्द्र गुहा को एक माओवादी बैठक को सम्बोधित करते देखा है। ड्राइवर के पास गाड़ी की डिक्की में एक बैग में कुछ हरे पैंट थे, जिन्हें एसपीओ ने माओवादी वर्दी क़रार देते हुए विजयभाव से हवा में लहराया। रामचन्द्र गुहा को थाने ले जाया गया। मैं और फराह उनके पीछे-पीछे गए। चिन्ता थी कि उनके साथ कुछ बुरा हो सकता है। अन्दर मौजूद जुडुम नेता और एसपीओ नशे में बैठे थे, और उन्होंने मुख्य सचिव का पत्र पढ़ने से मना कर दिया। क़िस्मत अच्छी रही कि हम एक स्थानीय एनजीओ नेता हिमांशु कुमार से फ़ोन पर सम्पर्क कर पाए, जिनकी सलवा जुडुम नेताओं से अच्छी पहचान थी—उनकी बात जुडुम नेताओं के लिए मुख्य सचिव के पत्र से ज़्यादा मायने रखती थी। एक जुडुम नेता ने मेरा कैमरा ले लिया जो कुछ महीनों बाद मुझे कलेक्टर से वापस मिला, लेकिन किसी माफ़ी की जहमत नहीं उठाई गई।

लोग आन्ध्र प्रदेश में भी ख़ुद को सुरक्षित महसूस नहीं कर रहे थे। जुडुम शरणार्थियों की तलाश में जब जेपी राव और मैंने खम्पम के गाँवों का भ्रमण शुरू किया, तो वे लोग इसी बात पर अड़े रहे कि वे यहाँ बहुत साल पहले ज़मीन की तलाश में आए थे। वे नहीं चाहते थे कि उनकी शिनाख़्त जलाए गए गाँवों के

साथ की जाए, क्योंकि इससे ऐसा लग सकता था कि वे माओवादी समर्थक हैं। उनके दावे सच भी हो सकते थे क्योंकि ज़मीन की तलाश में आन्ध्र प्रदेश जाने का इतिहास पुराना है लेकिन उनके आन्ध्रवासी पड़ोसियों की गवाहियाँ और उनके घर की खस्ता हालत उन्हें झुठला रहे थे।

चेरला की गवाहियाँ

वैसे तो गाँववालों से मिली सूचनाओं पर आधारित कई मानवाधिकार रिपोर्टें 2005 और 2007 के बीच सामने आ चुकी थीं, लेकिन गाँववालों की सीधी गवाहियाँ जून 2007 में ही आ पाईं, जब सीमा के ठीक पार, आन्ध्र प्रदेश के चेरला में सीपीआई ने एक रैली आयोजित की। यह जुडुम के ख़िलाफ़ पहला बड़ा सार्वजनिक प्रदर्शन था। हज़ारों की तादाद में ग्रामीण पहुँचे और अपनी अर्जियाँ सीपीआई नेताओं को सौंपीं। लौटते समय वरिष्ठ एक्टिविस्ट सुकल प्रसाद नाग को एर्राबोर कैम्प में एसपीओ द्वारा बुरी तरह पीटा गया, लेकिन दूसरे लोग बच निकले क्योंकि सभी को आगाह किया गया था और वे अलग-अलग रास्तों से गए थे।

टूटी-फूटी हिन्दी और गोंडी में, रद्दी काग़ज़ पर या बच्चों की कॉपियों से फाड़े गए रूलदार पन्नों पर, लिखी इन गवाहियों ने जुडुम अभियानों की जीवन्त और सीधी झलक से रूबरू कराया।[1] गाँववालों ने घरों और पूरे के पूरे गाँव जला दिए जाने, मुर्ग़े-मुर्ग़ियों और मवेशियों को वहीं पर खा लिए जाने या फिर सलवा जुडुम के कैम्पों में उठा ले जाने के बारे में लिखा। लोगों के पीटे और मारे जाने, ज़िन्दा जला दिए जाने, अथवा नहाते या मछली पकड़ते समय नदी में डुबो दिए जाने के बारे में लिखा। कइयों ने औरतों से बलात्कार किए जाने की बात बयान की, कुछ मामलों में उनके नाम के साथ, पर ज़्यादातर 'फलाँ की पत्नी या बेटी' के रूप में। कुछ मामलों में, उन्होंने बस इतना लिखा : 'हमारे गाँव में 10 औरतों के साथ बलात्कार हुआ।' ज़्यादातर मामलों में, गिरफ़्तार होनेवालों या फिर जबरन कैम्प ले जाए गए लोगों के नामों का ज़िक्र मारे गए लोगों से पहले किया गया, मुर्दा लोगों पर ज़िन्दा को तरजीह देते हुए; सभी को पूरे गाँव के लिए ही खोये हुए के रूप में पेश किया गया। नगा और मिज़ो गाँववाले 1950 और 1960 के दशक में अपने गाँवों को जलाए जाने की बिल्कुल ठीक तारीख़ याद कर सकते थे, शायद यह वहाँ चर्च द्वारा साक्षरता के प्रसार की वजह से था। इसके ठीक उलट, छत्तीसगढ़ के आदिवासियों को क्रमवार समय का बोध काफ़ी कम है, इसलिए सभी तारीख़ें अनुमानित हैं।

बहुत-सी गवाहियों में घर-गृहस्थी के नुक़सान की सूचियाँ थीं। अक्सर खपरैल ही वह इकलौती निर्माण सामग्री होती है जो घर बनाते समय ख़रीदी जाती है, इसीलिए

इसे क़ीमती माना जाता है; बाक़ी का घर अमूमन स्थानीय लकड़ी और मिट्टी से बना होता है। लेकिन, लोगों ने दरवाजों को लूटे जाने का ज़िक्र ख़ास तौर पर किया। घरों में रस्सी से बुनी लकड़ी की कुछ चारपाइयों के अलावा कोई फर्नीचर नहीं होता। घरेलू असबाब के नाम पर बस स्टील के कुछ बरतन, थोड़े से कपड़े, एकाध जोड़ी कंबल और खेती के कुछ औज़ार मिल जाएँगे। किसी-किसी के पास ट्रांजिस्टर या साइकिल हो सकती है। मुर्ग़े-मुर्ग़ियों व बकरियों के अलावा चावल, मोटे अनाज, महुआ, इमली व अन्य वनोपज की वे बोरियाँ ही असल दौलत (अगर कोई इसे दौलत कह सके तो) हैं जिन्हें गाँववाले सहेज कर रखते हैं। जुडुम यह सब ले गया, साथ ही साथ सोने का कोई जेवर या नकदी मिली तो वो भी। कुछ घरों में 10,000-20,000 रुपए से ज़्यादा नकद थे—और निश्चित रूप से किसी के पास बैंक खाते नहीं थे। कभी-कभी, इन गवाहियों में किसी को कुछ अजीब चीज़ों की लूट का ज़िक्र भी मिल सकता है, जैसे मछली पकड़ने का जाल या कोई वाद्ययंत्र।

लोगों के पास जो होता है, वह इतना होता था, कि वे अपने हरेक नुक़सान का ब्योरा देने में सक्षम होते हैं। त्रासदी यह है कि सब मिलाकर भी इतना थोड़ा होता है। पोचमपल्ली में एक इन्दराज बताता है :

> भीमा की पत्नी से बलात्कार करने और उनके घर को आग लगाने के अलावा, जुडुम ने घर में रखा सबकुछ लूट लिया : धान : 10 बोरी; नमक : एक किलो; मोटा अनाज : पाँच बोरी; 1500 रुपए क़ीमत की सल्फी (एक तरह की ताड़ी); 10 अदद कपड़े; 10 बरतन; 10 मुर्ग़े-मुर्ग़ियाँ; 2000 रुपए नकदी; तीन बकरियाँ और पाँच किलो तेल।

कई शिकायतों में एसपीओ और सुरक्षा बलों के जंगल में छिपाए हुए धान के बोरे ढूँढ़कर उन्हें जला देने का ज़िक्र था। कई दूसरों ने शिकायत की कि एसपीओ को मुर्ग़े-मुर्ग़ियाँ देने से मना करने पर उन्हें राइफ़ल की बटों से पीटा गया। कुछ मामलों में नुक़सान का आकलन गाँव के हिसाब से पेश किया गया : भेंडारास में कोई 100 घर हैं, और सभी को मिलाकर गाँव को 50 लाख रुपए का नुक़सान हुआ। गपापल्ली में, गाँववालों ने आकलन किया कि उनकी 3-4 करोड़ की सम्पत्ति का नुक़सान हुआ, क्योंकि जुडुम का हमला फ़सल कटाई के कुछ ही समय बाद हुआ था और सभी के घरों में काफ़ी अनाज रखा हुआ था।

सावापल्ली गाँव के लोगों ने चित्रात्मक वर्णन किया : 'सलवा जुडुम ने गर्भवती महिलाओं की पिटाई और हत्या के अलावा छोटे-छोटे बच्चों को भी आग में फेंक दिया...सलवा जुडुम जिन लोगों को पकड़ता उन्हें मार देता, उनके शरीर को क्षत-विक्षत कर डालता, उनकी जबान काट देता...और भी बहुत कुछ...हम सब इन दिनों बहुत डरे हुए हैं।' कोट्टापल्ली गाँव के लोगों ने अपनी बातों में तथ्यों को

ज़्यादा महत्त्व दिया। एक-एक घर को हुए नुक़सान की विस्तृत सूची संलग्न करते हुए उन्होंने लिखा :

> हम आपको एक छोटी-सी चिट्ठी लिख रहे हैं। पूरा गाँव भाग चुका है। हम दिन में एक बार खाते हैं, अगर वह भी नसीब हो जाए तो। हमने अपने गाँव छोड़ दिए हैं और जहाँ भी जाते हैं वहाँ हमारे पास कोई ज़मीन नहीं होती। हमारे सब मुर्ग़े-मुर्ग़ियाँ, मवेशी, सूअर और बरतन सलवा जुडुम के लोगों ने हमसे जबरन ले लिये हैं। उन्होंने हमारे गाँव में लड़कियों से बलात्कार किया और हम में से कइयों को पीटा। यह लिखते हुए, हम आपको वाक़िफ़ कराना चाहते हैं कि यह सब बीते तीन साल से घटित होता रहा है। कोट्टापल्ली के लोगों को बहुत पीटा गया है। कोई गाँववाला ऐसे हालात में कैसे रह सकता है? इसी के साथ हम अपनी चिट्ठी ख़त्म करते हैं। जो करना है कृपा करके, कीजिए। धन्यवाद।

कुछ चिट्ठियाँ सरकार और मुख्यधारा की राजनीतिक प्रक्रिया में दिल छू लेनेवाली आस्था को ज़ाहिर करती हैं। 'मंत्री महोदय' को सम्बोधित उनकी इन चिट्ठियों में तुरन्त जाँच कराने की माँग की गई है। कई सारी चिट्ठियाँ आदिवासी महासभा के अध्यक्ष मनीष कुंजाम को सम्बोधित थीं। कोरपदर गाँव के लोगों ने जज़्बाती हुए बिना लिखा :

> पुलिस के पास जाने से कोई फ़ायदा नहीं होता क्योंकि अफ़सर गाँववालों की नहीं सुनते। सलवा जुडुम को देखते हुए, गंगालूर, चेरपाल और बीजापुर के गाँववाले जंगलों में भाग गए...हमारे देश में यह क्यों हो रहा है? छत्तीसगढ़ में यह क्यों हो रहा है? छत्तीसगढ़ प्रशासन इसे क्यों चला रहा है? क्या हमारे मुख्यमंत्री सिर्फ़ इसीलिए चुने गए हैं?

मराईपल्ली गाँव के 83 लोगों के दस्तख़त वाली एक दुखद चिट्ठी इन पंक्तियों के साथ ख़त्म होती है : 'हम और बहुत कुछ कहना व लिखना चाहते हैं लेकिन हमारी क़लम यहीं पर जवाब दे रही है। हम इस रिपोर्ट का अन्त इस प्रार्थना के साथ करते हैं कि कृपया हमारी समस्याओं को समझें।'

इकतरफ़ा हमले

जुडुम ने शुरू में संघम सदस्यों को निशाना बनाया, ख़ासकर उन्हें जिन्होंने कैम्पों में आने और आत्मसमर्पण करने से मना किया। मगर कुछ ही दिनों में, जब लूट और आगजनी का तांडव शुरू हुआ, हत्याएँ पूरी तरह मनमानी हो गईं। जो वक़्त

पर नहीं भाग सके—ख़ासकर बूढ़े और बीमार—मार दिए गए, कभी-कभी उन्हें उनकी झोंपड़ियों या खलिहान में ज़िन्दा ही जला दिया गया। बाद में झुलसी हुई लाशें मिलीं। इनके 'आग में भुनी मछली जैसा दिखने' की बात एक आदमी ने मुझसे कही। गाँव पर हमले से मची अफरा-तफरी में कभी-कभी बूढ़े लोग बेसहारा छूट जाते थे। आसन्न हमले को भाँपते हुए अगर गाँववाले समय रहते भाग भी गए, तो जो बूढ़े, बीमार और भूमिहीन थे उनका कोई ऐसा नहीं होता था जिसके पास वे जा सकते। कोंटा के पाकापाड़ से एक गवाही बताती है :

> सभी गाँववालों ने अपने घर छोड़ दिए। कुछ क़स्बों में भटक रहे हैं और कुछ घने जंगलों में। उनमें से एक बैंडा लखमय्या, और उसके पिता बैंडा बुचय्या, की जंगल में रहने के दौरान साँप काटने से मौत हो गई। एक बूढ़ी औरत भूखी-प्यासी मर गई। और एक अन्य बाशिंदा कोरसा बुक्का गाँव ख़ाली कराए जाने के बाद भोजन-पानी की तलाश में भटकते हुए मर गया।

वेंगाईपाडु में, गाँववालों ने मुझे बताया कि उनके गाँव में मारे गए सभी सात लोग बुज़ुर्ग थे। 2005 की दिवाली के आसपास, जोगा कैम्प नहीं गया क्योंकि उसका सल्फी का पेड़ अभी रस दे रहा था। बाहरी लोग शायद ही यह कल्पना कर सकें कि स्थानीय लोगों के लिए ताड़ प्रजाति के ये पेड़ कितने अहम हैं। खमीर उठी ताड़ी मौसमी होती है और यह बहुत पसन्द किया जानेवाला पेय है। जिस ज़मीन पर ये पेड़ होते हैं उन्हें उस ज़मीन के साथ नहीं बेचा जाता, उनकी अलग क़ीमत लगाई जाती है। जब जोगा कैम्प नहीं पहुँचा तो जुडुम उसे खोजने आया। बचने के लिए वह जंगल की ओर भागा। लेकिन चूँकि वह पिए हुए था और तेज़ नहीं भाग सकता था, तो पकड़ा गया और एसपीओ ने उसे कुल्हाड़ी से मार दिया। मद्दा नामक एक और बूढ़ा आदमी गाँव में ही रुका हुआ था। जुलाई 2006 में, जुडुम आया और गाँव की सारी मुर्ग़ियों को जमा करके एक डंडे में बाँध दिया, और इसे माद्दा से नदी तक पहुँचवाया। वहाँ एसपीओ ने चाकू से गोदकर उसे मार दिया। उन्होंने उसकी लाश नदी के किनारे ही छोड़ दी और मुर्ग़े-मुर्ग़ियाँ ले गए। एक तीसरे आदमी को नक्सलियों ने मुख़बिर होने और लोगों को कैम्प ले जाने के लिए मारा। फिर चौथे को जुडुम ने मारा। उसे उसके पिता के कोठार के बाहर एक खंभे से बाँध दिया गया और कुल्हाड़ी से उसकी गर्दन और पीठ पर वार किया गया। उसकी लाश वहीं पर बाँध कर छोड़ दी गई।

बच्चों की ज़िन्दगी भी सुरक्षित नहीं थी। गवाहियाँ हमें हीरानाड़ गाँव के ओयाम सन्नू की बेटी के बारे में बताती हैं जिसे 'जुडुम ने मारकर तालाब में फेंक दिया। वह छह साल की थी। जिन एसपीओ ने यह किया वे हैं पुनेम शंकर, बिन्दु,

मोड़ियम हुँगा।' रिगरनाड़ में, 'तीन साल की एक बच्ची, कोरसा माँगली, को सलवा जुडुम ने पीट-पीट कर बेहोश कर दिया और हाथ तोड़ दिया।' मार्च 2007 के पूर्वार्द्ध में, मुझे आन्ध्र के एक डॉक्टर ने बताया कि किस तरह जुडुम ने दुरापल्ली में 24 घर जला दिए। इसके अलावा एक बूढ़ी औरत को जबरन आग में धकेल दिया गया, जलते घर से वक़्त पर नहीं निकाले जा सकने के कारण तीन साल की एक लड़की और तीन महीने के एक बच्चे की मौत हो गई। इसके बाद बच्चों की माँ गहरे अवसाद में चली गई। उसे तो एक इंटरनेशनल स्वास्थ्य एनजीओ-एमएसएफ कुछ काउंसलिंग उपलब्ध करा पाने में सक्षम रहा, लेकिन कई अन्य माँ-बाप ऐसे भी थे जिनके बच्चे मारे गए और उनके ग़म में वे ख़ुद भी मर गए। जैसे कि नेंदुमांगो की माडवी मासे जो अपने बच्चे को झूले में डालकर पानी लाने गई थी। जब तक वह लौटी, जुडुम ने गाँव पर हमला कर दिया था और घर को भीतर मौजूद बच्चे समेत जला दिया था।

हवाई ताक़त का इस्तेमाल नहीं किए जाने और हेलीकॉप्टरों का इस्तेमाल केवल घायल जवानों को निकालने के लिए करने के तमाम सरकारी दावों के बावजूद, गाँववाले हेलीकॉप्टरों के इस्तेमाल युद्धक वाहन के रूप में करने की बात कर रहे थे। 2007 की रिगरनाड़ की एक गवाही एक 'एलीआप्टे' के उतरने और उन्हें मारने की चर्चा करती है। पुलिस ने दावा किया कि यह माओवादी बैठक थी, लेकिन गाँववालों ने बाद में मुझे बताया कि वे गाँव के एक त्योहार के बीच में आए थे; जो नशे में नहीं थे वे भाग गए, और जो पिए हुए थे वे मारे गए या उठा लिए गए। यह साफ़ नहीं है कि इस एक घटना में कितने लोग मारे गए, लेकिन 2005 से 2007 के बीच रिगरनाड़ के कोई सात लोग मारे गए। सुरपनगड़ा गाँव के लोगों ने 2006 में ह्यूमन राइट्स वॉच को बताया, 'पुलिस तीन हेलीकॉप्टरों में आई, नीचे उतरी और झोंपड़ियों में आग लगा दी।'[2]

अक्सर, तलाशी अभियानों के दौरान गाँववालों को उठा लिया गया और उन्हें नक्सली क़रार दे दिया गया। नागरिकों का 'क्रॉसफ़ायर' में मारा जाना भी पुलिस के लिए एक और सुविधाजनक बहाना था। पाडपल्ली के एक गाँववाले ने चेरपाल कैम्प में एनएचआरसी के सामने यह गवाही दी कि नवम्बर 2006 में सलवा जुडुम, सीआरपीएफ और एसपीओ उसके गाँव आए और घरों में लूटपाट व आगजनी की। उस दिन सीआरपीएफ चार आदमियों को चेरपाल कैम्प ले गई। दो दिन बाद, सीआरपीएफ के जवानों ने गाँववालों को बताया कि कैम्प पर नक्सल हमला हुआ और जब उन्होंने जवाबी गोलीबारी की, तो ये चारों लोग क्रॉसफ़ायरिंग में मारे गए। बीजापुर ज़िले के एसपी और एसडीएम आए और सीआरपीएफ की तारीफ़ की, और जब मुख्यमंत्री ने गंगालूर का दौरा किया तो चेरपाल कैम्प के प्रत्येक एसपीओ को एक-एक हज़ार रुपए का इनाम दिया।

पिटाई किए जाने की शिकायत लगभग सभी गवाहियों में थी : 'सलवा जुडुम ने मड़कामी जोगा की बेटी के हाथ-पैर तोड़ दिए।' पटेल कंकापाल में, 'सलवा जुडुम ने पाँच लोगों को पीट-पीटकर बेहोश कर दिया। घायलों को भद्राचलम अस्पताल में भर्ती कराया गया। उन्हें इलाज के इन्तज़ाम के लिए अपने मवेशी और बकरियाँ बेचनी पड़ीं। उनके इलाज पर 20 हज़ार रुपए के आसपास ख़र्च हुए।' लेकिन इलाज मिल पाना लगभग दुर्लभ ही था; ज़्यादातर लोगों ने जान के ख़तरे और गिरफ़्तारी के जोखिम को देखते हुए बाहर न निकलना ही बेहतर समझा। इसके बजाय, सलवा जुडुम के हमलों में गोली लगने से घायल लोगों ने जंगल की जड़ी-बूटियों पर भरोसा किया।

किसी-किसी दिन तो ऐसा लगा मानो लूट, आगजनी, बलात्कार और हत्याओं का उत्सव चल रहा हो। ऐसा इसलिए कि जुडुम एक ही दिन में कई-कई गाँवों से तूफ़ान की तरह गुज़रा। गाँववालों की गवाहियों में मारे गए लोगों, और मारनेवाले एसपीओ के नाम बताए जाते हैं। कई सारे लोगों ने लिखा कि उनका गाँव जलाए जाते समय महेंद्र कर्मा और सलवा जुडुम नेता राम भुवन कुशवाहा मौजूद थे।

गाँववालों ने कभी भी लाशों को ऐसे ही नहीं छोड़ दिया। उन्होंने मुझे बताया कि हर हमले के बाद, कुछ लोग वापस गए और मारे गए लोगों की लाशें निकाल कर लाए। और उस मुश्किल वक़्त में आख़िरी रस्मों का यथासम्भव पालन करते हुए उनका दाह संस्कार किया या फिर दफ़नाया।

जब सरकारी रिकॉर्ड से ज़्यादा पत्थर बयां करते हों सच

सलवा जुडुम के जुलूसों के अलावा, जिस चीज़ की वजह से गाँवों में लोग मारे गए, वह है उस दौरान नियमित रूप से होनेवाली 'मुठभेड़ें'। 6 सितम्बर, 2005 को *हितवाद* ने छत्तीसगढ़ डीजीपी द्वारा जारी एक प्रेस विज्ञप्ति प्रकाशित की, जो कहती है कि 'बीजापुर के घने जंगलों' में ऑपरेशन ग्रीन हंट के दौरान हुई एक मुठभेड़ में 10 हथियारबन्द माओवादी मारे गए। लेकिन माओवादियों ने *पीपुल्स मार्च* के जनवरी 2006 के अंक में दावा किया कि मारे गए लोग निहत्थे ग्रामीण थे जिन्हें ठंडे दिमाग़ से कत्ल किया गया। बाद में उसी साल गर्मियों में, चेरली गाँव के लोगों ने, जो उन दिनों मिरतुर कैम्प में बन्दी थे, आइसीआइ को बताया कि 10 लोग पुलिस और माअवोदियों के बीच क्रॉसफ़ायर में मारे गए। कोई आश्चर्य नहीं कि इस 'मुठभेड़' में एक भी पुलिसवाला घायल नहीं हुआ।

2009 में जब हमने हरियाल चेरली का दौरा किया, तो गाँव में घुसते ही वहाँ अनघड़ ढंग से कटे पत्थरों से बने 10 स्मारक दिखे। इनमें से सात पर टेढ़े-मेढ़े अक्षरों में 'कॉमरेड' लिखा हुआ था : 'लुटेरे सरकार सलवा जुडुम का नाम लिए

ग्राम चेरली कॉमरेड कड़ती चिन्ना उम्र 25 साल सन 2005 शहीद हुए। कॉमरेड को लाल सलाम' (लुटेरी सरकार ने सलवा जुडुम का नाम लेकर 25 साल के कॉमरेड कड़ती चिन्ना की हत्या की। वह 2005 में शहीद हुए। कॉमरेड को लाल सलाम)। ये सातों शायद संघम सदस्य थे, जिनकी उम्र 18 से 40 के बीच थी। मारे गए 'कॉमरेडों' में से एक, कड़ती कुम्मा, 12 साल का एक लड़का था, जो शायद बाल संघम का सदस्य था।

हम मारे गए कुछ लोगों की पत्नियों और बच्चों से मिले। उन्होंने बताया कि जब 2005 में गाँव में जुडुम और नगा बलों ने हमला किया तो वे जंगल भाग गए थे। उस घटना में पाँच घर जलाए गए थे। 'नगा पुलिस ने उन दसों को जंगल में पकड़ा, उन्हें एक जगह इकट्ठा किया और गोली से मार दिया।' इन औरतों ने बताया कि उन्हें शाम को सभी की लाशें एक लाइन से पड़ी मिलीं। उसके बाद वे लाशों को चारपाई पर रखकर गाँव वापस लाए, तब तक देर रात हो चुकी थी। उन्होंने अगले दिन पुलिस में इन मौतों की रिपोर्ट दर्ज कराई।

उस वक़्त के पुलिस रिकॉर्ड मुझे एनएचआरसी के अनुलग्नकों[3] में मिले, जो एक दूसरे के विरोधाभासी थे। मानो पुलिस तब तक यह ठीक से तय न कर पाई हो कि इन 10 लाशों के बारे में क्या कहानी बनानी है। एक एफआइआर कहती है कि गाँववालों ने 2 सितंबर को पाँच लाशें बरामद कीं, जबकि एक अन्य एफआइआर कहती है कि पुलिस को 3 तारीख़ को तीन लाशें मिलीं। मारा गया एक व्यक्ति इन दोनों एफआइआर में है, यानी एक में उसे गाँववालों द्वारा बरामद बताया गया, तो दूसरी में पुलिस द्वारा।

एक तीसरी एफआइआर (13/05) प्लाटून कमांडर नवल कश्यप द्वारा मुहैया कराई सूचना पर आधारित है, जो कथित 'मुठभेड़' का चित्रात्मक वर्णन पेश करती है। पुलिस को एक मुख़बिर से गुप्त सूचना मिली कि नक्सली सलवा जुडुम और पुलिस पर हमले की योजना के लिए संघम सदस्यों के साथ एक बड़ी बैठक कर रहे हैं। सलवा जुडुम के पथ-प्रदर्शकों रघु राम, चन्दू, फणिनाथ और देवी को साथ लेकर, पुलिस ने उनकी घेराबन्दी शुरू की :

> हमने शाम पाँच बजे के क़रीब पहाड़ को चारों ओर से घेर लिया। डेढ़ घंटे तक गोलीबारी चली। नक्सलियों ने लगभग 200 गोलियाँ चलाईं। तीन नक्सली गम्भीर रूप से घायल हुए थे, हमने उन्हें गिरते देखा। नक्सली एक दूसरे को सन्तोष, जग्गू, लक्खू, जोगा, मंगलू, मेश्राम, कमलू कहकर ज़ोर-ज़ोर से चिल्ला रहे थे [नक्सली हर बार अपनी पहचान करा कर पुलिस के लिए कितनी आसानी पैदा कर देते हैं!], और गोलियाँ चला रहे थे। इसके बाद अँधेरे और घने जंगल का फ़ायदा उठाते हुए, वे भाग

> निकले। इस बात की सम्भावना थी कि और भी लोग घायल हुए हों, लेकिन अँधेरे की वजह से हम इलाक़े को खँगाल नहीं सके।

नक्सलियों द्वारा अगर कोई मारा गया तो मुआवज़ा दिया गया, जो जुडूम या सुरक्षा बलों द्वारा मारे गए किसी व्यक्ति के लिए उपलब्ध नहीं था। रिकॉर्ड ऐसे पक्षपात से भरे पड़े थे। 2008 में जब एनएचआरसी ने इस घटना की तहक़ीक़ात की, तो वे इस नतीजे पर पहुँचे कि उनमें से सात नक्सलियों द्वारा मारे गए, क्योंकि पुलिस ने उनके परिवारों को मुआवज़ा लिए हुए के रूप में दर्ज किया था। हालाँकि, कथित रूप से मुआवज़ा ले चुके परिवारों में से कम से कम तीन ने 2009 में मुझे बताया कि उन्होंने पैसा लेने से इन्कार किया था, लेकिन मिरतुर कैम्प में उनकी पासबुक सरपंच अपने पास रखते थे और अपनी मर्ज़ी से पैसा निकालते रहते थे। मुआवज़ा क़बूल करने से मना करनेवाले दो अन्य परिवारों के रिश्तेदार नक्सली घोषित कर दिए गए। जिन लोगों का दस्तावेज़ी इतिहास पुलिस के अनुसार बतौर नक्सली प्रारंभ होता है, वही लोग एनएचआरसी का काम पूरा हो जाने के बाद नक्सली-पीड़ित हो जाते हैं। सामान्य ग्रामीणों या संघम सदस्यों के रूप में उनका अपना अस्तित्व इस कहानी से पूरी तरह बाहर ही रह जाता है।

हमारे देश की झूठी औरतें

> लड़कियों को माओवादी संगठन द्वारा यह कहने के लिए आगे किया जाता है कि उनके साथ बलात्कार किया गया है।
>
> *कांकेर जंगल वारफेयर स्कूल के ब्रिगेडियर पोंवर, व्यक्तिगत टिप्पणी, 2008*

बलात्कार की धटनाएँ बड़े पैमाने पर हुई थीं। और वह भी बेहद नृशंस ढंग से। जवान पुरुषों को गिरफ़्तारी से बचाने के लिए अक्सर महिलाएँ ही लकड़ी बेचने या फिर चावल ख़रीदने बाज़ार जाती थीं, लेकिन इसके चलते वे हमले या बलात्कार के लिए आसान निशाना बन गईं। गाँववालों ने दिल दहला देनेवाली घटनाओं के बारे में लिखा : मसलन, 12 साल की लड़की के साथ बलात्कार, महिलाओं के भीतर 'डंडा घुसाना और मार दिया जाना', जुडूम सदस्यों द्वारा औरतों के कपड़े, उनकी साड़ी, ब्लाउज, लुंगी वग़ैरह खींच लेना, और कमर में खोंसकर रखे गए रुपए छीन लेना। बूढ़ी महिलाओं, गर्भवती औरतों, कच्ची उम्र की लड़कियों—किसी को नहीं छोड़ा गया।

2008 में, वेंगाईपाडु के एक गाँववाले ने मुझे बताया कि उसके गाँव से दो लड़कियाँ उठा ली गईं। जब जुडूम का हमला हुआ तो दोनों घर में ही थीं। एक

बीमार थी और दूसरी उसकी देखभाल कर रही थी। दोनों के साथ बलात्कार हुआ और फिर उन्हें गिरफ़्तार कर लिया गया। उनके बाल काट दिए गए और उन्हें वर्दी पहनाई गई, ताकि वे नक्सलियों जैसी दिखें। एक और नौजवान लड़की मिरतुर थाने ले जायी गई थी और बन्दूक़ पकड़वाकर उसकी फ़ोटो खिंचवाई गई थी। लड़की के बाप ने उसे छुड़वाने के लिए एक सीनियर वकील को 10,000 रुपए दिए, लेकिन वह अब भी जेल में है।

इन्द्रावती के पार के गाँवों में, मुझे ऐसी नवयुवतियों के बारे में बताया गया जिन्हें स्थानीय *मंडई* या मेले से गिरफ़्तार किया गया। पुलिस का दावा था कि वे नक्सली बैठक में हिस्सा ले रही थीं। इन लड़कियों को कैम्प में रखा गया, बलात्कार किया गया, और फिर अपने से बहुत ज़्यादा उम्र के मर्दों से ब्याह दी गईं। यह सबकुछ एक पाला-बदलू दलम सदस्य की देखरेख में हुआ, जिसने इसे अपना ख़ास पेशा बना लिया था। एक लड़की ने कैम्प में बलात्कार के सामान्य बात होने की गवाही एनएचआरसी के सामने दी :

> हमारे कैम्प पहुँचने के दो दिन बाद, कैम्प के एसपीओ लोगों ने मुझे और कुछ अन्य लड़कियों को अपने साथ आने को कहा, क्योंकि वे हमसे पूछताछ करना चाहते थे। रात के यही कोई सात या आठ बज रहे थे। वे हम सात लड़कियों को गाड़ी में बिठाकर कैम्प से बाहर पास के जंगल में ले गए। वहाँ उन्होंने सभी के साथ बार-बार बलात्कार किया।

2008 में, मैंने चिन्तलनार के पास के गाँवों से दो लड़कियों की गवाही जमा की। सीपीआई कार्यकर्ता पोडियम पंडा के साथ। अगर वह नहीं होते, तो उन लड़कियों ने इस बारे में कभी बात नहीं की होती; उनकी आँखें दर्द से पहले ही बेजान हो चुकी थीं। उन्होंने विस्तार से बताया कि कैसे उन्हें जुडुम कैम्प में यौन-दासियों की तरह रखा गया। किसी तरह, वे वहाँ से निकल पाईं। लेकिन इसके लिए स्थानीय पुलिस, तेंदू ठेकेदार और कैम्प के नेताओं से किस तरह की सौदेबाजी करनी पड़ी, इस पूरे मकड़जाल का गवाह है उनका बयान :

> पिछले साल जून 2007 में जब सलवा जुडुम नेताओं और एसपीओ ने मेरे गाँव पर हमला किया, तब मैं चार महीने के पेट से थी और अपने माँ-बाप के पास आई हुई थी। रात के कोई नौ-दस बज रहे थे और मैं सो रही थी कि तभी उन्होंने मेरे घर को घेर लिया। उन्होंने मेरे माँ-बाप को पीटा और मुझे घसीटते हुए मुख्य सड़क तक ले गए। वहाँ से एक अन्य लड़की और एक नौजवान लड़के के साथ मुझे जगरगुंडा कैम्प ले जाया गया। मुझे वहाँ एक हफ़्ते रखा गया और हर रात अलग-अलग

एसपीओ ने मेरे साथ बलात्कार किया। मैं दूसरों को तो नहीं पहचान पाई, लेकिन जोनागुड़ा गाँव के भीमा उर्फ रमेश और कुंदेर गाँव के सोमदू को मैंने पहचाना। हमें [मैते और मुझे] एक घर में बन्द करके रखा गया और उँगा को अलग रखा गया। हमें थोड़ा-सा खाना दिया जाता और हाजत रफा करने के सिवा क़तई बाहर नहीं निकलने दिया जाता। मेरे कपड़े चिथड़े हो गए थे और मेरे गहने ले लिए गए थे। एक हफ़्ते बाद, मुझे तन ढकने के लिए एक छोटा-सा कपड़ा दिया गया। जब हमें जगरगुंडा ले जाया जा रहा था, मेरे माँ-बाप ने उन्हें रोकने की कोशिश की, लेकिन उन्हें बन्दूक़ और चाकू लेकर खदेड़ दिया गया। जगरगुंडा के हमारे रास्ते में, हमें कहा गया कि हमें मार भी डाला जाएगा और हमारी लाशें नाले के पास फेंक दी जाएँगी, लेकिन एक साहब [जगरगुंडा के एक पुलिसकर्मी] ने हमें बचा लिया।

एक हफ़्ते के बाद, हमारे माँ-बाप और दूसरे गाँववाले हमें बचाने आए और एसपीओ ने अन्ततः हमें जाने दिया। लेकिन तब भी उन्होंने हमें धमकाया और वापसी के रास्ते में हम पीटे या मारे जा सकते थे अगर तेंदू ठेकेदार ने हमें अपनी जीप में लिफ्ट न दी होती। उँगा को बुरी तरह पीटा गया था और वह लम्बे समय तक बीमार रहा। मैते और मैं भी बीमार रहे और दो महीने तक काम नहीं कर सके। इन सबके बाद, चिन्तलनार पुलिस ने हम में से हरेक के परिवार से हमें 'बचाने' के लिए 1500 रुपए लिए। चिन्तलनार पुलिस ने हमारे माँ-बाप से कहा कि उन्होंने जगरगुंडा कैम्प में वायरलेस किया और इसीलिए हम बच गए।

एक और घटना नरसेट्टी गाँव की है, जहाँ गाँव पर जुड्डुम के हमले के दौरान तीन लड़कियों से उनके घर के भीतर ही बलात्कार किया गया। श्रीदेवी पणिक्कर ने उनका बयान महिलाओं की एक फैक्ट-फाइंडिंग रिपोर्ट के लिए दर्ज किया :

जुलाई 2007 में जब सलवा जुडुम और सुरक्षा बल हमारे गाँव आए, मैं खेतों से लौटी ही थी और पानी भरने जा रही थी। मुँह ढँके चार आदमियों ने मुझे रोका और जबरन मेरे घर ले गए। उनमें से एक मेरे माँ-बाप को जबरदस्ती बाहर लाया। अन्य तीन आदमी मुझे भीतर खींच ले गए। एक दरवाज़े पर पहरा देने लगा जबकि अन्य दो ने मेरे साथ बलात्कार किया। इस दौरान वे कहते रहे, 'तुम नक्सली हो और हमने तुम्हें आज सबक सिखा दिया है।' बलात्कार के बाद उन्होंने मुझे बाहर जमा भीड़ के सामने जाने के लिए मजबूर किया। इसके बाद वे चले गए।

एक माँ ने दूसरे मामले में गवाही दी :

> हम उसकी चीख़ें सुन सकते थे। मेरे पति भाग कर दरवाज़े पर पहुँचे, ज़ोर-ज़ोर से दरवाज़ा पीटने लगे और उन लोगों से हमारी बेटी को छोड़ देने को कहा। तभी, दरवाज़े पर खड़े आदमी ने मेरे पति को राइफ़ल के बट से पीटा। दो आदमी जो मेरी बेटी को घर के भीतर ले गए थे वे बाहर निकले और मेरे पति को पीटा। मेरे पति बेहोश हो गए। मेरी बेटी रो रही थी। उसके कपड़े फटे हुए थे।

शुक्र है कि आदिवासी समाज भारत के बाक़ी 'सभ्य' समाज से अलग है और बलात्कार के लिए औरतों पर तोहमत नहीं लगाता, इसलिए कइयों की इसके बाद भी जल्द ही शादी हो गई।

'नक्सली अपराधों' की नई क़ानूनी श्रेणी

जिसे भी चाहे गिरफ़्तार करने के लिए पुलिस ने 'नक्सली अपराधों' की नई श्रेणी ईजाद की। कभी-कभी संघम सदस्यों की निशानदेही एसपीओ बने पूर्व माओवादियों द्वारा बाज़ार में या फिर तलाशी अभियानों के दौरान की गई, और उन्हें हथकड़ियों में पुलिस थानों के पास के कैम्पों में रखा गया। लेकिन इससे कहीं ज़्यादा बार, गिरफ़्तारियाँ पूरी तरह मनमानी थीं। हम में से कुछ ने जब मई 2006 में जगदलपुर जेल का दौरा किया, तो कम से कम दो क़ैदियों ने बताया कि कैसे उन्हें सीआरपीएफ और बॉर्डर रोड ऑर्गनाइजेशन (बीआरओ) के गाइड के तौर पर जबरन भर्ती किया गया, और बाद में गिरफ़्तार कर लिया गया। एक मामले में, जुडुम में शामिल होने से इनकार करने के कारण ऐसा हुआ। वे अपने परिवारों से कई महीनों से नहीं मिले थे।

गिरफ़्तार की गई महिलाओं से, जेल ले जाए जाने से पहले, अक्सर नृशंसतापूर्वक सामूहिक बलात्कार किया गया। ऐसी ही एक महिला से हम 2006 के मध्य में मिले। वह अपने भाई की साइकिल पर बैठकर दूसरे गाँव अपनी बहन के घर जा रही थी। सीआरपीएफ ने भाई को गोली मार दी और उसके साथ वहीं सड़क पर बलात्कार किया, और थाने लाकर फिर किया। उसके आसपास की अन्य महिलाओं ने इस बात की ताईद की कि जब वह जेल पहुँची तो इस क़दर सूजी हुई थी कि उसके लिए चल पाना भी मुश्किल था। उसे डकैती की धाराओं और शस्त्र अधिनियम के तहत गिरफ़्तार किया गया था। 2015 में, वकीलों के एक समूह, जगदलपुर लीगल एड ग्रुप (जागलाग) ने जेल में सात साल बिता चुकी एक युवती, कवासी हिड़मे, को छुड़वाया। उसके वापस अपने गाँव पहुँचने को अख़बारों ने कुछ यूँ

रिपोर्ट किया : जेल में जिस यातना और तकलीफ़ से वह गुज़री थी उसने उसे इतना बदल दिया था कि रिहा होने पर उसे उसका परिवार भी पहचान नहीं पाया। वहाँ दी गई यातनाओं के चलते उसे बच्चेदानी खिसकने की तकलीफ़ भुगतनी पड़ी थी।

क़ैदियों पर लगाए गए आरोपों का अक्सर उनके किए हुए से कुछ भी लेना-देना नहीं होता था। द इंटरनेशनल एसोसिएशन ऑफ़ पीपुल्स लॉयर्स (आइएपीएल) ने डोडी नन्दा के मामले का ज़िक्र किया, जो 'ताड़म में हुए बारूदी सुरंग विस्फोट के समय जगरगुंडा के पास सड़क किनारे दारू पीकर पड़ा हुआ था। उसे फ़ौजी हेलीकॉप्टर से ले जाया गया, और जब होश में आया तो ख़ुद को दंतेवाड़ा जेल में पाया!' आइएपीएल ने रिकॉर्ड खँगालने पर पाया कि उसे पुलिस थानों पर हमले और पुलिसवालों की हत्या जैसे पाँच अलग-अलग और संगीन आपराधिक मामलों में आरोपी बनाया गया था। वैसे तो इन मामलों को लीगल एड पैनल के विभिन्न वकीलों को सौंपा गया था (जो ख़ुद वकील करने में सक्षम नहीं हैं उन्हें मुफ़्त क़ानूनी मदद मुहैया कराने के लिए यह व्यवस्था है), और दो मामले काफ़ी आगे बढ़ चुके थे, पर डोडी नन्दा से मिलने कभी कोई वकील नहीं आया।[4]

बाद के वर्षों में, किसी गाँव में सभी युवाओं की थोक गिरफ़्तारी आम बात हो गई, जो पूरे-पूरे गाँवों के ख़ाली होने की वजह बनी। सभी युवा मिर्ची के खेतों में काम करने आन्ध्र चले जाते थे, गाँव में केवल बूढ़े रह जाते थे। कई सारे लोगों को ऐसे मामलों के तहत आरोपी बनाया गया जिनके बारे में उन्होंने कभी सुना तक नहीं था, या फिर उन्हें कोई अन्दाज़ा नहीं होता था कि उनकी इन मामलों में संलिप्तता दिखाई गई है। जब भी कोई बम धमाका या किसी सरकारी इमारत पर हमला होता है, पुलिस आरोपियों को 'फलाँ-फलाँ और अज्ञात अन्य' के रूप में दर्ज करती है। और पुलिस को जब भी किसी को किसी अपराध में लपेटने की ज़रूरत होती तो उसे इसी 'अज्ञात अन्य' में फिट कर दिया जाता है। उनके पास पेशेवर गवाह होते हैं जिनसे कहलवाया जाता है कि उन्होंने फायरिंग या पीछे हटने के समय माओवादियों को फलाँ-फलाँ नाम लेते हुए सुना है।

पुलिस अगर किसी को ले जाती है तो उसके साथ क्या हुआ है, यह पता लगाने के लिए बहुत पापड़ बेलने पड़ते हैं। गाँववाले स्थानीय पुलिस थाने और जेल के बीच चक्कर काटते रहते हैं, स्थानीय विधायक और अपने जाननेवाले किसी प्रभावशाली व्यक्ति से सम्पर्क करते हैं जो कुछ मदद कर सके। औरतें अक्सर इस कोशिश में झुंड बनाकर पुलिस थाने पहुँचती हैं कि वे ले जाए गए लोगों को बरामद कर सकें। कोंटा में सीपीआई के नेता मनीष कुंजाम के पास, गाँववालों की गिरफ़्तारी और उन्हें ले जाए जाने से जुड़े, मदद की गुहार लगाने वाले फ़ोन आना बीते दस सालों में आए दिन की बात हो गई है। एक बार पता लग जाने के बाद, रिश्तेदार वकीलों को पैसे देने के लिए बकरियाँ, ज़मीन या जो कुछ भी उनके

पास होता है उसे बेचते हैं। वकील भी जितना हो सकता है उन्हें निचोड़ते हैं और अधिकतम फ़ीस वसूल करते हैं, जो कम से कम 20,000-30,000 रुपए से शुरू होती है। बस्तर में लगभग सभी वकील ग़ैर-आदिवासी हैं।

बिल्कुल सामान्य मामलों में भी, हमारा क़ानूनी तंत्र आदिवासियों की मदद नहीं करता, जो हिन्दी या फिर अदालतों में लगनेवाले दस्तावेज़ी सबूतों से अनभिज्ञ होते हैं। 2007 में छत्तीसगढ़ में, ऐसे 2.5 लाख मामले लम्बित थे, जो वन क़ानून से जुड़े छोटे-मोटे जुर्मों में आदिवासियों को दंडित करने से सम्बन्धित थे। पूरे भारत में, हज़ारों आदिवासी मामूली आरोपों में इसलिए जेल में पड़े हैं कि वे जमानत के लिए ज़रूरी रक़म या क़ानूनी मदद नहीं जुटा पाते। अपने परिवारों से मिल पाना उनके लिए दुर्लभ होता है, क्योंकि परिवार दूरदराज़ गाँवों में रहते हैं और मिलने जाने के लिए उनके पास पैसे या संसाधन नहीं होते। अपने घर, खेतों और खुले नीले आकाश से पूरी तरह कट जाना, बहुत से क़ैदियों को गहरे अवसाद में पहुँचा देता है।

लेकिन तथाकथित नक्सली क़ैदी और भी गम्भीर समस्याओं का सामना करते हैं। उन्हें सुरक्षा कारणों से अदालत में पेश नहीं किया जाता, या सुनवाई में अन्तहीन देरी की जाती है। कभी पर्याप्त सुरक्षाकर्मियों की उपलब्धता के अभाव में, तो कभी गवाहों—जिन पुलिसवालों या अर्द्धसैनिक बल के सदस्यों ने उन्हें गिरफ़्तार किया था और बाद में उनकी तैनाती कहीं और हो गई—के आने के इन्तज़ार में। उनकी जमानत अर्जी बार-बार ख़ारिज की जाती है। अगर वे आख़िर में बरी हो भी जाते हैं, तो कई साल वे पहले ही जेल में काट चुके होते हैं। सुकल प्रसाद नाग गिरफ़्तारी के समय सीपीआई से जुड़े थे। उन्होंने बताया कि किस तरह, अदालत में पेशी के लिए लाए जाने पर, सभी क़ैदी लाइन में लगाए जाते और पुलिस की भारी मौजूदगी में बार-बार उनकी गिनती की जाती। अक्सर पुलिस इतने द्वेष से भरी रहती थी कि अदालत आए उनके परिजनों को भी उनसे नहीं मिलने देती थी।

दिसम्बर 2007 में, दंतेवाड़ा में जेल तोड़ने की एक सनसनीखेज घटना हुई, जिसमें कोई 370 क़ैदी भाग निकले। मैं बाद में उनमें से एक से इन्द्रावती के पार एक गाँव में मिली, जो झूठे आरोपों में दो साल जेल के बाद मिली आज़ादी से ख़ुश था। उसने बताया कि जेल तोड़ने की योजना जेल में बन्द दो दलम सदस्यों ने बनाई थी : इनमें से सुरेश कोंटा में एक मुठभेड़ के बाद पकड़ा गया, और एट्टेगट्टा गाँव का सोमरू उर्फ वर्गीज बचेली में एक हमले की योजना के दौरान धोखे का शिकार हुआ। वह रविवार का दिन था। शाम के क़रीब पाँच बजे खाना परोसा जा रहा था। वे दवा की ज़रूरत बताकर गार्डरूम में गए। वहाँ केवल एक गार्ड था जिसे वे धकेलकर सन्तरी कक्ष में ले गए। इसके बाद अलमारी तोड़कर उन्होंने बन्दूक़ें निकालीं। उसने बताया कि जेलर अच्छा आदमी था, और अगर

वह मौजूद भी रहा होता, तो वे उसे कोई नुक़सान नहीं पहुँचाते। बाद में जेलर को गिरफ़्तार कर लिया गया।

सुकल प्रसाद नाग ने अपनी दिनचर्या बताई : सुबह पाँच से छह बजे के बीच चाय, जिसमें चीनी तक नहीं होती थी और कभी-कभी तो इतनी बुरी बनी होती कि क़ैदी उसे फेंक देते; सुबह नौ बजे दाल-चावल। दाल के नाम पर अमूमन बस पानी रहता था, और जहाँ तक सब्ज़ी की बात है तो मूली पत्ते का साग मिल जाना भी क़िस्मत थी। चावल से इतनी ख़राब गंध आती कि खाना मुश्किल होता। हफ़्ते में एक बार थोड़ा-सा गुड़ और चना मिलता, लेकिन वे सारी पौष्टिक चीज़ें जो क़ैदियों को दी जाने के लिए आतीं उन्हें जेल से बाहर काला बाज़ार में बेच दिया जाता। दोपहर में चाय मिलती और शाम चार बजे रात का खाना, जिसके बाद 10 मिनट के लिए बाहर निकलने को मिलता और इसके बाद फिर बैरक में। एक और पूर्व क़ैदी ने खाने में तैरनेवाले सफ़ेद कीड़ों (पिल्लुओं), और दवाओं के अभाव के बारे में बताया। उसने बताया कि हर मर्ज के लिए एक ही दवा उपलब्ध रहती थी। एक एनजीओ कर्मी, कोपा कुंजाम, को ग़लत मामले में फँसाकर जेल भेजा गया था। उन्होंने जेल में क्षमता से अधिक भीड़ की भयावहता बयान की : 'उन्हें सोने की जगह हाथ से नाप कर मिलती थी। नींद के दौरान करवट लेना भी नामुमकिन था। दूसरी करवट होने के लिए खड़े होकर फिर से लेटना पड़ता था।'

सुकल प्रसाद नाग ने बताया कि सीपीआई से जुड़े क़ैदियों की हड़ताल के बाद उन्हें एक पंखा और एक टेलीविजन मिला, लेकिन ख़बरें देखने की अनुमति नहीं थी, केवल गाने देख सकते थे। उन्हें अख़बार नहीं दिए जाते थे, और घर से चिट्ठियों की अनुमति नहीं थी—महीने में केवल एक पोस्टकार्ड की छूट थी। उन्हें हफ़्ते में एक बार पाँच मिनट के लिए परिवार से मिलने की अनुमति थी, लेकिन परिवार अगर कोई खाने की चीज़ लाता तो जेल अधिकारी उसे पहले ही ले लेते।

2016 तक ज़्यादा कुछ बदला नहीं लगता है। इन वर्षों में जेल में क्षमता से ज़्यादा भीड़ की स्थिति बदतर ही हुई है और 2015-16 में पुलिस ने बड़ी तादाद में युवाओं की गिरफ़्तारी के अभियान फिर से शुरू कर दिए हैं।

7

सबरी का दुख

हमारे सर पर कोई छत नहीं
पीटने को कोई बकरी नहीं
बाँग देने को मुर्ग़ा नहीं
पकाने को बरतन नहीं
खाने को चावल नहीं
हमने क्या पाप किया
जो जीना पड़ रहा ऐसे
कौन है जो बचा ले हमें इससे
और जाने दे हमें अपने घर?

जंगल में रह रहे उसुर गाँव के लोगों द्वारा गाया एक गीत, 2007

जुडुम बड़े पैमाने पर बिखराव और विस्थापन का समय था। जुडुम के हमलों के बाद, या तो लोग जंगलों में भाग गए या जबरन कैम्प में ले जाए गए। कुछ लोग गाँव-घर को आगजनी से बचाने के लिए ख़ुद ही कैम्प आ गए; अन्य लोग बार-बार हमलों के बाद ही आए। कभी-कभी आधा गाँव आया, ख़ासकर ग़ैर-आदिवासी गाँववाले, या सरपंच और उनके रिश्तेदार जिन पर माओवादियों ने हमला किया; बाक़ी लोग गाँव में ही रुके रहे। कैम्पों और बाक़ी लोगों के बीच सन्देह बढ़ते-बढ़ते किसी मोटी दीवार की तरह हो गया। जब लोगों ने गाँव छोड़ा, माताएँ एसपीओ बन गए बेटों से अलग हो गईं, और पति पत्नियों से। किसी को एहसास नहीं था कि यह विभाजन इतना गहरा होगा।

जंगल में कुछ महीने या साल भर रहने के बाद, ज़िन्दगी जब दुश्वार लगने लगी तो बहुत से लोग, ख़ासकर बासागुड़ा और कोंटा के आसपास के गाँवों से जो सीमा के क़रीब थे, आन्ध्र पलायन कर गए। इसके मुक़ाबले काफ़ी छोटी तादाद

महाराष्ट्र और ओडिशा गई, जहाँ कम रोज़गार उपलब्ध था। जबकि इन्द्रावती पार के गाँवों के लोगों ने और आगे बढ़ते हुए माढ़ के जंगल में पलायन किया। कुछ लोगों ने भोपालपटनम जैसे बस्तर के अप्रभावित हिस्सों में अपने रिश्तेदारों या जान-पहचान वालों के यहाँ शरण ली। पूरे के पूरे गाँव उजाड़ हो गए, वहाँ के बाशिंदे तितर-बितर हो गए, खेत परती हो गए और गाएँ लापता। कभी-कभी ऐसा हुआ कि चोरों के गिरोहों ने मवेशियों को घेरकर जमा किया और आन्ध्र ले जाकर बेच दिया, और इसका आरोप माओवादियों के सर मढ़ दिया।

'राहत शिविरों' से कोई राहत नहीं

फरवरी 2006 में कोंटा में एक स्थानीय फ़ोटोग्राफर द्वारा खींची गई तस्वीरें एक सलवा जुडुम जुलूस में बाल-बच्चों समेत गाँववालों की लम्बी क़तारें दिखाती हैं। ज़्यादातर पुरुष हाथ में डंडा लिए हुए थे; कुछ के पास छोटे बैग थे। सबसे पीछे जुडुम नेता थे, सबसे पीछेवाला कैमरे के लिए मुस्करा रहा था। लोग बस बुनियादी ज़रूरत की चीज़ें लेकर आए क्योंकि उन्होंने इसे चन्द दिनों की बात समझा था। उन्हें नहीं पता था कि यह जुलूस जबरन गाँव ख़ाली कराने की क़वायद में बदल जाएगा। इससे ज़्यादा चीज़ें वे ला भी नहीं सकते थे।

शिविर लगाए जाने की जगह और वक़्त के चयन की व्याख्या केवल, गाँवों पर जुडुम के हमलों के क्रम द्वारा ही की जा सकती है, न कि माओवादियों से राहत पाने की गाँववालों की किसी इच्छा से। सरकार द्वारा शुरुआती कैम्प 2005 में बीजापुर राजमार्ग के किनारे लगाए गए, पुलिस थानों के पास—जांगला, माटवाड़ा, भैरमगढ़, गंगालूर में। 2006 में, जुडुम कोंटा तक फ़ैल गया, और इसी के साथ कैम्प सुकमा-कोंटा राजमार्ग पर—दोरनापाल, एर्राबोर, इंजेराम और कोंटा में लग गए। कभी-कभी लोग एक कैम्प लाए गए, लेकिन अगर वह बहुत ज़्यादा भरा मिला तो उन्हें दूसरे कैम्प ले जाया गया। कोंटा सीमा से लगे गाँवों पर जुडुम हमलों की तीसरी लहर के पीछे-पीछे, एक कामचलाऊ कैम्प 2007 के पूर्वार्द्ध में मराईगुडेम में बन गया।

2005 के शुरुआती कैम्प तिरपाल की क़तारें भर थे, कभी-कभार नीली प्लास्टिक शीट से ढँके हुए, जिनसे धूप और बारिश दोनों भीतर आती थीं। फ़र्श ख़ाली और पथरीला था। ज़्यादातर लोगों के पास लेटने के लिए चटाई नहीं थी। और, अपने साथ वे एल्युमिनियम के जो चन्द बरतन लाए थे वे इस अजनबी दुनिया में अपने मालिकों जितने ही निरीह दिख रहे थे। कुछ तम्बू जल-निकासी गड्ढों के बिल्कुल पास थे, और बारिश के बाद वहाँ घुटने-घुटने कीचड़ हो जाता। गंगालूर जैसे कैम्प, जो स्कूलों में बनाए गए थे, कुछ बेहतर थे, साथ ही वहाँ कंबल वितरण जैसी चीज़ें

'राहत'-प्रयासों का कुछ आभास देती थीं। 2007 के पूर्वार्ध तक, बाँस व फूस की दीवारों और टिन या खपड़े की छत वाली झोंपड़ियाँ ख़ूब पास-पास बन जाने के साथ ही, ये कैम्प ज़्यादा स्थायी नज़र आने लगे थे।

इन गाँववालों को सघन बस्तियों में रहने का कोई तजुर्बा नहीं था। गोंडों के घर लम्बे-चौड़े अहातों में होते हैं। लकड़ी के बड़े-बड़े खूँटों की बाड़ लगी होती है। अगर लकड़ी न हुई तो बाँस से काम चलाया जाता है। घरों के इर्द-गिर्द पेड़ होते हैं। घर का सहन (दुआर) रोज़ साफ़ किया जाता है और वनोपज सुखाने के लिए इस्तेमाल किया जाता है। बहुत से घरों में सहन के पास लकड़ी का सूअरबाड़ा होता है। सहन में इधर-उधर मुर्ग़े-मुर्ग़ियाँ कुड़कुड़ाते रहते हैं। एक गाँव के पुरवे अक्सर एक-दूसरे से कुछ किलोमीटर के फासले पर होते हैं, जिनके बीच में खेत और जंगल होते हैं। यहाँ तक कि एक टोले के अन्दर भी, घर एक-दूसरे से कई-कई मीटर दूर हो सकते हैं। मैदानी इलाक़े में धुरवा और दोरलाओं के घर सटे-सटे होते हैं, लेकिन यहाँ भी हर घर का अपना आँगन और बाड़ी होती है।

कँटीले तारों और बालू की बोरियों से घिरे हर जुडुम कैम्प के केन्द्र में था सीआरपीएफ का पड़ाव और पुलिस थाना। बालू की बोरियों के पीछे थे, चेकपोस्ट सँभालते हथियारबन्द एसपीओ सन्तरी। यूनीसेफ ने सभी कैम्पों में अपने अलग से पहचाने जा सकनेवाले—माँ-बच्चे के नीले लोगो वाले सफ़ेद तम्बू लगाए थे। लेकिन बच्चों के लिए इनका इस्तेमाल होने के बजाय, इन्हें एसपीओ ऐसी जगह के बतौर इस्तेमाल में ला रहे थे जहाँ वे छिपते हुए निशानेबाजी, या अड्डेबाजी और ताश खेलने जैसे काम कर सकते थे।

सरकार ने लोगों को कैम्प से लगे पेड़ों को जलावनी लकड़ी और घर बनाने के लिए काटने की अनुमति दी। बहुत सारे पेड़ जुडुम नेताओं ने भी काट लिए और वन विभाग व आरा मिलों से साँठ-गाँठ करके उन्हें आन्ध्र में बेच दिया। पेड़ कट जाने के बाद, झाड़ियाँ साफ़ की गईं ताकि इनकी आड़ लेकर माओवादी कैम्पों पर हमले के लिए भीतर न आ सकें।

घरों के पहले से ज़्यादा पक्का होने के बाद भी, साफ़-सफ़ाई के हालात बदतर ही रहे। सुप्रीम कोर्ट के सामने 'सुनियोजित टाउनशिप' का सरकारी दावा हक़ीक़त से कोसों दूर था। औरतों को ख़ास तौर पर बहुत तकलीफ़ उठानी पड़ी क्योंकि पेड़ और झाड़ियाँ कट जाने और इतने सारे एसपीओ और सुरक्षा बलों के आसपास घूमते रहने के कारण, शौच जाने तक के लिए कहीं कोई आड़ मयस्सर नहीं थी। अप्रैल 2007 में एर्राबोर और दोरनापाल कैम्पों में, महिलाओं ने कहा कि वे रात में बाहर निकलने से डरती हैं, और इकलौती जगह जहाँ वे नहा सकती हैं, वह है हैंडपम्प, जो न केवल सार्वजनिक हैं बल्कि उनके आसपास काफ़ी गंदगी भी रहती है। उन्होंने कहा कि कैम्पों से मल-मूत्र की बदबू आती है। एक स्थानीय

मेडिकल प्रैक्टिशनर के मुताबिक़, मलेरिया, यक्ष्मा (टीबी), टाइफॉइड और खुजली बड़े पैमाने पर फैले हुए थे।

इस पूरी अवधि के दौरान, बाहर से आनेवाले सभी लोगों को बीजापुर का कासोली कैम्प दिखाया जाने वाला था, जो एक मॉडल कैम्प था और जहाँ अन्त:वासियों को रोज़गार से जुड़े हुनर सिखाने का इन्तज़ाम था। यह कैम्प सलवा जुडुम के पीछे मूल रूप से रहे आरएसएस के लोगों में से एक, चैतराम अट्टामी के नियंत्रण में था। आदिवासियों की 'बेहतरी' और 'उत्थान' को प्रदर्शित करने में यूनीसेफ भी सरकार का सहभागी बन गया था। जुडुम पर बनी, यूनीसेफ की 2007 की एक प्रचार फ़िल्म बच्चों को 'नक्सली आतंकवादियों की विनाश लीला' का साक्षी बताती है (जुडुम के हमलों का कोई ज़िक्र नहीं था)। फ़िल्म बखान करती है कि यूनीसेफ बच्चों और उनके माँ-बाप को सफ़ाई (बिना परवाह किए कि आदिवासी गाँव बहुत साफ़ रहते हैं), जिसमें झाग वाले मंजन से दाँतों को ब्रश करना भी शामिल है, सिखाने का शानदार काम कर रहा था। सरकारी दावे को जब अदालत में चुनौती दी गई, तो सरकार यूनीसेफ की एक रिपोर्ट का सहारा लेकर ही डट गई कि कैम्प में हालात 'अधिकतर सूचकों पर अन्तरराष्ट्रीय रूप से स्वीकार्य मानकों' के अनुरूप हैं।[1]

चूँकि सरकार द्वारा सुप्रीम कोर्ट को मुहैया कराए गए आँकड़ों ने उजागर कर दिया था कि कैम्प अच्छी स्थिति में नहीं हैं इसलिए, यह जान पाना मुश्किल है कि यूनीसेफ के दिमाग़ में आख़िर चल क्या रहा था। मसलन, 2009 के एक हलफ़नामे के मुताबिक़, 50,000 से ऊपर लोगों के लिए 426 सामुदायिक शौचालयों की योजना बनाई गई थी, लेकिन 2011 तक भी 'मंज़ूरी' मिलने के अलावा कोई काम नहीं हुआ था, जबकि तब तक ज़्यादातर लोग अपने घर जा चुके थे। सरकार सलवा जुडुम कैम्पों पर 2005 से 2010 तक 33.58 करोड़ रुपए ख़र्च करने का दावा करती है, लेकिन उसके नतीजे कुछ ख़ास नज़र नहीं आते थे।[2] समय-समय पर, कैम्पों को स्थायी राजस्व गाँव में बदल देने की चर्चा होती रहती थी।

राशन पर ज़िन्दगी

प्रत्येक कैम्पवासी को दाल, चीनी, मिट्टी के तेल, सोयाबीन, इमली, आलू, प्याज, अदरक, नमक, खाने के तेल, मिर्च, बरतन और कम्बलों के अलावा रोज़ आधा किलो चावल दिए जाने का प्रावधान किया गया था। लेकिन बहुत कम लोगों को इनमें से कुछ भी मिला।

कैम्पवासियों के लिए जो मंज़ूर हुआ और जो उन्हें वास्तव में मिला, इसके बीच भारी फ़र्क़ था और उसे कैम्प के नेताओं और व्यापारियों ने साँठ-गाँठ कर हड़प लिया। कैम्प नेताओं ने कैम्प में मौजूद लोगों की संख्या बढ़ाकर दिखाई।

व्यापारियों ने काग़ज़ों में पूरी मात्रा की आपूर्ति दिखाकर पैसे ले लिये, और उससे काफ़ी कम आपूर्ति की। उसमें से भी कुछ उनके पास काला बाज़ार में बेचने के लिए वापस आ गया। एक व्यापारी ने मुझे बताया कि उसने कैम्पों में राशन आपूर्ति करने से मना कर दिया था, क्योंकि अन्दरूनी इलाक़ों में अपने व्यापार के लिए वह माओवादियों पर निर्भर था और इससे उनके साथ दूरियाँ बढ़ने का डर था। जिन्होंने कैम्पों में कारोबार किया लखपति हो गए, लेकिन एक बड़ी क़ीमत पर। माओवादियों के डर से वे आज़ादी से आसपास कहीं आ-जा नहीं सकते थे, और उन्हें अपना घर जगदलपुर में शिफ़्ट करना पड़ा था।

कैम्पों के लिए आधिकारिक रूप से मंज़ूर पैसों के अलावा, गाँवों में आनेवाला जन वितरण प्रणाली (पीडीएस) का राशन, साथ ही साथ गाँव के बुनियादी ढाँचे के लिए पंचायतों के ज़रिये आनेवाला फंड भी कैम्पों की ओर मोड़ दिए गए, मानो जो गाँवों में हैं उनका राज्य पर कोई हक़ ही न रह गया हो। मसलन, 2008 में यही कोई 15 गाँवों से 2000 लोग मराईगुडम कैम्प में थे। इन 15 गाँवों की आबादी 2001 की जनगणना के मुताबिक़ 7000 से 10000 होगी। इतनी बड़ी आबादी के लिए जो राशन था वह अब महज़ 2000 लोगों तक सीमित था।[3] काग़ज़ों पर, कैम्पों में कई सारी सड़कें और तालाब बनाए गए—कभी-कभी तो एक बार से ज़्यादा बार।

गाँववालों के लिए, कैम्प में क़ैद रहने का मतलब था भूख की मार। चूँकि खाद्य आपूर्ति कम रहती थी, लोग अक्सर राशन के लिए लड़ते थे। कैम्पवासी चोरी-छिपे माओवादियों को रसद न भेज रहे हों, इस शक के चलते उनके बाहर से कुछ ख़रीद सकने की मात्रा पर भी एसपीओ कड़ी राशनिंग करते थे। अपने ख़ुद के गाँव में लोगों के पास भोजन में अनाज के साथ फल, साग और कंद जैसे पूरक थे, और इसी तरह आमदनी के लिए पूरक थे, महुआ, टोरा (महुआ फल) और तेंदू संग्रह करना। लेकिन कैम्पों में यह सम्भव नहीं था। अगर उनके मूल गाँव नज़दीक होते, तो दिन में जाकर टोरा चुना जा सकता था, लेकिन महुआ चुन पाना मुश्किल था क्योंकि यह काम अमूमन भोर से पहले किया जाता है। कभी-कभी, जैसे कि गंगालूर में, गाँवों के मूल बाशिंदों ने बाहरी लोगों के वनोपज संग्रह करने पर अपनी नाराज़गी प्रकट की। कैम्पों में भोजन की आपूर्ति भले ही कम हो, शराब की कोई कमी नहीं थी : हर कैम्प में 'विदेशी शराब' (जैसा कि इसे स्थानीय तौर पर कहा जाता था) के पाउच बेचनेवाली एक दुकान थी।

2005 से पहले भी, बहुत से लोग मज़दूरी के काम, ज़्यादातर सड़क चौड़ीकरण, पर निर्भर थे। चूँकि लोग आजीविका के लिए कई काम—खेती, मवेशी चराना, वनोपज संग्रह और दिहाड़ी मज़दूरी वग़ैरह किया करते थे, उनका हर रोज़ एक ही नियंत्रित गतिविधि से गुज़ारा होना मुश्किल था। राष्ट्रीय ग्रामीण रोज़गार गारंटी क़ानून (नरेगा) के तहत कैम्पों में मुहैया सीमित काम से हमेशा भुगतान की गारंटी

भी नहीं रहती थी। 2010 में, कोंटा कैम्प में गाँववालों ने मुझे बताया कि उन्होंने दो साल पहले कोंटा से दोरनापाल के 40 किलोमीटर रास्ते के दोनों ओर 100 मीटर तक झाड़ियों की सफ़ाई का जो काम नरेगा के तहत किया था, उसका भुगतान नहीं किया गया है। कोंटा रोड से लगे कैम्पों में, बहुत से युवा मिर्ची तुड़ाई के लिए या भद्राचलम पेपर मिल में काम करने आन्ध्र चले गए। कुछ विधवाएँ गुजर-बसर के लिए कैम्प के नेताओं, व्यापारियों और अधिकारियों के घरों में घरेलू सहायिका का काम करने लगीं, और जिस्मफ़रोशी भी ठीकठाक पैमाने पर शुरू हो गई थी। जहाँ इतने सारे पुलिसवाले और सुरक्षा बल आसपास हों, और इतना बड़ा विस्थापन हो, यह तो वहाँ होना ही था : एड्स के प्रकोप की अफ़वाहें भी चल रही थीं।

चूँकि अफ़वाहों ने ऐसी हवा बना दी थी कि अगर लोग घर गए तो माओवादी हमले होंगे, सरकार ने कैम्पवासियों को सशस्त्र सुरक्षा के साथ ट्रकों और ट्रैक्टरों में वापस भेजा, ताकि वे कैम्प में अपने घर बनाने के लिए अपने पुराने घरों से जो चीज़ें ले सकते थे, ले लें। सरकार की ओर से उन्हें छत के लिए टिन की चादरें भी दी गईं। बहुतों को लगा कि उनका भविष्य सरकार की तरफ़ रहने में ही सुरक्षित है। ऐसे ही एक ट्रक पर कैम्प लौटे युवक-युवतियों के एक समूह ने मुझसे कहा : 'नक्सलियों ने हमें आज तक क्या दिया है? कम से कम सरकार हमें हमारे घरों के लिए टिन और चावल दे रही है।' मैंने पूछा, 'इसके बाद क्या?' उनके पास कोई जवाब नहीं था : 'ऐसे ही पड़े रहेंगे।'

घरों के निर्माण में भी भारी भ्रष्टाचार था। 2010 में, दोरनापाल के बाशिंदों ने शिकायत की कि जो सरकारी ज़मीन पर घर बना रहे हैं उन्हें स्थायी ढाँचा बनाने के लिए 12,000 रुपए मिले, जबकि निजी ज़मीन पर बन रहे ढाँचों को अस्थायी मानते हुए उन्हें केवल टिन की छत और 1500 रुपए के लायक ही समझा गया। लेकिन बहुत से गाँववालों को न ये टिन देखने को मिली और न रुपए।

गाँवों के बिखर जाने के बावजूद, कुछ समय बाद, सामाजिकता के निर्वाह के लिए रिश्तेदारों और परिचितों का एक-दूसरे के यहाँ विभिन्न कैम्पों, यहाँ तक कि पास के गाँवों से भी आना-जाना शुरू हो गया। लेकिन कैम्पों में रीति-रिवाजों का पालन या त्योहार मनाना सम्भव नहीं, और अनिवार्यत: इस मौक़े का इस्तेमाल संगठित धर्मों ने मतांतरण के लिए किया। बीजापुर के कुछ कैम्पों में आरएसएस सक्रिय था। कोंटा के एर्राबोर और इंजेराम में, नगा और मिजो इंडिया रिज़र्व बटालियनों को पादरियों की ज़रूरत थी, इसका फ़ायदा उठाकर, ग्लोबल मिशनरी सोसाइटी और मेसीडोनिया सोसायटी के ईसाई धर्म प्रचारकों ने कम से कम 100 लोगों का धर्मान्तरण किया, ख़ासकर 2007 की बाढ़ के बाद जिसने सुकमा और कोंटा को तबाह कर दिया था। युद्ध ने आरएसएस और ईसाई धर्म प्रचारकों को एक ही नाव का सवार बना दिया था।

सरकार ने भी कैम्पों में सामूहिक विवाह आयोजित किए, जिनका संचालन एक हिन्दू पुनरुत्थानवादी सम्प्रदाय, गायत्री परिवार द्वारा किया गया। अधिकारियों ने मुझे बताया कि 2006-07 में कोंटा और इंजेराम में 161, एर्राबोर में 36 और दोरनापाल में 1010 शादियाँ कराई गईं। लेकिन लोग प्यार और सहवास के मूड में कम ही थे, इसलिए जन्म दरों में तेज़ गिरावट दर्ज की गई।[4]

बँटे हुए गाँव, बँटे हुए जज़्बात

> पहले हमें दादा लोग से कोई दिक़्क़त नहीं थी; लेकिन अब हमने सुना है कि वे कह रहे हैं कि जो लोग कैम्प में गए थे उन्हें वे पीटेंगे।
>
> *कैम्पवासी, 2007*

> अगर सरकार तुम्हारी माई-बाप है, तो अब घर आने के लिए क्यों कह रहे हो?
>
> *एक बाशिंदा जो गाँव में ही रहा, 2007*

हर पल एसपीओ और अर्धसैनिक बलों से घिरे होना और कैम्प नेताओं की चौकन्नी निगाहों के साए में रहना, घर कब जा पाएँगे, यह मालूम नहीं होना—इन सब हालात ने लोगों को ग़ुस्से के साथ ही लाचारी और कुछ न सूझने वाली नाउम्मीदी में पहुँचा दिया। 2007 में मराईगुडम कैम्प स्थापित होने के कुछ ही समय बाद जब मैं वहाँ पहुँची, मैंने कई सारे पुरुषों को ऐसे ही इधर-उधर बैठे उदास नज़रों से ताकते पाया, न कोई काम और न कोई जिन्दगी। जुडुम के पहले साल, पुलिस ने तीर-धनुष बाँटे थे, इसलिए युवक अगले माओवादी हमले, जिसकी उनसे आशंका जताई गई थी, का इन्तज़ार करते हुए निरुद्देश्य भाव और ग़ुस्से से इधर-उधर फिरते रहे। जून 2007 में जब मैं दोरनापाल कैम्प में महिलाओं से मिली, वे अचानक झुंड के रूप में जमा हो गईं और चिल्लाना शुरू कर दिया कि उनके पतियों को मार दिया गया है। अपने खेतों और घरों को खोकर नाउम्मीद हुए वे लोग, सलवा जुडुम नेताओं द्वारा भड़काये जाने और कैम्प नेता जिधर भी इशारा करें, उधर ही अपना ग़ुस्सा मोड़ देने के लिए अब बिलकुल तैयार माल थे।

कैम्प में अस्पष्ट भावनाओं की आग सुलग रही थी; मसलन, कैम्पों में जबरन लाए गए गाँववाले उन लोगों से ख़फ़ा थे जो उनके साथ नहीं आए थे। जैसा कि एक व्यक्ति ने मुझसे कहा, 'या तो हमें बिलकुल तकलीफ़ नहीं उठानी चाहिए या हम सबको बराबर उठानी चाहिए।' उनका मानना था कि जो अब भी जंगलों में हैं

वे बेहतर स्थिति में हैं। वे अपने घर जाने के लिए तड़प रहे थे, लेकिन इस बात से ख़ौफ़ज़दा थे कि माओवादी उन्हें सरकार के साथ हाथ मिलाने का दोषी ठहराएँगे। इन्द्रावती के पार मेरी बात एक ग्राम मिलिशिया कमांडर से हुई। उसने कहा कि वह कैम्पों में रह रहे लोगों को वापस आने के लिए लिखता रहा, लेकिन जुडुम ने उन्हें कैम्प नहीं छोड़ने दिया।

लेकिन लोगों के दिलों से डर निकालना आसान नहीं था; सचमुच कुछ ऐसे मामले सामने आए जिनमें घर लौटे एसपीओ मार डाले गए, और जुडुम नेताओं ने इस नैरेटिव को जारी रखा कि लौटना ख़तरनाक है। 2008 में हीरापुर कैम्प में, जहाँ पुल के पार बासागुड़ा से 'माओवादी इलाक़ा' शुरू होता था, इत्र से महक रहे, सफारी सूट पहने कैम्प के एक नेता ने दावे के साथ कहा : 'अगर तुम उधर गए, तो मार डाले जाओगे। हर दिन तीन-चार लाशें वहाँ पड़ी मिलती हैं।' इन सबके बावजूद, जब हमने लिंगागिरी और कोरसामडगू को जलाए जाने की चर्चा की तो आम कैम्पवासियों के चेहरों पर शर्मिंदगी थी :

> **ग्रामवासी :** जिन्होंने गाँवों को जलाया वे जुडुम से बाहर के लोग थे; यहाँ से किसी ने ऐसा काम नहीं किया।
>
> (वे थोड़ी देर चुप रहे।)
>
> **मैं :** शान्ति कैसे बहाल होगी?
>
> **ग्रामवासी :** अगर नक्सली सरकारी फंड से विकास कार्य और मतदान होने दें, तो चीज़ें ठीक हो जाएँगी।
>
> **शिक्षिका :** उन्होंने [नक्सली] लोगों का भरोसा खो दिया है। [थोड़ी देर चुप्पी] जुडुम से क़िसी को फ़ायदा नहीं हुआ है—उन्होंने हमें लाकर बीच मझधार में छोड़ दिया है, न इधर के रहे न उधर के।

2010 में एर्राबोर कैम्प के वासियों ने सुप्रीम कोर्ट को लिखा : 'हम अपने गाँव लौटना चाहते हैं और बिना किसी डर के शान्ति से खेती-बाड़ी करना चाहते हैं। ग़लतियाँ दोनों तरफ़ से हुई हैं और अब हम सुलह और शान्ति चाहते हैं। सरकार और माओवादियों के बीच शान्तिवार्ता होनी चाहिए।'

जहाँ तक बात है उनकी जो जंगल में रह गए या उनकी जिनके गाँव बार-बार जलाए गए, वे इस बात से ख़फ़ा थे कि एक वक़्त तो इलाक़े में हर कोई (यहाँ तक कि जुडुम नेता भी) माओवादियों का मददगार हुआ करता था, पर उन्हें ही अलग से माओवादी समर्थक चिह्नित कर उन पर बार-बार हमला किया गया। इन्द्रावती के पार माओवादी इलाक़े की तरफ़ माढ़ के शुरू में ही स्थित एक अलग-थलग

गाँव, मेरुवाया में, देवा ने गाँव छोड़कर गए लोगों के बारे में कड़वाहट से कहा : 'कैम्प में रह रहे लोग क्यों लौटेंगे जब वहाँ मुफ़्त में खाने को मिल रहा है? यहाँ खाने के लिए उन्हें काम करना पड़ेगा।'

कैम्पों में मौतें

> हम अपने गाँवों में अपने हिसाब से रहते थे—यहाँ हम बँधा-बँधा और क़ैद में महसूस करते हैं। हमें यहाँ खाना तक नहीं मिलता। और हम यहाँ असुरक्षित महसूस करते हैं। यहाँ लोग मारे जा रहे हैं।
>
> *एक कैम्पवासी, 2008*

अगर किसी गाँव के बहुसंख्य लोग कैम्प में आ चुके हैं, तो जो कैम्प नहीं आता है वह सन्दिग्ध होता। मसलन, कट्टानाड़ का पोडियामी भीमा माटवाड़ा कैम्प से 3-4 किलोमीटर दूर सुरापारा गाँव में अपने रिश्तेदारों के यहाँ रह रहा था और अपने गाँव के दूसरे लोगों से मिलने के लिए अक्सर कैम्प जाता रहता था। मगर, एक दिन जब वह सब्जियाँ ख़रीदने गया था, उसे दो एसपीओ ने पकड़ लिया और पूछा कि वह कैम्प में क्यों नहीं रह रहा। उसे वहाँ से ले जाकर मार दिया गया। यह कोई अकेली कहानी नहीं थी, ऐसी कहानियाँ मुझे बार-बार सुनने को मिलीं।

लेकिन कैम्प में लम्बे समय तक रहते हुए भी, ज़िन्दगी की डोर वैसी ही नाज़ुक बनी रहती थी। मार्च 2008 में, माटवाड़ा कैम्प में एसपीओ ने पाँच पुरुषों को मार डाला; सोमड़ू नामक एक व्यक्ति बच गया था। यहाँ जो ब्योरा है वह मारे गए लोगों की विधवाओं और सोमड़ू द्वारा जून 2008 में एनएचआरसी को दिए गए बयानों पर आधारित है। मार्च 2008 में, अज्ञात लोगों ने माटवाड़ा कैम्प में रह रहे दो मुखियाओं बामन और उँगा, जो लोगों को सलवा जुडुम की बैठकों में ले जाया करते थे, को मार दिया। बतौर सज़ा, एसपीओ ने गाँव के सभी लोगों को इकट्ठा किया, इस भीड़ से रैंडम ढंग से 10-15 पुरुषों को अलग किया, और फिर उनके हाथ पीछे ले जाकर गमछे से बाँध दिए और उन्हें भागने को कहा। मड़कामी सुक्को और पोडियामी मासो, जो सामने थे, को गोली मार दी गई। माटवाड़ा गाँव के बहुत से लोग इसके चश्मदीद थे, पर कुछ बोल नहीं सके। इस घटना के क़रीब हफ़्ते-भर बाद, तीन अन्य पुरुषों मड़कामी मुद्दा, मड़कामी देवा और माड़वी हिड़मा भी एसपीओ द्वारा उतने ही बेवजह और निर्विचार ढंग से मार दिए गए। मुड्डा हैंडपम्प के पास था, तो एसपीओ ने हैंडपम्प चलाने को कहा ताकि वे पानी पी सकें। सबके लिए हैंडपम्प चलाने के बाद जब वह ख़ुद पानी पीने के लिए झुका तो उन्होंने उस पर पीछे से लाठी से वार किया। देवा, हिड़मा अैर सोमडू को एक जलधारा से लौटते समय उठाया गया।

सोमडू किसी तरह भाग निकला, बाक़ी दोनों को मार डाला गया। सीआरपीएफ यह सब होते दूर से देखती रही, लेकिन कुछ नहीं किया। कैम्प से किसी को इन लोगों के पास तक नहीं जाने दिया गया। इसके बाद एसपीओ ने हवा में गोलियाँ दागीं ताकि वे मुठभेड़ होने का दावा कर सकें, और फिर लाशें वहीं पर छोड़ दी गईं। अगली सुबह, जब परिजन लाशों को माटवाड़ा कैम्प लाए और सरपंच व सीआरपीएफ कमांडर से इस बारे में शिकायत की, तो उन्होंने कहा कि वे कुछ नहीं कर सकते। सलवा जुडुम नेता विक्रम मंडावी और थानेदार मरकाम ने उन्हें सलाह दी कि वे नक्सलियों द्वारा हत्या किए जाने की बात कहें जिससे उन्हें मुआवज़ा मिलेगा। परिजनों ने ऐसा करने से मना कर दिया। विधवाओं को मुआवज़ा मिला तो केवल एक एनजीओ 'वनवासी चेतना आश्रम' की वजह से, जिसने इस बाबत पीड़ित परिवारों की ओर से बिलासपुर हाईकोर्ट में मुक़दमा दायर किया था।

पूर्व मुख्यमंत्री अजीत जोगी ने एक बार दिल्ली में एक जनसभा में ज़िक्र किया कि किस तरह कांग्रेस कार्यकर्ताओं ने उन्हें बताया कि उन लोगों ने कोंटा में कैम्प के पास से बहनेवाली सबरी नदी की मछलियाँ खानी छोड़ दी हैं क्योंकि नदी में बहुत सारी लाशें फेंकी गई हैं। आज जब कोई सबरी को देखता है—निर्मल, चट्टानों के बीच से तेज़ी से बहती व बल खाती, आँखों की काली बरौनियों की तरह किनारे-किनारे लगे पेड़, बालू में गहरे तक धँसी भैंसें, लोगों को उस पार ओडिशा ले जाने के लिए इन्तज़ार में खड़ी लाल व क्रीम रंग की नावें—तो उसके लिए उस भयावहता की कल्पना कर पाना मुश्किल होता है।

इनसानी ढाल से इनसानी रिश्तों की बहाली तक

> हम इस साल मार्च में महुआ चुनने, पत्ते तोड़ने वग़ैरह के लिए अपने गाँव लौटे और उसके बाद वापस नहीं गए। लेकिन हमें जोतने-बोने दिया जाएगा या नहीं, और क्या सलवा जुडुम हमें कैम्प वापस बुलाएगा, हमें नहीं मालूम। उन्होंने हमें बीते दो साल से जोतने-बोने नहीं दिया है।
>
> *बोगमपाड़ वासी, 2008*

> मैं गाँव आता हूँ और खेतों में काम करता हूँ, मगर दो दिन गाँव में रहने के बाद अगले दो दिन कैम्प में रहता हूँ। मैं हमेशा के लिए अपने गाँव लौटना चाहता हूँ, पर लौट नहीं रहा, क्योंकि मुझे डर है कि सलवा जुडुम और पुलिस मेरे परिवार और मुझ पर दोबारा हमला करेंगे।
>
> *चेरुगुड़ा वासी, 2009*

लोग कई चरणों में घर लौटे। बीजापुर की तरफ़, लोगों ने 2006 में ख़ुद ही कैम्पों से भागना शुरू कर दिया। कुछ लोग महुआ चुनने के बहाने कैम्प से निकले और गाँव में ही रह गए, पर वापस बुलाए जाने का डर हमेशा सताता रहा। कुछ कैम्पों में, एक साल या उससे कुछ कम-ज़्यादा वक़्त के बाद, लोगों को दिन के समय अपने खेत जोतने की अनुमति दी गई, लेकिन रात में उन्हें लौटना पड़ता था। दीगर कैम्पों में, हर घर से एक व्यक्ति को जमानत के तौर पर रख लिया गया। उनकी बाक़ायदा हाज़िरी ली जाती थी। अगर कोई गाँव माओवादियों के गढ़ के रूप में चिह्नित था, तो पुरुषों को कैम्प में ही रखा गया जबकि महिलाओं को घर पर रहकर मवेशियों की देखभाल करने की इजाज़त दे दी गई। खेती से जुड़े ज़रूरी अनुष्ठानों के लिए जब भी गायटा (पुजारी) गाँव जाना चाहता, उसे पुलिस निगरानी में ले जाया जाता, ताकि वह माओवादियों से सम्पर्क स्थापित न कर ले। जुडुम नेताओं ने लोगों को इनसानी ढाल बनाकर अपने पास रखा। उन्हें लगता था कि अगर अधिकांश गाँववाले घर चले गए, तो कैम्पों में उन पर हमले का ख़तरा बढ़ जाएगा।

कोंटा की तरफ़, कैम्पों से पहला बड़ा सामूहिक प्रस्थान नवम्बर 2007 के बाद हुआ। इसके लिए हिम्मत मिली जुडुम के ख़िलाफ़ सीपीआई की जगदलपुर में विशाल आम रैली से। 2011 में, सरकार ने सुप्रीम कोर्ट को रिपोर्ट दी कि कैम्प में लोगों की संख्या घटकर आधी से कुछ ही ज़्यादा, कोई 25,000 तक, रह गई है। कभी-कभी, लोगों ने घर जाने की इजाज़त हासिल करने के लिए जुडुम नेताओं या एसपीओ की मुट्ठी गर्म करने का भी जुगाड़ किया। मसलन, कोयापाडु गाँव के लोगों ने पोलमपल्ली कैम्प छोड़ने की इजाज़त पाने के लिए किचे नन्दा को 3000 से 5000 रुपए प्रति घर के हिसाब से भुगतान किया।

कुछ मामलों में, घर लौटने के बाद गाँववाले ख़ुद ही कैम्पों से सारे सम्पर्क नहीं तोड़ना चाहते थे। दोरनापाल कैम्प में, जब तक राशन दिया जाता रहा, घरों से परिवार के एक सदस्य को हर पखवारे राशन लेने वापस कैम्प भेजा जाता रहा। कैम्प में एक घर का बने रहना, उपयोगी जायदाद बन गया। चूँकि स्कूल अब केवल कैम्पों में संचालित हो रहे थे, ऐसे में अगर किसी के बच्चे पढ़ रहे थे तो यह उनके रुकने के लिए भी सुविधाजनक ठिकाना था।

अपने घरों में वापस व्यवस्थित होने में लोगों को लम्बा समय लगा। किसी के खेत परती हो गए थे, तो किसी और के लिए, जब तक इलाक़े के सारे गाँवों के लोग न लौट आएँ, खेती कर पाना सम्भव नहीं था, क्योंकि छुट्टा मवेशी फ़सलों को नुक़सान पहुँचा सकते थे। एर्राबोर के लोग अपने घर लौटने को उत्सुक थे, लेकिन पड़ोस के इरला गाँव के लोगों के लौटने और उनके अपने मवेशियों को बाँधने तक नहीं लौट सके। कुछ जगहों पर, सरकार ने घर लौटे लोगों को बीज

मुहैया कराए, लेकिन ज़्यादातर मामलों में, लोगों ने आन्ध्र प्रदेश की अपनी कमाई से बीज ख़रीदे या फिर उन पड़ोसी गाँवों से उधार लिये जो हमलों से बच गए थे।

जिन गाँववालों ने अलग रास्ते चुने उनके साथ रिश्ते बहाल करने में भी वक़्त लगा। जिस मनीकोंटा में 2006 में 13 लोग जन अदालत में मार डाले गए थे, वहाँ अलग-अलग टोलों के लोग 2008 और 2011 के बीच—कैम्पों से, माओवादियों के साथ रहकर जंगलों से, आन्ध्र से—अलग-अलग वक़्त पर लौटे। जुलाई 2012 में, उन सबने सड़क से लगे (छोटे गाँव) में एक बैठक की और पुरानी बातों पर मिट्टी डालने का फ़ैसला किया। हर कोई गाँव लौटकर ख़ुश था, यहाँ तक कि जो पहले कैम्पों में माओवादियों के ख़िलाफ़ बोलते थे उन्होंने भी माना कि गाँव की ज़िन्दगी कैम्प में रहने से लाख गुना बेहतर है।

2015-16 में जो अब भी घर नहीं लौट पाए थे, वे थे सरपंच, एसपीओ और जुडुम नेताओं के परिवार। इसके अलावा, जगरगुंडा कैम्प चलता रहा और उसे सरकार से राशन मिलता रहा जिसे हर छह महीने पर पुलिस की पहरेदारी में पहुँचाया जाता था।

टकराव के निशाने पर

> कैम्पों पर हमारे हमला करने से लोग ख़ुश हैं।
>
> *—गुडसा उसेंडी, माओवादी प्रवक्ता आइसीआइ से बातचीत के दौरान, मई 2006*

एसपीओ ने भले ही कैम्पों में लोगों को यूँ ही मनबहलाव के लिए मार दिया हो, पर वे भी हमेशा माओवादी हमले के ख़तरे की ज़द में रहते थे। सरकार ने फरवरी 2011 में सुप्रीम कोर्ट को बताया कि 2005 से कैम्पों पर 34 बार हमला किया जा चुका है। हमले अमूमन कैम्पों में मुख़बिरों की वजह से मुमकिन हुए, कभी-कभी माओवादी से एसपीओ बने जो लोग थे वे भाग गए और फिर से माओवादियों में शामिल हो गए।

शुरू में माओवादियों ने, कैम्पों पर अपने हमलों को लोगों को 'यातना शिविरों' से मुक्त कराने की एक कोशिश के रूप में पेश किया। जैसे कि जनवरी 2006 में हुआ गंगालूर कैम्प पर हमला जिसमें सात एसपीओ मारे गए, और मई 2006 में इंजेराम कैम्प पर हमला जिसमें चार एसपीओ मारे गए। उन्होंने दावा किया कि कैम्पवासियों ने ख़ुद ही उन एसपीओ की निशानदेही की थी; इन हमलों के दौरान उन्होंने वर्दी और बैज नहीं पहने। हालाँकि, जुलाई 2006 में एर्राबोर कैम्प पर हुए हमले, जिसमें 32 लोग मारे गए थे, और मार्च 2007 में रानी बोदली कैम्प पर हुए हमले के बाद, कैम्पों की क़िलाबन्दी बेहतर कर दी गई और हमलों की संख्या में कमी आ गई।

रानी बोदली में, पुलिस ने अपना कैम्प लड़कियों के एक स्कूल और हॉस्टल में बनाया। अख़बारों ने रिपोर्ट किया कि इस कैम्प पर कोई 400 माओवादियों ने हमला किया, जिसमें 39 एसपीओ समेत 55 पुलिसवाले मारे गए। हमला कोई तीन घंटे तक चला। ज़्यादातर पुलिसवाले पिए हुए थे और सो रहे थे। जिन तीन सन्तरियों पर निगहबानी की ज़िम्मेदारी थी उन्होंने भागकर लड़कियों के बीच शरण ली। हमले में मारे गए एसपीओ में से कई नाबालिग़ थे। पूरे हमले के दौरान, माओवादियों ने सुनिश्चित किया कि लड़कियों को एक तरफ़ रखा जाए और उन्हें कोई नुक़सान न पहुँचे। इस हमले में छह माओवादी कैडर भी मारे गए।[5] एक लम्बे समय तक, रानी बोदली माओवादी सैन्यवाद का प्रतीक बना रहा, जब तक कि 2010 में इससे भी बड़े पैमाने पर सीआरपीएफ जवानों के संहार ने इसे पीछे नहीं छोड़ दिया।

जंगल में ज़िन्दगी

> वो सब लोग जो गाँवों में रुके हुए हैं या तो माओवादी हैं या संघम सदस्य।
>
> *—मुख्य सचिव, छत्तीसगढ़, आइसीआइ से बातचीत में, मई 2006*

> दंडकारण्य की क्रान्तिकारी जनता ने, जवाबी हमला अभियान में लगे होने के दौरान भी आत्मरक्षा या उत्पादन कार्य के लिए उठाए जानेवाले क़दमों की अनदेखी नहीं की। बहुत से गाँवों के लोगों ने चौबीसों घंटे चौकसी बरतने के लिए अपने गाँव के चारों कोनों पर सन्तरी चौकियाँ बनाई हैं। कुछ अन्य ने गहरे जंगल के हिस्सों में अस्थायी आश्रय बनाए हैं। लोगों ने अपना सारा अनाज, पशुधन, पैसा और दूसरी क़ीमती चीज़ें गाँव से हटाकर जंगल में महफ़ूज़ ठिकानों पर पहुँचा दी हैं। उन्होंने जन मिलिशिया और पीएलजीए की दूसरी विंग्स की हिफ़ाज़त में अपना खेती-बाड़ी का काम जारी रखा। यह कहना अतिशयोक्ति नहीं होगी कि कट्टानाड़ से लेकर कुंटा तक लगभग सारे के सारे गाँव जन-प्रतिरोध के दुर्ग बन गए हैं।
>
> *पीपुल्स मार्च, जनवरी 2007*

कैम्प नहीं जाने का विकल्प चुनना महज़ एक राजनीतिक चुनाव—यानी माओवादियों को समर्थन करना—नहीं था, बल्कि अस्तित्व का सवाल भी था। लोगों ने बताया कि हो सकता है, उनके पास घर में खाने के लिए कुछ न हो, लेकिन उनके पास ज़्यादा आज़ादी है, और कम से कम वे अपने ख़ुद के गाँव में या गाँव के पास तो हैं। जंगल में माओवादी दस्तों ने उनकी हिफ़ाज़त की। ऐसे 'प्रतिरोध करनेवाले

समुदाय' हर गुरिल्ला संघर्ष में पाए जाते हैं, चाहे वह दंतेवाड़ा हो या अल सल्वादोर या कोलम्बिया।

गाँववालों को रुके रहने के लिए राजी करने में माओवादियों ने अपना पूरा ज़ोर लगा दिया। फ़सल कटाई कर रहे गाँववालों की रक्षा करते हुए, 19 जून, 2010 को वंगील की कॉमरेड देवे मारी गई :

> जिन दिनों सलवा जुडुम चल रहा था, वह गाँव के लोगों के साथ ही रुका करती थी, दिन-रात पहरेदारी करती थी और हमेशा होशियार व जुडुम के गुंडों पर हमला बोलने को तैयार रहती थी। बाद में देवे ने *शिविर* (कैम्प) चले गए लोगों के बीच प्रचार अभियान भी चलाया और उन्हें समझाने की कोशिश की कि असली दुश्मन कौन है। उसने लोगों को अपने गाँव लौटने के लिए राजी किया और बहुत से मामलों में वह लोगों को लौटाने में सफल भी रही।[6]

हालाँकि, हर किसी को लगातार जुडुम के और हमलों का ख़ौफ़ बना रहा। माँओं ने उन दिनों को याद करते हुए मुझे बताया कि किस तरह उन्हें अपने बच्चों को चुप कराना पड़ता था, ताकि सुरक्षा बल उन्हें ढूँढ़ न लें। कुत्ते और मुर्ग़े बोलने न लगें, इसके लिए उन्हें मार दिया गया। शुरू में, जब जुडुम अनाज के बोरे चुरा और लूट रहा था, माओवादियों ने घरों में बूबी-ट्रैप (विस्फोटक फंदे) लगा दिए। इसे देखते हुए, जुडुम ने सारे घरों को सीधे-सीधे जला देने का फ़ैसला कर लिया।

लोग तेंदू के फलों, कंदमूल और जो भी थोड़ा-बहुत अनाज किसी तरह बचा सके उसी पर ज़िन्दा रहे। जो गाँव नहीं जलाए गए थे वहाँ से अनाज भेजकर और घरों को दोबारा बनाने के लिए गाँववालों की टीमें भेजकर माओवादियों ने मदद की। पार्टी ने व्यापारियों से चावल, या लोगों के नेटवर्कों के ज़रिये जंगल में रह रहे अपने रिश्तेदारों के लिए आन्ध्र से चावल ख़रीदवाकर भी कुछ रसद का इन्तज़ाम किया।

खाना बस इतना ही था कि लोग मरें नहीं। मैं गंगापाडु के एक परिवार से आन्ध्र प्रदेश में मिली। उन्होंने बताया कि 30 लोगों पर रोज़ एक किलो चावल मिलता था, जिससे बड़ों को केवल भात का माड़ मयस्सर होता था। जब यह भी मिलना बन्द हो गया, तो हर कोई आन्ध्र प्रदेश चला गया। अमूमन, एक गाँव में एक या दो व्यक्ति घरों और खेतों पर नज़र रखने के लिए रुके।

जहाँ माओवादी मज़बूत थे, वहाँ उन्होंने सुनिश्चित किया कि खेत जोते जाएँ। जिन गाँवों में बुआई के बाद लोग कैम्प चले गए, दस्तों ने सन्तरियों की निगरानी में फ़सलों की कटाई की। कभी-कभी इस उम्मीद में गाँववालों के लिए अनाज रख दिया गया कि वे लौटेंगे, और कभी-कभी बचे हुए लोगों के बीच बाँट दिया गया, उनके मवेशियों और छतों की टाइल्स समेत।

दूसरी तरफ़, जुडुम और पुलिस ने उन ज़मीनों से फ़सल काट ली जिन्हें ग़रीब परिवारों में अनाज बाँटने के लिए माओवादी नेतृत्व में सामूहिक रूप से बोया गया था, जैसे कि सरकारी मिल्कियत वाले पामेलवाया फ़ार्म में। लोग भूख से बिलबिला कर अपनी जगह छोड़ दें, इस कोशिश में जुडुम ने जंगल में छिपाया गया अनाज भी खोजकर जला दिया।

खंडित भारतीय राज्य की एक अखंड बाँह होने का मतलब

वक़्त के साथ पूरे दंतेवाड़ा का भूदृश्य बदल गया। राजमार्ग जुडुम का इलाक़ा बन गए, और गाँव माओवादियों का देश। कम से कम कैम्पवासियों और सुरक्षा बलों के लिए तो ऐसा ही था। अपनी ओर से, लोगों ने राहों में पेड़ गिराकर, रास्तों को काटकर और पुलों को ध्वस्त करके अपने गाँव तक पहुँचने की सड़कों की बैरीकेडिंग शुरू कर दी। उन्होंने ख़ूब सुथरे वर्गाकार गड्ढे खोदे और उन्हें बाँस की कीलों और छिंद के काँटों से भरकर मिट्टी से ढँक दिया गया, ताकि सीआरपीएफ के जवान धोखे में इन फंदों पर पैर रखें और बिंध जाएँ। सैकड़ों जवानों और हेलीकॉप्टरों के सामने ये उपाय दीन-हीन ही थे, फिर भी छोटे स्तर पर असरदार थे।

गाय चरा रहे लोगों या गुलेल से खेल रहे बच्चों ने सुरक्षा बलों की गतिविधियों पर नज़र रखी। कभी-कभी अलग-अलग गाँवों के बीच स्थापित चेतावनी प्रणाली काम नहीं भी कर सकी। मसलन, खुमारपल्ली के गाँववालों ने, जिनसे मैं आन्ध्र में मिली, बताया कि उन्हें न जुडुम की ओर से उनकी बैठकों में शामिल होने की सूचना, न ऐसी कोई चेतावनी मिली कि वे उनके गाँव में बैठक करने जा रहे हैं। उन्होंने सुना कि जुडुम ने पड़ोस के एक गाँव को जला दिया, इसलिए वे सभी आशंका में भाग गए; लेकिन उस दिन खुमारपल्ली पहुँचने से पहले ही जुडुम लौट गया। दो दिन बाद वे दोबारा आए, और इस बार पड़ोस के गाँवों में कोई बचा ही नहीं था जो ख़बर दे पाता।

अगर जंगल में रह रहे गाँववाले सुरक्षा बलों को बाहर रखने के लिए दृढ़प्रतिज्ञ थे, तो जुडुम भी इन गाँववालों में से किसी को अपने इलाक़े में नहीं घुसने देने के लिए उतना ही दृढ़ था। एसपीओ नदी पार करने के घाटों और उन चेक नाकों पर गश्त करते रहते जहाँ से लोग दूसरी तरफ़ बाज़ार या मामूली स्वास्थ्य सुविधाओं तक पहुँच सकते थे। बैरियर पार किए केवल एसपीओ और सुरक्षा बलों ने जब वे छापों के लिए निकले, और तेंदू पत्ता व्यापारियों ने।

जून 2009 में इन्द्रावती के पार मेरुवाया की यात्रा में, मैंने तीन साल की एक लड़की, कोपे, को देखा, जो अपनी माँ के खाना बनाते समय आग में गिर गई थी। उसका पेट बुरी तरह झुलस गया था, उसकी चमड़ी उधड़ गई थी और ख़ून बह

रहा था। बगल में बैठे उसके माँ-बाप बेहद परेशान थे; उसकी माँ लगातार पंखा झल रही थी और उसके रोने पर उसे शान्त कराने के लिए अपना दूध पिला रही थी। उन्होंने स्थानीय वैद्य को दिखाया, पर कोई फ़ायदा नहीं हुआ। वे उसे नदी के पार तुमनार स्वास्थ्य केन्द्र नहीं ले जा सके क्योंकि जुडुम किसी को उस तरफ़ से आसानी से आने नहीं देता था। वे इलाज से केवल साढ़े तीन घंटे की दूरी पर थे, पर यह उनके लिए एक पूरी दुनिया की दूरी थी। अगर आपने नदी की माओवादियों वाली तरफ़ रहना चुना, तो जुडुम का फ़रमान था कि आपके पास भारतीय राज्य में कोई अधिकार नहीं।

आधी आबादी कैम्पों में, और बची हुई आबादी जंगलों या आन्ध्र में होने से, इलाक़े के विभिन्न गाँवों में हाट लगने के चक्र का पारम्परिक पैटर्न भी बुरी तरह बाधित हुआ। यहाँ तक कि नवम्बर 2005 में ही, सागकेली गाँव के लोगों ने हाटों में जाना बन्द कर दिया था, और वे अपने गाँव आनेवाले उन व्यापारियों के भरोसे ही रहे जो नमक देकर महुआ ख़रीदते थे। बाद में, सागकेली से महिलाओं ने सुबह घर से तड़के ही निकलकर 130-140 की बड़ी-बड़ी टोलियों में बीजापुर आना शुरू किया। वे चावल ख़रीदने के लिए 30 किलो जलावनी लकड़ी 30 रुपए में बेचतीं; और दोपहर बाद तीन बजे के आसपास घर पहुँचते ही अगले दिन के लिए लकड़ियाँ इकट्ठी करने में जुट जातीं। अन्दरूनी गाँवों के लिए राशन दुकानें इस आधार पर बन्द कर दी गई थीं कि वे ख़ाली हो चुके हैं और सब लोग कैम्पों में हैं, सो उन्हें खुले बाज़ार से राशन ख़रीदना पड़ता था।

लोग अपेक्षाकृत सुरक्षित स्थानों जैसे ओरछा या आन्ध्र प्रदेश स्थित राशन दुकानों या हाटों से चावल ख़रीदने के लिए 40 से 60 किलोमीटर तक पैदल चले, ताकि उन्हें पहचाना न जा सके या उन पर माओवादियों के लिए चावल ख़रीदने का आरोप न लग सके। वन ग्रामों के लोगों को जुडुम ताना मारता : 'माओवादी नहीं खिलाते तुम्हें जो तुम लोग हमारी दुकानों से चावल ख़रीद रहे हो?' 2008 में, आन्ध्र पुलिस ने छत्तीसगढ़ के आदिवासियों को आन्ध्र प्रदेश के बाज़ारों से चावल ख़रीदने से रोक दिया, और आन्ध्र के व्यापारियों को छत्तीसगढ़ की हाटों में चावल ले जाने से भी मना कर दिया।

संविधान से कटा हुआ, मोरना

जिन शुरुआती इलाक़ों में जुडुम के हमले हुए उनमें से एक बीजापुर-गंगालूर सड़क के इर्द-गिर्द था। हम पहली बार मोरना 2005 में गए जो हमें ख़ाली मिला। वहीं उसका पड़ोसी गाँव रात में जंगलों में छिप-छिपकर थक गया था और जुडुम के सामने 'आत्मसमर्पण' करने के लिए तैयार था। मैं 2012 में वहाँ वापस गई।

गाड़ी चलने लायक सड़क के जो भी चिह्न बचे थे वे वनस्पति से ढँक गए थे, और जीप को रास्ते में पड़े पेड़ों के तनों से बचते हुए चलना पड़ रहा था। आसमान बादलों से ढका था, और पूरा इलाक़ा जंगली और वीरान लग रहा था। रास्ता बताने के लिए वहाँ कोई नहीं था। आख़िरकार हमें इनसानी मौजूदगी का पहला चिह्न दिखा। हमारी मुलाक़ात बिलकुल कच्ची उम्र के कुछ लड़कों से हुई जो गुलेल, तेज़ चाकू और एक रेडियो लिये हुए थे। वे हमें एक झोपड़ी में ले गए जहाँ हमने कुछ बड़े नौजवानों से बात की। हमारे पास जो अख़बार था, उसे उन्होंने यह कहकर माँगा कि महीनों से वे ख़बरों के लिए तरस रहे हैं। मोरना ऐसे कई गाँवों में से एक था जिन्होंने कैम्पों से दूर रहना, और इसके लिए हर कष्ट सहने का विकल्प चुना था।

2005 में गाँव के 75 घरों में से 65 को जला दिया गया था। उस साल जुडुम और नगा सुरक्षा बलों द्वारा पाँच लोग मारे गए : फ़सल की कटाई करने के दौरान उन्हें उठा लिया गया और कैम्प ले जाकर मार दिया गया। दो लड़कियों के साथ बलात्कार और बुरी तरह पिटाई की गई।

इसके बाद पूरा गाँव भाग गया और जंगल में छोटी-छोटी झोंपड़ियाँ बनाईं। लेकिन इन्हें भी 2006 की शुरुआत में जला दिया गया, और जो भी अनाज और कपड़े उन्होंने बचाये थे वे बर्बाद हो गए। अपने पास जो भी थोड़े से पैसे वे किसी तरह बचा सके थे उससे अनाज ख़रीदने के लिए गाँव वालों ने महिलाओं को बीजापुर भेजने का फ़ैसला किया। जब महिलाएँ लौट रही थीं, जुडुम ने उनसे सारा अनाज छीन लिया और वे ख़ाली हाथ वापस आईं। अंतत: वे उन पड़ोसी गाँवों में गए जो तब तक जलाए नहीं गए थे (बाद में उन्हें भी 2007 में जला दिया गया) और उनसे अनाज माँगा। शुरू में, मिलिशिया ने जंगल में उनकी हिफ़ाज़त की कोशिश की लेकिन एक दिन पुलिस की पूरी कम्पनी आई और गोलीबारी शुरू कर दी, जिसके बाद उन्होंने प्रयास छोड़ दिया। नौजवानों ने हमें बताया :

> जंगल में रहने के हालात बहुत मुश्किल थे : छोटे बच्चे मलेरिया से मर गए; हमें साँप काटने का इलाज जंगल की जड़ी-बूटियों से करना पड़ा; रात में जंगल में भागते हुए लोग गिर पड़े और खो गए। किसी-किसी दिन हमारे पास खाने को कुछ नहीं होता था क्योंकि पुलिस की गश्त के कारण हम आग जलाने का जोख़िम नहीं ले सकते थे। इसी तरह हम तीन-चार महीने रहे, और फिर आन्ध्र में भद्राचलम और उपेरू व वडागुंडा पलायन कर गए। चार या पाँच महीने कुली का काम करने के बाद, हम सब मई-जुलाई 2007 में गाँव वापस आए। कुली की ज़िन्दगी बहुत कठिन थी। अगर आप बीमार पड़ने पर काम नहीं कर सकते थे,

तो भूखे रहना पड़ता था। हमने तय कर लिया कि हम मर जाएँगे लेकिन अपनी ज़मीन दोबारा नहीं छोड़ेंगे।

लेकिन वापस आने के बाद, उन पर फिर हमला हुआ। जुडुम और नगा बल 2007 के मानसून में आए और एक टोले में आठ के आसपास घरों को जला दिया। चार लोग मारे गए। गाँववालों के मुताबिक़, उनमें से एक मातागुड़ी में मारा गया और उसकी जीभ काट ली गई। 2009 में, 14 लोग गिरफ़्तार किए गए और 2012 के मध्य तक भी वे जेल में ही थे। 22 मई, 2012 को, सुरक्षा बल दो और लोगों को दंतेवाड़ा जेल ले गए। उन्होंने दावा किया कि उन्हें बुडु के घर से एक बन्दूक़, टिफिन बम और डेटोनेटर मिला है, जबकि गाँववाले कहते रह गए कि वहाँ कुछ नहीं था। 2005 में गिरफ़्तार बुडु 2010 में रिहा हुआ और 2012 में फिर गिरफ़्तार कर लिया गया।

यहाँ तक कि 2012 में भी, 14 साल या उससे ज़्यादा उम्र का हर व्यक्ति प्रत्येक रात को सोने के लिए पहाड़ी पर चढ़ता। खाने के बाद शाम पाँच-छह बजे के आसपास वे निकल जाते और सुबह आठ बजे लौटते। रात में केवल बूढ़े लोग गाँव में बचते। पुलिस उन्हें ढूँढ़ न ले, इसके लिए उन्हें हर रात जगह बदलनी पड़ती, और अगर बारिश होती तो छतरियों के तले बैठना पड़ता।

2012 तक, एसपीओ महिलाओं को बीजापुर की राशन दुकान से चावल लाने दे रहे थे। मोरना स्कूल 2005 तक चल रहा था। लेकिन पुलिस के वहाँ चार या पाँच बार कैम्प करने के बाद, गाँववालों ने उसे ख़ुद ही ध्वस्त कर दिया। आन्ध्र से वापस आने के बाद, छोटे बच्चों को पढ़ाने के लिए, गाँववालों ने सातवीं पास एक लड़के को 600 रुपए देने के लिए चन्दा इकट्ठा किया, लेकिन 2011 में उसे जेल भेज दिया गया। और यह उन्हें उपलब्ध स्वास्थ्य और शिक्षा जैसी तमाम 'सेवाओं' का अन्त था।

8

सीमा पार शरण और वापसी

अगर जुड़ुम ने सीधे ढंग से कैम्प आने को कहा होता, तो मैं चला गया होता; लेकिन उन्हें घरों को जलाते देखने के बाद, मैंने भाग जाना पसन्द किया।

हम डरे हुए हैं—दोनों पक्ष हम पर दूसरे के साथ मिले होने का आरोप लगाते हैं। अगर हमें बुलाया भी जाएगा तो हम नहीं जाएँगे। उससे अच्छा होगा कि हम यहीं मरें।

विस्थापित हुए लोगों से आन्ध्र में बातचीत, 2007

कोंटा से सीमा के ठीक पार है खम्मम, आन्ध्र वाली तरफ़।[1] सपाट व खुला, और जंगल काफ़ी कम। ताड़ी के मौसम में, आप यहाँ पेशेवर ताड़ी निकालनेवालों को अपनी साइकिलों पर लकड़ी या चमड़े की म्यान में रखे चाकुओं, और काली रस्सी के बंडल के साथ देख सकते हैं जिसे वे पेड़ पर चढ़ते समय कमर से लपेटकर बाँधते हैं। मौक़े-बेमौक़े लाल मिर्च, कपास और तम्बाकू के खेतों से गुज़रते साँप दिख जाते हैं। बल्लारपुर पेपर मिलों से निकलनेवाली तेज़ मीठी बू इलाक़े में पसरी रहती है, और लोगों ने ठेके पर, ग्रीन हाउसों में यूकेलिप्टस उगाने का काम पकड़ लिया है। कहीं-कहीं हँसिया और हथौड़े के निशान के साथ वन विभाग की ज़मीनें आप देखते हैं। ये वो जगहें हैं जहाँ सीपीआई (एम)और सीपीआई (एमएल) न्यू डेमोक्रेसी सक्रिय हैं और पहले जिन्होंने किसानों को ज़मीन दख़ल कराने में मदद की थी। बस स्टैंड पर स्वच्छ शौचालयों वाले ये गाँव और क़स्बे अपेक्षाकृत ज़्यादा समृद्ध हैं।

जहाँ तक आदिवासी संस्कृति की बात है, तो यह सीमा बिलकुल कृत्रिम है। आन्ध्र सीमा के पास रहनेवाले छत्तीसगढ़ी दोरलाओं के आन्ध्र के कोया लोगों (इन्हें कोया दोरा भी कहा जाता है) के साथ वैवाहिक रिश्ते हैं, साझी भाषा और साझी संस्कृति है। हालाँकि, माड़िया ख़ास छत्तीसगढ़ी माने जाते हैं, और उन्हें आन्ध्र में

गोट्टी कोया (तीरअन्दाज़ कोया) कहा जाता है। वे लांदा बनाना जानते हैं, सबसे अच्छा महुआ कहाँ मिलेगा जानते हैं, जबकि आन्ध्र के कोया यह नहीं जानते। एक दौर में, गोट्टी कोया गीतों ने सीमाई गाँवों में धूम मचाई हुई थी। बेशक, सभी गोट्टी कोया तेलुगु जानते हैं।

बीते दशकों में छत्तीसगढ़ से आन्ध्र के लिए, एक के बाद एक प्रवासन के दौर चले हैं, मौसमी भी और स्थायी भी। आन्ध्र के लिए ज़्यादातर शुरुआती प्रवासन सुकमा के आसपास के गाँवों से हुआ, जिन्होंने नई ज़मीन पाने के लिए आन्ध्र में ज़्यादा दूर बढ़ने से पहले गोलापल्ली और किस्ताराम में जंगल की ज़मीनों को आबाद किया। इसके लिए दलालों के नेटवर्क खड़े हो गए। मसलन, सरवेल के, तेलुगु देशम पार्टी के एक नेता ने अपने गाँव में सुकमा से आए 30 परिवारों को बसाकर आठ सालों में पाँच लाख रुपए बनाए। उसने उन्हें सरकारी ज़मीन पर मिल्कियत दिलाने का वादा किया लेकिन काग़ज़ी काम के लिए कभी उन्हें अपने साथ सरकारी दफ़्तरों में नहीं आने दिया। 2006 में, आख़िरकार गाँववालों का भरोसा उस पर से उठ गया, और वे ख़ुद ही जंगल की ज़मीन पर चले गए। आन्ध्र के लाल मिर्च के खेतों में काम करने के लिए मौसमी प्रवासन और भी ज़्यादा आम है। गोट्टी कोया उन कामों को करने को तैयार रहते हैं जिन्हें स्थानीय लोग नहीं करते, साथ ही वे कम पैसे में भी काम करते हैं। इससे स्थानीय लोगों को नरेगा के तहत ज़्यादा मज़दूरी वाले कार्यों में काम करने का मौक़ा मिलता है।

हालाँकि, जब जुडुम शुरू हुआ तो लोगों के प्रवासन का प्रवाह अभूतपूर्व था। लोग उन जगहों के लिए भागे जहाँ वे ऐसे किसानों को जानते थे जिन्होंने उन्हें पहले कभी काम पर रखा हो, या जहाँ उनके रिश्तेदार हों। कुछ मामलों में उन्होंने अपने गाँव के किसी ऐसे व्यक्ति का अनुसरण किया जो ज़मीन के लिए पहले कभी गाँव छोड़ आन्ध्र चला गया था। भाग रहे लोगों में से बहुतों ने आन्ध्र पहुँचने के लिए लम्बी-लम्बी दूरियाँ पैदल तय कीं। मसलन, उसुर के पास सांबी के कुछ परिवार आन्ध्र की तरफ़ सबसे नज़दीकी बाजार, चेरला पहुँचने के लिए दो दिन पैदल चले, और फिर वहाँ से अपनी मौजूदा जगह, जहाँ मिर्च तोड़ने के काम के लिए उनकी पहले आवाजाही रही थी, पहुँचने में उन्हें एक दिन और लगा। ऐसे भाग्यशाली कम ही थे जो अपना गाँव जलाए जाने से पहले भागने पर अपने साथ अपना घरेलू सामान और मवेशियों को लाने के लिए ट्रांसपोर्ट का ख़र्च जुटा सके। भले ही संघम सदस्यों ने उन्हें जंगल में रुकने और लड़ने के लिए राजी करने की कोशिश की, पर जब भोजन ख़त्म होने लगा ऐसा करना मुश्किल हो गया। बहुतों में संघर्ष की कोई इच्छा नहीं रह गई थी, और रोज़-रोज़ हो रहे सघन तलाशी अभियानों के बीच उन्हें यह नामुमकिन लगा। उन्होंने अपने बरतन और घरेलू सामान जंगल में गुफाओं में छिपा दिए, और अपना पैसा ज़मीन के नीचे।

एनजीओ और सरकार की भाषा में 'आन्तरिक रूप से विस्थापित व्यक्ति' (आईडीपी) कहलानेवाले इन शरणार्थियों ने जहाँ सम्भव हो सका—जंगल की ज़मीन पर, सड़कों पर या खाइयों में, वहीं छोटे-छोटे आश्रय बना लिये। कई बार यह चार थूनियों पर खड़ा बाँस का मचान भर होता था, चारों ओर से खुला, जिसके नीचे वे धूप से बचने के लिए आसरा ले सकते थे। बहुत से किसानों ने उन्हें उन खेतों में रहने की इजाज़त नहीं दी जहाँ वे काम करते थे, इस डर से कि वे चोरी कर सकते हैं। लेकिन दूसरे किसान भुगतान पर राजी हुए, और तिरपाल देकर उनकी मदद भी की। धीरे-धीरे, ये ठिकाने दरो-दीवार वाले हो गए, लेकिन कुछ साल बीत जाने के बाद भी ये बस्तियाँ कामचलाऊ ही दिखती रहीं—छप्पर की छाजन वाली झोंपड़ियों का एक समूह और छुट्टा घूमते कुछ मुर्ग़े-मुर्ग़ियाँ। पहाड़ियों के बीच, पेड़ों की छाँव में बसे खपरैल के घरों वाले जिन गाँवों से वे अपने देवताओं को पीछे छोड़कर आए थे वे इन आश्रयों से बहुत अलग थे। मवेशियों, सूअरों और बकरियों की ग़ैरहाज़िरी की ओर ध्यान न जाए यह मुमकिन नहीं था, लेकिन आन्ध्र में इन्हें नए सिरे से ख़रीदने का खर्च, ख़ासकर शुरुआती वर्षों में, बस के बाहर की बात थी। हालाँकि, कुछ लोग यह समझाकर कि छत्तीसगढ़ के हालात कितने ख़राब हैं, मवेशियों को आन्ध्र में अपने रिश्तेदारों के पास रखने में सफल रहे। पानी एक बारहमासी मसला बन गया, ख़ासकर उनके लिए जो जंगल की ज़मीन पर रह रहे थे, और किसी स्थायी बस्ती से ज़्यादा दूर थे।

स्थानीय लोगों के साथ ताल्लुक़ात हर जगह एक जैसे नहीं रहे। कहीं-कहीं दो या तीन आईडीपी परिवारों को गाँव के भीतर जगह दे दी गई, लेकिन ज़्यादातर मामलों में उन्हें किसी गाँव के बाहरी छोर पर, जंगल की ज़मीन पर ही बसना पड़ा। मैंने एनकोटुर रिज़र्व फ़ॉरेस्ट में 13 परिवारों की एक बस्ती से बात की, जो पड़ोसी गाँवों को जलाया जाता देख कमलापदर से भागकर आए थे। बच्चों को साथ लिये हुए वे आन्ध्र में गाँव-दर-गाँव दो दिन तक पैदल चले थे। इसके बाद उन्हें एक गड़रिये से 50 रुपए महीना किराए पर एक कमरा मिला। उसी कमरे में तीन परिवार रहे। एक बार स्थिर होने के बाद, उन्होंने कमलापदर से अपने अनाज और बरतन लाने के लिए एक ट्रैक्टर भाड़े पर लिया, लेकिन उसके पैसे चुकाने के लिए उन्हें अपना ज़्यादातर अनाज और एक बकरी बेचनी पड़ी। फिर वे एनकोटुर गाँव चले गए। मिर्च के जिन खेतों में वे काम करते थे वहाँ से 10 किलोमीटर दूर। वहाँ एक स्थानीय कम्मा किसान से उनकी लड़ाई हो गई क्योंकि उनके मवेशियों ने उसका धान खा लिया था। उसने उन पर अपने बचाव के लिए संघम सदस्यों को लाने का आरोप लगाया, अत: वे रिज़र्व फ़ॉरेस्ट चले गए, जहाँ वन विभाग के अधिकारी आए और उन पर पेड़ काटने का आरोप लगाकर धमकाया। लेकिन उन्हें पूरा यक़ीन था कि छत्तीसगढ़ में स्थितियाँ कभी

ठीक नहीं होंगी, और आन्ध्र में कितनी भी मुश्किलें हों, यह घर पर रहने से ज़्यादा महफ़ूज़ है।

बाद में, जब जुडुम ने सीमापार अभियान शुरू किए और खम्मम, जहाँ लोगों ने ख़ुद को अपेक्षाकृत महफ़ूज़ समझा था, में भी उनकी बस्तियों पर हमले शुरू किए, तो उन्हें आन्ध्र में और दक्षिण जैसे वारंगल, आदिलाबाद और करीमनगर का रुख़ करना पड़ा। कुछ तो हैदराबाद चले गए जहाँ उन्होंने निर्माण मज़दूरों के रूप में काम किया, और आसानी से ठग लिये गए। जोगा ने बताया कि कैसे जब उनका एक ग्रुप स्टेशन पर उतरा, तो एक ऑटो ड्राइवर उन्हें एक स्थानीय पेपर मिल ले गया। मिल के सुपरवाइजर ने उन लड़कों से कहा कि ऑटो ड्राइवर ने उनका पैसा ले लिया है और उन्हें बदले में एक महीने तक मुफ़्त में काम करना होगा। बाद में उनमें से एक किसी तरह भागा तब एक स्थानीय एनजीओ ने उन्हें बचाया।

कुछ जगहों पर, स्थानीय किसानों ने पुलिस द्वारा तंग किए जाने के चलते उनसे कहीं और जाने को कह दिया। पुलिस को पूरा यक़ीन था कि वे छत्तीसगढ़ के माओवादियों तक रसद पहुँचाने का ज़रिया हैं। डरे हुए शरणार्थियों ने ऐसे लोगों की कहानियाँ भी सुनाईं जिन्हें एसपीओ ने आन्ध्र से उठा लिया और छत्तीसगढ़ के जुडुम कैम्पों में ले गए।

पुलिस खम्मम के 'संक्रमणमुक्त' खेत-खलिहानों में गोट्टी कोया लोगों द्वारा माओवाद वापस लाए जाने को लेकर हर वक़्त सशंकित रहती है, और उनकी मौजूदगी का इस्तेमाल जुडुम शरणार्थियों तथा उनके मेजबानों दोनों पर 'बाइंड-ओवर' केस दर्ज करने में करती है। इन बाइंड-ओवर केसों में तय मियाद पर थाने में हाज़िरी देनी होती है। कभी-कभी रोज़ या कभी-कभी हफ़्ते में एक बार। बल्कि ज़्यादा आसान तरीक़े से कहें, तो पुलिस के लिए बेगार खटना होता है, जैसे घास काटना, पानी लाना या थाने की सफ़ाई करना। सीआरपीएफ कैम्प जो अब पूरे दंतेवाड़ा और कोंटा में भी फैल गए हैं, वहाँ बेगार खटने के लिए गाँववालों की अनिवार्य भर्ती एक आम चलन है।

आन्ध्र के वन विभाग की भूमिका की बात करें, तो उसने प्रवासियों के घरों को जलाकर और उन्हें गिरफ़्तार कर वनभूमि पर हुए 'अतिक्रमण' पर अपनी प्रतिक्रिया दी। हालाँकि, जो ज़मीन की तलाश में आए थे उन्होंने वहीं डटे रहने का पक्का इरादा कर रखा था। जितनी बार भी विभाग हमला करे, वे नया घर बना लेने वाले थे। एक घर बनाने में कुछ हज़ार रुपयों के अलावा चार या पाँच दिन का वक़्त लगता है, और एक-दो दिन छप्पर के लिए घास काटने में लगते हैं। एक गाँव में वन विभाग ने छह आबादकारों के ख़िलाफ़ मुक़दमा दायर किया, और वे 12,000 रुपए की जमानत पर छूटने में सफल रहे। उन्होंने यह रक़म स्थानीय गाँववालों से उठाई, इस वादे के साथ कि वे बाद में उनका बिजली बिल भर देंगे। उन्हें वकीलों

की फ़ीस भी भरनी पड़ी थी। लेकिन जैसा कि एक ने कहा, 'मार-पिटाई सहने और ज़मीन साफ़ करने की मशक़्क़त के बाद, अब मैं वापस क्यों जाऊँगा?'

2007 में ह्यूमन राइट्स फोरम (एचआरएफ) के आन्ध्र प्रदेश हाईकोर्ट में मुक़दमा दायर करने के बाद चीज़ें कुछ आसान हुईं। अदालत ने वन विभाग को घरों, ख़ासकर उनके जो जुडुम से बचने के लिए भागते फिर रहे थे, को नहीं जलाने का निर्देश दिया। वारंगल में एक बस्ती पर वन विभाग ने कोई 30 बार हमला किया, लेकिन उनके अडिग इरादे के आगे वन अधिकारियों ने हार मान ली और उन्हें यूकेलिप्टस बागान में घास काटने के काम में लगाना शुरू कर दिया।

जुडुम से बचने के लिए भाग रहे सैकड़ों परिवारों के बीच, मैं व्यक्तिगत रूप से ऐसे केवल एक परिवार से आन्ध्र में मिली जिसने माओवादी धमकियों के चलते कोंटा छोड़ा था। उस आदमी ने कहा कि माओवादियों ने उस पर पुलिस के साथ कुछ ज़्यादा ही वक़्त बिताने का आरोप लगाया। वह परिवार बोडागुप्पा में एक मिल और 50 एकड़ ज़मीन का मालिक था। माओवादियों ने 300 बोरे चावल के साथ उसकी ज़मीन भी गाँववालों में बाँट दी थी।

दहकती सुर्ख़ फ़सल

आन्ध्र में मिर्च तोड़ने का मौसम फरवरी से अप्रैल तक चलता है, और लगभग पूरा काम छत्तीसगढ़ से आए प्रवासी मज़दूरों के ज़रिये होता है। मज़दूरी दर लगातार बढ़ती रही है (2007 में 40 रुपए से बढ़कर 2012 में 100 रुपए हो गई), जो इस काम को बस्तर के आदिवासियों के लिए ख़ास तौर पर लुभावना बनाती है क्योंकि उनके गाँवों में कोई रोज़गार नहीं है। उन्हें हर 12 टोकरी मिर्च तोड़ने पर एक टोकरी मिर्च भी मिलती है, जिसे फ़सल काटनेवालों के बीच बाँटा जाता है। वे कहते हैं कि काम बहुत कठिन नहीं है, लेकिन पूरा दिन गर्मी में रहना होता है। तोड़े जाने के बाद, मिर्चों को सूखने के लिए फैलाया जाता है, दहकते सुर्ख़ ढेरों में।

यहाँ तक कि जब लोग पूरी तरह अपने गाँव लौट आए, तो भी बहुत से लोग मिर्च की फ़सल के लिए आन्ध्र प्रदेश जाते रहे। मार्च 2012 की एक शाम, माटपल्ली में बैठे हुए, मैंने आन्ध्र प्रदेश में काम पर जाने के लिए, कंधों पर गठरियाँ लादे पुरुषों की लम्बी क़तारें देखीं, और पाँच-छह अन्य पुरुषों को साइकिल पर बोरा लादकर आन्ध्र प्रदेश से काम करके घर लौटते देखा। उन्होंने बताया कि वे चेरला पहुँचने पर किसानों को फ़ोन करते हैं कि क्या उन्हें मज़दूरों की ज़रूरत है, या फिर क्या वे बता सकते हैं कि कहाँ पर अपनी उपलब्धता की ख़बर फैलाई जाए।

मिर्च तोड़ने के अलावा, गोट्टी कोया लोगों को अनाजों की कटाई-मड़ाई (मिर्च तुड़ाई शुरू होने से पहले नवम्बर में या उसके बाद से) या कपास चुनने

जैसे खेती के काम भी मिलते हैं। शरणार्थियों ने जलावनी लकड़ी, रस्सियाँ और बाँस की चटाइयाँ भी बेचीं। मार्च 2011 में, मैं पालेडबंडा गाँव के एक बुज़ुर्ग दंपती से मिली जो अपनी बेटी के साथ बतौर प्रवासी आन्ध्र आए थे। बेटी मिर्च तोड़ने का काम करती थी। वे हर शुक्रवार को एडगुरालापल्ली हाट में चार रुपए में एक झाड़ू बेचकर जीवन चलाते थे। जब मैंने उनसे पूछा कि वे रोज़ कितना खाते हैं, तो बुज़ुर्ग महिला हँसी और मुझे मुट्ठी-भर भात दिखाया। उसके पति ने गीली हो आई आँखों को पोंछा और कहा कि उसे अपने पुराने गाँव की याद सताती है और वह वहीं मरना चाहता है। ज़्यादातर यह हुआ है कि बूढ़े लोग और जानवर छत्तीसगढ़ के गाँवों में ही छोड़ दिए गए, जबकि शरीर से सक्षम सभी लोग बच्चों समेत प्रवास कर गए। इन बुज़ुर्ग बाशिंदों को आम, महुआ या गोंद जैसी वनोपज को बटोरना था, जो उनके परिवारों द्वारा आन्ध्र के बाज़ारों में बेची जाती। जो औरतें बाज़ार का काम करतीं उन्हें आन्ध्र के बाज़ारों तक पहुँचने के लिए सुबह छह बजे से दोपहर दो बजे तक पैदल चलना पड़ता था।

जुडुम हमले के बाद, छत्तीसगढ़ के जंगलों में रहते हुए पूरे के पूरे गाँव को एक बोरा चावल पर महीना-भर काटना पड़ सकता था, जिससे थोड़ा ही ज़्यादा आन्ध्र में उपलब्ध था। सामान्य हालात में, चार-पाँच लोगों का एक परिवार रोज़ दो किलो चावल खाएगा; आन्ध्र में इतने ही चावल में 10 लोगों ने गुज़ारा किया। लेकिन जब उन्हें आन्ध्र में रहते कुछ साल बीत चुके थे, मुझे ऐसे परिवार भी मिले जहाँ बड़े एक वक़्त ही खा रहे हैं ताकि बच्चों के लिए पर्याप्त भोजन बच सके। उनके गृह ग्राम के मुक़ाबले यहाँ खुराक में विविधता भी कम थी। 2009 में, एनजीओ के एक समूह ने आन्ध्र प्रदेश में 482 शरणार्थी बच्चों का सर्वेक्षण किया और पाया कि उनमें से 76.6 फ़ीसदी बच्चे कुपोषण के अलग-अलग चरण में थे। 27.2 फ़ीसदी तो तृतीय श्रेणी का या गम्भीर कुपोषण[2] भुगत रहे थे। मिर्च तोड़ने से उन्होंने जितने पैसे बनाए थे वे खाने पर ख़र्च हो गए—कोई बचत कर पाने में वे अक्षम थे। यहाँ तक कि खुद्दी चावल भी 2011 में खुले बाज़ार में 12 रुपए किलो था, जबकि दाल इतनी महँगी थी कि उसे ख़रीदना उनके बस की बात ही नहीं थी।

घर वापसी का लम्बा सफ़र

छत्तीसगढ़ सरकार ने अदालत में और बाहर यह दावा किया कि आईडीपी ज़मीन की तलाश में अपनी मर्जी से छत्तीसगढ़ गए, न कि सलवा जुडुम के डर से भागकर। उन्होंने कहा कि वैसे भी वे सब नक्सली हैं, जिसका आशय था—अच्छा हुआ कि राज्य को उनसे छुटकारा मिल गया। उन्होंने सुप्रीम कोर्ट को बताया कि अगर वे वापस आना चाहते हैं, तो उन्हें सड़क के किनारे उनके लिए ख़ास तौर पर चिह्नित

19 कैम्पों में रखा जाएगा। कोई ताज्जुब नहीं कि बहुत थोड़े शरणार्थी इस उदार पेशकश को स्वीकार करने के लिए तैयार थे!

हालाँकि कुछ एनजीओ, ख़ासकर व्यवासायकु मारियु संघिका अभिवृद्धि संस्था (एग्रीकल्चर एंड सोशल डेवलपमेंट सोसायटी, एएसडीएस) और एक्शन एड ने खम्मम में और वनवासी चेतना आश्रम (वीसीए) ने दंतेवाड़ा में कुछ गाँवों को लौटने के लिए राजी किया। जून 2008 में एनएचआरसी के दौरे के बाद, वीसीए के हिमांशु कुमार ने एनएचआरसी के सामने हलफ़िया बयान देने के लिए आए गाँवों में से दो को गोद लेने का फ़ैसला किया। 'ह्यूमन शील्ड एक्सपेरिमेंट' के नाम से जिसे प्रचारित किया गया उसके तहत, वीसीए ने अपने कुछ कार्यकर्ताओं को नेंदरा और लिंगागिरी में रहने के लिए लगाया, और लोगों के पुनर्वास में मदद की।

जब मैं दिसम्बर 2008 में नेंदरा गई, वॉलेंटियरों का एक छोटा सा दल स्कूल के पास नीले तिरपाल के नीचे कैम्प कर रहा था। नेंदरा जानेवाली सड़क पर उग आई बड़ी-बड़ी घास हमारे कपड़ों से उलझ रही थी। लेकिन जो गाँववाले वापस आ गए थे उन्हें राहत थी कि वे अब अपने घर में हैं—सबकुछ फिर से शुरू करने से पहले उम्मीद और सुकून के चन्द लम्हे! उनमें से किसी ने तीन साल से कोई त्योहार नहीं मनाया था। ठंड काफ़ी थी और उनके पास रात में ओढ़ने के लिए कुछ नहीं था। हम अलाव के पास सटकर बैठे हुए थे। देखा कि एक लड़की ने सर्दी से बचने के लिए मर्दाना क़मीज़ पहन रखी है। इस गाँव में बिताये अपने पूरे वक़्त के दौरान मैंने सिर्फ़ एक उपभोक्ता वस्तु देखी, प्लास्टिक वाला सस्ता आईना। जुडुम ने हैंडपम्प बर्बाद कर दिए थे, और पानी का इकलौता स्रोत एक गंदा तालाब था। लेकिन आहिस्ता-आहिस्ता, ज़िन्दगी फिर से खड़ी होने लगी—औरतों ने दोबारा हाट जाना, सब्ज़ियाँ व मछलियाँ बेचना और पुरुषों ने टोकरियाँ व खाट बनाना शुरू कर दिया।

लिंगागिरी में, एक्शन एड ने चावल और कपड़ों जैसी कुछ चीज़ों से फौरी राहत दी, जबकि एक संजीदा नौजवान कलेक्टर, प्रसन्ना के मातहत बीजापुर प्रशासन ने बीज और ट्रैक्टर मुहैया कराने के लिए वीसीए के साथ काम किया। कुछ सर्वेक्षण भी किए गए, लेकिन किसी को मुआवज़ा नहीं दिया गया। एक बार जब गाँववाले आन्ध्र से लौट आए, तो जो कैम्पवासी थे वे भी इसी नक़्शे-क़दम पर चले। सुलह के लिए गाँव में बैठक हुई, जिसके बाद उन्होंने सामूहिक रूप से जुताई शुरू की। 2012 में, सारकेगुड़ा (जहाँ चन्द दिनों पहले सीआरपीएफ द्वारा 17 लोग मारे गए थे) जाने के दौरान जब मैं लिंगागिरी पहुँची, तो पूरा इलाक़ा फिर सदमे में था। इसने 2006 की उन यादों को ताज़ा कर दिया जब जुडुम ने पहली बार इस गाँव पर हमला किया था और चार लोगों को मार डाला था।

हालाँकि, अगर बड़े पैमाने पर देखें तो लोगों को लौटने के लिए मुतास्सिर करने वाला सबसे अहम फैक्टर एनजीओ नहीं, बल्कि नवम्बर 2007 में सीपीआई द्वारा जगदलपुर में की गई बड़ी रैली थी जिसने ख़ौफ़ के माहौल को हल्का करने में मदद की। 2008 तक, बहुत से गाँववाले धीरे-धीरे ख़ुद से घर लौटने लगे, जैसा कि मैंने आगे चेरापल्ली की कहानी में ज़िक्र किया है। लेकिन अब 2016 में, ताजा हमलों के चलते प्रवासन का नया दौर शुरू हो गया है, सीमा पर लगातार हलचल बनी हुई है, और कुछ परिवारों ने आन्ध्र से कभी न लौटने का फ़ैसला कर लिया है, भले ही उनके गाँवों के बहुत से लोग अपने घर चले गए हों और रिश्तेदार उन पर भी वापस आने के लिए दबाव डाल रहे हों।

2015 में, मैंने ऐसी तीन बस्तियों का दौरा किया जो स्थायी होने की इच्छुक थीं। यहाँ के बाशिंदों ने कहा कि आन्ध्र में करने के लिए काम है, और वह छत्तीसगढ़ से ज़्यादा महफ़ूज़ है। यहाँ घर अब ज़्यादा स्थायी हो चुके थे, कुछ मामलों में तो बिल्कुल उनकी पुरानी कोया बस्तियों की तरह। लोगों ने प्लास्टिक की कुर्सियाँ, चारपाइयाँ, यहाँ तक कि लोहे की आलमारी तक जुटा ली थी, और इससे भी बड़ी बात यह कि उन्होंने राशन कार्ड और मतदाता पहचानपत्रों का जुगाड़ कर लिया था। एक बस्ती में, हमने गायों और बकरियों का बड़ा झुंड देखा, जिन्हें छत्तीसगढ़ से लाया गया था। कुछ परिवारों ने या तो अपनी नज़दीकी कोया बस्तियों की मौजूदा मातृ देवियों को अपनाकर, या फिर दंतेश्वरी जैसी अपनी ख़ुद की देवियों की स्थापना करके, अपनी नई बस्तियों में बीज-बुआई के समय होने वाले शिकार (रिवाज) भी शुरू कर दिए थे, जिसे यहाँ 'भूम पंडुम' के नाम से जाना जाता था। कुछ ने नया धर्म भी अपना लिया था। मैं बाइबल बापटिस्ट गुडनेस चर्च के एक थुलथुल ईसाई धर्म प्रचारक से मिली, जो बड़ी ज़ोरदार संगीतमय रविवारीय प्रार्थना सभा चलाते थे। लाउडस्पीकरों के चिल्लाने से पहले ही मैं वहाँ से निकल गई थी।

चेरापल्ली पर जो गुज़री

चेरापल्ली जानेवाली सड़क दो जलधाराओं, जिनके दोनों रेतीलों किनारों पर पेड़ों की घनी छाँव है, को पार करके जहाँ पहुँचती है वो पहले एक अपेक्षाकृत बड़ी और सम्पन्न बस्ती हुआ करती थी। चेरापल्ली में तीन पुरवे हैं। गाँव के सभी 160 घरों में बिजली है; प्राइमरी स्कूल और पंचायत भवन है; लाल खपड़े की छत वाले घर और उन पर इमली और आम के पुराने छतनार पेड़ों के साए हैं। यह कुछ उस तरह का गाँव था जहाँ का होने पर किसी को भी गर्व होता। चेरापल्ली की कहानी अपने भीतर इस अंचल के इतिहास, ख़ासकर बीते 10 सालों में जो हुआ है, उसको

समेटे हुए है। गाँववालों ने बताया कि 2006 में हुए पहले हमले के समय से अब तक सलवा जुडुम का गाँव में 17-18 बार चक्कर लग चुका है; लेकिन इनमें से चार ख़ास तौर पर भयंकर थे।

अगस्त 2008 में जब मैं पहली बार इस गाँव में आई, लोग क़रीब दो साल दूर रहने के बाद धीरे-धीरे वापस आ रहे थे। 2006-07 में जुडुम के बार-बार हमलों में अपने घर जला दिए जाने के बाद, ज़्यादातर गाँववाले आन्ध्र भाग गए थे। कुछ लोगों, जैसे कुम्हारों ने उत्तर में अपने रिश्तेदारों के यहाँ शरण ली थी। 2006 के बाद यह पहली बार था जब गाँव में एक शादी का जश्न मनाया जा रहा था, चीज़ें सामान्य होने की यह एक छोटी-सी निशानी थी। वर पक्ष वधू को घर लेकर आया था; पूरी रात, मैं ढोल-नगाड़ों को बजते और लय में नाच रही लड़कियों को गाते सुनती रही, जो पैरों को लगभग बिना उठाए बिलकुल एक साथ आगे-पीछे हो रही थीं। चेरापल्ली गाँव के लोगों ने पड़ोस के ताड़वेही गाँव के 22 परिवारों को आश्रय प्रदान किया था जो उनकी ही तरह आन्ध्र से लौटे थे। वे घर जाना चाहते थे लेकिन डर रहे थे क्योंकि ताड़वेही गाँव के दूसरे लोगों ने बीते दो साल जुडुम कैम्पों में बिताये थे। क्या इस अलगाव के बाद, जो न सिर्फ़ शारीरिक बल्कि वैचारिक भी रहा था, एक पक्ष दूसरे पक्ष को स्वीकार कर पाएगा?

सुबह जब मैं गाँव में चहलकदमी कर रही थी, लोग अपने घरों को हुए नुक़सान का जायज़ा लेने, जले हुए बरतनों और राख के ढेरों को हटाने में लगे हुए थे। ईंट के घरों की दोबारा मरम्मत हो सकती थी लेकिन जो मिट्टी के बने थे वे काले पड़ गए थे और बारिश में गिर गए थे। परिवारों ने इन पुराने घरों में रहने की जगह उनके बगल में नया ढाँचा खड़ा करना बेहतर समझा। शुरू में, छप्पर के लिए छिंद की पत्तियाँ और लकड़ियाँ कम पड़ रही थीं। इसलिए दो या तीन परिवार तब तक साथ रहने वाले थे जब तक कि वे अगले दो या तीन साल में सबके लिए अलग-अलग घर नहीं बना लेते। अभी इक्का-दुक्का मकानों में ही खपड़े की छत है, क्योंकि एक खपड़े का दाम 1 रुपए से बढ़कर 10 रुपए तक पहुँच गया है। क़िस्मत से, जब घर जलाए गए तो उनके खेती-किसानी के औज़ार खेतों में ही थे इसलिए उनमें से ज़्यादातर बच गए थे, मवेशी भाग गए थे, उन्हें प्यार-पुचकार कर वापस लाया गया।

गाँववाले मुझसे मिलने के लिए जमा हो गए और हमने बात की—बीते दिनों की, जुडुम की, भविष्य की। 1990 के दशक में, कोंटा के दूसरे कई गाँवों की तरह, चेरापल्ली में हर किसी ने सीपीआई को अपना वोट दिया था। गाँव के सरपंच, आंडा, सीपीआई के छात्र संगठन में सक्रिय रह चुके थे। जब माओवादी ख़ुद को दोबारा स्थापित कर रहे थे, उन्होंने शिकायत की कि माओवादी गाँव के भीतर तो सख़्त बराबरी की ज़िद करते हैं, लेकिन वे ऐसी कोई पाबन्दी बाहरी लोगों, जैसे ठेकेदारों पर आयद नहीं करते। माओवादियों ने उनका हाथ तोड़ दिया। इसके बाद

गाँववालों ने चुपचाप माओवादियों के साथ जाने का फ़ैसला कर लिया। दूसरे सभी लोगों की तरह, उन्होंने चुनाव का बहिष्कार किया, संघम बनाया और दलम ने उनसे जो कहा उसका पालन किया।

चेरापल्ली उन गाँवों में से एक था जिसे जलाए जाने की महेंद्र कर्मा ने व्यक्तिगत रूप से निगरानी की।[3] 15 अप्रैल, 2006 को दोपहर एक से तीन बजे के बीच, कर्मा और जुडुम ने बड़े पाड़ा में 127 घरों को आग के हवाले कर दिया। चूँकि जुडुम चेरापल्ली के रास्ते में तालामडगु को जला चुका था, इसलिए गाँववाले पहले ही आगाह थे और नदी के पास छिप गए थे। जुडुम ने छत की शहतीरों को निशाना बनाते हुए, नोक में छिंद की पत्तियों और केरोसिन तेल से आग लगाकर तीर छोड़े, क्योंकि उन्हें मालूम था कि अनाज वहीं छिपाकर रखा हुआ है। क़िस्मत से उसी रात एक ज़ोर का तूफ़ान आया जिसने शोलों को शान्त कर दिया, लेकिन उसके बाद भी घर कई दिनों तक सुलगते रहे। थोड़ा चावल बचा लिया गया था, जो बहुत बुरी गंध छोड़ रहा था, लेकिन ज़िन्दा रहने के लिए काफ़ी था।

गाँववालों में से एक, जोगा, ने मुझे बताया कि बाहर क्या हो रहा है, यह देखने के लिए जब वह बाहर निकला, तो उसे महेंद्र कर्मा के पास ले जाया गया जिन्होंने उसे घूँसे और थप्पड़ मारे। स्थानीय सलवा जुडुम नेता राम भुवन कुशवाहा ने राइफ़ल के बट से उसकी छाती पर मारा और कैम्प में नहीं आने के लिए उसके साथ गाली-गलौज की। उन्होंने एसपीओ से उसे पोलमपल्ली कैम्प ले चलने को कहा जहाँ उसे बाँधकर पूरी रात बारिश में भीगने को छोड़ दिया गया। लेकिन उनमें से एक एसपीओ, किचे रामा, ने रस्सी कुछ ढीली कर दी, जिससे वह सुबह सात बजे के क़रीब भागने में सफल रहा।

गाँववालों ने बताया कि जुडुम ने अक्टूबर/नवम्बर 2006 में फिर आकर 42 घरों को जलाया। छोटे-छोटे बालों और गोल सिर वाले दस साल के भीमा को मुझसे मिलवाने लाया गया। उसने निर्विकार भाव से वर्णन किया कि कैसे उसके पिता, कलमू वागा, को जुडुम ने उठाया, तोयापाड़ा ले जाते हुए रास्ते-भर पीटा और वहाँ एक लाडी (खेतों में रुकने के लिए बनाए गए खुले बसेरे) में खंभे से बाँधकर सूखी पत्तियों से ढँक दिया और फिर ज़िन्दा जला दिया। इसके छह महीने बाद उसकी माँ लक्के ग़म और चिन्ता के कारण चल बसी। उसने अपने दो छोटे बच्चों को लगातार हो रहे हमलों से छिपाकर रखने और उनकी देखभाल करने की कोशिश की, पर आख़िर में हार मान ली। परिवार छिन्न-भिन्न हो गया। भीमा के पाँच साल के भाई को उसकी नानी दूसरे गाँव ले गई, जबकि भीमा चेरापल्ली में ही रहा, एक विधवा चाची के साथ, जिनके महुआ और टोरा बेचने से इन दोनों का गुज़ारा चलता। कैसा संयोग है कि कलमू वागा और महेंद्र कर्मा दो पीढ़ी पहले एक ही परिवार के सदस्य थे!

जिस समय कलमू वागा को मारा गया, ठीक उसी वक़्त जुडुम दूसरों को भी ले गया था। 60 साल के पटेल, दुधी उँगा, को दोरनापाल के थानेदार ने भाग जाने के लिए कहकर बचाया। दो किशोरवय भाई हिड़मा और कोसा को उनके खेतों से उठाया गया। कैम्प पहुँचने से पहले ही, शौच जाने के बहाने कोसा भाग निकला, लेकिन हिड़मा दो साल जेल में रहा। उसे बाहर आने के लिए क्लर्क को 8000 रुपए, और अपनी ज़मीन की मिल्कियत जमानत के तौर पर देनी पड़ी। इसी वक़्त के आसपास पोलमपल्ली कैम्प स्थापित हुआ, जिससे एसपीओ लोग और ज़्यादा आने लगे।

दिसम्बर 2006-जनवरी 2007 में भी, एसपीओ ने घर जलाए, और एक व्यक्ति की हत्या की। सोडी मासा की विधवा ने बताया कि उसका पति किस तरह पकड़ा गया था :

> यह सोचकर कि वे लोग चले गए हैं, मेरे पति और दो अन्य लोग अपने घरों को हुआ नुक़सान देखने गए। वे हैंडपम्प पर पानी पीने लगे। हैंडपम्प की आवाज़ सुनकर, एसपीओ वापस आए और अन्धाधुंध फायरिंग शुरू कर दी। हुँगा और मंगा भागने में कामयाब रहे, लेकिन मेरे पति की दो गोलियाँ लगने से मौत हो गई। चूँकि वह साथ में मतदाता पहचान पत्र, एक पट्टा और 2500 रुपए लिए हुए था, एसपीओ को एहसास हो गया कि वह नक्सली नहीं है और वे उसकी लाश को गाँव में ही छोड़कर चले गए। रुपए और काग़ज़ात अपने साथ ले गए। अगली सुबह गाँववाले खोज में निकले, लाश को बरामद किया और उसका दाह संस्कार किया। हम इतने डरे हुए थे कि एफआईआर नहीं की, और वैसे भी यह बेमतलब था क्योंकि उसे एसपीओ ने मारा था।

लगभग एक साल बाद, जब वह हंटापाड़ गाँव, जहाँ उसने शरण ले रखी थी, से वापस आई, और पोलमपल्ली हाट जाना दोबारा शुरू किया, वह गाँव के एक आदमी के ज़रिये अपने पति का पहचान पत्र और पट्टा वापस पा सकी।

जुलाई 2007 में, एसपीओ ने दो लड़कियों का बलात्कार किया। 15 साल की हुर्रे ने मुझे बताया कि वह हाल ही में आन्ध्र से लौटी थी और घर में अनाज पीस रही थी, कि तभी पाँच एसपीओ ने उसे बाहर खींचा, आँखों पर पट्टी बाँध दी, हाथ पीछे करके बाँध दिए और उसकी माँ से कहा कि वे उसे पोलमपल्ली ले जा रहे हैं। उन्होंने रास्ते में उसके साथ बलात्कार किया, और इस दौरान उसके गहने नोच लिये। जब मैं हुर्रे से मिली, उसने नए गहने बस अभी-अभी बनाए थे। 17 साल की भीमे ने बताया कि वह कोट्टापल्ली में अपनी मौसी के साथ रह रही थी और बस एक हफ़्ता पहले ही गाँव लौटी है। उसने बयान किया कि किस तरह वह अपने घर के अहाते में टोरा तोड़ रही थी कि एसपीओ आ धमके :

> उन्होंने मेरे हाथ-पैर बाँध दिए, आँखों पर पट्टी बाँध दी, फिर चारों ने मेरे साथ सामूहिक बलात्कार किया। उन्होंने मेरे सारे कपड़े फाड़ डाले और गहने नोच लिये। इसके बाद, पानी पीने के बहाने मैं भाग निकली और किसी के घर में अनाज रखने की डेहरी में छिप गई। मैं उनमें से तीन एसपीओ को पहचानती हूँ—पोलमपल्ली से राजेश (ओड़िया), कोर्रापाड़ का किचे सोमा और पालामाडगु का लिंगा। इस घटना के बाद भी वे मेरे घर आए और मुझे धमकी दी। मैंने डर के मारे पुलिस में रिपोर्ट नहीं की, और वैसे भी, इसका फ़ायदा क्या था? मैं डर के मारे बाज़ार भी नहीं जाती थी कि कहीं मुझे फिर न पकड़ लिया जाए और बलात्कार किया जाए। पिटाई और बलात्कार के बाद, मेरा बदन बुरी तरह सूज गया था। उस दिन भागने के दौरान मुझे साँप ने भी काट लिया। मैं डॉक्टर के पास नहीं जा सकती थी, देसी दवा से मेरा इलाज हुआ।

सरपंच आंडा ने बताया कि जब ये बलात्कार हुए वह कॉम्बिंग ऑपरेशन के प्रभारी अधिकारी के साथ बैठे हुए थे। एसपीओ ने अधिकारी को फ़ोन किया और कहा कि वे दो नक्सली लड़कियों को ला रहे हैं। आंडा को यह भी याद था कि अधिकारी एसपीओ से बार-बार पूछ रहे थे कि वे देरी क्यों कर रहे हैं।

पहले कुछ हमलों के बीच, गाँववालों ने अपना अनाज स्कूल और पंचायत भवन में रखा ताकि वहाँ सुरक्षा बल न रुक सकें और माओवादी भी उन भवनों को न उड़ा सकें। उन्होंने पेड़ गिराकर सड़क को भी अवरुद्ध कर दिया। 2008 में जाकर, जब वे वापस आए, उन्होंने सड़क को खोला ताकि महुआ ले जाया जा सके। तीनों बार जब घर जलाए गए, माओवादियों ने दूसरे गाँवों के लोगों की टीमें पुनर्निर्माण में उनकी मदद या कम-से-कम फौरी राहत मुहैया कराने के लिए भेजीं। लेकिन इस अनिश्चितता को देखते हुए कि आगे पता नहीं क्या घटित हो, आख़िरकार सभी जंगल भाग गए और वहाँ पेड़ों के नीचे कामचलाऊ झोंपड़ियों में रहना शुरू कर दिया। उस साल या उसके अगले साल कोई जुताई-बुआई नहीं हो पाई।

पूरा गाँव आन्ध्र पलायन कर गया। लेकिन एक-दो गाँववालों को बीच-बीच में गाँव की ज़मीनों को देखने के लिए आना पड़ता था। आंडा कहते हैं कि उन्होंने वास्तव में गाँव कभी छोड़ा ही नहीं, वे आसपास ही बने रहे ताकि देवताओं की अनदेखी न हो। एक बार कुछ एसपीओ ने उन्हें मछली मारने के दौरान पकड़ा और उनसे कहा—यहाँ नहीं रुकें, नहीं तो मिजो जवान आपको नक्सली मानकर ले जाएँगे। उनके साथ बातचीत में एसपीओ ने यह क़बूल भी किया कि वे अपनी नौकरी से ख़ुश नहीं हैं।

गवाहियों से गुज़रते हुए, उनकी भयावहता के साथ-साथ, हमें किसी गृहयुद्ध जैसी आकस्मिकताओं की झलक मिलती है। महेंद्र कर्मा से पारिवारिक नाता कलमू वागा को नहीं बचा सका, लेकिन दूसरी तरफ़, कभी-कभी पुलिस या एसपीओ ऐसे लोगों पर तरस खा गए जिन्हें वे जानते थे। पहचान पत्र और ज़मीन के काग़ज़ होने पर यह साबित करना मुश्किल साबित हुआ कि वे आम नागरिक हैं, न कि नक्सली; दूसरी तरफ़, किसी सामान्य ग्रामीण युवा को आसानी से नक्सली ठहराया जा सकता था, उन्हें मारा और उनके साथ बलात्कार किया जा सकता था। यह ऐसा युद्ध था जहाँ हर कोई एक दूसरे को जानता था, लेकिन यह परिचय कभी भी ज़िन्दगी या मौत का फ़ैसला करने के लिए काफ़ी नहीं था।

2013 में जब मैं वहाँ दोबारा गई, तब तक चेरापल्ली में 170 घरों में से 129 घरों के लोग वापस आ चुके थे। ताड़वेही गाँव के लोग भी अपने घर लौट गए थे और दूसरों के साथ उन्होंने सुलह-सफ़ाई कर ली थी। बिजली अभी बहाल नहीं हो पाई थी। स्कूल 2009 से आधिकारिक तौर पर दोबारा चालू हो गया था, और फिलहाल पंचायत भवन में चल रहा था। लेकिन शिक्षक पोलमपल्ली में रहते थे और कभी-कभार ही आते थे। दो आँगनबाड़ी भी बहुत ही अनियमित ढंग से चल रही थीं। दलम अब गाँव में नहीं आता था, लेकिन ग़रीबों ने अमीरों के खेतों के एक हिस्से पर बोना-काटना जारी रखा। यह चुनाव का वक़्त था। गाँववालों ने कहा कि चुनाव बहिष्कार के माओवादी आह्वान को न मानने के बारे में वे शायद सोचते भी, लेकिन चूँकि उनका मतदान केन्द्र पोलमपल्ली जुडुम कैम्प में स्थानांतरित कर दिया गया था और वे वहाँ जा नहीं सकते थे, तो एक तरह से सरकार ने ही उनके बारे में फ़ैसला कर दिया था।

2015 में, गाँव के तीन लड़के सीआरपीएफ, डीआरजी और छत्तीसगढ़ पुलिस की स्पेशल टास्क फ़ोर्स की संयुक्त टीम के हाथों एक तथाकथित मुठभेड़ में मारे गए। पुलिस महानिरीक्षक (आइजीपी) एसआरपी कल्लूरी ने गर्व से एलान किया कि उन्होंने तीन 'माओवादियों' को मारा है। हालाँकि, रिश्तेदारों ने बताया कि लड़कों को उस समय उठाया गया जब वे पीने जा रहे थे। सुरक्षा बलों ने उनमें से एक लड़के को रोका और बेवजह पीटना शुरू कर दिया। जब उसने भागने की कोशिश की तो उसे गोली मार दी गई। पुलिस ने बाक़ी दो लड़कों से अपने दोस्त की लाश उठाकर पोलमपल्ली पुलिस थाने लेकर चलने को कहा। उन्हें रास्ते में गोली मार दी गई।[4] 2006 से 2016 के बीच 10 साल में छत्तीसगढ़ में कुछ नहीं बदला है।

9

एक 'अभियान' के बारे में नोट्स

सीआरपीएफ वाले हमसे पूछते हैं : "हम लोगों को देखते ही गाँववाले आख़िर भागते क्यों हैं?" जवाब में गाँववाले हमसे कहते हैं, "भागने के सिवा हमारे पास और कोई चारा है क्या?"

लिंगागिरी और फिर से बसाए गए अन्य गाँवों के वासियों ने हमें बताया कि वे बीज लेने के लिए कलेक्टर कार्यालय या मिरतुर हाट तक भी नहीं जा सकते। उनके अनुसार, "यह बेहद ख़तरनाक है।" उधर, कलेक्टर का कहना है कि वो इन गाँवों में कुछ भी आपूर्ति नहीं करा सकते क्योंकि "यह बेहद ख़तरनाक है।"

—फ़ील्ड नोट्स, 2009

सलवा जुडुम का पहला चरण तक़रीबन 2005 से 2007 तक चला। इसके बाद, 2008 में एक 'ठहराव का वक़्त' आया। आगजनी और हत्याएँ होती रहीं, लेकिन फिर भी लोग धीरे-धीरे शिविरों एवं आन्ध्रप्रदेश से अपने घरों की ओर लौटने लगे थे। लेकिन इस बीच, माओवादियों का मुद्दा राष्ट्रव्यापी आयाम ग्रहण करने लगा था। नवम्बर 2008 में, माओवादियों ने पश्चिम बंगाल में मुख्यमंत्री बुद्धदेव भट्टाचार्य के काफ़िले पर हमला किया। जवाबी हमले में, पुलिस ने लालगढ़ में निकटवर्ती गाँवों में घुसकर लोगों को बेतहाशा पीटा, घरों में छापेमारी की और महिलाओं के साथ बदसलूकी की। गाँववासियों ने छत्रधर महतो के नेतृत्व में 'पुलिस संत्रास विरोध जनसाधारण कमेटी' [पीपुल्स कमेटी अगेंस्ट पुलिस एट्रोसिटीज (पीसीपीए)] का गठन किया, इलाक़े की नाकेबन्दी की और थोड़े समय के लिए एक समानांतर सरकार चलाई। इससे पहले उस साल जून में माओवादियों ने आन्ध्रप्रदेश से ओडिशा के बालीमेला जलाशय में ग्रेहाउंड सुरक्षाबल के सदस्यों को लेकर जा रही एक नाव पर हमला किया, जिसमें 38 कमांडो मारे गए।

केन्द्र सरकार ने 2009 में 'ऑपरेशन ग्रीन हंट' की शुरुआत की। इसके बारे में सरकार ने ज़ोर देकर कहा कि यह एक ख़ास क़िस्म के अभियान का नाम भर है। लेकिन यह विभिन्न राज्यों में फैले माओवादियों के ख़िलाफ़ एक युद्ध के प्रतीक रूप में सामने आया। बस्तर में, इसका मतलब सीआरपीएफ के तलाशी और धरपकड़ अभियान में तेज़ी आना था। यह युद्ध बस्तर ज़िले के पूर्व में स्थित दरभा ब्लॉक जैसे नए इलाक़ों में फैल गया। इस दौर में हुई हत्याओं और जुड़ुम के बीच अन्तर यह था कि घटनाएँ तो अपेक्षाकृत कम हुईं, लेकिन हर घटना में एक बार में कहीं ज़्यादा लोग मारे गए। जैसाकि परिशिष्ट-1 में दिखाया गया है, 2006-07, जब जुड़ुम अपने उफान पर था, के बाद 2009-10 छत्तीसगढ़ में सबसे अधिक ख़ूनख़राबे वाला साल रहा। दूसरा अन्तर यह था कि 'मुठभेड़ों' में होने की वजह से मौतें अब जायज़ थीं, जबकि पहले लाशों को बिना किसी गिनती के छोड़ दिया जाता था।

वर्ष 2011 से 2013 के बीच, तीन बड़ी घटनाएँ हुईं जिन्होंने लोगों का ध्यान खींचा : साल 2011 में ताड़मेटला और आसपास के गाँवों में 3 गाँववाले मारे गए, 2012 में सरकेगुड़ा और आसपास के गाँवों में 17 और 2013 में एडेसमेट्टा में 8 गाँववालों की हत्याएँ हुईं। तब तक, आम नागरिकों की मौतों की ओर मीडिया का ध्यान जाना शुरू हो गया था और इन तीनों मामलों में न्यायिक जाँच के आदेश दिए गए। शुरुआत में गाँववाले इन घटनाओं के बारे में बोलने से कतराते थे। लेकिन इसके उलट, अब वे गवाही देने को उत्सुक थे। हालाँकि 2016 तक, जोकि 2009 के बाद इस लड़ाई के ज़ोर पकड़ने का तीसरा चरण था, सभी जाँचें अधूरी पड़ी थीं। इन लम्बी और थकाऊ जाँचों ने सुरक्षा बलों में आत्मविश्वास और सज़ा से बच निकलने का जो भाव जगाया है, उसने उन्हें दैनिक एवं साप्ताहिक आधार पर नए सिरे से मारकाट मचाने की हिम्मत दी है। मारे जानेवाले लोग ज़ाहिर तौर पर 'माओवादी' हैं। लेकिन एक बार फिर, आम गाँववासियों, मामूली हथियारबन्द या निहत्थे संघम सदस्यों और पेशेवर गुरिल्लाओं के बीच कोई फ़र्क़ नहीं किया जा रहा है। इस सबके जवाब में माओवादियों द्वारा 'मुख़बिरों' की हत्याएँ भी बढ़ीं।

बस्तर ज़िले के दरभा प्रखंड में ऑपरेशन ग्रीन हंट की शुरुआत

वर्ष 2006-07 में जुड़ुम के चरम उत्पीड़न के दौर में जब दंतेवाड़ा ज़िले के गाँव एक के बाद एक जुड़ुम द्वारा ख़ाली कराए जा रहे थे, पड़ोसी ज़िलों में लोग इससे अनजान भी थे और साथ ही साथ प्रभावित भी थे। अख़बारों और टेलीविज़न में जुड़ुम के बारे में शायद ही कभी कुछ बताया जाता था। लेकिन माओवादियों द्वारा किए गए अपराधों के बारे में लगातार ख़बरें दी जा रही थीं। इसलिए जगदलपुर,

दंतेवाड़ा जैसे छोटे शहरी केन्द्रों और प्रशासनिक ब्लॉक मुख्यालयों में मीडिया के प्रभाव में रहनेवाली जनता इस बात को मान बैठी थी कि माओवादी सीधे-सीधे अतार्किक और विकास-विरोधी लोग हैं। उधर, दूर-दराज के गाँवों में, जुडुम से बचकर भाग रहे गाँववालों की जुबान से जुडुम के बारे में ख़बरें फैलीं। माओवादियों के पर्चों और वीडियोज़ ने भी इसमें योगदान दिया। दक्षिण में अपने आधार क्षेत्र पर हो रहे हमलों को देखते हुए माओवादियों ने 2007 से 2008 के बीच इस हक़ीक़त को अच्छी तरह समझ लिया कि अपना अस्तित्व बचाये रखने के लिए संगठन का विस्तार ज़रूरी है। लिहाज़ा, उन्होंने उत्तर दिशा में स्थित दरभा ब्लॉक के गाँवों और इस तरह के अन्य इलाक़ों को संगठित करना शुरू कर दिया।

जब 2009 में ऑपरेशन ग्रीन हंट की शुरुआत हुई, वह बहुत ही बुरा साल था : अनाज का अभाव था, यहाँ तक कि पहाड़ की ढलानों पर उगाए जाने वाले मोटे अनाज भी उपलब्ध नहीं थे; न आम थे और न ही तेंदू पत्ता। चूँकि सीआरपीएफ का तलाशी अभियान हर जगह शुरू हो चुका था, न सिर्फ़ जुडुम प्रभावित क्षेत्रों में बल्कि समूचे इलाक़े में लोगों ने अपनी फ़सलों को जंगली जानवरों के लिए खुला छोड़कर खेतों में सोना बन्द कर दिया। काम की ज़रूरत होने के बावजूद स्थानीय युवा प्रवासी कामगारों के साथ जुड़ने की हिम्मत नहीं जुटा पा रहे थे क्योंकि उन्हें अन्देशा था कि उन पर माओवादियों से जुड़े होने का सन्देह किया जाएगा। मतदाता सूचियों का इस्तेमाल करते हुए पुलिस हरेक व्यक्ति पर नज़र रख रही थी। लोग 100 रुपए देकर अपनी तस्वीरें खिंचवाने और पहचानपत्र बनवाने के लिए उमड़ पड़े ताकि वे यह साबित कर सकें कि वे शान्तिप्रिय नागरिक हैं, माओवादी नहीं है। कलिंगारास में, लोग अपने सभी जानवरों को ट्रकों में लादकर सुरक्षित स्थानों पर अपने रिश्तेदारों के पास छोड़ आए। महिलाओं ने भी अपने जेवर और क़ीमती सामान रिश्तेदारों के पास रखवा दिए।

समूचे ज़िले में सिर्फ़ आसन्न युद्ध की चर्चा थी। सीपीआई ने सभाएँ आयोजित कर गाँववालों को अँधेरा होने के बाद अपने घरों में ही रहने की हिदायत दी, और माओवादियों ने सीपीआई पर अनावश्यक रूप से भय का वातावरण बनाने का आरोप लगाया। सीपीआई ने गाँववालों से अपने घरों में रुकने और पुलिस का सामना करने के लिए कहा क्योंकि उन्हें भागते देखकर पुलिस का शक बढ़ेगा और वे उन पर गोलीबारी शुरू कर देंगे। जबकि, माओवादियों ने गाँववालों को भाग जाने के लिए कहा। लोग समझ नहीं पा रहे थे कि किसकी सलाह मानी जाए।

माओवादियों ने जब पहले-पहल बस्तर के पूर्वी इलाक़ों में काम करना शुरू किया, तो वे गाँववालों को दूरदराज़ के जंगलों में सभा के लिए बुलाते। गाँववालों ने मुझे बताया कि पुरुषों और महिलाओं को अलग-अलग ढेर में एक-एक टहनी गिराने को कहा जाता। टहनियों की संख्या से उन्हें वहाँ जुटे

लोगों की तादाद का पता चलता था। कई लोग इन सभाओं में इस जिज्ञासा से गए कि आख़िर माओवादी क्या कहते हैं, और यह कहते हुए लौटे कि वे वास्तव में किसी की तरफ़ नहीं रहना चाहते, लेकिन अगर सरकार ने उनकी ज़मीन छीनने की कोशिश की तो उनके पास और कोई चारा नहीं होगा। हर तरफ़ डर का माहौल था। हमेशा यह आशंका सताती रहती कि नक्सली आएँगे और उनके पीछे पुलिस एवं जुड़ुम वाले आएँगे; या औद्योगिक घराने आएँगे और फिर युद्ध होगा। मुझसे कहा गया कि 'भूमकाल वेरमो' यानी 'भूमि (भूम) को बचाने के लिए युद्ध होने वाला है'।

माओवादियों द्वारा ऐसी सभाएँ आयोजित किए जाने पर कुछ उत्साह भी था। धुरवा लोग इस बात से पूरी तरह सहमत थे कि शासन-सत्ता का हमेशा प्रतिवाद करनेवाले गोंडों की तुलना में वे कायर हैं, और उन्होंने ज़ोर देकर कहा कि उनके गाँव तटस्थ रहेंगे, यह जानते हुए भी कि माओवादी इस तटस्थता की गुंजाइश कम करते जा रहे हैं। प्रत्येक गाँव से कुछ युवा एक महीने के प्रशिक्षण के लिए माओवादियों के साथ गए, लेकिन बग़ैर हथियार के लौट आए। वे तैयार मिलिशिया सदस्य थे, जिन्हें ज़रूरत पड़ने पर बुलाया जाना था। खेती-बाड़ी से जुड़े कुछ समूह बनाए गए जो कुछ गाँवों में सफल हुए और कुछ में बुरी तरह नाकाम रहे; कुछ गाँवों में संघम बनाए और सफलतापूर्वक चलाए गए, जबकि अन्य गाँवों में वे भी विफल साबित हुए।

इस तरह के टकराव में, सबसे बुरा यह होता है कि किसी को पता नहीं होता कि कौन क्या है, और आप अगर ज़्यादा ऊँची आवाज़ में बात करें, तो आपकी बातें ग़लत व्यक्ति के कानों में जा सकती हैं। एक महिला सरपंच ने मुझे बताया कि उसने कई किस्तों में उन लोगों को पैसे दिए जो ख़ुद को माओवादियों द्वारा भेजा हुआ बताते थे और रात के अँधेरे में लाल स्याही वाली चिठ्ठी लेकर आते थे जिनमें लिखा होता था : 'सरपंच जी, क्या आप हमेशा के लिए शान्त हो जाना चाहती हैं?' उन्होंने घर के बाहर सोना छोड़ दिया और उनके पति जगदलपुर के अपेक्षाकृत सुरक्षित माहौल में चले गए। उनका सन्देह था कि यह माओवादियों की हरकत बिल्कुल नहीं थी, बल्कि इसके पीछे एक भूतपूर्व मित्र था जो अब बीजेपी में शामिल होकर राजनीतिक प्रतिद्वंद्वी बन गया था। उन्होंने माओवादियों को सन्देश भिजवाया। माओवादियों ने अपनी तरफ़ से मामले की छानबीन करने के बाद सरपंच और उनके पति को बुलवाया। माओवादियों के नेता ने कहा, "हम जानते हैं और आप भी जानते हैं कि पैसे किसने लिए। लेकिन हम तब तक कार्रवाई नहीं कर सकते जब तक कि आप किसी का नाम नहीं लेते।" सरपंच ने जवाब दिया, "तब आप रहने दीजिए।" उसने मुझे बताया कि वह उस सन्दिग्ध व्यक्ति का नाम नहीं ले सकती थीं और न ही लेंगी क्योंकि आख़िरकार उन्हें एक ही गाँव में रहना

है। जबरन वसूली रुक गई, लेकिन अपराधी को सज़ा भी नहीं मिली। बाद में, माओवादियों ने कुछ अन्य कारणों से उसकी पिटाई की।

जून 2009 में, दरभा और टोंगपाल ब्लॉक के—धुरवा व गोंड गाँवों ने पहली बार बड़े पैमाने पर टकराव से जुड़ी मौतें देखीं। इसकी शुरुआत माओवादियों द्वारा एक ठेकेदार को उनके इलाक़े में सड़क न बनाने की चेतावनी के साथ हुई। जब ठेकेदार ने उनकी बात नहीं मानी, तो उन्होंने उसके चार ट्रकों और एक ट्रैक्टर को फूँक दिया। दो दिन बाद, 20 जून को, सुकमा शिविर से सीआरपीएफ के लोग मामले की छानबीन करने आए। माओवादियों ने बारूदी सुरंग का विस्फोट किया; सीआरपीएफ के पाँच लोग घटनास्थल पर ही मारे गए, जबकि चार अन्य की मौत बाद में हुई। सीआरपीएफ कम्पनी के बाक़ी बचे सदस्यों ने ग़ुस्से में अन्धाधुंध गोलीबारी शुरू कर दी। माओवादी भाग निकले। लेकिन एक भैंस मारी गई, दो मोटरसाइकिल सवार बाल-बाल बचे और एक चरवाहे को तब तक पीटा गया जब तक वह बेहोश नहीं हो गया। जो कुछ हुआ था उससे बेख़बर, साइकिल से अपने घर लौट रहे, सात अन्य ग्रामीण भी मारे गए।

सोलीवाड़ा का समलू अलग-अलग हाटों में छिंदरस (खजूर की ताड़ी) बेचता था। कोकावाडा का एक व्यक्ति इन पेड़ों का मालिक था। और हर शाम, समलू साइकिल से मालिक को उसका पैसा देने जाया करता था। मारा जानेवाला सबसे पहला व्यक्ति समलू था—शाम क़रीब पाँच बजे। इसके 15-20 मिनट बाद, राम विलास, जो कि बदनपाल में अपने खेत जोतने के बाद साइकिल से किंदरवाड़ा स्थित अपने घर लौट रहा था, इस विस्फोट का शिकार बना। उसका थैला, जिसमें मशरूम और एक छाता था, नीचे गिर गया। वाग और लखमा को उस समय गोली मारी गई, जब वे कोकावाड़ा से सब्ज़ियाँ ख़रीदकर सोलिवाड़ा लौट रहे थे। तब तक शाम के साढ़े छह बज चुके थे। देवा, सुकालू और सम्पत अपनी साइकिलों पर मछली पकड़ने का नया जाल और पम्प लादे हुए उड़ीसा के बेजागुडा हाट से लौट रहे थे तभी गोलियों की चपेट में आ गए। सीआरपीएफ के जवान रात-भर अन्धाधुंध गोलीबारी करते रहे। अगली सुबह पुलिस सभी लाशों को ले गई और यह घोषणा कर दी कि ये सब एक मुठभेड़ में मारे गए नक्सली हैं। सीआरपीएफ ने टोंगपाल पुलिस को उन लाशों का अन्तिम संस्कार करने के लिए 3000 रुपए दिए।

कथित माओवादियों का मुआयना करने थाना पहुँचे टोंगपाल के उप-सरपंच ने पुलिस को उन लाशों की बगल में बम और समलू के बदन पर कारतूस वाली बेल्ट रखने का प्रयास करते पाया। उसने सभी मृतकों के स्थानीय सोलिवाड़ा का निवासी होने की गवाही दी और लाशों के पोस्टमार्टम पर ज़ोर दिया। एक बच्चे ने मछली पकड़ने वाले जालों के साथ तीन साइकिलों को सड़क पर पड़े हुए देखा और इसकी जानकारी सीपीआई के स्थानीय नेता मुन्ना को दी। मुन्ना भी थाने पहुँचे

और उन्होंने मृतकों के स्थानीय होने की शिनाख़्त की। पोस्टमार्टम के बाद शवों को उनके गाँव ले जाया गया और गाँववालों ने अगले क़दम के बारे में आपस में विचार-विमर्श किया। और 22 जून को, तक़रीबन 2000-3000 लोगों ने इकट्ठे होकर 'सर्व समाज', जो कि विभिन्न बस्तरिया समुदायों का प्रतिनिधित्व करने वाला संगठन था, के बैनर तले फ़र्ज़ी मुठभेड़ों के ख़िलाफ़ बन्द का आह्वान करने का निर्णय लिया। मेरे सूत्रों ने मुझे बताया कि आसपास के सभी गाँवों के लगभग 40,000 लोगों ने 29 जून को आयोजित रैली में भाग लिया। यह अपने क़िस्म का पहला जन-प्रतिवाद था। सर्व समाज ने अपने विधायकों से सवाल किया कि वे इस क़िस्म की फ़र्ज़ी मुठभेड़ों से गाँववालों की ज़िन्दगी सुरक्षित करने के लिए क्या कर रहे हैं। मुख्यमंत्री रमन सिंह ने इन मौतों की जाँच कराने का वादा किया, लेकिन कुछ नहीं हुआ। हालाँकि, विरोध व्यक्त करने के इस अनुभव से गाँववालों को थोड़ा आत्मविश्वास मिला।

बीजापुर, जुलाई 2009

जुडुम प्रभावित पुराने इलाक़ों में एक बार फिर हिंसा बढ़ी। जुलाई 2009 में, उस्मानिया विश्वविद्यालय के जेपी राव, आईआरएमए के अजय दांडेकर और वीसीए के कोपा कुंजाम के साथ मैंने बीजापुर का दौरा किया। हम लोगों ने चेरुगुड़ा, जो कि मिरतुर शिविर के बाद पहला गाँव था, में अपनी जीप छोड़ी और विस्फोट में उड़ाए गए एक स्कूल के मलबे, हरे-भरे खेतों और बारिश से भीगी पहाड़ियों को पार करते हुए वेंगाईपाडू की ओर बढ़ चले। अब हम उस इलाके में थे जिसे आधिकारिक रूप से माओवादियों का इलाक़ा माना जाता था।

जब हम वेंगाईपाडू पहुँचे, गाँव वीरान पड़ा था। गाँववाले, जो हम लोगों को देखते ही भाग खड़े हुए थे, धीरे-धीरे वापस आए। साफ़ तौर पर माओवादियों का एक दस्ता आसपास कहीं मौजूद था और गाँववालों को हमसे बात करने के लिए उनकी इजाज़त चाहिए थी। हमारे पहुँचने के तुरन्त बाद ही वहाँ मूसलाधार बारिश शुरू हो गई और हम एक कोठार में बैठे। चक्को नाम के एक बुज़ुर्ग ने हमें पिछले हफ़्ते हुए उस हमले के बारे में बताया जिसमें कोई 100-200 सीआरपीएफ वालों, मिरतुर थाने की पुलिस और एसपीओ ने मिलकर गाँव के 42 घरों को जला दिया था। गाँव के सारे लोग जंगल में भाग गए। सुरक्षा बलों ने उसे और उसकी 17 साल की बेटी, सुक्के, को पकड़ लिया। वे उसकी बेटी को घसीटकर दूर ले गए। उसने हमें बताया, "कोई 15-20 आदमी थे। वे उसे आजारेव नाला के दूसरी तरफ़ ले गए। तीन दिन बाद हमें टहनियों और डालियों से ढँकी उसकी लाश मिली। उसके चेहरे को ज़मीन की तरफ़ करके गर्दन के

पीछे कुल्हाड़ी से वार कर उसे मारा गया था। हमने अगले दिन उसका अन्तिम संस्कार कर दिया।" कडती सोमारू नाम के एक अन्य व्यक्ति ने हमें बताया कि कैसे उसके 25 साल के इकलौते बेटे, बुधू को सुरक्षा बलों ने घेरकर गोली मारी। सुक्के के परिजनों की तरह ही बुधू के परिवारवालों को भी उसकी मौत के बारे में सूचना दर्ज कराने का कोई मतलब नज़र नहीं आया।

हमें वेंगाईपाडू के सभी 42 घरों और आसपास के गाँवों के कुछ घरों में हुए नुक़सानों का ब्योरा दर्ज करते हुए दिन काफ़ी निकल गया। उसके बाद हमें थोड़ी दूरी पर कुछ लोगों, दो पुरुष और एक महिला, से मिलने के लिए बुलाया गया। साफ़ दिख रहा था कि उनकी वहाँ कुछ हैसियत थी। दोनों में से एक पुरुष ने हमसे हिन्दी में बात की। वह बेहद मृदुभाषी और विनम्र था। उन्होंने हमारे आने का कारण पूछा और तक़रीबन शाम 5 बजे वहाँ से हमें जाने देने के पहले हमारे सभी जवाबों को बाक़ायदा नोट किया।

चेरुगुड़ा, जहाँ हमने अपनी जीप छोड़ी थी, वापस पहुँचने पर हमने पाया कि एसपीओ और जुडुम के लोग जेपी का मोबाइल फ़ोन और चार्जर उठा ले गए हैं। गाँववालों ने हमें बताया कि एसपीओ लोग जीप को जला देना चाहते थे, लेकिन सलवा जुडुम के एक नेता ने उन्हें ऐसा न करने के लिए चेताया। बारिश के बाद ज़मीन गीली हो गई थी और हमारी जीप कीचड़ में फँस गई। हमारे मिरतुर थाना पहुँचने तक रात हो गई थी।

जब हम मिरतुर स्थित सीआरपीएफ कैम्प से 100 गज दूर थे, तो हमारे ऊपर फ्लड लाइट की तेज़ रोशनी फेंकी गई। जब हम जीप रोककर बाहर आ गए, तो हमें अपने हाथ ऊपर करने के लिए कहा गया। हमने बाक़ी बची दूरी इसी तरह तय की। हमारी जीप को थोड़े अन्तराल के बाद ही हमारे पास आने की अनुमति दी गई। हमने मोबाइल और चार्जर की चोरी की बाबत पुलिस में शिकायत दर्ज कराने के लिए थाने चलने पर ज़ोर दिया। घुप्प अँधेरे में सीआरपीएफ के जवान हमारे साथ आए। तब तक मूसलाधार बारिश भी दोबारा शुरू हो गई थी। एक बार थाने के भीतर पहुँच जाने के बाद, पुलिस ने यह कहते हुए हमें जाने देने से इन्कार कर दिया कि उन्हें पुलिस अधीक्षक अमरेश मिश्र की ओर से हमें रोके रखने का निर्देश है। हमारा यह विरोध कि हमने अपने दौरे के बारे में कलेक्टर को सूचित कर दिया था, बेअसर साबित हुआ। आख़िरकार रात के दो बजे ही हम दंतेवाड़ा लौट पाए। अगले दिन, हमने दंतेवाड़ा पुलिस में मोबाइल चोरी की एक शिकायत दर्ज कराई। उन्होंने थोड़े-थोड़े अन्तराल पर जेपी को पेशी के लिए सम्मन भेजे, जो पेशी की तारीख़ बीत जाने के बाद ही पहुँचते थे। जेपी को उनका मोबाइल कभी वापस नहीं मिल पाया।

सितम्बर-अक्टूबर, 2009 का कोंटा हत्याकांड

सितम्बर, 2009 से अक्टूबर, 2009 के बीच विभिन्न गाँवों में तलाशी अभियान के दौरान कोंटा क्षेत्र में हत्याओं की एक नई लहर चली। इनमें से कई घटनाएँ मीडिया में रिपोर्ट हुईं और ख़ासी चर्चित हुईं। जो घटित हुआ उसको लेकर मेरी अपनी कहानी है, जिसे मैंने अपना हाल बयान करने दिल्ली आए गाँववालों द्वारा ख़ुद सुनाई गई आपबीती और आन्ध्र प्रदेश में विस्थापित लोगों से किए गए साक्षात्कारों के आधार पर तैयार किया है।[1]

जिन लोगों से मैं मिली, उनमें से एक युवती थी मूके। उससे आन्ध्र प्रदेश में उसके घर पर मुलाक़ात हुई। मूके अपने गाँव, गोम्पाड, पर 1 अक्टूबर को हुए हमले, जिसमें कुल 9 लोग मारे गए थे, में बाल-बाल बची थी। सोडी संभो नाम की एक महिला पुलिस की गोलीबारी में घायल हुई थी। गोम्पाड मुख्यत: एक दोरला गाँव है और माओवादियों का गढ़ माना जाता है। लगभग 200 सीआरपीएफ और एसपीओ की एक टुकड़ी रात में गोम्पाड के लिए रवाना हुई। हालाँकि, एक एसपीओ ने उनके पहुँचने में देरी कराने और इस बीच गाँववालों को सचेत करने की नीयत से उन्हें ग़लत दिशा बताई। चूँकि सुरक्षा बल की टुकड़ी तड़के 3.30 बजे के बजाय सुबह 5.30 बजे पहुँची, ज़्यादातर गाँववाले बच निकलने में कामयाब रहे। मारे गए लोगों में से चार एक ही परिवार के सदस्य थे। चालीस वर्षीय माडवी बजारे बीमार था, इसलिए सुरक्षा बलों के आने पर वह और उसकी पत्नी सुब्बी भाग नहीं सके। बजारे की दो छोटी बेटियाँ, दस साल की भीमे और आठ साल की मुट्टी, भी घर पर थीं। उसकी बड़ी बेटी कट्टम कन्नी अपने दो साल के बेटे, सुरेश, के साथ मायके आई हुई थी। सभी को खींचकर घर से बाहर निकाला गया। माँ-बाप और उनकी सबसे छोटी बेटी मुट्टी को चाकू मारकर महुए के एक पेड़ के पास फेंक दिया गया। सबसे बड़ी बेटी, कन्नी, को निर्वस्त्र कर उसके साथ बलात्कार किया गया और फिर उसे मार दिया गया। यह सब करने के दौरान ही, उन्होंने कन्नी के बच्चे की तीन उँगलियाँ काट डालीं और दर्द से चीख़ते बच्चे को मरी हुई माँ की छाती पर डाल दिया। उसकी मौसी भीमे, जो ख़ुद ही एक बच्ची थी, ने किसी तरह बच्चे को उठाया और जंगल में भाग गई।

मूके हम लोगों से बातें करते हुए, कपड़े के पालने में लेटे अपने बच्चे को झुलाती जा रही थी। उस बच्चे के बारे में बताते हुए वह रोने लगी। फिर आँसुओं के बीच उसने फीकी मुस्कान दी और कहा, "लेकिन अब उसका बच्चा ठीक है, वह ठीक है।"

ताड़मेटला की कहानी

6 अप्रैल, 2010 को मुकरम और ताड़मेटला गाँवों के बीच माओवादियों द्वारा घात लगाकर किए गए एक हमले में सीआरपीएफ के 76 जवान मारे गए। उस घटना में आठ माओवादी भी मारे गए थे। 'दंतेवाड़ा के शहीदों' की झंडे में लिपटी, पुष्पांजलियों से ढँके ताबूतों की छवियाँ 'आक्रोश में राष्ट्र', 'माओवादी नरसंहार पर सरकार का आक्रोश—आर-पार की लड़ाई के पक्ष में भाजपा' (*हिन्दुस्तान टाइम्स*), 'भारत और माओवादियों के बीच युद्ध' (*टाइम्स नाउ*) जैसे शीर्षकों के साथ सुर्ख़ियों में थीं। अन्य शीर्षकों ने सैनिकों की वेदना और बलिदान पर ज़ोर दिया। मसलन 'दंतेवाड़ा के शहीदों को देश ने दी अन्तिम विदाई' (*एनडीटीवी*), 'हृदयविदारक दृश्यों के बीच 42 शव लखनऊ पहुँचे' (द *हिन्दू*), 'बहादुर और असहाय' (*आउटलुक*)।

माओवादियों ने भी अपने कैडरों की याद में पास के मोरपल्ली गाँव के खुले मैदान में लाल सीमेंट से 15 फुट ऊँचा एक स्मारक बनवाया। इस मौक़े पर उनकी सांस्कृतिक टोली, 'सिनेम बैच', ने एक विशेष गीत तैयार किया। इस घटना में मारे गए आठ माओवादियों की तस्वीरें उनके हिन्दी मुखपत्र *प्रभात* के जनवरी-जून, 2010 अंक में छपीं। वहीं, माओवादियों की एक प्रेस विज्ञप्ति में कहा गया : 'सीपीआई (माओवादियों) के नेतृत्व में पीएलजीए के बहादुर छापामारों ने छत्तीसगढ़ के दंतेवाड़ा ज़िले में केन्द्रीय अर्द्धसैनिक बल की एक पूरी कम्पनी का सफ़ाया कर एक इतिहास क़ायम किया है।'[2]

सरकार ने सीमा सुरक्षा बल (बीएसएफ) के एक सेवानिवृत्त महानिदेशक, ई. एन. राममोहन, जो बड़ी-बड़ी मूँछों वाले स्पष्टवादी अफ़सर थे, से जाँच कराने का आदेश दिया। उन्होंने इलाक़े से अपरिचित एक डिप्टी कमांडेंट की अगुवाई में टुकड़ी भेजने के लिए सीआरपीएफ नेतृत्व को दोषी ठहराया। अपनी रिपोर्ट में उन्होंने अन्य बातों के अलावा इस बात का भी ज़िक्र किया कि वरिष्ठ अधिकारियों ने कभी भी अभियानों में हिस्सा नहीं लिया, बस सीआरपीएफ कैम्पों में ही हेलीकॉप्टर से आवाजाही करते रहे; ख़ुद कैम्पों को ठीक से महफ़ूज़ नहीं किया गया था; और मानक संचालन प्रक्रियाओं का पालन नहीं किया गया। सीआरपीएफ के उपमहानिरीक्षक नलिन प्रभात का, जिन्होंने उस तलाशी अभियान का आदेश दिया था, पहले तो तबादला कर दिया गया, लेकिन एक साल बाद उन्हें वीरता पुरस्कार से नवाजा गया।

तब से जो घटनाक्रम उजागर हुआ वो यह है कि कार्यभार सँभालने के तुरन्त बाद नलिन प्रभात ने यह फ़ैसला लिया था कि माओवादियों की जंगी तैयारियों, जोकि आम तौर पर मार्च-अप्रैल में होती हैं, को नाकाम करने के लिए सुरक्षा बलों को रात्रिकालीन इलाक़ा-दख़ल कार्रवाइयाँ करनी चाहिए। इसी के मुताबिक़, सीआरपीएफ की 62वीं बटालियन अपने चिन्तलनार कैम्प से 4 अप्रैल की रात रवाना

हुई। उन्होंने 5 अप्रैल को तड़के ही मुकरम गाँव के निकट अपना पड़ाव डाला और गाँववालों से जलावन की लकड़ी, पानी और बरतन माँगकर खिचड़ी बनाई। दिन में वे चिन्तलनार लौट गए और रात में एक बार फिर ताड़मेटला के लिए रवाना हुए। माओवादी सीआरपीएफ की टुकड़ी की हरकतों पर बराबर नज़र रखे हुए थे और ज़ाहिरा तौर पर उन्होंने पूरे परिदृश्य का कई दिनों पहले पूर्वाभ्यास भी किया था।

रक्षा विश्लेषण की पत्रिका, *फोर्स*, के एक लेख में माओवादियों के एक आन्तरिक दस्तावेज़ का हवाला देते हुए कहा गया है कि इस घटना में पीएलजीए की चार कम्पनियाँ या कोई 500 लोग शामिल थे : 'आठ प्लाटून का उपयोग घात लगाने के लिए किया गया, हमले के लिए छह और स्टॉपर्स के रूप में दो प्लाटून का उपयोग किया गया। बाकियों को मनोवैज्ञानिक बढ़त लेने के ख़याल से जोड़ा गया।' मूल रूप से, नक्सलियों ने एक दूसरी जगह घात लगाने की योजना बनाई थी। लेकिन सीआरपीएफ ने चिन्तलनार के पास नक्सलियों को देख लिया और गोलीबारी शुरू कर दी। फिर, नक्सलियों ने सीआरपीएफ को चारों ओर से सफलतापूर्वक घेरने के लिए दोबारा से व्यूह रचना की। चिन्तलनार शिविर से बतौर कुमुक भेजे गए बारूदी सुरंग-रोधी वाहन को भी परिष्कृत विस्फोटक उपकरण (आईईडी) द्वारा उड़ा दिया गया।[3]

तीन साल बाद, माओवादियों ने उस हमले का एक वीडियो टेलीविजन चैनलों को भेजा, जिसमें वे हल्की मशीनगनों, एके-47, इन्सास राइफ़लों, मोर्टार, ग्रेनेड इत्यादि हथियारों के जखीरे की गिनती करते हुए दिखाई दे रहे हैं, जबकि इस घटना में मरने वाले कैडर लाल झंडों में लिपटे पड़े हैं। स्वाभाविक रूप से, उस फुटेज के साथ टेलीविजन कमेंटरी ने नक्सलियों की बर्बरता की बात की और इस तरह के वीडियो को भेजने के उनके इरादों पर अटकलबाजियाँ करते रहे।[4]

जब मैंने दिसम्बर, 2011 में ताड़मेटला का दौरा किया, तो मैंने हमले वाली जगह पर ले चलने को कहा। ग्रामीण इस बात से नाख़ुश थे कि इसे 'ताड़मेटला घात' के रूप में जाना जाने लगा है जिससे उनके गाँव को लगातार बदनामी मिल रही थी। जबकि, घटना वाली जगह वास्तव में एक दूसरे गाँव के क़रीब थी। हमारे साथ तीन किशोर लड़के उस जगह की ओर चले। उन्होंने जंगल के रास्तों से होते हुए इतनी तेज़ साइकिल चलाई कि वे उस मोटरसाइकिल से भी पहले वहाँ पहुँच गए जिस पर मैं सवार थी। उन लड़कों ने बताया कि अगर वह हमला उस वक़्त नहीं हुआ होता, तो सुरक्षा बलों ने 2010 में ही ताड़मेटला को जला दिया होता (आख़िरकार, सुरक्षा बलों ने मार्च 2011 में तिमापुरम और मोरपल्ली के साथ ताड़मेटला को जला दिया)।

जैसाकि मेरे युवा साथियों ने उस घटना के बारे में बताया, सुरक्षा बलों को झाँसा देने की माओवादियों की योजना के तहत दो लड़कों ने सुरक्षा बलों को

ताड़मेटला, आसपास के गाँव और सीआरपीएफ के कैंप

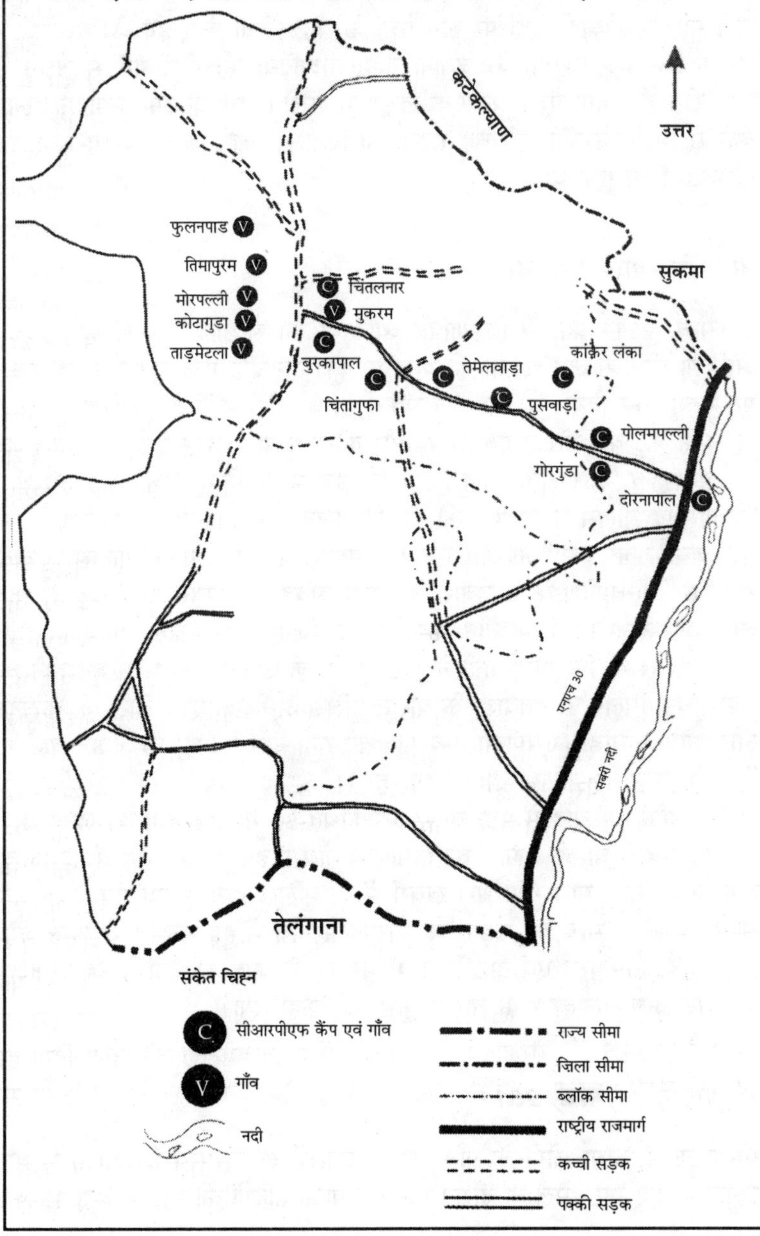

देखते ही भागना शुरू कर दिया। उन लड़कों को पकड़ने के लोभ में, सुरक्षा बलों के जवान खुले में एक खेत से दूसरे खेत 1.5 किलोमीटर तक उनके पीछे भागते चले गए। माओवादी मेड़ों पर लगे पेड़ों के पीछे मोर्चा लिए हुए थे। मेरे सूत्रों ने बताया कि सीआरपीएफ के जवानों ने माओवादियों की गोलीबारी से बचने के लिए खेत की सीमा पर स्थित एक खड्ड में छलाँग लगा दी और ज़्यादातर लाशें वहीं से मिलीं। उन्होंने मुझे वह गड्ढा भी दिखाया, जहाँ बारूदी सुरंग-रोधी टैंक को उड़ा दिया गया था।

आग के हवाले 300 घर

14 मार्च, 2011 को, मैं विस्थापित व्यक्तियों का साक्षात्कार करते हुए आन्ध्र-ओडिशा सीमा से लगे इलाक़े की यात्रा पर थी। एकाएक एक ख़ुशबू ने मुझे रुकने पर मजबूर कर दिया। मेरे साथी ने सफ़ेद रंग के छोटे सुगंधित फूलों के गुच्छों से लदे एक पेड़ की ओर इशारा किया और कोया भाषा में उन्हें *कुर मार* कहा। जब हम घर पहुँचे, और टीवी चालू किया, तो उस पर 'ब्रेकिंग न्यूज़' चल रही थी : "छत्तीसगढ़ पुलिस ने घोषणा की कि चिन्तलनार के निकट 36 माओवादी मारे गए, जबकि तीन एसपीओ और एक पुलिसकर्मी घायल हो गए।" पुलिस के दावों से चौंके, आन्ध्रप्रदेश के अख़बारों ने अगली सुबह इस ख़बर को सन्देह के साथ छापा और कहा कि सिर्फ़ तीन शव मिले हैं, जिनमें एक महिला भी शामिल है। उन्होंने ख़बर दी कि माओवादी नेता रामकृष्ण के उस इलाक़े में मौजूद होने की एक सूचना मिलने पर दंतेवाड़ा के वरिष्ठ पुलिस अधीक्षक एस. आर. पी. कल्लूरी और कोया कमांडो (एसपीओ अब ख़ुद को यही नाम देते थे) के जवान वहाँ 10 दिनों से सघन तलाशी अभियान चला रहे थे।

जैसाकि हमें बाद में पता चला, तथाकथित 36 माओवादियों की जगह सिर्फ़ एक माओवादी था जो 4 मार्च को तिमापुरम गाँव में हुई एक मुठभेड़ में तीन कोया कमांडो के साथ मारा गया था। ख़बरों में या पुलिस द्वारा बुलाए गए संवाददाता सम्मेलन में 11 मार्च को पड़ोस के मोरपल्ली गाँव में हुई मुठभेड़ से पहले और फूलनपाड, तिमापुरम एवं ताड़मेटला में मुठभेड़ के बाद के दिनों में हुई हत्याओं, आगजनी और बलात्कार के बारे में कुछ नहीं कहा गया।

मोरपल्ली, 11 मार्च, 2011

मोरपल्ली में कोया लोगों के पाँच और दोरलाओं के दो पुरवे हैं। 2010 में घात लगाकर किए गए हमले के दौरान मारे गए माओवादियों की याद में बना 15 फुट

ऊँचा स्मारक पटेल टोला में, एक विस्तृत मैदान में, बेतरतीब ढंग से बने मकानों के साथ स्थित है। स्मारक से सटा एक जर्जर व परित्यक्त स्कूल है, और एक हैंडपम्प जो अभी भी इस्तेमाल में है। जुडुम से पहले भी, अध्यापक यहाँ साल में सिर्फ़ आठ ही दिन आता था। लेकिन जुडुम द्वारा उसकी पिटाई होने के बाद उसने अपना तबादला कहीं और करा लिया। ज़िले का यह हिस्सा सूखा और निचाट है, दूर-दूर तक भूरी ज़मीन फैली हुई है, फिर भी यहाँ-वहाँ कुछ पुराने पेड़ दिख जाते हैं।

गाँव में खाट पर बैठकर अगर कोई इसे दुनिया के सबसे शान्त इलाक़ों में से एक सोच ले तो उसे माफ़ किया जा सकता है। आप यहाँ इमली के पेड़ों से गुज़रती हवा की सरसराहट, मुर्गे की बाँग और बीच-बीच में एक-दूसरे को पुकारते बच्चों की आवाज़ें सुन सकते हैं। लेकिन यहाँ आतंक का कहर बरपाने और सब कुछ नष्ट कर दिए जाने में बमुश्किल एक घंटा लगता है। यहाँ की स्वाभाविक शान्ति में आतंक और भी अनावश्यक और अवास्तविक लगता है।

लोगों ने मुझे बताया कि कैसे सुरक्षा बलों ने 11 मार्च, 2011 को सुबह क़रीब 8 बजे गाँव को घेरा। उन्होंने पहले पटेल टोला और फिर बरसे टोला एवं जोन्ना टोले को फूँका। उन्होंने मुर्ग़े-मुर्ग़ियाँ, पैसे और जो कुछ भी लूट सकते थे, लूटा। हेमला बुदरी अपने घर के पास तेंदू की झाड़ियों की छँटाई कर रही थी कि तभी सुरक्षा बलों ने उसे पकड़ लिया। उन्होंने उसे निर्वस्त्र कर उसकी तीन साल की मासूम बच्ची के सामने बलात्कार किया और उसकी कमर में बँधे बटुए से 10,000 रुपए छीन लिये। माडवी ललिता भी उतनी ही बदक़िस्मत निकली। वह नदी में कपड़े धोने गई थी कि तभी उसने सुरक्षा बलों को आते देखा। उसने भागने की कोशिश की, लेकिन पकड़ी गई। उसके पिता और भाई उसे बचाने आए, लेकिन वे बन्दी बना लिए गए। सुरक्षा बल के जवानों ने उन्हें पीटा और उनसे स्मारक के बारे में पूछा। वे उन तीनों को अपने साथ चिन्तलनार थाने ले आए। वहाँ ललिता को उसके परिवार के पुरुष सदस्यों से अलग कर उसका बलात्कार किया गया। भंडा मोरपल्ली पहुँचने पर, सुरक्षा बलों ने माडवी सूला को तेंदू के पेड़ पर चढ़े देखा और उसे गोली मार दी। गाँववालों ने उसे बहुत खोजा, लेकिन वे दो दिन बाद ही उसकी लाश ढूँढ़ पाए जब एक पेड़ के नीचे ख़ून के धब्बे देखने के बाद उन्होंने ऊपर की ओर ताका। उन्हें सूला की लाश पेड़ की एक डाल पर लटकी मिली। मोरपल्ली से चिन्तलनार की ओर लौटे हुए सुरक्षा बलों ने सड़क के किनारे स्थित सोडी मासे के घर को आग के हवाले कर दिया और वन्जम ऐतू को पीटा, जो तेंदू की छँटाई कर घर लौट रहा था। और यह सब कुछ हुआ एसपीओ और सुरक्षाबलों के एक ख़ुशनुमा दिन के कामकाज के दौरान।

मोरपल्ली के सारे गाँववाले भाग गए, लेकिन तीन बूढ़े लोग गाँव में ही रह गए। आतंक का माहौल इस क़दर था कि उन बुज़ुर्गों के रिश्तेदार उनकी खोज-ख़बर

लेने तत्काल नहीं लौट सके। अन्य गाँववालों ने उन्हें गाँव में घुसने के ख़िलाफ़ चेताया। नूपे राजुलू की बूढ़ी पत्नी, जो भागने में कामयाब रही थी, जब अगले दिन दोपहर में लौटी तो पति को घर में मरा हुआ पाया। जब मडकाम भीमा 13 तारीख़ को घर वापस आया तो उसकी माँ, मडकाम मंगडी, अन्तिम साँसें गिन रही थी। भूख की वजह से पटेल टोला के माडवी जोगा की भी मौत हो गई। उसके बेटे माँगडू ने 13 की सुबह उसे एक पेड़ के नीचे पाया। वह इस क़दर कमज़ोर हो गया था कि उसमें बोलने तक की ताक़त नहीं बची थी : थोड़ी देर बाद ही उसकी मौत हो गई। इन तीनों के घरों को जला दिया गया था और उन्हें खाना-पानी देने के लिए कोई भी मौजूद नहीं था। वह मार्च का महीना था और धूप पहले ही तीखी हो चुकी थी।

मोरपल्ली में आगजनी का यह कोई पहला वाक़या नहीं था। वर्ष 2007 में, जुडुम ने पड़ोसी गाँव कुमडटोंग के 66 घरों समेत यहाँ के 57 घरों में आग लगा दी थी। पहले हमले के समय, सभी गाँववासी आन्ध्र प्रदेश की ओर भाग गए थे। मिर्ची के खेतों में मज़दूरी की कमाई से ख़रीदे गए कुछ बरतन और कपड़ों के साथ वे एक या दो साल बाद लौटे। वहाँ हर साल जाते रहे। लेकिन 2011 आते-आते मोरपल्ली पूरी तरह कंगाल हो गया। हमने उन्हें हुए नुक़सान का एक तात्कालिक अनुमान लगाने की कोशिश की। पहली बार 2007 के आसपास, वहाँ के सबसे अमीर परिवार को लगभग एक लाख रुपए का नुक़सान हुआ था। लेकिन 2011 में, जब पूरा गाँव जला दिया गया, प्रति घर को महज़ यही कोई 20,000 रुपए का नुक़सान हुआ। दरअसल, खोने के लिए अब बमुश्किल ही कुछ बचा था। उनमें से कुछ ने जुडुम से बचाने के लिए ज़मीन के नीचे जो रुपए दबाए थे, वो इतने ख़राब हो गए थे कि इस्तेमाल लायक नहीं बचे थे।

फूलनपाड, 13 मार्च और तिमापुरम, 13-15 मार्च, 2011

सुरक्षा बल 13 मार्च, 2011 को एक बार फिर आए। अबकी बार निशाना फूलनपाड गाँव था। उन्होंने दो हथगोले फेंके, जिसकी चपेट में आकर मैदान में महुआ चुनते एक पुरुष और एक महिला घायल हो गए। वे दो आदमियों, बडसे भीमा और मनु यादव, को भी उठा ले गए। मनु की पत्नी अपने बच्चे को छाती से चिपकाये और अपने पति को छोड़ देने के लिए गिड़गिड़ाती हुई उनके पीछे नदी तक दौड़ती रही। वह तभी लौटी, जब उन्होंने उसे मार डालने की धमकी दी। चूँकि एसपीओ स्थानीय थे, लिहाज़ा उन्हें फटे-पुराने कपड़ों में घूमने वाले उस मवेशी व्यापारी, मडकम डोड्डा, के बारे में पता था जो हर साल 25 से 30 क्विंटल अनाज भी बेचता था। उन्होंने उसके मकान को तहस-नहस कर डाला और ट्रैक्टर ख़रीदने

के लिए बचाकर रखे गए 4.5 लाख रुपए भी लूट लिए। जुडुम ने 2007 में भी फूलनपाड पर हमला किया था और एमला सुक्का को उसके घर में बन्द करके ज़िन्दा जला दिया था।

उस रात सुरक्षा बलों ने तिमापुरम में डेरा डाला। वहाँ वे चारों ओर फैल गए और घरों से निकाल कर लाई गई ईंटों और लकड़ियों की मदद से अपने लिए सुरक्षा घेरा बनाया। सभी गाँववाले पास के जंगल में भाग गए थे। 350 कोबरा और कोया कमांडो को मुर्ग़ियाँ, बकरी और सूअर आदि, जो भी जानवर मिले वे उन्हें भकोस गए। अगली सुबह (14 मार्च को) सुरक्षा बल ताड़मेटला की ओर गए, जहाँ एक गाँव के बाहर मैदान में उनका माओवादियों से आमना-सामना हुआ। इस मुठभेड़ में तीन एसपीओ और एक माओवादी मारे गए। एक हेलीकाप्टर आकर मारे गए सभी एसपीओ की लाशों को ले गया। उधर, माओवादी भी अपने मृत साथी के शव को ले गए। उसके बाद, सुरक्षा बल 14 तारीख़ की दोपहर को एक बार फिर तिमापुरम आ धमके और सिर्फ़ ख़ून की अपनी प्यास बुझाने के लिए उन्होंने बडसे भीमा, जिसे वे एक दिन पहले फूलनपाड से अपने साथ उठा लाए थे, को मार डाला। बाद में, गाँववालों को जले हुए घरों के मलबे के बीच उसकी नंग-धड़ंग लाश मिली, जो औंधे मुँह पड़ी हुई थी और जिसके हाथ-पाँव बँधे थे और गर्दन में कुल्हाड़ी तब भी फँसी हुई थी। सुरक्षा बलों ने रात तीन बस्तियों में बिताई, और अगली सुबह बिना वजह 59 घरों में आग लगाने के बाद वहाँ से चले गए। वे मनु को अपने साथ चिन्तलनार ले गए और वहाँ उसे मार डाला। उन्होंने दावा किया कि मुठभेड़ में मारे गए एक माओवादी का शव उन्हें वापस मिल गया है। अगले दिन वे ताड़मेटला के लिए रवाना हुए।

ताड़मेटला, 16 मार्च, 2011

आठ टोलों वाला ताड़मेटला, इलाक़े के बड़े गाँवों में से एक है। बीचोबीच स्थित एक बड़ा-सा तालाब, जो पेड़ों और एक तटबन्ध से घिरा है, कुछ टोलों को एक-दूसरे से अलग करते हैं। 16 मार्च की सुबह, जंगल के सबसे करीबवाले ताडिन टोला के लोग बस सोकर उठे ही थे। उनमें से कुछ लोग आग के चारों ओर बैठे बातचीत कर रहे थे या बस चुप्पी के साथ ख़ुद को दिन-भर के कामकाज में जुटने के लिए तैयार कर रहे थे। ज़्यादा कामकाजी महिलाओं ने अपने घरों में झाड़ू लगाना शुरू कर दिया था। उन्होंने विस्तार से बताया कि कैसे सुरक्षा बल जंगल की तरफ़ से आए और उन्हें पीटना शुरू कर दिया। कैसे उन्हें धकियाते हुए गाँव के बीचोबीच इकठ्ठा किया गया। उन्हें राइफ़ल के कुंदों एवं लाठियों से पीटा गया, और एक क़तार में बिठाया गया। उन्होंने बताया :

> सीआरपीएफ वालों ने हम लोगों पर चिल्लाते हुए कहा, 'जब तुम्हारे बाप (यानी नक्सली) आते हैं, तो तुम लोग उन्हें खाना और पानी देते हो, हमें कुछ भी नहीं देते। अब तुम लोगों के लिए तुम्हारा घर तैयार है।' तीन या चार घंटे बाद हम लोगों को वापस जाने दिया गया और हम लोगों ने अपने घरों को जलते देखा।

माडवी कुसुम, जिसने जगदलपुर में सीपीआई द्वारा आयोजित एक सभा में अपने साथ हुए बलात्कार के बारे में सार्वजनिक रूप से बोला था, ने बताया कि जब सुरक्षा बल आए, वह अपने घर में झाड़ू लगा रही थी। अपने सारे क़ीमती सामान एक छोटे थैले में लेकर उसने भागने का प्रयास किया। लेकिन दो पुरुषों ने उसे पकड़ लिया और पास ही पेड़ों के झुरमट में ले जाकर उसके साथ बलात्कार किया। उन्होंने उसके चेहरे को इस तरह से काटा कि उसकी आँखों के पास एक गहरा घाव हो गया, जिसकी वजह से वह कई दिनों तक अपनी आँख भी नहीं खोल पाई। एक पड़ोसी ने उसे निर्वस्त्र और बेहोश पाया था। वे उसका थैला भी ले गए, जिसमें 8,000 रुपए नकद, 7,000 रुपए क़ीमत का एक हार, 2,500 रुपए की नाक की कीलें और 3,000 रुपए की कानों की बालियाँ थीं।

महिलाओं ने उन एसपीओ के नाम बताये, जो पड़ोसी गाँवों के थे। इस घटना में, कोया कमांडो के कम से कम तीन गिरोह—कर्तम सूर्या गिरोह, किचे नन्दा का समूह और मडकम मुदराज का समूह—शामिल थे। अपने ही लोगों को मारने की इस प्रतियोगिता में यह उनके लिए शान बढ़ाने वाली बात थी।

तीन-चार दिनों तक गाँव जलता रहा। दो दिन बाद, ग्रामीणों ने अंगारे बाहर निकालने की कोशिश की, लेकिन आग भड़कती ही रही। इस हमले में 160 परिवारों के 207 मकान (शेड और सुअरबाड़ों समेत) नष्ट हो गए। उस वर्ष फ़सल अच्छी हुई थी, इसलिए गाँववालों को सामान्य से कुछ ज़्यादा ही नुक़सान हुआ।

मोरपल्ली और फूलनपाड की ही तरह, ताड़मेटला पर सुरक्षा बलों का यह दूसरा या तीसरा हमला था। ये उन गाँवों में से थे, जिन्होंने पहले चेरला में गवाहियाँ दी थीं। जब मैं 2011 में वहाँ गई, तो एक बूढ़े व्यक्ति ने अदालत में देने के लिए मुझसे यह पत्र लिखवाया :

> दिसम्बर, 2007 में, खेती के समय, एसपीओ, सीआरपीएफ और जुडुम के लगभग 100-200 लोगों ने तड़के हमारे गाँव पर हमला किया। मेरा भाई, सोडी नन्दा, सुपुत्र सोडी हडमा, उम्र लगभग 35 वर्ष, अपने घर में बीमार पड़ा था। हम सभी भाग गए, लेकिन वह नहीं भाग सका, घर के नज़दीक एक पेड़ के पास जलावन के लिए बड़ी-बड़ी लकड़ियों का एक ढेर रखा था। ख़ुद को बचाने के लिए वह उस ढेर के भीतर छुप

गया। एसपीओ/ जुड़ुम के लोगों ने उसे ढेर के भीतर जाते देख लिया और उस ढेर में आग लगा दी। वह ज़िन्दा जला दिया गया। हमने सोचा कि वह भागने में कामयाब रहा और उसे आसपास के गाँवों में ढूँढ़ा। दो दिन बाद, हमने राख में उसकी हड्डियाँ देखीं और तब हमें एहसास हुआ कि उसे मार दिया गया है।

एसपीओ द्वारा किसी भी राहत या जाँच का प्रतिरोध

अगर पड़ोसी गाँव चिन्तागुफा के भूतपूर्व सरपंच पोडियम पंडा ने पहल न की होती, तो इन तीन गाँवों पर हमले की बात भी इस युद्ध की सैकड़ों अनकही कहानियों में से एक होकर रह जाती। पंडा ने ताड़मेटला के निवासियों की आग बुझाने में मदद की और उन लोगों को गाँव में ही रुकने, न कि पिछली बार की तरह भागने, पर ज़ोर दिया। सुबह लोग भूखे रहे, लेकिन शाम होते-होते पड़ोसी गाँवों से लोग राहत सामग्री लेकर आए। पंडा ने प्रेस को भी ख़बर की। वहाँ सबसे पहले पहुँचने वाले पत्रकारों में द *हिन्दू* के अमन सेठी और *राजस्थान पत्रिका* के अनिल मिश्र रहे, जिन्हें लम्बे रास्ते से घूमकर आना पड़ा, क्योंकि एसपीओ लोगों ने दोरनापाल से ताड़मेटला की ओर जानेवाली मुख्य सड़क को अवरुद्ध कर रखा था।[5] अमन सेठी की 23 मार्च, 2011 की विस्तृत ख़बर में वरिष्ठ पुलिस सूत्रों के हवाले से बताया गया कि 200 एसपीओ या कोया कमांडो और कोबरा बल के 150 जवान मोरपल्ली में हथियार बनाने के एक कारखाने को नेस्तोनाबूद करने के लिए चिन्तलनार शिविर से 4 बजे भोर में निकले। इसके बाद सेठी ने इस बात का वर्णन किया कि कैसे सुरक्षा बलों ने आख़िर में 300 घरों को जलाया और कैसे बलात्कार और हत्याएँ कीं।

अगले ही दिन, 24 मार्च को, इस ख़बर को पढ़ने के बाद दंतेवाड़ा के कलेक्टर आर. प्रसन्ना ने मामले की जाँच का आदेश दिया और राहत सामग्रियों से भरे ट्रक उन गाँवों में भेजे। यह पहला मौक़ा था जब किसी हमले के फ़ौरन बाद प्रभावित लोगों को सरकार या नागरिक समूहों की ओर से किसी क़िस्म की राहत सामग्री प्रदान की गई। उधर, वरिष्ठ पुलिस अधीक्षक एस. आर. पी. कल्लूरी ने हमले के 'आरोपों को माओवादियों का दुष्प्रचार क़रार दिया।'[6] छत्तीसगढ़ के गृहमंत्री और केन्द्रीय गृह राज्यमंत्री ने पुलिसिया कहानी का पूरी वफ़ादारी से समर्थन किया।[7]

कल्लूरी की बातों को अपने लिए इशारा मानकर, 'कोया कमांडो गिरोह', जिसकी इलाक़े में हुकूमत चलती थी, के नेता कर्तम सूर्या ने राहत सामग्री से भरे एक ट्रक को रोका और उसके चालक के साथ मारपीट की। यहाँ यह याद किया जाना चाहिए कि बलात्कार के एक मामले में सूर्या के ख़िलाफ़ ग़ैर-जमानती गिरफ़्तारी

वारंट जारी था और पुलिस ने उसे फ़रार बता रखा था।[8] एसपीओ और पुलिस ने काँटेदार तार के बड़े-बड़े बंडलों के सहारे सड़क को अवरुद्ध करके कलेक्टर, कमिश्नर, एक कांग्रेस प्रतिनिधिमंडल और पत्रकारों को भी वापस जाने पर मजबूर कर दिया।[9] लेकिन जिस बात ने वास्तव में लोगों का ध्यान आकर्षित किया, वह थी 26 मार्च को दोरनापाल राहत शिविर में पीड़ितों को राहत सामग्री प्रदान करने की कोशिश करते समय स्वामी अग्निवेश और आर्ट ऑफ़ लिविंग के प्रतिनिधियों पर जुडुम नेताओं द्वारा किया गया जानलेवा हमला। इन हमलों के पीछे एस. आर. पी. कल्लूरी का हाथ माना गया। स्वामी अग्निवेश के शब्दों में :

> जब हम (अलस्सुबह) दोरनापाल पहुँचे, तो कुछ ग़ैर-आदिवासी दिखने वाले हट्टे-कट्टे पुरुषों के नेतृत्व में 100-150 लोगों की एक भीड़, जोकि हमें ठेठ हिन्दी में गंदी गालियाँ दे रही थी, ने हम तीनों को कार से बाहर निकाला। कार के ड्राइवर को धमकाया और टायरों की हवा निकाल दी गई। हमें बेहद अपमान और अकथनीय दुर्व्यवहार व धक्का-मुक्की वग़ैरह से गुज़रना पड़ा। यह सब लगभग चालीस मिनट या उससे अधिक समय तक चलता रहा।[10]

जैसे ही अग्निवेश और उनके साथी पीछे मुड़े और भागने लगे, भीड़ ने उनकी कार पर अंडे बरसाने शुरू कर दिए। तब अग्निवेश ने रमन सिंह से सम्पर्क किया। उन्होंने उन्हें वहाँ दोबारा जाने की सलाह दी और इस बार 100-150 सुरक्षाकर्मी साथ भेजने की पेशकश की। आश्वस्त अग्निवेश और उनके साथी दोपहर बाद दोबारा वहाँ के लिए रवाना हुए। उसके बाद जो हुआ उसका ज़िक्र बेहतर तरीक़े से अतिरिक्त पुलिस अधीक्षक डी. एस. मरावी, जिन पर उन लोगों की सुरक्षा की ज़िम्मेदारी थी, द्वारा दायर प्राथमिकी में किया गया है;

> हमें पहले यह सूचित किया गया था कि नक्सल हिंसा से प्रभावित लोगों के परिजन दोरनापाल में 'चक्का जाम' कर विरोध कर रहे हैं—और इस विरोध प्रदर्शन का नेतृत्व दुलार साई, बलवंत सिंह, विजय चौहान, विजय नायडू आदि सलवा जुडुम आन्दोलन के नेता कर रहे हैं। मैंने इन सभी नेताओं से मोबाइल फ़ोन पर सम्पर्क किया। उन्होंने मुझे सूचित किया कि विरोध शान्तिपूर्ण होगा। सभी प्रदर्शनकारी हाथ जोड़कर प्रतीक्षा कर रहे होंगे और स्वामीजी को अपनी पीड़ा के बारे में बताएँगे। इसके बाद स्वामीजी प्रभावित क्षेत्रों का दौरा कर सकते हैं...मैंने सलवा जुडुम के नेताओं की बातों पर पूरी तरह भरोसा किया और दोरनापाल इलाक़े में स्वामी अग्निवेश, ऋषि मिलिंद और आचार्य अजय के साथ गया।

वहाँ एक विशाल और उत्तेजित भीड़ जमा थी। मैंने आगे जाकर प्रदर्शनकारियों से बातचीत शुरू की...अचानक दुलार साई ने चिल्लाना शुरू कर दिया कि 'हमें नक्सलियों के दलालों को कल क्यों आने देना चाहिए? हम उन्हें इस इलाक़े का दौरा करने की अनुमति नहीं देंगे और या तो हम उन्हें भागने पर मजबूर करेंगे या फिर उनकी हत्या कर देंगे'...मैंने ऐसा चिल्लाने वाले अन्य नेताओं को पहचाना—बलवंत सिंह, विजय नायडू, विजय चौहान। कोई 20-25 पुरुषों (जिन्हें मैं बहुत अच्छी तरह पहचान सकता हूँ) ने सुरक्षा बलों को धकेलना शुरू कर दिया। वे गालियाँ देते और यह कहते हुए स्वामीजी के वाहन की ओर बढ़े कि वे नक्सली एजेंटों को मार डालेंगे। इसके बाद उन्होंने ज़मीन से उठाए गए पत्थरों से स्वामीजी की कार और सुरक्षा बलों पर भी पर हमला किया।

एक जानलेवा हमले में, उन्होंने वाहनों की खिड़कियों के शीशों पर भारी चट्टानें फेंक कर उन्हें चकनाचूर कर दिया। अगर सुरक्षा बलों ने प्रतिक्रिया देने में पाँच या दस मिनट की देरी की होती, तो उस दिन कोई बहुत गम्भीर घटना हो जाती। किसी तरह हम वाहनों को पीछे मोड़ने में सफल रहे और वहाँ से निकल गए। उसके बाद, भीड़ ने वहाँ मौजूद मीडियाकर्मियों पर हमला किया और उनके कैमरे, पहचानपत्र और माइक्रोफोन छीन लिए। इसके बाद भीड़ ने मीडियाकर्मियों के वाहनों को भी क्षतिग्रस्त कर दिया। इस भीषण हमले में तीन या चार सुरक्षाकर्मियों और कुछ मीडियाकर्मियों को चोटें आईं। इसके अलावा, CG 18D—1146 (क्वालिस), 1 सूमो कार और मीडिया से सम्बन्धित 1 सूमो बुरी तरह क्षतिग्रस्त हो गईं। यह घटना टीवी चैनलों पर भी स्पष्ट रूप से प्रसारित हुई। इस अप्रिय घटना ने सलवा जुडुम के नेताओं पर से मेरा भरोसा पूरी तरह से चकनाचूर कर दिया। पूरा हमला एक नापाक पूर्व-नियोजित हरकत थी।[11]

28 मार्च को इस ख़बर के सार्वजनिक होते ही राष्ट्रीय मानवाधिकार आयोग ने पुलिस ज़्यादतियों के बारे में रिपोर्ट तलब की और कांग्रेस ने इस पूरे प्रकरण की जाँच की माँग करते हुए विधानसभा का बहिष्कार किया। उसी दिन, हमने सुप्रीम कोर्ट में चल रहे हमारे मामले में ताड़मेटला और पड़ोसी गाँवों पर हमलों का ज़िक्र करते हुए एक हलफ़नामा दायर किया जिसमें बाद में उस वर्ष, सुप्रीम कोर्ट ने जाँच का आदेश दिया।

29 मार्च को भोजन के अधिकार पर चल रहे पीयूसीएल के मामले में सुनवाई के दौरान मोरपल्ली में भुखमरी से हुई मौतों की ख़बरों पर प्रतिक्रिया देते हुए,

सुप्रीम कोर्ट ने अपने आयुक्तों को प्रभावित गाँवों का दौरा करने का आदेश दिया। काफ़ी विलम्ब के बाद, 6 अप्रैल को भोजन के अधिकार मामले में सुप्रीम कोर्ट के आयुक्त, हर्ष मन्दर, को हेलीकॉप्टर से मोरपल्ली ले जाया गया। मन्दर ने वहाँ भुखमरी जैसे हालात की सूचना दी। बेशक, पुलिस ने गाँववालों को डराया और उन्हें बात करने से रोकने की कोशिश की; और मन्दर के चले जाने के बाद, सुरक्षा बल जंगली भैंसे के सींगों और कौड़ियों से सजे नृत्य-शिरोभूषण, जो एक साल पहले उसके मालिक को 50,000 रुपए का पड़ा था, और एक अन्य घर से सिंगा और तीर चुरा ले गए।

इस बीच, 2 अप्रैल को मुख्यमंत्री रमन सिंह, राज्यपाल शेखर दत्त व पुलिस महानिदेशक विश्वरंजन ताड़मेटला पहुँचे और 96 परिवारों को राशन कार्ड, तथा स्थानीय युवाओं को स्कूल शिक्षक एवं आँगनबाड़ी की नौकरी देने का वादा किया। ताड़मेटला की महिलाओं ने बाद में मुझे बताया कि जब उन्होंने मुख्यमंत्री को यह बताने की कोशिश की कि कोया कमांडो ने उनके गाँव को जला दिया है, तो उनके साथ मौजूद सुरक्षाकर्मियों ने उन पर अपनी बन्दूक़ें तान दीं और वे चुप हो गईं। नौकरी का वादा कभी पूरा नहीं हुआ। गाँव आज भी बिना किसी स्कूल के है, मुख्यमंत्री के प्रतिनिधिमंडल द्वारा वितरित वालीबॉल तीन महीने के खेल के बाद बेकार हो गए।

जब गाँव के त्योहार मनाना भी ख़तरनाक हो गया

2011 के सुप्रीम कोर्ट के फ़ैसले ने थोड़ी राहत ज़रूर दी, लेकिन सीआरपीएफ का अभियान जारी रहा। जून 2012 में, जब मैं बेंगलुरु में एक कार्यशाला में हिस्सा ले रही थी, तभी मैंने सुना कि बीजापुर के सरकेगुडा में 17 माओवादी मारे गए हैं। मुझे इस कहानी में कुछ गड़बड़ लगी। इसलिए जेपी, कोपा और मैंने 3 और 4 जुलाई को उस इलाक़े का दौरा किया और एक संक्षिप्त रिपोर्ट पेश की कि कैसे गाँव के एक त्योहार के लिए योजना बनाते समय 17 ग्रामीण मारे गए :

> सरकेगुडा, कोट्टागुडा और राजपेंटा—ये तीन गाँव एक दूसरे में गुँथे हुए हैं और इनका एक ही भूमि देवस्थान है। जिस मैदान में गोलीबारी हुई वह एक खुली जगह है और उसके इर्द-गिर्द मकान हैं, जिनमें से कुछ कोट्टागुडा में और कुछ राजपेंटा में पड़ते हैं। 2005 में सलवा जुडुम के लोगों द्वारा इन गाँवों को जला दिए जाने के बाद गाँववाले 2009 में घर लौट पाए थे। और, वे अब भी अपने मवेशियों को एक साथ जुटाने और सभी घरों को दोबारा ठीक ढंग से बनाने के लिए जूझ रहे हैं।

28 तारीख़ की रात को बैठक यह चर्चा करने के लिए आयोजित की गई थी कि बिना मवेशियों और अकेली महिलाओं वाले परिवारों की कैसे मदद की जाए। बीज बुआई का त्योहार मनाने की योजना के लिए भी यह बैठक थी। गाँववालों का कहना है कि वहाँ कोई माओवादी मौजूद नहीं थे, और बहुत सम्भावना है कि पुलिस वाले क्रॉस-फायरिंग में घायल हुए हों। अगर गाँव में माओवादियों का कोई दस्ता मौजूद होता, तो बासागुड़ा थाने की दिशा में सन्तरी तैनात होते।

सीआरपीएफ के दावे जो भी हों, पर यह तथ्य निर्विवाद है कि उन्हें पता था कि वे एक गाँव के बीचोबीच हैं और फिर भी उन्होंने नाइट फ्लेयर (रात में रोशनी के लिए छोड़े जानेवाले गोले) का उपयोग नहीं किया या फायरिंग के समय सबसे बुनियादी सावधानियों का पालन नहीं किया। कुल मिलाकर, 17 व्यक्ति मारे गए हैं, जिनमें से 7 नाबालिग़ हैं; 9 घायल हुए हैं, और कम से कम 5 महिलाओं को पीटा या उन पर हमला किया गया है। एक गाय की मौत हुई है और एक साँड घायल हुआ है, और घरों पर गोलियों के निशान हैं। जो सबसे भयानक है वह सिर्फ़ नरसंहार का होना भर नहीं है, बल्कि उस पर पर्दा डाला जाना और सीआरपीएफ व गृहमंत्री द्वारा यह दावा किया जाना है कि उन्होंने शीर्ष नक्सली नेताओं को मार गिराया है, जबकि वे साफ़ तौर पर देख सकते थे कि उन्होंने छोटे बच्चों समेत बेगुनाह गाँववालों की हत्या की है, क्योंकि मारे गए लोगों में से 16 की लाशें उसी रात वापस भेज दी गई थीं।

ताड़मेटला की घटना के एक साल बाद, सरकेगुडा की हत्याओं ने भी लोगों का काफ़ी ध्यान आकर्षित किया। राज्य सरकार ने इस मामले की न्यायिक जाँच का आदेश दिया, जो अब भी चल रही है।

मिशन 2016

2014-15 में, कई वजहों के चलते एक नए हमले की राह तैयार हुई। दिल्ली में एनडीए की जीत के बाद, अजीत डोभाल, जो जुडुम शुरू होने के समय इंटेलिजेंस ब्यूरो के प्रमुख थे और एक मज़बूत जुडुम समर्थक थे, को राष्ट्रीय सुरक्षा सलाहकार नियुक्त किया गया। टुकड़ियों की संख्या बढ़ गई। एस.आर.पी. कल्लूरी, जिन्हें 2011 के ताड़मेटला अग्निकांड में उनकी भूमिका के बाद ज़िले से बाहर स्थानांतरित कर दिया गया था, को पहले से ज़्यादा ऊँचे पद पर, पुलिस महानिरीक्षक (आईजी) बस्तर रेंज के रूप में वापस तैनात किया गया।

2014 में, पुलिस ने एक बार फिर से 'जन जागरण' सभाओं और सामूहिक 'आत्मसमर्पणों' का आयोजन शुरू किया,[12] साथ ही 'इनामी नक्सलियों' की गिरफ़्तारी की ख़बरें आने लगीं। जुडुम के शुरुआती चरणों में निशाना बनाए गए कई गाँवों पर फिर से हमला किया जाने लगा। अपने रिश्तेदारों की खोज में थानों में आनेवाले हैरान-परेशान परिजनों का इस्तेमाल 'सिविक एक्शन' कार्यक्रमों के लिए मजमा जुटाने में किया गया। 5 फरवरी, 2016 को पुलिस द्वारा जारी प्रेस विज्ञप्ति में दावा किया गया कि 'कुल 5000 से अधिक आदिवासी गाँववालों ने जनजागरण अभियान के ही एक हिस्से के रूप में आयोजित 11 सभाओं में सफलतापूर्वक भाग लिया। इन सभाओं में भोजन मुहैया कराया गया और सिविक एक्शन कार्यक्रम आयोजित किए गए।'

जब जनवरी 2016 में एक दोस्त और मैंने कोंटा का दौरा किया, तब हमें पता चला कि इसकी असलियत क्या थी :

> 24 जनवरी, 2016 : जागने पर दिनपा गाँव से आए पाँच-छह गाँववालों को काँपते हुए अपने सामने पाया। लड़की ने अपने शरीर पर एक पतली सूती लुंगी लपेट रखी थी। उन्होंने बताया कि सुरक्षा बलों ने सुबह 6 बजे उनके गाँव को घेर लिया और 37 लोगों को उठाकर चिन्तागुफा थाने ले गए। दोपहर में, हम लोगों ने दिनपा का दौरा किया और गिरफ़्तार किए गए लोगों के नाम दर्ज किए। उन परिवारों की महिलाएँ उन्हें छुड़ा लाने की कोशिश करने पहले ही थाने जा चुकी थीं। हर कोई इस बात से चिन्तित था कि अगला निशाना मुलतोंग होगा। लेकिन हमारी वह रात शान्ति से गुज़र गई। अगली सुबह थाने जाते समय रास्ते में हम जंगल से निकलते पुरुषों के कई समूहों के क़रीब से गुज़रे। कुछ कम्बल लिए हुए थे, जबकि अधिकांश के पास कुछ नहीं था। बार-बार छापेमारी होने के कारण, इस क्षेत्र के सभी लोग जंगलों में सो रहे थे। वहाँ जबरदस्त ठंड थी और वे आग भी नहीं जला सकते थे। थाने में, हमने पाया कि पड़ोसी गाँवों की महिलाओं के और भी समूह वहाँ एकजुटता में पहुँच चुके थे। एक महिला यह साबित करने के वास्ते कि उसका पति नक्सली नहीं है, उसके मतदाता पहचानपत्र को बतौर सबूत लिये रो रही थी। हम बेहद बेबस महसूस कर रहे थे। पुलिसवाले महिलाओं को या हमें गिरफ़्तार किए गए पुरुषों से मिलने नहीं दे रहे थे। उनके पास कहने को बस इतना था कि ऊपर से आदेश है और वे 'तफ़्तीश' कर रहे हैं। पुलिसकर्मियों में से एक ने महिलाओं को रोना बन्द करने के लिए कहा क्योंकि उन्होंने उनके लिए 'भोज' का आयोजन किया था। दुधमुँहे शिशु

के साथ आई एक महिला से एक अन्य पुलिसकर्मी ने कहा कि वह अपने बच्चे की सीआरपीएफ के डॉक्टर से जाँच करा ले।

29 जनवरी को, पुलिस एक प्रेस विज्ञप्ति जारी कर कहती है कि उन्होंने एक दिन पहले तलाशी अभियान चलाया और 12 लोगों को गिरफ़्तार किया। [क़ानून के मुताबिक़, हिरासत में लिए गए व्यक्ति को 24 घंटे के भीतर पेश करना होता है, और ये लोग पहले ही छह दिनों से पुलिस की हिरासत में थे।] उन्होंने गिरफ़्तार पाँच लोगों के जून 2015 में पुलिस पर हुई गोलीबारी की एक घटना में वांछित होने का दावा किया, जबकि सात अन्य को अक्टूबर 2014 में हुई गोलीबारी के एक मामले में फँसा दिया गया। दो दिन बाद, उन्होंने दिनपा गाँव में एक और तलाशी अभियान चलाने और 13 अन्य लोगों को गिरफ़्तार करने का दावा किया। 'अज्ञात व्यक्तियों' के ख़िलाफ़ प्राथमिकी दर्ज करने के पुलिस के चलन का मतलब यह है कि किसी को भी आसानी से पुरानी वारदात में फँसाया जा सकता है। पुलिस ने दिनपा के बाक़ी पुरुषों को 'आत्मसमर्पण' करनेवाले लोगों के रूप में दिखाया।

इन जबरिया 'आत्मसमर्पणों' ने गाँवों के भीतर नए तनाव पैदा कर दिए। बस्तर के धुरवा और गोंड की मिली-जुली आबादी वाले इलाक़े में स्थित के. गाँव में, पुलिस द्वारा बरामद माओवादियों की एक डायरी में अपना नाम पाए जाने के बाद कोई 50 गाँववालों ने आत्मसमर्पण किया। वे माओवादियों को भोजन और अन्य क़िस्म की मदद मुहैया करा रहे थे। पुलिस ने इन आत्मसमर्पणों के बाद गाँव में जन जागरण अभियान आयोजित किया, जिसमें उन्होंने साड़ियाँ एवं बरतन बाँटे। इस सभा में, अन्य पिछड़ी जाति के कुछ परिवारों ने गाँव के नज़दीक एक स्थायी पुलिस कैम्प की माँग की। इसका नतीजा यह हुआ कि माओवादियों ने महिलाओं समेत कुछ गाँववालों की पिटाई की। मई, 2016 में जब हमने वहाँ का दौरा किया, तो माओवादियों के डर से गाँव का दो-तिहाई हिस्सा उजाड़ पड़ा था। कुछ लोग पुलिस कैम्प चाहते थे, जबकि अन्य इसका विरोध कर रहे थे। 'आत्मसमर्पण' की वजह से माओवादियों का दबाव झेल रहे पड़ोसी गाँव में भी गाँववालों ने माओवादियों को दूर रखने के लिए गश्त शुरू कर दी थी। मज़ाक़िया लहजे में वे ख़ुद को 'टँगिया (कुल्हाड़ी) गिरोह' कहते थे, क्योंकि वे तीर-धनुष और कुल्हाड़ी के साथ पहरेदारी करते थे। उन्होंने कहा कि अधिकारियों ने पुलिस कैम्प के उनके अनुरोध को अस्वीकार कर उन्हें पहले ख़तरे में डाला और फिर उन्हें ऐसे ही छोड़ दिया। काफ़ी कुछ वैसा ही था जैसा 2005-06 में सलवा जुडुम शुरू होने के वक़्त हुआ था।

2015-16 में, आत्मसमर्पण और गिरफ़्तारियों के साथ-साथ 'मुठभेड़ों' में मौतों की तादाद भी बेतहाशा बढ़ गई। पुलिस ने गर्व के साथ एलान किया कि 2016 के पहले तीन महीनों में ही उन्होंने 55 'नक्सलियों' को मार गिराया है। पुलिस द्वारा प्रसारित, लाशों की तस्वीरों में बहुत कम के शरीर पर वर्दी दिखती है; साफ़ तौर पर अधिकांश लोग साधारण ग्रामीण थे।

सुरक्षा बलों द्वारा यौन हमले की आशंका एक स्थायी डर है। वीमेन अगेंस्ट सेक्सुअल वायलेंस एंड स्टेट रिप्रेशन (डब्ल्यूएसएस) नाम के एक कैम्पेन नेटवर्क ने ख़बर दी कि 19 से 24 अक्टूबर, 2015 के बीच पड्डागेलुर, बुडगीचेरु और गुंडम गाँव की 40 महिलाओं पर सुरक्षा बलों द्वारा यौन हमला किया गया; उन्हें पीटा गया, निर्वस्त्र किया गया। तीन महिलाओं के साथ सामूहिक बलात्कार किया गया। 12 जनवरी, 2016 को, सुकमा ज़िले के कुन्ना गाँव की छह महिलाओं पर यौन हमला किया गया। 11 से 14 जनवरी, 2016 के बीच, बीजापुर ज़िले के बेलम नन्द्रा गाँव में 13 महिलाओं के साथ सामूहिक बलात्कार किया गया। इन सभी मामलों में, बलात्कार के साथ-साथ इन्तहाई जिस्मानी व ज़ुबानी ज़्यादती भी की गई। इनमें महिलाओं के स्तनों को निचोड़कर यह 'जाँचना' भी शामिल था कि वे असल में स्तनपान करानेवाली माँएँ हैं, न कि माओवादी महिला कैडर।[13] महिलाओं के समूह इनके बारे में प्राथमिकी दर्ज कराने में कामयाब तो रहे, लेकिन जैसी कि उम्मीद थी, इसके बाद कुछ ख़ास हुआ नहीं, सिवाय पीड़िताओं को ही डराए-धमकाए जाने के।

10

सरकारी सैनिक

(माओवादियों के ग़द्दार, सरकार के बन्दूक़धारी)

> आप सैनिकों की बहुत सुनते हैं...आपको विशेषज्ञों पर कभी भरोसा नहीं करना चाहिए। अगर आप डॉक्टरों की मानते हैं, तो कुछ भी सेहत के लिए पूरी तरह ठीक नहीं : अगर आप धर्माचार्यों की मानते हैं, तो कुछ भी निष्पाप नहीं है : अगर आप सैनिकों की मानते हैं, तो कुछ भी निरापद नहीं।
>
> *—गवर्नर जनरल लार्ड लिटन से मुख़ातिब सैलिसबरी*[1]

जुडुम अधिकांश गाँववालों के लिए जहाँ आतंक का पर्याय था, वहीं कई अन्य लोगों, ख़ासकर गुपचुप सौदे करनेवालों और व्यवस्था को धोखा देकर पैसा बनाने की ताक में रहनेवालों, के लिए एक बेहतरीन मौक़ा भी था। यह ऐसा दौर था जब आपराधिक अतीत वाले व्यक्तियों को खुलेआम हथियार दिए गए और उन्हें प्रोत्साहित किया गया, जब अपने साथी गाँववालों की मुख़बिरी करना एक अनुकरणीय आदर्श बन गया, और ज़्यादती का जश्न मनाया गया। उन तमाम लोगों को, जो माओवादियों के डर से आदिवासियों का सीमित शोषण कर रहे थे, उन्हें अब खुलेआम ऐसा करने के लिए राज्य का संरक्षण प्राप्त था। पुलिस व्यवस्था की बुनियादी संरचनाओं में प्रतिशोध और विश्वासघात की भावनाओं का समावेश कर, एसपीओ (आगे चलकर डीआरजी) के चयन में नक्सलियों से बदला लेने की चाहत को मुख्य योग्यता बना दिया गया।

लेकिन जो ग्रामीण युवक एसपीओ बने, जोकि अक्सर बर्बर हत्यारे साबित हुए, उन्हें पुलिस व्यवस्था के सबसे निचले पायदान पर रखा गया। सुरक्षा बलों एवं पुलिस, जोकि इस युद्ध में उतरने से कतराते थे, के द्वारा उन्हें हिकारत की नज़र से देखा जाता था। सबसे अच्छे पुलिसकर्मी वे होते हैं जो युद्ध को एक

दुर्भाग्यपूर्ण बुराई मानकर नागरिकों को कम से कम नुक़सान पहुँचाते हुए अपने फ़र्ज़ को अंजाम देते हैं। सबसे बुरे पुलिसकर्मी अपने शौक़ के लिए हत्याएँ करते हैं और युद्ध के ज़रिए पैसा बनाते हैं। बड़ी संख्या उनकी है जो इन दो ध्रुवों के बीच आते हैं। जो ख़ासकर दिल्ली और रायपुर स्थित सुरक्षा प्रतिष्ठान में उदासीन रहते हुए बस अपने कैरियर से मतलब रखते हैं। इन्हीं जैसों को दार्शनिक हाना ऐरंट ने 'बुराई के मामूलीपन' का प्रतिरूप कहा है, अपनी सुख-सुविधाओं के तुच्छ खोल में सिमटे हुए तुच्छ लोग। ऐसे लोग ख़ुद को यह यक़ीन दिलाने की कोशिश करते हैं कि गाँववाले सिर्फ़ डर की वजह से नक्सलियों का समर्थन करते हैं और उन्हें पुलिस द्वारा 'बचाने' की ज़रूरत है। जबकि उनका दिल इस बात से अच्छी तरह वाक़िफ़ है कि हक़ीक़त कुछ और है। उन्हें यह दावा करने में सुकून महसूस होता है कि मानवाधिकार कार्यकर्ताओं द्वारा देश को बदनाम करने की एक बड़ी साजिश चलाई जा रही है। उन्हें इस बात की कोई परवाह नहीं कि संविधान को अन्दर से खोखला करनेवाला कोई और नहीं, वे ख़ुद हैं।

बस्तर का बाघ

> निर्वाचित सरकारों के लिए, इन्साफ़ का मतलब था बदला और याददाश्त का मतलब था अव्यवस्था, लिहाज़ा उन्होंने उन लोगों के माथे पर गंगा जल छिड़क दिया जिन्होंने सरकारी आतंकवाद शुरू किया था।
>
> *—एडुआर्डो गालियानो, 'अपसाइड डाउन'*

छोटे क़द, गठीले बदन, लड़ाकू एवं मुखर व्यक्तित्व के मालिक और आम भारतीय राजनेताओं की तरह कुर्ता-पायजामा, काला चश्मा और स्नीकर्स पहननेवाले, दंतेवाड़ा के कांग्रेसी विधायक महेंद्र कर्मा जुडुम का पर्याय बन गए। कर्मा को सुनकर कोई भी यही अन्दाज़ा लगाता कि जुडुम पूरी तरह से उसके दिमाग़ की उपज है। उन्होंने बार-बार यह दावा किया कि वह इकलौते ऐसे राजनेता हैं, जो माओवादियों से भिड़ना चाहते हैं। 2016 में, उन्होंने आइसीआइ को गर्व से बताया, "मेरे पास एक और रणनीति है जिसका इस्तेमाल मैं अन्त में करूँगा : 'करो या मरो।'" '

माओवाद-विरोधी आन्दोलन के प्रति अपनी प्रतिबद्धता को स्पष्ट करने के लिए, कर्मा ने न सिर्फ़ 1990 के जनजागरण अभियान को, बल्कि 1910 के उपनिवेश-विरोधी आन्दोलन भूमकाल का भी सहारा लिया। उन्होंने एलान किया कि आदिवासी किसी भी 'वाद' के ख़िलाफ़ होते हैं और 'उनके लिए आतंक के साए में जीने की एक सीमा होती है'। हालाँकि, उनका अपना परिवार औपनिवेशिक शासन और भूमकाल के दमन से लाभान्वित होनेवालों में शामिल था। उस दौरान परगना माझियों

को पहले से ज़्यादा राजनीतिक शक्ति दी गई। उनके पिता कलमू बोदा, फरसपाल निवासी और बारसूर के परगना माझी, बाघ के कुशल शिकारी थे। विडम्बना ही थी कि उनका बेटा 'बस्तर का बाघ' कहलाए जाने पर गर्व महसूस करता था।

वर्ष 1980 से 1985 तक, कर्मा भारतीय कम्युनिस्ट पार्टी (सीपीआई) के एक तेज़तर्रार और समर्पित सदस्य थे। लेकिन पार्टी उनकी चाहत के अनुरूप उन्हें पैसा और व्यक्तिगत ताक़त मुहैया कराने में असमर्थ थी। लिहाजा, वह 1986 में कांग्रेस में शामिल हो गए। थोड़े समय के लिए, वह निर्दलीय भी रहे। जब 1991 में मैं उनसे मिली, तो वह बोधघाट पनबिजली परियोजना, जिससे बड़ी संख्या में लोग विस्थापित होने वाले थे, का समर्थन कर रहे थे और संविधान की छठी अनुसूची में बस्तर को शामिल किए जाने का विरोध कर रहे थे। पाँचवीं अनुसूची, जिसके तहत यह इलाक़ा अभी शासित हो रहा है, के मुक़ाबले छठी अनुसूची शक्तियों के लिहाज से एक क़दम आगे की बात थी। छठी अनुसूची ऐसे स्वायत्त ज़िला परिषदों (डिस्ट्रिक्ट काउंसिल्स) के गठन की अनुमति देती है जिनके पास संसाधनों के प्रबन्धन, इन्साफ़ मुहैया कराने और स्कूल चलाने इत्यादि की शक्तियाँ होती हैं। बस्तर को और अधिक स्वायत्तता दिए जाने का विरोध कर्मा को भाजपा के पाले में ले गया और उन्हें सीपीआई के साथ ही कांग्रेस के एक धड़े के ख़िलाफ़ खड़ा कर दिया। वर्ष 2015 में, जुडुम की शुरुआत के बाद, आधिकारिक रूप से राज्य विधानसभा में नेता प्रतिपक्ष और कांग्रेस का सदस्य होने के बावजूद, उनका ज़िक्र अक्सर मुख्यमंत्री रमन सिंह के नेतृत्ववाले भाजपा-मंत्रिमंडल के 13वें सदस्य के तौर पर हुआ।

वर्ष 2000 से 2004 के बीच, छत्तीसगढ़ की कांग्रेस सरकार में बतौर उद्योग एवं वाणिज्य मंत्री और यहाँ तक कि उसके बाद भी, कर्मा बड़े उद्यमियों के हितों को आगे बढ़ाते रहे। कर्मा को आदिवासियों के उसी ज़मीन पर, जिसके वो कभी मालिक हुआ करते थे, मज़दूर बन जाने में कोई बुराई नज़र नहीं आती थी। उन्होंने 2006 में आइसीआइ से कहा था, "आदिवासी ज़मीन पर टाटा, एस्सार एवं अन्य उद्योगपतियों को क्यों नहीं लाया जाना चाहिए? इन बड़ी परियोजनाओं को कौन रोक सकता है और हमें इसे क्यों रोकना चाहिए?...आदिवासियों को मुआवज़े में चाहे कितनी रक़म मिले, वे उसे शराब में उड़ा देंगे। इसलिए, उन्हें सहायक उद्योगों में काम पर रखा जाना चाहिए। ज़मीन समतल करने के काम में ट्रैक्टर की जगह उनका इस्तेमाल किया जाना चाहिए।" जैसाकि पहले बताया जा चुका है, मालिक मकबूजा घोटाले में लोकायुक्त ने कर्मा पर आदिवासियों और सरकार, दोनों के साथ धोखाधड़ी करने का आरोप लगाया था।

बड़े उद्योगों और जुडुम के लिए कर्मा के समर्थन में एक बड़ा फैक्टर था संरक्षण के अपने नेटवर्क को बनाए रखना और इलाक़े में रोज़गार के अभाव में बेचैन हो

रहे अपने वोटरों व अपने गुट के असामियों को काम दिलाना। शुरुआत में, जुडुम के ज़्यादातर नेता कर्मा के 'ख़ास आदमी', यानी उनके रिश्तेदार या पैरोकार थे।

लेकिन कर्मा एक गहरी काउंटर-इन्सर्जेंसी रणनीति का सुविधाजनक आदिवासी चेहरा भर थे। इस रणनीति के लिए रायपुर में भाजपा सरकार और दिल्ली में कांग्रेसी गृह मंत्रालय समान रूप से ज़िम्मेदार थे। जैसाकि अध्याय 4 में बताया गया है, कर्मा भले ही अन्य राजनेताओं की तुलना में जुडुम की ज़्यादा रैलियों में शामिल हुए और घरों को जलाए व लोगों के मारे जाने के दौरान व्यक्तिगत रूप से मौजूद रहे, लेकिन जुडुम और ऑपरेशन ग्रीन हंट उनकी ग़ैरहाज़िरी में भी चला।

नेता के गुर्गे

> संसद के भीतर या बाहर जो भी हमारा विरोध करता है, वह नक्सलियों का प्रतिनिधि है...। जहाँ तक हम जानते हैं, अजीत जोगी नक्सलियों का एक मुखौटा हो सकते हैं।
>
> *—मधुकर, सलवा जुडुम, मई 2006*

जुडुम अभियान में कई शिक्षक शामिल थे। इनमें सबसे प्रमुख मधुकर 'गुरुजी' था, जिसका ज़िक्र एक स्थानीय तेंदूपत्ता ठेकेदार ने 'कुतरू के बॉस' के रूप में किया था। मझोले क़द और दाढ़ी वाला मधुकर हथियारबन्द एसपीओ के सुरक्षा घेरे में घूमता था। उसने अपनी औक़ात से कहीं ज़्यादा ऊँची राजनीतिक महत्त्वाकांक्षाएँ पाल ली थीं : वह पूरे बस्तर और महाराष्ट्र के पड़ोसी गढ़चिरौली इलाक़े में भी जुडुम का विस्तार करना चाहता था। अख़बारों में इस आशय की ख़बरें आई थीं कि 2008 में कुतरू में जुडुम की सालगिरह मनाने के लिए उसने 90 विधायकों को आमंत्रित किया था। हालाँकि, कर्मा का आदमी होने के बावजूद वह कांग्रेस-समर्थक नहीं था। दरअसल, जुडुम के अधिकांश नेताओं ने भाजपा के लिए वोट जुटाए। 2006 में जब हम मधुकर से मिले, तो वह जुडुम का ख़ात्मा चाहनेवाले अजीत जोगी और राजेन्द्र पामभोई जैसे कांग्रेसी नेताओं के लिए हिकारत से भरा हुआ था, और भाजपा का ज़ोरदार समर्थन करते हुए बोला था : "रमन सिंह ने सलवा जुडुम को भरपूर समर्थन दिया है, और अगर कोई पार्टी इसका समर्थन कर सकती है, तो वो है भाजपा।"

चूँकि जुडुम प्रभावित इलाक़ों में सभी स्कूल बन्द कर दिए गए थे और शिक्षकों को कैम्पों में बुला लिया गया था, इसलिए राजनीतिक झुकाव रखनेवाले शिक्षकों के लिए यह एक बढ़िया मौक़ा था। हालाँकि, गाहे-बगाहे सरकार को प्रक्रिया का पालन करते हुए भी दिखना पड़ता था। कुतरु में मधुकर और कोंटा में पी. विजय

जैसे शिक्षकों ने बताया कि शुरुआत में सरकार ने उन्हें सलवा जुडुम में शामिल होने के लिए प्रोत्साहित किया, लेकिन स्कूल से उनकी ग़ैरहाज़िरी की शिकायतें मिलने के बाद उनकी तनख़्वाहें रोक दीं गईं। जुडुम के नेता बने एक अन्य शिक्षक, सोयम मूका, को राज्य के रुख़ पलटने में साजिश की बू आई। उसे शक हुआ कि स्थापित राजनीतिक पार्टियाँ उसके राजनीति में आने के ख़िलाफ़ हैं :

> मूका ने द *इंडियन एक्सप्रेस* को बताया कि उसके विभाग की ओर से उसे एक कारण बताओ नोटिस मिला था, जिसमें पूछा गया था कि 'सलवा जुडुम' की सभा में 'राजनीतिक बयान' देने और अपने कर्तव्यों का पालन नहीं करने के लिए उनके ख़िलाफ़ कार्रवाई क्यों न की जाए। उसने आगे कहा, 'मेरे विभाग को सलवा जुडुम से मेरे जुड़ाव के बारे में पिछले तीन साल से जानकारी है।'[2]

लेकिन महज़ एक साल बाद ही, जब मूका पर बलात्कार का आरोप लगा तो उसे सज़ा से बचाने के लिए पुलिस ने सभी प्रक्रियात्मक बारीकियों को ताक पर रख दिया। पुलिस का कहना था कि फ़रार होने की वजह से उसे गिरफ़्तार नहीं किया जा सका। सरकार के लिए मूका बहुत ही ज़रूरी था। उसके पिता विधायक रहे थे, और उसने कोंटा इलाक़े में सलवा जुडुम की शुरुआत की थी।

न सिर्फ़ गाँववालों को निशाना बनाते वक़्त, बल्कि मानवाधिकार कार्यकर्ताओं को चुप कराने में भी जुडुम नेताओं ने पुलिस को ओट प्रदान की। वर्ष 2010 में, सोयम मूका को एक ताज़ा बने संगठन माँ दंतेश्वरी स्वाभिमान मंच के बैनर तले जाने-माने सामाजिक कार्यकर्ताओं मेधा पाटकर, सन्दीप पांडेय एवं अन्य लोगों के साथ धक्का-मुक्की करते देखा गया। इससे पहले कि पुलिस मूका और अन्य लोगों को नरमी के साथ दूर हटा ले जाती, उसके गिरोह ने सामाजिक कार्यकर्ताओं पर कचरा और सड़े अंडे फेंके। जैसाकि पिछले अध्याय में बताया गया है, जुडुम के नेताओं ने 2011 में स्वामी अग्निवेश पर हमला किया था। जनवरी 2016 में, बलात्कार की शिकायतें दर्ज करने के लिए राज्य के दौरे पर आई राष्ट्रीय महिला आयोग की एक टीम से मिलने की कोशिश कर रही महिला कार्यकर्ताओं के ख़िलाफ़ मधुकर ने एक भीड़ का नेतृत्व किया। यह महज़ संयोग नहीं है कि इनमें से ज़्यादातर हमले मानवाधिकार कार्यकर्ताओं से सनक की हद तक नफ़रत करनेवाले एसआरपी कल्लूरी की निगरानी में हुए।

कहा जाता है कि जुडुम के कई आप्रवासी नेताओं का आपराधिक अतीत रहा था। मूल रूप से बिहार निवासी, भैरमगढ़ के अजय ठाकुर के बारे में बताया जाता है कि वह एक शराब तस्कर रहा है। उस पर कई लोगों की हत्या का इल्जाम है, जिनमें उस स्कूल के प्रधानाध्यापक भी शामिल हैं जहाँ वह पढ़ता था। उसका

वकील अदालत में मामले लटकाए रखने का उस्ताद था। जून 2016 में, जुड़ुम और सामाजिक एकता मंच नामक एक स्वयंभू निगरानी संगठन के सक्रिय सदस्य, सुब्बाराव, को चोरी के आभूषण ख़रीदने के जुर्म का दोषी क़रार दिया गया और उसे एक साल क़ैद की सज़ा हुई। मूल रूप से उत्तर प्रदेश निवासी और दोरनापाल में जुड़ुम का मुख्य नेता राम भुवन कुशवाहा कथित रूप से माओवादियों के लिए काम करता था। लेकिन जब उसने माओवादियों के नाम पर जबरन पैसा वसूलना शुरू किया, तो उन्होंने उसे दंडित करने की धमकी दी। तब उसने पुलिस से सुरक्षा की गुहार लगाई। उसे सशस्त्र सुरक्षा गार्ड प्रदान किया गया। लेकिन कांग्रेस सरकार के पतन के बाद, यह सब बन्द हो गया। तब उसने ख़ुद से राइफ़ल ख़रीदी और दोरनापाल में जुड़ुम का नेता बन गया और गाँव जलाने के महेंद्र कर्मा के अभियान में उसके साथ हो गया। जुड़ुम कैम्प के नेता के तौर पर उसने ख़ूब माल बटोरा और धमतरी में अपना एक बड़ा मकान बनवाया, क्योंकि दोरनापाल में रहना उसके लिए बहुत ही ख़तरनाक था। लोगों का कहना है कि साल 2008 के बाद से वह माओवादियों के जवाबी हमले को लेकर इस क़दर डर गया है कि बहुत ही कम मौक़ों पर दोरनापाल आता है और अलग-अलग मकानों में सोता है। उसका यह डर बेबुनियाद नहीं है : कुतरू और उसके आसपास के कई जुड़ुम नेता अब मारे जा चुके हैं; साल 2013 में महेंद्र कर्मा भी मारे गए।

एक बार जब गाँवों को जलाने और लूटने का शुरुआती दौर गुज़र गया, तो किसी भी जुड़ुम नेता का एक आम दिन कैम्प की रसद से चुराए गए पैसों से ख़रीदी गई एसयूवी गाड़ी में घूमने, सौदे तय कराने और ठेका पाने के लिए सरकारी अफ़सरों को पटाने में गुज़रने लगा। जुड़ुम के नेताओं ने टिपर और ट्रैक्टर जैसे महँगे उपकरण ख़रीदे और सरकार के पास किराए पर लगा दिए। साल 2007 में, मैं छत्तीसगढ़-आन्ध्र सीमा पर, छट्टी में, सड़क किनारे की एक टपरी में बैठी चुपचाप भात खा रही थी, तभी इनमें से एक एसयूवी सामने आकर रुकी। संयोग से, जुड़ुम के लोग भोजनालय में बाँस की टाटी के दूसरी तरफ़ बैठे थे और उन्होंने मुझे नहीं देखा। मैंने उन्हें सड़क चौड़ीकरण से जुड़े एक ठेके के बारे में चर्चा करते सुना—उनमें से एक ने ज़ोर देकर कहा कि माओवादियों को छिपने से रोकने के लिए हर सम्पर्क पथ को चौड़ा करके दो मीटर किया जाना चाहिए। कोंटा में एक दारोगा ने मुझे बताया कि उस इलाक़े में पी. विजय और प्रसाद शर्मा के नेतृत्व वाले दो प्रतिस्पर्धी गिरोह थे। दोनों गिरोहों ने सरकारी ठेके हासिल करने और दूसरे गिरोह को कमज़ोर करने के लिए पुलिस का उपयोग करने में कोई कसर बाक़ी नहीं रखी।

शुरुआत में जुड़ुम के नेता, कर्मा के आदिवासी अनुयायियों में से और ऊँची जातियों के ग़ैर-आदिवासी व्यापारियों या उत्तर प्रदेश व बिहार के 'ठाकुरों', दोनों के बीच से आया करते थे। मगर 2015-16 में नए बने सामाजिक एकता मंच जैसे

स्वयंभू निगरानी संगठनों के ज़्यादातर नेता ग़ैर-आदिवासी शहरी ऊँची जातियों के आप्रवासी थे, जोकि उनके उपनामों पारख, झा, हेमानी, मूलचन्दानी, गुप्ता, त्रिपाठी, अवस्थी वग़ैरह पर सरसरी नज़र डालने से ही ज़ाहिर हो जाता है। 6 जनवरी, 2016 को पुलिस की ओर से एक ग़ौरतलब आयोजन, आत्मसमर्पण कर चुके दो माओवादियों का शादी समारोह था। इसमें वधू और वर पक्ष का प्रतिनिधित्व क्रमश: सामाजिक एकता मंच और पुलिस द्वारा किया गया। कहने की ज़रूरत नहीं, इस परोपकारी सांस्कृतिक आयोजन में दूर-दूर तक कुछ भी आदिवासी नहीं था, सबकुछ बॉलीवुड स्टाइल में था, जिसमें दूल्हा और पुलिसवाले गुलाबी पगड़ी बाँधे थे और पुलिस बैंड बज रहा था।

राज्य के प्यादे

> मैं घर लौटने को बेक़रार हूँ। मेरे भाई और चाचा अब भी गाँव में ही हैं। माओवादियों ने मुझे एसपीओ नहीं बनने के लिए समझाया था। अब मुझे डर है कि अगर मैं गाँव लौटा, तो वे मुझे मार डालेंगे। मुझे इस काम में आने का अफ़सोस है, लेकिन अब मैं इसे नहीं छोड़ सकता।
>
> *एसपीओ, 2010*

सड़क मार्ग से सुकमा से कोंटा जाते हुए, एर्राबोर या इंजेराम में सलवा जुडुम शिविरों के बाहर, आपको फ़ौजी पोशाक में बन्दूक़ थामे मासूम चेहरेवाले युवाओं की मूर्तियाँ दिखेंगी : शहीद वेट्टी सुब्बा, करम राजू और कवासी कन्ना। आनेवाले सालों में, इन लड़कों का इतिहास कौन जान पाएगा? क्योंकि, ये एक ऐसी जंग के प्यादे थे, जिसमें उनकी भूमिका क़तई अग्रणी नहीं थी, बल्कि उनके अपने ही अधिकांश लोगों की नज़रों में निंदनीय थी।

जुडुम में शामिल होनेवाले लोगों में से एसपीओ नियुक्त करना और उन्हें 1500 रुपए भुगतान करना कलेक्टर के सलवा जुडुम से जुड़े 'कार्य प्रस्ताव', जिसके बारे में पहले चर्चा की जा चुकी है, का एक बुनियादी तत्त्व था, 'क्योंकि बिना किसी मानदेय के, कोई भी अपनी ज़िन्दगी दाँव पर नहीं लगाना चाहेगा'। सरकार भी यह जानती थी कि उग्रवाद-विरोधी अभियान में अप्रशिक्षित युवाओं को नियुक्त करने का मतलब 'नियमों को ताक पर रखना था' (अध्याय 4, पैराग्राफ 3)। पुलिस अधिनियम, 1861 और छत्तीसगढ़ पुलिस अधिनियम, 2007 के तहत एसपीओ का मक़सद दंगों या अन्य संकटों में पुलिस के लिए अस्थायी पूरक बनना था, न कि उग्रवाद-विरोधी अभियान चलाने के गंदे काम में नियमित पुलिस बल का एक सस्ता विकल्प बनना।

2005 में, जब पुलिस ने विभिन्न गाँवों में आवेदनपत्र भिजवाए, तो कई युवाओं ने यह सोचकर इस पर दस्तख़त कर दिए कि शायद बाद में एसपीओ के काम को नियमित पुलिस बल में समाहित कर लिया जाए। लेकिन पुलिस को दरअसल नियमित रंगरूट नहीं, बल्कि ऐसे सस्ते प्यादों की ज़रूरत थी जिनसे कभी भी पीछा छुड़ाया जा सके। ख़ासकर उन्हें माओवादियों में से निकले दलबदलुओं की ज़रूरत थी, जो अपने पुराने कामरेडों की पहचान कर सकते हों, उनके आने-जाने के रास्तों पर नज़र रख सकते हों और उनके नागरिक सम्पर्कों को उजागर कर सकते हों। जैसाकि केन्द्रीय गृह मंत्रालय ने 2011 में सुप्रीम कोर्ट को लिखा था, एसपीओ को माओवादियों की जन मिलिशिया का राजकीय संस्करण होना था, 'क्योंकि एसपीओ की भर्ती भी स्थानीय स्तर पर होती थी और वे उस इलाक़े की भौगोलिक संरचना, बोली-भाषा और स्थानीय आबादी से वाक़िफ़ थे'। इस तर्क के लिए, छत्तीसगढ़ सरकार ने पात्रता सम्बन्धी यह शर्त भी जोड़ी कि एसपीओ को 'नक्सली हिंसा का शिकार' होना चाहिए।[3]

भर्ती होनेवालों की उम्र को लेकर पुलिस की कोई विशेष शर्त नहीं थी। एसपीओ के तौर पर भर्ती हुए कइयों की उम्र बमुश्किल 14-15 साल थी और अभी उन्हें मूँछें तक नहीं आई थीं। जब अदालत में इस बारे में सवाल उठाया गया, तो सरकार ने दावा किया कि बच्चों के इस्तेमाल का विरोध कर रहे लोग बस सांस्कृतिक रूप से अनजान हैं, वे नहीं जानते कि आदिवासी युवा कैसे दिखते हैं।

जुडुम और सामाजिक एकता मंच के विपरीत एसपीओ के तौर पर भर्ती होनेवालों में ज़्यादातर युवक आदिवासी या दलित थे। चूँकि दलितों और ग़ैर-आदिवासियों का खेती के अलावा दूसरे पेशों की ओर भी झुकाव होता है और उनका अपनी ज़मीन से वैसा लगाव नहीं होता, लिहाजा उनके एसपीओ के तौर पर भर्ती होने की सम्भावनाएँ अधिक थीं। एसपीओ अक्सर जुडुम नेताओं के साथ संरक्षक-असामी के रिश्ते में बँधे होते हैं। मसलन, कई दलित लड़कों ने व्यापारियों के लिए काम किया।

काफ़ी अरसे तक, मैं कैम्पों और एसपीओ से कन्नी काटती रही, क्योंकि मानवाधिकार कार्यकर्ता उनके ख़ास निशाने पर रहते थे। लेकिन 2010 की गर्मियों में, मेरे एक शोध सहायक, सुशान्त पाणिग्रही, ने 42 एसपीओ का साक्षात्कार किया; बाद में उसी साल, मैंने भी पाँच एसपीओ, जिन्हें मुझे गाँवों में जाने और किसी से भी बातचीत करने से रोकने के लिए लगाया था, का साक्षात्कार किया।

एसपीओ की संख्या 2006 में 3200 के क़रीब थी, जो 2011 में, जब उन्हें आधिकारिक रूप से भंग किया गया, दुगनी होकर 6500 हो चुकी थी।[4] साल 2010 तक, एसपीओ का मेहनताना भी दुगना होकर 3000 रुपए हो गया था। हालाँकि, सुशान्त के साथ साक्षात्कार में कई एसपीओ ने बताया कि उन्हें केवल 2150 रुपए

मिलते हैं और यह मुश्किल से ही पूरा पड़ता है। ज़्यादातर एसपीओ अपने माँ-बाप को पैसा भेजते थे। उन्होंने यह शिकायत भी की कि आधिकारिक रूप से भले ही उनसे चार से छह घंटे काम करने को कहा गया होता था, लेकिन व्यवहार में उन्हें ख़ूब देर-देर तक खटाया गया। कभी-कभी एक दिन में 16-18 घंटे तक भी काम करना पड़ा। वह भी बिना किस तय वक़्त के। उनकी ड्यूटी में गाँवों में गश्त और तलाशी अभियान (जिसे वे अपने स्तर पर भी अंजाम देते रहते थे) में पुलिस के साथ जाना, सड़क खोलने का काम, जंगल पर नज़र रखना और शिविरों की रखवाली शामिल थी।

शुरू में, एसपीओ को कई क़िस्म के हथियारों—लाठियों, .303 राइफ़लों और गाहे-बगाहे एक सेल्फ लोडिंग राइफ़ल (एसएलआर) दी जाती थी। बाँह पर बाँधी जानेवाली एक पट्टी और नम्बर लिखे काग़ज़ के एक बिल्ले के अलावा उनकी कोई वर्दी नहीं थी। कई एसपीओ तो माओवादियों द्वारा पहचान लिए जाने के डर से यह भी नहीं पहनते थे। साल 2007 तक, उन्हें और उन्नत हथियार, सिर पर बाँधी जानेवाली काली पट्टी और कैमोफ्लॉज पोशाक हासिल हुई। लेकिन वे अपनी मर्ज़ी के मुताबिक़, यहाँ तक कि 2015 तक भी, सादे कपड़े ही पहनते रहे।

कुछ एसपीओ तालाब में सड़ी मछली की भाँति थे। मसलन माटपल्ली का बोडके मुत्ता, जिसने एसपीओ के तौर पर भर्ती होने के पहले कथित रूप से एक साँड चुराया था और एक लड़की के साथ यौन दुर्व्यवहार किया था। इस क़िस्म की घटनाओं के बाद उसके पिता कुछ समय तक अपने रिश्तेदारों के यहाँ या बाज़ार जाने में बहुत ही असहज महसूस करते थे। गोटागुन्डा का मरकाम सन्नू, जो मुझसे मिलने के समय बतौर एसपीओ चार साल काम कर चुका था, ने बताया कि माओवादियों द्वारा आयोजित ग्राम सभाओं में कभी शामिल नहीं होने की वजह से माओवादियों ने उस पर मुख़बिर होने का आरोप लगाया। लेकिन इसके पहले कि वे उसे पकड़ पाते, वह भाग निकलने में कामयाब रहा। जुडुम के शुरुआती चरण में, कर्मा और पुलिस इसी क़िस्म के किरदारों की खोज में रहे ताकि वे अपने इलाक़ों में जुडुम का प्रसार कर सकें। इसके लिए उन्हें चन्द एसपीओ ही चाहिए थे जो संघम के सदस्यों की पहचान कर सकें और उन्हें आत्मसमर्पण के लिए मजबूर कर सकें। उसके बाद गाँववालों को कैम्पों में धकेलना ही रह जाता था।

महिलाओं समेत बहुत सारे लोग इसमें इसलिए शामिल हुए क्योंकि उन्हें एक अदद नौकरी की ज़रूरत थी। गोरपल्ली के सोयम नरेश ने मुझे बताया कि उसकी उम्र 15 वर्ष थी जब दसवीं कक्षा में फेल होने के बाद जुडुम कैम्प में कोई और काम नहीं होने की वजह से वह एक एसपीओ के तौर पर भर्ती हुआ। महज़ 17 साल की उम्र में एसपीओ के तौर पर भर्ती होने वाले इंजीनाड के करम रावा ने बताया कि उसने अपना नाम सूची में इसलिए डलवाया क्योंकि उसके सभी दोस्त ऐसा

कर रहे थे। दरअसल, लगभग सभी ने यही कहा कि अगर उनके सामने रोज़गार का विकल्प होता, तो वे एसपीओ के तौर पर कभी भर्ती नहीं होते, ख़ासकर यह जानते हुए कि इसका मतलब अपने घर कभी नहीं लौट पाना होगा। सिर्फ़ कुछ ही लोग असल शिकायतों की वजह से एसपीओ के तौर पर भर्ती हुए थे। मसलन, अगर माओवादियों ने गाँव में उनकी पारिवारिक ज़मीन लेकर लोगों में बाँट दी हो।

ऐसे एसपीओ कर्मियों की बड़ी तादाद थी जो पहले संघम के सदस्य थे और जिन्हें उनके गाँव पर जुडुम के हमले के बाद आत्मसमर्पण के लिए मजबूर किया गया। इसके बाद उन्हें एसपीओ या 'गोपनीय सैनिक', जिसका मतलब पुलिस का मुख़बिर था, के तौर पर भर्ती होने को मजबूर किया गया। जगरमेटला का वेट्टी राम, उन लोगों में से एक था जिन्हें मेरे पीछे लगाया गया था, ने बताया कि माओवादी उसके स्कूल में अक्सर आया करते थे। शिक्षकों समेत वहाँ हर कोई माओवादियों की सभाओं में शामिल होता था, जहाँ वे क्रान्ति और विकास की बातें करते थे। उन्होंने ज़मीन और मवेशियों का फिर से बँटवारा किया। कुछ साल पहले, माओवादियों के लिए तेल और साबुन ले जाते हुए वेट्टी को गिरफ़्तार कर लिया गया। पुलिस ने उसके पास से एक चिट्ठी बरामद की जिसमें दुकानदार को 'प्रिय कामरेड' कहकर सम्बोधित किया गया था। उसके बाद उसने आत्मसमर्पण कर दिया और एक 'विशेष मुख़बिर' बन गया। उसकी रातें पुलिस थाने में गुज़रने लगीं। *इंडियन एक्सप्रेस* के अनुसार, 2000-13 के दौरान आत्मसमर्पण करनेवाले कुल 3,277 माओवादियों में से 80 फ़ीसदी से भी अधिक को पुलिस के साथ सम्बद्ध किया गया था।[5]

पुलिस ने आत्मसमर्पण करनेवाले इन लोगों के ज़ेहन में नक्सलियों के ख़िलाफ़ नफ़रत भरने का काम किया। लेकिन चूँकि इन लोगों ने माओवादियों के बहुत क़रीब रहकर काम किया हुआ था, इसलिए ग़ुस्से के साथ उनके मन में माओवादियों की सैन्य क्षमता के प्रति एक गहरा प्रशंसा भाव भी था। बहुत सारे एसपीओ ने सुशान्त को बताया कि माओवादियों को हराने के लिए काफ़ी ख़ून बहाना पड़ेगा और इसमें लम्बा समय लगेगा। उनमें से कई तो माओवादियों के प्रति गुपचुप सहानुभूति भी रखते थे।

कई नौजवान और अनुभवहीन एसपीओ के लिए, एसपीओ होने का मतलब पैसा कमाने के साथ-साथ आधुनिक होना, स्नूकर जैसे नए खेल सीखना, संगीत के पोर्टेबल उपकरण व हेडसेट जैसी नई चीज़ें हासिल करना, फ़ौजी पोशाक पहनना, और फर्राटेदार हिन्दी बोलने की क्षमता हासिल करना था जो उन्हें 'राष्ट्रीय', शिक्षित और कॉस्मोपोलिटन दिखाती थी। गिरोह बनाकर एक ख़ास इलाक़े पर हुकूमत करते हुए एसपीओ में से कुछ, सलवा जुडुम के स्थानीय नेताओं के लिए व्यक्तिगत रूप में वफादार रहते थे। लेकिन वे बहुत मुश्किल हालात में रह रहे थे। सरकार से मिले आवास में रह रहे एक एसपीओ ने बताया कि कमरे में हवा आने-जाने

और पानी का कोई इन्तज़ाम नहीं था, बिजली का कनेक्शन ज़रूर था पर बिजली शायद ही कभी रहती थी। उन सब को शिद्दत से अपने गाँव की याद सताती थी, ख़ासकर इसलिए कि उन्हें पता था कि वे लौट नहीं सकते। केन्द्रीय सुरक्षा बलों, जिनके लिए मनोरंजन के कुछ इन्तज़ाम किए गए थे, के उलट अधिकांश एसपीओ के पास ख़ाली समय में अपने दूसरे साथियों के साथ अड्डेबाजी के अलावा करने को कुछ नहीं था।

अधिकांश एसपीओ अपनी भूमिका को लेकर गहरी दुविधा में थे। मसलन, सुशान्त ने बदरू नाम के एक एसपीओ को बिना किसी शर्म के यह कहते हुए दर्ज किया कि 'एक दर्जन माओवादियों को गोली मारने पर मुझे गर्व है।' बदरू को एक इन्सास राइफ़ल के साथ 100 राउंड गोलियाँ दी गई थीं। लेकिन बदरू ने नाराज़गी भरे स्वर में जोड़ा, 'सीआरपीएफ वाले अच्छे लोग नहीं हैं। वे हमारे साथ जानवरों और हीन इनसानों जैसा व्यवहार करते हैं।' सुशान्त ने जिनका साक्षात्कार किया उन 42 एसपीओ में 30 ने सीआरपीएफ कर्मियों की ओर से उनके साथ कमतर नागरिकों जैसा व्यवहार किए जाने को लेकर बदरू जैसी ही नाख़ुशी ज़ाहिर की। शहरी चकाचौंध से दूर जंगलों में, जहाँ हर पेड़ के इर्द-गिर्द ख़तरा मौजूद हो और किसी इनसान के मलेरिया या बारूदी सुरंग से मारे जा सकने की आशंका एक जैसी हो, तैनाती से क्षुब्ध सीआरपीएफ वाले इस विकट स्थिति में ख़ुद के फँसे होने के लिए आदिवासी एसपीओ को ज़िम्मेदार ठहराते थे। यह क्षोभ उस ज़्यादा बड़े ग़ुस्से का हिस्सा था जो प्रतिरोध करते जंगलियों की खुली गुस्ताखी से उपजा था। आदिवासी बतौर नक्सली जंगली और अतार्किक हैं, और एसपीओ के तौर पर 'खराब माल'।

महिला माओवादियों—जिनमें से कई घर की खटनी से बचने के लिए शामिल हुई थीं—की तुलना में जो चन्द महिला एसपीओ थीं, उनकी ज़िन्दगी पितृसत्ता द्वारा तय भूमिका के मुताबिक़ थी। वे सुबह 7 बजे से दोपहर 1 बजे तक काम करती थीं। इस दौरान वे सीआरपीएफ के अधिकारियों के कपड़े धोतीं, पुलिस थाने या बैरकों की सफ़ाई करतीं और कैंटीन के काम में सहयोग देतीं। वे गश्त पर लगभग कभी नहीं गईं, और उनमें से कुछ अन्य एसपीओ या स्थानीय सिपाहियों के साथ विवाह बन्धन में बँध गई थीं। उन पर पुलिस द्वारा यौन उत्पीड़न का ख़तरा मँडराता रहता था। मार्च 2007 में, महिला एसपीओ के साथ छेड़खानी का विरोध कर रहे एसपीओ के साथ कोंटा शिविर में हुई झड़प में छत्तीसगढ़ सशस्त्र बल के दो जवान घायल हुए। अक्टूबर 2010 में, मेरे पीछे लगाई गई महिला एसपीओ के बीच हिन्दूकरण की प्रक्रिया भी चल रही थी—वरिष्ठ महिला एसपीओ उपवास रख रही थीं। उन सभी को पुलिस की नियमित नौकरी की आस थी।

अपने पुराने साथियों की हत्या करना, कम से कम शुरू में, काफ़ी मुश्किल था। करम रावा ने थोड़े दुख के साथ मुझे बताया कि कैसे नगा सुरक्षा बलों के

साथ गश्त करते हुए उन लोगों ने दो वर्दीधारी नक्सली महिलाओं को पकड़ा। उसने कहा, 'वे दोनों हमें नहीं देख पाईं—हम छुप गए और उन्हें गोली मार दी। वे दोनों स्थानीय लड़कियाँ थीं। उनमें से एक इप्पागुडा की और दूसरी बोदारस की थी। मैं उन्हें इसलिए पहचान पाया क्योंकि जब मैं पढ़ाई कर रहा था, उस समय वे हमारे स्कूल आती थीं और मुझसे पढ़ाई ख़त्म होने के बाद अपने साथ शामिल होने की बात कहती थीं।' कुछ एसपीओ अपने मित्रों एवं परिजनों को आगाह कर दिया करते थे। मुचाकी राजू, जो कम से कम दो गाँवों को जलाने और सात लोगों की हत्या का ज़िम्मेदार था, ने माओवादियों के सांस्कृतिक दस्ते की दो लड़कियों की जान बचाई, जब उन्होंने उसे यह याद दिलाया कि उन्हें माओवादियों के दस्ते में शामिल करनेवाला कोई और नहीं, बल्कि वह ख़ुद था।

जो एसपीओ माओवादी पदानुक्रम में जितने ऊपर रहे थे, वे उतने ही बुरे साबित हुए। मसलन, जोनपल्ली का भीमू। कोंटा का यह एसपीओ गाँववालों के उत्पीड़न के लिए कुख्यात था और नागरम दलम का कमांडर रहा था। उसे पार्टी की ओर से 15,000 रुपए देकर कुछ सामान लाने आन्ध्र प्रदेश के चेरला भेजा गया था। लेकिन वह चेरला जाने के बजाय दोरनापाल चला गया और आत्मसमर्पण करके एसपीओ बन गया। इसके बाद 2006 में, वह सुरक्षा बलों को बोरगुड़ा ले गया और दलम के दो सदस्यों को मार गिराया। 2013 तक, भीमू गाँववालों से जबरन वसूली करनेवाले स्थानीय एसपीओ-डॉन के रूप में अच्छे से स्थापित हो गया था।

समय के साथ, हत्या और बलात्कार सभी एसपीओ के लिए पहले से आसान और लगभग रोज़ का काम हो गए। उन्हें कहा गया कि 10 नक्सलियों को मारने के बाद उन्हें सिपाही के तौर पर 'नियमित' कर दिया जाएगा; और वे जानते थे कि हत्याओं के बाद उनके लिए वापसी का कोई रास्ता नहीं है। कैम्पों में रहनेवाले लोगों ने मुझे बताया कि शराब और दूसरे मादक पदार्थों के नशे में डूबने के बाद एसपीओ कैसे आपस में अपने हाथों मारे गए लोगों की गिनती का बखान किया करते थे। कुछ एसपीओ तो इतने क्रूर थे कि पुलिस तक को गाँववालों पर दया आ जाती थी। कई गाँववालों ने मुझे बताया कि एसपीओ द्वारा उठाए जाने के बाद कैसे थानेदार ने उन्हें बचाया और भाग जाने को कहा।

लेकिन इसके साथ ही, एसपीओ के काम छोड़ कर जाने की दर भी काफ़ी ज़्यादा थी। भैरमगढ़ में सलवा जुडुम के नेता विक्रम मंडावी ने 2010 में सुशान्त को बताया कि आत्मसमर्पण करने और एसपीओ बनने वाले संघम के 865 सदस्यों में से 205 अपने गाँवों को लौट गए और माओवादियों के साथ दोबारा शामिल हो गए। यक़ीनन, इस लड़ाई में वफ़ादारी हमेशा सवालों के घेरे में रही। अख़बारों ने ऐसी ख़बरें छापीं भी कि 2007 में रानी बोदली शिविर पर माओवादी हमला एसपीओ से मिली भीतरी मदद के कारण ही सम्भव हो सका। लम्बे समय तक

सरकार एसपीओ को हथियारों से लैस करने से इस डर से बचती रही कि कहीं ये बन्दूक़ें वापस माओवादियों के हाथों में न पहुँच जाएँ। वर्ष 2016 में, बीजापुर में सीआरपीएफ द्वारा घायल हालत में गिरफ़्तार माओवादी जन मिलिशिया कमांडर कुड़ीअम पंडा पहले एसपीओ रह चुका था।

सुरक्षा बलों के अनुपात में एसपीओ मारे भी ज़्यादा गए। मारे जानेवाले एसपीओ के लिए मुआवज़ा भले ही 2004 में 1 लाख रुपए से बढ़ाकर 5 लाख रुपए कर दिया गया था, पर एक नियमित पुलिसकर्मी के परिवारवालों को मिलनेवाली पेंशन के मुक़ाबले यह कुछ भी नहीं था।

सरासर ग़लत का बचाव

> एसपीओ क़ानून के दायरे के भीतर काम करते हैं और अपने ऊपर लागू होने वाले नियम-क़ायदों को मानते हैं। यह याचिका एसपीओ का ख़ात्मा चाहती है, ताकि नक्सली परेशान कर सकें, बल्कि फल-फूल सकें।
>
> *छत्तीसगढ़ सरकार का सुप्रीम कोर्ट में हलफ़नामा, जनवरी 2008*

एसपीओ की शिकायत थी कि उन्हें हर पल काम के लिए तैयार रहना पड़ता था : वे इस आशंका में जीते थे कि कहीं उन्हें बर्ख़ास्त न कर दिया जाए या उनकी तनख़्वाह न काट ली जाए। बर्खास्तगी और निलम्बन के सभी मामलों में छोटे-मोटे कामों में हुई लापरवाही को आधार बनाया गया। हालाँकि इसके बदले में, पुलिस ने यह सुनिश्चित किया कि बलात्कार, हत्या और लूट जैसे जघन्य अपराधों में किसी भी क़ीमत पर कोई सज़ा न होने पाए। दरअसल, इन्हें गाँवों में असुरक्षा का माहौल बनाने की एक बड़ी योजना के हिस्से के तौर पर बढ़ावा दिया गया। आदिवासियों की कमतरी को हरेक स्तर पर रेखांकित किया गया : अप्रशिक्षित एसपीओ के तौर पर वे पुलिस पदानुक्रम में सबसे नीचे थे, पर अन्य आदिवासियों को मार देने की शक्ति उनमें थी। ये अन्य आदिवासियों को राज्य से मिलनेवाली सुरक्षा के दायरे से पूरी तरह बाहर थे।

सरकार ने एसपीओ के ख़िलाफ़ किसी भी शिकायत को तवज्जो देने से इन्कार किया। उसकी पहली प्रतिक्रिया इन आरोपों को झूठा क़रार देकर ठुकरा देने की होती थी। उन चन्द मामलों में जहाँ जनता के हो-हल्ले की वजह से आरोपों को एकदम से नकार पाना मुश्किल हो जाता था, मामला दर्ज करने पर 'अज्ञात' को आरोपी बनाया जाता था। उसके बाद शिकायत दर्ज करानेवाले गाँव वालों को नक्सली या उनका समर्थक क़रार देते हुए उनके ख़िलाफ़ मामला दर्ज कर लिया जाता था। साल 2005 से 2010 के बीच, बीजापुर और दंतेवाड़ा ज़िलों में सुरक्षा बलों या पुलिस के

ख़िलाफ़ सिर्फ़ दो मामले दर्ज किए गए। सलवा जुडुम के कार्यकर्ताओं के ख़िलाफ़ दंतेवाड़ा में तीन मामले दर्ज किए गए, जबकि बीजापुर में एक भी मामला सामने नहीं आया। साल 2006-07 में, सलवा जुडुम कार्यकर्ताओं के ख़िलाफ़ जनता की ओर से मिली सभी 10 शिकायतों को झूठा बताया गया। वहीं 2008 में कुल 44 शिकायतों में से जिन 4 मामलों की जाँच की गई, उन्हें भी झूठा क़रार दे दिया गया।[6]

एसपीओ व सलवा जुडुम नेताओं को समायोजित करने के लिए पुलिस ने पूरा दम लगा दिया। बतौर अपवाद एक मामले में, पाँच किशोरियों ने अपने साथ हुए बलात्कार के बारे में 2009 में एक निचली अदालत में गवाही दी। ऐसा सीपीआई कार्यकर्ता पोडियम पांडा, दंतेवाड़ा के संगठन वीसीए और पीयूसीएल की कार्यकर्ता एवं वकील सुधा भारद्वाज की साझा कोशिशों से सम्भव हुआ। ये पोडियम पांडा ही थे जिन्होंने सबसे पहले इन किशोरियों को अपनी कहानी बताने के लिए प्रेरित किया। अदालत ने उन एसपीओ के ख़िलाफ़ गिरफ़्तारी वारंट जारी किया, जिनका नाम किशोरियों ने लिया था। लेकिन पुलिस ने कभी वारंट की तामील नहीं कराई और कहा कि वह उन एसपीओ को नहीं खोज सकी। हालाँकि, वे इस दौरान पुलिस की बैरकों में ही थे। लाजिमी तौर पर, इस मामले का अन्त उन एसपीओ द्वारा पीड़ित लड़कियों एवं उनके परिवारवालों को धमकाने और फिर लड़कियों के अपने आरोपों से पीछे हट जाने के साथ हुआ।

मरकामी बोडे उन पाँच लड़कियों में से एक थी, जिसे सलवा जुडुम के नेताओं ने उस समय उठा लिया था जब वह अपने रिश्तेदारों से मिलने जा रही थी और एसपीओ ने जिसके साथ कोंटा पुलिस थाने में बलात्कार किया था। सुप्रीम कोर्ट में दायर एक हलफ़नामे में हमने उसके मामले का ज़िक्र किया था। दंतेवाड़ा के पुलिस अधीक्षक ने 17 जून, 2009 को सुप्रीम कोर्ट को यह सूचित किया कि 'पुलिस ने उस लड़की के बारे में पता किया', और 'किसी को यह नहीं मालूम कि वह कहाँ चली गई'। इत्तेफ़ाक़ से, यह उसके द्वारा निचली अदालत में बयान देने के एक दिन बाद की बात थी। जिन लोगों से उन्होंने 'पूछताछ' की थी, वे वही थे जिनके ख़िलाफ़ उस लड़की ने आरोप लगाया था : सलवा जुडुम के नेता बोड्डू राजा, सोयम मूका और दिनेश।

पुराने एसपीओ के नए-नए अवतार

2010 में, एसपीओ ने अपने लिए एक नया नाम चुना, जिसका श्रेय मिज़ो रिज़र्व बटालियन से उन्हें मिले प्रशिक्षण को दिया जाता है। उन्होंने ख़ुद को कोया कमांडो कहना शुरू किया। इनमें से कुछ—मसलन कर्तम सूर्या और किचे नन्दा, जिन्हें हत्या की विभिन्न घटनाओं में गाँववालों द्वारा नामजद किया गया था और जिनके

ख़िलाफ़ बलात्कार मामले में कई वारंट भी जारी थे—अपने बलबूते शक्तिशाली नेता बन बैठे और जुडुम नेताओं के ताबेदार भर नहीं रह गए। उनके पास 20-30 ऐसे एसपीओ का अपना एक "गिरोह" था, जो पुलिस के बजाय उन्हें रिपोर्ट किया करते थे। मसलन, 'सूर्या गिरोह'। कर्तम सूर्या के बारे में यह भी दावा किया जाता है कि दंतेवाड़ा के वरिष्ठ पुलिस अधीक्षक एसआरपी कल्लूरी तक उसकी सीधी पहुँच थी।

एक भूतपूर्व पुलिस महानिदेशक ने मुझे बताया कि कर्तम सूर्या अपने 'दृढ़ विश्वास' से प्रेरित होकर एसपीओ बना, क्योंकि माओवादियों ने उसके पिता की हत्या कर दी थी। हालाँकि, गाँववालों का कहना था कि उसकी गतिविधियों का सम्बन्ध उसके विश्वास से कम और पैसा कमाने व ताक़त हासिल करने से ज़्यादा था। उसने हरसम्भव तरीक़े से पैसे बनाए—जुडुम की रैलियों में लोगों को लाकर और जितने आए उससे कहीं ज़्यादा बताकर, गाँववालों से जबरन वसूली कर, राशन आपूर्तिकर्ताओं व तेंदूपत्ता ठेकेदारों से 'अपना हिस्सा' वसूल कर तथा सिंचाई, वन या लोक निर्माण विभाग द्वारा जारी प्रत्येक ठेके से एक निश्चित प्रतिशत माँग कर। एक जाननेवाले का अनुमान था कि सूर्या ने हर महीने 10 लाख रुपए बनाए, जिसमें से कुछ हिस्सा ऊपर यानी वरिष्ठ पुलिस अधिकारियों तक जाता था और कुछ हिस्सा उसके गिरोह के सदस्यों के बीच बाँटा जाता था। जबकि एक ख़ासी रक़म वह अपने लिए रख लेता था। 2012 में एक माओवादी घात में मारे जाने के वक़्त, वह दोरनापाल में एक आठ मंज़िला मकान बनवा रहा था, जोकि उसके लिए जुडुम शुरू होने के पहले शायद ही सम्भव हो पाता।

2011 आते-आते, 2005-07 के दौरान भर्ती किए गए एसपीओ में से कइयों की शादी हो गई थी और वे कैम्पों में अपेक्षाकृत ज़्यादा स्थायी आवासों में रहने लगे थे। माओवादियों ने बार-बार एसपीओ लोगों से अपनी नौकरी छोड़ने और घर लौटने को कहा। लगभग एक-तिहाई एसपीओ ने नौकरी छोड़ दी, लेकिन 4607 एसपीओ पुलिस के साथ ही रहे। उग्रवाद-विरोधी गतिविधियों में एसपीओ के इस्तेमाल पर रोक लगाने के सुप्रीम कोर्ट के आदेश को नाकाम करने के मक़सद से हाथ की सफ़ाई दिखाते हुए उन्हें एक ही झटके में सशस्त्र सहायक बलों[7] में बदल दिया गया। नाम बदले जाने से उनकी तनख़्वाह बढ़कर भले ही 9300 रुपए हो गई, लेकिन बाक़ी कुछ नहीं बदला। वे पहले की तरह गाँववालों के लिए ख़तरा बने रहे और ख़ुद उनके ऊपर माओवादियों का ख़तरा मँडराता रहा। मसलन, जुलाई 2015 में, माओवादियों ने एसपीओ से सहायक सिपाही बने 4 लोगों को मार डाला।[8]

2013 में, जब पुलिस ने डिस्ट्रिक्ट रिज़र्व गार्ड (डीआरजी) का गठन किया, तो वही पुराने तर्क दोहराए गए : 'बेहद कम तनख़्वाह' पर काम करने को इच्छुक लड़ाकू बलों का इस्तेमाल करना, जोकि 'जंगलों से परिचित' थे, 'स्थानीय भाषा बोलते थे', 'इलाक़े के चप्पे-चप्पे को जानते थे', और जिन्हें 'माओवादियों को

पराजित करने में रुचि थी' क्योंकि वे या तो 'आत्मसमर्पण' कर चुके थे या फिर नक्सलियों के कहर का शिकार थे और अपने गाँव लौटना चाहते थे। एकमात्र अन्तर यही था कि वे पहले से बेहतर प्रशिक्षित थे। एसपीओ कर्मियों की भाँति, डीआरजी के सदस्य भी उग्रवादविरोधी गतिविधियों के क्रम में कई ख़ौफ़नाक घटनाओं में संलग्न रहे। मसलन, नवम्बर 2015 में बीजापुर के पेड्डागेल्लुर एवं आसपास के गाँवों में सामूहिक बलात्कार।[9]

चूँकि एसपीओ और डीआरजी कर्मी स्थानीय होते थे, लिहाजा पुलिस ने अक्सर उनका इस्तेमाल चारे की तरह किया। गाँववालों को फंदे में फँसाने के लिए पुलिस ने उन्हें माओवादियों की तरह पेश आने को कहा, जोकि उग्रवाद-विरोधी अभियान में एक आम रण-युक्ति है। आईजी कल्लूरी ने 2016 में पीटीआई को बताया, 'कई बार गाँववालों के लिए डीआरजी के सदस्यों को पहचानना असम्भव हो जाता था, क्योंकि वे स्थानीय इलाक़े से ताल्लुक़ रखते थे और सादा कपड़ों में होने की वजह से उन्हें स्थानीय हथियारबन्द नक्सलियों से अलग कर पाना सम्भव नहीं होता था।'[10]

2009 में, जयपाल में गाँववालों ने मुझे बताया कि कैसे माओवादी वर्दी पहने एसपीओ, मासा नामक एक संघम कार्यकर्ता के बारे में पूछते हुए रात में उनके घरों में आए। उन्होंने मासा से पूछा, 'क्या तुम्हें यह सन्देश नहीं मिला कि हम कोरकू पुलिस थाने पर हमला करने वाले हैं?' उसने इस बारे में कुछ भी मालूम होने से इन्कार कर दिया। इसलिए उन्होंने उसे सरपंच के पास ले चलने को कहा। सरपंच ने मुझे बताया :

> उस दिन दोपहर के बाद मैं एक मुर्ग़ा लड़ाई में गया था और फिर शराब के नशे में सो रहा था। लेकिन तड़के 3 बजे जब एसपीओ कर्मियों ने यह कहते हुए मेरा दरवाज़ा खटखटाया कि वे झारखंड से हैं और दस्ते के दो सदस्यों, देवा एवं किरण, की तलाश में हैं, तो मैंने अपनी बुद्धि लगाई और उन दोनों को जानने से इन्कार कर दिया। इसके बाद मासा ने यह कहते हुए मासूमियत से माओवादियों का एक पर्चा निकाला कि 'मेरे पास है, ऐसा कैसे कि तुम्हारे पास नहीं है?' इसके बाद मुझे घर से बाहर लाया गया जहाँ मैंने 150 एसपीओ की फ़ौज को अपने सामने पाया। उन्होंने मुझे पीटना शुरू किया और जब मेरी माँ ने इसका विरोध किया तो, उन्होंने उसे राइफ़ल के बट से मारा और उसकी जाँघ तोड़ दी। वे मुझे एक किलोमीटर दूर स्कूल तक घसीटते हुए ले गए और जब प्रमोद और हड़मा ने हस्तक्षेप किया तो, उन्होंने उन पर भी हमला किया। उन्होंने मेरे एक हज़ार रुपए भी छीन लिए, जो मैंने मुर्ग़ा लड़ाई में जीते थे। पिटाई की वजह से मैं बेहोश हो गया। वे मुझ पर चार जग

पानी उड़ेल कर मुझे होश में लाए और फिर से पीटना शुरू कर दिया। उन्होंने मुझसे पूछा कि मैं किस पार्टी का समर्थन करता हूँ और कहा कि अगर मैं सीपीआई का समर्थक हूँ, तो मुझे जाने नहीं दिया जाएगा। मैंने कहा कि मैं कांग्रेस समर्थक हूँ। इसलिए वे मुझे दुलापारा में कांग्रेस के एक नेता के पास ले गए। उस नेता ने मेरे कांग्रेस समर्थक होने की पुष्टि की, तब मुझे जाने दिया गया। उस दिन उन्होंने गाँव के कई अन्य लोगों की भी पिटाई की।

बताया जाता है कि इन छद्म-माओवादियों ने छोटे बच्चों को भी पकड़ा और उनके माँ-बाप का नाम-पता नोट किया। इस दौरान उन्होंने उन बच्चों से मासूमियत से पूछा कि क्या उनके घर के लोग माओवादियों की पिछली सभा में शामिल हुए थे?

पागलपन के पीछे का तर्क

> अगर हम उनके बारे में उतना ही बुरा सोचें जितना कि वे ख़ुद के बारे में सोचते हैं, तो वे बेहतरीन लोगों में शुमार हो सकते हैं।
>
> *—शेक्सपियर, अ मिडसमर नाइट्स ड्रीम*

> पूरी व्यवस्था अविश्वास से चालित है—पुलिस लोगों पर अविश्वास करती है, लोग पुलिस पर अविश्वास करते हैं, पूरी व्यवस्था के भीतर अविश्वास है।
>
> *छत्तीसगढ़ के एक पुलिस अधीक्षक, 2015*

कँटीले तारों, बालू की बोरियों और मीनारों (जिनमें से छोटे छिद्रों के ज़रिये बन्दूक़ों की नलियाँ बाहर झाँकती हैं) के साथ बस्तर में पुलिस थानों की इतनी भारी क़िलेबन्दी की गई है कि वे गाँववालों के बीच होनेवाले स्थानीय विवादों के निपटारे, जोकि पुलिस का नियमित काम है, के लिए स्थापित हुए नहीं लगते। इसके बजाय वे दुश्मनों से घिरे सुरक्षा-ठिकानों सरीखे लगते हैं। पुलिसकर्मियों के ऐसे कई क़िस्से सुनने में आए हैं, जिनमें वे रात में ग़लती से थाने के बाहर छूट जाने पर वापस अन्दर जाने में असमर्थ रहे। इसमें सीआरपीएफ के शिविरों, जो उसी तरह कँटीले तारों से घिरे हैं, को और जोड़ दें तो बस्तर की छवि में अब मीलों तक फैले जंगलों के साथ-साथ मीलों तक खिंचे कँटीले तार भी हैं। एक गाँव में, चेक पोस्ट बैरियरों के साथ सीआरपीएफ कैम्प बिल्कुल बीचोबीच लगा दिया गया था। लिहाज़ा, गाँव के एक टोले से दूसरे टोले जाने के लिए चेक पोस्ट से होकर गुज़रना पड़ता था।

चरवाहों या महुआ चुननेवाले ग्रामवासियों की गाहे-बगाहे आवाजाही को छोड़कर जंगल की सड़कें अमूमन सुनसान रहती हैं। लेकिन अब वहाँ राजमार्गों पर, सड़क निर्माण कार्य की निगरानी और पेड़ों की ओट में खड़े होकर 'संवेदनशील हिस्सों' की रखवाली में जुटे, सीआरपीएफ के जवानों की लम्बी क़तारें हैं। सुरक्षा बलों की इस भारी मौजूदगी के बावजूद, माओवादियों के पोस्टर रहस्यमय तरीक़े से पेड़ों पर दिख जाते हैं, जिनमें पुलिसवालों से घर वापस जाने के लिए कहा गया होता है, या ग्रामीणों को उन ग़द्दारों के बारे में सूचित किया गया होता है जिन्होंने आत्मसमर्पण कर दिया है।

लाजिमी तौर पर, पुलिस के साथ मेरी ज़्यादातर बातचीत—यहाँ तक कि जब मैंने एक 'तटस्थ' अकादमिक चर्चा करने की कोशिश की तब भी—मेरे बारे में उनकी धारणा, जोकि एक विरोधी के रूप में थी, के हिसाब से ही रही।

ऊपर बैठे लोगों का नज़रिया

> अपने कामकाज के निर्मम तरीक़ों के लिए जाने जानेवाले एक अधिकारी... ने बैठक में मौजूद अपने शीर्ष आकाओं को आश्वस्त किया कि अगर माओवाद-विरोधी अभियान का मक़सद माओवादियों को लाना है, तो वह कुछ 'सर्जिकल ऑपरेशनों' के ज़रिये 'लाशों' को ला सकता है।
>
> *द हिन्दू, 15.10.2015*[11]

वरिष्ठ पुलिस अधिकारियों या सेवानिवृत्त सैन्यकर्मियों के साथ मुख्य रूप से मेरा आमना-सामना सुरक्षा से जुड़े थिंक टैंकों द्वारा वातानुकूलित कमरों में आयोजित पैनल चर्चाओं में ही होता रहा है, जहाँ मैं हमेशा एक 'वैकल्पिक दृष्टिकोण' वाले व्यक्ति के रूप में बुलाई गई। ऐसी चर्चाओं में अमूमन मैं अकेली महिला होती हूँ। आमना-सामना होने की एक दूसरी जगह टीवी चैनलों के स्टूडियो रहे हैं, हालाँकि इसका मौक़ा उतना नहीं मिला। वहाँ मेरे साथी पैनलिस्ट सेवानिवृत्त पुलिस अधिकारी प्रकाश सिंह होते थे, जो पुलिस की स्वायत्तता के लिए जनहित याचिकाकर्ता और सलवा जुडुम के प्रबल समर्थक के तौर पर जाने जाते थे। पुलिसिया नैरेटिव क़तई एक-सा होता है : यह पहले क़ानून और व्यवस्था का मसला है और फिर जाकर सामाजिक-आर्थिक। अन्त में, जब उन्हें क़ानून और व्यवस्था लागू कराने के लिए अधिक संसाधन मिलते रहते हैं, तो इस बात से कोई फ़र्क़ नहीं पड़ता कि इस सामाजिक-आर्थिक मसले के हल की कभी कोशिश नहीं हुई। गुज़रते वक़्त के साथ, विकास का यह नैरेटिव भी बन्द कर दिया गया है। हैदराबाद में पुलिस अकादमी द्वारा आयोजित एक चर्चा में एक पुलिस अधिकारी

ने रोष-भरे शब्दों में मुझसे पूछा कि, 'जब तक यह कैंसर ठीक नहीं होता, वहाँ कोई विकास कैसे हो सकता है?'

संवाद का यही स्वर शासन व्यवस्था के विभिन्न हल्कों में वरिष्ठ अधिकारियों के साथ बातचीत में प्रतिध्वनित होता है। अगर कोई भूमि अधिग्रहण के तरीक़ों पर शंका जताता है, तो उसे 'विकास विरोधी', 'तकनीक न चाहनेवाला', 'आदिवासियों को अजायबघर में सजाकर रखने की चीज़ बनानेवाला', यहाँ तक कि उनके लिए 'सेल फ़ोन न चाहनेवाला' क़रार दिया जाता है। जब मैं यह कहती हूँ कि मुझे लगता है कि सेल फ़ोन उपयुक्त तकनीक का एक उत्कृष्ट उदाहरण है जिसने लोगों के जीवन को पूरी तरह बदल दिया है, तो वे इस क़दर आश्चर्यचकित होते हैं, मानो मैंने अचानक ही लाल झंडे की जगह स्वास्तिक चिह्न चुन लिया हो। सुरक्षा विशेषज्ञ माओवादियों के वित्तपोषण का सवाल सामने लाते हैं और उन करों की उगाही रोकने की ज़रूरत पर ज़ोर देते हैं, जो माओवादी लगाते हैं। लेकिन जब मैं यह कहती हूँ कि समस्या इससे कहीं ज़्यादा गहरी है, क्योंकि पुलिस और राजनेता भी इलाक़े के हर कारोबार पर 'कर' वसूलते हैं, तो वे ऐसा जतलाते हैं मानो मैंने कुछ कहा ही न हो।

अपेक्षाकृत अधिक निजी बैठकों में, कुछ अधिकारी यह दावा करते हैं कि जब तक उनके ज्ञान चक्षु नहीं खुले थे और उन्होंने तमाम मध्यमवर्गीय भारतीयों का परम लक्ष्य मानी जानेवाली सिविल सेवा परीक्षा उत्तीर्ण नहीं की थी, एक युवा के रूप में वे नक्सलियों से सहानुभूति रखते थे। 2005 में, रायपुर में एक भूतपूर्व वरिष्ठ अधिकारी ने, जिन्होंने जुड़ुम की तुलना आक्रमणकारी सेना (यहाँ माओवादियों) को अपनी ज़मीन से खदेड़ने वाली वियतनामी सेना से की थी, गर्व से हमें नक्सलियों पर लिखा अपना उपन्यास दिखाया। ओड़िया रूमानियत की खांटी परम्पराओं के मुताबिक़ चौकोर चेहरे पर ढलकते लम्बे बालों वाली उनकी तस्वीर से लैस उनका ब्लॉग हमें बताता है :

> कई चुनौतीपूर्ण प्रशासनिक ज़िम्मेदारियों के बावजूद, श्री फलाँ पूरी तरह से रचना की दुनिया और रचनात्मकता के लिए प्रतिबद्ध हैं। श्री फलाँ का कहना है, 'रचनात्मकता के लिए मेरी प्रतिबद्धता ने न्याय और बराबरी के व्यवहार के प्रति मेरे प्रशासनिक संकल्प को मज़बूती दी है'...। श्री फलाँ अंग्रेज़ी में एक उपन्यास 'द रिवोल्यूशनरी' लेकर आए हैं, जो आतंक और उग्रवादी हिंसा की पृष्ठभूमि में लिखा गया है। उपन्यास की कहानी दो जिगरी दोस्तों के इर्द-गिर्द घूमती है जो शान्ति और अहिंसा की स्थापना के लिए दुनिया को बदलना चाहते हैं। उग्रवादी ख़तरे के बावजूद, वे अहिंसा के अपने एजेंडे पर आगे बढ़ते गए। एक दोस्त

उग्रवादियों के हाथों मारा जाता है, इसके बावजूद दूसरा दोस्त अपने प्यारे दोस्त की याद में अपने उग्रवाद-विरोधी अभियान के साथ आगे बढ़ने का फ़ैसला करता है।

इस उपन्यास के पन्नों में शान्तिपूर्ण, गांधीवादी सलवा जुडुम की छाया न देख पाना कठिन है।

शुरू में, इन सेमिनारों में जनता के बीच पुलिस, जुडुम को एक स्वत:स्फूर्त आन्दोलन बताने पर ज़ोर देती थी—बहुत हुआ तो, उनमें से कुछ अनिच्छापूर्वक यह क़बूल करते कि 'यह एक बढ़िया विचार है, लेकिन ग़लत तरीक़े से अमल में लाया गया है', और इस दौरान वे स्वीकार करते थे कि यह मूल रूप से पुलिस का ही विचार था। या फिर वे इस बात पर ज़ोर देते थे कि पुलिस की भूमिका जुडुम के जुलूसों को महज़ सुरक्षा प्रदान करने की थी, मानो आगजनी, लूटपाट और हत्या में संलग्न लोगों को पुलिस द्वारा सुरक्षा मुहैया कराने में कुछ भी अजीब न हो।

2007 में, मैं गृह मंत्रालय के नक्सली सेल के एक वरिष्ठ अधिकारी (व.अ.) से मिली :

मैं : रानी बोदली (जहाँ नक्सलियों ने एक एसपीओ कैम्प पर हमला किया था) जैसी जगहों पर यह जो हिंसा हो रही है, उसकी मुख्य वजह सलवा जुडुम है।

व.अ. : आपके इस बयान से, मैं यह कह सकता हूँ कि आप पूर्वग्रह से ग्रसित हैं। आपमें वस्तुनिष्ठता की कमी है। बुनियादी तौर पर, आप चाहती हैं कि हम वो इलाक़े नक्सलियों के हवाले कर दें और ऐसा निर्णय लें कि 31 मार्च, 2007 को हमने दंतेवाड़ा उनके हाथों में दे दिया है। आप दिल्ली में सोशलाइटों को भले ही यह बता सकती हैं कि सलवा जुडुम शिविरों में लोग स्वेच्छा से नहीं हैं, लेकिन आप मुझे यह नहीं कह सकतीं—मैंने काफ़ी वक़्त लोगों से बात करने में बिताया है और मैं यह जानता हूँ कि वे अपनी मर्जी से आए हैं। अगर मैं चाहूँ तो मैं वैसे लोगों, जिन्हें मैं वस्तुनिष्ठ मानता हूँ, की अपनी टीम ले जा सकता हूँ—मैं योगेन्द्र सिंह (जवाहरलाल नेहरू विश्वविद्यालय से सेवानिवृत्त एक वरिष्ठ समाजवैज्ञानिक) सरीखे अच्छे समाजवैज्ञानिकों को ले जा सकता हूँ।

मैं : अगर छुपाने को कुछ नहीं है, तो आप उन शिविरों को और अधिक खोलने की अनुमति क्यों नहीं देते? ऐसा क्यों है कि कई पत्रकार यह लिख रहे हैं कि लोग वहाँ अपनी मर्जी से नहीं हैं?

व.अ. : लोग डरे हुए हैं। इलाक़े पर नज़र रखने के लिए नक्सली अपने अग्रिम दस्ते भेजते हैं।

मैं : गाँवों को जलाए जाने की ख़बरें हैं।

व.अ. : वह मेरे लिए एक नया आँकड़ा है, लेकिन मैं सैद्धांतिक रूप से यह कल्पना कर सकता हूँ कि अगर वहाँ ज़्यादा लोग हैं, तो वे नियंत्रण से बाहर जा सकते हैं। पर मैं छत्तीसगढ़ पुलिस से कहता रहा हूँ कि उन्हें एसपीओ की निगरानी के लिए और अधिक संख्या में पुलिस के जवानों को अवश्य नियुक्त करना चाहिए।

अगर कोई उन्हें सन्देह का लाभ देना चाहे, तो बहुत सम्भव है कि दिल्ली से हेलीकॉप्टर से आनेवाले वरिष्ठ पुलिस अधिकारियों के सम्पर्क में केवल एसपीओ या जुडुम नेता लाए गए हों जिन्होंने उन्हें भरोसा दिलाया कि लोग माओवादियों से बचने के लिए भाग रहे हैं। लेकिन, हक़ीक़त में, लगभग सारे अधिकारी यह जानते थे कि असल में क्या चल रहा है, भले ही वे सिर्फ़ यह क़बूल करने को तैयार होते थे कि 'कुछ ज़्यादतियाँ शायद हो रही हों'। ख़ासकर, राज्य और केन्द्र, दोनों के वरिष्ठ अधिकारियों और सुप्रीम कोर्ट के समक्ष उनके जाने-माने वकीलों के नकारात्मक जवाबों ने यह दर्शाया कि उन्हें इसकी क़तई परवाह नहीं थी। वर्ष 2012 में, ऑस्ट्रेलिया में, एक सम्मेलन के दौरान मैंने एक शीर्ष सुरक्षा सलाहकार का अलग से साक्षात्कार किया। दूरी और सेवानिवृत्ति ने उन्हें खुलकर बोलने की ताक़त दी : 'जब यह (सलवा जुडुम) हाथ से बाहर निकल गया, तो लोगों को एहसास हुआ कि यह एक अच्छी रणनीति नहीं थी, लेकिन चूँकि आप जैसे आलोचक इस मुद्दे को उठा रहे थे, तो सरकार को इसका बचाव करना पड़ा। सरकार आसानी से सार्वजनिक तौर पर अपनी ग़लती स्वीकार नहीं करती है।'

गुज़रते वक़्त के साथ, ख़ासकर सुप्रीम कोर्ट द्वारा 2011 में सलवा जुडुम को प्रतिबन्धित कर दिए जाने के बाद, कई विचारवान पुलिस अधिकारियों ने माना कि यह ग़लत हुआ था। मसलन, मुझ पर पूर्वग्रह से ग्रसित होने का आरोप लगाने और गाँववालों के साथ ज़ोर-ज़बरदस्ती किए जाने की बात मानने से इन्कार करनेवाले अधिकारी ने 2013 में अपना रवैया नरम कर लिया और दूसरे पद पर तैनाती के दौरान दिल्ली स्थित इंस्टीट्यूट ऑफ़ सोशल साइंसेज (आईएसआई) में एक 'संवाद' का आयोजन किया, जिसमें उन्होंने सिविल सोसाइटी के विभिन्न प्रतिनिधियों को आमंत्रित किया। हालाँकि, गृह मंत्रालय में उनके उत्तराधिकारी ने इस मौक़े का इस्तेमाल हम पर धौंस ज़माने के लिए किया। उन्होंने कहा कि सिविल सोसाइटी को माओवादियों को हथियार छोड़ने के लिए ज़रूर कहना चाहिए, मानो हमारे कहने से वे मान जाते!

श्री फलाँ की भाँति पुलिस महानिदेशक विश्वरंजन, जो प्रगतिशील कवि फ़िराक़ गोरखपुरी के पोते थे, ख़ुद को एक साहित्यिक व्यक्ति के तौर पर पेश करना चाहते थे। वे भी सेवानिवृत्ति के बाद मुलायम नज़र आए। जब मैंने जून 2014 में उनका साक्षात्कार किया, तो उन्होंने सलवा जुडुम का ठीकरा अपने पूर्ववर्ती के सिर पर फोड़ना चाहा : 'मुझे भरोसा नहीं था कि नक्सलियों को उखाड़ने के लिए नागरिकों का इस्तेमाल किया जा सकता है। लेकिन राठौर को पूरा यक़ीन था कि यह प्रक्रिया फैलेगी और नक्सलियों को निकाल बाहर कर दिया जाएगा।'

हालाँकि अपने सेवाकाल में, विश्वरंजन ने सलवा जुडुम का हरसम्भव बचाव किया। 5 सितम्बर, 2008 को *पायनियर* में लिखते हुए विश्वरंजन ने दावा किया कि सलवा जुडुम गोएबल्स शैली के दुष्प्रचार का शिकार हुआ : 'इस बात को लगभग दो साल बीत गए जब भाकपा (माओवादी) के पोलित ब्यूरो ने सलवा जुडुम को हर स्तर पर अलग-थलग करने का संकल्प लिया था, ताकि इसे कुचला जा सके। इस नेटवर्क की हर स्तर पर दबाव बढ़ाने की रणनीति जारी है। इसने सलवा जुडुम को प्रतिबन्धित करने के लिए सुप्रीम कोर्ट में नन्दिनी सुन्दर और इतिहासकार रामचन्द्र गुहा के ज़रिए एक याचिका दायर की।' जब हमने माओवादियों के पिट्ठू के रूप में अपने इस ज़िक्र को चुनौती दी, तो उन्होंने बहुत ही सहजता से जवाब दिया कि हमारे जैसी शक्तिशाली ब्राह्मणवादी ताक़तों की तुलना में पुलिसवाले 'शूद्र' मात्र थे।

न सिर्फ़ विश्वरंजन, बल्कि अमूमन सारे पुलिस अधिकारी 'विक्टिमोलॉजी' में पगे हुए हैं—वे ख़ुद को 'ग़लत समझे गए' और 'वामपंथी कार्यकर्ताओं के एक ताक़तवर नेटवर्क द्वारा ग़लत तरीक़े से पेश किए गए' के तौर पर निरूपित करना पसन्द करते हैं। उनमें कुछ हैं जो देश को नक्सलियों से बचानेवाले मसीहा के रूप में दिखना पसन्द करते हैं, भले ही इसका मतलब इस प्रक्रिया में कई क़ानूनों और संविधान के हर मानदंड को तोड़ना हो। इन दोनों पहलुओं का अक्सर किस तरह घालमेल किया जाता है, एस. आर. पी. कल्लूरी उसकी सटीक मिसाल है, जो पक्का दादा है और उत्पीड़ित होने का दावा करता है :

> संयुक्त सुरक्षा बलों ने बीजापुर ज़िले में एक बार फिर धावा बोलकर 12 बोर की एक राइफ़ल, एक भरमार बन्दूक़, कुछ टिफिन बम और नक्सली भंडार के साथ एक वर्दीधारी पुरुष माओवादी की लाश बरामद की है...इस तरह सुरक्षा बलों को किसी नुक़सान के बग़ैर इस महीने बरामद हुई माओवादियों की लाशों का आँकड़ा बढ़कर 16 हो गया है...माओवाद से लड़ना दुष्कर और पहाड़ चढ़ने जैसा काम है। लेकिन केन्द्रीय अर्द्धसैनिक बलों के साथ बस्तर पुलिस इस कार्य को, जोकि एक समय नामुमकिन-सा लगता था, पूरा करने के लिए बेहद प्रतिबद्ध

है। हम देश की एकता और अखंडता की विरोधी और हमारी आंतरिक सुरक्षा को तबाह करने की इच्छुक रखनेवाली शक्तियों द्वारा आलोचना, नकारात्मकता, शिकायतों, मुक़दमों, याचिकाओं, दुष्प्रचार और गालियों का सामना करते हैं। हम बस्तर पुलिस के लोग ऐसी शक्तियों को अच्छी तरह पहचानते हैं। हम बस्तर को माओवाद की बेड़ियों से मुक्त करने के लिए अपनी आस्था और प्रतिबद्धता को दोहराते हैं।"

एस.आर.पी. कल्लूरी, आईजी बस्तर, व्हाट्सऐप सन्देश, नवम्बर 2015

निचले पायदान के पुलिसवाले

बस्तर में अपनी तैनाती कोई नहीं चाहता है। जब हम भर्ती हुए थे, हम बस एक अदद नौकरी चाहते थे, इस बात से हमें कोई मतलब नहीं था कि कहाँ—हमारे कंधों पर पारिवारिक ज़िम्मेदारियाँ थीं। ऐसा भी नहीं था कि हम नक्सलियों से लड़ना चाह रहे थे।

सुकमा ज़िले में एसएचओ, 2014

इसमें 10 साल लगेंगे, शायद 20 साल भी लग जाएँ, लेकिन अन्त में बातचीत करनी ही पड़ेगी।

एक सिपाही, 2015

एक और दिन बीत गया।

गोलापल्ली के किसी पुलिस थाने में एक साइनबोर्ड पर लिखा सन्देश

मुझे निचली रैंक के पुलिसकर्मियों का साक्षात्कार करने का अवसर कम मिला, लेकिन वरिष्ठ अधिकारियों के मुक़ाबले उनके दृष्टिकोण में ज़्यादा विविधता थी। वे सरकार की जीत को लेकर कम आशान्वित थे और इस लड़ाई के पीछे की अक़्लमन्दी को लेकर पूरी तरह आश्वस्त नहीं थे। 2007 में बस से सुकमा जाते समय एक सहयात्री ने मुझे बताया कि उसकी पुलिसिया ज़िन्दगी दयनीय थी और वह ज़िला पुलिस बल को छोड़कर एक *शिक्षाकर्मी*, एक ठेका शिक्षक बन गया है। हमारी बातचीत का एक अंश :

भूतपूर्व पुलिसकर्मी : पुलिस का काम बाहर से आकर्षक लगता है, लेकिन यह वैसा नहीं है जैसाकि आप सोचती हैं। हमें कई-कई दिनों तक गश्त करना होता था, कभी-कभी तो एक बार में लगातार पाँच-छह दिनों

तक, जो मिल जाए वही खाना होता था। जब तक हमारे कपड़े और जूते बदन से चिपक न जाएँ, बिना नहाये रहना होता था। यह पुलिस की ग़लती नहीं थी—ये जुड़ुम के लोग थे, जिन्होंने घरों को जलाया था। मुठभेड़ नियमित रूप से होती रहती थीं। पिछली गर्मियों में तीन महीने के दौरान, हम लोगों ने बीजापुर में गश्त के दौरान 60-70 लोगों को गोली मारी।

मैं : क्या वे सभी नक्सली थे?

भूतपूर्व पुलिसकर्मी : बिल्कुल नहीं। उनमें से कोई नक्सली नहीं था। कभी कोई एसपीओ किसी की ओर इशारा करता और हमें उसे गोली मारने को कहता, तो कभी हम महज़ इसलिए गोली चला देते कि कोई गाँववाला भाग रहा होता और हमारे आवाज़ लगाने के बावजूद नहीं रुक रहा होता। हम तेलुगु, हिन्दी—जो भी भाषा जानते थे—में आवाज़ लगाते थे, लेकिन गाँववाले नहीं समझ पाते थे।

मैं : क्या आप इन मौतों को कहीं दर्ज करते थे?

भूतपूर्व पुलिसकर्मी : [भौंचक लहजे में] अगर हम ऐसा करते, तो हमारी नौकरी ख़तरे में पड़ जाती। हम लाशों को जंगल में ही छोड़ देते थे। हम इसे एक मुठभेड़ के तौर पर तभी दर्ज करते थे, जब किसी ने बाक़ायदा वर्दी पहनी हो या हथियार लिए हुए हो। मैंने व्यक्तिगत रूप से किसी को नहीं मारा, लेकिन अगर संयोग से किसी मुठभेड़ के दौरान मेरी गोली किसी को लगी हो, तो मैं इस बारे में सोचना भी नहीं चाहता।[12]

पुलिस और सीआरपीएफ के ऐसे कुछ कर्मियों से मैं मिली हूँ जो हमारी अदालती याचिकाओं के प्रति सहानुभूति रखते रहे हैं। उनका कहना था कि मानवाधिकारों के उल्लंघन को रोकने की ज़रूरत है। लेकिन जहाँ तक बहुसंख्या की बात है, तो वे रूखे, ग़ैरमददगार और शत्रुतापूर्ण रहे हैं। वे अपनी खाल बचाने, और लोगों व स्थान विशेष को क्या ख़ामियाजा भुगतना पड़ेगा, इसकी परवाह किए बग़ैर अपने करियर को आगे बढ़ाने के लिए दृढ़निश्चयी रहे हैं। इस तरह का रवैया प्रशिक्षण के दौरान शुरू में ही उनमें संचारित कर दिया जाता है। उत्तर प्रदेश से आनेवाले एक युवा रंगरूट, जिससे मेरी मुलाक़ात जगदलपुर के पास हुई थी और जो वहाँ अपने समूह के साथ इन्द्रावती नदी से रेत के उत्खनन के लिए आया था, इस बात से काफ़ी रुष्ट दिखा कि कोई यह सोच भी कैसे सकता है कि उसके मुक़ाबले उस इलाक़े पर स्थानीय लोगों का ज़्यादा अधिकार है : उसने एलान किया कि 'यह सारा कुछ सरकार का है।'

अपेक्षाकृत पुराने पुलिसकर्मियों के लिए, एक दिन का बीतना किसी राहत से कम नहीं। कई इलाक़ों में, पुलिसवालों ने हाट के लिए निकलते समय अपनी वर्दी, जो पहले उन्हें काफ़ी शक्ति देती थी, को छोड़कर सादे कपड़े पहनने शुरू कर दिए हैं। उनकी शिकायत है कि माओवादी हाट में आम नागरिकों और यहाँ तक कि स्कूली बच्चों के भेस में आते हैं और पुलिसवालों को उठा ले जाते हैं। कुछ पुलिसकर्मियों ने अपने गाँवों में अच्छा सम्पर्क बना लिया है, लेकिन उनकी शिकायत है कि सीआरपीएफ के साथ तालमेल बिठाना हमेशा आसान नहीं होता।

नगा स्वतंत्रता सेनानी से 'हिन्दुस्तान का फ़ौज'

> मैं : फिज़ो और नगा नेशनल काउंसिल के लिए नगाओं का समर्थन करना, नक्सलियों का समर्थन करने से अलग कैसे है?
>
> नगा रिज़र्व जवान (गर्व से) : फिज़ो का संघर्ष एक स्वतंत्रता संघर्ष था। लेकिन हम अब 'हिन्दुस्तान का फ़ौज' हैं।
>
> *एक नगा आईआरबी जवान से साक्षात्कार, दीमापुर, 2008*

नगा इंडिया रिज़र्व बटालियन (आइआरबी), जोकि जुडुम के शुरुआती सालों में मुख्य बल था, ऐसे युवाओं से लैस था जो नगालैंड में बेरोज़गार थे। नगा अख़बारों ने यह ख़बर दी थी कि वे नगालैंड में भी दुर्व्यवहार कर रहे थे, और नगा मानवाधिकार समूहों ने आदिवासियों पर जुल्म के लिए छत्तीसगढ़ में उनकी तैनाती का विरोध उन स्थितियों में किया था, जब वे ख़ुद भारतीय राज्य के हाथों उत्पीड़ित थे।

नगा आईआरबी अपने बेरहम वहशीपन के लिए कुख्यात हो गई थी—और ग्रामीणों के कई बयान इस बात की तस्दीक़ करते हैं कि आगजनी और हत्या की घटनाओं में जुडुम और नगा सुरक्षा बल बराबर के शरीक थे। कई मामलों में, ऐसा लगता है कि नगा बटालियन ख़ुद ही गाँवों पर हमला करने गई। नगा कैम्पों के आसपास के गाँवों में काफ़ी सारे बच्चों के आदिवासी और नगा लोगों के मिश्रित नैन-नक्श के साथ पैदा होने, और कुत्तों व सूअरों के ग़ायब होने को लेकर कुछ कलुषित अफ़वाहें भी थीं। एक व्यक्ति ने मुझे बताया कि नगाओं ने उसे एक कुत्ते के बदले 100 रुपए और एक औरत के लिए 1000 रुपए की पेशकश की थी। एक अख़बार के एक लेख में यह शिकायत की गई थी कि नक्सलियों के मुक़ाबले नगाओं ने अधिक तादाद में सूअरों को मारा था। 2005 में एक अखिल भारतीय फैक्ट-फाइंडिंग टीम ने नगा सुरक्षा बलों को चार क़ैदियों के साथ एक गाय को लेकर आते देखने की बात कही थी, जिसे उन्होंने इन्द्रावती नदी के पार सतवास से लूटा

था। लेकिन यह देखते हुए कि गोंड लोग भी गाय की बलि देते हैं, यह आदिवासियों के लिए उतना बड़ा कलंक-कांड नहीं था जितना कि छुटभैये पत्रकारों और प्रशासन की नज़र में था। आदिवासियों को केवल इससे मतलब था कि उनके मवेशी लूटे गए हैं। भारत की मुख्यभूमि की सेनाएँ नागालैंड में वर्षों से जो कर रही हैं, उसे देखते हुए नगा सुरक्षा बलों का उपयोग और नस्लवादी दुरुपयोग दोहरी त्रासदी लगता है।

2007 में जब मिज़ो बटालियन आई, तब तक गाँवों पर हर रोज़ हमलों का दौर गुज़र गया था; और मैंने ऊबे हुए जवानों को कभी-कभार अपने क़िलेनुमा शिविरों से निकल कर सुकमा शहर में तफ़रीह करते देखा। मामला चाहे रायपुर के माना हवाई अड्डे पर उतरते ही वहाँ उत्पात मचाने का हो, मालिकों को भुगतान किए बिना ढुरली गाँव के मवेशियों और बकरियों को खाने का हो, छट्टी में महिलाओं को परेशान करने का हो या फिर कोंटा में शराब की दुकान लूटने का हो—अख़बारों ने गाँववालों के ख़िलाफ़ आइआरबी की ज़्यादतियों के बारे में बहुत कम लिखा।[13] अक्टूबर 2006 में एक नगा जवान द्वारा दोरनापाल में शेखर शाह नाम के एक दुकानदार की हत्या समेत इस क़िस्म की घटनाओं पर पुलिस ने पर्दा ही डालने की कोशिश की। शाह ने उस जवान द्वारा लिए गए सामान के पैसे माँगने की ग़लती कर दी थी। 12 अप्रैल, 2007 को नकुलनार के ठाकुरों, जो आम दिनों में एक शक्तिशाली समूह था, ने मिज़ो जवानों द्वारा शराब के नशे में ठाकुर महिलाओं से अभद्रता किए जाने के ख़िलाफ़ अपने गाँव में 'चक्का जाम' किया था। हालाँकि इसमें शक नहीं कि ठाकुरों ने आदिवासी महिलाओं के साथ यह सब करने को अपना जायज़ हक़ माना था।

घर से बहुत दूर

> यहाँ कोई भी आम गाँववाला नहीं है—ये सब माओवादी हैं।
>
> *गश्त पर निकला स्पेशल टास्क फ़ोर्स का एक जवान, 2015*

> कुछ राज्यों के लिए, नक्सली हिंसा का चलते रहना लाभदायक है। यह उन्हें केन्द्र से पैसे हासिल करने में मददगार साबित होता है। और जिन्हें जान गँवानी पड़ती है वे उनके लोग नहीं, बल्कि राज्य से बाहर के लोग [केन्द्रीय सुरक्षा बलों के कर्मी] होते हैं।
>
> *—दिलीप त्रिवेदी, सेवानिवृत्त महानिदेशक, सीआरपीएफ*[14]

नगा और मिज़ो आईआरबी की जगह सीमा सुरक्षा बल (बीएसएफ) और सीआरपीएफ को लगाया गया, जिसके जवान पूरे देश से आते थे। किसी सीआरपीएफ कैम्प से

गुज़रते हुए मैं अक्सर किसी को मोबाइल पर तमिल में अपने परिवारवालों से बात करते सुनती थी, या किसी को मोबाइल सिग्नल के लिए किसी छोटी पहाड़ी पर चढ़ते देखती थी। 2015 में, एक कैम्प बैरियर पर मुझे कुछ जवानों से बात करने का मौक़ा मिला। इनमें एक रहमदिल और घर की यादों से परेशान सिख जिसके सेवानिवृत्त होने में पाँच साल बाक़ी थे, एक विचारशील कश्मीरी और एक हँसमुख उत्तराखंडी था। हमने बात की कि उग्रवाद-विरोध (काउंटर-इन्सर्जेंसी) के लिहाज से बस्तर की तुलना पंजाब और कश्मीर से किस तरह की जा सकती है। एक सख़्त हरियाणवी ने ज़ोर देकर कहा कि हम केवल यह बात कर सकते हैं कि जल्द ही इन लोगों को उखाड़ फेंकने के लिए सरकार कितनी अच्छी तरह काम कर रही है। जब भारत की सांस्कृतिक विविधता की समझ क़ाबिज़ होने और क़ब्ज़े में होने की स्थितियों के तहत विकसित होती है, तो यह तकलीफ़देह होता है।

चिन्तागुफा स्थित सीआरपीएफ कैम्प के प्रवेश द्वार पर उलटबाँसी के माहिर किसी अफ़सर द्वारा लगाया गया साइनबोर्ड कई सालों तक लगा रहा, जिसमें लिखा था : 'स्वर्ग में आपका स्वागत है'। सही में वह कैम्प स्वर्ग जैसी सुन्दर जगह पर है, जहाँ की ऊँचाई से पेड़-पौधों से ढँकी पहाड़ियों के पीछे कमल के फूलों से भरी एक बड़ी सी झील दिखाई देती है। उस गाँव के नाम का अर्थ है इमली का जंगल। लेकिन गाँववालों और वास्तव में सुरक्षा बलों के लोगों की भी ज़िन्दगी स्वर्ग जैसी तो क़तई नहीं थी।

सीआरपीएफ में दो तरह के लोग हैं : पहली तरह के लोग वार्ता चाहते हैं, ताकि मलेरिया के ख़तरे से भरी बस्तर की इस बेआराम नारकीय ज़िन्दगी से छुटकारा मिल सके, जहाँ मनोरंजन का एकमात्र साधन कैम्प में होने वाले भक्ति-सत्र या किसी उजाड़ से गाँव में चाय की टपरी पर अड्डेबाजी करना है। दूसरे क़िस्म के लोगों को माओवादियों से आमने-सामने की भिड़ंत की खुजली मची रहती है। एक भूतपूर्व सीआरपीएफ कर्मी ने दुखी स्वर में मुझे बताया : 'अगर हम मारे जाते हैं, तो जहाँ हम थे वहाँ और लोग आ जाएँगे—हमारी ख़ाली जगह को भर लिया जाएगा। और अगर वे मारे जाते हैं, तो वहाँ भी और लोग आ जाएँगे जहाँ से वे आते हैं। जब तक लड़ाई में शामिल बलों में पुन: पूर्ति होती रहेगी, युद्ध जारी रहेगा।' *इंडिया टुडे* ने 2013 में यह ख़बर दी कि 2009 से 2012 के बीच कुल 13,658 सीआरपीएफ कर्मियों ने अन्य कारणों के अलावा जंगलों में तैनाती, मलेरिया और कामकाज के ख़राब हालात की वजह से अपनी नौकरी छोड़ी। हालाँकि, माओवादियों के आत्मसमर्पण की तरह इसे प्रचारित नहीं किया जाता जो समझ में आने वाली बात है; और बेरोज़गारी के इस ज़माने में भर्तियाँ ज़ोरदार ढंग से जारी रहती हैं। 2013 में सुरक्षा बलों में क्षयण (अट्रिशन या स्वीकृत संख्याबल में गिरावट) से जुड़े एक सवाल के जवाब में तत्कालीन गृह राज्य मंत्री आर.पी.एन. सिंह ने राज्यसभा में

बताया : '2013 के दौरान स्वैच्छिक सेवानिवृत्ति और सेवा से इस्तीफ़ा देने की वजह से सीआरपीएफ, बीएसएफ, आईटीबीपी और सीआईएसएफ के जवानों का क्षयण इन चार बलों में जवानों के कुल स्वीकृत संख्याबल का 1.34 प्रतिशत है, जिसे ज़्यादा नहीं माना जा सकता है।'[15]

सीआरपीएफ के एक भूतपूर्व कमांडर ने बताया कि उन्होंने माओवादियों को ऐसे संकेत भिजवाए थे कि उनके जवान दोनों दिशाओं में दो किलोमीटर तक गश्त करेंगे और इस दौरान उन्हें कुछ नहीं होना चाहिए। बदले में वे माओवादियों को नहीं छेड़ेंगे। लड़ने के लिए प्रशिक्षित कर्मी के रूप में, उनमें से कइयों की जुडुम से भी असहमति थी और एसपीओ के लिए उनमें तिरस्कार का भाव था। उनका कहना था कि उन्होंने एसपीओ का इस्तेमाल केवल सफ़ाई के लिए किया। 2016 में, एक डिप्टी कमांडर ने मुझे बताया कि वह अपने वरिष्ठ अधिकारियों की, सामूहिक गिरफ़्तारी और नकली आत्मसमर्पण की नीतियों से असहमत थे, लेकिन कुछ नहीं कर सके। उन्होंने कहा कि उन्हें उन गाँववालों पर तरस आ रहा था जो साफ़ तौर पर बेहद ग़रीब थे।

लेकिन दूसरी ओर, सीआरपीएफ में ऐसे बहुत सारे लोग हैं जो माओवादियों के लिए गहरी नफ़रत से भरे थे और गाँववालों के लिए भी। उनकी नाराज़गी ख़ास तौर पर घात लगाकर हमलों और आईईडी धमाकों को लेकर है। 2010 में ताड़मेटला घात में सीआरपीएफ के 76 जवानों के मारे जाने के बाद यह ग़ुस्सा और बढ़ गया। उस बदनसीब 62वीं बटालियन के एक जवान ने घटना के कुछ महीने बाद, दूरदराज़ के गाँवों से दोरनापाल कैम्प में स्थानांतरित किए गए स्कूलों के बीच खड़े होकर मुझसे कहा : 'यहाँ हम *उन्हीं* के बच्चों से घिरे हुए हैं'—मानो गाँव के ये बच्चे माओवादियों की नाजायज़ औलादें हों।

जनवरी 2012 में, सुप्रीम कोर्ट के आदेश पर गाँवों को जलाने की घटनाओं की जाँच करने के लिए जब सीबीआई ने मोरपल्ली का दौरा किया, तो वे सीआरपीएफ के जवानों के साथ आए। सीआरपीएफ के जवानों ने गाँव के भीतर—स्मारक के ठीक चारों ओर, घरों के अगल-बगल, पेड़ों के नीचे मोर्चा सँभाल लिया। तब मैं गाँव में ही थी। यह पहला मौक़ा था जब मैं ढेर सारे हथियारबन्द लोगों के इतने क़रीब थी और घबराहट की वजह से मेरा दिल तेज़ी से धड़क रहा था। मैं महसूस कर रही थी कि मेरी बगल में बैठा आदमी डर से पथरा-सा गया था। बाद में, मैं टहलते-टहलते सीआरपीएफ के कुछ जवानों से बात करने पहुँची, जो 2010 की उस घात में मारे गए माओवादियों का स्मारक देख रहे थे।

बात करनेवाले पहले जवान ने कहा, 'सुरक्षा बलों ने इस स्मारक को ज़रूर देखा होगा और उनका दिमाग़ ख़राब हो गया होगा। सीआरपीएफ के 76 जवानों को मारना ग़लत था।' मैंने जवाब दिया, 'हाँ, यह बहुत ग़लत था। लेकिन यहाँ घरों

को जलाना और लोगों को मारना भी उतना ही ग़लत था।' इस पर जवान ने कहा, 'लेकिन उन्हें तो मुआवज़ा मिल गया।' मैंने कहा, 'लेकिन उन्हें कुल मिलाकर जो मिला है, वह है जले हुए घरों के लिए 25,000 रुपए और राहत में थोड़ा-सा राशन।' दूसरे जवान ने इसमें जोड़ा, 'और उसमें से 15,000 रुपए माओवादियों ने ले लिए।' इस पर तीसरे जवान ने कहा, 'यह बेकार की बात है, सरकार उन्हें मुआवज़ा दे चुकी है।' मैंने पूछा, 'क्या सरकार ने उन 76 सीआरपीएफ जवानों को भी मुआवज़ा नहीं दिया है? उनके परिवारवालों को पेंशन मिली है, इन गाँववालों के पास तो कुछ भी नहीं है।' इसके जवाब में पहले जवान ने कहा, 'अपने प्रियजन को खो देने की भरपाई किसी चीज़ से नहीं हो सकती।'

क्या आदिवासियों के प्रियजन नहीं होते? या आप उनके सामने कुछ पैसे फेंककर उनसे यह उम्मीद कर सकते हैं कि वे आपके 'सिविक एक्शन' पर ख़ुशी से उछल पड़ें? बातचीत जारी रही और सीआरपीएफ के जवान ने चिल्लाना शुरू कर दिया, 'हम लोगों ने न तो कोई घर जलाया है और न ही किसी को मारा है। आप गाँववालों को हम लोगों के ख़िलाफ़ भड़का रही हैं।'

~

यह युद्ध हर किसी को पागल बना रहा है, ख़ासकर उन्हें जिनके पास कोई ऐसा आदर्श नहीं है जो उन्हें लड़ाई में डटे रहने को प्रेरित करे। जो अवसादग्रस्त नहीं हैं, वे ग़ुस्से में हैं। और अन्य लोगों के कभी ग़ुस्से में, तो कभी अवसाद में होने का क्रम चलता रहता है। और जो न तो अवसादग्रस्त हैं और न ही ग़ुस्से में हैं, बल्कि इन सबके बीच ख़ुद में मस्त और करियरवादी हैं, वे सबसे बड़े पागल हैं।

कम से कम, पीड़ितों के पास हक़ की राह तो है, जबकि उनके गुनहगारों के पास कुछ भी नहीं। अब जबकि उन्होंने पूँजीपतियों के लिए ज़मीन साफ़ कर दी है, तो वे घर जाएँगे और अपने गाँवों में भूमि-अधिग्रहण के ख़िलाफ़ अपनी ख़ुद की लड़ाइयाँ लड़ेंगे, और भारत के उन 'सभ्य' इलाक़ों में जहाँ महिलाएँ अपनी जाति-बिरादरी के बाहर शादी करने के लिए मार दी जाती हैं, वहाँ अपनी पत्नियों और बेटियों पर ग़ुस्सा निकालेंगे।

अब टकराव को सबसे बेहतर तरीक़े से अभिव्यक्त करती है 'नेक्रोपोलिटिक्स' (कुछ लोग कैसे जिएँ और मरेंगे, यह तय करनेवाली राजनीति)। पश्चिम बंगाल में एक 'मुठभेड़' के बाद, माओवादी महिलाओं की लाशों को उनके हाथ-पैर बाँधकर बाँस के ज़रिये ढोया गया, जैसे मवेशियों को बूचड़खाने में ले जाया जाता है; अप्रैल 2013 में, पुवर्ती गाँव में एक मुठभेड़ के बाद, पुलिस ने आन्ध्र के माओवादियों

के परिवार के सदस्यों को उनका शव ले जाने से मना कर दिया। दूसरी तरफ़, माओवादियों ने मुठभेड़ में मारे गए पुलिसकर्मी का शव पुलिस को बरामद नहीं करने दिया; इसके बजाय, पत्रकारों को सड़ती हुई लाश को बरामद करने के लिए भेजा गया। झारखंड में, नक्सलियों ने एक मृत जवान के शरीर पर एक बम बाँधा ताकि इसे ले जाने की कोशिश करने वाले लोगों को भी चोट आए। पुलिस पर अपने ही लोगों की जान के प्रति संवेदनहीन होने का भी आरोप लगाया गया है—लाशों को दाह संस्कार के लिए कूड़ा उठाने वाले ट्रकों में ले जाया गया है।[16] जहाँ मृतकों तक की कोई गरिमा न हो, वहाँ हम जीवितों के लिए क्या उम्मीद कर सकते हैं?

भाग तीन

कठघरे में संस्थान

11

सुरक्षा या विकास?

सर्वोच्च सरकार चियापा के आदिवासियों की ग़रीबी से प्रभावित थी और उसने उस इलाक़े को होटलों, जेलों, बैरकों और एक सैन्य हवाई अड्डे जैसे तोहफ़ों से पाट दिया...

चियापा का ख़ून कई रगों से बहता है : तेल व गैस के पाइपों से, इलेक्ट्रिक लाइनों और रेलवे के ज़रिए; बैंक खातों, ट्रकों, गाड़ियों, नावों और विमानों के ज़रिए; चोर रास्तों, सुराखों और जंगल की पगडंडियों के ज़रिए।

हैवान इस इलाक़े से जो कुछ भी ले जाता है, उसके एवज में देता क्या है?

शिक्षा? जो देश में सबसे बदतर है। आरम्भिक शिक्षा के स्तर पर, 100 में से 72 बच्चे पहली कक्षा की पढ़ाई पूरी नहीं कर पाते।

15 लाख लोगों के लिए कोई स्वास्थ्य सेवा नहीं है। प्रत्येक 1,000 वासियों पर मात्र 0.2 क्लीनिक हैं, जो राष्ट्रीय औसत का पाँचवाँ हिस्सा है।

चियापा की 54 फ़ीसदी आबादी कुपोषण की शिकार है, और ऊँचाई वाले इलाक़ों व जंगलों में यह आँकड़ा बढ़कर 80 फ़ीसदी तक पहुँच जाता है।

बस यही है जिसे पूँजीवाद उस हर चीज़ के एवज बतौर भुगतान छोड़ जाता है जिसे वह लेता है...

—सबकमांडेंट मार्कोस, अगस्त 1992, *'चियापा : द साउथईस्ट इन टू विंड्स—ए स्टॉर्म एंड ए प्रोफेसी'*

मेक्सिको के चियापा की कहानी, बस्तर की ही कहानी है—यह हर उस जगह की कहानी है जहाँ के आदिवासी बस देते और देते ही रहते हैं, (इसका कुछ नया हो

सकता है क्या?) और बदले में उन्हें मिलती है खनन से उड़नेवाली धूल, रूखे और वृक्षविहीन भू-दृश्य, और मौत की गंध।

अगर आप अनुसूचित जनजातियों के संरक्षण के लिए भारतीय राज्य द्वारा क्रियान्वित क़ानूनों की सूची पर नज़र डालें, तो उसकी परोपकारिता आपको चौंका देगी, हैरत में डाल देगी : संविधान की पाँचवीं और छठी अनुसूची में अनुसूचित इलाक़ों के लिए विशेष क़ानून बनाने की अनुमति दी गई है; 1996 के पेसा क़ानून के अनुसार जिस व्यक्ति की भूमि अधिगृहित हो रही हो, उससे परामर्श करना सरकार के लिए ज़रूरी है; अनुसूचित जनजाति एवं अन्य परम्परागत वनवासी (वन अधिकारों की मान्यता) अधिनियम, 2006, जिसे आम तौर पर वनाधिकार क़ानून (एफआरए) कहा जाता है, का मक़सद जंगलों पर आदिवासियों के अधिकारों को मान्यता देने के ज़रिए अतीत में उनसे मिल्कियत छीने जाने की ग़लती को सुधारना है; और अनुसूचित जाति/ जनजाति अत्याचार निवारण अधिनियम, 1989 उनके प्रति पूर्वग्रहों को दंडित करता है। एक-एक नागरिक का भी ख़याल रखा जाता है : अनुच्छेद 15 (4) और 16 (4a) शिक्षा और सरकारी सेवाओं में आरक्षण प्रदान करते हैं; अनुच्छेद 330, 332 और 335 में संसद और राज्यों की विधानसभाओं में उनकी नुमाइन्दगी का प्रावधान है। अनुच्छेद 275 (1) अनुसूचित जनजाति के कल्याण के लिए विशेष केन्द्रीय अनुदान की अनुमति देता है; अनुच्छेद 339 के तहत राष्ट्रीय अनुसूचित जनजाति आयोग की स्थापना हुई है, और इन सबसे ऊपर, अनुसूचित जनजाति के लोगों का ख़याल रखने के लिए आदिवासी मामलों का एक पूरा मंत्रालय भी है।

फिर ऐसा क्यों है कि आदिवासी लोग भारतीय आबादी का सबसे ग़रीब हिस्सा हैं? 2011-12 में, भारत के 25.4 फ़ीसदी के राष्ट्रीय औसत की तुलना में 45.3 फ़ीसदी आदिवासी 'तेंडुलकर कमेटी' द्वारा निर्धारित उस ग़रीबी रेखा के नीचे थे, जो ग्रामीण इलाक़ों में रोजाना 27 रुपए और शहरी इलाक़ों में रोजाना 33 रुपए कमाने को आधार मानती थी। ऐसा क्यों है कि राज्य और एनएमडीसी को सबसे अधिक राजस्व कमा कर देनेवालों में से एक, बैलाडीला की खानों के इर्द-गिर्द रहनेवालों को भूखे पेट रात गुज़ारनी पड़ती है? जबकि, अकेले बैलाडीला से सालाना दो करोड़ टन लौह अयस्क का उत्पादन एनएमडीसी द्वारा किया जाता है। ग्रामीण इलाक़ों में अनुसूचित जनजाति के 40.2 फ़ीसदी पुरुषों और 49 फ़ीसदी महिलाओं का बॉडी मास इंडेक्स 18.5 से भी कम है, जोकि गम्भीर कुपोषण का सूचक है।[1] ऐसा क्यों है कि अनुसूचित जनजातियों की बड़ी आबादी वाले राज्यों में राज्यपाल, जिनसे आदिवासियों के कल्याण के लिए एक विशेष संवैधानिक भूमिका अदा करने की अपेक्षा की जाती है, ज़्यादातर पुलिस, ख़ुफ़िया सेवाओं या फ़ौज से चुने जाते हैं? शायद ऐसा इसलिए है क्योंकि सरकार मानती है कि आदिवासी समाज स्वभावत: राजद्रोही होते हैं।

इस गृहयुद्ध में जैसे बाक़ी सारी चीज़ों के लिए मनमानी छूट है, वैसे ही इस युद्ध को सबसे बढ़िया ढंग से कैसे आगे बढ़ाना है, इसे लेकर सरकार के बयान मनमाने ढंग से बदले हैं—'सुरक्षा के साथ विकास' से लेकर 'सुरक्षा के बिना कोई विकास नहीं', 'कोई विकास नहीं—केवल सुरक्षा' तक। धन का आवंटन हमें बताता है कि सरकार अपनी प्राथमिकताओं को लेकर कभी शक-शुबहे में नहीं रही। 2014-15 में, पूर्व के वर्षों की नीतियों को जारी रखते हुए, 'वामपंथी उग्रवाद से निपटने की सरकार की रणनीति' के तहत निम्नलिखित आवंटनों की जानकारी गृह मंत्रालय ने अपनी वार्षिक रिपोर्ट में दी :

सुरक्षा

- क़िलाबन्द पुलिस थानों के निर्माण की योजना के तहत प्रत्येक थाने की क़िलेबन्दी के लिए 2 करोड़ रुपए।[2]
- मीडिया में नक्सल-विरोधी प्रचार के लिए सालाना 5 करोड़ रुपए
- सिविक एक्शन प्रोग्राम के लिए सालाना 19.3 करोड़ रुपए (ग्रामीणों को अपने पक्ष में करने के लिए सशस्त्र बलों द्वारा ख़र्च किए जाने के वास्ते)
- 2014-15 में 106 ज़िलों में सुरक्षा सम्बन्धी ख़र्च (एसआरई) के तौर पर 207.08 करोड़ रुपए[3]
- वामपंथी उग्रवाद से प्रभावित नौ राज्यों में विशेष आधारभूत ढाँचा योजना के लिए 445.82 करोड़ रुपए[4]
- वामपंथी उग्रवाद से प्रभावित 34 ज़िलों में सड़क आवश्यकता योजना के तहत 5477 किलोमीटर सड़क के लिए 7300 करोड़ रुपए[5]

विकास

- पिछड़े ज़िलों में सार्वजनिक आधारभूत ढाँचा एवं सेवाएँ मुहैया कराने के लिए, वर्ष 2009-10 में शुरू हुई समेकित कार्य योजना (आइएपी) के तहत 88 ज़िलों के लिए सालाना 2640 करोड़ रुपए।[6]

लेकिन आइएपी का अधिकांश पैसा भी सड़कों में ही लगा। अर्थशास्त्री कावेरी गिल एवं अन्य ने पाया है कि : 'सितम्बर, 2012 तक कुल निधि का लगभग 40 प्रतिशत हिस्सा सड़कों के निर्माण में ख़र्च किया गया, 8 प्रतिशत शिक्षा पर (स्कूलों एवं *आँगनबाड़ी* केन्द्रों के ज़रिए), और महज़ 3 प्रतिशत स्वास्थ्य सेवाओं पर ख़र्च किया गया।'[7]

कोई शक नहीं कि मंत्रालय सड़कों और सिविक एक्शन को 'विकास' के तहत गिनता है; और मेरी सूची में सरकार के नियमित बजट के तहत शिक्षा, स्वास्थ्य, खाद्य आपूर्ति वग़ैरह पर ख़र्च किया गया पैसा शामिल नहीं है। हालाँकि, इन सब पर शायद ही कभी सड़कों की तरह युद्धस्तर पर काम होता हो। 2011 तक, अविभाजित दंतेवाड़ा में पेयजल पर ख़र्च उपलब्ध निधि का 0.81 फ़ीसदी था, और राष्ट्रीय ग्रामीण स्वास्थ्य मिशन के तहत बीजापुर और दंतेवाड़ा में ख़र्च क्रमशः 1.18 फ़ीसदी और 6.03 फ़ीसदी था।[8]

सुरक्षा के पहलू की बात करें, तो ऊपर दिए गए लेखे-जोखे में केन्द्रीय सशस्त्र पुलिस की तैनाती पर ख़र्च होने वाले पैसे को शामिल नहीं किया गया है। नवम्बर 2014 में, छत्तीसगढ़ ने 2007[9] से सीआरपीएफ की तैनाती पर 2400 करोड़ रुपए के ख़र्च को माफ़ करने का अनुरोध किया। यह उन खर्चों के अलावा है, जो राज्य सरकार अपने पुलिस बल, और भारत-तिब्बत सीमा पुलिस (आईटीबीपी), सीमा सुरक्षा बल (बीएसएफ) जैसे दूसरे केन्द्रीय सशस्त्र बलों पर ख़र्च करती है। पत्रकार गौतम नवलखा के एक आकलन के मुताबिक़ सशस्त्र बलों के 25 लाख कर्मियों में से 14 लाख को जम्मू-कश्मीर, पूर्वोत्तर भारत और मध्य भारत के राज्यों[10] में आन्तरिक सुरक्षा में लगाया गया है। बहीखाते में और ज़मीन पर, दोनों जगह सुरक्षा पर होनेवाला ख़र्च ठीक-ठाक अन्तर से विकास पर होनेवाले ख़र्च पर बढ़त रखता है।

जुडुम ने इलाक़े के भू-दृश्य को कई तरह से स्थायी रूप से बदल दिया है। पहला, कैम्पों की वजह से यह इलाक़ा पहले के मुक़ाबले ज़्यादा शहरी हो गया है, और लोग ब्लॉक मुख्यालयों की ओर भाग रहे हैं। और भी ज़्यादा आप्रवासी आ गए हैं। एक समय न के बराबर शहरी रहीं सुकमा और कोंटा तहसील अब क्रमशः 21.5 फ़ीसदी और 13.5 फ़ीसदी शहरी हो गई हैं। भैरमगढ़ तहसील में शहरी आबादी 2001 में शून्य थी, जो 2011 में बढ़कर 10.8 फ़ीसदी हो गई। जबकि बीजापुर तहसील में शहरी आबादी में यह बढ़ोतरी और भी नाटकीय थी, शून्य से बढ़कर 24.3 फ़ीसदी। बीजापुर की शहरी आबादी में, 13.63 फ़ीसदी अनुसूचित जाति की थी। यह जुडुम शुरू होने के बाद गंगालूर एवं अन्य गाँवों से महारों और दूसरी जातियों के पलायन को दिखाता है। जुडुम के बाद, 2011 की जनगणना में बीजापुर ज़िले में भैरमगढ़ को और सुकमा में दोरनापाल को वैधानिक रूप से शहर घोषित कर दिया गया। जुडुम कैंप स्थापित किए जाने से पहले ये दोनों दो-चार दुकानों वाले छोटे गाँव थे।[11]

एक अन्य अहम बदलाव यह हुआ कि बस्तर राजस्व ज़िले को सुकमा, बीजापुर, और नारायणपुर समेत सात छोटे ज़िलों में यह कहकर बाँट दिया गया कि छोटे ज़िले विकास पर ध्यान केन्द्रित करने में अधिक सक्षम होते हैं। भव्य कलेक्ट्रेट भवनों के साथ शहरी सरकारी कार्यालयों के आधारभूत ढाँचे का ख़ूब विस्तार हुआ,

जबकि गाँव स्कूल, बिजली और स्वास्थ्य केन्द्र जैसी बुनियादी सुविधाओं से वैसे ही महरूम बने रहे। यूँ तो, सामान्यतः, पुलिस का क्षेत्राधिकार राजस्व प्रशासनिक विभाजनों[12] के अनुरूप ही चलता है, पर बस्तर में विकास के मुक़ाबले गहन पुलिस व्यवस्था के अधिक महत्त्व को दर्शाते हुए बीजापुर और सुकमा के पुलिस ज़िले पहले गठित किए गए।

सड़कों के लिए एक लड़ाई

सरकार सड़कें बनवाना चाहती है, ताकि वह सुरक्षा बलों की टुकड़ियों को आसानी से इधर से उधर पहुँचा सके और लकड़ियाँ व खनिज वहाँ से बाहर ले जा सके। जबकि माओवादी इसे रोकने के लिए सड़कों को अगम्य बनाना चाहते हैं। ग्रामीणों का कहना है कि वे आपात स्थितियों में बाज़ार और अस्पतालों तक आसानी से पहुँचने के लिए अच्छी सड़कें तो चाहते हैं, लेकिन इसका कोई मतलब तभी है जब सड़क निर्माण के साथ परिवहन और स्वास्थ्य सुविधाओं का भी बेहतर इन्तज़ाम हो। एक फ़ीसदी से भी कम लोगों के पास साइकिल है और बहुसंख्य हिस्सा जहाँ भी जाना होता है पैदल ही जाता है, यहाँ तक कि 100-100 किलोमीटर तक भी। गाँववालों को सिर्फ़ सड़क नहीं, पेयजल, सिंचाई, शिक्षा और स्वास्थ्य सुविधाएँ भी चाहिए। और उन्हें जिसकी ज़रूरत नहीं, वही एकमात्र चीज़ उन्हें प्रचुर मात्रा में मिल रही है : छह-लेन वाले राजमार्ग।

मैंने, बीते कई सालों में, राजमार्गों को बनते और टूटते, चौड़ा होते और सिकुड़ते देखा है। 1990 के दशक में मैंने बस्तर जाना शुरू किया। तब से लेकर पहली बार 2009 में, राष्ट्रीय राजमार्ग संख्या 30 के जगदलपुर से सुकमा तक के हिस्से को अवरुद्ध किया गया। गाँववालों ने 'शहीद सप्ताह' के दौरान रात में राजमार्ग को खोद डाला था और उसके आर-पार पेड़ गिरा दिए थे। राष्ट्रीय राजमार्ग संख्या 30 पर और आगे दक्षिण की ओर, सुकमा से कोंटा तक की दूरी क़ायदे से एक घंटे में तय होनी चाहिए, लेकिन गड्ढों और दरारों से भरी हड्डियाँ चटकाने वाली सड़कों की वजह से वह दूरी अब चार घंटे में तय होती है।

सरकार राजमार्गों की मरम्मत और चौड़ीकरण की कोशिश में समय-समय पर टेंडर निकालती है; वहीं माओवादी समय-समय पर रोड रोलर और डंपर जलाते हैं, और शहरी नागरिक समय-समय पर इन असुविधाओं पर आहें भरते हैं। सरकार ने सीमा सड़क संगठन (बीआरओ)—जो सड़क किनारे चटपटे नारों वाले साइनबोर्ड लगाने के लिए प्रसिद्ध है : 'अगर गाड़ी चलाने में उतावलापन दिखाओगे, तो नतीजे में दुर्घटना ही पाओगे'—को सड़कें बनाने को कहा। लेकिन माओवादियों के दृढ़ निश्चय के सामने बीआरओ भी विफल रहा। 2014-16 में, राजमार्गों का निर्माण

सीआरपीएफ की देखरेख में हो रहा था। इस दौरान सीआरपीएफ के जवान सड़क के हरेक हिस्से में गश्त करते थे और हथियारबन्द जवान रोड रोलरों पर बैठे रहते थे। सभी सीआरपीएफ कैम्पों के बाहर लगी बड़ी-बड़ी होर्डिंगों में चमचमाते राजमार्गों और महँगी गाड़ियों की तस्वीरें वहाँ के निवासियों को इन सड़कों के निर्माण में मदद करने के लिए प्रेरित कर रही थीं।

लेकिन अगर सड़कें आने-जाने लायक थीं भी, तो उन पर यात्रा करना असुरक्षित था। शुरुआत में, जुडुम ने यात्रा को दुश्वार बनाया। जब 2016 में जुडुम ने जगरगुंडा जाने वाली सड़क पर बसों को रोका, तो बसों के चालक हड़ताल पर चले गए। आन्ध्रप्रदेश की सीमा पर मिले एक ट्रक चालक ने मुझे बताया, 'मैं रायपुर-मद्रास राजमार्ग से एक महीने में चार बार गुज़रा करता था। जुडुम शुरू होने के बाद से, रात में अब हमारा दोरनापाल से कोंटा के बीच गुज़रना सम्भव नहीं रहा— एसपीओ हमें रोकते हैं और हमसे सवाल किए जाते हैं। बसों की आवाजाही में भी कमी आई है।'

अलबत्ता तभी से, बस में सफ़र करनेवाली जनता की नज़र में माओवादी ज़्यादा बड़ा ख़तरा हैं। छुट्टियों में घर लौटनेवाले जवान यात्री बसों या निजी जीपों का इस्तेमाल करते थे, और इस तरह दूसरों की जान भी जोख़िम में पड़ जाती थी। कई बार ऐसा हुआ, जब माओवादियों ने नागरिक वाहनों को यह सोचकर आईईडी से उड़ा दिया कि उनमें केवल सिपाही सवार हैं। 'ग़लतियों' के लिए उनके अफ़सोस ने किसी के ज़ख़्मों पर मरहम नहीं लगाया। 2015 आते-आते, पुलिस द्वारा फ़र्ज़ी मुठभेड़ों या फ़र्ज़ी आत्मसमर्पणों के विरोध में यात्री बसों को जलाना माओवादी कौशल का एक अहम हिस्सा बन गया लगता है।[13]

स्कूल, एक क्षति

> ये शिक्षक हमारी सरकार के हैं। हमने एक जगह पर उन सबको एक साथ रखा है। जुडुम में शामिल नहीं होनेवालों को स्कूल की कोई सुविधा या स्कूल जाने की इजाज़त नहीं मिलेगी।
>
> *बासागुड़ा कैम्प निवासी, 2008*

> जब बच्चे आपके पास होंगे, तो माँ-बाप पीछे-पीछे आएँगे ही।
>
> *छत्तीसगढ़ में समूहों में स्कूल निर्माण के ज़रिए उग्रवाद से निपटने के बारे में हरियाणा के पूर्व डीआईजी, फोरम फॉर इंटीग्रेटेड नेशनल सिक्यूरिटी की बैठक, मई 2010*

जुडुम शुरू होने के पहले से ही, पढ़ाई की स्थिति बहुत अनिश्चित थी। देश-भर के आदिवासी गाँवों में घूमते हुए पिछले 26 सालों में, मैंने स्कूलों से गोदाम और शराब भट्ठी का काम लिए जाते देखा है। वो स्कूल देखे हैं जहाँ शिक्षक महीने में बस एक या दो बार आते हैं। और कुछ ऐसे स्कूल भी मिले हैं जिनके शिक्षक आश्चर्यजनक ढंग से प्रतिबद्ध हैं और प्रत्येक बच्चे का पारिवारिक इतिहास तक जानते हैं।

लेकिन पढ़ाई की दशा चाहे जो हो, जुडुम से पहले की सबसे अहम बात यह थी कि सरकार ने बतौर सिद्धान्त स्वीकार कर लिया था कि हर गाँव का एक अपना प्राथमिक विद्यालय होगा। 2005-06 में जब जुडुम की शुरुआत हुई, तो सरकार ने लक्षित इलाक़ों में ग्रामीण स्कूलों से शिक्षकों को हटा लिया और उन्हें स्कूलों के बजाय कैम्पों में रहने और काम करने का निर्देश दिया। जो गाँववाले जुडुम में शामिल नहीं हुए थे, उन्हें माओवादियों के साथ माना गया और इसलिए वे स्कूल के हक़दार नहीं रह गए थे। एतराजपाड जैसे कुछ मामलों में, गाँव को 2009 में जलाया गया, लेकिन शिक्षक को 2006 में ही हटा लिया गया था। जुडुम के समय से, कई स्कूल और आश्रम महज़ काग़ज़ पर ही चलते आ रहे हैं; शिक्षकों को बिना पढ़ाए ही वेतन मिलता रहा है, और वे यह कहते हुए गाँव में काम पर नहीं लौटना चाहते कि उन्हें माओवादियों का डर है।

इसके अलावा भी शिक्षकों व दूसरे कर्मचारियों को कामचोरी के लिए माओवादियों का बहाना मिल गया है। पोलपदर गाँव में, स्कूल के प्रधानाध्यापक को लाल स्याही से लिखी एक चिट्ठी मिली। कथित तौर पर माओवादियों की ओर से। इसे शहरी लोगों की कल्पनाओं के मुताबिक़ माओवादी अन्दाज़ में लिखा गया था (यह बात और है कि कोई धमकी शायद ही लाल सलाम के साथ ख़त्म होती हो) :

> प्रधानाध्यापक, ख़ुद को सुधारो, नहीं तो तुम पछताओगे। तुम्हें हमारा नाम सुनकर डर नहीं लगता, लेकिन जब तुम हमें देखोगे तो डर महसूस करोगे। मैं तुम्हें सुधरने का आख़िरी मौक़ा दे रहा हूँ। अगर तुमने ऐसा नहीं किया, तो बाद में तुम पछताने लायक भी नहीं रहोगे। जैसा हम कहते हैं अगर तुमने वैसा नहीं किया, तो तुम कुत्ते की मौत मरोगे। अगर तुम्हें मेरी बातों पर विश्वास नहीं है, तो इस फल (साथ में देसी हथगोले का रेखाचित्र) को खाकर देखना। पाउडर तुम्हें गोरा बना देगा। छात्रावास के सभी बच्चों को घर भेज दो और स्कूल को पाँच महीने तक बन्द रखो। अगर स्कूल को शुक्रवार तक बन्द नहीं किया गया, तो तुम जानते हो कि नतीजा क्या होगा। लाल सलाम, लाल सलाम, लाल सलाम।

इस चिट्ठी का लेखक स्कूल का ही एक शिक्षक निकला, जो प्रधानाध्यापक द्वारा बार-बार समय पर स्कूल पहुँचने के लिए कहे जाने पर उससे खुंदक खाए हुआ था।

पहले शिक्षक नहीं थे, अब इमारतें भी नहीं हैं। जब युद्ध शुरू हुआ, तो सुरक्षा बलों ने स्कूलों पर क़ब्ज़ा कर लिया क्योंकि अमूमन किसी गाँव में सीमेंट से बनी इकलौती इमारत वही थी। सुरक्षा बलों को गाँवों में ठहरने से रोकने के लिए माओवादियों ने स्कूलों को ध्वस्त करने का फ़ैसला किया। कुछ मामलों में गाँववालों ने यह काम ख़ुद कर लिया, तो कुछ मामलों में इसके लिए पड़ोसी गाँवों से टीमें लाई गईं। उड़ी हुई दीवारों और अधगिरी छतों के बीच से उगते पेड़ों वाले स्कूलों का नज़ारा पूरे ज़िले में आम है।

2011 तक, हिंसा से सबसे ज़्यादा प्रभावित कोंटा, भैरमगढ़ और बीजापुर प्रखंडों के बमुश्किल आधे गाँवों में प्राथमिक विद्यालय अब भी मौजूद थे।[14] सुकमा और छिंदगढ़ जैसे ब्लॉक, जो जुडुम से प्रभावित नहीं थे, में हालत साफ़ तौर पर अलग थी। इसी तरह, साक्षरता दर युद्ध और दशकों की उपेक्षा, दोनों की गवाही देती है। 2011 में, छत्तीसगढ़ में सबसे कम साक्षरता दर दंतेवाड़ा और बीजापुर में थी—क्रमश: महज़ 42.12 फ़ीसदी और 40.86 फ़ीसदी, जबकि छत्तीसगढ़ की औसत साक्षरता दर 71.04 फ़ीसदी थी।[15] 2005-06 में हालात इतने बिगड़े हुए थे और स्कूलों में पढ़ाई हो पाना इतना मुश्किल था कि कलेक्टर के. आर. पिस्दा ने सभी बच्चों को अपने आप अगली कक्षा में प्रोन्नत कर देने का आदेश जारी किया। विडम्बना देखिए, इस ज़िले को 2007 में अपने सम्पूर्ण साक्षरता अभियान के लिए सत्येन मैत्रा साक्षरता पुरस्कार मिला था।[16]

जुडुम जब अपने चरम पर था, मरईपल्ली छात्रावास में एक शिक्षक ने मुझे बताया कि उन्हें कभी यह ठीक-ठीक पता नहीं होता था कि आज की रात उन्हें कितने बच्चों को खाना खिलाना होगा। जब जंगलों में हमले चल रहे थे, तो अभिभावक आकर छात्रावास में बच्चों को छोड़ जाते थे और माहौल थोड़ा शान्त होने या फिर आन्ध्रप्रदेश की ओर पलायन का फ़ैसला करने पर बच्चों को वापस ले जाते थे। मरईपल्ली में कई ऐसे बच्चों से मेरी बात हुई जिन्होंने कई महीनों से अपने माता-पिता को नहीं देखा था। बल्कि उस साल (2007) आदेश यह था कि गर्मी की छुट्टियों में बच्चों को घर जाने की अनुमति न दी जाए। जुडुम प्रभावित इलाक़ों के कॉलेज छात्रों के लिए भी हालत ज़्यादा बेहतर नहीं थी। 2009 में कुछ को अपने घर गए हुए चार साल हो गए थे। शिक्षाकर्मी की नौकरी पाने को बेचैन एक छात्र तो तीसरी बार एमए कर रहा था, क्योंकि बीएड काफ़ी महँगा था।

जो छत्तीसगढ़ में रह गए उनके लिए अगर कोई स्कूल उपलब्ध नहीं था, तो आन्ध्र भागे लोगों के लिए भी अपनी शिक्षा जारी रख पाना उतना ही मुश्किल था। वर्ष 2007 में, मेरी मुलाक़ात चरवाहा जाति की लक्ष्मी से हुई। आन्ध्र में एक पहाड़ी पर हवा की मार के सामने खुली झोंपड़ी में रहनेवाली 15 साल की उस लड़की ने मुझे बताया कि बासागुड़ा में उसकी 10वीं की बोर्ड परीक्षा चल रही थी, और तभी

उन्होंने सुना कि सलवा जुडुम और पुलिसवाले तीन किलोमीटर दूर एक पड़ोसी गाँव तक पहुँच गए हैं। सिर्फ़ इतना ही वक़्त मिल पाया कि वह अपने बाक़ी परिवार के साथ ट्रैक्टर पर बैठे और भागे। वह आगे पढ़ना चाहती थी, लेकिन आसपास हिन्दी स्कूल न होने की वजह से ऐसा नहीं हो सका। इसके अलावा, अपने परिवार का पेट पालने के लिए उसे काम भी करना होता था। आन्ध्रप्रदेश में शरण लेनेवाले एक अन्य युवा, हड़मा, ने बताया कि उसकी बोर्ड परीक्षा से ठीक पहले जुडुम के एक हमले में उसकी किताबें जला दी गईं। जब वह अगले साल बोर्ड की परीक्षा देने की कोशिश में कोंटा गया, तो एसपीओ ने रोककर उसकी पिटाई की। साथ ही उससे पूछताछ की कि वह इतने दिनों से कहाँ था। किताबों को गँवाने के अलावा, कई बच्चों को जाति प्रमाणपत्र और पढ़ाई-लिखाई के अन्य स्कूली काग़ज़ात गुम होने की वजह से भी तकलीफ़ उठानी पड़ी।

जुडुम कैम्पों में चलनेवाले स्कूलों ने कैम्पों के 'आदर्श' बस्तियाँ होने के दावे को झूठा साबित किया। यहाँ तक कि 2015 में, इन स्कूलों में बच्चों के बैठने के लिए फ़र्श पर टाट-पट्टी के अलावा और कोई फर्नीचर नहीं था। लड़कों के एक छात्रावास में, बिस्तरों को तह करके दिन में उनसे कुर्सी-मेज का काम लिया जाता था। कमरे के आख़िरी छोर पर एक बिस्तर पर बैठकर शिक्षक बच्चों को पढ़ाते थे। दीवारों में दरारें थीं, जिनसे पानी रिसता था। पहली नज़र में लापरवाही का आलम साफ़ नज़र आता था।

सुकमा के निकट किल्लेगुडा गाँव में एक नया स्कूल खुला ही था कि सीआरपीएफ ने उस पर जबरन क़ब्ज़ा जमा लिया। स्कूल के कर्मचारियों ने नाराज़गी भरे स्वर में बताया कि कैसे एक शनिवार को दोपहर बाद सीआरपीएफ के लोगों ने ताला तोड़ा और स्कूल का सारा फर्नीचर ले जाकर पुरानी इमारत में डाल दिया। जब मैं उस स्कूल में गई, तो ऊपरी दर्जों की कक्षाएँ दरकती छतों के नीचे, गलियारों में चल रही थीं। कई सारे दूसरे गाँवों की भी यही कहानी थी। एक शिक्षक ने बताया कि जब उसने क़ब्ज़ा लेने का लिखित आदेश दिखाने की माँग की, तो जवानों ने उसे थप्पड़ लगाए। सीआरपीएफ अपने लिए बैरक न बनवाने का दोष प्रशासन को देती है, लेकिन जब उनके लिए बैरक बनवा भी दिए जाते हैं, तब भी वे स्कूल और छात्रावासों के निकट डेरा जमाए रहते हैं और छात्रों को एक तरह से ढाल के तौर पर इस्तेमाल करते हैं। सुप्रीम कोर्ट द्वारा स्कूलों को ख़ाली करने का बार-बार आदेश दिए जाने के बावजूद कई स्कूल अब भी सुरक्षा बलों के क़ब्ज़े में हैं।

गाँववाले चाहते हैं कि उनके प्राथमिक और माध्यमिक स्कूल दोबारा शुरू हों। शिक्षा का अधिकार क़ानून, 2009 के तहत भी सरकार के लिए यह ज़रूरी है कि वह प्रत्येक गाँव को एक प्राथमिक स्कूल मुहैया कराए। लेकिन यहाँ तो प्रशासन

ही इसका प्रतिरोध कर रहा है। प्रशासन ने जुडुम कैम्पों के बगल में 1000 क्षमता वाले विशाल छात्रावास (पोर्टा-केबिन) बनवाए हैं। बाँस की प्लाई से बने इन पोर्टा-केबिनों की छतें टिन की होती हैं और इनकी दीवारों पर रंगबिरंगी चित्रकारी होती है। इन चित्रों में अक्सर विद्या की देवी सरस्वती तो होती ही हैं, साथ ही नक्शे, जानवर और पेड़ भी होते हैं। हालाँकि, साफ़-सफ़ाई की हालत सब जगह भयानक थी। एक नए पोर्टा-केबिन की प्रधानाध्यापिका ने चहकते हुए बताया कि उनके यहाँ 524 लड़कियों के लिए 50 शौचालय हैं। लेकिन जब मैंने इस पर हैरत ज़ाहिर की, तो उन्होंने तुरन्त क़बूल किया कि इनमें से एक भी चालू नहीं है।

जिन बच्चों की पढ़ाई बाधित हुई, उनके लिए 2008 में 'ब्रिज स्कूल' के तौर पर शुरू हुए इन पोर्टा-केबिनों ने प्रभावित बच्चों की पहचान करने और उन्हें स्कूल लाने के लिए सहायकों (जिन्हें *अनुदेशिका* कहा गया) को काम पर रखा। समय बीतने के साथ ये पोर्टा-केबिन शिक्षा का पसन्दीदा तरीक़ा बन गए, क्योंकि प्रशासन के हर व्यक्ति और ख़ुद शिक्षकों का भी यही मानना था कि बच्चे तभी शिक्षा हासिल कर सकेंगे जब वे अपने माओवादी/उग्रवादी/निरक्षर/पिछड़े माँ-बाप से अलग रहेंगे। 'नक्सलियों की हिंसा के शिकार' कई बच्चों को वनवासी कल्याण आश्रम द्वारा संचालित छात्रावासों में भी ले जाया गया। वनवासी कल्याण आश्रम, आरएसएस का एक संगठन है जो आदिवासियों के बीच काम करता है। प्रशासन इस बात से आश्वस्त लगता है कि दूरदराज़ के गाँवों में स्कूल चलने से सिर्फ़ नक्सलियों को मदद मिलेगी। छत्तीसगढ़ के एक भूतपूर्व मुख्य सचिव ने मुझे पूरी गम्भीरता से बताया कि अगर इन बच्चों को रसायनशास्त्र के बारे में पढ़ाया गया, तो वे सिर्फ़ बम बनाना सीखेंगे। लेकिन हक़ीक़त यह है कि वे बिना विज्ञान पढ़े ही बम बनाना सीख रहे हैं।

पोर्टा-केबिन को लेकर बच्चों के माता-पिता और ख़ुद बच्चे दुविधा में हैं। उन्होंने अपनी शैक्षणिक और सभ्यतागत हीनता का विचार मन में बिठा लिया है। साथ ही, वे अपने उन छोटे बच्चों को लेकर चिन्तित रहते हैं, जो घर छोड़ते समय रोते हैं। एक अभिभावक ने मुझे बताया कि, वह नहीं जानता कि अपने पाँच वर्षीय बेटे को कहाँ पढ़ने भेजे, क्योंकि गाँव में कोई स्कूल नहीं है। वह 1000 क्षमता वाले पोर्टा-केबिन में खो सकता है, और किसी रिश्तेदार को इतने छोटे बच्चे की देखभाल करने की ज़िम्मेदारी नहीं दी जा सकती। एक पोर्टा-केबिन की प्रधानाध्यापिका ने मुझे बताया कि बच्चे स्कूल में ख़ुश हैं और अपने घर नहीं जाना चाहते। लेकिन अगली ही साँस में उन्होंने यह भी माना कि अगर एक बार वे घर चले जाते हैं, तो उन्हें वापस ला पाना बहुत ही मुश्किल होता है। उन्होंने यह भी माना कि मुलाक़ात करने आए माता-पिता के लौटने के बाद ज़्यादातर बच्चों को घर की ज़्यादा याद आने लगती है। ऑस्ट्रेलिया के मूलवासी बच्चों की 'चुरायी गई पीढ़ियों', जिन्हें

उनकी ख़ुद की सुरक्षा के नाम पर घर से दूर ले जाया गया था, की तरह ही भारत के आदिवासी बच्चों को भी यही कहा जा रहा है कि उन्हें घर और शिक्षा में से किसी एक को चुनना होगा।

सरकारी स्कूलों और आरएसएस द्वारा संचालित सरस्वती शिशु मन्दिर व सर्वोदय कार्यकर्ता धरमपाल सैनी द्वारा स्थापित माता रुक्मिणी आश्रम जैसे निजी स्कूलों, दोनों के ही स्कूल रूटीन बच्चों को 'हिन्दू' और 'सभ्य' बताने के लिहाज से तैयार किए गए हैं, ताकि वे अपनी भाषा और त्योहार भूल जाएँ। बच्चे भोर में 4 बजे जगते हैं, 4.30 बजे प्रार्थना करते हैं, और फिर पूरे परिसर की सफ़ाई करते हैं। स्कूल सुबह 9 बजे शुरू होता है और दोपहर बाद 3 बजे ख़त्म होता है। बीच में, दोपहर के भोजन के लिए कुछ वक़्त दिया जाता है। 3 बजे के बाद थोड़ी और सफ़ाई, खेलकूद, पढ़ाई और रात के खाने और सोने से पहले एक बार फिर प्रार्थना। इन स्कूलों से निकले बच्चे आदरपूर्वक बड़ों के पाँव छूने, भजन गाने और एक अच्छा हिन्दू बच्चा होने को प्रदर्शित करनेवाली दूसरी तमाम ख़ूबियों में माहिर होते हैं। एक अभिभावक की टिप्पणी के मुताबिक़, ये बच्चे उपभोक्ता में भी बदल दिए गए हैं : सरकार से इन्हें छात्रवृत्ति के जो पैसे मिलते हैं, उसका इस्तेमाल वे जूते, टूथब्रश, पापड़, अचार आदि वो तमाम चीज़ें ख़रीदने में करते हैं जिनका गाँव में मिलना मुश्किल होता है। यह सही है कि इस क़िस्म की स्कूली पढ़ाई एक ख़ास मन-मिजाज का निर्माण करती है, लेकिन यह उनकी ज़िन्दगी के सभी दूसरे पहलुओं को साध ले, ऐसा ज़रूरी नहीं। ऐसा ही एक पहलू है, जुडुम द्वारा उनके घरों को जलाए जाने से उनके भीतर उपजा ग़ुस्सा। ऐसे स्कूलों से निकले बच्चे भी माओवादियों के साथ शामिल होते हैं। माता रुक्मिणी आश्रम चलानेवाले एक बुज़ुर्ग शिक्षक ने मुझे बताया कि उनके छात्र दोनों गुटों—जुडुम और माओवादियों—के साथ गए। कहीं मिल जाने पर दोनों उन्हें एक जैसा सम्मान देते थे।

माओवादी अपना स्कूल चलाने का दावा करते हैं; उन्होंने गोंडी भाषा में कुछ पाठ्यपुस्तकें भी तैयार की हैं; जिन पत्रकारों ने इन किताबों को देखा है, वे बताते हैं कि उनमें स्थानीय नायकों के साथ-साथ स्वच्छता और बुनियादी विज्ञान से जुड़े अध्याय हैं।[17] अगर माओवादियों ने सरकारी स्कूलों को सुरक्षा बलों द्वारा क़ब्ज़ा किए जाने की वजह से ध्वस्त किया, तो सुरक्षा बलों ने माओवादियों के स्कूलों को सिर्फ़ इसी वजह से तहस-नहस कर दिया कि वे माओवादियों द्वारा संचालित थे। मसलन, जून 2012 में सीआरपीएफ ने सावापल्ली गाँव में एक छोटे-से स्कूल को ध्वस्त कर दिया। उनका दावा था कि इसे नक्सलियों द्वारा चलाया जा रहा है। हालाँकि, साफ़ तौर पर स्कूली शिक्षा न माओवादियों की प्राथमिकता है और न ही सरकार की।

स्वास्थ्य के लिए कोई जगह नहीं

छत्तीसगढ़ के जनजातीय इलाक़ों में डॉक्टरों और सर्जनों की कमी देश में सबसे ज़्यादा है, जहाँ 403 स्वास्थ्य केन्द्रों में केवल 170 चिकित्सक हैं। छत्तीसगढ़ के जनजातीय इलाक़ों के 84 सामुदायिक स्वास्थ्य केन्द्रों में 4 सर्जन और 9 फिजीशियन हैं।[18] अगर काग़ज़ पर कोई स्वास्थ्य केन्द्र मौजूद है भी, तब भी यह पक्का नहीं कि वह खुलेगा ही या कुपोषण, ख़ून की कमी, मलेरिया, हैजा और डायरिया से जूझते लोगों को कोई चिकित्सा मुहैया करा पाएगा।[19] 2015 में, छत्तीसगढ़ सरकार ने स्वास्थ्यकर्मियों की भर्ती के काम को निजी एजेंसियों को आउटसोर्स करने का निर्णय लिया, ताकि राज्य में उपलब्ध मानव संसाधन के मुक़ाबले बड़े दायरे से योग्य लोगों को लाया जा सके। नए भर्ती हुए इन नर्सों में से एक से मेरी मुलाक़ात कोंटा के एक गाँव में हुई। वह न तो गोंडी बोलता था न ही हिन्दी, और गाँववाले तेलुगु नहीं बोल पाते थे। ऐसे में दोनों एक जैसी उलझन में थे। युद्ध के नाम पर स्कूलों की तरह ही स्वास्थ्य केन्द्रों को भी सरकार ने समूहों में स्थापित किया। मसलन, मनकेली पंचायत स्वास्थ्य उपकेन्द्र गाँव से 10 किलोमीटर दूर बीजापुर में स्थित है, जहाँ पहले से ही ज़िला अस्पताल मौजूद है।[20]

साफ़ दिख रहा था कि सरकार ने युद्ध के एक हथकंडे के बतौर उस इलाक़े में चिकित्सा सेवाओं को रोक रखा है जहाँ उनकी बेहद ज़रूरत थी। दंतेवाड़ा में एक ब्लॉक चिकित्सा अधिकारी ने 2006 में मुझे बताया कि सीआरपीएफ ने उनकी एक गाड़ी को यह तोहमत लगाते हुए लौटा दिया कि वे माओवादियों को दवाएँ दे रहे हैं। जुलाई 2015 में, एक गाँववाले ने मुझे बताया कि वह चिन्तलनार में एक स्वास्थ्य केन्द्र गया था, लेकिन उसे वहाँ से सीआरपीएफ कैम्प भेज दिया गया जहाँ वे अपने सिविक एक्शन प्लान के तहत दवाएँ बाँट रहे थे।

सरकार ने मेडिसिन सान्स फ्रंटियर्स (एमएसएफ) और इंटरनेशनल कमिटी ऑफ़ द रेड क्रॉस (आइसीआरसी) जैसे अन्तरराष्ट्रीय संगठनों के लिए भी दूरदराज़ के इलाक़ों में चिकित्सीय राहत पहुँचाना मुश्किल कर दिया। एमएसएफ का काम मुख्यत: टकरावग्रस्त क्षेत्रों में स्वास्थ्य सेवाएँ मुहैया कराना है। सितम्बर 2006 में, डच और बेल्जियन टीमों ने दंतेवाड़ा और कोंटा से लगे आन्ध्रप्रदेश के चिन्तूर में काम करना शुरू किया। शुरू में, बेल्जियन टीम ने एर्राबोर, इंजेराम और मराईगुडा जैसे जुड़ुम कैम्पों में काम किया और फिर दूरदराज़ के गाँवों तक पहुँचने की कोशिश में मोबाइल क्लिनिक शुरू किए। उन्होंने बच्चों के कुपोषण पर अपना ध्यान केन्द्रित किया, और आहिस्ता-आहिस्ता लोग विभिन्न क़िस्म की दूसरी समस्याएँ—मुख्यत: चर्म रोग, मलेरिया, पेचिश वग़ैरह लेकर मोबाइल क्लिनिकों में आने लगे।

अविभाजित दंतेवाड़ा जिले में स्वास्थ्य केन्द्र

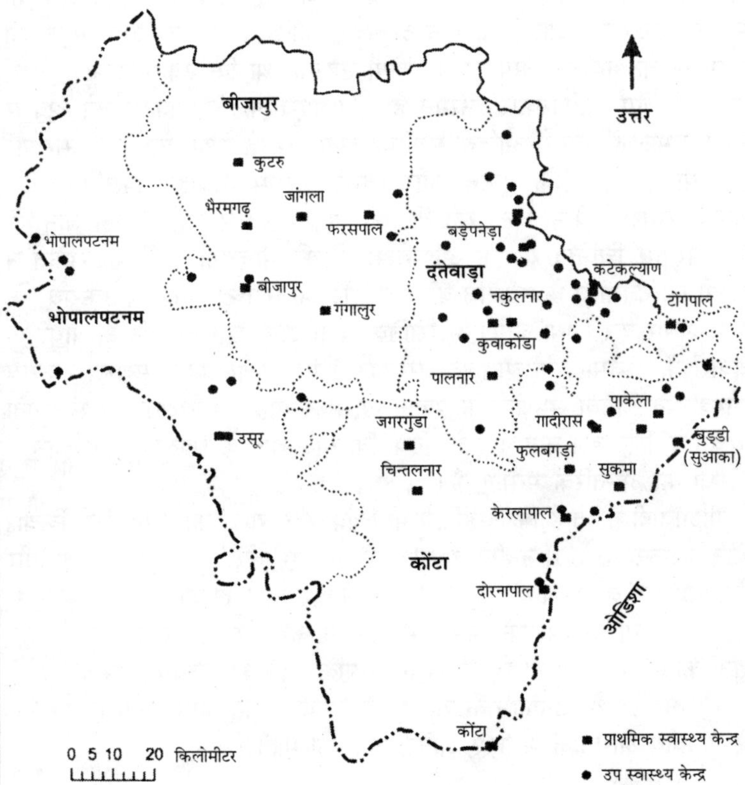

Source : www.jsk.gov.in/chhattisgarh/chhattisgarh_dantewada.pdf, based on 2001 Census

एमएसएफ की टीमें काफ़ी एहतियात बरत रही थीं। उन्होंने ख़ुद को चिकित्सीय मदद मुहैया कराने तक ही सीमित रखा, वे मानवाधिकारों के उल्लंघनों को प्रचारित करने से बचे, उन्होंने सरकारी स्वास्थ्य कर्मियों के साथ काम किया और स्वास्थ्य मंत्रालय को रिपोर्ट किया। फिर भी, यूनिसेफ के उलट, जिसने सिर्फ़ शिविरों में काम कर सरकार की लाइन का पालन किया, एमएसएफ के गाँवों के दौरों ने सरकार को सशंकित कर दिया। 2007 और फिर 2011 में, उन्हें शिविरों तक सीमित रहने या फिर ज़िला छोड़ने को कहा गया। यूँ तो वे अब भी वहाँ हैं, लेकिन परिस्थिति तलवार की धार पर चलने जैसी है। 24 अगस्त, 2015 को *हिन्दुस्तान टाइम्स* ने आईबी के एक दस्तावेज़ की ख़बर दी, जो एमएसएफ को यह सोचने के भयानक अपराध का दोषी ठहराता था कि टकरावग्रस्त इलाक़ों में रह रहे लोग आख़िरकार इनसान हैं : 'एमएसएफ के डॉक्टरों को अक्सर नक्सली प्रभावित क्षेत्रों में आदिवासियों का इलाज करते देखा गया है।'[21] सरकार ने आइसीआरसी, जोकि कुटरू और चिन्तलनार में मोबाइल क्लिनिक और प्राथमिक स्वास्थ्य केन्द्र चला रही थी, को भी 2013[22] में वहाँ से चले जाने को कहा। सरकार चिन्तित थी कि आइसीआरसी की मौजूदगी कहीं यह संकेत न देने लगे कि दंतेवाड़ा के टकराव को एक 'ग़ैर-अन्तरराष्ट्रीय सशस्त्र टकराव' के रूप में शुमार कर लिया जाए। अर्द्धसैनिक बलों और तरह-तरह के अत्याधुनिक हथियारों के इस्तेमाल के बावजूद, सरकार ने ग़ैर-अन्तरराष्ट्रीय सशस्त्र टकराव से सम्बन्धित जिनेवा समझौते के पालन ख़ासकर बाहरी पर्यवेक्षक की संलग्नता से बचने के लिए इस बात पर ज़ोर दिया कि माओवाद के ख़िलाफ़ युद्ध क़ानून-व्यवस्था का आन्तरिक मामला है।

माओवादी कहते हैं कि उन्होंने कभी चिकित्सीय राहत का विरोध नहीं किया। लेकिन नवम्बर 2010 में उन्होंने कंधमाल में एक एम्बुलेंस को उड़ा दिया था और अप्रैल 2012 में बीमार बच्चों को चिन्तागुफा से दोरनापाल ले जा रही एक एम्बुलेंस पर हमला किया था। प्रत्येक मामले में, उन्होंने कहा कि वे सुरक्षा बलों के उन जवानों को निशाना बना रहे थे, जो संचालन प्रक्रियाओं का उल्लंघन कर एम्बुलेंसों में सफ़र कर रहे थे। उनका तर्क जो भी हो, इसके चलते आम नागरिक मारे गए और मानवीय अभियानों के लिए अनिश्चितता का माहौल बना।

हथियार की तरह विकास का इस्तेमाल

> अब ये हमारी [सीपीआई माओवादी की] सरकार है, हम उन्हें अपना प्रशासन दुबारा स्थापित क्यों करने दें?'

> अगर हम सरकारी धन के इस्तेमाल में पारदर्शिता सुनिश्चित करने पर अपना ध्यान केन्द्रित करते हैं, तो हम अपने संघर्ष के मुख्य लक्ष्य से भटक जाएँगे।
>
> *माओवादी नेतागण, 2012*

> देखो, देखो, 'मोहतरमा राहत' किधर से आती हैं!
>
> *—शेक्सपियर, मेजर फॉर मेजर*

समेकित कार्य योजना (आइएपी), जिसकी शुरुआत 2009-10 में हुई थी, को नक्सली इलाक़ों में विकास करने की एक कोशिश के तौर पर काफ़ी प्रचारित किया गया था। इस पैसे को एक ज़िला स्तरीय समिति, जिसमें कलेक्टर, पुलिस अधीक्षक और डिवीजनल फ़ॉरेस्ट अफ़सर शामिल थे, द्वारा ख़र्च किया जाना था। योजना आयोग इस पैसे को पंचायत के माध्यम से भेजना चाहता था, लेकिन अन्त में गृह मंत्रालय और इसके केन्द्रीकृत रवैये की जीत हुई। 2014 में न सिर्फ़ योजना आयोग को ख़त्म कर दिया गया, बल्कि आइएपी में फ़ैसले लेने में सीआरपीएफ ने अपनी भूमिका सहज बना ली। 2015 में आइएपी को पूरी तरह से गृह मंत्रालय को हस्तांतरित कर दिया गया। तब से इसका नया नामकरण अतिरिक्त केन्द्रीय सहायता योजना (एसीए) कर दिया गया है।

दंतेवाड़ा एकदम उसी तरह की जगह थी, जैसी जगहों के लिए आइएपी को बनाया गया था। लेकिन दंतेवाड़ा में यह योजना बेमतलब थी, क्योंकि ज़िला प्रशासन केवल सरपंचों के ज़रिये काम कर सकता था और जुडुम के दौरान कोंटा, बीजापुर, भैरमगढ़ व अन्य प्रभावित ब्लॉकों के अधिकांश सरपंचों ने गाँव छोड़ दिया था और कैम्पों में रहने आ गए थे। उसके बाद, अलग-थलग कर दिए गए गाँवों में कोई पंचायत चुनाव नहीं हुए—सरपंचों ने कैम्पों में रहते हुए ही नामांकन दाख़िल किया और निर्विरोध निर्वाचित हो गए। उन्होंने काग़ज़ पर योजना तैयार करने में ज़िला प्रशासन के साथ काम किया।

कोंटा में कई गाँववालों—जिनमें से कुछ लोग पहले सरपंच रह चुके थे—ने मुझे अक्टूबर 2011 में बताया कि आइएपी के ज़रिए लोगों का दिलो-दिमाग़ जीतने का विचार उनके गाँवों में सफल नहीं हो पाता, क्योंकि वहाँ माओवादी ही यह तय करते थे कि गाँव में कौन-कौन सा काम होगा। जुडुम शुरू होने के बाद माओवादियों का रवैया और सख़्त हो गया। 2012 में, मुझे फिर बताया गया कि माओवादियों ने लोगों को यह निर्देश दिया है कि वे स्कूलों (बिना पक्की छतवाले), जनवितरण प्रणाली (पीडीएस), आँगनबाड़ी और चापाकलों के अलावा किसी भी चीज़ के लिए

सरकारी पैसा न लें। कभी-कभी कुछ कामों के लिए दलम के लोग मान भी जाते थे, लेकिन तब गाँव में संघम के लोग एतराज कर देते थे और उन्हें रुकना पड़ता था। मसलन, पोलमपाड के कोसा ने बताया कि उसने माओवादियों से गाँवों में इन्दिरा आवास (ग़रीबी-रेखा के नीचे रहनेवाले परिवारों के लिए सस्ते आवास) बनवाने के बारे में पूछा था। सबने 500 रुपए डालकर बैंकों में अपने खाते खुलवाये और उन खातों में सरकार ने इस योजना के तहत मिलनेवाली पहली किस्त जमा भी करा दी। लेकिन बाद में संघम सदस्यों ने उसे निकालने नहीं दिया। सरपंच स्थानीय संघम सदस्यों पर मनमाने नियम थोपने का आरोप लगाते हैं, जबकि इसके उलट दस्तों और ऊपरी नेताओं को तार्किक माना जाता है। उन्हें तब ख़ास तौर पर झुँझलाहट होती है जब माओवादी कैडर अशिक्षित नौजवान हों।

सरकारी पैसे को लेकर क्या रुख़ अपनाया जाए, इसे लेकर माओवादियों के बीच अक्सर बहसें हुई हैं : क्या योजनाओं को लागू करवाने और उनमें पारदर्शिता सुनिश्चित करने के लिए लड़ा जाए, या फिर सरकार से किसी भी तरह का पैसा लेने का विरोध किया जाए। यह एक तथ्य है कि सरकार ने अपनी योजनाओं के लिए ख़ास तौर पर माओवादियों के गढ़ माने जानेवाले गाँवों को लक्षित किया। इसे इस बात के सबूत के तौर पर देखा गया कि 'विकास' दरअसल युद्ध का एक और ज़रिया, या 'कम तीव्रता वाले उग्रवाद विरोधी अभियान' का हिस्सा भर था। जनताना सरकार की मौजूदगी सरकारी पैसे न लेने का अन्तिम कारण बना। केन्द्रीय समिति ने पंचायत निधियों को इजाज़त नहीं देने और अपने 'संघर्ष वाले इलाक़ों' (वो इलाक़े जहाँ वे मज़बूत थे) में सरपंचों को इस्तीफ़ा देने का निर्देश दिया। उनके हिसाब से समस्या यह थी कि सरपंच गाँव के भीतर राज्य के एजेंट थे, वे पंचायत व्यवस्था को भ्रष्ट कर रहे थे और अपने असामियों का एक नेटवर्क विकसित कर रहे थे, जबकि व्यापारी और अन्य भ्रष्ट तत्त्व समुदाय का हिस्सा उस तरह नहीं थे जैसे सरपंच।

कांगेर राष्ट्रीय उद्यान के निकट एक इलाक़े, जहाँ पंचायतें और निर्वाचित सरपंच अब भी काम कर रहे थे, से ताल्लुक़ रखनेवाले एक स्थानीय नेता ने मुझे बताया कि सरपंच लोग सरकार से काम लेने के मामले में ज़्यादा-से-ज़्यादा एहतियात बरत रहे थे। उन्हें सरकारी अधिकारियों और माओवादियों की माँगों के बीच सन्तुलन बिठाने में कठिनाई पेश आ रही थी। सरकारी अधिकारी उनसे अपना हिस्सा माँगते थे, और माओवादी उन पर पारदर्शिता बरतने एवं गाँववालों को अधिक मज़दूरी देने के लिए ज़ोर डालते थे।

माओवादियों ने आर्थिक आत्मनिर्भरता की अपनी मान्यताओं को जन वितरण प्रणाली (पीडीएस) के ऊपर भी थोपा। एक नेता ने दावा किया कि गाँवों में कोई भी राशन पर निर्भर नहीं है और राशन वास्तव में सरकारी कर्मचारियों की सेवा के लिए है। लेकिन लोग चावल लेने के लिए लम्बी दूरियाँ पैदल तय करते हैं, कई

गाँवों में तो 49 से 60 किलोमीटर तक। और, पीडीएस के बिना माओवादी भी नहीं बच पाते। 2015 में, उन्होंने पीडीएस से मिलनेवाले चावल पर इस आधार पर रोक लगाने का प्रयास किया कि इससे विचित्र क़िस्म की बीमारियाँ हो रही हैं, लेकिन ग्रामीण महिलाओं ने इसका पुरज़ोर विरोध किया और अपनी बात मनवाने में सफल रहीं।

जहाँ तक लोगों के 'दिलो-दिमाग़' जीतने के केन्द्रीय सशस्त्र पुलिस बलों के 'सिविक एक्शन प्लान' का सवाल है, तो इसके असर को लेकर कोई स्पष्टता नहीं है। काग़ज़ पर इसके तहत आत्मसमर्पण करनेवाले माओवादियों को ड्राइवर या बिजली मिस्त्री का प्रशिक्षण देने (व्यवहार में उनसे बतौर पुलिस मुख़बिर काम कराया जाता है), कुछ चिकित्सीय राहत मुहैया कराने और गाँववालों को भारत के महान नेताओं के बारे में फ़िल्में दिखाने और दहेज़ व बाल विवाह जैसी सामाजिक कुरीतियों (जोकि इस इलाक़े में नहीं पाई जातीं)[23] को मिटाने जैसे काम शामिल हैं। सीआरपीएफ साड़ी, ट्रांजिस्टर और फुटबॉल का वितरण करती है। कोंटा के एक गाँव में महिलाओं ने मुझे हँसते हुए बताया कि कैसे सीआरपीएफ के जवान एक हाथ में लाठी और दूसरे में साड़ी लेकर खड़े रहते थे और उन्हें कपड़े लेने के लिए बाध्य करते थे, और कैसे महिलाएँ नज़रों से उनके ओझल होते ही उन साड़ियों को फेंक देती थीं। हालाँकि, सिविक एक्शन प्लान की मुख्य सफलता माओवादियों के प्रति नाराज़गी को बढ़ावा देने में निहित लगती है। इन लाभों को लेने पर माओवादियों द्वारा गाँववालों को धमकाया जाता है और उनकी पिटाई की जाती है। नतीजतन, माओवादियों से उनका मन खट्टा होता है।

इस युद्ध में सरकारी निधियों का इस्तेमाल एक परोक्ष हथियार के रूप में हो रहा है, इसे लेकर बहस केवल माओवादियों की ओर से नहीं है। कथित तौर पर माओवादियों के क़रीबी एक भूमि अधिकार आन्दोलन, चासी मुलिया आदिवासी संघ, ने जब ओडिशा के कोरापुट में कई पंचायतों का चुनाव जीता, तो पी. चिदंबरम के अधीन गृह मंत्रालय उन्हें पंचायत निधि से वंचित करना चाहता था। लेकिन जयराम रमेश के नेतृत्व वाले ग्रामीण विकास मंत्रालय ने इसका डटकर मुक़ाबला किया।

और जिन इलाक़ों में माओवादी नहीं हैं, वहाँ लोग बार-बार यही कहते हैं कि जब भी उन लोगों ने सरकार से कुछ माँगा—चाहे सड़क हो या हैंडपम्प या स्कूल की इमारत—उन्हें कोई जवाब नहीं मिला। सीजीनेट स्वर, स्थानीय सूचनाएँ जमा करने वाली एक मोबाइल रेडियो समाचार सेवा, पूरे देश के आदिवासी इलाक़ों से स्कूली शिक्षकों के ग़ायब होने, सरकारी लोक निर्माण के लिए मज़दूरी का भुगतान न होने, बिजली-हैंडपम्प वग़ैरह के नदारद रहने की रिपोर्ट चलाती रहती है। सरकार का दावा है कि वह माओवादियों के चलते विकास को अमली जामा नहीं पहना सकती। वहीं माओवादियों को दंभ है कि वे एक समानांतर सरकार चला सकने

में सक्षम हैं और इसलिए गाँववालों को सरकारी पैसे की कोई ज़रूरत नहीं है। इन दोनों के बीच गाँववालों की ज़िन्दगी बस जैसे-तैसे गुज़रती है।

हिफ़ाज़त आख़िर किससे?

> इस बात से इन्कार किया जाता है कि सुरक्षा बलों द्वारा स्कूली इमारतों पर क़ब्ज़ा किए जाने की वजह से बच्चों की शिक्षा किसी भी तरह से प्रभावित हुई है।
>
> *सुप्रीम कोर्ट में छत्तीसगढ़ सरकार का जवाबी हलफ़नामा, 2007*

नारायणपुर के एक प्रधान द्वारा 2013 में राष्ट्रीय मानवाधिकार आयोग को लिखी गई एक चिट्ठी बताती है कि गाँव के स्कूल में सीआरपीएफ के जवानों के टिकने के माने क्या हैं :

> अप्रैल 2008 की एक रात सीआरपीएफ के जवानों ने हमारे स्कूल का ताला तोड़ दिया और जबरन घुसकर उस पर यह कहते हुए क़ब्ज़ा जमा लिया कि हमारे रहने की वैकल्पिक व्यवस्था होने तक हम लोगों को एक महीना यहीं ठहरने दीजिए। इसके लिए न तो ग्रामसभा की बैठक बुलाई गई और न ही सरपंच से अनुमति ली गई। इस बात को अब पाँच साल हो चुके हैं और सुप्रीम कोर्ट के आदेशों के बावजूद सीआरपीएफ अब भी स्कूल से बाहर नहीं निकली है और स्कूल परिसर के भीतर ही उसने एक स्थायी इमारत बना ली है।
>
> सीआरपीएफ के रूप में इस बाहरी सुरक्षा बल के आगमन ने हमारी ज़िन्दगी पर विनाशकारी असर डाला है। सुरक्षा के नाम पर सीआरपीएफ के जवानों ने हमारे गाँव के पेड़ काट डाले हैं और अब भी वे जलावनी लकड़ी के वास्ते हमसे नए पेड़ कटवाने के लिए धमकी देते हैं। सीआरपीएफ के जवान ठीक उसी जगह ठहरे हैं जहाँ गाँव के देवता रहते हैं, जिनका नाम है गुसी राव देवता। सीआरपीएफ के जवान हमें वहाँ पूजा नहीं करने देते और इसकी वजह से गाँव हर तरह की बीमारियाँ एवं दुर्भाग्य झेल रहा है।
>
> सीआरपीएफ एक बाहरी बल है और उसे आदिवासी रिवाजों के बारे में कुछ नहीं पता। इससे गाँववालों, ख़ासकर महिलाओं, के मनोबल पर बहुत बुरा असर पड़ा है। सीआरपीएफ के जवान हमारी लड़कियों से यौन दुर्व्यवहार करते हैं, जिसकी वजह से वे मानसिक तनाव से गुज़र

रही हैं और सिर्फ़ सिराहा-गाईता (स्थानीय वैद्य) के इलाज एवं देवताओं को ख़ुश करने से कुछ हद तक ठीक हुई हैं।

मैंने कई बार सरपंच को इस स्थिति से अवगत कराया है। लेकिन आज आदिवासी गाँवों में हर सरपंच भ्रष्टाचार में डूबा है और इसके लिए उसे सीआरपीएफ का समर्थन हासिल है। सीआरपीएफ की मदद से वह गाँव से उठनेवाले हर विरोध को दबाने में सक्षम है।

पहले हमारे आदिवासी भाई अपने ख़ुद के इस्तेमाल के लिए महुआ की शराब बनाया करते थे, लेकिन अब उन्हें सीआरपीएफ के जवानों के लिए बनानी पड़ रही है। क्या इससे हमारी संस्कृति नष्ट नहीं हो रही है? कुछ महीने पहले के. गाँव की एक महिला ने सीआरपीएफ शिविर के 4 जवानों पर अपने साथ बलात्कार करने का आरोप लगाया था। लेकिन एक आदिवासी महिला की शिकायत को दबा देना सीआरपीएफ और प्रशासन के लिए कोई बड़ी बात नहीं है।

महोदय, क्या आपको ऐसा नहीं लगता कि बस्तर के स्कूलों और गाँवों में सीआरपीएफ की मौजूदगी गाँववालों के बजाय, ख़ुद उनकी अपनी हिफ़ाज़त के लिए है?

12

लोकतंत्र का स्मृतिलोप

लोकतंत्र याद रखने से डरता है और भाषा बोलने से डरती है।

नागरिक सेना से डरते हैं, सेना हथियारों की कमी से डरती है, हथियार युद्ध की कमी से डरते हैं।

—**एडुआर्डो गेलियानो,** *अपसाइड डाउन*

26 मई, 2013 को कांग्रेस के 27 सदस्य एक राजनीतिक रैली से लौटते हुए कांगेर जंगल की तलहटी में जीरम गाँव के निकट हैदराबाद से रायपुर जाने वाले राष्ट्रीय राजमार्ग पर माओवादियों द्वारा घात लगाकर किए गए हमले में मारे गए। इस हमले का निशाना मुख्य रूप से महेंद्र कर्मा था, जोकि पिछले जानलेवा हमलों में उच्च स्तर की सुरक्षा व्यवस्था ('ज़ेड प्लस') और भाग्य की वजह से बचता आ रहा था। माओवादियों की ग्राम्य स्तर की टुकड़ी के एक सदस्य ने मुझे बताया कि इस योजना के बारे में उन्हें 10 दिन पहले सूचित कर दिया गया था। लेकिन वास्तविक हमले को दलम के सदस्यों द्वारा अंजाम दिया गया, जबकि टुकड़ी के सदस्य इस कार्रवाई को चुपचाप देखते रहे। कर्मा पर निशाना सुनिश्चित करने के लिए माओवादियों ने वैकल्पिक मार्ग पर भी एक टुकड़ी तैनात कर रखी थी।

कांग्रेस के नेताओं और मीडिया ने तत्काल इसे 'सर्वनाश' और लोकतंत्र पर हमला क़रार दिया। कांग्रेस पार्टी ने तो महेंद्र कर्मा की विधवा, देवती कर्मा, को 2013 के विधानसभा चुनावों में अपना उम्मीदवार बनाया (वो जीत भी गईं)। पार्टी ने उसके बेटे दीपक कर्मा को भी 2014 के लोकसभा चुनावों में उतारा (उसे हार मिली)।[1]

जवाब में, माओवादियों ने सत्तारूढ़ राजनेताओं द्वारा लोकतंत्र के बारे में बोलने को लेकर उनकी पात्रता पर सवाल उठाते हुए कहा :

17 मई को, जब बीजापुर ज़िले के एडसमेट्टा गाँव में पुलिस और अर्द्ध-सैनिक बलों द्वारा तीन मासूम बच्चों समेत आठ लोग मारे गए थे,

उस वक़्त इन नेताओं में से किसी ने भी 'लोकतंत्र' के बारे में सोचने की जहमत क्यों नहीं उठाई?... क्या आपका लोकतंत्र महेंद्र कर्मा जैसे जनता के हत्यारे और शासक वर्ग के एजेंट नन्द कुमार पटेल के बारे में ही लागू होता है? क्या बस्तर के ग़रीब आदिवासी, बुज़ुर्ग, बच्चे और महिलाएँ आपके 'लोकतंत्र' की छतरी के भीतर नहीं आते?[2]

दिसम्बर 2013 में मैं एक ऐसे गाँव में गई, जिसको ख़ुद कर्मा की व्यक्तिगत निगरानी में जलाया गया था। वहाँ हम लोगों ने कर्मा की मौत के बारे में चर्चा की। गाँव वालों ने बताया कि चूँकि माओवादी अब उनके इलाक़े में नहीं आते, इसलिए उन्हें यह ख़बर कई दिनों बाद पता चली। 'लेकिन' उन्होंने न तो ख़ुशी ज़ाहिर की और न ही नाराज़गी, बल्कि राहत और एक अध्याय बन्द होने के भाव के साथ कहा कि 'आख़िरकार किसी ने हमारी पुकार सुन ली।'

कर्मा की हत्या के सन्दर्भ में लोकतंत्र पर होने वाली बहस इस मसले पर एक ध्रुवीकृत सार्वजनिक बहस का प्रतीक है। भारतीय लोकतंत्र के बारे में राजनेताओं, मुख्यधारा के मीडिया और अभिजात वर्ग द्वारा मुखर की गई प्रभावी स्थिति दरअसल उत्सवधर्मी है, जोकि सार्वभौम मताधिकार, संघवाद, नागरिक शासन के अधीन सेना, एक स्वतंत्र न्यायपालिका और एक व्यापक कल्याणकारी आर्थिक व्यवस्था पर आधारित है। दूसरी स्थिति संशयात्मक है, जो असमानता और सामाजिक भेदभाव की चरम अवस्था, पूर्वोत्तर राज्यों और कश्मीर में सेना को महज़ सन्देह के आधार पर किसी को मार देने की शक्ति देने वाले सशस्त्र बल विशेष अधिकार अधिनियम (आफस्पा) जैसे 'आपातकालीन' क़ानूनों की दीर्घकालिक निरन्तरता, और लगातार न्यायेतर हत्याओं, बलात्कार, हिरासत में मौतों, गुमशुदगी एवं पुलिस व सशस्त्र बलों द्वारा दी जाने वाली यातनाओं की ओर इशारा करती है।

जब भारत की सरकार और मीडिया लोकतंत्र की बात करते हैं, तो उनका असली आशय चुनाव से होता है। इसमें कोई शक नहीं कि पूरे भारत में मतदान में अपेक्षाकृत काफ़ी निवेश होता है। लेकिन अगर प्रतिनिधित्व का मतलब लोगों को आवाज़ देना और सरकार को जवाबदेह बनाना है, तो बस्तर जैसे इलाक़े भारत के मानचित्र से ग़ायब कैसे हो जाते हैं, और कश्मीर, मणिपुर एवं छत्तीसगढ़ जैसी जगहों पर इतने बड़े पैमाने पर हिंसा और सरकारी दमन क्यों जारी रहता है?

समस्या सिर्फ़ लोकतांत्रिक आदर्शों की अधूरी प्राप्ति की नहीं है, क्योंकि वह तो अनवरत होती है—बल्कि मुख्यधारा के भारतीय राजनीतिक दलों द्वारा सक्रिय रूप से चुनावी लोकतंत्र को असन्तुष्टों के ख़िलाफ़ एक हथियार के तौर पर इस्तेमाल किए जाने की है। अगर लोकतंत्र मतदान ही है, तो वैकल्पिक लोकतांत्रिक दृष्टिकोण या मतदान-बहिष्कार के आह्वान के किसी भी प्रयास को अलोकतांत्रिक क़रार दिया

जा सकता है। जहाँ तक माओवादियों का मामला है, वे अपनी क्रान्ति को लेकर इस क़दर अन्धे हो गए हैं कि निर्वाचित निकायों के भीतर और बाहर, दोनों जगह काम करने की ज़रूरत तो छोड़िए उन्हें लोकप्रिय माँगों या लोकप्रिय आक्रोश की अभिव्यक्ति के लिए एकजुटता के एक मौक़े के तौर पर चुनाव के प्रतीकात्मक महत्त्व को स्वीकार करने से भी गुरेज है। जैसाकि लेनिन ने लोकप्रिय रूप से अपने लेख 'वामपंथी साम्यवाद, एक शिशु विकार' में दलील दी है :

> कोई यह कैसे कह सकता है कि 'संसदवाद' राजनीतिक रूप से बेकार है, जब सर्वहारा के 'करोड़ों' और 'दिग्गज' लोग अभी भी आम तौर पर न सिर्फ़ संसदवाद के पक्ष में हैं बल्कि पूरी तरह से 'प्रति-क्रान्तिकारी' हैं?...जब तक आप बुर्जुआ संसद और हर क़िस्म के प्रतिक्रियावादी संस्थानों को तितर-बितर करने में सक्षम नहीं हैं, आपको उनके भीतर जाकर काम करना होगा।[3]

लड़ाई के मैदान के रूप में चुनाव

> इस अर्द्ध-औपनिवेशिक, अर्द्ध-सामन्ती छद्म-संसदीय तानाशाही प्रणाली के जारी रहने को—**ना**। जनवादी लोकतांत्रिक संघीय गणराज्य की वास्तविक संसदीय प्रणाली, जो लोगों एवं देश की सेवा करती हो, के लिए—**हाँ**।
>
> *माओवादियों की प्रेस विज्ञप्ति, संसदीय चुनाव, 2014* [4]

माओवादी चुनावी बहिष्कार को एक ऐसे मौक़े के रूप में देखते हैं जब लोकतंत्र के खोखले भ्रम के बारे में लोगों को शिक्षित किया जा सकता है। उनके 'संघर्ष के क्षेत्रों' में, बहिष्कार लगभग पूरा है और लोग जबरन वोट देने के लिए मजबूर किए जाने से बचने के लिए जंगलों में भाग जाते हैं। वर्ष 2004 में, छत्तीसगढ़ पीयूसीएल के दो सदस्यों, बियानक सेन और अजय टी. जी. के साथ मैंने कुछ दूरदराज़ के गाँवों का दौरा किया था। सड़क के किनारे चन्द मतदान-अभिकर्ताओं (पोलिंग एजेंटों) और भाजपा एवं कांग्रेस के कुछ झंडों को छोड़कर वहाँ और कुछ भी नहीं था जिससे लगे कि आज मतदान है। मुख्य सड़क से दूर जाने पर तो पार्टियों के झंडे तक ग़ायब मिले। गाँव दर गाँव सुनसान थे और जिन तीन अधिसूचित मतदान केन्द्रों से हम गुज़रे, उनमें से कोई भी खुला नहीं था। एक स्कूल के बरामदे में पड़ी बकरियों की लीद से साफ़ लग रहा था कि बकरियों के अलावा उस स्कूल का महीनों से और किसी ने इस्तेमाल नहीं किया। फिर भी, हमें बाद में पता चला कि उन मतदान केन्द्रों पर 'वोट' डाले गए थे। बहुत सम्भव है कि वे वोट ख़ुद सुरक्षा बलों द्वारा डाले गए हों।

गप्पापल्ली गाँव में संघम के युवकों ने हमें पुलिस का मुख़बिर समझा और इसके साथ ही हमारा वह दौरा ख़त्म हुआ। यह समझाने का हमारा प्रयास कि हम चुनावों का सिर्फ़ मुआयना कर रहे हैं, बेअसर साबित हुआ और हमें अजय के कैमरे को उनके पास यह देखने के लिए छोड़ना पड़ा कि कहीं उसमें फँसाने वाला कोई सबूत तो नहीं है। हमें बताया गया कि इस मामले में फ़ैसला दलम करेगा। लगभग एक महीना बाद, आश्चर्यजनक रूप से, अजय को माओवादियों की ओर से माफ़ी की एक चिठ्ठी मिली जिसमें उनके कैमरे को क्षति पहुँचने की स्थिति में नुक़सान की भरपाई करने की पेशकश की गई थी। (चार साल बाद, माओवादी होने के आरोप में अजय को गिरफ़्तार करने के लिए छत्तीसगढ़ पुलिस ने इसी चिट्ठी का इस्तेमाल किया। यह एक ऐसा मूर्खतापूर्ण दावा था, जो ख़ुद छत्तीसगढ़ पुलिस के अपने ही वेवकूफ़ी के रिकार्ड को तोड़ रहा था। वर्षों बाद अजय को इस मामले में पूरी तरह बरी कर दिया गया, जो होना ही था।)

माओवादी इस बात पर ज़ोर देते हैं कि चुनाव बहिष्कार का उनका निर्णय सैद्धांतिक है, चाहे कोई भी चुनाव लड़ रहा हो। यहाँ तक कि 2008 में, दंतेवाड़ा में सीपीआई के मनीष कुंजाम (जहाँ वो महेंद्र कर्मा के ख़िलाफ़ चुनाव लड़ रहे थे) को मिली जीत इस बात का स्पष्ट संकेत थी कि लोगों ने जुड़ुम का विरोध किया और राज्य में भाजपा को जीतने में सक्षम बनाया। दरअसल आदिवासी गाँवों (जहाँ से सीपीआई को व्यापक समर्थन हासिल होता है) में मतदान के बहिष्कार का सीधा अर्थ अनिवार्य रूप से भाजपा या कांग्रेस की जीत है। विशेषकर भाजपा अपने व्यापारिक आधार के साथ छोटे शहरी केन्द्रों, जहाँ सबसे अधिक मतदान होता है, पर हावी है।

अपनी बयानबाजियों में माओवादी भले यह दावा करते हों कि वे फासीवादी भाजपा और कांग्रेस के ख़िलाफ़ हैं और उन्हें 'राजनीतिक' रूप से बेनक़ाब करेंगे, लेकिन उनकी मुख्य 'वैचारिक' लड़ाई 'संशोधनवादी' सीपीआई और सीपीआई (एम) के साथ है। कभी-कभी उलझा हुआ तर्क दिया जाता है : कोंटा के गाँव वालों ने बताया कि उन्हें दलम द्वारा सीपीआई को वोट नहीं देने को कहा गया क्योंकि अगर वे जीते, तो निर्वाचित प्रतिनिधि रायपुर (राज्य की राजधानी) चले जाएँगे और वहाँ जाकर उनके हितों के लिए संघर्ष करना बन्द कर देंगे। साथ ही, अन्य राजनीतिक पार्टियों की तरह वे भी ऑपरेशन ग्रीन हंट का समर्थन करने लगेंगे।

वर्ष 2008 में, नेन्दुवाया गाँव में मुझे स्कूल की दीवारों पर लाल रंग से हिन्दी में लिखे सलवा जुड़ुम की आलोचना करनेवाले नारे दिखे : 'चुनावों को ख़ारिज करो, प्रचार के लिए आने वाले नेताओं को पीटो और खदेड़ दो'; 'आदिवासियों के हत्यारों और फासीवादी भाजपा को गाँव में घुसने न दो'; 'सलवा जुड़ुम के दमनात्मक अभियान के लिए सुरक्षा बलों को भेजने वाली कांग्रेस पार्टी को खदेड़

दो'; 'अवसरवादी और संशोधनवादी सीपीआई को बेनकाब और ख़ारिज करो'; 'वोट माँगने वाले राजनेताओं को जनता की अदालत में लाओ'; 'लोकतंत्र से जनता को क्या मिला—लाठी, गोली और जेल'; और अन्त में 'सलवा जुडुम के समर्थक राजनेताओं को सबक सिखाओ।' दीवारों पर लेखन करने वाले कुछ उत्साही माओवादियों ने सबकुछ ईमानदारी से उकेरा, यह निर्देश भी कि ये सब किस बारे में है : 'पोस्टरों, दीवार-लेखन आदि के लिए चुनाव बहिष्कार से सम्बन्धित नारे।'

लेकिन, कम-से-कम बहिष्कारों का कुछ तथाकथित सैद्धांतिक विरोध अवसरवादी दिखाई देता है। माओवादियों द्वारा 2014 में मीडिया के लिए जारी एक साक्षात्कार में पार्टी के प्रवक्ता, अभय, ने स्वीकार किया कि : 'ठोस परिस्थितियों के आधार पर अखिल भारतीय एवं राज्य स्तर पर बदलती राजनीतिक संरचनाओं और हमारी ताक़त एवं जनता की तैयारियों के अनुसार हमारी रणनीति कुछ हद तक अलग हो सकती है।'[5] यह व्यापक रूप से माना जाता है कि शान्ति वार्ता की उम्मीद में माओवादियों ने 2004 में आन्ध्र प्रदेश में कांग्रेस को सत्ता में आने में मदद की। पश्चिम बंगाल में, ममता बनर्जी ने माओवादियों का भरपूर इस्तेमाल किया बजाय इसके कि माओवादी ममता का इस्तेमाल कर पाते : ममता की पार्टी तृणमूल कांग्रेस के सत्ता में आने के बाद, मारे जाने या गिरफ़्तारी से बच जाने वाले माओवादियों और पीसीपीए के सदस्यों ने तृणमूल कांग्रेस का दामन थाम लिया। राजनीतिक दल अक्सर माओवादियों का समर्थन जुटाने की कोशिश करते हैं, या कम से कम एक-दूसरे पर माओवादियों के क़रीब होने का आरोप लगाते हैं।

पार्टी का भले ही बहिष्कार सम्बन्धी सिद्धान्त सुस्थापित हो, निचले स्तर के कैडर अपने मित्रों और रिश्तेदारों की बख़ूबी मदद कर लेते हैं :

> हाल में एक भाजपा नेता की हत्या के आरोप में गिरफ़्तार एक माओवादी, पोड़ियामी लिंगा, ने सीआरपीएफ और दंतेवाड़ा के पुलिस अधीक्षक के सामने मीडिया को बताया कि 2008 के चुनावों में उसने भाजपा उम्मीदवार भीमा मंडावी के लिए प्रचार किया था। मंडावी ने इसका खंडन किया, लेकिन उसने स्वीकार किया कि लिंगा ने वास्तव में 2011 के लोकसभा उपचुनाव में भाजपा उम्मीदवार दिनेश कश्यप के लिए प्रचार किया था, जिनकी आख़िरकार जीत हुई थी।[6]

जब आन्ध्र प्रदेश के माओवादी नेता आत्मसमर्पण करते हैं, तो वे अक्सर अपने दोस्तों और रिश्तेदारों द्वारा स्थापित राजनीतिक सम्पर्कों की ओर रुख़ करते हैं। उनका रुझान ख़ासकर तेलुगु देशम या कांग्रेस जैसी मुख्यधारा की पार्टी की तरफ़ रहता है, जो उन्हें पुलिस से निबटने में मदद कर सके। वे कभी भी संसदीय राजनीति करने वाली कम्युनिस्ट पार्टियों में शामिल नहीं होते। उनमें से कई,

ख़ासकर वो जिनके पास कोई पारिवारिक समर्थन या ज़मीन नहीं होती, बिल्डरों और ठेकेदारों के साथ काम करने वाले जबरन वसूली के धंधे वाले गिरोह में शामिल हो जाते हैं।

उग्रवाद-विरोधी जवाबी कार्रवाई के रूप में चुनाव

> जब कुल 3,060 कोचों के साथ 119 विशेष रेलगाड़ियाँ अर्द्धसैनिक बलों, पुलिस और सुरक्षा बलों के लाखों जवानों को एक जगह से दूसरी जगह ले जाने के लिए तेज़ी से दौड़ें, और सैकड़ों बम बरसाते हुए दर्जनों हेलीकाप्टर उस अभियान में आ जुड़ें तथा 1 करोड़ 10 लाख लोग सीमा दर सीमा भटकें, तो किसी की भी धारणा यही बनेगी कि भारत कोई जंग लड़ रहा है...अन्तर सिर्फ़ इतना है कि यह जंग शान्ति-काल में ख़ुद लोगों द्वारा लड़ी जा रही है, किसी दुश्मन के ख़िलाफ़ नहीं बल्कि लोकतंत्र को बचाने के लिए।
>
> *—भूतपूर्व चुनाव आयुक्त एस.वाई. कुरैशी, 'एन अनडकोमेंटेड वंडर'*[7]

कुरैशी के इस दावे के बावजूद कि चुनाव 'ख़ुद लोगों द्वारा छेड़ा गया एक युद्ध' है, बस्तर या कश्मीर जैसी जगहों में, जहाँ विरोधी गुट चुनाव बहिष्कार का आह्वान करते हैं, यह निष्कर्ष निकालना बहुत मुश्किल नहीं है कि चुनाव अन्य मायनों में एक युद्ध है। वर्ष 2013 के विधानसभा चुनावों में, बस्तर में प्रत्येक 19 निवासियों के ऊपर एक सशस्त्र सुरक्षा जवान था।[8] यह कोई भी नहीं पूछता कि लगातार होनेवाले चुनाव और लोकतंत्र ऐसी स्थिति क्यों नहीं बना पाते जहाँ उग्रवाद हो ही नहीं। यह एक ऐसा सवाल है, जो वहाँ काम करने वाले सैनिकों के सामने स्वाभाविक रूप से स्पष्ट है। सीआपीएफ के एक जवान ने *इंडियन एक्सप्रेस* के संवाददाता, आशुतोष भारद्वाज से कहा : 'आप करोड़ों रुपए हम (अतिरिक्त बलों) पर सिर्फ़ एक नियत दिन इन चुनावों को सम्पन्न कराने के लिए ख़र्च कर रहे हैं। आप इस राशि को यहाँ के लोगों पर ही ख़र्च क्यों नहीं कर सकते? इस तरह आपको अगले चुनावों में बस्तर की क़िलेबन्दी करने की ज़रूरत ही नहीं पड़ेगी।'[9]

माओवादियों के इलाक़ों में भारी मतदान को मीडिया माओवादियों के चुनाव बहिष्कार की नाकामी के तौर पर व्यापक रूप से दिखाता और सराहता है।[10] लेकिन कोई भी इस तथ्य का ज़िक्र नहीं करता कि कम मतदान के लिए बदनाम मुंबई या बंगलोर की धनी रिहाइशी बस्तियों में शहरी मतदाताओं को मजबूर करने के लिए अर्द्धसैनिक बलों का इस्तेमाल नहीं किया जाता।

अर्द्धसैनिक बलों की उपस्थिति को इस आधार पर सही ठहराया जाता है कि चुनाव आयोग को लोगों को अपनी मर्ज़ी के अनुसार वोट देने का मौक़ा उपलब्ध कराना होता है। इसके बरक्स, 2014 में, बस्तर में सैकड़ों मतदान केन्द्रों को 'सुरक्षा कारणों' से स्थानांतरित कर सड़कों के किनारे दोबारा स्थापित किया गया था।[11] महज़ कुछ ही लोग वोट देने के लिए 30-40 किलोमीटर चलने का पर्याप्त उत्साह दिखा पाते हैं।

लोगों को उनकी मर्ज़ी पर छोड़ दिया जाए तो माओवादियों के गढ़ में भी ज़ाहिर तौर पर ज़्यादातर गाँववालों का कहना है कि वे मतदान करना चाहते हैं। और माओवादियों के इन दावों के बावजूद कि उनका चुनाव-बहिष्कार वैचारिक रूप से गाँववालों को संसदीय प्रणाली के ख़तरों के प्रति जागरूक करने के लिए है, उन्हें अपने बहिष्कार को सैन्य रूप से लागू करने का भी कोई मलाल नहीं है। वर्ष 2014 में, बस्तर में पाँच सुरक्षाकर्मियों समेत सात चुनाव अधिकारी मारे गए थे।[12] इलेक्ट्रॉनिक वोटिंग मशीन या इवीएम अक्सर लूट लिये जाते हैं।

खनन और धन शक्ति

वर्ष 2009 में चुनाव बहिष्कार पर एक लम्बी बहस में, माओवादी नेता आज़ाद ने लिखा : 'इससे पहले कभी भी बहिष्कार इस क़दर लोगों के हाथों में कारगर औज़ार नहीं बना था, जैसाकि 2009 के चुनाव के दौरान बना। लिहाज़ा प्रतिक्रियावादी शासकों को सड़ी हुई संसदीय प्रणाली की छवि को फिर से बहाल करने के लिए करोड़ों रुपए ख़र्च करने पड़े'।[13] इस बात की सच्चाई चाहे जो भी हो, लेकिन इस तथ्य से इंकार नहीं किया जा सकता कि भारतीय लोकतंत्र में पैसा अगर निर्णायक नहीं, तो एक महत्त्वपूर्ण भूमिका ज़रूर अदा करता है।

मीडिया ने करोड़पति सांसदों की बढ़ती संख्या के बारे में ख़बरें दी हैं, जो अपने बलबूते ही महँगे प्रचार के खर्चों को वहन कर सकते हैं। इन खर्चों में 'पेड न्यूज़' की प्रक्रिया; और मतदान के पहले के दिनों एवं ख़ासकर रातों में मतदाताओं के बीच शराब, नगद राशि या अन्य सामग्री बाँटने का आम चलन शामिल है। छत्तीसगढ़ में यह खुला रहस्य है कि वहाँ चुनावी चन्दे के एवज में खनन के पट्टे दिए जाते हैं,[14] और सरकार के अनुकूल कवरेज सुनिश्चित करने के लिए मीडिया घरानों एवं व्यक्तिगत रूप से पत्रकारों को भुगतान करना सामान्य बात है।[15] मुझे 2006 से पत्रकारों द्वारा अक्सर बताया गया कि रमन सिंह कांग्रेस के नेताओं को भी ख़रीदने में सफल रहे थे। वर्ष 2015 में, लम्बे समय से चली आ रही यह अन्दरूनी जानकारी उस समय सार्वजनिक हुई जब द *इंडियन एक्सप्रेस* ने रमन सिंह के दामाद और कांग्रेस के अमित जोगी के बीच 2014 में अन्तागढ़ उपचुनाव

में भाजपा उम्मीदवार की निर्विरोध जीत सुनिश्चित करने के क्रम में कांग्रेस के उम्मीदवार, मंटूराम पवार, को मैदान से हट जाने के लिए मनाने हेतु भुगतान को लेकर हुई बातचीत के टेप को प्रकाशित कर दिया।[16]

इसका यह मतलब नहीं है कि चुनावों में सिर्फ़ ख़रीद-फरोख़्त ही होती है। छत्तीसगढ़ में, भाजपा के मुख्यमंत्री रमन सिंह की लगातार जीत का श्रेय उनकी सरकार के कल्याणकारी कार्यक्रमों को भी दिया जाता है, जिनमें दो रुपए किलो चावल योजना और *मितानिन* (गाँव के स्तर पर सहायक स्वास्थ्य कार्यकर्ता) योजना जैसे क़दमों के अलावा एकल विद्यालय, वनवासी कल्याण आश्रम और सरस्वती शिशु मन्दिर जैसे आरएसएस के आनुषंगिक संगठनों के स्वदेशीकरण एवं कल्याणकारी कार्य भी शामिल हैं। अन्दरूनी तौर पर बँटे और कार्यकर्ताओं के बजाय ऊपर से संरक्षण की राजनीति पर आधारित होने के कारण कांग्रेस पार्टी की ओर से कोई प्रतिरोध भी पेश नहीं किया गया।[17]

लोग विभिन्न कारणों से वोट डालते हैं। वर्ष 2008 में, दंतेवाड़ा विधानसभा सीट से भाजपा उम्मीदवार, भीमा मंडावी, जोकि एक भूतपूर्व पंचायत सचिव था, ने अन्य पंचायत सचिवों के एक नेटवर्क की सक्रियता की बदौलत महेंद्र कर्मा और मनीष कुंजाम के ख़िलाफ़ जीत हासिल की। पंचायत सचिव ही अक्सर मतदान केन्द्रों और मतदान के प्रबन्धन का अहम दायित्व सँभालते हैं। कभी-कभी रिश्तेदारी की भी एक भूमिका होती है। धुरली के सरपंच ने सीपीआई की सभी चुनावी सभाओं में शिरकत की क्योंकि सीपीआई धुरली में एस्सार के लिए भूमि-अधिग्रहण का विरोध कर रही थी। लेकिन मतदान के दिन, उसने भाजपा के मतदान अभिकर्ता (पोलिंग एजेंट) के तौर पर काम किया, 'क्योंकि मंडावी रिश्तेदार हैं'। वर्ष 2013 में, उत्तरी बस्तर ज़िले के अन्तागढ़ में, हर कोई कांग्रेस को वोट देने को तैयार था। लेकिन चुनाव के दौरान कांग्रेस के हल्बा उम्मीदवार के गुर्गों ने गोंड समुदाय के एक व्यक्ति को पीट दिया। इस पर पूरे गोंड सुमदाय ने भाजपा के गोंड उम्मीदवार, मौजूदा विधायक विक्रम उसेंडी, के पक्ष में वोट डालने का फ़ैसला कर लिया।

हालाँकि मुद्दा सिर्फ़ यह नहीं है कि कोई विशेष पार्टी क्यों जीत जाती है, मुद्दा यह है कि चुनावी लोकतंत्र हाशिये के समूहों से किए गए अपने वादों पर खरा उतरने में असफल क्यों रहता है। भारत में, चाहे राज किसी का भी हो, सरकार की इस धारणा के आधार पर काम करने की प्रवृत्ति बढ़ती जा रही है कि व्यापारिक जगत के लिए जो अच्छा है वही भारत के लिए अच्छा है और सिर्फ़ उद्योगपतियों को ही सन्तुष्ट रखने की ज़रूरत है। मंत्रियों की उद्योगपतियों से मुलाक़ात और राज्यों की पुलिस के मुखिया के साथ बैठकों की तस्वीरें बार-बार दिखाई देती हैं। मैंने अभी तक किसी प्रधानमंत्री या मुख्यमंत्री को सुरक्षा बलों से पीड़ित किसी व्यक्ति से मिलते हुए नहीं देखा है।

जवाबदेही का अभाव

अगर हम बीजेपी को वोट नहीं देंगे वे हमारा चावल रोक देंगे।

जुड़ुम शिविर में रहने वाला निवासी, 2008

चूँकि 2000 में छत्तीसगढ़ एक राज्य बन गया था, वहाँ अजीत जोगी के नेतृत्व में पहले कार्यकाल में कांग्रेस का शासन रहा, और तीन कार्यकाल भाजपा के रमन सिंह के अधीन बीते। भाजपा ने पहले दो कार्यकालों में बस्तर की 11 विधानसभा सीटों में से अधिकांश (2003 में 8/11, और 2008 में 10/11) पर क़ब्ज़ा जमाया, जबकि 2013 में चुनावों में कांग्रेस ने अपनी खोई हुई ज़मीन वापस पा ली (7/11सीट)।

राजीव गांधी (1984), नरेन्द्र मोदी (2002), महिन्द्रा राजपक्षे (2010) एवं ऐसे अन्य नेताओं, जिन्होंने बड़े हत्याकांडों या युद्ध अपराधों के बाद हुए चुनावों में बहुसंख्यकवादी वर्चस्व की लहर पर सवार होकर जीत हासिल की थी, की तरह रमन सिंह ने अपनी तीन बार की चुनावी सफलताओं का इस्तेमाल यह दावा करने में किया कि माओवादियों के ख़िलाफ़ उनके दृढ़ रुख़ के कारण लोगों ने उन्हें समर्थन दिया।[18]

हालाँकि 2008 के मतदान के आँकड़ों को अगर क़रीब से देखें, तो यह पता चलता है कि यह कोई ऐसा चुनावी नतीजा नहीं था जिसमें सलवा जुड़ुम के पीड़ितों की आवाज़ शामिल हो। छत्तीसगढ़ में मतदान का औसत 70.53 प्रतिशत था। इसके उलट, बीजापुर में 70 प्रतिशत लोगों ने वोट नहीं डाला और कोंटा में लगभग 60 प्रतिशत लोगों ने मतदान से दूरी बनाए रखी। एसपीओ और उनके परिवार वालों ने ही काफ़ी हद तक भाजपा को वोट दिया था क्योंकि वही अकेली पार्टी थी जिसने उनकी ज़्यादतियों को पूरी तरह से सही ठहराया था। दंतेवाड़ा में, जहाँ कोई विस्थापन नहीं हुआ था, 55 प्रतिशत मतदान दर्ज किया गया था जिसमें अधिक योगदान बचेली/ किरंदूल, दंतेवाड़ा और गीदम जैसे शहरी इलाक़ों का था। प्रभावित ज़िलों में कम मतदान का एक कारण जहाँ माओवादियों का बहिष्कार का आह्वान था, वहीं दूसरा कारण बड़ी संख्या में लोगों का शरणार्थी के रूप में आन्ध्रप्रदेश भाग जाना था। पालतू मीडिया पर नियंत्रण एवं सलवा जुड़ुम और सुरक्षा बलों द्वारा किए गए उत्पीड़न को लगभग ग़ायब कर दिए जाने के साथ-साथ माओवादियों के हमलों की लगातार कवरेज का मतलब यह था कि सलवा जुड़ुम और सुरक्षा बलों द्वारा की गई हिंसा, संघर्षग्रस्त क्षेत्रों से बाहर रहने वाले लोगों के लिए कोई मुद्दा ही नहीं था।

राज्य सरकार ने पीड़ितों को मुआवज़ा देने के लिए अपनी ज़िम्मेदारी से बचने के लिए भी चुनाव का उपयोग किया है। जब 16 दिसम्बर, 2008 को सर्वोच्च

न्यायालय के मुख्य न्यायाधीश ने पूछा कि सलवा जुडुम के पीड़ितों को मुआवज़े पर अपने ख़ुद के बयानों को पूरा करने के लिए दो महीने तक आपने क्यों कुछ नहीं किया, तो छत्तीसगढ़ के वकील ने बहाना बनाते हुए तर्क दिया कि 'चुनाव आचार संहिता लागू हो गई थी और वे कोई लाभ नहीं दे सके।'

राजनीतिक दलों की प्रतिक्रियाएँ

जुडुम और उसके बाद के अभियान छत्तीसगढ़ और केन्द्र, दोनों जगहों पर, मुख्य राजनीतिक दलों—भाजपा और कांग्रेस—के बीच आपसी सहयोग का एक दुर्लभ उदाहरण हैं। वर्ष 2005 से 2015 के बीच, सुरक्षा बलों द्वारा मानवाधिकारों के उल्लंघन के बारे में राज्य विधानसभा में शायद ही कोई सवाल पूछा गया। इसका एक दुर्लभ अपवाद 2011 में ताड़मेटला में आगजनी की घटना थी। माओवादियों के बड़े हमलों के बाद सवाल पूछे जाते हैं। लेकिन ये सवाल नीतियों के कारगर साबित नहीं हो पाने की ओर इशारा करने के बजाय इलाक़े के सैन्यीकरण में और इज़ाफ़ा करते हैं। संसद में, इस मामले पर आम तौर पर रहनेवाली चुप्पी का एकमात्र अपवाद सीपीआई रही है।

लोग अक्सर यह तर्क देते हैं कि माओवादी इसलिए अस्तित्व में हैं क्योंकि वहाँ एक 'राजनीतिक शून्य' की स्थिति है। उग्रवाद-विरोधी अभियानों की सफलता के मामले में आन्ध्र प्रदेश को एक उदाहरण के तौर पर पेश किया जाता है। वहाँ उग्रवाद से निपटने वाली आन्ध्र प्रदेश पुलिस की एक विशिष्ट शाखा, ग्रेहाउंड और मुख्यधारा की राजनीतिक पार्टियों द्वारा राजनीतिक गोलबन्दी के ज़रिए लोगों को माओवादियों से दूर किया गया। वर्ष 2010 में, एक बातचीत में भूतपूर्व नौकरशाह और शान्ति वार्ताकार, एस. आर. शंकरण ने माओवादियों के प्रभाव में कमी के कई अन्य कारण भी गिनाए : सड़क, स्कूल जैसी आधारभूत संरचनाओं का कुछ हद तक विकास, गाँव के आम लोगों के उत्पीड़न की समाप्ति, अपने नेताओं के मारे जाने के बाद माओवादियों द्वारा रणनीतिक रूप से अपने पाँव वापस खींचना, सक्रिय गोलबन्दी का अभाव और दलित आन्दोलन का स्वायत्त विकास, जिसने कई दलित माओवादियों को तोड़कर अपने साथ मिला लिया। लेकिन शंकरण का कहना है कि अभी भी माओवादियों की जड़ें सतह पर जितनी दिखाई देती हैं, उससे कहीं अधिक गहरी हैं।

जैसा कि अक्सर कई सवालों के बारे में होता है, जुडुम और माओवाद विरोधी अभियानों के मसले पर कांग्रेस पार्टी आम तौर पर विभाजित रही है। एक ओर, दंतेवाड़ा के कांग्रेस विधायक और विपक्ष के नेता के तौर पर महेंद्र कर्मा सार्वजनिक रूप से सलवा जुडुम के मुखिया थे। दूसरी ओर, कई कांग्रेसी नेताओं ने शुरू से

इस अभियान का विरोध किया। भूतपूर्व मुख्यमंत्री अजीत जोगी सलवा जुडुम के ख़िलाफ़ लिखने वाले पहले व्यक्ति थे। उन्होंने बड़े पैमाने पर हुए आदिवासियों के विस्थापन की तुलना हिटलर के "लेबेन्सरम" से की, जो एक क्षेत्र विशेष को शुद्ध नस्ल के आर्यों से भर देने की क़वायद थी।[19] वर्ष 2011 से, सुरक्षा बलों द्वारा मानवाधिकारों के उल्लंघन की बड़ी घटनाओं (मसलन ताड़मेटला, सरकेगुडा या 2015 में बीजापुर में बड़े पैमाने पर बलात्कार) के बाद, कांग्रेस के राजनेता सर्वदलीय जाँच टीमों का हिस्सा रहे और हिंसा का विरोध किया। कांग्रेस नेतृत्व ने 2015 में महेंद्र कर्मा के बेटे छविंद्र कर्मा द्वारा सलवा जुडुम को पुनर्जीवित करने के प्रयासों पर भी रोक लगा दी।

राष्ट्रीय स्तर पर भी, के. सी. देव एवं पी. आर. कींडिया (दोनों आदिवासी मामलों के मंत्री), जयराम रमेश और मणिशंकर अय्यर जैसे कांग्रेसी मंत्रियों ने जुडुम का विरोध किया। लेकिन पार्टी के भीतर प्रधानमंत्री मनमोहन सिंह और गृहमंत्री पी. चिदंबरम द्वारा ही उनका प्रतिवाद किया गया। इन दोनों नेताओं ने भाजपा के नक्सल-विरोधी प्रयासों का जमकर समर्थन किया। जहाँ तक शिवराज पाटिल और श्रीप्रकाश जायसवाल (जुडुम शुरू होने के समय दोनों गृह मंत्रालय में मंत्री थे) का सवाल है, यह स्पष्ट नहीं है कि उन्होंने दोनों में किसी भी पक्ष का बहुत ध्यान रखा। सोनिया गांधी और राहुल गांधी की स्वाभाविक सहानुभूति भले ही जुडुम और ऑपरेशन ग्रीन हंट के विरोधियों के साथ हो, पर वे अन्ततः सुरक्षा प्रतिष्ठान के ख़िलाफ़ नहीं जाना चाहते थे। अपने कार्यालय में एक निजी बैठक में, राहुल गांधी ने मुझे सुरक्षा के दृष्टिकोण से अवगत कराते हुए कहा कि इससे पहले कि माओवादी वार्ता के लिए सहमत हों, उन्हें सैन्य अभियानों के प्रति नरम होने की ज़रूरत है।[20]

सीपीआई का प्रतिरोध

बस्तर में सीपीआई एकमात्र ऐसी पार्टी है, जिसका नेतृत्व ख़ुद आदिवासियों के हाथों में है। अन्य पार्टियाँ चुनाव के दौरान आदिवासी उम्मीदवारों को मैदान में इसलिए उतारती हैं क्योंकि ये आरक्षित सीटें होती हैं। लेकिन उनके यहाँ निर्णय और फंडिंग पर नियंत्रण अन्य ग़ैर-आदिवासी जातियों द्वारा किया जाता है। यहाँ तक कि माओवादी नेतृत्व भी ग़ैर-आदिवासी है।

वर्ष 2009 में सलवा जुडुम के एक नेता ने, जिनसे मैं कुतरु में मिली थी, ज़मीन पर जुडुम के विरोध और इसके ख़िलाफ़ सर्वोच्च न्यायालय में याचिका डालने के लिहाज से सीपीआई को इस अभियान के प्रसार में सबसे बड़ी बाधा के रूप में चिह्नित किया था। मनीष कुंजाम के नेतृत्व में सीपीआई वाक़ई एकमात्र खुली राजनीतिक शक्ति रही है, जो पर्यावरणीय क्षति और विस्थापन, दोनों के आधार पर

प्रस्तावित इस्पात संयंत्रों का विरोध करते हुए दंतेवाड़ा में मानवाधिकार उल्लंघन और भूमि अधिग्रहण, दोनों मसलों पर लगातार लड़ रही है।

उन्हें इसका खामियाजा भुगतना पड़ा है। पुलिस उन्हें माओवादियों के एक मोर्चे के तौर पर देखती है। उधर माओवादी, जैसा कि पहले इंगित किया जा चुका है, उन्हें अपना मुख्य प्रतिद्वंद्वी मानते हैं और उन्होंने उनके कैडरों में सेंध लगाई है। इस युद्ध में वाक़ई कोई अगर दो पाटों के बीच पीस रहा है, तो वह है सीपीआई। लेकिन 1990 के दशक की शुरुआत में जेजेए का समर्थन कर अपने हाथ जला चुकी सीपीआई इस बार अपने विरोध को लेकर पूरी तरह चौकस और स्पष्ट थी।

अब अपनी उम्र के चौथे दशक के उत्तरार्द्ध में पहुँच चुके, लेकिन अभी चुस्त और तरोताजा, मनीष कुंजाम 1990 के दशक की शुरुआत में एक उभरते हुए सितारे थे जब मैं उनसे पहली बार मिली थी। 1984 में हाईस्कूल में पढ़ाई के दौरान ही सीपीआई में शामिल होने वाले मनीष 1990 से 1998 के बीच दो कार्यकालों के दौरान विधानसभा के सबसे कम उम्र के सदस्य थे। वर्ष 1998 में, जब बस्तर से काटकर दंतेवाड़ा को एक नया ज़िला बनाया गया, वे सीपीआई की दंतेवाड़ा इकाई के ज़िला सचिव बन गए और 2006 में सीपीआई के आदिवासी मोर्चे, अखिल भारतीय आदिवासी महासभा, के राष्ट्रीय अध्यक्ष। उन्होंने 1998 से हर चुनाव लड़ा है, लेकिन कभी जीते नहीं। कभी माओवादियों के बहिष्कार की वजह से तो कभी टाटा और एस्सार जैसी कम्पनियों की वजह से, जो उन्हें अपने प्रसार में सबसे बड़ा रोड़ा मानती थीं और हर चुनाव के समय उनकी हार सुनिश्चित करने के लिए पानी की तरह पैसा बहाती थीं। सीपीआई की छठी अनुसूची की माँग, जिससे शासन में आदिवासियों की आवाज़ निर्णायक बनेगी, से आप्रवासियों को ख़तरा महसूस होता है। कुछ साल पहले, बंगालियों की संलग्नता के सहारे आदिवासी लड़कियों की तस्करी का विरोध करके सीपीआई ने बंगाली आप्रवासियों की नाराज़गी भी मोल ले ली।

जैसाकि पहले ज़िक्र किया जा चुका है, सलवा जुडुम के सबसे बुरे दौर में भी सुकमा सामान्य प्रशासनिक कामकाज का आधार केन्द्र बना रहा। ग्रामीण इलाक़ों के हताश लोग मदद के लिए अक्सर सबसे पहले सीपीआई के कार्यकर्ताओं को ही पुकार लगाते थे और अब भी लगाते हैं। जुडुम, पुलिस और उद्योगपतियों की ओर से जान का ख़तरा होने के कारण खुलकर यात्रा करने में असमर्थ रहने के बावजूद मनीष ज़िले में होने वाली हर गतिविधि पर पैनी नज़र रखते थे।

जब जुडुम की शुरुआत हुई, तो इसमें शामिल होने से इंकार करने पर सीपीआई के कई कार्यकर्ताओं की जुडुम के नेताओं ने पिटाई की। कर्तम जोगा, जो एक हँसमुख और अनुभवी इनसान था, फरवरी 2006 की एक शाम जब मिस्मा गाँव में अपने घर लौटा, तो उसे बताया गया कि दोरनापाल का थानेदार उसे ढूँढ़ रहा

है। अगली सुबह जब वह थानेदार से मिलने गया, तो तत्काल नहीं आने के जुर्म में उसे जुडुम के नेताओं द्वारा एक खम्भे से उल्टा लटकाकर तीन घंटों तक पीटा गया। रिहा किए जाने के बाद, उसे 15 दिनों तक अस्पताल में भर्ती रहना पड़ा। मनीष कुंजाम के साथ कर्तम जोगा सीपीआई के उन तीन सदस्यों में से एक था जिन्होंने सर्वोच्च न्यायालय में याचिका दायर की थी।

दर्जनों गाँवों में मुझे बताया गया कि जुडुम को रोकने और लोगों को घर लौटने या नहीं भागने का साहस देने में सीपीआई की दो रैलियाँ अहम मोड़ साबित हुईं। पहली रैली जून 2007 में चेरला में हुई और दूसरी, विशेष रूप से महत्त्वपूर्ण रैली नवम्बर 2007 में जगदलपुर में हुई, जिसमें ग्रामीण इलाक़ों से हज़ारों लोग आए थे। बेशक, बड़ी संख्या में लोग इसलिए भी आए थे क्योंकि माओवादियों ने यह निर्णय लिया था कि गाँव वालों को रैली में शामिल होने की छूट देना अच्छा रहेगा। वर्ष 2007 के अन्त से लेकर 2009 तक, जब ऑपरेशन ग्रीन हंट शुरू हुआ, धीरे-धीरे गाँवों को फिर से बसाया गया, क्योंकि आन्ध्र प्रदेश से आइडीपी और शिविरों के निवासी घर लौट आए। यहाँ सीपीआई की भी भूमिका थी, जिसने दिसम्बर 2007 में राष्ट्रीय बाल अधिकार आयोग और जून 2008 में राष्ट्रीय मानवाधिकार आयोग (एनएचआरसी) द्वारा आयोजित जन सुनवाइयों में ग्रामीणों के भाग लेने की व्यवस्था की।

वर्ष 2010 में, एस. आर. पी. कल्लूरी ने दंतेवाड़ा के वरिष्ठ आरक्षी अधीक्षक का कार्यभार सँभाला। उन्होंने सोच-समझकर ऑपरेशन ग्रीन हंट के किसी भी विरोध को मिटाने की नीति शुरू की। स्वाभाविक रूप से, उनका पहला निशाना सीपीआई थी। ख़ासकर, स्थानीय निकायों के वे सभी निर्वाचित प्रतिनिधि या कार्यकर्ता जो अपने इलाक़ों में प्रभावशाली थे। उदाहरण के तौर पर, 2010 में जेल भेजे गए सीपीआई के 10 लोगों में से कर्तम जोगा उस समय कोंटा जनपद पंचायत का उपाध्यक्ष और सीपीआई की राज्य परिषद का सदस्य था, सुदरुराम कुंजाम दंतेवाड़ा ज़िला पंचायत का सदस्य था और कुंजाम भीमा दंतेवाड़ा में सीपीआई की छात्र इकाई का अध्यक्ष था।

उन लोगों पर न सिर्फ़ कांग्रेसी नेता अवधेश गौतम के घर पर हमला करने बल्कि 2010 में ताड़मेटला में घात लगाकर हुए हमले में, जिसमें सीआरपीएफ के 76 जवान मारे गए थे, में भी शामिल होने के आरोप लगाए गए। किसी भी सूरत में उन लोगों के वहाँ मौजूद होने या उस घटना में शामिल होने का सवाल ही नहीं था। जनवरी 2012 में बरी होने से पहले उन सभी ने ढाई साल जेल में गुज़ारे। जेल में भी, सीपीआई के क़ैदियों ने बेहतर सुविधाओं के लिए, मनमानी गिरफ़्तारियों के ख़िलाफ़ और बरी किए गए क़ैदियों की रिहाई की माँग को लेकर अनशन के ज़रिए संघर्ष किया। एक स्वयंसेवी संस्था के कार्यकर्ता, कोपा कुंजाम, जो उसी

दौरान जेल में थे, ने बाद में मुझे बताया कि कैसे कर्तम जोगा गीतों और लतीफ़ों के ज़रिए हर किसी का मनोबल बनाए रखते थे।

अपने प्रमुख कार्यकर्ताओं की गिरफ़्तारी और कई अन्य कार्यकर्ताओं पर ख़तरों को देखते हुए सीपीआई को पहले की तरह अपनी गतिविधियों का संचालन करना मुश्किल जान पड़ने लगा। जुडुम के दौरान, बीजापुर में इसके एक नेता कांग्रेस में चले गए और वहाँ पार्टी के आधार का लगभग सफ़ाया हो गया। बाद में, जब ऑपरेशन ग्रीन हंट शुरू हुआ, तो गाँवों में सभाएँ करना लगातार मुश्किल होता चला गया और गाँव वालों की किसी भी सभा पर इस बहाने गोलियाँ बरसा दी जा सकती थीं कि वे माओवादियों की सभा कर रहे हैं। फिर भी, उन्होंने लोगों को संगठित करना जारी रखा—उदाहरण के लिए, सलवा जुडुम को प्रतिबन्धित करने के सर्वोच्च न्यायालय के आदेशों को लागू करने की माँग को लेकर 2011 में की गई रैलियाँ, छठी अनुसूची का सवाल उठाने के लिए 2013 में कोंटा और दंतेवाड़ा में की गई पदयात्राएँ, 2015 में दिलमिल्ली इस्पात कारखाने के विरोध में प्रदर्शन और इसके अलावा मुठभेड़ या बलात्कार होने की स्थिति में कई स्थानीय स्तर के विरोध-प्रदर्शन।

जब कल्लूरी ने सीपीआई को निशाना बनाया, तो चिन्तागुफा के भूतपूर्व सरपंच और सीपीआई के ज़िला परिषद के सदस्य पोडियम पांडा को स्थानीय पुलिस ने कुछ समय के लिए 'ग़ायब' हो जाने की सलाह दी। वर्ष 2007 में पांडा ने माओवादियों द्वारा अपहृत सीआरपीएफ के सात जवानों की जान उस समय बचाई थी, जब वे छुट्टी लेकर अपने घर जा रहे थे। वे माओवादियों के साथ रात-भर इस बात पर बहस करते रहे कि इन जवानों को जाने दिया जाए। जब सीआरपीएफ के जवानों का राशन नहीं आया, उन्होंने अपने भंडार से उन्हें चावल भी दिया। एक बुद्धिमान, सज्जन एवं संवेदनशील व्यक्ति के तौर पर पांडा को हर किसी से—चाहे माओवादी हो या पुलिस या आम गाँव वाला—एक जैसा सम्मान मिलता है। सलवा जुडुम के सबसे बुरे दौर में, पांडा ने यह सुनिश्चित किया कि उनके गाँव के स्कूल पर सुरक्षा बलों का क़ब्ज़ा न हो और न ही स्कूल को माओवादियों द्वारा ध्वस्त किया जाए और चावल एवं अन्य आवश्यक वस्तुओं के लिए हाट के साथ-साथ जनवितरण प्रणाली की दुकान चालू रहे। वर्ष 2010 में जब कर्तम जोगा और पोडियम पांडा की गिरफ़्तारी का आदेश जारी किया गया, उस समय वे दोनों सलवा जुडुम के शिविरों में चल रहे स्कूलों को वापस गाँवों में स्थानांतरित किए जाने के लिए प्रयासरत थे।

चूँकि पांडा भूमिगत हो गए थे, पुलिस उन्हें एक माओवादी के तौर पर 'आत्मसमर्पण' करने के लिए मजबूर करने का प्रयास कर रही थी। लेकिन पांडा सैद्धांतिक आधार पर ऐसा करने से इंकार कर रहे थे, क्योंकि वे माओवादी नहीं

थे। जब कभी भी इलाक़े में कोई विस्फोट या सशस्त्र मुठभेड़ होती थी, तो पुलिस आरोपियों की सूची में पांडा का नाम भी जोड़ देती थी। पांडा के घर पर पुलिस द्वारा लगातार छापेमारी की जाती थी। उनके अनाज एवं अन्य घरेलू चीज़ों को तहस-नहस किया जाता था। यही नहीं, उनकी पत्नी मुये समेत, जोकि अब सरपंच थी, परिवार के अन्य सदस्यों के साथ मारपीट की जाती थी। वर्ष 2012-13 में, पांडा के सबसे छोटे बेटे की मौत बुखार से हो गई और वे इस बारे में कुछ नहीं कर पाए। वे जंगलों में भटकते हुए अपना जीवन गुज़ारने को मजबूर थे।

संरक्षण की ज़िम्मेदारी पर भरोसा

भारतीय समाज के 'कमज़ोर वर्गों' के रूप में निरूपित तबक़ों के अधिकारों की देखरेख की ज़िम्मेदारी सँभालने वाले वैधानिक संस्थानों का रिकॉर्ड काफ़ी हद तक निराशाजनक है। अलग-अलग सरकारों के कार्यकाल में, ये संस्थान सत्तारूढ़ दल के सदस्यों या समर्थकों के लिए एक अच्छा चारागाह बन रहे हैं। इन संस्थानों में कभी-कभार ही ऐसे अध्यक्ष या सदस्य आते हैं, जो वास्तव में सम्बन्धित क्षेत्र के जानकार हों और जिन्हें उस क्षेत्र के बारे में चिन्ता हो, अधिकांश के पास उस बारे में बहुत कम अनुभव होता है या दी गई ज़िम्मेदारियों के प्रति रुचि ही नहीं होती है। वर्ष 2007 में राष्ट्रीय अनुसूचित जनजाति आयोग (एनसीएसटी) पर शोध के दौरान मैंने पाया कि एक सदस्य ने तो अपने कार्यकाल का उपयोग कई तीर्थस्थलों की यात्रा करने के लिए किया। ज़ाहिर है, यह सब आधिकारिक कार्य के रूप में हुआ। अनुसूचित जाति/ अनुसूचित जनजाति कर्मचारियों के बीमा महासंघ के एक सदस्य ने अनुसूचित जाति और अनुसूचित जनजाति, दोनों, आयोगों को 'बिना दाँतों वाला बाघ' के रूप में इंगित किया, क्योंकि आम तौर पर उनका रवैया बस हर शिकायत को सम्बन्धित राज्य सरकारों या विभागों को अग्रसारित करने और इसके साथ ही मामले को समाप्त घोषित करने का होता है। अगर निष्पक्ष रूप से कहा जाए तो इन आयोगों को सरकार द्वारा, जिसके कार्यों की निगरानी और पर्यवेक्षण की ज़िम्मेदारी इन पर होती है, जान-बूझकर पर्याप्त कर्मचारियों एवं धन से महरूम रखा जाता है।

वर्ष 2005-06 में, मानवाधिकार संगठनों ने बड़े पैमाने पर मानवाधिकारों के उल्लंघन के बारे में राष्ट्रीय अनुसूचित जनजाति आयोग से हस्तक्षेप करने की गुहार लगाई, लेकिन आयोग ने निराशाजनक चुप्पी बनाए रखी। फरवरी, 2006 में जुडुम की रैली से लौट रहे ग्रामीणों को नक्सलियों द्वारा मार दिए जाने के एकमात्र 'अत्याचार' पर आयोग ने ध्यान दिया था। आयोग ने पुलिस से पूछा था कि मृतकों को मुआवज़े में क्या दिया गया है। अनुसूचित जाति और अनुसूचित जनजाति के पूर्व आयुक्त और पेसा क़ानून के शिल्पी बी. डी. शर्मा के हस्तक्षेप पर, आयोग ने

मनीष कुंजाम और धुरली, भांसी एवं लोहाँडीगुड़ा के उन ग्रामीणों, जिन्हें बन्दूक़ की नोक पर स्टील प्लांट की सहमति के लिए मजबूर किया जा रहा था, की एक बार सुनवाई की। लेकिन आयोग ने प्रभावित क्षेत्रों का दौरा कभी नहीं किया।

राष्ट्रीय महिला आयोग (एनसीडब्ल्यू) इस मायने में थोड़ा बेहतर था कि उसने महिला संगठनों की गुहार पर दिसम्बर 2006 में एक या दो दिन के लिए शिविरों का दौरा किया। उन्होंने इस बात का संज्ञान लिया कि युवाओं को एसपीओ के रूप में नियुक्त कर उन्हें सैन्यीकृत किया जा रहा है और यह क़दम उनकी पढ़ाई में तथा गाँव वापस लौटने में बाधक बन रहा है। उन्होंने जगदलपुर जेल का दौरा कर वहाँ विचाराधीन महिला क़ैदियों से मुलाक़ात की और इस बात की सिफ़ारिश भी की कि उन्हें क़ानूनी सहायता मिलनी चाहिए।

लेकिन यह सीमित रिपोर्ट भी महेंद्र कर्मा और भाजपा को स्वीकार्य नहीं थी। उन्होंने इस रिपोर्ट को बकवास व झूठा बताया और सलवा जुडुम का विरोध करने वाले हर किसी को राष्ट्रविरोधी क़रार दिया।[21] और जब अक्टूबर 2008 में समाजशास्त्री कल्पना कन्नाबीरन के नेतृत्व में तथ्यों की खोजबीन करने वाली महिलाओं के एक दल ने एनसीडब्ल्यू के समक्ष बलात्कार की शिकार महिलाओं की गवाही करा दी, तो उन्होंने चुप्पी साध ली। वर्ष 2015-16 में, राष्ट्रीय अनुसूचित जाति आयोग (एनसीएसटी) और राष्ट्रीय महिला आयोग (एनसीडब्ल्यू), दोनों, ने सुरक्षा बलों द्वारा कथित सामूहिक बलात्कार की जाँच करने के लिए बीजापुर और सुकमा ज़िलों का दौरा किया। लेकिन हमेशा की तरह, सरकार एनसीएसटी की सिफ़ारिशों की अनदेखी कर रही है।

निश्चित रूप से, तथ्यों की खोज करने वाली सभी टीमों और जुडुम एवं सुरक्षा बलों के बारे में व्यक्तिगत शिकायत दर्ज कराने के लिए पहली स्वाभाविक जगह राष्ट्रीय मानवाधिकार आयोग (एनएचआरसी) थी। लेकिन उन्होंने बस शिकायतों को राज्य सरकार को भेजने और उनकी लचर प्रतिक्रियाओं को स्वीकार भर करने का काम किया। वर्ष 2006 में, एनएचआरसी की पूर्ण बेंच के सामने आइसीआइ को सुनवाई का मौक़ा दिया गया। बेंच ने उनकी बातें सुनी, जम्हाई ली और अन्त में जले हुए गाँवों की तस्वीरों, मृत लोगों की सूची और एसपीओ द्वारा आइसीआइ के सदस्यों को लगभग मार डाले जाने की कहानियों को नज़रअन्दाज़ कर दिया।

जहाँ तक राज्य मानवाधिकार आयोग (एसएचआरसी) का सवाल है, इसके अब तक के छह में से तीन अध्यक्ष पुलिस अधिकारी रहे हैं। एसएचआरसी सिर्फ़ एक बार ही क़ायदे से हरकत में आई जब उसने वर्ष 2007 में सन्तोषपुर फ़र्ज़ी मुठभेड़ मामले में फोरम फॉर फैक्ट-फाइंडिंग, डॉक्यूमेंटेशन एंड एडवोकेसी (एफएफडीए) के सुभाष महापात्रा द्वारा लगातार पैरवी करने के बाद जाँच का आदेश दिया।

एकमात्र वैधानिक संस्था जिसने दंतेवाड़ा में अपनी ज़िम्मेदारियों को ईमानदारी से निभाने का प्रयास किया, वह थी शान्ता सिन्हा के नेतृत्व में नवगठित राष्ट्रीय बाल अधिकार संरक्षण आयोग (एनसीपीसीआर)। शान्ता सिन्हा ने आन्ध्रप्रदेश के माओवादियों पर अपनी पीएचडी की थी। एनसीपीसीआर की एक टीम, जिसमें ख़ुद शान्ता सिन्हा समेत पूर्व मुख्य चुनाव आयुक्त जे.एम. लिंगदोह और एमवी फाउंडेशन के वेंकट रेड्डी शामिल थे, ने 17-19 दिसम्बर, 2007 के दौरान दंतेवाड़ा का दौरा किया। इस टीम ने सरकारी अधिकारियों से मुलाक़ात की, जुडुम शिविरों एवं आन्ध्र प्रदेश में स्थापित आईडीबी की बस्तियों का दौरा किया और आन्ध्र प्रदेश के चेरला और दंतेवाड़ा के किरणडुल में जनसुनवाई की। एनसीपीसीआर की रिपोर्ट, किसी भी आधिकारिक निकाय द्वारा प्रकाशित पहली ऐसी रिपोर्ट थी जिसने ज़मीन पर चल रही चीज़ों को सही तरीक़े से दर्ज किया : 'जनसुनवाई के कई प्रतिभागी जंगलों में छिपे हुए थे और उन्होंने किरणडुल पहुँचने के लिए रात के समय पहाड़ पर चढ़ाई की। एक महिला ने जनसुनवाई में भाग लेने के लिए अपने बच्चों को झाड़ी में छुपाया, जहाँ दूसरे लोगों ने उनकी देखभाल की।' इस दौरे के बाद, एनसीपीसीआर ने संघर्ष में उलझे बच्चों के साथ काम करने के लिए 'बाल बन्धुओं' का एक कार्यक्रम शुरू किया, और आन्ध्र प्रदेश में आइडीपी की स्थिति पर नज़र रखी।

इस स्थिति के प्रति संवेदनशील 'आधिकारिक' प्रतिक्रिया के सन्दर्भ में, सबसे उल्लेखनीय बात 2008 की योजना आयोग की 'उग्रवाद प्रभावित क्षेत्रों में विकास की चुनौतियाँ' शीर्षक रिपोर्ट थी। प्रेस में व्यापक रूप से छपी इस रिपोर्ट ने एक ऐसे मुद्दे पर राहत की साँस मुहैया कराई जिस पर सुरक्षा प्रतिष्ठान का दबदबा था। नक्सल मुद्दों पर दशकों तक काम करने वाले के. बालगोपाल एवं बेला भाटिया जैसे विशेषज्ञों के सहयोग से भूमि सुधार कार्यों के लिए चर्चित पश्चिम बंगाल के अफ़सर डी. बन्द्योपाध्याय के नेतृत्व में तैयार इस रिपोर्ट में स्पष्ट सिफ़ारिशें की गईं :

> सलवा जुडुम जैसे निजी सेना समूहों को प्रोत्साहित करना...राजनीति को औचित्यहीन करता है, लोगों को अमानवीय बनाता है, जनता की 'सुरक्षा' में लगे लोगों को पतित करता है। और इन सबसे भी ऊपर, यह ख़ुद राज्य के प्रभुत्व के ख़त्म होने का सूचक होता है। इसे तुरन्त बन्द किया जाना चाहिए और इसके स्थान पर एक रणनीति बनाई जानी चाहिए, जो जनता के हितों के संरक्षण के लिए सभी सुरक्षा और विकास कार्यक्रमों को निष्पादित करने और लोगों की शिकायतों का निवारण करने के लिए विशेष रूप से चुने गए ज़िम्मेदार अधिकारियों के एक सशक्त कार्य दल के गठन को सम्भव बनाए।

इसमें कोई आश्चर्य नहीं कि समिति के दो सदस्यों, पूर्व पुलिस अधिकारी प्रकाश सिंह और खुफिया अधिकारी अजीत डोभाल, जिन्होंने हमेशा जुडूम को बढ़ावा दिया था, ने रिपोर्ट के इस हिस्से पर असन्तोष ज़ाहिर किया। दूसरी ओर, रैडिकल गौतम नवलखा ने बहुत अधिक पितृवादी होने और 'समस्या' को राज्य के नज़रिए से परिभाषित करने के लिए इस रिपोर्ट की तीखी आलोचना की।

~

भारत के लोकतांत्रिक संस्थान न केवल गम्भीर मानवाधिकारों के उल्लंघन पर पर्याप्त प्रतिक्रिया देने में विफल रहे हैं, बल्कि वे नागरिक समूहों के लिए अपनी जगह छोड़ दे रहे हैं और उससे निर्विकार हो गए हैं।

एक बैठक के दौरान, एक पूर्व न्यायाधीश ने माना कि स्थितियाँ ख़राब थीं। लेकिन उन्होंने कहा, 'कम से कम इस मुद्दे को उठाने के लिए सामाजिक कार्यकर्ता तो हैं'। मैंने अन्य मौक़ों पर भी पूर्व नौकरशाहों के मुँह से इस बारे में सुना है। बेशक, कुछ लोगों के लिए समाजसेवा प्रतिबद्धता है और कुछ लोगों के लिए तो यह व्यवसाय भी है। लेकिन लब्बोलुआब यह है कि भारतीय लोकतंत्र को बचाने के लिए सामाजिक कार्यकर्ताओं को करदाताओं के पैसे से भुगतान नहीं किया जाता है, जबकि वैधानिक संस्थाओं को होता है लेकिन सामाजिक कार्यकर्ता जब इस ज़िम्मेदारी को उठाते हैं, तो उन्हें अक्सर दोषी और देशद्रोही ठहरा दिया जाता है।

13

मानव अधिकार और संवाद की ज़रूरत

> वास्तविक शान्ति कुछ नकारात्मक शक्तियों—तनाव, भ्रम या युद्ध की अनुपस्थिति मात्र नहीं है—कुछ सकारात्मक शक्तियों—न्याय, सदिच्छा और भाईचारे की उपस्थिति है।
>
> —**मार्टिन लूथर किंग,** *नॉन-वायलेंस एंड रेसियल जस्टिस, 1957*

यह कहना मुश्किल है कि पुलिस ज़्यादा नफ़रत किससे करती है—माओवादियों से या फिर मानवाधिकार कार्यकर्ताओं से। सुरक्षा प्रतिष्ठान में से कइयों के लिए इन दोनों में कोई अन्तर नहीं है। वर्ष 2009 के माओवादी हमले, जिसमें केन्द्रीय औद्योगिक सुरक्षा बल (सीआईएसएफ) के चार जवान मारे गए थे, के बाद गृहमंत्री ने सामाजिक कार्यकर्ताओं को सम्बोधित करते हुए कहा था :

> सीपीआई (माओवादी) आख़िर क्या सन्देश देना चाहती है? हम ये सवाल न सिर्फ़ सीपीआई (माओवादी) से बल्कि उनकी ओर से बोलने और सरकार को फटकारने वालों से भी पूछना चाहते हैं...हम यह मानते हैं कि अब समय आ गया है कि सही सोच और लोकतंत्र एवं विकास में विश्वास करने वाले सभी नागरिक सीपीआई (माओवादी) द्वारा फैलाई जाने वाली हिंसक गतिविधियों की निंदा करें।[1]

एक साल बाद, तत्कालीन गृहमंत्री पी. चिदंबरम ने शिकायत की कि पुलिस बलों को 'याचिकाओं के ज़रिए प्रताड़ित' किया जा रहा है। उन्होंने यह माँग की कि 'नागरिक समाज को लोकतंत्र में जरा भी विश्वास नहीं रखने वाले इस संगठन द्वारा निर्दोष लोगों के मारे जाने के बारे में जवाब ज़रूर देना चाहिए'।[2]

मीडिया का एक बड़ा हिस्सा मानवाधिकार कार्यकर्ताओं का विरोध करनेवाली ब्रिगेड का उत्साही समर्थक है। किसी माओवादी घटना के कुछ ही मिनटों के भीतर

माओवादियों के तथाकथित हमदर्दों ने भले ही उस हमले की पर्याप्त निंदा की हो, लेकिन ख़बर गढ़ने के लिहाज से ख़ुद हमले की तरह वे भी अहम बन जाते हैं। उनके लिए 'अब चुप क्यों हैं मानवाधिकार संगठन?' जैसे उत्तेजक शीर्षक लगाए जाते हैं। जब ये कार्यकर्ता माओवादियों द्वारा किए जाने वाले उत्पीड़न की निंदा करते हैं, तो उनके बयानों को कभी प्रकाशित नहीं किया जाता। हक़ीक़त यह है कि राज्य द्वारा अंजाम दिए गए नरसंहारों के बारे में उनके बयानों पर मीडिया का बहुत कम ध्यान जाता है। मीडिया और राज्य के इस रवैये का असली मक़सद इन कार्यकर्ताओं पर गाहे-बगाहे चाबुक फटकारते रहना है।

मैक्स वेबर के सूत्रीकरण में एक 'राज्य' या सरकार होने का जो अर्थ है, उसके तहत राज्य को "वैध हिंसा पर एकाधिकार" रखनेवाली संस्था के रूप में परिभाषित किया गया है। राज्य की हिंसा के 'वैधानिक' होने का कारण यह है कि उसे नागरिकों की सुरक्षा के लिए नियुक्त किया जाता है। अन्तरराष्ट्रीय स्तर पर, मानवाधिकार सम्बन्धी सक्रियता राज्य द्वारा किए गए उल्लंघनों पर केन्द्रित होती है क्योंकि जो कोई भी क़ानून को अपने हाथ में लेता है वह ग़ैरक़ानूनी हरकत तो कर ही रहा होता है और राज्य द्वारा दंडित होने के लिए उत्तरदायी होता है। लेकिन, सरकार शायद इस बड़ी और बेहतर भूमिका को स्वीकार नहीं करना चाहती और इस बात पर ज़ोर देती है कि मानवाधिकार कार्यकर्ता अम्पायरों की तरह काम करते हैं और दोनों पक्षों को समान रूप से डाँटते हैं।

जुडुम के *ख़िलाफ़* नागरिक समाज की हिमायत

स्वतंत्रता आन्दोलन से शुरू करके जब कांग्रेस ने औपनिवेशिक अत्याचारों के बारे में तथ्यों की खोज शुरू की, तो नरसंहार लोकतांत्रिक नागरिकता और एक अखिल-भारतीय चेतना के निर्माण में महत्त्वपूर्ण पड़ाव बन गए। मानवाधिकार समूह और राजनीतिक दल देश के विभिन्न हिस्सों में जाँच करते हैं, संवाददाता सम्मेलन आयोजित करते हैं और रिपोर्टें प्रकाशित करते हैं। एकजुटता के क्षण उस वक़्त भी आते हैं जब 'जनसुनवाइयों' या 'लोक अदालतों' में देश-भर से गवाह अपने अनुभवों को साझा करने के लिए इकट्ठा होते हैं और विरले ही सही, जब पीड़ित एक-दूसरे के इलाक़ों का दौरा करते हैं। चूँकि मणिपुर सरकार ने 'भूमिगत' कहलाने वाले मणिपुरी सशस्त्र प्रतिरोधी समूहों से लड़ने के लिए छत्तीसगढ़ की तर्ज पर ग्रामीणों को हथियारबन्द किया था, एसपीओ की उपलब्धियों के बारे में जानकारी हासिल करने के लिए मणिपुर की दो ग्राम कार्यसमितियों के सदस्यगण वर्ष 2008 की गर्मियों में दंतेवाड़ा आए थे।

सलवा जुडुम के शुरू होने के लगभग छह महीने के बाद, इन परिपाटियों के बावजूद, भी नागरिक समाज द्वारा कोई विस्तृत जाँच नहीं की गई और राष्ट्रीय

मीडिया को भी इन इलाक़ों का दौरा करने में कहीं ज़्यादा समय लगा। यह इस बात का संकेत था कि बस्तर राष्ट्रीय राजनीति से कितना कटा हुआ था और प्रशासन किस हद तक सभी ख़बरों को दबाने में सफल था।

हत्याओं के पैमाने का खुलासा करने वाली पहली जाँच सीपीआई द्वारा नवम्बर 2005 में की गई। यह खुलासा राष्ट्रपति[3] को लिखी गई एक खुली चिट्ठी की शक्ल में किया गया। इसके बाद, जुलाई 2005 में, आन्ध्र प्रदेश के ह्यूमन राइट्स फोरम (एचआरएफ) की एक छोटी सी जाँच-रिपोर्ट पेश की गई।[4] 28 नवम्बर और 1 दिसम्बर, 2005 के बीच पीयूसीएल, छत्तीसगढ़ के एक 14 सदस्यीय दल, जिसमें पाँच विभिन्न संगठनों के प्रतिनिधि शामिल थे, द्वारा जाँच शुरू की गई और इस दल ने दंतेवाड़ा का दौरा किया। इस जाँच-दल की तात्कालिक प्रेस-विज्ञप्ति ने कुछ हद तक लोगों का ध्यान खींचा, लेकिन हमेशा की तरह उस पर माओवादियों से हमदर्दी रखने के आरोप भी लगे।[5] मई 2006 में इंडिपेंडेंट सिटीजंस इनिशिएटिव (आइसीआइ), सलवा जुडुम को समझने के लिए साथ आए छह व्यक्तियों के एक समूह, ने इलाक़े का दौरा किया। 79-वर्षीय पत्रकार बी. जी. वर्गीज़ इस समूह के सबसे वरिष्ठ सदस्य थे। इस समूह के अन्य सदस्यों में आन्ध्रप्रदेश के अवकाश-प्राप्त नौकरशाह ई.ए.एस. सरमा, *प्रभात ख़बर* अख़बार के सम्पादक हरिवंश, इतिहासकार रामचन्द्र गुहा, नारीवादी लेखिका एवं कार्यकर्ता फराह नकवी और मैं शामिल थी।[6] कोई भी आइसीआइ पर माओवादियों के प्रवक्ता होने का आरोप नहीं लगा सकता था। अपने कुछ सदस्यों के क़द की वजह से आइसीआइ का राष्ट्रीय मानवाधिकार आयोग (एनएचआरसी) के पूर्ण बेंच, योजना आयोग, प्रधानमंत्री, गृहमंत्री और विभिन्न सांसदों से मिल पाना सम्भव हो सका। वर्ष 2006 का अन्त आते-आते, दिल्ली में ज़िम्मेदार पदों पर बैठे हर व्यक्ति को इस बात की जानकारी थी कि दंतेवाड़ा में क्या चल रहा है, भले ही वे इसके बारे में अनभिज्ञता प्रकट करते रहे हों।

सलवा जुडुम के लिए नागरिक समाज

सलवा जुडुम की तरह, जिसने माओवादियों का मुक़ाबला करने के लिए आम नागरिकों को हथियारबन्द किया, सुरक्षा प्रतिष्ठान ने मानवाधिकार समूहों द्वारा की गई जाँचों को बेअसर करने के लिए अपने जाँच-दलों को प्रोत्साहित किया। यहाँ तक कि उन्होंने नागरिक समाज की 'जन आन्दोलन' सरीखी भाषा और 'स्वतंत्र' नागरिक की साख पर निर्भरता को भी अपना लिया। कांग्रेस के नेतृत्ववाली तत्कालीन यूपीए सरकार के अधीन गृह मंत्रालय ने आरएसएस के साथ मिलकर काम करते हुए उनके सदस्यों को 'अकादमिक सलाहकार' के तौर पर इस्तेमाल किया।

आरएसएस ने, फोरम फॉर इंटीग्रेटेड नेशनल सिक्यूरिटी (एफआईएनएस), रामभाऊ म्हालगी प्रबोधिनी (आरएमपी), विवेकानन्द फाउंडेशन और सूर्या फाउंडेशन जैसे अपने सम्बन्धित थिंक-टैंक संस्थानों के ज़रिए, मानवाधिकार संगठनों की आलोचनाओं का जवाब देने के लिए बैठकें कीं और रिपोर्टें छपवाईं। उनकी कुछ रिपोर्टें आश्चर्यजनक थीं। उदाहरण के लिए, आरएमपी की एक रिपोर्ट को देखा जा सकता है। यह रिपोर्ट एक अवकाशप्राप्त कर्नल एवं रक्षा मंत्रालय के अधीन वार स्टडीज के संयुक्त निदेशक डॉ. अनिल अथाल्ये के नेतृत्व में 2005 में किए गए एक 'अध्ययन दौरे' पर आधारित है। इस रिपोर्ट में 'अपर्याप्त लोक सेवाओं, पुलिस का ग़ैरभरोसेमन्द होना, विकास की घोर उपेक्षा और नक्सलवादियों का आदिवासियों के आत्मसम्मान की पुन:बहाली में सहायक होना' आदि को नक्सलवाद के उदय का अहम कारण माना गया। साथ ही, उन्होंने सलवा जुडुम का पुरज़ोर समर्थन भी किया।[7]

वामपंथियों की तरह, आरएसएस और भाजपा की बैठकों में आमतौर पर अपने पक्ष के लोगों को ही उपदेश दिया जाता है। अन्तर सिर्फ़ इतना होता है कि आरएसएस अपनी बैठकों में सेवानिवृत्त एवं सेवारत सैन्य अफ़सरों, पुलिस एवं प्रशासनिक कर्मियों की एक पूरी श्रृंखला को बुलाने में सक्षम होता है। मानवाधिकार कार्यकर्ताओं की तरह, आरएसएस से जुड़े संगठन भी अपनी बैठकों में गवाही देने के लिए 'पीड़ितों' को लाते हैं। फरवरी 2007 में, सलवा जुडुम के नेता मधुकर और कई महिला एसपीओ कर्मी आरएमपी की एक बैठक में भाग लेने दिल्ली आए और माओवादियों के जुल्म के बारे में बातें कीं। आरएसएस के नेता बाल आप्टे ने 5 जून, जोकि सलवा जुडुम के आधिकारिक रूप से शुरू होने की तारीख़ है, को एक *पुण्य तिथि* के रूप में निरूपित किया क्योंकि इस दिन आरएसएस के नेता गोलवलकर की बरसी होती है।

तीन साल बाद, मई 2010 में, दिल्ली के कान्स्टीट्यूशन क्लब में आयोजित एफआईएनएस की एक बैठक—जिसमें भाजपा नेता शेषाद्री चारी, अवकाश-प्राप्त एयर मार्शल आर. सी. वाजपेयी एवं बी. आर. रणजीत, हरियाणा से अवकाश-प्राप्त एक पुलिस महानिदेशक और आरएसएस नेता इन्द्रेश कुमार समेत कई अन्य लोग शामिल हुए थे—में वक्ताओं ने एक बार फिर भीतर के दुश्मनों से ख़तरे का मुद्दा उठाया और मानवाधिकार कार्यकर्ताओं को फटकारा। उन्होंने भाजपाशासित छत्तीसगढ़ राज्य को उन अलगाववादी और साम्राज्यवादी ताक़तों (उनका इशारा ईसाई मिशनरियों की तरफ़ था) के एक असहाय शिकार के रूप में चित्रित किया, जो देश को छोटे-छोटे टुकड़ों में तोड़ना चाहते हैं। इन्द्रेश कुमार ने ज़ोर देकर कहा कि लोगों को माओवादियों से अलग करने के लिए समूचे देश में सलवा जुडुम की ज़रूरत है।

मानवाधिकार कार्यकर्ताओं का तर्क है कि खनन वाले इलाक़ों में विस्थापन के ख़तरों की वजह से लोग माओवादियों का समर्थन करते हैं। माओवादी बड़ी कम्पनियों को इन इलाक़ों से दूर रहने पर मजबूर करते हैं। हालाँकि, सरकार ने इस तर्क को यह दावा करने के लिए उल्टा घुमा दिया है कि ग़रीब लेकिन प्राकृतिक संसाधनों से सम्पन्न इन इलाक़ों में माओवादी खनन से पैसा कमाते हैं। मुख्यमंत्री रमन सिंह ने, सफ़ेद सफारी सूट और सफ़ेद जूतों के अपने परिचित परिधान में, एफआईएनएस की एक बैठक में कहा : 'जहाँ कहीं भी खनिज-सम्पदा है, माओवादी वहाँ मौजूद हैं। इससे पता चलता है कि उनके पीछे कोई ऐसी शक्ति है, जो भारत के धन पर क़ब्ज़ा करना चाहती है।' माओवादियों एवं खनिज संसाधनों के बीच इसी रिश्ते को छत्तीसगढ़ के भूतपूर्व राज्यपाल शेखर दत्त ने भी 2015 में सूर्या फाउंडेशन की एक बैठक में दोहराया।

भारतीय सुरक्षा प्रतिष्ठान ने मानवाधिकारों के हनन के ख़तरों के प्रति अपने लोगों को 'संवेदनशील' बनाने के लिए 'प्रशिक्षण' और जनता का 'दिल और मन जीतने' के लिए उनके द्वारा चलाए जा रहे नागरिक कार्रवाई कार्यक्रमों की ज़रूरत पर गम्भीरता से बात करते हुए मानवाधिकारों की भाषा को पूरी तरह से अपना लिया है। लेकिन यह शायद ही कभी मारे गए नागरिकों, जिनकी मृत्यु को महज़ 'सम्पार्श्विक क्षति' (कोलेटरल डैमेज) के रूप में देखा जाता है, के लिए किसी भी न्याय की हद तक जाता है। अब तक, पुलिस और अर्द्धसैनिक बलों की मुख्य रुचि इस विचार को बढ़ावा देने में रही है कि ज़्यादा ख़तरे उनके मानवाधिकार हैं।[8] वर्ष 2015 में, भारत सरकार ने आन्तरिक सुरक्षा अभियानों में मारे गए सुरक्षाकर्मियों को शहीद कहे जाने को 'आधिकारिक' परम्परा बनाने का निर्णय लिया।

राहत प्रदान करने के लिए संघर्ष

वर्ष 2005 से 2007 के बीच, जब जुड़ुम अपने चरम पर था, नागरिक समाज के किसी भी संगठन की ओर से जुड़ुम द्वारा विस्थापित लोगों को राहत पहुँचाने का कोई प्रयास दिखाई नहीं दिया। इसकी वजह एक हद तक यह थी कि गाँवों तक पहुँचना कठिन था और कुछ हद तक, ऐसे प्रयासों को माओवादियों को समर्थन के तौर पर देखा जाता था। छत्तीसगढ़ के कठोर क़ानून, छत्तीसगढ़ विशेष जन सुरक्षा अध्यादेश, के तहत माओवादियों को समर्थन देने पर कई सालों की जेल की सज़ा का प्रावधान था। गाँव वालों के घर जला दिए जाने पर उन्हें तत्काल मदद पहुँचाने वालों में एकमात्र माओवादी ही थे।

कुछ मानवीय सहायता पहुँचाने का ज़िम्मा एमएसएफ और आइसीआरसी जैसे अन्तरराष्ट्रीय संगठनों पर छोड़ दिया गया। हालाँकि जबसे संघर्ष शुरू हुआ,

स्वयंसेवी संगठनों या एनजीओ की पूरी शृंखला ने भी वहाँ ख़ुद को आबाद किया। उनमें से कुछ 'नन्दी फाउंडेशन' और 'प्रदान' जैसे पेशेवर एनजीओ थे, जो सामुदायिक विकास, स्वयं-सहायता समूहों के निर्माण एवं इसी क़िस्म के अन्य कामों में संलग्न थे। जबकि उनमें से कई बस्तर बन्धु जैसे सन्दिग्ध एनजीओ भी थे, जिसने परोक्ष रूप से गाँव वालों को सलवा जुडुम में शामिल होने के लिए संगठित किया। या फिर, पवन दूबे नाम के शख़्स द्वारा संचालित और एस्सार समूह के सीएसआर फंड द्वारा वित्त-पोषित जोहार सेवा संगठन जैसे एनजीओ भी थे, जिसका इस्तेमाल कथित रूप से माओवादियों को पैसे भुगतान करने के लिए किया जाता था।

जब 1990 के दशक की शुरुआत में हिमांशु कुमार और उनकी पत्नी ने (विनोबा भावे और सर्वोदय की उनकी विचारधारा से प्रेरित होकर) वनवासी चेतना आश्रम (वीसीए) की शुरुआत की, तो वह शायद उस इलाक़े की एकमात्र एनजीओ थी। उन लोगों ने दंतेवाड़ा से 11 किलोमीटर दूर कवलनार, जोकि महेंद्र कर्मा के गाँव फरसपाल के निकट था, में अपना आधार बनाया। हिमांशु कुमार के वीसीए को सरकार का वरदहस्त मिला हुआ था। जब जुडुम का आगाज़ हुआ था तो हिमांशु ने आदिवासियों के उत्पीड़कों के बजाय आदिवासियों के साथ जाना तय किया और पूरी तरह मानवाधिकार कार्यकर्ता के रूप में सामने आ गए और सरकार के मुखर आलोचक बन गए। लेकिन हिमांशु पूर्णकालिक मानवाधिकार कार्यकर्ता बन चुके थे। उन्होंने एक क़ानूनी सहायता प्रकोष्ठ की शुरुआत की, जिसने गाँव वालों के नुक़सान का ब्यौरा दर्ज किया। उन्होंने मतवाडा शिविर की उन महिलाओं की ओर से याचिकाएँ भी दायर की, जिनके पति सीआरपीएफ और एसपीओ के हाथों मारे गए थे। साथ ही, उन्होंने सिंगावरम और गोमपाद की दो बड़ी घटनाओं, जिनमें बड़ी संख्या में आम नागरिक मारे गए थे, के बारे में भी याचिकाएँ डाली थीं।

सरकार ने बदले की कार्यवाई शुरू की और वीसीए के कार्यकर्ता कोपा कुंजाम को दो साल तक जेल में बन्द करके रखा। मई 2009 में, ज़िला प्रशासन ने वीसीए परिसर को यह कहते हुए उजाड़ दिया कि उसने जंगल की ज़मीन पर क़ब्ज़ा कर रखा है। जबकि वीसीए के पास इस बात के दस्तावेज़ थे कि ग्रामीणों ने उन्हें यह ज़मीन दान में दी थी। वीसीए परिसर को तोड़े जाने के समय बाहर मौजूद एक वालंटियर ने सम्बन्धित लोगों को भेजे गए एक नोट में उस दिन का आँखों-देखा हाल बताते हुए लिखा :

> भोर के 5 बजे सीआरपीएफ, एसटीएफ, छत्तीसगढ़ पुलिस और एसपीओ के 500 जवानों की एक भारी-भरकम टुकड़ी (जिसमें 100 महिला पुलिसकर्मी भी शामिल थीं) कंवलनार स्थित वीसीए के परिसर में पहुँची

> और चारों दिशाओं में अर्द्धसैनिक बल के जवानों को तैनात कर वहाँ घेरा डालना शुरू कर दिया...
>
> उसके बाद एसडीएम श्री अंकित आनन्द ने हिमांशुजी को (सुबह 7 बजे) सूचित किया कि उनके, उनके परिजनों और कर्मचारियों के पास अपने निजी सामान और आधिकारिक दस्तावेज़ आदि हटा लेने के लिए एक घंटे का वक़्त है। 8 बजे आश्रम परिसर में 4-5 बुलडोज़र चलने लगे और चन्द घंटों के भीतर उन लोगों ने समूचे परिसर (प्रशिक्षण हॉल, कर्मचारियों के क्वार्टर, मुख्य कार्यालय की इमारत और आवासीय क्षेत्र) को जमींदोज कर दिया। यहाँ तक कि नलकूपों (ट्यूबवेलों) और सरकार द्वारा निर्मित एक खुले कुएँ को भी नहीं बख़्शा। आश्रम की चहारदीवारी, आश्रम की ओर जाने वाली सड़क पर लगे बोर्डों को भी तोड़मरोड़ कर उखाड़ दिया दया। ये सब चार घंटों तक चलता रहा।

~

यद्यपि खम्मम के आदिवासी क्षेत्रों में 'विकास' आदिवासियों को माओवादियों से दूर करने के लिए आया था, लेकिन आन्ध्र प्रदेश सरकार की एकीकृत जनजातीय विकास एजेंसी (आईटीडीए) ने छत्तीसगढ़ की आदिवासी उप-योजना जैसे कार्यक्रमों की तुलना में बहुत बेहतर काम किया है। मरीइगुडेम गाँव, जो आधा आन्ध्रप्रदेश (अब तेलंगाना) और आधा छत्तीसगढ़ है, आन्ध्र सरकार के लिए एक आदर्श विज्ञापन है—अँधेरे में डूबे, गड्ढों वाले, ख़तरनाक छत्तीसगढ़ की तुलना में प्रकाश व्यवस्था, दुकानों और उपयोग में आने लायक सड़कों से लैस। कोंटा और खम्मम की सड़कें एक-दूसरे की उलट हैं। आन्ध्र / तेलंगाना में ऐतिहासिक रूप से छत्तीसगढ़ की तुलना में कहीं अधिक सक्रिय नागरिक समाज था, ख़ासकर आन्ध्र प्रदेश सिविल लिबर्टीज कमेटी (एपीसीएलसी) और एचआरएफ जैसे समूहों के साथ। एस.आर. शंकरन और ई. ए. एस. सरमा जैसे कुछ उल्लेखनीय सेवानिवृत्त नौकरशाहों ने विभिन्न सार्वजनिक मुद्दों को उठाया है। छत्तीसगढ़ या इसके पैतृक राज्य मध्य प्रदेश में ऐसे अधिकारियों का मिलना मुश्किल है।

आन्ध्र प्रदेश के दूसरे स्थानीय ग़ैर सरकारी संगठन, जिसका नेतृत्व गांधी बाबू कर रहे थे, व्यावसायिका मरियु संधिका अभिवृद्धि संस्था (एएसडीएस), छत्तीसगढ़ से पलायन करके निकले हुए शरणार्थियों की मदद करने में सक्रिय रूप से शामिल हो गई। एक्शन एड और अमेरिका-स्थित एसोसिएशन फॉर इंडियाज़ डेवलपमेंट (एआईडी) द्वारा वित्त पोषित और गांधी बाबू के नेतृत्व में संचालित, एएसडीएस ने

महत्त्वपूर्ण और समर्पित कार्य किया। उसने आइडीपी कर्मियों और उनकी ज़रूरतों की पहचान की, उन्हें राशन और जॉब कार्ड दिलाए, बुज़ुर्गों को राहत दिलाई और जंगल में बसी बस्तियों में स्कूल चलाने के साथ-साथ 'आवासीय ब्रिज कोर्स स्कूल', जो बड़े बच्चों को नियमित तेलुगु सरकारी स्कूलों में स्थानांतरित होने में मदद करते थे, का संचालन किया। एएसडीएस द्वारा नियोजित श्रमिकों में से कई ख़ुद आइडीपी कर्मी थे, जैसे कि बुज़ुर्ग लेकिन समर्पित डोड्डा, जो किस्ताराम रेंज के एक वनगाँव के मुखिया रहे थे और अपने गाँव को जुड़ुम शिविर में ले जाने की बजाय आन्ध्र की ओर रवाना हो गए थे। एक शिक्षक के रूप में नौकरी करने और फिर एएसडीएस के साथ एक आयोजक के तौर पर नियुक्त होने से पहले उन्होंने कुछ समय तक सड़क निर्माण का काम किया। हालाँकि, 2015 आते-आते एएसडीएस के लिए धन का स्रोत सूखने लगा था।

मानवाधिकार कार्यकर्ताओं पर हमले

बीजेपी के 2014 में केन्द्रीय सत्ता में आने के बाद अपने आलोचकों को अर्बन नक्सल कहने का फ़ैशन सा चल पड़ा है। छत्तीसगढ़ की बीजेपी की सरकार बहुत पहले से ही इस रणनीति को अपनाती रही है। मई 2007 में डॉ. बिनायक सेन, जो शिशु रोग विशेषज्ञ एवं मानवाधिकार कार्यकर्ता व दूरदर्शी ट्रेड यूनियन नेता शंकर गुहा नियोगी के सहयोगी रहे थे, को छत्तीसगढ़ विशेष जन सुरक्षा अध्यादेश (छत्तीसगढ़ स्पेशल सुरक्षा अधिनियम) के तहत गिरफ़्तार कर लिया गया। दिसम्बर 2010 में राजद्रोह के लिए उन्हें आजीवन कारावास की सज़ा सुनाई गई। उन्हें सुप्रीम कोर्ट के हस्तक्षेप पर छोड़ा गया।

2005 में तैयार किए गए छत्तीसगढ़ विशेष जन सुरक्षा अध्यादेश को 'अपराध' की एक व्यापक परिभाषा के साथ एक विस्तृत जाल बिछाने के लिए लागू किया गया था : 'जो कोई भी किसी क्षेत्र में किसी भी ग़ैरक़ानूनी गतिविधि में लिप्त रहने या करने या योजना बनाता है या बनाने की कोशिश करता है, उसे एक ऐसे कारावास की सज़ा दी जाएगी जिसकी अवधि सात साल तक की हो सकती है और वह जुर्माने के लिए भी उत्तरदायी हो सकती है' (धारा 8.5)। गिरफ़्तार किए और दोषी पाए जाने वालों में दो सिंधी कपड़ा व्यापारी, जिन्होंने खरीदार को एक सुरक्षा कम्पनी वाला समझकर खाकी का थान बेचा था, और एक दर्जी, जिसने कथित रूप से माओवादियों के लिए वर्दी सिली थी, शामिल थे। पीयूसीएल ने, 2006 में, छत्तीसगढ़ उच्च न्यायालय में एक याचिका दायर कर छत्तीसगढ़ विशेष जन सुरक्षा अध्यादेश की संवैधानिकता को चुनौती दी थी, जिसे 2014 में ख़ारिज कर दिया गया।

बिनायक सेन और अजय टी.जी. के अलावा, पुलिस ने पीयूसीएल के एक तीसरे सदस्य, फ्रीलांस पत्रकार प्रफुल्ल झा को भी उनके ट्रांसपोर्टर बेटे प्रतीक के साथ गिरफ़्तार किया। प्रतीक के दोस्त एवं ट्रैवल एजेंट, सिद्धार्थ शर्मा, के साथ दो महिलाओं, मालती और मीना चौधरी, को भी जनवरी 2008 में गिरफ़्तार किया गया, जिसे पुलिस द्वारा माओवादियों के शहरी नेटवर्क की सबसे बड़ी पकड़ के रूप में प्रचारित किया गया। *इंडियन एक्सप्रेस* के पत्रकार आशुतोष भारद्वाज एकमात्र ऐसे व्यक्ति थे जिन्होंने झा मामले को विस्तार से कवर किया था। उन्होंने पुलिस को यह कहते हुए उद्धृत किया था कि प्रफुल्ल झा शामिल नहीं थे, लेकिन दूसरों को सबक सिखाने के लिए उनकी गिरफ़्तारी ज़रूरी थी'।[9] सभी पाँचों को सात साल कारावास की सज़ा दी गई और उन्हें सितम्बर 2014 में जाकर ही रिहा किया गया।

स्कूल शिक्षिका सोनी सोरी की गिरफ़्तारी दूसरा बड़ा मामला था जिस पर छत्तीसगढ़ पुलिस का आरोप था कि वह माओवादियों को मदद करती है। सोनी ने आरोप लगाया कि पुलिस हिरासत में रहते हुए उसे नंगा कर प्रताड़ित किया गया और दंतेवाड़ा के पुलिस अधीक्षक अंकित गर्ग के निर्देश पर उसकी योनि में पत्थर डाले गए। अपने भतीजे लिंगा के साथ जमानत पर रिहा होने से पहले उसे दो साल जेल में बिताने पड़े। जेल से रिहा होने के बाद वह दंतेवाड़ा लौटी और तभी से सुरक्षा बलों की बर्बरता के ख़िलाफ़ महिलाओं की बड़ी-बड़ी रैलियाँ आयोजित करती रही हैं और प्रतिरोध का चेहरा बन गई हैं।

वैसे उन्हें गिरफ़्तार तो नहीं किया गया फिर भी 2013 में शुरू हुए जगदलपुर लीगल एड ग्रुप (जैगलैग), को भी काफ़ी परेशानी का सामना करना पड़ा क्योंकि वह पुलिस अत्याचार, क़ैदियों के मामले को उठाने लगा। आइसीआरसी की पूर्व कर्मचारी से पत्रकार बनी मालिनी सुब्रमण्यम और शोधार्थी व वकील बेला भाटिया को सरकार व उसके विजिलांटे संगठनों द्वारा काफ़ी परेशान किया गया और अन्तत: उन्हें जगदलपुर से भागकर अपनी जान बचानी पड़ी।

~

मानवाधिकार कार्यकर्ताओं के अलावा शुरू से ही कई लोगों ने काफ़ी व्यक्तिगत जोख़िम होने के बावजूद एक निश्चित रुख़ तय कर लिया। भले ही उनकी आवाज़ को कभी भी आगे नहीं बढ़ाया गया, लेकिन उनके कार्य स्थानीय लोगों के मनोबल के लिए महत्त्वपूर्ण थे; उन्होंने राज्य एवं जुड़ुम के नेताओं द्वारा फैलाए जाने वाले इस आशय के दुष्प्रचार का भी मुक़ाबला किया कि जुड़ुम, ऑपरेशन ग्रीन हंट या

भूमि अधिग्रहण शहरी बुद्धिजीवियों और मानवाधिकार कार्यकर्ताओं की ओर से होता है, जोकि माओवादियों के हितैषी हैं।

उदाहरण के लिए 15 अक्टूबर, 2006 को बस्तर के एक स्थानीय समाचार पत्र, *हाईवे चैनल*, ने बताया कि छत्तीसगढ़ अनुसूचित जाति / अनुसूचित जनजाति छात्रसंघ ने रायपुर के जयस्तम्भ चौक पर प्रदर्शन किया था और वे एक राज्यव्यापी हस्ताक्षर अभियान की योजना बना रहे थे, जिसमें अधिकारियों से कहा गया था कि वे जुडुम को बन्द कर दें और निर्दोष लोगों को मारना भी। तीन सप्ताह बाद, बच्चों के एक समूह ने राष्ट्रपति कलाम से जुडुम को रोकने की अपील करनी चाही : 'एरबोर सलवा जुडुम कैम्प की निवासी, 12 साल की सोयम सन्धुरी...राष्ट्रपति एपीजे अब्दुल कलाम को यह बताना चाहती है कि नक्सल हिंसा ख़त्म होनी चाहिए और उसने अपने परिवार को गाँव से बाहर निकालने के लिए सरकार द्वारा शुरू किए गए सलवा जुडुम को ज़िम्मेदार ठहराया।'[10] हालाँकि, इसमें कोई आश्चर्य नहीं कि बच्चों को राष्ट्रपति को ऐसी कोई भी बात सुनाने से रोक दिया गया।

अगस्त 2006 में, जगदलपुर के एक बुज़ुर्ग वकील प्रताप अग्रवाल ने बिलासपुर उच्च न्यायालय में एक याचिका दायर की। वर्ष 2006 में एर्राबोर कैम्प पर हुए माओवादी हमले पर ज़ोर देते हुए इस याचिका में बताया गया कि राज्य बस्तर के निवासियों की जान बचाने के अपने कर्तव्य में विफल रहा है। उन्होंने शिविरों की भयानक दुर्दशा और भ्रष्टाचार को भी रेखांकित किया और कहा कि शिविर में रहनेवालों को घर जाने दिया जाना चाहिए। दुर्भाग्य से, इसका कोई भी नतीजा नहीं निकला।

2009 आते-आते, लोगों के मारे जाने या गिरफ़्तार किए जाने पर होने वाले स्थानीय विरोध-प्रदर्शनों (उदाहरण के लिए, जून 2009 के सौतनार विरोध) के अलावा, कुछ सार्वजनिक सभाएँ भी हुईं। मसलन, जगदलपुर में बस्तर सम्भाग किसान संघर्ष समिति द्वारा आयोजित सभा, जिसमें इस्पात संयंत्रों और खनन परियोजनाओं का विरोध करने के लिए लगभग 20,000 लोग शामिल हुए। हालाँकि, जिस सहजता के साथ सलवा जुडुम की रैलियों (दिसम्बर 2015 में समाज एकता मंच द्वारा आयोजित एक सभा सहित) ने अनुमति प्राप्त की, उसके उलट इस क़िस्म की एक स्वतंत्र पहल को प्रशासन की मंज़ूरी लेने से पहले महीनों तक प्रयास करना पड़ता है।[11]

आज की जटिल दुनिया में, भावनाओं की संरचना इस बात से निर्धारित होती है कि मीडिया में किसी घटना की रिपोर्ट कैसे की जाती है। लेकिन इसी समय सेलफोन ग्रामीणों को मीडिया तक पहुँचने के कुछ छोटे मौक़े मुहैया करा रहे हैं। आखिरकार, जब आप फंडिंग, सम्मेलन, मीडिया और क़ानून सब छीन लेते हैं, तो मानवाधिकारों का विचार उस समय उत्पन्न होता है जब लोगों को लगता है कि वे अब और सहन नहीं कर सकते, जब नरसंहार वाली किसी जगह पर कोई बहादुर

निवासी एक गाइड के रूप में सेवा देने के लिए तैयार हो जाता है। और इन सबसे ऊपर, जब दुनिया को अपनी कहानी बताने की इच्छा ही अपने डर पर काबू पा लेती है। दुनिया के बाक़ी हिस्से द्वारा पहचाने जाने या भुला दिए जाने के बाद भी बस्तर के लोग ही सबसे बड़े मानवाधिकार कार्यकर्ता हैं। यह जानने के बावजूद कि उन्हें किसी भी तरह कभी भी गिरफ़्तार किया जा सकता है, अपने गाँवों में रहकर राज्य को अपने संघम की जानकारी देने से इंकार करने का मतलब यह है कि बस्तर और दंतेवाड़ा की जेलों में अधिकांश लोग 'विवेक के क़ैदी' (प्रिज़नर्स ऑफ़ कंसाइंस) हैं।

14

न्याय प्रक्रिया की कोशिश

पिछले कुछ वर्षों में, बातचीत शुरू करने एवं शान्ति-वार्ता से सम्बन्धित सवाल उठाने के कई प्रयास हुए। लेकिन, जल्द ही ये प्रयास ख़त्म भी हो गए। वर्ष 2006 में, एस. आर. शंकरण के नेतृत्व वाली सुधी नागरिकों की एक समिति की मध्यस्थता में हुई आन्ध्र शान्ति-वार्ता के ताज़ा अनुभवों से प्रेरित होकर आन्ध्र प्रदेश के एचआरएफ से जुड़े के. बालगोपाल एवं अन्य कुछ लोग ऐसी ही एक प्रक्रिया का प्रस्ताव लेकर छत्तीसगढ़ पहुँचे। लेकिन किसी ने तवज्जो नहीं दी।

जुडुम के बारे में पहली व्यापक चर्चा जनवरी 2007 में हुई, जब जामिया मिलिया इस्लामिया के नेल्सन मंडेला सेंटर ऑन पीस एंड कनफ्लिक्ट रेसोल्यूशन ने एक बैठक आयोजित की और उसमें छत्तीसगढ़ सरकार एवं केन्द्रीय गृह मंत्रालय के प्रतिनिधियों, कुछ अवकाशप्राप्त नौकरशाहों, राष्ट्रीय महिला आयोग, एमएसएफ एवं यूनिसेफ सरीखे अन्तरराष्ट्रीय संगठनों, एस्सार स्टील तथा सीपीजेसी, पीयूसीएल एवं रेवोल्यूशनरी डेमोक्रेटिक फ्रंट सरीखे नागरिक संगठनों के प्रतिनिधियों को आमंत्रित किया। इन प्रस्तावों में से शायद ही कोई देशद्रोही प्रवृत्ति का था, जो युद्ध विराम और आन्ध्र प्रदेश व शिविरों से लोगों के अपने घर वापस लौटाए जाने की वकालत कर रहा हो फिर भी गृह मंत्रालय के अधिकारियों ने उस गोष्ठी में शामिल होनेवालों को 'नक्सलियों के जबर्दस्त हमदर्द' की संज्ञा दी थी।[1] शान्ति की माँग का अगला प्रयास 2009 में सिटीजंस इनिशिएटिव फॉर पीस (सीआईपी) के गठन के साथ शुरू हुआ जिस पर कई गणमान्य लोगों ने हस्ताक्षर करके गृहमंत्री पी. चिदबंरम को सौंपे थे, जिस पर चिंदबंरम ने सकारात्मक रुख़ अपनाया भी। लेकिन कुछ लोगों की अति महत्त्वाकांक्षा व सांगठनिक ढाँचा न होने के कारण सीआईपी धीरे-धीरे ख़त्म ही हो गई।

एनएपीएम की पहल पर 2010 में 50 लोगों के एक जत्थे ने रायपुर से दंतेवाड़ा और फिर वापस दंतेवाड़ा से रायपुर तक पदयात्रा की। इस जत्थे में विस्थापितों के लिए लड़ रहे कार्यकर्ताओं के अलावा बड़ी संख्या में गांधीवादी लोग भी शामिल

थे। उन्होंने सभी पक्षों से आपस में वार्ता करने की अपील की। उनके प्रेस वक्तव्यों में शान्ति की बात करने वालों को नक्सलवादियों का एजेंट क़रार देने और उनके साथ नियमित रूप से (पुलिस द्वारा प्रेरित) धक्कामुक्की एवं उत्पीड़न किए जाने के प्रयासों का ज़िक्र है :

> रायपुर, जगदलपुर और गीदम में, मुट्ठी-भर लोगों ने 'नक्सलियों के एजेंटों, वापस जाओ' के नारे लगाते हुए पदयात्रा के ख़िलाफ़ प्रदर्शन किया। प्रदर्शनकारी कांग्रेस, भाजपा और व्यवसायी समुदाय से जुड़े लोग थे...। जगदलपुर में, लगभग 30 की संख्या में इसी क़िस्म के प्रदर्शनकारियों ने प्रेस कांफ्रेंस हॉल के बाहर नारेबाजी और बदतमीजियाँ की। दिलचस्प बात यह है कि पुलिस वहाँ खड़ी थी, लेकिन हस्तक्षेप नहीं कर रही थी...जब जगदलपुर के पुलिस अधीक्षक मौक़े पर पहुँचे, तो उन्होंने हस्तक्षेप किया और तब एक दर्जन से अधिक प्रदर्शनकारी पदयात्रियों के साथ बैठे और एक घंटे से अधिक समय तक बातचीत की। उनके सारे सवालों का मज़बूती से जवाब दिया गया और उन्हें चुप करा दिया गया। लेकिन बाहर सड़क पर आते ही उन्होंने दोबारा नारेबाजी शुरू कर दी। दंतेवाड़ा की ओर जाते समय, 7 मई को, मोटरसाइकिल पर सवार 5-6 युवक, जिनके गले में सोने की चेन थी, हमारी बस के सामने आ गए और 'वापस जाओ' के नारे लगाने लगे।"

जनवरी 2007 के जामिया सम्मेलन और मई 2010 के गांधीवादियों के शान्ति मार्च के ख़िलाफ़ हुई प्रतिक्रिया से यह साफ़ हो गया कि अहिंसक संवाद में राज्य की कोई रुचि नहीं थी, भले ही वह माओवादियों की 'हिंसा' पर एक अहम मसले के तौर पर ज़ोर देती थी। रमण सिंह ने हमेशा की तरह 'अब तक आप कहाँ थे वाले तर्क' का इस्तेमाल यह पूछने के लिए किया कि उस वक़्त शान्ति मार्च क्यों नहीं निकाला गया, जब सुरक्षा बलों के जवान मारे गए थे। यह एक अलग बात है कि पदयात्रियों ने जवानों के स्मारक पर श्रद्धा-सुमन अर्पित किए थे। और हमेशा की तरह, एसपीओ, जुडुम के नेताओं और कांग्रेस एवं भाजपा से जुड़े ग़ैर-आदिवासी लंपटों ने कथित माओवादी-समर्थक, शान्ति के पक्षधर बाहरी लोगों के ख़िलाफ़ बस्तर की स्थानीय आवाज़ का प्रतिनिधित्व करने का दावा किया।

शान्ति प्रयासों के ताबूत में आख़िरी कील उस समय ठोंक दी गई, जब जुलाई 2010 में गृहमंत्री चिदंबरम की ओर से भेजी गई वार्ता की पेशकश वाली एक चिट्ठी स्वामी अग्निवेश से लेकर जंगल के भीतर अपने कामरेडों के पास जाते समय माओवादी नेता आज़ाद (चेरुकुरी राजकुमार) को मार डाला गया। पुलिस के दावे के अनुसार आज़ाद और उनके साथ चल रहे पत्रकार हेमचन्द्र पांडेय एक मुठभेड़

में मारे गए, जबकि माओवादियों का आरोप है कि यह एक सुनियोजित हत्या थी। अगर गृहमंत्री शान्ति वार्ता के प्रति वाक़ई ईमानदार होते, तो उन्होंने कम-से-कम अपने सन्देशवाहकों की सुरक्षा सुनिश्चित की होती या फिर सन्देह होने की स्थिति में उपयुक्त जाँच का आदेश दिया होता।

बन्धक मामलों में मध्यस्थताएँ

वर्ष 2009 और 2012 के बीच, ऑपरेशन ग्रीन हंट की शुरुआत के बाद, माओवादियों ने कई अपहरणों—पुलिसवाले (झारखंड में 2009, बिहार में 2010 और छत्तीसगढ़ में 2011), कलेक्टर (2011 और 2012 में क्रमशः ओडिशा और छत्तीसगढ़) और यहाँ तक कि ओडिशा में आदिवासी विधायक झीना हिकाका, और दो इटालवी पर्यटकों—को अंजाम दिया। फ्रांसिस इन्दुवार एवं लुकास टेटे नाम के पुलिसकर्मियों के मामले में, जिनकी झारखंड एवं बिहार में अपहरण के बाद हत्या कर दी गई, मीडिया ने इस तथ्य को उजागर किया कि आदिवासी पुलिसकर्मियों की हत्या निशाना बनाकर की गई जबकि उनके साथ अपहृत किए गए अन्य लोगों को कथित रूप से इसलिए बख़्श दिया गया क्योंकि वे अपहर्ताओं की जाति से जुड़े थे।[2]

मलकानगिरी (ओडिशा) एवं सुकमा के कलेक्टरों, क्रमशः विनील कृष्णा एवं एलेक्स पॉल मेनन, से जुड़े मामलों में राष्ट्रीय प्रिंट एवं टेलीविज़न मीडिया कई दिनों तक, उनकी अपनी भाषा में 'ग्राउंड जीरो' पर डेरा डाले रहा। यह दर्शाने के लिए कि एक कलेक्टर के तौर पर श्री मेनन किस क़दर लोकप्रिय थे कांग्रेस और भाजपा ने सुकमा में स्थानीय लोगों, विशेषकर बच्चों, का प्रदर्शन आयोजित किया। श्री मेनन के परिवार के सदस्यों एवं मित्रों के साक्षात्कार लिए गए और इस तथ्य को ख़ूब उछाला गया कि वे एक दलित थे। उनको बन्धक बनाए जाने के दौरान मारे गए दो अंगरक्षकों की तरफ़ स्वाभाविक रूप से कम ध्यान गया। इन दोनों कलेक्टरों के बन्धक रहने के दौरान, मीडिया ने अपना ध्यान यह दर्शाने पर केन्द्रित किया कि ये दोनों कितने बढ़िया कलेक्टर थे। मीडिया ने दिखाया कि ये दोनों ऐसे व्यक्ति थे जिन्होंने अपने कार्यालयों में आराम से बैठने के बजाय अपनी जान जोख़िम में डालकर अपने ज़िले के गाँवों का दौरा करना ज़रूरी समझा। मीडिया की नज़र में इस बात की भी काफ़ी अहमियत रही कि वे दोनों लम्बे, फोटोजेनिक व बेहतर व्यक्तित्व के मालिक थे। उदाहरण के लिए, द *टाइम्स ऑफ़ इंडिया* ने अपनी एक ख़बर का शीर्षक दिया : 'विथ चे एज हीरो, एलेक्स पॉल मेनन रोम्ड द बैडलैंड्स'।[3] दूसरी तरफ़, मेनन के रिहा हो जाने के बाद, छत्तीसगढ़ की दक्षिणपंथी मीडिया ने यह भी कयास लगाया कि अनावश्यक जोख़िम लेकर किसी न किसी रूप में वे अपने अपहरण में ख़ुद शामिल थे और शायद माओवादियों के

साथ उनकी साँठ-गाँठ थी। मीडिया ने माओवादियों से मेनन को 'मानवीय' आधार पर रिहा करने की अपील की, क्योंकि वे अस्थमा के मरीज थे और उनकी पत्नी गर्भवती थी। लेकिन छत्तीसगढ़ की मीडिया ने बाद में यह बताया कि मनीष कुंजाम, जिन्होंने मध्यस्थ बनने से इंकार कर दिया था लेकिन मुख्यमंत्री के अनुरोध पर मेनन को अस्थमा की दवा पहुँचाना स्वीकार कर लिया था, किसी न किसी रूप में माओवादी एजेंट था। मीडिया द्वारा दी गई इस तवज्जो का अगर सौवाँ हिस्सा भी अमानवीय गिरफ़्तारियों एवं गर्भवती आदिवासी महिलाओं समेत आम ग्रामीणों के मारे जाने पर केन्द्रित किया जाता, तो इस तीखे संघर्ष में एक निरोधात्मक क़दम के तौर पर इसका उद्‌देश्य ज़्यादा बेहतर तरीक़े से पूरा हुआ होता।

हैदराबाद केन्द्रीय विश्वविद्यालय में राजनीति विज्ञान के प्रोफेसर जी. हरगोपाल, जिन्होंने दोनों मामलों में मध्यस्थता की थी, ने पूरी प्रक्रिया के बारे में विस्तार से लिखते हुए इस बात की चर्चा की है कि अपने अफ़सरों की रिहाई सुनिश्चित करने के मामले में कैसे ओडिशा सरकार की तुलना में छत्तीसगढ़ सरकार उदासीन थी।[4] यह केवल मध्यस्थों—हरगोपाल एवं बी. डी. शर्मा—का आग्रह ही था जिसकी वजह से माओवादी मान गए और उन्होंने एलेक्स मेनन को रिहा कर दिया। स्वाभाविक रूप से, मीडिया ने इसका सारा श्रेय मुख्यमंत्री रमन सिंह को यह कहते हुए दिया कि कैसे वे इस अपहरण मामले में वार्ता के ख़िलाफ़ अड़े रहे। जनवरी 2011 में छत्तीसगढ़ के नारायणपुर ज़िले में पाँच पुलिसकर्मियों के अपहरण के मामले में, राज्य ने कहीं अधिक उदासीनता और अरुचि दिखाई। मीडिया ने भी इस मामले को कम तवज्जो दी। आख़िरकार, माओवादी उन पुलिसकर्मियों को स्वामी अग्निवेश के नेतृत्व वाले माओवादियों के एक समूह को सौंपने पर मजबूर हुए।[5]

अपने बन्दियों के बदले में, माओवादियों ने अपने कुछ नेताओं के साथ-साथ झूठे आरोपों में फँसाए गए आम आदिवासियों की रिहाई माँग की। उन्होंने ऑपरेशन ग्रीन हंट को ख़त्म करने और बहुराष्ट्रीय कम्पनियों के साथ किए गए विभिन्न समझौतों एवं उन्हें दिए गए खनन सम्बन्धी पट्टों को वापस लेने की भी माँग की। लेकिन मलकानगिरी में, उनकी माँगें ये भी थीं :

> नूका-डोरा, कोंडा रेड्डी समुदायों को अनुसूचित जनजाति का दर्जा दिया जाए; पोलावरम परियोजना को बन्द किया जाए; कोरापुट, मलकानगिरी, नारायणपट्टनम एवं विशाखापट्टनम इलाक़ों के आदिवासियों को ज़मीन का पट्टा दिया जाए; कोटापल्ली से मनेगुडा तक नहर का निर्माण किया जाए; जेल में उत्पीड़न की वजह से मरे तारंगी गंगुलू एवं रतना सिरिके के परिवारों को मुआवज़ा दिया जाए; बालीमेला जलाशय की वजह से डूबे एवं कट गए इलाक़ों के किसानों को मुआवज़ा दिया जाए और इस

> परियोजना से प्रभावित लोगों को वैकल्पिक सुविधाएँ प्रदान की जाएँ; दमनजोडी में नाल्को परियोजना की वजह से विस्थापित लोगों को न्याय दिया जाए; कोरापुट एवं मलकानगिरी जेलों में बन्द आदिवासियों एवं चासी मुलिया कार्यकर्ताओं के ख़िलाफ़ मामले वापस लिए जाएँ।"[6]

नारायणपुर के पुलिसकर्मियों के मामले में, माओवादियों ने सुरक्षा बलों द्वारा स्कूलों को ख़ाली करने के सर्वोच्च न्यायालय के आदेश को लागू करने की भी माँग की।

अपने नेताओं की रिहाई की माँग के अलावा इनमें से किस माँग को अवैध या संविधान के ख़िलाफ़ कहा जा सकता है? मीडिया ने इस बात पर तनिक भी चिन्ता नहीं दिखाई कि निर्वाचित सरकारों द्वारा इन समस्याओं का समाधान क्यों नहीं किया गया। सरकार द्वारा किए गए वादों पर शायद ही नज़र रखी जाती है। एलेक्स पॉल मेनन मामले में वार्ताओं के एक हिस्से के रूप में छत्तीसगढ़ सरकार ने भले ही भूतपूर्व प्रशासक निर्मला बुच के नेतृत्व में क़ैदियों के मामलों की जाँच के लिए एक कमिटी गठित की, लेकिन इस कमिटी की सिफ़ारिशों पर बहुत ही थोड़े से लोगों को जमानत पर रिहा किया गया और उससे कहीं ज़्यादा संख्या में लोगों को गिरफ़्तार किया गया।[7]

इन अपहरणों ने मानवाधिकार कार्यकर्ताओं एवं समूहों को एक कठिन स्थिति में डाल दिया। एक तरफ़, वे यह नहीं चाहते थे कि उनकी मध्यस्थता की व्याख्या अपहरण के चलन के समर्थन के रूप में की जाए। दूसरी ओर, उनका साबका लोगों की उस दुर्दशा से हुआ, जिसे इन अपहरणों ने, भले ही क्षणिक रूप से सही, उजागर किया था।[8] हालाँकि, विडम्बना यह है कि इन मानवाधिकार कार्यकर्ताओं पर मध्यस्थता के लिए दबाव उन्हीं सरकारों द्वारा बनाया जाता है, जो उन्हें माओवादी समर्थक क़रार देकर उनकी आलोचना या गिरफ़्तारी में व्यस्त हैं। 'बीच' की उनकी इसी स्थिति का इस्तेमाल राज्य संकट के समय करती है। ऐसे समय में एक मौन स्वीकार्यता यह है कि मानवाधिकार कार्यकर्ता न सिर्फ़ नक्सलियों से अलग हैं, बल्कि वे अपने प्रयासों में भी निष्पक्ष हैं। यह अलग बात है कि राज्य ने अन्य पहलुओं, जिनमें शान्ति वार्ता के ज़रिए स्थायी समाधान खोजना भी शामिल है, पर उनकी बात सुनकर इस तथ्य को स्वीकार नहीं किया है।

हिंसा पर बहस

> इन सबके बावजूद, लोकप्रिय धारणा यह है कि, माओवादी पार्टी एक ऐसी चीज़ के पक्ष में खड़ी है जिसने उन [लोगों] के जीवन को बेहतरी के लिए बदला है।
>
> *—एस. आर. शंकरण, 2009*

वर्ष 2008 से 2011 के दौरान, पुलिस उत्पीड़न विरोधी जन समिति (पीपुल्स कमिटी अगेंस्ट पुलिस एट्रोसिटीज, पीसीपीए) पश्चिम बंगाल के लालगढ़ में विकास का एक वैकल्पिक मॉडल विकसित कर रही थी, उड़ीसा के कोरापुट में चसिया मूली आदिवासी संघ भूमि अधिकार के लिए संघर्ष कर रहा था और माओवादी झारखंड में सक्रिय थे। अतिवादी समूहों द्वारा इन्हें विकास के वैकल्पिक मॉडलों के रूप में रेखांकित करने का प्रयास किया जा रहा था। हालाँकि, मानवाधिकार कार्यकर्ताओं और माओवादियों के बीच बहस हिंसा की परिभाषा, उसके कारकों एवं उसकी प्रासंगिकता को लेकर रही है।

जहाँ तक गाँववालों का सवाल है, उनके लिए माओवादियों के मूल्यांकन का केन्द्रीय बिंदु हथियारों का इस्तेमाल नहीं था। ख़ासकर, जब तक बन्दूक़ों का निशाना गाँववालों के उत्पीड़कों की ओर हो। हालाँकि, 'मुख़बिरों को मारने के नाम पर' उसी हिंसा का इस्तेमाल जब उनके ख़िलाफ़ किया जाता है तो उनकी अलग समझदारी बनती है, जैसा कि बालगोपाल ने लिखा है, "हिंसा अच्छी या बुरी, ज़रूरी या ग़ैर-ज़रूरी हो सकती है, लेकिन भौंडी वह हर हाल में है।"[9] इसके समानांतर इस तथ्य को देखा जा सकता है कि मध्यम वर्ग का एक बड़ा हिस्सा 2002 की मुस्लिम विरोधी हिंसा में नरेंद्र मोदी के दोष को नज़रअन्दाज़ करने के लिए इसलिए तैयार हुआ क्योंकि उसे यह लगा कि वो 'विकास लाएँगे'। गाँववालों के लिए, ये माओवादी ही हैं जिन्होंने उनका आर्थिक सशक्तीकरण किया है।

हालाँकि, सरकार हिंसा को केन्द्रीय मुद्दा बनाने की इच्छुक है। यह अलग बात है कि एक पूर्व सुरक्षा सलाहकार ने मेरे सामने यह स्वीकार किया कि माओवादियों को 'देश की सुरक्षा के लिए सबसे बड़ा ख़तरा' इसलिए नहीं बताया गया था कि वे सैन्य रूप से शक्तिशाली थे, बल्कि इसलिए कि वे वैचारिक रूप से यथास्थिति को चुनौती देने वाला एकमात्र समूह थे। जहाँ तक सरकार का सवाल है, वह ख़ुद क्या करती है—उसकी हरकतों में भले ही छोटे बच्चों को मारना और बूढ़ों को ज़िन्दा जलाना शामिल हो—वह 'हिंसा' नहीं है। यह तो राज्य को अक्षुण्ण रखने के लिए ज़रूरी होता है। दुनिया-भर में 'राज्य' और 'सुरक्षा' के तर्कों का इस्तेमाल बुनियादी अधिकारों के निलम्बन को सही ठहराने के लिए किया जाता है। जब राज्य हिंसा की बात करता है, तो उसका मतलब एक व्यवस्था की ऐसी हिंसा से नहीं होता जिसके कारण लोग भूखे रह जाते हैं न ही औद्योगिक घरानों की उस हिंसा से जिससे वे अपने लाभ के लिए बड़ी संख्या में लोगों को विस्थापित करने में सक्षम होते हैं, न ही उसका मतलब ख़ुद सरकार द्वारा हिरासत में और सैन्य हत्या के बर्बर कृत्य से होता है। इस प्रकार, युद्ध थोपते हुए भी सरकार यह दावा कर सकती है कि उसकी रुचि शान्ति में है।

माओवादी भी हिंसा को मुद्दा बनाने में रुचि रखते हैं। अहिंसा से बेहतर एक रणनीति के तौर पर 'सशस्त्र संघर्ष' के प्रति उनकी आसक्ति राज्य की 'संरचनात्मक हिंसा' के ख़िलाफ़ एक आत्म-रक्षात्मक प्रतिक्रिया से कुछ बड़ी चीज़ है। वर्ष 2006 में, आइसीआइ ने माओवादियों एवं राज्य, दोनों, को खुली चिट्ठी लिखी। लेकिन जवाब सिर्फ़ माओवादियों ने दिया। आइसीआइ के इस दावे के जवाब में कि अहिंसक तरीक़े आदिवासियों के हित में ज़्यादा बेहतर होते, माओवादियों ने कहा: "क्या आप हमें भारतीय इतिहास के पन्नों से एक भी ऐसा उदाहरण दिखा सकते हैं जहाँ आदिवासियों के अधिकारों को अहिंसक और खुले तरीक़े से सुनिश्चित किया गया? और न सिर्फ़ भारत में, बल्कि दुनिया-भर में कहीं भी इस मामले में कोई नजीर मिलती है? टाटा स्टील के ख़िलाफ़ शान्तिपूर्ण विरोध करने पर कलिंगनगर के आदिवासियों को क्या मिला?"[10]

कोई भी पलटकर अच्छी तरह से यह देख सकता है कि बस्तर के आदिवासियों ने अपने सशस्त्र संघर्ष के लिए जो कुछ हासिल किया, वह था—सीआरपीएफ कैम्पों द्वारा स्थायी रूप से क़ब्ज़ा, हज़ारों मौतें, बलात्कार और गिरफ़्तारियाँ। दूसरी ओर, यह भी सच है कि अगर उन्होंने प्रतिरोध नहीं किया होता तो, इस क्षेत्र पर खानों, इस्पात के कारखानों और बाँधों का तेज़ी से क़ब्ज़ा हो गया होता। दोनों ही तरह से, यह क़ब्ज़ा करने की गति एवं तीव्रता का सवाल है, न कि कब्ज़ा होने या नहीं होने का। प्रभावोत्पादकता और नतीजों के सवाल में ऐसा कुछ नहीं है जिसका किसी रवैये का औचित्य साबित करने के लिहाज से मौजूदा इतिहास के पास अनुभवजन्य जवाब हो। और न ही यह स्पष्ट है कि विभिन्न कार्रवाइयों की श्रृंखला, जिनमें से प्रत्येक का कुछ न कुछ असर होता है, उसके बजाय किसी को केवल हिंसा और अहिंसा में से ही एक को क्यों चुनना चाहिए।[11]

संवाद को लेकर दुविधा

संघर्ष क्षेत्र में रहनेवाली जनता हमेशा ही बातचीत करने के लिए उत्सुक रही है। अगस्त 2010 को 'रेड बेल्ट' में द वीक-सीएनएन-आईबीएन-सीएसडीएस द्वारा कराए गए एक सर्वेक्षण से पता चला है कि बड़े पैमाने पर जनता बिना शर्त बातचीत, सैन्य समाधान के बजाय विकासात्मक क़दम और मौजूदा राजनीतिक प्रक्रिया में सुधार पर विश्वास करती है। तेलंगाना में 2010 के *टाइम्स ऑफ़ इंडिया* के एक अन्य सर्वेक्षण ने दिखाया कि 58 प्रतिशत लोगों का मानना था कि माओवादी इस क्षेत्र के लिए अच्छे थे, 65 प्रतिशत ने कहा कि माओवादियों की सरकार द्वारा हत्या अनुचित थी और 60 प्रतिशत लोगों ने मुठभेड़ के मसले पर सरकार के दावों पर यक़ीन नहीं किया।[12] विभिन्न तरह के जनमत संग्रह में भी बातचीत किए जाने की इच्छा व्यक्त की जाती रही है।

सरकार ने कभी भी शान्ति वार्ता नहीं चाही है, यह एक अलग बात है कि एक लोकतांत्रिक व्यवस्था में वह इस सम्भावना को गँवाते हुए दिखना गवारा नहीं कर सकती है। एक के बाद एक गृहमंत्रियों ने इस बात पर ज़ोर दिया है कि बातचीत केवल तभी सम्भव है, जब माओवादी हथियार छोड़ें। जबकि शान्तिपूर्ण प्रदर्शनकारियों से बात करने का सरकार का रिकॉर्ड सशस्त्र समूहों से सम्बन्धित उसकी नीति से कहीं अधिक निराशाजनक है। पुलिस इस विचार पर ज़ोर देती है कि वार्ता आयोजित करना महज़ नक्सलियों को साँस लेकर फिर से संगठित होने का समय देने की एक रणनीतिक युक्ति भर है। चूँकि राज्य के पास इन क्षेत्रों में अभियान जारी रखने के लिए अन्तहीन पैसा एवं समय है और सभी राजनीतिक दल एक सैन्यवादी दृष्टिकोण के मसले पर एकजुट हैं, लिहाजा शान्ति के लिए कार्य करने का कोई राजनीतिक दबाव बिल्कुल नहीं है। कल्याणकारी योजनाएँ सरकार में बैठे राजनीतिक दलों को वैधता का लाभ दिलाती हैं, वहीं अर्धसैनिक बलों एवं पुलिस में नौकरियों का विस्तार उनके लिए युवाओं का समर्थन सुनिश्चित करता है।

सरकार की तरह माओवादी भी शान्ति वार्ता के लिए उत्सुक नहीं रहे हैं। अतीत में, माओवादियों की उपस्थिति और संगठन के लिए शान्ति वार्ता सिर्फ़ आन्ध्र और पश्चिम बंगाल में ही नहीं, जहाँ वार्ता ने उनके बीच पुलिस की घुसपैठ को सम्भव बनाया, बल्कि नेपाल में भी, जहाँ भारतीय माओवादियों का तर्क है कि संसदवाद ने नेपाली पार्टी का सफ़ाया कर दिया है, घातक साबित हुई है। माओवादियों का यह भी कहना है कि बात करने के लिए कुछ है ही नहीं, क्योंकि सरकार खनन या भूमि के अधिकार के मसले पर झुकेगी नहीं। लेकिन इसके साथ ही, उन्हें शान्ति वार्ता पर विचार करने के लिए इच्छुक दिखने की मजबूरी है क्योंकि उनके ग्रामीण समर्थकों को इसकी ज़रूरत है और उनके उदार लोकतांत्रिक समर्थक इसकी माँग करते हैं।

वार्ता के पक्ष में एक तर्क यह दिया जाना चाहिए कि यह तलाशी अभियान और हिंसा के बीच लम्बे समय तक रहने वाले लोगों को साँस लेने और विस्थापन के मसले पर सोचने का मौक़ा प्रदान करती है। लेकिन उन उपायों के पक्षधर, जो स्पष्ट रूप से पीड़ा कम करने वाले और सुधारवादी हैं, बहुत ही कम हैं। इसके बजाय हमें जो विकल्प पेश किए जाते हैं, वे हैं सशस्त्र क्रान्ति या सशस्त्र दमन।

15

प्रचार युद्ध

पहले पेज की रपटें
120 सैनिक मारे गए

युद्ध लम्बा था
आप इसके आदी हो गए

इसके ठीक बगल में ख़बर थी
एक भीषण अपराध की
हत्यारे की तस्वीर के साथ

कोजिटो महोदय की निगाहें
बेपरवाह घूमती हैं
सैनिकों की आहुति पर
बहुत ख़ुशी के साथ डुबकी लगाने के लिए
रोज़मर्रा की वीभत्सता में

एक तीस वर्षीय खेत-मज़दूर ने
उन्मत्त अवसाद की स्थिति में
हत्या कर दी अपनी ही पत्नी
और दो छोटे बच्चों की

हमें बताया गया है सटीक
तरीक़ा जिस तरह से वे मारे गए
शवों की स्थिति
और अन्य ब्यौरे

कोई मतलब नहीं है खोजने का
गुम हुए 120 लोग एक मानचित्र पर
एक दूरी जो बहुत ही दूर है
उन्हें छिपाती है एक जंगल की तरह

वे कल्पना से बात नहीं करते
ऐसे बहुत सारे हैं
आख़िर में शून्य अंक
बदल देता है उन्हें एक अमूर्तता में

आगे की मीमांसा के लिए एक विषय :
करुणा का अंकगणित

—**जिगबिनेफ हरबर्ट**, *मि. कोजिटो रीड्स द न्यूज़पेपर*

रात को बिस्तर पर लेटकर अलसाए से टीवी के चैनल बदलते हुए, एक औसत दर्शक कभी-कभी मुख्य फ्रेम के नीचे टिकर में 'सुकमा में 3 माओवादी मारे गए', या 'बीजापुर में सीआरपीएफ के 4 जवान मारे गए' जैसी ख़बरें देखेगी। हमला अगर बड़ा हो, तो वह चैनलों पर अलग-अलग फ्रेम में कई लोगों को बोलते हुए, एक-दूसरे पर चिल्लाते हुए, और एंकर को उन सब पर चिल्लाते हुए देख सकती है। बस्तर के हिंसाग्रस्त क्षेत्रों में 'चल रहे' गृहयुद्ध को स्टूडियो में दोहराया जाता है। इस शोरगुल के बीच, यह जानना मुश्किल हो जाता है कि असली युद्ध क्या है—या उसके बारे में चिन्ता करना भी है या नहीं। वह जो जानेगी, वो यह कि नक्सली अव्वल दर्जे के अतार्किक हैं, पहले दर्जे के आतंकवादी, जबरन वसूली करने वाले एवं अमानवीय दैत्य हैं और देश के विकास में अड़ंगा डाले हुए हैं। सरकार की अगर ग़लती है, तो सिर्फ़ यह कि, जैसाकि विपक्षी प्रवक्ता ने अभी-अभी बताया है, उन्होंने सुरक्षा बलों की पर्याप्त टुकड़ियाँ नहीं भेजीं या इन टुकड़ियों ने मानक संचालन प्रक्रिया का पालन नहीं करके ख़ुद को घात लगाकर किए जाने वाले हमले का शिकार होने के लिए छोड़ दिया है। वहाँ, स्टूडियो में, आदिवासियों और शान्ति वार्ता की ज़रूरत के बारे में कुछ कहने वाली एक अकेली आवाज़ हो सकती है, लेकिन एंकर उसे बोलने नहीं देगी, और वैसे भी वह आवाज़ शायद राष्ट्र-विरोधी है, इसलिए यह अच्छी बात है। पाँच मिनट बाद, एक औसत दर्शक टीवी एवं बत्ती बन्द कर देगी, और सो जाएगी।

जैसा कि मीडिया हर किसी को यह याद दिलाते कभी नहीं थकता कि वह एक साथ लोकतंत्र का 'चौथा खंभा', घटनाओं का एक तटस्थ प्रेक्षक और प्रहरी

सब कुछ है। लेकिन पिछले कुछ सालों में, मीडिया के आलोचकों ने प्रहरी वाले तमग़े पर सवाल उठाया है और कहा है कि वे सत्ता के 'रक्षक कुत्तों' की तरह हैं और उसे नुक़सान से बचाते हैं। यों तो मीडिया शायद ही सीधे तौर पर सरकार का मुखपत्र बनता हो, लेकिन ख़बर को अपनी संगठनात्मक ज़रूरतों के ज़रिए फ़िल्टर करके वह वर्चस्वशाली शक्ति का समर्थन करता है।[1]

जुडुम पर चुप्पी

जुडुम के पहले साल में, मैं राष्ट्रीय प्रेस में इस विषय पर लिखे जाने वाले अख़बारी लेखों को अपनी उँगलियों पर गिन सकती हूँ। स्थानीय प्रेस ने ज़्यादातर 'एम्बेडेड पत्रकारिता' जड़ित का ढर्रा अपनाया, जिसमें छत्तीसगढ़ के कई पत्रकारों को सरकारी हेलीकाप्टर से रायपुर से दंतेवाड़ा ले जाया गया। उन्हें छुट्टियों पर गोवा और हांगकांग भी भेजा गया। बीते सालों में, छत्तीसगढ़ सरकार सक्रिय एवं नियमित रूप से प्रेस को ख़रीदती भी रही है।[2]

चूँकि मुख्यधारा की मीडिया ने, वहाँ क्या चल रहा है इसके बारे में ख़बरें नहीं दीं, छत्तीसगढ़ की ख़बरों के लिए सबसे प्रमुख स्त्रोत एक गूगल ग्रुप और 'छत्तीसगढ़ नेट', जिसे आम तौर पर 'सीजीनेट' के रूप में जाना गया, नाम की वेबसाइट थे। सीजीनेट की स्थापना बीबीसी के पूर्व पत्रकार शुभ्रांशु चौधरी और उनकी पत्नी स्मिता चौधरी ने 2004 में की थी। इसने छत्तीसगढ़ पर प्रकाशित सभी समाचारों को एकत्र किया: लोगों ने भी अपनी सूचना साझा की, और कम से कम शुरुआत के कुछ सालों के लिए, यह वेबसाइट इस संघर्ष के बारे में जीवंत चर्चा की एक जगह थी।[3]

संघर्ष का संकेत देने वाली पहली ख़बर 22 जून, 2005 को सामने आई, जिसमें नक्सलियों द्वारा दंतेवाड़ा में ग्रामीणों पर हमला करने की बात कही गई थी। इसके बाद, माओवादियों के ख़िलाफ़ एक आदिवासी विरोध के सरकारी नज़रिए का हवाला देते हुए कई अन्य लेख छपे। उनमें से कुछ ख़बरें तो इस क़दर काल्पनिक थीं कि सरकार को भी बाद में उन्हें नकारना पड़ा :

> अतिवादी भारतीय कम्युनिस्ट पार्टी-माओवादी (सीपीआई-माओवादी), जिसने वस्तुतः दक्षिण-मध्य भारत के छत्तीसगढ़ के बस्तर इलाक़े में 15 साल से वर्चस्व बनाया हुआ है, राज्य सरकार के भीषण हमले के ख़िलाफ़ अपनी जागीर को बचाने के लिए लड़ रही है। 1990 के दशक की शुरुआत से, जब माओवादी ने कांकेर, बस्तर एवं दंतेवाड़ा ज़िलों में अपनी जड़ें जमाईं, पहली बार विद्रोहियों को गृह विभाग के सौजन्य से ग़रीबी प्रभावित माओवादी गढ़ों में बरसाए गए पिज्जा और पेप्सी की

> बदौलत एक गम्भीर विद्रोह का सामना करना पड़ रहा है। और यह इस ख़तरे से निपटने में लगी विभिन्न रणनीतियों और निवेश किए गए लाखों रुपए से बेहतर काम कर रहा है...। अधिकारी कुछ पूर्व माओवादियों के 'हृदय परिवर्तन' को इस तथ्य से जोड़ने के इच्छुक थे कि उन्हें अच्छी तरह से खिलाया गया था।[4]

पहली आलोचनात्मक ख़बर 29 जून, 2005 को सहारा टीवी पर आई। नक्सली मुद्दों पर अनुभवी संवाददाता पत्रकार रुचिर गर्ग ने नक्सल-विरोधी प्रदर्शन की तुलना 1990 के जन जागरण अभियान से करते हुए इशारा किया कि सड़क के किनारे के ग्रामीणों पर इस प्रदर्शन में शामिल होने का भारी दबाव था। उन्होंने इस प्रदर्शन को टाटा घराने के प्रवेश से जोड़ा। लम्बे समय से नक्सलियों के एक अन्य प्रेक्षक, द *हिन्दू* अख़बार से जुड़े के. श्रीनिवास रेड्डी ने 2 अगस्त को माओवादियों द्वारा जन जागरण अभियान (जेजेए) का विरोध किए जाने की ख़बर दी। जिस पैमाने पर जुडुम द्वारा हिंसा मचाई गई, वैसा कहीं कुछ भी नहीं था। 9 अगस्त को बीबीसी के आलोक पुतुल ने महेंद्र कर्मा के घर पर हुए एक नक्सली हमले की ख़बर देते हुए सलवा जुडुम का ज़िक्र बड़े पैमाने पर जनता के जबरिया आत्मसमर्पण, नक्सलियों के जवाबी हमले, लोगों के शिविरों में भागने के सन्दर्भ में किया। सन्देश मिला-जुला था और सरकारी पक्ष अभी भी ज़्यादा वजनदार था।

सितम्बर 2005 में, बस्तर के सांसद बलिराम कश्यप ने कहा कि माओवादियों का महिमामंडन करने वाले पत्रकारों को जेल भेज देना चाहिए। यह एक अलग बात है कि किसी भी पत्रकार ने ऐसा नहीं किया था।[5] इसके तत्काल बाद, 8 सितम्बर को, सरकार ने छत्तीसगढ़ विशेष जन सुरक्षा अध्यादेश (जो 2006 में एक अधिनियम बन गया) जारी किया, जिसने सरकार के लिए, अपनी मर्ज़ी से पत्रकारों को जेल भेजना सम्भव बनाया।

सितम्बर 2005 की शुरुआत में, शुभ्रांशु चौधरी ने दंतेवाड़ा से नगा सैनिकों द्वारा उत्पीड़न किए जाने के बारे में जानकारी मिलने की ख़बर दी। इसके बाद, महीने के अन्त में नागालैंड से इस आशय की ख़बरें आने लगीं कि नगा युवाओं को मलेरिया एवं बीमारी से ग्रसित छत्तीसगढ़ भेजने के लिए नेफियू रियो सरकार को आलोचनाओं का सामना करना पड़ रहा है। हालाँकि इस बीच सरकार के पक्ष में सकारात्मक ख़बरों का सिलसिला जारी रहा। उन पत्रिकाओं में भी जो ख़ुद को सत्ताविरोधी कहती हैं।[6]

इलाक़े में मानवाधिकार सम्बन्धी संकट का पहला संकेत गाँवों में हिंसा और वहाँ से पलायन शुरू होने के चार महीने बाद उस समय मिला जब ग्रामीण मुद्दों की रिपोर्टिंग के लिए सुपरिचित, एनडीटीवी की पत्रकार, महुआ चौधरी ने 3 अक्टूबर,

2005 को सीजीनेट समूह को एक ईमेल भेजा। अपने ईमेल में उन्होंने हर किसी के चेहरे पर भय, नगा बटालियन के हमलों और शिविरों में व्याप्त भयानक स्थितियों का ज़िक्र किया। रायपुर से 5 दिसम्बर को जारी ऑल इंडिया फैक्ट-फाइंडिंग टीम की प्रेस रिलीज़ ने जुड़ुम के बारे में कुछ नकारात्मक कवरेज तो पैदा की, लेकिन जनवरी से लेकर अप्रैल, 2006 के बीच मीडिया वापस नक्सली हमलों और माओवादियों से लड़ने के सलवा जुड़ुम और एसपीओ कर्मियों के दृढ़ निश्चय की रिपोर्टिंग करने लगा।[7]

अप्रैल-मई 2006 में, पहली बार अन्तरराष्ट्रीय प्रेस में आलोचनात्मक ख़बरें आना शुरू हुईं। और यह सब भारतीय प्रेस में आने से बहुत पहले हुआ।[8] हालाँकि, यह तीसरी दुनिया की असमानता की प्रचलित व्याख्या से संचालित था, जोकि भारत के उच्च आर्थिक विकास एवं काल-भ्रमित प्रतीत होने वाले माओवादी आन्दोलन के बीच के अन्तर्विरोधों को उजागर करता था।

स्थानीय रिपोर्ट के लिए सन्दर्भ

ऑपरेशन ग्रीन हंट के तहत सलवा जुड़ुम एवं सुरक्षा बलों की हिंसा की बेहद कम कवरेज होने तथा मीडिया द्वारा घटनाओं के सरकारी विवरणों को प्रमुखता से तवज्जो दिए जाने के कई कारण हैं। सबसे पहले सभी ख़बरों, ख़ासकर क़ानून एवं व्यवस्था से जुड़ी ख़बरों, का एक सामान्य पहलू होता है। एक अख़बार या टीवी चैनल की संगठनात्मक ज़रूरतों में ख़बरों को तेज़ी से बाहर भेजना शामिल होता है, जिसके लिए 'आधिकारिक' स्रोत पर भरोसा करना पड़ता है। जब अपराध की बात आती है, तो इसका सीधा मतलब पुलिस की कहानी को फिर से पेश करना होता है।[9]

दुनिया भर में मीडिया द्वारा तथ्यों की तोड़मरोड़ एक व्यापक समस्या है।[10] माओवादी संघर्ष के मामले में, यह बात कई तरीक़े से स्पष्ट है—मसलन छिटपुट एवं सन्दर्भ से काटकर की गई रिपोर्टिंग; माओवादियों की ग़ैरमौजूदगी वाले इलाक़ों में विकास के अभाव के बावजूद दंतेवाड़ा में शिक्षा या विकास के अभाव के लिए माओवादियों पर दोष मढ़ना; और इस तथ्य को नज़रअन्दाज़ करते हुए कि ख़ुद मीडिया समय-समय पर सरकारी भ्रष्टाचार या जबरन वसूली की ख़बर देता है, माओवादियों द्वारा 'जबरन वसूली' के बारे में सरकारी लाइन का पालन करना।

छत्तीसगढ़ की स्थितियों के मद्देनज़र इस युद्ध को कवर किए जाने—या शुरुआत में कवर नहीं किए जाने—के कई कारण थे। चूँकि झारखंड एवं छत्तीसगढ़ राज्य का गठन 2000 में जाकर हुआ, ये दोनों राज्य भारतीय मीडिया को आकर्षित करने वाले विज्ञापनदाताओं के लिहाज से बड़ा बाज़ार नहीं थे। और न ही इन दोनों राज्यों में राष्ट्रीय अंग्रेजी प्रिंट एवं टेलीविज़न मीडिया के पूर्णकालिक संवाददाता थे।

सिर्फ़ *इंडियन एक्सप्रेस* और *हिन्दुस्तान टाइम्स* के अपने संवाददाता रायपुर में थे, और दंतेवाड़ा वहाँ से काफ़ी दूर है। मीडिया को कोई वैकल्पिक परिप्रेक्ष्य दिखाने के लिए वहाँ कुछ ही संगटन मौजूद थे। सलवा जुडुम के उलट, नन्दीग्राम और 2002 के गुजरात नरसंहार, दोनों, के मुखपृष्ठ की ख़बर बनने की एक वजह यह थी कि ये दोनों घटनास्थल पत्रकारों के जमावड़े वाले बड़े शहरों (अहमदाबाद और कोलकाता) के निकट स्थित थे, तो दूसरी वजह मध्यमवर्गीय स्थानीय कार्यकर्ताओं की उपस्थिति थी और तीसरी वजह संसदीय राजनीति में भाग लेने वाली पार्टियों द्वारा इस मुद्दे को उठाया जाना था। दूसरी ओर, छत्तीसगढ़ में आदिवासी मध्यमवर्ग या नागरिक/ राजनीतिक सामाजिक संगठनों का अभाव है; और कांग्रेस एवं भाजपा साथ मिलकर उग्रवाद-विरोधी जवाबी मुहिम को अंजाम दे रहे थे।

विज्ञापनों या ठेकों के लिए सरकारों पर अपनी निर्भरता की वजह से मीडिया के मालिकान आम तौर पर उनसे भिड़ने के इच्छुक नहीं होते। मसलन *दैनिक भास्कर*, जोकि भारत का सबसे ज़्यादा प्रसार वाला अख़बार और छत्तीसगढ़ का अग्रणी दैनिक है, ने खनन, रियल स्टेट तथा अन्य व्यवसायों में भारी निवेश किया हुआ है। उधर, सरकार ने माओवाद के मुद्दे को वैध उग्रवाद-विरोधी जवाबी मुहिम के रूप में कवरेज के एवज में किए गए भुगतान को दो टूक शब्दों में जायज़ ठहराया :

> नक्सलियों से जुड़ी ख़बरों के लिए टीवी चैनलों को पैसे दिए जाने के सन्दर्भ में, कुमार (मुख्यमंत्री के ऑफिसर ऑन स्पेशल ड्यूटी) ने कहा कि नक्सलियों के दुष्प्रचार का जवाब देने के लिए यह ज़रूरी है। उन्होंने कहा, 'नक्सलियों का शहरी नेटवर्क उनका और उनकी विचारधाराओं का समर्थन करने के लिए मीडिया का इस्तेमाल करने में सक्षम है। नक्सली हिंसा की ख़बरें और सरकारी अफ़सरों के प्रयास अक्सर अनदेखे रह जाते हैं, लिहाजा हमें ऐसा करना पड़ता है।'[11]

इसमें कोई अचरज नहीं कि छत्तीसगढ़ सरकार के पक्ष में जाने वाली हर बात सुर्खियों में आती है और आलोचनात्मक तथ्यों को अन्दर के पन्नों में धकेल दिया जाता है। जब राष्ट्रीय मानवाधिकार आयोग (एनएचआरसी) ने 2008 में सलवा जुडुम के बारे में अपनी रिपोर्ट दी, तो कुछ राष्ट्रीय और राज्य के सभी अख़बारों ने पहले पन्ने पर 'एनएचआरसी की क्लीन चिट' शीर्षक से ख़बर लगाई। एनएचआरसी ने हालाँकि सभी प्रभावित लोगों को मुआवज़ा देने की सिफ़ारिश भी की थी लेकिन यह पिछले पन्ने की ख़बर बनी।

हिन्दी पत्रकारिता की दुनिया राष्ट्रीय अंग्रेजी दैनिकों की दुनिया से काफ़ी अलग है।[12] स्थानीय हिन्दी प्रेस में लिखने वाले कई पत्रकार स्ट्रिंगर हैं, जिन्हें बहुत कम मेहनताना मिलता है और उन्हें आय का अधिकांश हिस्सा विज्ञापनों के कमीशन

से अर्जित करना पड़ता है। मेरे एक सरपंच मित्र ने मुझे बताया कि कैसे उन्हें एक 'पत्रकार' ने 20,000 रुपए का विज्ञापन देने के लिए मजबूर किया। जैसाकि बस्तर के कई पत्रकारों ने मुझे बताया, समाचार संकलन के लिए उनके पास कोई पैसा नहीं होता और दूरदराज़ के गाँवों में जाना कठिन एवं खर्चीला, दोनों, है। नतीजतन, मुख्य रूप से ग्रामीण एवं जगलों से घिरे बस्तर में, अधिकांश ख़बरें शहरी बीट या आसानी से पहुँच जा सकने वाले गाँवों से ही आती हैं।

बस्तर से जुड़े कई अनूठे पहलू भी हैं : उस इलाक़े में आदिवासी पत्रकारों की संख्या लगभग नगण्य है, और वहाँ के किसी भी पत्रकार को कोई भी आदिवासी भाषा नहीं आती है। उन व्यवसायियों, जिन्हें दूरदराज़ इलाक़ों में जाकर मामूली वनोपजों को ख़रीदने और बेचने के लिए वहाँ की भाषा सीखने की ज़रूरत होती है, के उलट पत्रकारों द्वारा भाषा कौशल को अपने काम के लिए कभी ज़रूरी नहीं समझा गया। जब सलवा जुडुम शुरू हुआ, तो अधिकांश स्थानीय पत्रकार इससे नाख़ुश नहीं थे। उन्हें लगा कि इस क़दम ने आदिवासियों को 'बहुत कुछ उनके जैसा' बना दिया है। इसके बाद, स्थानीय पत्रकारों में दिल्ली के दृष्टिकोण—जिसकी अगुवाई कथित रूप से भोले शहरी माओवादी समर्थकों के हाथों में थी—के बस्तर के दृष्टिकोण से बिल्कुल ही अलग होने को लेकर एक हद तक आक्रोश भी पनपा। बेशक वे जिस तथ्य को स्वीकार नहीं करते, वो यह है कि यह एक शहरी ग़ैर-आदिवासी बस्तर का दृष्टिकोण है।

अफ़सोस कि ख़बरों की पूरी संरचना—पेड न्यूज, प्रशिक्षित पत्रकारों की कमी, स्वार्थी मीडिया मालिकान और पुलिस की शक्ति के समक्ष निरीहता—का मतलब सबसे बुनियादी व्यावसायिकता का बलिदान हो जाता है। स्थानीय पत्रकारों के बारे में अगर निष्पक्षता से कहा जाए, तो उनमें से कइयों के हाथ छत्तीसगढ़ विशेष जन सुरक्षा अध्यादेश और ग़ैरक़ानूनी गतिविधियाँ (रोकथाम) अधिनियम जैसे क़ानूनों द्वारा बाँध दिए जाते हैं और उन्हें प्रशासन के साथ-साथ माओवादियों द्वारा भी धमकाया जाता है। कभी-कभी, समर्पित स्थानीय पत्रकार अपनी ख़बरों को राष्ट्रीय दैनिक समाचार पत्रों के संवाददाताओं के पास भेज देते हैं ताकि उनका छपना सुनिश्चित हो सके।

एक ख़तरनाक पेशा

इस गृहयुद्ध का शुरुआती शिकार होने वाले पत्रकारों में से एक चेरपाल गाँव का 27 वर्षीय कमलेश पैकरा थे। छोटा क़द, गोल चेहरा और हमेशा मुस्कराते रहने वाले कमलेश, जगदलपुर से निकलने वाले अख़बार *हिन्दसत्त* के लिए बीजापुर संवाददाता के रूप में काम करते थे। वे जनवितरण प्रणाली की एक दुकान भी

चलाते थे। 8 सितम्बर, 2005 को, कमलेश ने मनकेली गाँव में 50 घरों को जलाए जाने की एक ख़बर लिखी, जिसने सीपीआई को उस इलाक़े का दौरा करने को प्रेरित किया। नतीजतन, कमलेश की दुकान का परमिट रद्द कर दिया गया। उनका भाई, जो चेरपाल हाईस्कूल में काम करता था, को नक्सलवादी साहित्य रखने के आरोप में गिरफ़्तार कर लिया गया। जब तक कि एक अखिल भारतीय जाँच दल नवम्बर 2005 में वहाँ पहुँचता, कमलेश को पहले ही निशाने पर लिया जा चुका था। छत्तीसगढ़ श्रमजीवी पत्रकार संघ के साथ-साथ सीजीनेट के सदस्यों ने उसकी ओर से कलेक्टर, मुख्यमंत्री और राज्यपाल से गुहार लगाई, लेकिन उसे वस्तुतः बीजापुर छोड़कर दंतेवाड़ा जाने के लिए मजबूर कर दिया गया, जहाँ उसे एमएसएफ में एक नौकरी मिल गई।

भोपालपटनम के सम्मानित एवं धूसर दाढ़ी वाले पत्रकार मोहम्मद अफ़ज़ल, दूसरे ऐसे पत्रकार थे जिन्हें निशाना बनाया गया। वो भी *हिन्दसत्त* के लिए काम करते थे। जुड़ुम ने भोपालपटनम में जब अपनी पहली सभा की, तो उन्होंने कई गणमान्य लोगों को मंच पर बुलाया। यह अलग बात है कि उसी मंच के पीछे वे संघम के संदिग्ध सदस्यों को पीट रहे थे। जब अफ़ज़ल ने इसका विरोध किया, तो उन लोगों ने उन पर हमला बोल दिया और उनका हाथ तोड़ डाला। संयोग से, जुड़ुम भोपालपटनम में कभी अपनी जड़ें नहीं जमा सका और अफ़ज़ल वहाँ अपना कामकाज जारी रख सके। कई सालों से उनके साथ बातचीत में, मैंने उन्हें माओवादियों और राज्य, दोनों, का आलोचक और आम गाँववालों की स्थिति के बारे में गहराई से चिन्ता करते हुए पाया।

लेकिन शायद सबसे दुखद मामला साई रेड्डी का था। उसे माओवादियों के साथ सम्बन्ध रखने के आरोप में 2008 में पुलिस ने गिरफ़्तार किया। और फिर 2013 में माओवादियों ने उसे पुलिस के लिए काम करने के शक में मार डाला। मैं उससे दिसम्बर 2008 में उसके घर पर मिली थी। तब वह 49 वर्षीय मुरझाए चेहरे वाला ऐसा व्यक्ति था, जो गर्मी के चार महीने जेल में बिताकर बाहर आया ही था। साई रेड्डी का जन्म बासागुड़ा में हुआ था और उसने साप्ताहिक बाज़ारों में मामूली वनोपजों के एक व्यवसायी के रूप में शुरुआत की थी। वह स्थानीय विकास के मुद्दों के बारे में *नवभारत* के लिए लिखा करता था। कुछ कारणों से नक्सलियों ने उसे और उनके चार या पाँच घरों वाले विस्तृत परिवार को इलाक़ा छोड़कर जाने को कहा। लिहाजा, वह आन्ध्र प्रदेश चला गया। लेकिन कुछ महीनों बाद वह वापस लौट आया क्योंकि उसके परिवार के बच्चों को तेलुगु पढ़ने में दिक़्क़त होती थी। जुड़ुम की शुरुआत में उसने ख़ुद को तटस्थ रखा। लेकिन थोड़े समय बाद उसे अपनी तटस्थता छोड़नी पड़ी, जब लोगों ने शिविरों से अपने घर लौटने के लिए उससे सहायता माँगी। एसपीओ कर्मियों ने, जो किसी को भी शिविर

से वापस नहीं जाने देना चाहते थे, उस पर अपनी पत्नी की जन वितरण प्रणाली की दुकान से माओवादियों को चावल तस्करी करने का आरोप लगाया। उसने मुझे बताया कि गिरफ़्तारी से पहले उसने अपनी पूरी फाइल डीजीपी विश्वरंजन को भेजी थी, लेकिन डीजीपी ने उसकी कोई मदद नहीं की। अन्य पत्रकारों, ख़ासकर एन. आर. के. पिल्लई, जो एक वरिष्ठ मलयाली पत्रकार और स्थानीय पत्रकारों के संगठन के नेता थे, ने उसे जेल से बाहर निकलने में मदद की। इस मदद का एक पहलू यह भी था कि उसके मामले के बारे में रिपोर्टिंग पर चुप्पी साध ली गई।

जब साई रेड्डी की हत्या को नागरिक स्वतंत्रता संगठनों द्वारा चुनौती दी गई, और स्थानीय पत्रकारों ने इसके विरोध में एक सप्ताह की पदयात्रा कर माओवादियों की प्रेस विज्ञप्तियों को छापने से मना करने की घोषणा की, तो माओवादियों ने इसके जवाब में उसके मारे जाने की घटना के पीछे का जटिल इतिहास पेश किया :

> एक पत्रकार होते हुए भी साई रेड्डी लगभग दो दशकों से जनविरोधी एवं आन्दोलन-विरोधी गतिविधियों में संलग्न था। लिहाज़ा, पार्टी की दक्षिण बस्तर डिवीज़नल समिति (डीवीसी) ने उसे दंडित करने का निर्णय लिया और इसी के अनुरूप पीएलजीए की एक इकाई ने एक बार उनके घर पर हमला किया। लेकिन उस हमले में वह बच निकला। 2008 में छत्तीसगढ़ पुलिस द्वारा छत्तीसगढ़ विशेष जन सुरक्षा अधिनियम के तहत माओवादियों का समर्थक होने के झूठे आरोप में उसे गिरफ़्तार किया गया और एक साल के लिए जेल में डाल दिया गया। हालाँकि, उसकी गिरफ़्तारी के अन्य कारण भी थे। लेकिन इस गिरफ़्तारी से उसकी छवि एक सरकार विरोधी व्यक्ति की बन गई। इस पृष्ठभूमि में, डीवीसी ने उसे दंडित करने के निर्णय को रोक लिया। हालाँकि, इस निर्णय को पार्टी के निचले स्तर तक ठीक से नहीं पहुँचाया जा सका। नतीजतन, यह घटना हो गई।[13]

शीर्ष नेतृत्व और निचले स्तर के कार्यकर्ताओं के बीच उलझे तारों की ऐसी ही एक कहानी मुझे टोंगपाल गाँव के एक जानकार द्वारा 12 फरवरी, 2013 को नेमीचन्द जैन के मारे जाने के बारे में सफ़ाई के तौर पर सुनाई गई। जैन *हरिभूमि, नई दुनिया* एवं *दैनिक भास्कर* का स्ट्रिंगर था। मेरे सूत्र के अनुसार, नेमीचन्द टोंगपाल के थानेदार, सुरजन सिंह, को दूरदराज़ के गाँवों में प्रकट रूप से स्थानीय संस्कृति और रिवाजों से परिचित कराने ले जाता था। 8 फरवरी, 2013 को एक माओवादी दस्ते ने नेमीचन्द को इलाक़े में पुलिस को नहीं घुमाने की चेतावनी दी और उसे गाँवों से छह महीने के लिए दूर रहने को कहा। लेकिन इलाक़े में लम्बे समय से पत्रकार के तौर पर काम करने की वजह से अति-आत्मविश्वास से लबरेज नेमीचन्द

ने उनकी चेतावनी को नज़रअन्दाज़ किया। एक दिन बाद, वह सफारी सूट धारी तीन अन्य लोगों को दो मोटरसाइकिलों पर लेकर पहुँचा और गाँव वालों से पूछा कि भूमकाल दिवस (माओवादियों द्वारा 10 फरवरी, को 1910 के भूमकाल के सम्मान में मनाया जाने वाला) किधर मनाया जा रहा है। जब इनमें से एक सफारी सूट धारी व्यक्ति सिगरेट लेने झुका, तो गाँव वालों ने देखा कि उसने पिस्तौल रखा हुआ है। वे तीनों व्यक्ति चले गए, लेकिन नेमीचन्द एक गाँव में रुक गया और उसने रात शराब पीते हुए गुज़ारी। 12 तारीख़ को, वह सौतनार हाट गया और वहाँ से लौटते समय संघम के एक दल ने उसका ख़ात्मा कर दिया। उन्हें डर था कि वह पुलिसवालों के सामने उनकी पहचान का खुलासा कर देगा। दलम को बहुत दिनों बाद इस घटना का पता चला। उन्होंने संघम को इस हरकत के लिए फटकार तो लगाई, लेकिन उनके ख़िलाफ़ कड़ी कार्रवाई नहीं की क्योंकि आख़िरकार नेमीचन्द ने उनकी चेतावनियों को नज़रअन्दाज़ तो किया ही था।

यह कहानी इसलिए विश्वसनीय है क्योंकि इसमें स्थानीय सत्ता समीकरणों के सभी तत्त्व थे : ठाकुर लोग, पत्रकारों का शामिल होना, शराब पीने के लिए आदिवासी गाँवों में रात गुज़ारना, आदिवासी जीवन से 'वाक़िफ़' होने का दावा, इस क़िस्म की वाक़िफ़ियत को लेकर गाँववालों में बढ़ती असहजता और युद्ध के समय में बाहरी लोगों के मुख़बिर होने का सम्भावित ख़तरा, स्थानीय संघम द्वारा घबराहट में हमला और हत्या का रूटीनीकरण। माओवादियों ने इस घटना के लिए माफ़ी तो माँगी, लेकिन नुक़सान तो हो चुका था।

वर्ष 2015 में, दो संवाददाताओं, दर्भा प्रखंड के सोमारू नाग एवं सन्तोष यादव, जोकि क्रमशः *पत्रिका* और *दैनिक नवभारत* एवं *दैनिक छत्तीसगढ़* के लिए काम करते थे, को माओवादियों के लिए काम करने के आरोप में गिरफ़्तार किया गया। पत्रकार चित्रांगदा चौधरी इन अजीबोग़रीब आरोपों के बारे में बताते हुए कहती हैं : यादव का 'नाम बाद में उस मामले में जोड़ा गया जिसके लिए 18 गाँववाले जेल में हैं। इन पर 21 अगस्त को सुरक्षा बलों द्वारा सड़क खोलने की एक कार्रवाई के दौरान मुठभेड़ का आरोप है जिसमें एक विशेष पुलिस अफ़सर (एसपीओ) मारा गया' जबकि नाग पर '26 जून को छोटे कदमा में सड़क निर्माण में लगाए गए एक क्रशर प्लांट को लोगों के एक समूह द्वारा आग के हवाले किए जाने के दौरान पुलिस की गतिविधियों पर नज़र रखने का आरोप' लगाया गया।[14] छत्तीसगढ़ के तमाम पत्रकार उन्हें रिहा कराने के लिए एकजुट हुए और पत्रकारों की सुरक्षा के लिए एक विशेष क़ानून की माँग की।

पत्रकारों द्वारा 21 दिसम्बर, 2015 को जगदलपुर में 'जेल भरो आन्दोलन' शुरू करने से कुछ दिनों पहले ही पुलिस ने उनके बीच फूट डाल दी। आईजी कल्लूरी ने व्हाट्सएप्प पर बस्तर डिवीज़न जर्नलिस्ट्स एसोसिएशन के गठन और

पत्रकारों की रैली में शामिल नहीं होने समेत इस नवगठित संगठन द्वारा लिए गए विभिन्न निर्णयों की घोषणा की। सलवा जुडुम जैसे 'जन आन्दोलन' की तरह ही स्वतंत्र पत्रकारिता भी अब पुलिस मुख्यालय से ही खुलेआम चलाई जा रही थी।

मार्च 2016 में दो और पत्रकारों, प्रभात सिंह और दीपक जायसवाल, को गिरफ़्तार किया गया। पहले वाले की गिरफ़्तारी तब हुई जब उसने एक व्हाट्सएप्प ग्रुप पर अन्य लोगों पर कल्लूरी का बेहद क़रीबी होने का आरोप लगाया। ख़बरों के एक राष्ट्रीय पोर्टल, *स्क्रॉल,* के लिए रिपोर्टिंग करने वाली मालिनी सुब्रमण्यम को बाहर निकाल फेंकने के साथ-साथ इन सारी गिरफ़्तारियों का मामला आख़िरकार एडिटर्स गिल्ड के पास पहुँचा। गिल्ड ने एक जाँच-दल बस्तर भेजा। जाँच-दल ने पत्रकारों के बीच व्यापक स्तर पर डर का माहौल होने, उन पर माओवादियों एवं सरकार, दोनों, की तरफ़ से दबाव पड़ने और उनके ज़ेहन में हर समय सरकार की निगरानी में होने का एहसास रहने की सूचना दी।[15]

राष्ट्रीय मीडिया द्वारा रिपोर्टिंग का चक्र

> मीडिया के दायरे के बाहर सिर्फ़ राजनीतिक हाशिया है
>
> *—मनुएल कास्टेल्स, पावर ऑफ़ आइडेंटिटी*

जैसाकि पहले कहा जा चुका है, काफ़ी लम्बे अरसे तक राष्ट्रीय मीडिया ने इस संघर्ष को कमोबेश नज़रअन्दाज़ किया। वर्ष 2006 की गर्मी में, जुडुम द्वारा किए गए विध्वंस की तस्वीरों और हिंसा में मरने वाले लोगों की सूची के साथ मैं व्यक्तिगत रूप से दिल्ली के प्रिंट एवं इलेक्ट्रॉनिक मीडिया के कई सम्पादकों से मिली और उनसे जुडुम की विध्वंस की तस्वीरों के साथ इन घटनाओं की जाँच करने का अनुरोध किया। लेकिन उनकी ओर से कोई रुचि नहीं दिखाई गई। ऐसा नहीं है कि इस बारे में आलोचनात्मक विचार वाले लेख नहीं लिखे गए। विभिन्न लोगों द्वारा लिखे गए लेखों के अलावा आइसीआइ की रिपोर्टों को व्यापक कवरेज मिली। मई 2007 और फिर मार्च 2008 में सर्वोच्च न्यायालय की सुनवाई के बाद, अंग्रेजी प्रेस में इस आशय के कई सम्पादकीय लिखे गए कि सरकार को नागरिकों को हथियारबन्द करने से बाज आना चाहिए। हालाँकि, ये सब विचारात्मक लेख थे। अधिकांश ख़बरें और उनमें इस्तेमाल की गई शब्दावली—जोकि औसत पाठकों के लिए ख़बरों के मायने परिभाषित करती थी—अपेक्षाकृत सलवा जुडुम के बारे में सरकार के नज़रिए को 'जन आन्दोलन' और 'शान्तिपूर्ण अभियान' के तौर पर पेश करती थी और राज्य द्वारा हिंसा को कम करके बताती थी। दूसरी ओर, एसपीओ कर्मियों, शिविरों एवं सुरक्षा बलों पर माओवादियों के भीषण हमले की ख़बरों को

ख़ूब उछाला गया। ये हमले स्वाभाविक रूप से लोगों के ज़ेहन में गहराई से छाए रहे। इस संघर्ष के बारे में 2006 में गहराई से ख़बर लिखने वाले भारतीय पत्रकारों में सिर्फ़ *आउटलुक* की स्मिता गुप्ता और *डाउन टू अर्थ* की मौरीन मित्र रहीं।[16]

यहाँ तक कि जब प्रेस ने इस संघर्ष के बारे में ख़बरें देनी शुरू कीं, तो तथ्यों को सन्दर्भ से काट कर पेश किए जाने के रवैये ने यथास्थिति को बरक़रार रखने में अहम भूमिका निभायी। इन ख़बरों में उस इलाक़े में नक्सलवाद के उभार के बारे में कोई पृष्ठभूमि नहीं दी गई। ग़रीबी से जुड़ी मीडिया की ख़बरों में ज़्यादातर मानवीयता का पहलू हावी रहा। ग्रामीणों को स्थिति का शिकार बताना एक अच्छी रिपोर्टिंग मानी जाती है, जबकि अपने अधिकारों की सुरक्षा के लिए ग्रामीणों के हिंसक हो जाने की ख़बर देना साख के लिहाज से कम आकर्षक है। बेशक, उन स्थितियों को छोड़कर, जब भारत का 'लाल गलियारे' द्वारा पेश किए गए 'खतरे' पर ध्यान केन्द्रित करना मीडिया के हितों के अनुकूल हो। यहाँ तक कि जब माओवादियों ने संवाददाताओं को अपने प्रभाव वाले इलाक़ों का निर्दिष्ट दौरा कराया, तो संवाददाताओं ने हमेशा नक्सलवादियों तक पहुँचने के क्रम में उनके द्वारा पार की गई नदियों और जंगलों में तय किए लम्बे रास्तों को ही रेखांकित किया। मीडिया की रुचि माओवादियों को लड़ने के लिए मजबूर करने वाली परिस्थितियों या आम लोगों की कठिनाइयों के बजाय माओवादियों के विवाहित एवं सेक्स जीवन के बारे में ख़बर देने में ज़्यादा रही। नवम्बर 2007 में, जब सलवा जुडुम को बन्द करने और माओवादियों के साथ बातचीत की माँग को लेकर एक लाख लोग कई दिनों तक 200 किलोमीटर पैदल चले, तो यह राष्ट्रीय ख़बर नहीं बनी क्योंकि यह सब शान्तिपूर्ण तरीक़े से किया गया था। नक्सली इलाक़ों से आने वाली ख़बरों में तो ख़ूनख़राबा होना ही चाहिए!

टीवी के मामले में, सन्दर्भ देने को लेकर पूर्वग्रह और भी स्पष्ट हैं। दृश्य प्रकृति होने के कारण यह माध्यम सुनिश्चित करता है कि ख़बरें 'घटना-केन्द्रित, गतिविधि-केन्द्रित और व्यक्ति-उन्मुख' हों।[17] यही वजह है कि बाक़ी बातों को धकिया कर माओवादियों या पुलिस द्वारा बड़े सैन्य हमले हमेशा टीवी ख़बरों की सुर्ख़ियों में रहते हैं। टेलीविज़न का मानक फ्रेम माओवादियों को आतंकवादी और सुरक्षा बलों को शहीद बताना, सदमे और डर के स्वर में बोलना और लोगों के विस्थापन को 'विकास' से बेअसर करना होता है। इसका समर्थन माओवादियों की दो बड़े हमलों के मीडिया कवरेज के एक विश्लेषण के ज़रिए किया जाता है।[18] हालाँकि, इस क़िस्म की कवरेज एक दोधारी तलवार भी साबित हो सकती है क्योंकि यह माओवादियों की ताक़त का आभास कराती है। वर्ष 2011 से, माओवादियों से सम्बन्धित ख़बरों में कमी आनी शुरू हो गई। इसकी मुख्य वजह यह थी कि सरकार को यह लगने लगा कि इस युद्ध के बारे में मीडिया की टिप्पणियों से माओवादियों को मदद मिल रही है।

अंग्रेजी भाषा के अख़बारों में क्रमशः 2009 और 2012 में छपी सामग्री के विश्लेषण के आधार पर, नवीन मिश्र और प्रदीप नैनन टॉमस ने माओवादी संघर्ष से जुड़ी रिपोर्टिंग के राज्य-संचालित स्वरूप की पुष्टि की। नवीन मिश्र ने 91 प्रतिशत स्रोतों में सरकार या पुलिस के होने और ऐसी रिपोर्टिंग में पुलिस/सुरक्षा प्रतिष्ठान के ही हावी रहने के तथ्य को रेखांकित किया। जबकि उग्रवाद के पनपने के ज़मीन या वनों के मुद्दे जैसे कारकों की कवरेज लगभग नगण्य थी।[19]

~

वर्ष 2009 से 2011 के बीच की एक संक्षिप्त अवधि में, मीडिया विमर्शों के एकतरफ़ा स्वरूप के समक्ष कुछ चुनौतियाँ थीं। बेशक सारी तो नहीं, जैसाकि मिश्र और टॉमस के लेखों ने दर्शाया है, लेकिन अधिकांश ख़बरों में उन्हीं बातों को प्रसारित किया जाता रहा जो सरकार चाहती थी। इसकी कई वजहें थीं। सबसे अहम वजह 2009 में ख़ुद सरकार द्वारा माओवादियों के ख़िलाफ़ देश-भर में ऑपरेशन ग्रीन हंट चलाने की विराट घोषणा थी।

उधर, माओवादियों ने भी 2010 के ताड़मेटला विस्फोट जैसी उल्लेखनीय जीत के साथ पलटवार शुरू कर दिया। इस विस्फोट में सीआरपीएफ के 76 जवान मारे गए थे और इस घटना को किसी भी टेलीविज़न या प्रिंट चैनल द्वारा नज़रअन्दाज़ करना सम्भव नहीं था। पश्चिम बंगाल के लालगढ़ में, मीडिया को लेकर उत्साहित रहने वाले माओवादी नेता, किशनजी ने, मारे जाने से पहले, कैमरे के सामने एक लाल चेक वाला तौलिया ओढ़कर नियमित रूप से मीडिया को इंटरव्यू दिया। इसी बीच, बिनायक सेन अभियान ने भी मीडिया में ज़ोर पकड़ा। हालाँकि कई लोगों, ख़ासकर भारत से बाहर रहने वालों को 2010 में प्रकाशित अरुंधति रॉय के लेख 'वाकिंग विथ द कामरेड्स' और उसके बाद के उनके साक्षात्कारों ने सलवा जुडुम और माओवादियों से परिचित कराया।[20]

वर्ष 2009 के आसपास, कई राष्ट्रीय अख़बारों ने इस इलाक़े में अपने पत्रकारों को तैनात किया और उनकी ख़बरों को मुख-पृष्ठ पर जगह देनी शुरू की। ये सभी युवा और योग्य पुरुष एवं महिला पत्रकार थे। इनमें संवेदनशीलता, एक तस्वीर के ज़रिए दर्द बयाँ करने की क्षमता, मोटरसाइकिल की सवारी करने और कठिन परिस्थितियों में भी ख़बरें निकाल लाने की दक्षता थी। उन्होंने आम नागरिकों की मौत और बलात्कार के बारे में मर्मस्पर्शी ख़बरें लिखीं और पहली बार देश-भर के पाठकों को इस युद्ध की व्यापकता और असलियत का पता चला। इनमें से कई संवाददाताओं को उनकी ख़बरों के लिए पुरस्कार भी मिले।

लेकिन इनमें से कई पत्रकार ख़बरों तक सबसे पहले पहुँचने की प्रतिस्पर्धी भावना से भी लैस थे और उन्हें ख़ुद पर खतरे, स्थानीय मुख़बिरों या यहाँ तक की पीड़ितों की भी परवाह नहीं थी। इसी वजह से *तहलका* के फ़ोटो पत्रकार तरुण सहरावत की जान भी चली गई। माढ़ का दौरा करने के बाद मलेरिया से उनकी मौत हुई। *तहलका* खासा चर्चित और हिंसा के नाटकीय वर्णन की वजह से अतिवादियों के बीच ख़ूब लोकप्रिय हुआ। लेकिन बलात्कार के मामलों में इसकी ख़राब रिपोर्टिंग का भी एक पहलू था, जिसमें पीड़िताओं की तस्वीरें इस तरह से ली गई थी कि एसपीओ कर्मियों के लिए उन्हें पहचानना और धमकाना आसान हो गया।

~

सड़कों, पेड़ों, स्कूलों और मतदान केन्द्रों के संघर्ष-स्थल बन जाने के साथ यह युद्ध मीडिया कवरेज—अधिक ख़बरें, कम ख़बरें, दुष्प्रचार—के इर्द-गिर्द पसरा रहा। 'सच', वह चाहे कुछ भी हो, वही युद्ध की विषयवस्तु था।

बाग़ियों का मनोबल तोड़ने के उद्देश्य से पुलिस अक्सर नक्सलियों के नुक़सान को बढ़ा-चढ़ाकर पेश करती थी या मारे गए गाँव वालों को नक्सलवादी बताती थी। उदाहरण के लिए, मई 2006 में, अभियान का नेतृत्व करने वाले सीआरपीएफ के कमांडर ने आइसीआइ को स्पष्ट रूप से बताया था कि सिर्फ़ एक महिला नक्सलवादी मारी गई थी, बाक़ी सब भाग गए थे। उनके द्वारा दोरनापाल शिविर में लाई गई उसकी लाश को हम लोगों ने देखा था। लेकिन पुलिस महानिरीक्षक की प्रेस विज्ञप्ति में दावा किया गया कि तीन नक्सलवादी (एक महिला और दो पुरुष) मारे गए और दो अन्य लाशों को नक्सलवादी अपने साथ लेते गए। इसी तरह, माआवादियों के मनोबल को तोड़ने के लिए मनोवैज्ञानिक युद्ध के एक अंग के तौर पर आत्मसमर्पण के आँकड़ों को भी बढ़ा-चढ़ाकर पेश किया गया। स्थानीय मीडिया को भले ही यह पता हो कि 2014 के बाद आत्मसमर्पण में आई बाढ़ जबरिया थी, लेकिन वह पुलिस की प्रेस विज्ञप्ति को पूरी निष्ठा से छापने को विवश थी। आत्मसमर्पण के मुद्दे को लेकर राष्ट्रीय मीडिया अपेक्षाकृत अधिक खुले तौर पर सशंकित थी, लेकिन उसका कुछ ख़ास असर नहीं हुआ।

वर्ष 2012 से लेकर 2015 के बीच, माओवादियों के बड़े अभियानों—मसलन 2013 में महेंद्र कर्मा एवं अन्य कांग्रेसी नेताओं के मारे जाने की घटना—को लेकर मीडिया की रुचि में संक्षिप्त उछाल आया, लेकिन यह जल्दी ही ख़त्म हो गया। इस बात को लेकर एक आम स्वीकृति जान पड़ती है कि यह एक लम्बी चलने वाली लड़ाई है और इसमें नागरिकों की कोलेटरल क्षति होगी। बार-बार भयावह

घटनाएँ होते रहने से चिन्तित नागरिकों के ज़ेहन में भी एक क़िस्म की शिथिलता आ गई है। सुरक्षा बलों द्वारा बलात्कार की पहले पन्ने की ख़बरों से सरकार को कोई फ़र्क़ नहीं पड़ा। वर्ष 2014 में भाजपा की नई सरकार के नज़दीकी व्यापारिक घरानों द्वारा किए गए अधिग्रहणों की वजह से मीडिया के स्वामित्व का परिदृश्य भी काफ़ी बदल गया।

वर्ष 2002 और 2007 के बीच, इराक युद्ध के दौरान, अमेरिकी मीडिया में बुरी ख़बरों के कवरेज में गिरावट आई क्योंकि उसमें नयेपन का अभाव था और ख़ास हमलों या हताहतों को अनियमित एवं असम्बद्ध घटनाओं के तौर पर पेश किया गया। अमेरिकी प्रशासन के सफल होने के दावों या कम से कम सुरंग के अन्त में रोशनी होने के विचार को अपेक्षाकृत अधिक प्रमुखता मिली। नीति के कारगर नहीं होने के बारे में सुझाव देने के किसी भी प्रयास को अमेरिका के अपने रास्ते पर अटल नहीं रहने की सूरत में पेश आने वाले गम्भीर ख़तरे की चेतावनी के माध्यम से काटा गया। इस प्रकार, एक क़िस्म का 'जवाबदेही में अन्तराल' पैदा हुआ।[21] इसी क़िस्म का 'जवाबदेही में अन्तराल' माओवादियों के साथ संघर्ष के दौरान भी नज़र आया। मीडिया शायद ही कभी सरकार की समग्र नीति पर सवाल उठाता है। यहाँ तक कि जब पी. चिदंबरम और राजनाथ सिंह जैसे एक के बाद एक गृहमंत्री हर चार साल में यह घोषणा करते हैं कि 'अगले दो या तीन सालों में' माओवादियों को समाप्त कर दिया जाएगा, मीडिया चुप्पी ओढ़े रहता है। यहाँ तक कि वह, विरोधाभासों को देखे बिना, एक आसन्न ख़ात्मे से सम्बन्धित इन टिप्पणियों को पूर्व गृह सचिव जी. के. पिल्लई द्वारा बताए गए डरावने परिदृश्यों के साथ छापता है। श्री पिल्लई ने आशंका जताई थी कि 2050 आते-आते माओवादी पूरे भारत पर क़ब्ज़ा कर लेंगे।[22]

इराक के ख़िलाफ़ अमेरिका के युद्ध के उलट, यहाँ दोनों तरफ़ से मारे जाने वाले लोग भारत के नागरिक थे, जिनकी सुरक्षा की ज़िम्मेदारी सरकार की थी। हालाँकि, सुरक्षा बलों द्वारा आम आदिवासियों की लक्षित हत्या या बलात्कार की घटनाओं के उजागर होने पर गृहमंत्री द्वारा शायद ही कभी सीधे तौर पर उनकी निंदा की गई हो या हर घटना के लिए मुआवज़ा दिया गया हो। यह उस स्थिति से काफ़ी अलग है जिसमें टेलीविज़न के एंकर, जैसा कि पहले ज़िक्र किया जा चुका है, माओवादियों की हर कार्रवाई के लिए मानवाधिकार कार्यकर्ताओं को उत्तरदायी ठहराते हैं। यह आसानी से हरमन एंड चोमस्की द्वारा समझाए गए 'पात्र एवं अपात्र पीड़ित' के बीच के फ़र्क़ की याद दिलाता है, जोकि उनकी भाषा में मीडिया के 'दुष्प्रचार मॉडल' का एक हिस्सा है।[23] पात्र पीड़ितों के बारे में भरमार ख़बरें जहाँ विस्तृत ब्यौरों से भरी होती हैं, आक्रोश एवं आघात को भड़काती हैं और एक फॉलोअप की माँग करती हैं, वहीं अपात्र पीड़ितों की ख़बरें सीमित होती हैं और

सामान्य लहजे में पेश की जाती हैं। व्यवस्था के शीर्ष पर बैठे लोगों की ज़िम्मेदारी को तय करने या उनके दोष का पता लगाने के प्रयास बहुत कम हुए हैं।

वर्ष 2016 में, कई पत्रकारों की गिरफ़्तारी और मध्यम-वर्गीय कार्यकर्ताओं पर हमले होने पर मीडिया, ख़ासकर युवा रिपोर्टरों, की बस्तर में दोबारा रुचि जगी। सोशल मीडिया के विकास की तर्ज पर *द वायर* और *स्क्रॉल* जैसी इंटरनेट-आधारित मीडिया साइटों के उभार ने मानवाधिकारों के उल्लंघन की कुछ घटनाओं की कवरेज को सुनिश्चित किया है। दूसरी ओर भाजपा, आरएसएस और सुरक्षा प्रतिष्ठान भी उसकी तुलना में बहुत ज़्यादा, उग्रवाद विरोधी अभियान और सरकार की आलोचना करने वालों को बदनाम करने के लिए मुख्यधारा की मीडिया के साथ-साथ सोशल मीडिया को संगठित करने में सफल रहे। मैं 2014 से एक बस्तर व्हाट्स एप्प ग्रुप में थी, जिसका संचालन पुलिस एवं पत्रकारों द्वारा संयुक्त रूप से किया जाता है। इस ग्रुप में पुलिस ने जब कभी भी कथित रूप से 'मुठभेड़' में मारे गए गोलियों से छलनी किसी कथित माओवादी की तस्वीर साझा की, तो कुछ पत्रकारों ने जीत का चिह्न बनाया। वर्ष 2016 में, इन्हीं पत्रकारों ने निष्ठापूर्वक अपने अख़बारों एवं चैनलों में जानते-बूझते हुए पुलिस द्वारा मनगढ़ंत शिकायत, ज़ाहिर तौर पर दरभा प्रखंड के गाँवों की ओर से, को प्रसारित किया जिसमें यह आरोप लगाया गया था कि शोधकर्ताओं के एक समूह, जिसकी मैं एक सदस्य थी, ने पुलिस की सहायता करने पर गाँववालों को माओवादियों का जवाबी हमला झेलने के लिए धमकाया था। इस ख़बर को भाजपा समर्थित सांसद सुभाष चन्द्रा के स्वामित्व वाले घोर दक्षिणपंथी चैनल ज़ी टीवी पर राष्ट्रीय स्तर पर प्रसारित किया गया था।

पोस्टर प्रतियोगिताएँ

मुख्यधारा की मीडिया के अलावा, अपने सन्देशों को प्रसारित करने के लिए सरकार ने संचार के अन्य साधनों में भी निवेश किया। दशहरा के अवसर पर एक वार्षिक प्रदर्शनी में, जहाँ सरकार का प्रत्येक विभाग अपनी उपलब्धियों को प्रदर्शित करता है, पुलिस ने एक व्यंग्यात्मक पोस्टर में यह दिखाया कि कैसे माओवादी सड़क और विकास में अड़ंगा लगाते हैं जबकि पुलिस लोगों की मदद करती है। वर्ष 2014-15 में, लोगों को इस बात का यक़ीन दिलाने के लिए कि नक्सलवादी सरकार की योजनाओं को बाधित कर रहे हैं, केन्द्र सरकार ने रेडियो विज्ञापन—गीत और लघु फ़िल्मों के निर्माण के साथ-साथ आदिवासी युवाओं के साथ संवाद कार्यक्रमों के लिए 5 करोड़ रुपए आवंटित किए।[24]

वर्ष 2015 में, जगदलपुर के ठीक बाहर, एक बड़े होर्डिंग में लगी आत्मसमर्पण करने वाले दो माओवादी दम्पतियों की तस्वीरों पर मेरी नज़र पड़ी। दोनों ही मामलों

में, पुरुष आन्ध्रप्रदेश के थे जबकि महिला स्थानीय आदिवासी थीं। पुलिस ने लिखा था : "ये बाहरी नक्सलवादी, आदिवासियों को आत्मसमर्पण या शादी नहीं करने देते हैं, लेकिन वे ख़ुद आत्मसमर्पण कर देते हैं और सभी सुविधाओं का लाभ उठाते हैं। ये चरित्रहीन और अवसरवादी नक्सली ख़ुद आराम से रहते हैं, जबकि आदिवासियों को ग़ैरक़ानूनी गतिविधियों में शामिल होने के लिए बाध्य करते हैं जिसकी वजह से उन्हें जेल जाना पड़ता है।" यह देखते हुए कि कैसे शीर्ष नेतृत्व से कुछ लोगों ने अपनी अन्तरात्मा के साथ बहुत जद्दोजहद करने के बाद आत्मसमर्पण किए थे, और अधिक लोगों से आत्मसमर्पण कराने के लिहाज से उन्हें इस तरह अपमानित करना शायद ही फलदायी होता हो। उड़ीसा और छत्तीसगढ़, दोनों राज्यों में, पुलिस ने तेलुगु नेतृत्व और स्थानीय कार्यकर्ताओं के क्षेत्रीय विभेद को भुनाने की काफ़ी कोशिश की।

दूसरी तरफ़, पुलिस ने हथियारों के आत्मसमर्पण के लिए इनाम घोषित किए—उदाहरण के लिए, एक लाइट मशीन गन के लिए 4.5 लाख रुपए, एक एके-47 के लिए 3 लाख रुपए। किलो के वजन के आधार पर आईईडी के लिए इनाम घोषित करने वाले छोटे पोस्टर भी पूरे ज़िले में पेड़ों पर लगाए गए हैं। व्हाट्सएप्प सन्देशों, माओवादियों की लाशों तथा उनके आत्मसमर्पण की तस्वीरों और मानवाधिकार कार्यकर्ताओं की विरोधी मीडिया की रिपोर्टों के प्रसारण के ज़रिए कल्लूरी भी व्यक्तिगत रूप से दुष्प्रचार में सक्रिय भागीदारी निभाते हैं।

~

माओवादियों ने भी अपना पोस्टर अभियान चलाने का प्रयास किया है। उनके कार्यकर्ता स्कूलों और सड़कों पर—'सलवा जुडुम मुर्दाबाद', 'चुनावों का बहिष्कार करो'—नारे लिखते हैं। ये नारे सुरक्षा बलों को लक्षित करके लिखे जाते हैं क्योंकि इन्हें पढ़ते वे ही हैं। निर्जन जंगलों में दूर तक पेड़ों पर इस तरह के पोस्टर चिपके पाए जाते हैं। कई बार ये पोस्टर मुद्रित होते हैं, लेकिन अक्सर इन्हें पूरी मेहनत से हाथ से लिखा जाता है। इन सन्देशों में काफ़ी विविधता होती है। इनमें से कुछ बेहद स्थानीय होते हैं जिनमें किसी ख़ास मुख़बिर या आत्मसमर्पण करने वाले और पैसे के साथ भाग जाने वाले व्यक्ति की निंदा की गई होती है। जबकि कई अन्य पोस्टरों में राजनीतिक क़ैदियों की रिहाई और सुरक्षा बलों की टुकड़ियों को हटाए जाने की माँग लिखी होती है। कई बार मैं रुककर उन पोस्टरों को पढ़ पाई हूँ, तो कई बार वे हवा में फड़फड़ाकर उड़ गए।

स्थानीय स्तर पर विभिन्न तबक़ों के लिए माओवादी कई पत्रिकाएँ निकालते हैं। मसलन *पितुरी, भूमकाल, पोर्दु* और *प्रभात* (उभार और नई सुबह को इंगित

करते हुए)। एक भूतपूर्व माओवादी, लछन्ना, ने मुझे बताया कि प्रत्येक डिवीज़न की अपनी एक पत्रिका होती है और राज्य समिति के सदस्यों को हर अंक में अपने इलाक़े में चल रहे संघर्षों के बारे में एक लेख लिखने का ज़िम्मा दिया जाता है। लेकिन कई सदस्य इसमें असफल रहते हैं और वास्तव में कुछ ही लोगों को सारा लेखन करना पड़ता है। इन पत्रिकाओं के पाठकों में प्रारंभिक शिक्षा पाए हुए गाँव के कुछ लोग, शिक्षक आदि शामिल होते हैं। वर्ष 1996 में कंप्यूटर के आने से पहले, वे पत्रिकाओं के लिए साइक्लोस्टाइल का इस्तेमाल करते थे। कंप्यूटर केरोसिन तेल आधारित जनरेटरों या सौर-बैटरियों के सहारे चलाए जाते थे। उनकी प्रेस इकाई में 25 लोग होते थे और भारी जनरेटरों को ढोने के लिए घोड़ों का इस्तेमाल किया जाता था। वर्ष-2008 के मध्य में, सलवा जुडुम और सीआरपीएफ एक प्रेस शिविर पर छापा मारकर उनके घोड़े और जनरेटर उठाकर ले गए। माओवादियों ने गोंडी गीतों का भी प्रभावी तरीक़े से इस्तेमाल किया है, क्योंकि उनकी पहुँच उनके समर्पित घटकों से आगे तक होती है।

लेकिन माओवादी राष्ट्रीय स्तर के दर्शक वर्ग को लेकर भी सचेत हैं। गुडसा उसेंडी नाम—पार्टी के एक के बाद एक प्रवक्ताओं द्वारा इसी नामकरण का इस्तेमाल किया गया—से दंडकारण्य के बारे में रिपोर्टिंग करने वाला हर कोई परिचित है। मेक्सिको में चियापास संघर्ष के सब-कमांडेंट मार्कोस की विज्ञप्ति की झलक यहाँ मिलती है क्योंकि गुडसा उसेंडी पत्रकारों को फ़ोन करके या ई-मेल के ज़रिए किसी बड़े हमले की ज़िम्मेदारी लेता है या उन्हें सुरक्षा बलों द्वारा नागरिकों के नरसंहार के बारे में जानकारी देता है। बैन्ड थॉट.नेट (BANNED THOUGHT.NET) जैसी वेबसाइटों पर माओवादियों के प्रेस वक्तव्य और साक्षात्कार भी जगह पा जाते हैं, हालाँकि गृह मंत्रालय की ओर से होने वाली ब्लॉकिंग की कोशिशों के परिणामस्वरूप इनके यूआरएल लिंक टूट जाते हैं। अपने सन्देशों को बाहर भेजने के लिए और सरल तरीक़ों का भी इस्तेमाल किया गया है, भले ही उनके लक्ष्य के सन्देश सुनने की क्षमता को सीमित कर दिया गया हो। वर्ष 2005 में, सलवा जुडुम अभियान जब चरम पर था, माओवादियों ने कई विधायकों के घरों पर गाँवों को जलाए जाने से जुड़े फुटेज वाली सीडी वितरित की। इन वीडियो में मौजूद ख़ौफ़नाक तस्वीरों से किसी ने भी विचलित महसूस नहीं किया। इसके बजाय छत्तीसगढ़ विधानसभा ने एक सुर से यह कहा कि माओवादी विधायकों को सीडी वितरित करने के लिए राज्य की राजधानी की देहरी तक आ पहुँचे हैं।

16

न्याय के लिए गुहार

> एक औसत बुद्धिवाला भारतीय व्यक्ति जनहित याचिका को उस घंटे के आधुनिक रूप में देखता है, जो अच्छे राजाओं के महल के बाहर किसी हताश नागरिक की त्वरित सुनवाई की गुहार एवं उसे न्याय दिलाने के लिए टाँगा जाता था। एक औसत बुद्धिवाला भारतीय यह भी सोचता है कि जब अदालतें जनहित याचिकाओं की सुनवाई के लिए बैठती हैं तो न्यायिक शक्तियों की वो सारी बन्दिशें, जिनसे वह अन्यथा परिचित है, ग़ायब हो जाती हैं। दूसरे शब्दों में, जनहित याचिकाओं की सुनवाई करते वक़्त वे (अदालतें) एक ऐसी सौम्य तानाशाह बन जाती हैं जो एक उपयुक्त आदेश पारित करके हरेक ग़लत चीज़ को सही कर सकती हैं। हताशा ही ऐसे भ्रमों की एकमात्र वजह हो सकती है।
>
> —**के. बालगोपाल**, *बियॉन्ड वायलेंस एंड नॉन-वायलेंस*

यह अध्याय ऐसी ही हताशा का लेखा-जोखा है। हर बार जब भी सलवा जुडुम के ख़िलाफ़ सर्वोच्च न्यायालय में हम लोग़ों द्वारा दायर याचिका सुनवाई के लिए सूचीबद्ध हुई, मैंने दिल्ली में अपने घर के पास वाली झाड़ियों में स्थित एक मध्यकालीन 'जज साब' के मक़बरे पर मामले की सुनवाई करने वाले जजों को सद्बुद्धि और हमारे वकीलों को शक्ति देने की दुआएँ माँगीं। जब भी जिरह शुरू होने को होती, मेरे हाथ प्रार्थना के लिए जुड़ जाते। मैं अपने तमाम अज्ञेयवाद और सामाजिक विज्ञान से जुड़े निराशावाद को परे रख देती। लेकिन आगे चलकर जब ये मामले ठंडे बस्ते में गए, तो मन्नतों के बजाय यह सामाजिक विज्ञान ही था जिसने मुझे राहत दी। जब मैंने जेराल्ड रोसेनबर्ग की *द होलो होप* (खोखली उम्मीद) को पढ़ा, तो जाना कि दुनिया-भर में सामाजिक मुद्दों पर अदालतों द्वारा की जाने वाले हस्तक्षेप की सीमाएँ हैं।[1] यहाँ मेरी कहानी आस्था से समाजशास्त्र तक के सफ़र को बयान करती है।

1970 के दशक में, भारतीय सर्वोच्च न्यायालय ने एक उल्लेखनीय रचनात्मक क़दम—जनहित याचिका (पीआईएल)—को प्रोत्साहन दिया। उन्होंने सामान्य नागरिक को न्याय सुलभ कराने के लिए लोकस स्टैंडी को छोड़ने और अन्य कई प्रक्रियाओं को तैयार किया ताकि कोई भी सम्बद्ध व्यक्ति—केवल व्यक्तिगत रूप से प्रभावित व्यक्ति ही नहीं—मौलिक अधिकारों के उल्लंघन पर सीधे अदालत का दरवाज़ा खटखटा सके। इन प्रक्रियाओं में सबूत पेश करने के लिए वादियों पर भरोसा करने की बजाय अदालत द्वारा अपनी ओर से ही जाँच बिठाना और अपने फ़ैसलों के कार्यान्वयन की निगरानी के लिए समितियों का गठन करना भी शामिल है।

ग़रीबों के लिए जगह बनाने वाले किसी अन्य तंत्र की ही तरह जनहित याचिका को भी 'फालतू की मुक़दमेबाज़ी' के ज़रिए अदालत का क़ीमती वक़्त बर्बाद करने के लिए कड़ी आलोचना झेलनी पड़ी है। इसमें दो राय नहीं कि कुछ जनहित याचिकाएँ निहायत ही बेतुकी होती हैं और उन्हें कुछ सनकी लोगों, जिनकी हिन्दुस्तान में कोई कमी नहीं है, या कॉरपोरेट जगत के खिलाड़ियों द्वारा अपने प्रतिस्पर्धी को मात देने की नीयत से दायर किया जाता है। हालाँकि, जनहित याचिकाएँ सर्वोच्च न्यायालय द्वारा 2007 से लेकर 2011 के बीच निपटाए गए कुल मामलों का महज़ 1.3 प्रतिशत ही थीं।[2] इसके अलावा, वास्तविक जनहित याचिकाओं में भी वर्गेतर गठबन्धन काम करते होते हैं। नि:शुल्क क़ानूनी मुक़दमेबाज़ी, जो जनहित याचिकाओं की एक और बानगी है, के बावजूद इसमें जो कुछ शामिल होता है—मसलन वकीलों को ब्रीफिंग करना, सुप्रीम कोर्ट के लिए सभी दस्तावेज़ों का अंग्रेजी में अनुवाद करना, सुनवाई के लिए दिल्ली में मौजूद रहने की ज़रूरत जोकि सम्भव हो भी सकती है और नहीं भी—उसका मतलब यह है कि आम आदिवासियों की अदालत तक कोई वास्तविक पहुँच नहीं है।

जो लोग अदालत तक पहुँचते हैं, यहाँ तक कि अपने राज्य के उच्च न्यायालय तक भी, वे ऐसा सिर्फ़ इसलिए कर पाते हैं क्योंकि उनके मसले को ग़ैर-सरकारी संगठनों, नागरिक समाज के कार्यकर्ताओं या सम्बन्धित व्यक्तियों द्वारा उठा लिया जाता है। जैसा कि कई नि:शुल्क मुक़दमों को लड़ने का अनुभव रखने वाले एक वकील ने कहा, नया मॉडल उद्योग जगत द्वारा कम दरों पर जबरन भूमि अधिग्रहण करने के वास्ते है, और फिर वे लाचार वादियों के ख़िलाफ़ अदालत में अपना बचाव करने के लिए कॉरपोरेट वकीलों को भारी रक़म का भुगतान करते हैं।

वर्ष 2007 में, हमने सलवा जुडुम के ख़िलाफ़ दो जनहित याचिकाएँ या रिट याचिकाएँ दायर कीं। पहली याचिका, डब्ल्यूपी (सिविल) 250/2007, नन्दिनी सुन्दर, रामचन्द्र गुहा एवं ई.ए.एस. सरमा बनाम छत्तीसगढ़ राज्य, जिसकी सुनवाई मई में हुई, आइसीआइ का नतीजा थी। दूसरी याचिका, डब्ल्यूपी (क्रिमिनल) 119/2007, कर्तम जोगा, दुधि जोगा एवं मनीष कुंजाम बनाम छत्तीसगढ़ राज्य एवं भारत संघ,

की सुनवाई अक्टूबर में हुई। केन्द्र या केन्द्र सरकार पर एसपीओ कर्मियों का वित्त पोषण करने और सलवा जुडुम के बारे में छत्तीसगढ़ की नीति को समर्थन देने का दोषारोपण किया गया।

मुक़दमा करने के निर्णय

यह तय करने में समय लगा कि मुक़दमा क्या और कहाँ किया जाए। पीयूडीआर एवं पीयूसीएल जैसे नागरिक-स्वतंत्रता-समूह सलवा जुडुम को अदालत ले जाने के इच्छुक नहीं थे। शायद उन्हें इस बात का डर था कि अदालतें कहीं इसे वैध न क़रार दे दें। हालाँकि, मेरा मानना था कि सभी विकल्पों को आज़माना ज़रूरी है। किसी भी सूरत में अदालत परिस्थिति को उससे ज़्यादा बदतर नहीं बना सकती थी, जितनी वह पहले ही बन चुकी थी।

संयोग से, आइसीआइ के अन्य सदस्य भी वहाँ के हालात से उतने ही विचलित थे और वे मुक़दमा करने के विकल्प को आज़माने पर सहमत हो गए। उनकी व्यक्तिगत प्रतिष्ठा हमारे माओवादी एजेंट होने के आक्षेप को ख़त्म करने में उपयोगी साबित हुई। रामचन्द्र गुहा एक जाने-माने इतिहासकार एवं स्तम्भकार हैं। ख़ासकर, *भारत गांधी के बाद* के लेखक के तौर पर वे खासे चर्चित हैं। जबकि ई.ए.एस. सरमा एक प्रशासनिक अधिकारी के रूप में ऊर्जा एवं वित्त मंत्रालयों में सचिव या उच्च अधिकारी समेत कई ज़िम्मेदार ओहदों पर रहे हैं। उन लोगों ने जब भी सम्भव हुआ इन मामलों में भरपूर मदद की और जब भी कोई बड़ा माओवादी या आम नागरिकों पर सुरक्षा बलों का हमला हुआ, तो हम तीनों ने सामूहिक रूप से पत्र जारी किए।

बिलासपुर हाईकोर्ट के एक वरिष्ठ अधिवक्ता, कनक तिवारी, के साथ छह महीने तक विचार-विमर्श के बाद हम लोगों ने तय किया कि सुप्रीम कोर्ट का दरवाज़ा खटखटाया जाए। दोस्तों ने मुझे भूतपूर्व सॉलिसिटर जनरल टी. आर. अन्ध्यारुजिना से मिलवाया (अब वे इस दुनिया में नहीं हैं)। अपने जूनियर आशीष चुघ के समझाने पर वे इस मामले को अपने हाथ में लेने के लिए तैयार हो गए। आशीष ने, जाँच-दल की रिपोर्टों के आधार पर, पहली याचिका का मसौदा तैयार किया और अपनी एक दोस्त प्रज्ञा सिंह, जिन्हें करांजेवाला एंड कं. नाम की कॉरपोरेट लॉ फ़र्म के साथ काम करने का अनुभव है, को एडवोकेट ऑन रिकॉर्ड (एओआर) के तौर पर इसे दायर करने के लिए राजी किया। जहाँ तक अदालत का सम्बन्ध है, एओआर एक व्यक्ति का आधिकारिक पता होता है और याचिका दायर करने से जुड़ी सारी प्रक्रिया एओआर के माध्यम से की जाती है, जिसे इसकी पात्रता हासिल करने के लिए एक विशेष परीक्षा उत्तीर्ण करनी पड़ती है। ख़ुद अन्ध्यारुजिना प्रसिद्ध संवैधानिक

वकील एच.एम. सीरवई के जूनियर रहे थे और उनकी एवं अन्य क़ानूनी विशेषज्ञों की तस्वीरें, एक बड़े से कार्यालय के सामने स्थित उनके पंक्तिबद्ध पुस्तकों से सजे कार्यालय की सीढ़ियों पर लगी थीं। हर बार ब्रीफिंग के बाद जब मैं उनके पास से लौटती, तो मुझे निराशा होती। मुझे यक़ीन सा था कि जो कुछ भी हो रहा है, उसकी विकरालता को वे समझ नहीं रहे हैं। लेकिन जब भी मैंने उन्हें अदालत में सुना, तो मैं हैरान हुई कि कितनी सरलता से वे इस मसले की तह तक पहुँचे थे। मैंने एक मानवविज्ञानी की रुचि के ब्यौरों और एक वकील की ज़रूरत के लायक विवरणों के बीच अन्तर करना सीखा।

यह याचिका अप्रैल 2007 के अन्त में दायर की गई और उस पर सुनवाई दो सप्ताह बाद, 17 मई को, गरमी की छुट्टियों से कुछ दिन पहले हुई। मैं एस.आर. शंकरण की अध्यक्षता वाली एक बैठक में थी, जब प्रज्ञा ने मुझे मैसेज किया कि अदालत ने 'नोटिस जारी किया'। उस मैसेज का सीधा मतलब यह था कि अदालत ने इस मसले को संज्ञान में ले लिया है। उस शाम, मैंने इस आशय की ख़बर रेडियो पर भी सुनी। कुछ वर्षों तक, सुप्रीम कोर्ट की सुनवाई सुर्ख़ियों में बनी रही। भगवान दास रोड पर हमेशा बड़ी संख्या में टेलीविज़न चैनलों की गाड़ियाँ खड़ी पाई जाती हैं, ख़ासकर उस दिन जब कोई महत्त्वपूर्ण फ़ैसला आने वाला होता है। पिछले दो वर्षों के दौरान, एक कार्यकर्ता के रूप में इस मामले को उजागर करने के हमारे सभी प्रयासों ने उतने प्रभावी ढंग से काम नहीं किया था जितना कि अकेले अदालत की इस एक 'नोटिस' ने कर दिया था।[3]

इसके तुरन्त बाद, मैंने सुकमा का दौरा किया जहाँ सीपीआई के रामा सोडी ने मुझे सलवा जुडुम के उत्पीड़न से सम्बन्धित गवाहियाँ दिखाईं जो उन्हें चेरला रैली (अध्याय 6 देखें) के दौरान दी गई थीं। उन्होंने मुझे सुझाव दिया कि हम लोग इनका उपयोग अदालत में कर सकते हैं। दिल्ली में, सीपीआई के महासचिव कामरेड ए. बी. वर्द्धन ने इसे एक अच्छा विचार माना। पार्टी की ज़िला इकाई ने एक याचिका में नाम डालने के लिए उन लोगों का चुनाव किया, जो पीड़ित होने के साथ-साथ निर्वाचित जनप्रतिनिधि भी थे। उस वक़्त के माहौल—जब रोजाना गाँव के गाँव जलाए जा रहे थे और सैकड़ों लोग अन्धाधुंध तरीक़े से मारे जा रहे थे—को देखते हुए कुछ साहसी लोगों के एक समूह को ढूँढ़ पाना बेहद कठिन काम था। कर्तम जोगा जिला पंचायत का सदस्य था और उसे सलवा जुडुम एवं स्थानीय पुलिस द्वारा बुरी तरह से पीटा गया था। दूसरे नम्बर का याचिकाकर्ता दुधि जोगा अर्लमपल्ली का निवासी था। उसके घर समेत पूरे गाँव को सलवा जुडुम द्वारा महेन्द्र कर्मा की उपस्थिति में जला दिया गया था। याचिका दायर करने के समय दुधि जोगा अपने रिश्तेदारों के साथ एक अन्य गाँव में शरण लिये हुए था। वह भी जनपद पंचायत का एक निर्वाचित सदस्य था। याचिकाकर्ता नम्बर 3, मनीष कुंजाम अखिल भारतीय

आदिवासी महासभा के अध्यक्ष और कोंटा के भूतपूर्व विधायक हैं। सलवा जुडुम के हमले में वे बाल-बाल बचे थे और याचिका में उल्लिखित कई घटनाओं से निजी तौर पर वाक़िफ़ थे।

गर्मी का महीना बहुत व्यस्त रहा। इस दौरान, दो छात्रों की मदद से गवाहियों का अनुवाद अंग्रेजी में किया गया और मारे गए लोगों एवं बलात्कार की शिकार महिलाओं के नाम छाँट लिये गए। अगस्त के अन्त में 'कर्तम जोगा एवं अन्य' वाली याचिका दायर की गई। लेकिन तीन बार की देरी के बाद इस पर पहली सुनवाई 12 अक्टूबर, 2007 को हुई। इस बार अदालत ने न सिर्फ़ नोटिस दिया, बल्कि अगली सुनवाई की तारीख़ भी जल्दी रखी। इस बार से दोनों मामलों को एकसाथ जोड़ दिया गया और उसे एक मामला मानते हुए सुनवाई की गई। दोनों मामलों के लिए एओआर के तौर पर सुमिता हजारिका ने कार्य किया। इस बात को गुज़रे वर्षों बीत चुके हैं, लेकिन वो आज भी ख़ुशी-ख़ुशी हमारी तरफ़ से दस्तावेज़ों को अदालत के सामने पेश कर रही हैं।

वर्ष 2007 की गर्मियों से मैं ख़ास तौर पर दो स्थानों से अच्छी तरह परिचित हो गई थी—सेंट्रल दिल्ली में नित्या रामाकृष्णन का दफ़्तर और अशोक देसाई का उनके आवास के बेसमेंट में बना दफ़्तर। नित्या का दफ़्तर आपस में एक-दूसरे से जुड़े दो कमरों का एक सेट था। जब भी आप उस दफ़्तर में जाएँगे, तो हमेशा एक प्रशिक्षु वकील को किसी न किसी मसले पर काम करते पाएँगे। लगातार लोग—दोस्त, क्लाइंट या उनको किसी मसले पर ब्रीफ करने के इच्छुक युवा वकील—आते मिलेंगे। आतंक से जुड़े मामलों में रिहाई और फाँसी से राहत दिलाने की एक लम्बी श्रृंखला का श्रेय और देश में आपराधिक मामलों के चोटी के वकीलों में से एक होने का गौरव पाने के बावजूद उनके दफ़्तर में घर जैसा आत्मीय माहौल रहता है। ख़ुद नित्या लम्बे क़द की हैं और गणित, क्रिकेट एवं वर्ग पहेलियों में दिलचस्पी रखती हैं।

अशोक देसाई का दफ़्तर थोड़ा रोबदार था (अब वे भी इस दुनिया में नहीं रहे)। उनके दफ़्तर में उनके क्लर्कों एवं फाइलों के लिए एक अलग कमरा और अपनी बारी के इन्तज़ार में बैठे क्लाइंटों के लिए दूसरा कमरा अलग से था। भूतपूर्व अटॉर्नी जनरल रहे श्री देसाई सुप्रीम कोर्ट में वकालत करने वाले वरिष्ठतम एवं सम्मानित वकीलों में से एक थे। वर्ष 2007 में उन्हें वकालत करते हुए 50 साल पूरे हुए, लेकिन उनके मज़ाकिया क़िस्से, पढ़ने की उनकी ललक और अपने इर्द-गिर्द की हर चीज़ में गहरी दिलचस्पी उन्हें हमेशा जवान बनाए रखती थी। जब भी नित्या, उसके जूनियर्स और मैं उनके दफ़्तर में जाते, तो वे जो भी कर रहे होते, उसमें से सिर उठाकर हमारी ओर देखते ही कहते 'जल्दी आ जाओ' और छोटे-मोटे मज़ाक के बाद, हम फाइलें पढ़ने में जुट जाते।

इस मामले पर काम करने वाले सभी वकीलों, चाहे वे सीनियर हों या जूनियर, ने अन्य आकर्षक मामलों को छोड़कर वर्षों तक निःशुल्क मुक़दमे लड़े हैं। ऐसे वकीलों ने इस मामले के लिए कई बार कभी देर रात तक बैठकर जवाबी मसौदे और शपथ-पत्रों के मजमून तैयार किए हैं। मैं उनके इस समर्पण पर अक्सर हैरान होती थी। उनका बस्तर से कोई निजी रिश्ता नहीं है और अगर तंग नज़रिए से कहें तो वे कोई सामाजिक कार्यकर्ता भी नहीं हैं। लेकिन एक विधिक पेशेवर और इससे भी परे एक नागरिक के तौर पर वे इस मसले से जुड़ाव महसूस करते थे।

पृष्ठभूमि

लुटियन की दिल्ली के केन्द्र में कुल 17 एकड़ में फैली आकर्षक गुंबदों वाली सुप्रीम कोर्ट की इमारत, जिसका उद्घाटन 1958 में किया गया था, की डिज़ाइन दो पलड़ों वाली एक तराजू की शक्ल में तैयार की गई थी।[4] कोर्ट 1, जोकि आगे वाले मैदान के ठीक सामने अवस्थित है और जहाँ मुख्य न्यायाधीश दो अन्य न्यायाधीशों के साथ बैठते हैं, तराजू की डंडी के केन्द्रीय भाग सरीखा है। कोर्ट रूम-1 के दोनों तरफ़ के दो दरवाज़े विजिटर्स गैलरी में खुलते हैं, जबकि वकीलों का प्रवेश बीच वाले दरवाज़े से होता है। दीवारों में लकड़ी के चौखट लगे हैं; छतें ऊँची हैं, जिन पर लम्बी छड़ों के सहारे पंखे टँगे हैं। हालाँकि, एयर कंडीशनर की सुविधा भी है। न्यायाधीशगण एक ऊँचे चबूतरे पर पीछे के रास्ते से प्रवेश करते हैं। सभी सहायक सफ़ेद पगड़ी के साथ लाल एवं सफ़ेद वर्दी पहने होते हैं और वे प्रत्येक न्यायाधीश के प्रवेश करने एवं बाहर निकलने के समय उनके पीछे खड़े होते हैं। तीन न्यायाधीश एक मेज के पीछे ऊँची लाल कुर्सियों पर बैठते हैं, जिनकी पीठ पर सत्य का प्रतीक चिह्न अशोक चक्र खुदा होता है। उनके पीछे दीवार पर एक अशोक चक्र ऊँचाई पर टँगा होता है। उनके ठीक सामने, प्रवेश द्वार के ऊपर, एक बड़ी दीवार घड़ी टँगी होती है और प्रवेश द्वार के दोनों तरफ़ की दीवारों पर भूतपूर्व मुख्य न्यायाधीशों के आदमकद तैलचित्र लगे हैं। 'कोर्ट मास्टर' के नाम से पुकारे जाने वाले अदालत के क्लर्क सामने की तरफ़, जजों के ठीक नीचे, मेज की ओर मुँह करके बैठते हैं। पूरे कक्ष में माइक एवं एम्पलीफायर लगे हैं, लेकिन न्यायाधीशगण शायद ही कभी उनका इस्तेमाल करते हैं। लिहाजा न्यायाधीशगण ने क्या कहा, उसे सुनने के लिए ज़ोर लगाना पड़ता है और जब वे कोई फ़ैसला सुनाते हैं, तो कोर्ट मास्टर को खड़े होकर नोट्स लेना होता है। नीली एवं धूसर रंग की वर्दी पहने कुछ पुस्तकालय सहायक जजों के अदालत में प्रवेश से पहले यह सुनिश्चित करते हैं कि सभी फाइलें और लॉ रिपोर्टर वहाँ मौजूद हों। जब किसी

मामले का निपटारा हो जाता है, तो न्यायाधीशगण उसकी फाइल को मेज के नीचे फेंक देते हैं, जहाँ से उसे नीचे रजिस्ट्री में भेज दिया जाता है।

अदालत 1 से लेकर अदालत 5 तक सामने की ओर स्थित हैं, जबकि बाक़ी की अदालतें दाहिनी ओर स्थित हैं और उन तक पहुँचने के लिए एक तंग गलियारे से गुज़रना होता है। अदालत 7, को छोड़कर बाक़ी की ये अदालतें बिना विजिटर्स गैलरी वाली छोटी अदालतें हैं। 2007 से लेकर जुलाई 2010 तक हम लोग अदालत 1 में थे, लेकिन उसके बाद हम लोग किनारे वाली अदालतों में से एक में स्थानांतरित कर दिए गए। यह एक बड़ी राहत थी क्योंकि यहाँ जिरह के दौरान मुझे एक वादी के तौर पर वकीलों के बगल में बैठने की अनुमति मिल गई। आमतौर पर, वादी बाईं ओर और प्रतिवादी दाईं ओर बैठते हैं। दोनों किनारों पर किताबों की अलमारियों के साथ-साथ पतले आले हैं, जिन पर कोई भी अपनी फाइलें रख सकता है।

जजों की मेज के नीचे एक तरफ़ हरेक अदालत में जारी मामलों के बारे में इलेक्ट्रॉनिक रूप से विवरण प्रदर्शित होते रहते हैं ताकि वकील अपने मामलों की प्रगति से अवगत रह सकें। इसके अलावा, हरेक अदालत के बाहर एक छोटा इलेक्ट्रॉनिक बोर्ड और सुप्रीम कोर्ट की वेबसाइट पर 'आइटम नम्बर' के बारे में जानकारी प्रदर्शित होती रहती है। कंप्यूटरीकरण की मेहरबानी से अपने दफ़्तर में बैठकर भी वकील इसके बारे में पता लगा सकते हैं। चूँकि हर मामले में लगने वाला समय अप्रत्याशित होता है, लिहाज़ा एक जूनियर वकील अदालत में मौजूद रहकर चुपचाप मैसेज के ज़रिए अपने सीनियर वकील को स्थिति से अवगत कराता रहता है। या अगर मामला अचानक से सुनवाई के लिए सामने आ जाता है, तो वह झट से उठकर 'पासओवर' का अनुरोध कर देता है।

प्रत्येक अदालत के बाहर, पुराने ज़माने की तार के पिंजरेनुमा बोर्ड में काग़ज़ की सूचियाँ खुँसी होती हैं, और दो गार्ड भी होते हैं जो आपकी तलाशी लेते हैं और अन्दर जाने वालों के पास की जाँच करते हैं। 'पास जारी करने वाला दफ़्तर' अदालत परिसर के प्रवेश द्वार पर स्थित है। इस मुक़दमेबाज़ी का सबसे बड़ा डर यह था कि क्या अदालत की सुनवाई की तारीख़ पर वरिष्ठ अधिवक्ता ख़ाली होंगे, क्योंकि मामले अगले दिन तक खिंच जाते हैं, वकील स्थगन माँगते हैं, और नतीजतन, मामलों की तारीख़ें लगातार टकराती रहती हैं। पिछले वाले दिन शाम के छह बजे ही आपको पता लगता है कि मामला अगले दिन सूचीबद्ध है, फिर भी, इस बात की कोई गारंटी नहीं कि आपकी बारी कब आएगी। कई बार हमारे वकील कई घंटों तक अदालत में इन्तज़ार करते रहे, लेकिन सब बेकार रहा क्योंकि अदालत का पूरा दिन हमारे से पहले वाले मामलों में ही खप गया। अक्सर वे पूरी तैयारी के साथ आते लेकिन छत्तीसगढ़ राज्य के वकील समय माँग लेते। छत्तीसगढ़ राज्य ने कई तरह से हमारी राहें मुश्किल करने की कोशिश की। वे अपने शपथ-पत्र की प्रतिलिपि हमें सुनवाई

के पहले वाले दिन शाम को 5 बजे इस उम्मीद में सौंपते कि हम उसके अध्ययन के लिए समय माँगेंगे। लेकिन हम लोगों ने कभी समय नहीं माँगा।

अदालतों की भाषा अनजानी, लेकिन रोचक होती है : मसलन 'गिविंग अपीयरेंस' का मतलब वकीलों की आधिकारिक उपस्थिति-पंजी में हस्ताक्षर करना होता है। 'सेटलिंग केसेज' का आशय जूनियर वकील द्वारा तैयार किए गए मुक़दमे के मसौदे पर सीनियर वकील द्वारा हस्ताक्षर करने से है। अदालत से बाहर निकलते समय मैंने पीछे चलना सीखा ताकि हमारी पीठ जज की तरफ़ न हो। हालाँकि फाइलों के ढेर पर डगमगाकर चलते हुए ऐसा करना निहायत ही मुश्किल था। मैं उस वक़्त अवाक रह गई जब मैंने पहली बार एक वकील को उठकर कहते सुना कि 'मैंने अपनी पत्नी की हत्या कर दी है', और एक अन्य वकील कह रहा था कि 'मैं आपराधिक धोखाधड़ी के लिए जेल में हूँ'। बाद में मुझे एहसास हुआ कि वे महज़ अपने क्लाइंट्स का प्रतिनिधित्व कर रहे थे। एक के बाद एक विभिन्न विषयों से जुड़े मामलों की सुनवाई करते हुए न्यायाधीशों के धीरज पर मैं हमेशा अचम्भित होती थी।

अनुभवी वकीलों को पता होता है कि कब रुकना है—क्योंकि जज लोग कभी-कभार आपस में बातचीत करते हैं—और कब आगे बढ़ना है और जजों के संकेतों का जवाब देना है। फाइलों में चाहे जो भी दर्ज हो, बहुत कुछ इस बात पर निर्भर करता है कि अदालत में क्या आदान-प्रदान होता है। असली सार समय का होता है, और सही पृष्ठ उलटने में हल्की सी चूक या फाइलों में छोटी सी भी त्रुटि एक ठोस मामले को भी बिगाड़ दे सकती है। आमतौर पर वकील लोग केवल ताजा दाख़िल किए गए दस्तावेज़ों में शामिल बिन्दुओं पर बहस करते थे, लेकिन कभी-कभी विरोधी वकील किसी पुरानी फाइल से कुछ बिन्दुओं को उद्धृत करता था, और अगर हमारे पास हमारी अपनी प्रतिलिपि नहीं होती, तो हम नुक़सान में होते। इसलिए हर सुनवाई के दौरान हम अपनी सभी फाइलें लेकर आए। समय के साथ, फाइलों की तादाद बढ़ती चली गई और उनके वजन में कई किलोग्राम का इज़ाफ़ा होता गया और उन्हें ढोने के लिए कई झोलों की ज़रूरत पड़ी। दोस्त, जूनियर वकील या क्लर्क अक्सर हमारी मदद करते रहे, लेकिन इन फाइलों को कोर्ट में ले जाना हमेशा मेरे लिए एक बड़ी चिन्ता होती थी।

अदालत के एक ठेठ दिन की शुरुआत न्यायाधीशों के समक्ष 'उल्लेख' (मेंशनिंग) के साथ होती है—जब वकील उन मामलों का उल्लेख करते हैं, जिनकी जल्दी सुनवाई ज़रूरी होती है या सुनवाई की तारीख़ बदलने का अनुरोध करते हैं। सोमवार और शुक्रवार को 'विविध दिन' (मिसलेनीयस डेज) कहा जाता है और यह एक बाज़ार की तरह होता है। न्यायाधीश इन दोनों दिनों में यह तय करने से पहले कि किन मामलों को सुनवाई के लिए चुना जाए, सैकड़ों मामलों की सुनवाई करते हैं

(यह अलग बात है कि कोई मामला औपचारिक रूप से 'एडमिट' हुए बिना सालों तक चल सकता है)। लेकिन नियमित सुनवाई या ग़ैर-विविध दिनों में, कोई भी मामला पूरे दिन या यहाँ तक कि पूरे सप्ताह तक सुना जा सकता है, जबकि अन्य वकील अपनी बारी का इन्तज़ार करते रहते हैं। नवम्बर 2009 में, हमारे मामले सहित कई महत्त्वपूर्ण मामलों की सुनवाई हफ़्तों तक टाल दी गई। हालाँकि, इस दरमियान मुख्य न्यायाधीश की अदालत ने दोनों अंबानी / रिलायंस भाइयों के बीच विवाद पर सुनवाई की। जब वरिष्ठ वकील महत्त्वपूर्ण मामलों में बहस करते हैं, तो अक्सर ढेर सारे जूनियर वकील उस बहस को सुनने आते हैं। और जब ऐसे किसी मामले को सुनवाई के लिए पुकारा जाता है, तो वैसे मौक़ों पर अक्सर वकीलों और पत्रकारों के बीच एक पागलपन भरी होड़ मच जाती है।

हालाँकि, अदालत की प्रणाली का सबसे अगम हिस्सा रजिस्ट्री है। अदालत की तारीख़ों को सुप्रीम कोर्ट की वेबसाइट पर खोजा जा सकता है, लेकिन वे अक्सर दिखाई देती हैं और फिर ग़ायब हो जाती हैं। वर्ष 2009 के दौरान इस मामले का क्रम—मेरे द्वारा बनाई गई तारीख़ों की सूची के आधार पर—यह दिखाता है कि कैसे, रजिस्ट्री तिथियों के बीच, ग़ैर-विविध तिथियों पर सुनवाई की ज़रूरत थी ताकि हमें बहस करने के लिए पर्याप्त समय मिल जाता, और फिर स्थगन। एक पूरा साल बिना किसी वास्तविक सुनवाई के बीत गया। 16 दिसम्बर, 2008 के बाद अगली उपयुक्त सुनवाई 18 फरवरी, 2010 को हुई!

रजिस्ट्री में वे फाइलें भी होती हैं जो अलमारियों पर रखी जाती हैं और तहखाने के गलियारों में भरी पड़ी होती हैं। कर्मचारियों ने हमें बताया कि वे किसी विशेष तिथि की आवश्यक फाइलों को केवल अपने अनुभव के ज़रिए खोज लेने में सक्षम हैं। कभी-कभी, फाइलें विभिन्न न्यायाधीशों के बीच आवाजाही में खो जाती हैं। यह सुनिश्चित करना एओआर का काम है कि वे सभी फाइलें अदालत में उपलब्ध हों, जैसे कि यह सुनिश्चित करना कि हर बार हलफ़नामे के पाँच सेट उचित फ़ॉन्ट और मार्जिन के साथ दर्ज किए जाएँ। अदालत परिसर में फोटोकॉपी करने वालों ने अपनी कला में जादूगरी हासिल कर ली है। वे मिनटों में फोटोकॉपी, उसकी छँटाई और बाइंड पेपरों को 'दस्तावेज की किताबों' के रूप में तैयार करने में सक्षम हैं।

मुक़दमे का इतिहास

हमारी याचिका के अब तक पाँच चरण हो चुके हैं : मुख्य न्यायाधीश के समक्ष पहला चरण जो अप्रैल 2007 में शुरू हुआ था, जिसमें हमारी याचिका को दाख़िल करने की शुरुआती प्रक्रिया और सुनवाई शामिल थी, और जिसकी परिणति 15 अप्रैल, 2008 को एनएचआरसी को जाँच का आदेश दिए जाने के रूप में हुई।

दूसरे चरण में, दोनों पक्षों ने एनएचआरसी रिपोर्ट पर अपने जवाब दाख़िल किए। यह प्रक्रिया अगस्त, 2008 से 2010 के मध्य तक चली। इस दौरान हमने एक पुनर्वास योजना भी तैयार की, और एक निगरानी समिति हासिल करने के क़रीब पहुँच गए। तीसरा चरण जुलाई 2010 से जुलाई 2011 तक चला, जब यह मामला न्यायमूर्ति रेड्डी और न्यायमूर्ति निज्जर के सामने पहुँचा। इस चरण के उत्तरार्द्ध में एसपीओ पर ध्यान केन्द्रित किया गया। चौथे चरण में जुलाई 2011 के आदेश को चुनौती देने वाली भारतीय संघ द्वारा दायर एक 'पुनरीक्षण याचिका' और इस आदेश के उल्लंघन के ख़िलाफ़ मार्च 2012 में हमारे द्वारा दायर 'अदालत की अवमानना' याचिका शामिल थी। पाँचवाँ चरण, विशेष रूप से 2014 के पूर्वार्द्ध में न्यायमूर्ति निज्जर के सेवानिवृत्त होने के बाद, शाब्दिक और प्रतीकात्मक दोनों ही रूपों में अवमानना मामले की 'बिना-सुनवाई' वाला रहा। 2018 में अन्तिम सुनवाई शुरू हो गई थी, लेकिन जज के सेवानिवृत्त होने के बाद सुनवाई फिर से रुक गई है।

मुक़दमेबाज़ी की शुरुआत में दिए जाने वाले मुक़दमे का सार और तारीख़ों की सूची दाँव पर लगे मुद्दों का एहसास कराते हैं। हम जो माँग कर रहे थे, वो यह कि 'राज्य के एजेंटों, मसलन राज्य की पुलिस और अर्धसैनिक बलों, की सक्रिय मिलीभगत और भागीदारी से सलवा जुडुम नामक संगठित समूह द्वारा किए गए व्यवस्थित मानव अधिकारों और मानवीय क़ानूनों के उल्लंघन के ख़िलाफ़ एक समुचित उपाय किया जाए।'

कर्तम जोगा की याचिका में गवाहियों के आधार पर, मारे गए लोगों और जलाए गए घरों की संख्या देने का प्रयास किया गया :

> वर्ष 2005-2007 के बीच, सलवा जुडुम द्वारा कम से कम 33 बच्चे, 45 महिलाएँ, 416 पुरुष और 43 अज्ञात व्यक्ति मारे गए। सूचित की गई मौत की सभी घटनाओं में कुल 537 लोगों की मृत्यु हुई, और यह सम्भावित हत्याओं का एक छोटा सा हिस्सा है, जिनमें से अधिकांश दर्ज ही नहीं हुईं ...जून 2005 और 2007 के बीच अविभाजित दक्षिण बस्तर ज़िले (दंतेवाड़ा) में कम से कम 2825 घरों, बीजापुर ज़िले में 1733 घरों और दंतेवाड़ा ज़िले के कोंटा तहसील में 1092 घरों को जला दिया गया।

दोनों याचिकाओं में, हमारी 'प्रार्थना' में सलवा जुडुम पर प्रतिबन्ध, आम नागरिकों को शस्त्रों से लैस करना और सतर्कता के लिए राजकीय समर्थन, एसपीओ के रूप में नाबालिग़ों की बहाली पर रोक, एसपीओ को भंग करने की बातें शामिल थीं। हमने सभी पक्षों, चाहे वह सलवा जुडुम हो या एसपीओ या सुरक्षा बल या फिर नक्सली हो, के द्वारा की गई हत्या, बलात्कार एवं आगजनी की घटनाओं की एक स्वतंत्र जाँच का अनुरोध किया। हमने पीड़ितों के पुनर्वास एवं मुआवज़ा, शिविरों

को विघटित करने और आन्ध्र प्रदेश से शरणार्थियों को वापस उनके गाँव लाने के लिए राज्यों को निर्देश देने का भी आग्रह किया। हम यह भी चाहते थे कि राज्य मानवाधिकारों के उल्लंघन के लिए ज़िम्मेदार सभी लोगों के ख़िलाफ़ एफआईआर दर्ज करे और उन पर मुक़दमा चलाए।

पहली याचिका के समय, उपलब्ध सामग्रियों में मानवाधिकार समूहों की तथ्यान्वेषी रिपोर्टों और कुछ अख़बारों की रिपोर्टों, के अलावा कुछ सरकारी दस्तावेज़ भी शामिल थे जिनसे सलवा जुडुम के लिए राज्य का समर्थन उजागर होता था।[5] राज्य सरकार की पहली प्रतिक्रिया यह दावा करने की थी कि ये सभी आधिकारिक गोपनीय दस्तावेज़ हैं, भले ही ख़ुद राज्य सरकार ने इन दस्तावेज़ों को अपने वेबसाइट पर डाला था और खुलकर इनका वितरण किया था।

दूसरी याचिका मुख्य रूप से जून 2007 की चेरला रैली के दौरान 110 गाँवों से दो खंडों में एकत्र की गई गवाहियों पर आधारित थी। समय-समय पर, हमने उस याचिका में और अधिक गवाहियाँ, जुडुम की आलोचना वाली छिटपुट आधिकारिक रिपोर्ट या अन्य प्रकार के साक्ष्य, मसलन रानी बोदली में एसपीओ की पुलिस स्मारक की तस्वीरें आदि जोड़ीं। इन दस्तावेज़ों से एसपीओ की वास्तविक उम्र पता चली और यह दिखाया कि मारे जाने के समय वे नाबालिग़ थे जबकि पुलिस का दावा था कि वे सभी वयस्क थे।

~

अदालत में हमारी रणनीति, जितने हमारे पास सबूत थे उन्हें पेश करने से परे जाकर इस मामले का राजनीतिकरण करने को चुनौती देना था और अमेरिका की अदालतों के अन्तरराष्ट्रीय क़ानूनों सहित विभिन्न क़ानूनी सिद्धान्तों को सूचीबद्ध करते हुए इसके मानवीय पहलू को उजागर करना था। अशोक देसाई ने बार-बार तर्क दिया कि यह कोई प्रतिकूल याचिका नहीं है और सरकार को भी याचिकाकर्ताओं की तरह ही समाधान खोजने के लिए चिन्तित होना चाहिए, क्योंकि आदिवासियों के हितों की रक्षा करना संवैधानिक रूप से अनिवार्य है।

दूसरी ओर, छत्तीसगढ़ सरकार की रणनीति इस मामले को छोटा करके राजनीतिक और किसी भी क़ानूनी सिद्धान्त से असम्बद्ध साबित करने की थी। उनकी प्रतिक्रिया का मुख्य ज़ोर, इस मामले की शुरुआत में जनवरी 2008 में और उसके बाद के हर जवाबी हलफ़नामे में, यह दावा करने पर था कि याचिकाकर्ता माओवादियों के आवरण हैं और माओवादी हमलों के मद्देनज़र राज्य की कार्रवाइयाँ उचित हैं : 'यह रिट याचिका अप्रत्यक्ष रूप से नक्सलवाद की विचारधारा का गुणगान करती

है' (जनवरी 2008); 'इस बात को दोहराया जाता है कि यह याचिका माओवादी गतिविधियों की तारीफ़ करती है और नक्सली हिंसा का मुक़ाबला करने या लोगों की पीड़ा को कम करने के लिए नहीं है (जुलाई 2010)'।

छत्तीसगढ़ सरकार की ओर से पेश होते हुए मुकुल रोहतगी ने तो एक बार अशोक देसाई को माओवादी तक कह दिया था। वर्ष 2008 के शुरू में, दंतेवाड़ा के पुलिस अधीक्षक राहुल शर्मा और राज्य के पुलिस महानिदेशक विश्वरंजन ने हथियारबन्द महिला कैडरों के साथ मेरी एक तस्वीर भी तैयार कर ली थी और मेरी उनके साथ साझेदारी के सबूत के तौर पर उस तस्वीर को वहाँ का दौरा करने वाले पत्रकारों एवं अन्य लोगों को दिखाते थे। जब मैंने उन्हें मानहानि का क़ानूनी नोटिस भेजा, तो राहुल शर्मा ने जवाब दिया कि ये तस्वीरें एक 'विद्वान दिखने वाली महिला' की हैं, जिनकी पहचान पुलिस की जाँच में किसी सुश्री जीत के रूप में सामने आई और इस ग़लतफ़हमी को दूर करने लिए मुझे पुलिस को धन्यवाद देना चाहिए। इससे पहले या बाद में इस सुश्री जीत के बारे में कुछ भी नहीं सुना गया। लेकिन इस बीच, मेरी रातों की नींद इस चिन्ता में हराम रही कि न्यायाधीश फोटोशॉप की बारीकियों को समझ नहीं पाएँगे। मैंने तो बचाव की एक रणनीति के तौर पर ओसामा और बुश की एक साथ वाली तस्वीरों का प्रिंट आउट तक अपने साथ रख लिया था।

इधर हम सबूत लाते रहे, उधर छत्तीसगढ़ की रणनीति किसी भी तथ्य को मानने से इनकार करने की रही। वे हर बार उसी दस्तावेज़ को पेश करते रहे—जो दर्ज एफआईआर की संख्या और शिविरों की स्थितियों से सम्बन्धित था—बस उनमें अलग-अलग तिथियाँ और शीर्षक यह आभास देने के लिए डाल दिए जाते थे कि वे अदालत द्वारा माँगे जाने पर नई जानकारी प्रदान कर रहे हैं। इसके समानांतर छत्तीसगढ़ सरकार ने यह दावा किया कि स्थितियाँ उनके नियंत्रण में हैं—इसलिए किसी भी स्वतंत्र निगरानी समिति की आवश्यकता नहीं है—और यह भी कि वे नक्सलियों के आगे असहाय थे और इसलिए न तो एफआईआर दर्ज कर सके और न ही कोई विकास का काम कर सके।

अदालत के अन्दर और बाहर, दोनों ही जगह, राज्य सरकार ने इस बात पर ज़ोर दिया (यही काम वे 10 साल बाद भी कर रहे हैं) कि सलवा जुडुम राज्य प्रायोजित नहीं है, बल्कि 'शान्तिप्रिय लोगों की एक पहल' थी। हालाँकि, उसी साँस में उन्होंने तर्क दिया कि 'राज्य नक्सलवाद की समस्याओं को हल करने के लिए प्रतिबद्ध है और कोई भी शान्तिपूर्ण आन्दोलन, जो हिंसक तरीक़ों का विरोध करता है, निश्चित रूप से राज्यों का समर्थन पाता है [sic] '(जनवरी 2008)।

भारत संघ ने भी दोहरी भूमिका निभाई। अदालत में उन्होंने दावा किया कि वे हस्तक्षेप नहीं कर सकते क्योंकि क़ानून और व्यवस्था राज्य का विषय है, और

उनकी अपनी भूमिका सुरक्षा व्यय योजना के तहत धन प्रदान करने तक सीमित है। लेकिन साथ ही, उन्होंने छत्तीसगढ़ सरकार के लिए अपना समर्थन काफ़ी स्पष्ट कर दिया। अप्रैल 2008 में, अतिरिक्त सॉलिसिटर जनरल गोपाल सुब्रमण्यम ने यहाँ तक तर्क दिया कि राज्य सरकार को नागरिकों को हथियारबन्द करने के लिए मजबूर किया गया क्योंकि पुलिसकर्मी नक्सलियों से लड़ने के लिए तैयार नहीं थे और पुलिस बलों में 17,000 पद रिक्त थे।

अदालत के बाहर, निश्चित रूप से, यूपीए नियंत्रित गृह मंत्रालय छत्तीसगढ़ की भाजपा शासित सरकार के पीछे मज़बूती से खड़ा था। दरअसल, यह गृह मंत्रालय ही था जिसने 'स्थानीय प्रतिरोध समूहों' (सलवा जुडुम) और ऑपरेशन ग्रीन हंट, दोनों, की शुरुआत की थी। वर्ष 2006 में जब आइसीआइ शिवराज पाटिल से मिला, तो उन्होंने हमें धैर्य के साथ सुना। लेकिन उन्होंने कहा कि वह कुछ भी नहीं कर सकते क्योंकि यह राज्य का विषय है, और पीड़ित परिवारों को एफआईआर दर्ज कराना चाहिए। हमारे इस तर्क का उन पर कोई असर नहीं हुआ कि पीड़ित परिवार ऐसा नहीं कर सकते क्योंकि एफआईआर दर्ज करने वाले, यानि पुलिस ही, हत्या में संलग्न थे। जहाँ तक संविधान की पाँचवीं अनुसूची का सवाल है, जिसके तहत राज्यपाल को बस्तर के आदिवासियों की रक्षा के लिए हस्तक्षेप करना चाहिए था, राज्य और केन्द्र दोनों ने ऐसा ज़ाहिर किया मानो यह वजूद में ही नहीं है। केन्द्र ने अप्रैल 2008 में अदालत को बताया कि 'इस सन्दर्भ में 5 वीं अनुसूची के प्रावधानों के उपयोग की ज़रूरत नहीं है।'

31 मार्च, 2008 को मुख्य न्यायाधीश बालाकृष्णन ने टिप्पणी की कि हत्या करने वाले नागरिकों को हथियारबन्द करना राज्य द्वारा अपराध को हवा देने जैसा है। इस सुनवाई के लहजे पर प्रतिक्रिया देते हुए, सभी राष्ट्रीय अंग्रेजी दैनिकों ने सलवा जुडुम की आलोचना करते हुए महत्त्वपूर्ण सम्पादकीय प्रकाशित किए। छत्तीसगढ़ का प्रेस हालाँकि चुप था। अदालत ने हमें एक स्वतंत्र जाँच के लिए आवेदन दायर करने की अनुमति दी। इसी के अनुरूप, हमने कई नामों का सुझाव दिया जो इसका हिस्सा हो सकते थे : सेवानिवृत्त न्यायाधीश, आदिवासी मुद्दों से परिचित वरिष्ठ नौकरशाह और संघर्ष के मुद्दों का अनुभव रखने वाली प्रतिष्ठित महिलाएँ। उन सभी ने उदारतापूर्वक ऐसी किसी भी प्रक्रिया का हिस्सा बनने के लिए अपनी सहमति दी। हालाँकि, 15 अप्रैल को अदालत ने राष्ट्रीय मानवाधिकार आयोग (एनएचआरसी) को, जैसा वह उचित समझे, ऐसे सदस्यों के साथ एक उपयुक्त तथ्य-अन्वेषण समिति गठित करने का काम सौंपा और इस समिति को अपनी रिपोर्ट आठ सप्ताह के भीतर इस अदालत को उपलब्ध कराने को कहा।

भारत संघ और छत्तीसगढ़ राज्य, जिसने अब तक किसी भी स्वतंत्र जाँच का सख़्ती से विरोध किया था, आसानी से अदालत में इस प्रस्ताव पर सहमत हुए। पीछे

मुड़कर देखने पर यह आश्चर्य की बात नहीं लगती। जहाँ तक मेरा सवाल है, मैं उस शाम हर उस मौक़े को याद करते हुए बहुत देर तक रोती रही जब हमने अतीत में एनएचआरसी से सम्पर्क किया था और कोई फ़ायदा नहीं हुआ था। दरअसल, 2008 की गर्मियों में एनएचआरसी के मेरी लगातार दौरों में से एक में मुझे पता चला कि उन्होंने आइसीआइ की 2006 की शिकायत को बिना हमें बताए ही बन्द कर दिया था क्योंकि दंतेवाड़ा के पुलिस अधीक्षक और छत्तीसगढ़ के पुलिस महानिदेशक विश्वरंजन ने हमारे सभी आरोपों का खंडन किया था।

एनएचआरसी द्वारा धोखा

एकमात्र 'उपयुक्त तथ्य-अन्वेषण समिति' जिसे एनएचआरसी ने 'उचित समझा', वह पूरी तरह से उन पुलिसकर्मियों से लैस थी जो उसकी जाँच शाखा से जुड़े थे। याचिकाकर्ताओं और अन्य लोगों द्वारा इस समिति में बलात्कार की जाँच के लिए एक महिला सदस्य को शामिल करने की बार-बार माँग किए जाने के जवाब में एक महान रियायत के रूप में एक वरिष्ठ पुलिस अधीक्षक (एसएसपी) ममता सिंह को इसमें शामिल किया गया। हालाँकि सामूहिक बलात्कार के एक मामले की जाँच के दौरान उन्होंने छोटी लड़कियों के बीच मामूली विसंगतियों का इस्तेमाल उनके सबूतों को ख़ारिज करने के लिए किया। न्यायमूर्ति राजेन्द्र बाबू ने, जो उस समय एनएचआरसी का नेतृत्व कर रहे थे, महिलाओं के समूहों से विशेष रूप से बलात्कार पर सुनवाई आयोजित करने के अपने वादे को तोड़ दिया।

न्यायमूर्ति बाबू के साथ एक मुलाक़ात में, मैंने उन्हें नन्दूवेया की मुचाकी मुत्ती की तस्वीरें दिखाईं, जो अपने पति और बेटे की अस्थियों के साथ आन्ध्र प्रदेश भाग गई थी। उसके पति और बेटे को माओवादियों को सूचना देने के आरोप में एर्राबोर जुडुम शिविर में एसपीओ द्वारा मार दिया गया था। दर्दनाक रूप से दुर्बल शरीर वाली मुत्ती ने ज़मीन खोदकर उन हड्डियों को निकाला और मेरे सामने छोटे कपड़े का एक बंडल रखा। न्यायमूर्ति बाबू ने मुझसे पूछा कि 'हमें यह कैसे पता चलेगा कि वे उसके रिश्तेदारों की अस्थियाँ हैं और वह सच कह रही है?' मानो भारत में महिलाएँ सब्ज़ी की ख़रीदारी की तरह अपने रिश्तेदारों की हड्डियों को भी लेकर घूमती हों।

जाँच शुरू होने से पहले, एनएचआरसी से जुड़े कई 'कोर एनजीओ'—जैसे कि पीपुल्स वॉच, कॉमनवेल्थ ह्यूमन राइट्स इनिशिएटिव और जन स्वास्थ्य अभियान—ने एनएचआरसी टीम का साथ देने के लिए स्वेच्छा से शामिल होने की इच्छा प्रकट की। सेवानिवृत्त आईएएस अधिकारी से सक्रिय सामाजिक कार्यकर्ता बने हर्ष मन्दर और फिर उस समय के आरटीआई कार्यकर्ता अरविंद केजरीवाल

जैसे अन्य कई लोगों ने भी निष्पक्ष सुनवाई सुनिश्चित करने के लिए हस्तक्षेप किया। याचिकाकर्ताओं के रूप में, मनीष कुंजाम और मैंने बार-बार पत्र लिखे और कई बार एनएचआरसी का दौरा भी किया, मदद की पेशकश की, साक्ष्य मुहैया कराए और जाँच के दौरान लोगों को धमकाये जाने की शिकायत की। हालाँकि, छत्तीसगढ़ राज्य और भारत संघ स्पष्ट रूप से अधिक प्रभावशाली थे क्योंकि 21 अप्रैल को एक बैठक में न्यायमूर्ति राजेन्द्र बाबू ने कहा कि उन्हें पहले से ही सब कुछ पता है। उनका यह बयान मुख्यमंत्री रमन सिंह द्वारा दो घंटे की ब्रीफिंग पर आधारित था। आगे चलकर 2 मई की एक बैठक में उन्होंने उन नक्सली पर्चों को ज़ोर से पढ़ा, जो केन्द्र सरकार ने उन्हें दिए थे।

6 मई को एक बैठक में, एनएचआरसी टीम का नेतृत्व कर रहे डीआईजी सुधीर चौधरी ने दो बार हमसे पूछा, 'क्या सलवा जुडुम शुरू में एक अच्छी योजना नहीं थी?' एनएचआरसी में उनके वरिष्ठ अधिकारी, महानिदेशक सुनील कृष्णा, जोकि एक पुलिस अधिकारी थे, ने भी समान रूप से अपना मन बना लिया था। एक हफ़्ते बाद उन्होंने मुझसे कहा : 'हम पुलिस के ख़िलाफ़ लाठी का उपयोग नहीं करेंगे,' और फिर एक लम्बी चुप्पी के बाद कहा, 'न ही आपके ख़िलाफ़।' उन्होंने मुझसे योजना आयोग की एक रिपोर्ट माँगी और फिर टिप्पणी की, 'बहुत दिलचस्प समिति है, इसमें पुलिसकर्मी भी शामिल हैं।' एनएचआरसी की पुलिस जाँच टीम इस बात को लेकर बिल्कुल स्पष्ट थी कि उनकी वफ़ादारी किनके प्रति है।

दंतेवाड़ा में एनएचआरसी की टीम पुलिस मेस में ठहरी। उन्होंने राम भुवन कुशवाहा जैसे सलवा जुडुम के नेताओं, जिनके ख़िलाफ़ कई गवाहियों में आरोप लगाए गए थे और कई बेहद कुख्यात एसपीओ को अनुवादक के तौर पर बहाल किया। दंतेवाड़ा के पुलिस अधीक्षक उनके साथ जगरगुंडा के आसपास के गाँवों में गए। एनएचआरसी के काफ़िले में 10 चार-पहिया वाहन और गनरों से लैस एक बारूद सुरंग रोधी टैंक शामिल था। यात्रा के एक दिन पहले पुलिस अधीक्षक के आदेश पर सड़क-सफ़ाई की क़वायद के दौरान इसमें संलग्न दल पर नक्सलियों का हमला हुआ। गोलीबारी की एक अन्य घटना भी हुई। लेकिन विश्वस्त सूत्रों ने हमें बताया कि इसे ख़ुद पुलिस द्वारा कराया गया। एनएचआरसी की टीम ने हथियारबन्द काफ़िले को यह कहकर सही ठहराया कि वरिष्ठ पुलिस अधिकारी होने के नाते उन लोगों की सुरक्षा पर ख़तरे की आशंका है। जैसा कि हमने एनएचआरसी को लिखा, यही सब स्पष्ट कारण थे जिनकी वजह से निष्पक्ष लोगों को भेजा जाना चाहिए था। स्थानीय फ़ोटोग्राफरों द्वारा ली गई एनएचआरसी की इस यात्रा की तस्वीरों में ममता सिंह को तेज़ी से बोल रहे एक वर्दीधारी एसपीओ की बातों के नोट्स लेते हुए और सादे कपड़ों में एक अज्ञात फ़ोटोग्राफर द्वारा एक हैंडीकैम पर उस बातचीत को वीडियो रिकॉर्ड करते हुए दिखाया गया है। इन तस्वीरों में जिस आदमी पर उनका

ध्यान केन्द्रित है, वह एक कंकाल सरीखा अदना सा ग्रामीण है जो इन सशस्त्र लोगों की उपस्थिति में चुपचाप और घबराया हुआ खड़ा है। स्थानीय प्रेस ने यह भी बताया कि एनएचआरसी की टीम के चिन्तलनार दौरे के बाद सलवा जुड़ुम ने उनके ख़िलाफ़ गवाही देने पर गाँव वालों को मिलने वाले राशन और सड़क की सुविधा काट दी। इन सबसे एनएचआरसी को रत्ती-भर भी कोई फ़र्क़ नहीं पड़ा।

हम लोगों ने डीआईजी सुधीर चौधरी से बार-बार यह अनुरोध किया कि गाँवों तक सन्देश पहुँचाने में समय लगने की वजह से जनसुनवाई की तारीख़ के बारे में सूचना पहले से दी जाए। लेकिन 19 मई को उन्होंने हमें बताया कि वे अगले दिन सुकमा में और एक दिन बाद आन्ध्र प्रदेश के चेरला में गवाहियाँ सुनेंगे। कुछ अन्तरराष्ट्रीय संगठनों द्वारा एसपीओ को अनुवादक के रूप में इस्तेमाल किए जाने की शिकायत किए जाने के बाद, एनएचआरसी एक बड़ी छूट के तौर पर 10 जून, को दंतेवाड़ा में जनसुनवाई आयोजित करने पर सहमत हुई। माओवादियों ने इस पूरी प्रक्रिया को निरर्थक बना देने के उद्देश्य से ट्रांसफॉर्मरों को उड़ा दिया, जिससे पूरे दंतेवाड़ा ज़िले में 10 दिनों तक अँधेरा छा गया। एनएचआरसी की टीम को 10 जून को मोमबत्ती की रोशनी में अपने कुछ साक्ष्यों को दर्ज करना पड़ा।

टाटा इंस्टीट्यूट ऑफ़ सोशल साइंसेज (टीआईएसएस-टिस), दिल्ली विश्वविद्यालय और नालसर, हैदराबाद के क़ानून विश्वविद्यालय के छात्रों का एक समूह इस जनसुनवाई में मदद करने के लिए, गाँवों में जाकर पीड़ितों को सूचित करने और उनके बयान दर्ज करने का काम कर रहे थे जिसमें वीसीए के कर्मचारी भी मदद कर रहे थे। सीपीआई कोंटा से बड़ी संख्या में गवाहों को लेकर आई, जबकि आन्ध्रप्रदेश के संगठनों ने गवाहों को आन्ध्र से आने के लिए राजी किया। 10 जून की इस जनसुनवाई में भाग लेने वाले सभी लोगों ने विलक्षण साहस दिखाया, जिसने एनएचआरसी के धोखे को और ज़्यादा निकृष्ट साबित किया।

ग़ैरसरकारी संगठन के कर्मचारियों के साथ आन्ध्रप्रदेश वापस लौटते समय, नन्दूवेया के शरणार्थियों के एक समूह को कोंटा पुलिस और पी. विजय एवं सोयम मुक्का नाम के सलवा जुड़ुम के दो नेताओं ने रोक लिया। इन ग्रामीणों को थप्पड़ मारा गया। पुलिस ने उनके द्वारा एनएचआरसी को प्रस्तुत किए गए बयानों की प्रतियाँ ले लीं और उनसे स्टांप पेपर पर नए सिरे से लिखे गए बयानों पर हस्ताक्षर भी कराए।[6] हमने एनएचआरसी के एसएसपी एस.पी. सिंह से इसकी गुहार लगाई। लेकिन उन्होंने जवाब दिया कि गवाहों की सुरक्षा करना उनकी ज़िम्मेदारी नहीं है। बाद में, एनएचआरसी द्वारा न्यायालय को सौंपे गए अनुलग्नकों में मुझे छत्तीसगढ़ के पुलिस महानिदेशक की ओर से एनएचआरसी को लिखा गया एक पत्र मिला—जिसे एनएचआरसी ने ज़ाहिरा तौर पर स्वीकार किया था। इसमें डीजीपी ने इस बात से इंकार किया था कि गवाहों को जबरन हिरासत में लिया गया था। इसके

बजाय उसमें यह दावा किया गया था कि सोयम मुक्का ने उन्हें सिर्फ़ चाय पर एक 'दोस्ताना बातचीत' के लिए आमंत्रित किया था। सलवा जुडुम एवं पुलिस ने 15 जून, 2008 को नन्दूवेया जाकर गाँव वालों के घरों को जलाकर और उनके साथ मारपीट करके इस 'दोस्ताना' रवैये को फिर से दोहराया।

एनएचआरसी ने 26 अगस्त, 2008 को सुप्रीम कोर्ट में एक सीलबन्द लिफाफे में अपनी रिपोर्ट पेश कर दी और इसे हमारे साथ साझा करने से इनकार कर दिया। हालाँकि, 26 अगस्त की सुबह अदालत के रिपोर्ट देखने से पहले, *इकोनॉमिक टाइम्स* ने 'एनएचआरसी गिव्स थंबसअप टू सलवा जुडुम मूवमेंट' (एनएचआरसी ने सलवा जुडुम आन्दोलन को सही क़रार दिया) शीर्षक से देवेश कुमार की एक ख़बर प्रकाशित की। छत्तीसगढ़ प्रेस ने, स्वाभाविक रूप से, इस ख़बर को तुरन्त उठाया, सभी अख़बारों में मुख्य-पृष्ठ पर 'एनएचआरसी ने सलवा जुडुम को क्लीन चिट दिया' की सुर्खियों के साथ ख़बर छपी। देवेश कुमार ने मुझे बताया कि उन्हें एनएचआरसी के अलावा किसी अन्य स्रोत से रिपोर्ट मिली है। उनका स्रोत शायद केन्द्रीय गृह मंत्रालय था, जो कि एनएचआरसी के लिए नोडल मंत्रालय भी है। सरकार के ख़िलाफ़ मुक़दमेबाज़ी में, कहीं भी बराबरी का दर्जा नहीं है—न ही उस वक़्त जब वे याचिकाकर्ताओं को गिरफ़्तार करें (जैसा कि उन्होंने 2010 में कर्तम जोगा के साथ किया था), फ़ोन टैप करें और यहाँ तक कि वैधानिक संस्थानों में हेरफेर करें। एक ऑस्ट्रेलियाई फ़िल्म निर्माता, जो एनएचआरसी की टीम के दौरे के समय बस्तर में था और जिसने उनके काफ़िले पर फ़िल्म की शूटिंग की थी, को बाद में भारत का वीजा देने से इनकार कर दिया गया था।

एनएचआरसी के निष्कर्ष

एनएचआरसी की जाँच के तरीक़े ने हमें कुछ चेतावनी दे दी थी कि हश्र क्या होना है। लेकिन मुझे हमारे उद्देश्यों की इतनी विषैली व्याख्या की उम्मीद नहीं थी। रिपोर्ट में कहा गया है कि हमारे आरोप अफ़वाहों (एनएचआरसी की रिपोर्ट, पैरा 6.23) पर आधारित थे, कि हम गवाहों को पर्याप्त रूप से प्रशिक्षित करने में असमर्थ थे (क्योंकि बलात्कार पीड़ितों की गवाही कुछ हद तक भिन्न थी), और यहाँ तक कि दुधि जोगा अविश्वसनीय था क्योंकि वह अब शरणार्थी नहीं रहा था जैसाकि उसने अपने पहले हलफ़नामे में कहा था, बल्कि वह वापस अपने ही गाँव में था—इससे कोई फ़र्क़ नहीं पड़ता कि उसके शरणार्थी बनने और गाँव लौटने के बीच एक साल का वक़्त गुज़र चुका था। सबसे अजीब आरोप यह था कि हमने गर्मियों में वार्षिक जात्रा (बीजा पंडोम) सम्बन्धी सड़क पर अवरोध, जब गाँव के लोग गुज़रते हुए ट्रैफिक को रोककर अपने बीज-रोपण त्योहार के लिए पैसे की माँग करते हैं, को

ग़लती से एसपीओ द्वारा अनाधिकृत रूप से जाँच करना समझ लिया था। सम्भवत: पहली बार ज़िले का दौरा करने वाले पुलिसकर्मियों को ज़िले के तीन आदिवासी निवासियों और कोई बीस वर्षों का अनुभव रखने वाले मानवविज्ञानी की तुलना में नृवंशविज्ञान का अधिक ज्ञान था। याचिकाकर्ताओं के साथ ऐसा व्यवहार करते हुए मानो कि हम अभियुक्त हों, एनएचआरसी की टीम ने महेंद्र कर्मा या किसी अन्य सलवा जुडुम नेता से पूछताछ करने का कोई प्रयास नहीं किया।

सच्चाई का पदानुक्रम

एनएचआरसी की रिपोर्ट ने सच्चाई का एक पदानुक्रम स्थापित किया : पुलिस और उनके रिकॉर्ड को सबसे ज़्यादा सच्चाई का श्रेय दिया गया (भले ही पुलिस ने एनएचआरसी की टीम को ऐसे कई हास्यास्पद विवरण प्रदान किए जैसे कि 'नक्सलियों द्वारा मारे गए नक्सलियों की सूची' मानो नक्सली ख़ुद ही को खाने वाले नरभक्षी हों)। विश्वसनीय सूत्रों की सूची में पहला स्थान एसपीओ का रहा, इसके बाद सलवा जुडुम के नेताओं, शिविर समर्थकों और अन्त में उन लोगों का, जिन्होंने अपना गाँव नहीं छोड़ा था। आन्ध्रप्रदेश में विस्थापित शरणार्थियों की गवाही पूरी तरह से नज़रअन्दाज़ कर दी गई थी, सम्भवत: इस आधार पर कि जो कोई भी जुडुम शिविर में नहीं था, वह नक्सली था। सन्तोषपुर और लिंगागिरी के दो उदाहरण यह दिखाते हैं कि यह जाँच कितनी घटिया थी और एनएचआरसी किस तरह अपनी आँखों से देखे हुए सबूतों को अस्वीकार करने के लिए अपनी हदों से बाहर निकल गया।

31 मार्च, 2007 को बीजापुर ज़िले के सन्तोषपुर गाँव में सात लोग मारे गए। सन्तोषपुर के ग्रामीणों ने संवाददाताओं को बताया कि वे शादी की एक रात के बाद बस जगे ही थे कि उन्होंने अपने गाँव में पुलिस और एसपीओ को पाया।[7] उन्होंने एक अन्य पुलिस पार्टी को पास के पोन्जेर गाँव से छह लोगों को लाते देखा। पोन्जेर के गाँव वालों ने यह कहते हुए इसकी पुष्टि की कि वे सुबह जल्दी उठे थे, और छह लोग ले जाए गए। बाद में, सन्तोषपुर के गाँव वालों ने जंगल में सात शवों को देखा, जिन्हें कुल्हाड़ी से मार डाला गया था। उनमें से, केवल एक, कुडियम बोजा का ही नक्सलियों से कुछ लेना-देना था। बोजा को उसके अपने ही भाई, कुदियाम सन्नू, ने धोखा दिया था, जो एसपीओ बन गया था। पुलिस ने शुरू में यह दावा करने की कोशिश की कि कुछ नहीं हुआ है, और फिर कहा कि वे एक मुठभेड़ में मारे गए माओवादी थे। अन्त में, मई की शुरुआत में, मीडिया में बात फैलने पर उन्हें एक शव परीक्षण कराने, एक एफआईआर दर्ज करने और एक न्यायिक जाँच का आदेश देने के लिए मजबूर होना पड़ा।[8] हमेशा की तरह, हालाँकि, पुलिस ने 28-30 'अज्ञात सशस्त्र पुरुषों' को आरोपी के रूप में सूचीबद्ध किया। मुद्दे को

भटकाने की उनकी मानक शब्दावली यह थी कि सम्भव है कि इन हत्याओं को नक्सलियों द्वारा ही अंजाम दिया गया हो। 26 मई, 2007 को, सामाजिक कार्यकर्ता सुभाष महापात्र के कहने पर, छत्तीसगढ़ राज्य मानव अधिकार आयोग ने इन हत्याओं की जाँच का आदेश दिया। हालाँकि, एनएचआरसी ने गाँव वालों के साथ वीडियो साक्षात्कार पर आधारित इन सभी समकालीन मीडिया रिपोर्टों को स्पष्ट रूप से नज़रअन्दाज़ कर दिया, जिनमें वे स्पष्ट रूप से कहते हैं कि बोजा को एसपीओ द्वारा मार दिया गया। इसके बजाय एनएचआरसी ने दर्ज किया : 'ग्रामीणों ने इस बात की पुष्टि की कि मार्च 2008 में एक करियम / कोडिया बोजा को कुछ अज्ञात लोगों ने मार डाला था। पुलिस रिकॉर्ड के अनुसार, उसे नक्सलियों द्वारा मारा गया और इस मामले में एफआईआर संख्या 50/07 बीजापुर थाने में दर्ज की गई है। उसके रिश्तेदार को सरकार द्वारा मुआवज़ा भी दिया गया है (6.37.4)। एनएचआरसी ने पोन्जेर के छह गाँव वालों की हत्या की आगे की जाँच की सिफ़ारिश करके ख़ुद अपनी ही बकवास को कमतर करने की कोशिश की।

सुप्रीम कोर्ट के आदेशों के बावजूद कि संघर्ष के सभी पीड़ितों को मुआवज़ा दिया जाना चाहिए, राज्य सरकार ने केवल नक्सलियों के कथित पीड़ितों को मुआवज़ा दिया है। किसी भी न्यायेतर हत्या के लिए दबाव में आने पर, पुलिस पीड़ितों के परिवारों को मुआवज़ा लेने के लिए ले जाती है और फिर इसे नक्सलियों द्वारा हत्या के मामले के रूप में दर्ज करती है। इससे पुलिस को नक्सली हत्याओं के आँकड़े बढ़ाने में भी मदद मिलती है, जिससे उनकी सुरक्षा से सम्बन्धित ख़र्च के लिए धन अबाध रूप से आता रहता है। इस बात को एनएचआरसी को इंगित किए जाने के बावजूद, एनएचआरसी ने पुलिस की झूठी रिपोर्ट को स्वीकार कर लिया, इस मामले में उनकी व पुलिस की साँठगाँठ साफ़-साफ़ दिखाई देती है।

एनएचआरसी के ग़ाफ़िल होने का सबसे चौंकाने वाला उदाहरण बीजापुर ज़िले के लिंगागिरी गाँव की उसकी जाँच से मिलता है :

> ग्राम लिंगागिरी के कुछ आदिवासियों ने खम्मम ज़िले के चेरला में आयोजित जनसुनवाई के दौरान टीम को एक लिखित याचिका दी। उन्होंने आरोप लगाया कि बासागुड़ा शिविर में सलवा जुडुम की बैठकों में शामिल नहीं होने के कारण सलवा जुडुम के कार्यकर्ता और पुलिस उन्हें परेशान करते थे और उनके साथ मारपीट करते थे। यह कि जब भी पुलिस उनके गाँव आती थी, वे जंगल की तरफ़ भागते थे। यह कि एक अवसर पर सलवा जुडुम के कार्यकर्ता और पुलिस गाँव के कुछ युवाओं को बासागुड़ा पुलिस स्टेशन ले गए। बाद में, 30 महिलाएँ उन्हें छुड़ाने के लिए पुलिस स्टेशन गईं, जहाँ उन्हें पुलिस ने पीटा। यह कि

दिसम्बर 2006 के दौरान, सलवा जुडुम के कार्यकर्ताओं, एसपीओ और पुलिस ने बोरुगुडा और कोट्टूर में जाकर गाँव में घर जला दिए। बाद में वे लिंगागिरी गाँव में आए और वहाँ के सभी 150 घरों को जला दिया और पुजारी रमैय्या, पुजारी मोतीराम, सोयम रामुलु और गंतल कनैय्या को मार डाला। यह कि उन्होंने गंतल श्रीदेवी का भी बलात्कार किया और मार डाला।" (एनएचआरसी रिपोर्ट 6.6.2)

"जाँच टीम ने लिंगागिरी गाँव का दौरा किया और रास्ते में बासागुड़ा गाँव, कुम्मारगुडा गाँव और धर्मापुरम गाँव को देखा। कुछ घर क्षतिग्रस्त थे, जबकि कुछ को त्याग दिया गया था। लिंगागिरी एक बड़ा और समृद्ध गाँव है। गाँव में लगभग 12 चापालक हैं। हालाँकि, टीम ने सभी घरों को या तो जला हुआ या क्षतिग्रस्त पाया। कोई गाँव में रहता हुआ नहीं मिला। कुछ घरों में टीम को स्कूल की किताबें बिखरी हुई मिलीं। टीम ने यह भी पाया कि कुछ घरों में तोड़फोड़ भी मचाई गई थी।" (एनएचआरसी 6.62.2)

"इस गाँव में नक्सलियों का प्रभाव काफ़ी स्पष्ट है। टीम ने 'नक्सल जिन्दाबाद,' 'सलवा जुडुम मुर्दाबाद', और गाँव में मारे गए लोगों को 'लाल सलाम' के नारे कक्षाओं की दीवारों पर थे।" (एनएचआरसी 6.62.3)

"इस प्रकार, पूरे गाँव के घरों को जला हुआ पाया गया और उनमें तोड़फोड़ पाई गई, लेकिन यह सत्यापित नहीं किया जा सका कि इसके लिए कौन ज़िम्मेदार था। व्यक्तियों की कथित हत्याओं को भी सत्यापित नहीं किया जा सका क्योंकि गाँव में कोई उपलब्ध नहीं था। हालाँकि, यह सत्यापित किया गया और यह सच है कि रमैय्या, मोतीराम, रामुलु और कनैय्या गाँव लिंगागिरी से हैं क्योंकि उनके नाम टीम द्वारा एकत्र मतदाता सूची में है। (एनएचआरसी 6.62.4)

यहाँ हमारे पास एक ऐसा मामला है जिसमें एनएचआरसी ने पाया कि लिंगागिरी के सभी घरों को जला दिया गया और गाँव को त्याग दिया गया। मारे गए लोगों के परिजनों ने एनएचआरसी टीम को गवाहियाँ सौंपीं। लेकिन एनएचआरसी यह 'सत्यापित नहीं कर सका' कि क्या हुआ था और उसने इस मामले को वैसे ही छोड़ दिया।

नरसंहारों पर चूना पोतने, सलवा जुडुम को ज़रूरी आत्मरक्षा के रूप में उचित ठहराने और एसपीओ की तारीफ़ के उनके सर्वश्रेष्ठ प्रयासों के बावजूद, एनएचआरसी की रिपोर्ट पूरा तो नहीं लेकिन जो कुछ हो रहा था, उसमें से कुछ को उजागर कर सकी। उनके द्वारा देखे गए प्रत्येक गाँव को जला दिया गया था और

उनकी रिपोर्ट में कई चौंकाने वाले पैराग्राफ सामने आने में कामयाब रहे, मसलन संघम सदस्यों के बारे में :

> जब सलवा जुड़ुम परवान चढ़ रहा था तब इन गाँव वालों को विशेष रूप से लक्षित किया गया था। जाँच टीम के सामने ऐसे कई उदाहरण आए हैं, जहाँ इनमें से कुछ गाँव वालों को मार दिया गया था (हालाँकि कोई आपराधिक मामला या रिपोर्ट दर्ज नहीं की गई थी)। बावजूद इसके राज्य ने कुछ मामलों में हत्या और हत्या की कोशिश जैसे उल्लंघनों के लिए एसपीओ के ख़िलाफ़ कार्रवाई की है, लेकिन वृहद रूप से गाँव वालों के ख़िलाफ़ हिंसा करने की जो छूट सरकार ने दी थी उसके ख़िलाफ़ कोई कार्रवाई नहीं हुई है। (5.04)

एनएचआरसी ने राज्य सरकार को कुछ उपयोगी सिफ़ारिशें भी दीं—यह कि शिविरों और आन्ध्र प्रदेश में रह रहे गाँव वालों को उनके अपने गाँवों में पुनर्वासित किया जाना चाहिए, ताकि लोगों को उनके घरों और सामानों के नुक़सान के लिए मुआवज़ा दिया जाए, यह कि लापता लोगों की सूची बनाई जाए। यह कि सुरक्षा बल स्कूलों को ख़ाली कर दें। यह कि सभी शिकायतों और दिए गए मुआवज़े से जुड़े मामलों में एफ़आईआर दर्ज की जानी चाहिए, अपराधी चाहे कोई भी हो।

हमारे वकीलों ने एनएचआरसी की ही रिपोर्टों में दिए गए सबूतों का उपयोग करते हुए, इसी रिपोर्ट का सर्वश्रेष्ठ तरीक़े से इस्तेमाल करने की सलाह दी। सौभाग्य से, न्यायमूर्ति बालकृष्णन ने ख़ुद एक समझदार नज़र से रिपोर्ट पढ़ी और अदालत में उल्लंघन के पैमाने को लेकर आश्चर्य व्यक्त किया। 16 दिसम्बर, 2008 को, मुख्य न्यायाधीश ने छत्तीसगढ़ सरकार को 30 जनवरी, 2009 तक एनएचआरसी की सिफ़ारिशों पर 'एक्शन टेकन रिपोर्ट' दाख़िल करने के लिए कहा।

2010 की पुनर्वास योजना

2009 के दौरान कोई समुचित सुनवाई नहीं हुई थी। राज्य सरकार ने अपनी कार्रवाई पर लगातार रिपोर्ट दर्ज की, और हमने लगातार जवाबी हलफ़नामा दायर करके यह दिखाया कि वे किस क़दर अस्पष्ट थे और उनकी कोई कार्रवाई वास्तव में किसी मतलब की नहीं थी। मिसाल के तौर पर, हमने कहा कि जिन 103 गाँवों को जलाया गया था, एनएचआरसी ने उनमें से 16 का दौरा किया और उन सभी को जला हुआ पाया। लेकिन राज्य सरकार ने केवल छह मामलों में ही एफ़आईआर दर्ज की।

18 फ़रवरी, 2010 को, छत्तीसगढ़ के वकील ने अदालत को स्पष्ट रूप से आश्वस्त किया कि सुरक्षा बलों ने उन सभी स्कूलों को छोड़ दिया है, जिन पर

उन्होंने क़ब्ज़ा किया था। छह साल बीत गए, यह अभी भी असत्य है। सीआरपीएफ के कई शिविर स्कूलों या छात्रावास परिसरों में बने हुए हैं। उसी साल फरवरी की सुनवाई में, क्योंकि यह पूरी तरह से स्पष्ट था कि राज्य सरकार स्थिति को सुधारने के लिए कुछ नहीं करेगी, न्यायमूर्ति बालकृष्णन ने हमें पुनर्वास योजना तैयार करने के लिए कहा।

मार्च 2010 के अन्त में, हमने राष्ट्रीय और अन्तरराष्ट्रीय सिद्धान्तों पर आधारित एक पुनर्वास योजना प्रस्तुत की, जिसे संघर्ष की अन्य स्थितियों से निकली सर्वोत्तम प्रथाओं के बारे में शंकरण जैसे वरिष्ठ नौकरशाहों और राष्ट्रीय बाल अधिकार आयोग (एनसीपीसीआर), और रेडक्रॉस, एमएसएफ एवं अन्य अन्तरराष्ट्रीय मानवाधिकार संगठनों के साथ व्यापक परामर्शों के बाद तैयार किया गया था। मानवीय राहत एवं पुनर्वास, और आपराधिक जाँच एवं अभियोजन की दृष्टि से तैयार की गई यह योजना 'उच्च स्तरीय निगरानी समिति' के महत्त्व पर बल देती है, जो इसके कार्यान्वयन को सुनिश्चित करेगी।

इस पुनर्वास योजना में मारे गए, बलात्कार की शिकार या गिरफ़्तार किए गए गाँव के सभी लोगों के एक सर्वेक्षण का भी प्रावधान किया गया है। हमारे पास, मामला दर्ज करने से पहले, हमारे द्वारा सूचीबद्ध सभी मामलों की जाँच का कोई रास्ता नहीं था क्योंकि इलाक़े में आवाजाही को जुड़ुम और सुरक्षा बलों द्वारा असम्भव बना दिया गया था। लेकिन अदालत के समक्ष अपनी कमज़ोरियों के बारे में हमारा रवैया बिल्कुल स्पष्ट था और जब भी सम्भव हुआ हमने संशोधित और अधिक सटीक सूचियाँ प्रस्तुत कीं। हमने माओवादियों द्वारा मारे गए लोगों को भी ढूँढ़ा, जिन्हें न तो कभी दर्ज किया गया था और न ही मुआवज़ा दिया गया था। अगर इस योजना को लागू किया गया होता, तो बस्तर का आगे का इतिहास बहुत अलग हो सकता था।

हमेशा की तरह, नियति ने माओवादी हमले के रूप में हस्तक्षेप किया। अप्रैल 2010 के घात लगाकर किए गए ताड़मेटला हमले, जिसमें 76 सीआरपीएफ के जवान मारे गए थे, के बाद न्यायमूर्ति बालकृष्णन ने कहा कि वे स्वतंत्र प्रेक्षकों को भेजने से डर रहे हैं। फिर भी 6 मई, 2010 के दिन जब हमारे किसी भी वकील के उपलब्ध नहीं हो पाने की वजह से पीयूसीएल के जस्टिस राजिन्दर सच्चर और मैंने अदालत में बहस की, तो उन्होंने हमसे बस्तर में एक निगरानी आयोग में अपनी सेवा देने के इच्छुक लोगों का सहमति पत्र दायर करने के लिए कहा। एक बार फिर, कई सार्वजनिक उत्साही भूतपूर्व न्यायाधीश और वरिष्ठ नौकरशाह आसानी से सहमत हुए। इस प्रकार हमारे मुक़दमेबाज़ी के पहले दो चरण समाप्त हो गए और हमने 2010 की गर्मियाँ इस मामले में अगली प्रगति के इन्तज़ार में बिताईं।

17

क़ानूनी मौत और सलवा जुडुम का पुनर्जन्म

अमीरों को कर में छूट दी जाती है और ग़रीब नौजवानों के हाथों में बन्दूक़ें थमा दी जाती हैं जिससे कि वे आपस में लड़ते रहें, ऐसा लगता है कि राज्य की सुरक्षा व्यवस्था और उच्च आर्थिक नीति-निर्माताओं का नया मंत्र यही है।

5 जुलाई, 2011 को न्यायमूर्ति रेड्डी और न्यायमूर्ति निज्जर 250/2007 सिविल मामले में फ़ैसला सुनाते हुए

जुलाई 2010 में हमारा मामला न्यायमूर्ति बी. सुदर्शन रेड्डी और न्यायमूर्ति एस एस निज्जर की अदालत में स्थानांतरित कर दिया गया जो पहले से ही दंतेवाड़ा के गोमपाड़ नरसंहार से जुड़े मामले की सुनवाई कर रहे थे, जिसमें नौ लोग मारे गए थे।[1] 2011 के फ़ैसले के बाद महेन्द्र कर्मा के साथ-साथ और कई लोगों ने कहा कि उन्हें अदालत में ठीक से प्रतिनिधित्व नहीं मिला था जबकि हक़ीक़त यह है कि छत्तीसगढ़ सरकार की ओर से मुकुल रोहतगी, हरीश साल्वे और रणजीत कुमार जैसे बड़े वकीलों की फ़ौज वहाँ थी जिन्हें मनमाफिक फ़ीस का भुगतान किया गया था ताकि ग़रीब व भूखे लोगों को मुआवज़ा न देना पड़े।[2]

छत्तीसगढ़ सरकार के तत्कालीन सॉलिसिटर जनरल गोपाल सुब्रमण्यम ने अदालत में केन्द्र सरकार की ओर से बहस करते हुए केन्द्रीय एकीकृत कार्ययोजना का विकल्प तैयार करने का सुझाव देते हुए बचाव किया था। कल्याणकारी सेवा प्रदान करने की योजना के लिए वैसे भी राज्य सरकार बाध्य थी। लेकिन हत्या, बलात्कार और आगजनी के मामले का अभियोजन को कल्याण योजना से लाभ दिए जाने से कोई लेना-देना नहीं था।

एक सुनवाई के दौरान, याचिकाकर्ता होने के नाते हम लोगों से गोपाल सुब्रमण्यम ने दंतेवाड़ा जाने और कलेक्टर के साथ मिलकर आइएपी के अन्तर्गत हो रहे अच्छे

कामों को देखने को कहा। उन्होंने हमें आश्वासन दिया कि वो छत्तीसगढ़ सरकार से कहकर इस बाबत व्यवस्था करा देंगे। इन आश्वासनों पर भरोसा करते हुए, अक्टूबर 2010 में, मैं पत्रकार चित्रा पद्मनाभन के साथ दंतेवाड़ा गई। लेकिन वहाँ पहुँचते ही, एक अनुमंडलीय पुलिस अधिकारी (एसडीओपी) के नेतृत्व में कोई 50 सशस्त्र एसपीओ द्वारा हमें घेर लिया गया। अगले पाँच दिनों तक उन्होंने हमें अपनी आँखों के सामने से यह कहते हुए ओझल नहीं होने दिया कि उन्हें वरिष्ठ पुलिस अधीक्षक कल्लूरी की ओर से ऐसा करने का आदेश मिला है। यह कोई पहली बार नहीं था जब कल्लूरी ने ऐसी हरकत की थी। जनवरी 2010 में मेरे सहयोगी उज्ज्वल सिंह और मैं जहाँ-जहाँ भी गए, अज्ञात पहचान वाले दो जीपों में लदे हथियारबन्द एसपीओ लगातार हमारा पीछा करते रहे। यही नहीं, पुलिस ने सभी लॉज वालों को हमें कमरा न देने का निर्देश भी दिया। मजबूरन, हमें एक कॉलेज के हॉस्टल में शरण लेनी पड़ी, जिसके बाहर एसपीओ कर्मी रात-भर चक्कर काटते रहे।

चित्रा और मैंने हमारी पुलिस एस्कॉर्ट द्वारा प्रदान किए गए अवसर का उपयोग सलवा जुडुम के शिविरों का एक चक्कर लगाने में करने का फ़ैसला किया। मानवाधिकार कार्यकर्ताओं के प्रति सलवा जुडुम के नेताओं के बैरभाव को देखते हुए ऐसा करना मेरे लिए अब तक सम्भव नहीं हो पाया था। हैरानी की बात यह रही कि शिविर में जुडुम के कई नेताओं ने हमसे सम्पर्क किया। उन्होंने हम लोगों से यह जानना चाहा कि क्या हम शान्ति वार्ता के लिए मध्यस्थता कर सकते हैं? यहाँ तक कि उन्होंने हमारे माध्यम से सुप्रीम कोर्ट को पत्र भेजे। उन पत्रों में उन्होंने शिविरों की ख़राब स्थितियों का ज़िक्र किया और कहा कि उन्होंने जुडुम में शामिल होकर ग़लती की है। जगदलपुर में, वहाँ के पुलिस अधीक्षक सुन्दर राज ने बस्तर के चैंबर्स ऑफ़ कॉमर्स के सदस्यों से हमारे मिलने की व्यवस्था की। 'टाटा स्टील प्लांट की स्थापना में 'बाहरी लोग' अड़चन डाल रहे हैं' को लेकर आक्रामक होने के साथ-साथ चैंबर्स के सदस्यों ने हमसे शान्ति लाने में मदद करने के लिए भी कहा।

इस ताजा भाईचारे के बावजूद जब तक हम लोगों ने वास्तव में छत्तीसगढ़ नहीं छोड़ा, हम उनके चंगुल से बाहर नहीं थे। एसपी ने बस में हमारा पीछा करने और हमारे बोर्डिंग पास नम्बर जानने के लिए एक कांस्टेबल को दूसरे भेष में, जिसे आसानी से पहचाना जा सकता था, भेजा। आख़िरी बस स्टॉप पर, हमने मुस्कुराते हुए टाटा, बाय-बाय किया और ऑटो में बैठकर हवाई अड्डे के लिए चल पड़े। हमारे समर्पित पुछल्ले ने उसके बाद गुज़रती हुई पुलिस की गाड़ी की मदद ली और उसे हमारे ऑटो का पीछा करने के लिए लगाया, लेकिन यह सब रायपुर पुलिस को बताए बिना। जैसे ही हम हवाई अड्डे में प्रवेश करने वाले थे, एक पुलिसकर्मी ने अपना सिर बाहर निकाल कर कहा, 'क्राइम ब्रांच रायपुर आप लोगों की तलाश

में है', हमारा दिल डूबने लगा। सौभाग्य से, हमारे अपने ही जासूस आए और हमें जाने दिया। यह सब किसी बी-ग्रेड क्राइम फ़िल्म की तरह लगा।

दिनांक 6 सितम्बर, 2010 को छत्तीसगढ़ के मुख्य सचिव पी जॉय ओमन द्वारा ई.ए.एस. सरमा को लिखे गए एक पत्र ने दर्शाया कि सरकार का कभी भी अदालत में दिए गए अपने वकीलों के बयानों का सम्मान करने का कोई इरादा नहीं था। पुनर्वास, जिसका दावा राज्य सरकार द्वारा किया जा रहा था, की स्थिति के बारे में पूछे गए सवालों के जवाब में, ओमन ने लिखा :

> यह स्पष्ट नहीं है कि ऐसी विस्तृत जानकारी का उद्देश्य क्या है ...'इन लोगों के लिए वैकल्पिक भूमि या आजीविका के लिए राज्य सरकार की योजना।' हम सलवा जुडुम सदस्य कहे जाने वाले किसी व्यक्ति की सूची नहीं रखते हैं। मैं इस बात का उल्लेख किए बिना नहीं रह सकता कि आपके द्वारा पूछे गए सवाल फ़ील्ड में काम कर रहे हमारे अधिकारियों के बारे में छानबीन करने जैसे हैं।

इस पत्र के अन्त में उन्होंने जो लिखा, शायद उन्हें वह महान काव्यात्मक प्रतीत हुआ होगा, वह औपनिवेशिक सिविल सेवा के अधिकारियों द्वारा किए गए साहित्यिक पत्राचार की याद दिलाता है :

> मुझे आशा है कि आपके परिश्रम से बस्तर और यहाँ के लोगों के विकास में मदद मिलेगी। और यह कि, अँधेरे जंगलों और क़ानून की अदालतों में नीरस लड़ाइयाँ लड़ते हुए अपना जीवन बर्बाद करने के बजाय किसी दिन हम अपने जनजातीय क्षेत्रों में पेश आने वाली कई समस्याओं के समाधान खोजने के लिए मिलकर काम कर पाएँगे।

मार्च 2011 के मध्य तक, हम अदालत में आवाजाही करते रहे। अशोक देसाई ने अदालत से एक निगरानी समिति बनाने का अनुरोध किया। इसके बरक्स अदालत ने छत्तीसगढ़ सरकार से बार-बार इस आशय का हलफ़नामा दाख़िल करने के लिए कहा कि वे शिविरों को बन्द करने और ग्रामीणों के पुनर्वास के लिए क्या कर रहे हैं। मुझे ऐसा लग रहा था मानो जज एक मध्यस्थ की हैसियत से समझौता कराने की कोशिश कर रहे हैं और फ़ैसला देने से बच रहे हैं।

राज्य सरकार ने अदालत के सामने शपथपूर्वक कहा कि एसपीओ कर्मियों को दिए गए दो महीने के प्रशिक्षण में उन्हें 24 कक्षाओं में क़ानून (दंड प्रक्रिया संहिता, आपराधिक प्रक्रिया संहिता और साक्ष्य अधिनियम); 12 कक्षाओं में मानवाधिकार और भारतीय संविधान के अन्य प्रावधान; छह कक्षाओं में पुलिसिंग के काम में वैज्ञानिक और फोरेंसिक मदद का उपयोग; और नौ कक्षाओं में बस्तर की संस्कृति

और रीति-रिवाज के बारे में पढ़ाया गया।[3] यह देखते हुए कि कई एसपीओ कर्मियों ने अपनी प्राथमिक शिक्षा भी पूरी नहीं की थी, इस प्रशिक्षण कार्यक्रम ने सभी के सहज विश्वास को डिगा दिया। बाद में, एसपीओ को एक सशस्त्र सहायक बल के रूप में पेश करने की नीयत से कई एसपीओ कर्मियों को पाँचवीं कक्षा पास के झूठे प्रमाण पत्र दिए गए।

ताड़मेटला और स्वामी अग्निवेश पर हुए हमलों के लिए, छत्तीसगढ़ सरकार ने कहा कि अग्निवेश की अपनी ग़लती की वजह से दोरनापाल में उन पर हमला हुआ। राज्य सरकार ने दावा किया कि अग्निवेश ने उस जन अदालत में 'माओवादी नारे' लगाए थे, जहाँ छत्तीसगढ़ के पाँच पुलिसकर्मियों को अपहरण के बाद माओवादियों द्वारा रिहा कर दिया गया था।[4] [जबकि पता यह चला कि जिसे सरकार माओवादी नारे कह रही थी, वह महज़ माओवादियों के 'लाल सलाम' के जवाब में अग्निवेश द्वारा विनम्रता से कहा गया 'लाल सलाम' था।]

हरीश साल्वे ने राज्य सरकार के घमंडी रवैये को यह कहकर बचाने की कोशिश की कि वो यह सुनिश्चित करेंगे कि मुख्यमंत्री मार्च 2011 के हमलों की जाँच के लिए एक वर्तमान जज की नियुक्ति करें। उन्होंने 12 मई को पूर्व क़ानून सचिव और उच्च न्यायालय के न्यायाधीश न्यायमूर्ति टी.पी. शर्मा, को ताड़मेटला की घटना से सम्बन्धित जाँच आयोग का प्रमुख बना दिया।

घोर अन्धकार से प्रकाश की ओर

5 जुलाई, 2011 का फ़ैसला पूरी तरह से हतप्रभ कर देने वाला था। मैंने अपने फील्ड नोट्स में लिखा :

> मुझे सुबह विभाग में जाना पड़ा क्योंकि मैं दाख़िले से सम्बन्धित प्रवेश परीक्षा की प्रभारी थी। मेरे साथ हमेशा ऐसा क्यों होता है कि तारीख़ें टकरा जाती हैं?!! प्रगति मैदान के पास भारी ट्रैफिक जाम था। जब मैं अदालत पहुँची, तो न्यायमूर्ति रेड्डी फ़ैसला पढ़ना शुरू कर चुके थे। मैं शुरुआती कुछ मिनटों तक हाँफती रही और जब उन्होंने 'संत्रास, संत्रास' कहा तो मुझे यक़ीन नहीं हुआ कि मैं सही सुन रही थी। मैं हतप्रभ होकर मेरे पीछे बैठे एक पुराने वकील की गोद में लगभग जा गिरी। उसके बाद जो हुआ उसको लेकर मैं असमंजस में थी, लेकिन मुझे इतना याद है कि बाहर आकर हमारे वकीलों और मैंने एक-दूसरे को गले लगाया। वहाँ कैमरों का एक हुजूम इन्तज़ार में था और मैंने उन्हें बताया कि कैसे इस फ़ैसले से संविधान की जीत हुई है। सौभाग्य से, मुझे अन्त में कर्तम जोगा के जेल में होने का ज़िक्र करना याद रहा। फिर मैं परीक्षा

आयोजित कराने के लिए वापस अपने विभाग लौटी। मैंने किसी को यह बताने की कोशिश की कि अभी-अभी हमारे पक्ष में एक बड़ा फ़ैसला हुआ है, लेकिन जवाब में एक भावशून्य प्रतिक्रिया मिली।

जस्टिस रेड्डी और निज्जर द्वारा दिया गया फ़ैसला संविधान के अनुच्छेद 14 और 21 के उल्लंघन पर आधारित है। उन्होंने माना कि आतंकवाद विरोधी अभियानों में कम प्रशिक्षित, कम वेतन वाले एसपीओ के उपयोग ने बेहतर प्रशिक्षित सुरक्षा बलों की तुलना में समानता के उनके अधिकार का उल्लंघन किया क्योंकि सुरक्षा बलों को एसपीओ की तुलना में कम लोगों की जान का नुक़सान उठाना पड़ा (सुरक्षा बल के 45,000 जवानों में से 538 की तुलना में 3000 एसपीओ में से 173 एसपीओ मारे गए थे)। इसने न केवल उनके जीवन के अधिकार का उल्लंघन किया, बल्कि दूसरों के जीवन को भी ख़तरे में डाल दिया (अनुच्छेद 21)। कई एसपीओ को सिर्फ़ इसलिए चुना गया था क्योंकि उनके ज़ेहन में नक्सलियों से बदला लेने की भावनाएँ थीं, जोकि भर्ती के लिए कोई ठोस आधार नहीं था। अदालत ने राज्य को निर्देश दिया कि सभी एसपीओ को हटा दिया जाए और नक्सलियों के ख़िलाफ़ लड़ाई में उनका इस्तेमाल बन्द कर दिया जाए। उनमें से जो किसी भी आपराधिक कार्रवाई के दोषी नहीं थे, उन्हें यातायात पुलिसिंग या आपदा प्रबन्धन के लिए फिर से तैयार किया जा सकता है। भारतीय संघ को नक्सली अभियानों में लगे एसपीओ को फंडिंग रोकने का आदेश दिया गया।

इस फ़ैसले में छत्तीसगढ़ सरकार को 'सलवा जुडुम और कोया कमांडो सहित किसी भी समूह के संचालन को रोकने का निर्देश भी दिया गया। उसे किसी भी तरीक़े या किसी भी रूप में क़ानून को अपने हाथों में लेने, असंवैधानिक रूप से कार्य करने या अन्यथा किसी भी व्यक्ति के मानव अधिकारों का उल्लंघन करने से भी मना किया गया।' और, उसे सभी मानव अधिकारों के उल्लंघन की जाँच करने और मुक़दमा चलाने से भी मना किया गया। अदालत ने ताड़मेटला की घटनाओं पर जाँच का आदेश देते हुए कहा कि उसे छत्तीसगढ़ द्वारा की गई किसी भी जाँच के नतीजों पर बहुत कम ही भरोसा था।[5] जिस सिद्धान्त के साथ हमने शुरुआत की थी—राज्य द्वारा अतिसतर्कता (विजिलेंटिज्म) की गतिविधियों को समर्थन दिया जाना असंवैधानिक था—उसे अन्ततः स्थापित किया गया था। समझौता कराने, जैसा कि मैंने आशंका जताई थी, से परे जाकर अदालत संविधान की रक्षा के लिए दृढ़ता से सामने आई।

इस फ़ैसले का उदारवादी लोगों ने बड़े पैमाने पर सकारात्मक तरीक़े से स्वागत किया। कई कार्यकर्ताओं ने लिखा है कि यह न्यायपालिका में उनके विश्वास को बहाल करता है। इसे उस वर्ष के सबसे महत्त्वपूर्ण निर्णयों में से एक के रूप में वर्णित किया गया था, जिसे सिविल सेवा परीक्षा में एक प्रश्न के रूप में पूछा गया था, और

तब से इसके बारे में क़ानूनी विद्वानों द्वारा लिखा जाता रहा है।[6] कम से कम इस फ़ैसले पर कुछ उत्साह कॉनराड के साहित्यिक सन्दर्भ के ज़रिए पैदा किया गया :

> जैसा कि हमने अपने सामने प्रस्तुत इस मामलों को सुना, हम जोसेफ कॉनराड के उपन्यास 'हार्ट ऑफ़ डार्कनेस' को याद करने से ख़ुद को रोक नहीं सके...आधुनिक संवैधानिकता का यह मानना है कि किसी भी सत्ताधारी को किसी भी व्यक्ति, कम से कम अपने नागरिकों, के ख़िलाफ़ क़ानून के नियंत्रण और प्रत्येक व्यक्ति की जन्मजात मानवीय गरिमा की धारणा से परे जाकर राज्य की हिंसा करने के अधिकार का दावा करने की अनुमति नहीं दी जानी चाहिए।
>
> ...इनसान घास की सूखी पत्तियाँ नहीं हैं। सचेत प्राणी के रूप में, वे अपनी स्वतंत्र इच्छा का प्रयोग करते हैं। कई हथियारबन्द समूह अन्य नागरिकों और ख़ुद राज्य के ख़िलाफ़ खड़े हो सकते हैं और अक्सर खड़े हुए भी हैं। हालिया इतिहास वैसे हथियारबन्द सतर्कता समूहों के ख़तरों से भरा पड़ा है, जो राज्य के संरक्षण या समर्थन की ओट में काम करते हैं।
>
> हमारा संविधान निश्चित रूप से 'राष्ट्रीय आत्महत्या की सन्धि नहीं है।' कम से कम, संवैधानिक न्यायकर्ता के रूप में इसकी दृष्टि हमें एक पुलिसिंग प्रतिमान के उभार और उसके संस्थागतकरण को पहचानने एवं रोकने में सक्षम बनाती है, जिसके अन्तिम बिन्दु का मतलब केवल यह हो सकता है कि पूरा देश, संक्षेप में, हाँफते हुए कहे : 'संत्रास! संत्रास!

इस फ़ैसले के लिए उत्साह का एक हिस्सा नव-उदारवादी नीतियों की भूमिका के प्रति इसकी स्वीकृति से भी उत्पन्न हुआ, जो भूमि के अधिग्रहण को बढ़ावा दे रही थी और लोगों को प्रतिरोध करने के लिए मजबूर कर रही थी :

> इस समस्या की जड़ अनैतिक राजनीतिक अर्थव्यवस्था, जिसका समर्थन राज्य करता है और इसकी परिणामी क्रान्तिकारी राजनीति, जो इसे अनिवार्य रूप से पैदा करती है, में निहित है।
>
> लाभ एवं लागत के समान वितरण और पर्यावरणीय स्थिरता के प्रति विश्वसनीय समर्पण के बग़ैर निजी क्षेत्र द्वारा संसाधनों के तेज़ी से दोहन की नीतियाँ अनिवार्य रूप से 'शासन के बुनियादी' सिद्धान्तों का उल्लंघन करती हैं। और जब बड़े पैमाने पर इस तरह का उल्लंघन होता है, तो वे आवश्यक रूप से अनुच्छेद 14 द्वारा किए

गए क़ानून के समक्ष समानता एवं क़ानूनों के समान संरक्षण के वादों और अनुच्छेद 21 द्वारा सुनिश्चित की गई जीवन की गरिमा को भी कमज़ोर कर देते हैं।

हालाँकि, सुरक्षा विशेषज्ञों और दक्षिणपंथी टिप्पणीकारों ने फ़ैसले की ये कहकर खिंचाई की कि यह विचारधारा-आधारित है और काउंटर-इन्सर्जेंसी के संचालन की व्यावहारिकताओं के प्रति अज्ञानता दिखाता है। राज्य और केन्द्र के स्वर का अनुसरण करते हुए, मीडिया ने पूरा फोकस एसपीओ की दुर्दशा पर किया, जिनके हथियार ले लिए गए थे। कहा गया कि यह उन्हें माओवादियों का आसान निशाना बना देगा, और इस तरह यह उस नक्सल-विरोधी मुहिम के लिए झटका है जिसे स्वीकार्य मान लिया गया था।[7]

अफ़सोस, किसी ने कर्तम जोगा, जिसे झूठे मामले में फँसाकर जेल भेजा गया था, के परिवार का इंटरव्यू नहीं किया कि वे इस आदेश पर कैसा महसूस कर रहे हैं। किसी ने उन गाँववालों का इंटरव्यू नहीं किया जिन्हें एसपीओ और सुरक्षा बलों के हाथों कष्ट भुगतना पड़ा था। इसके बजाय, अदालती फ़ैसले का मीडिया कवरेज आरोपियों की प्रतिक्रिया, कर्तम सूर्या जैसे गिरफ़्तारी वारंट वाले बलात्कार आरोपियों के इंटरव्यू करने पर केन्द्रित रहा। स्वाभाविक तौर पर, उन्होंने सुप्रीम कोर्ट के आदेश का ज़िक्र किसी ख़राब चीज़ की तरह किया।[8]

फ़ैसले की आलोचना सुरक्षा बलों की भूमिका की अनदेखी करने के लिए भी हुई।[9] हक़ीक़त में, हमारी याचिकाओं में दोनों के ही नाम थे। न तो मीडिया न ही एक्टिविस्टों ने आदेश के उस हिस्से को उछाला या उसे लेकर लामबन्दी की, जिसमें आपराधिक कृत्यों की तहक़ीक़ात करने और मुक़दमा चलाने का निर्देश दिया गया। इसके दायरे में सुरक्षा बलों द्वारा किए गए अपराध भी आ सकते थे। ऐसा ही उस आदेश के साथ भी हुआ जो सभी पीड़ितों को मुआवज़े का निर्देश देता था। और जिस समय जजों ने यह संवैधानिक सिद्धान्त स्थापित करने का प्रयास किया कि काउंटर-इन्सर्जेंसी के लिए उसी समुदाय के अप्रशिक्षित नागरिकों की आउटसोर्सिंग नहीं की जा सकती और इसके लिए हर हाल में औपचारिक रूप से नियुक्त बलों पर ही भरोसा करना चाहिए, उसी समय जजों ने इस समस्या का फ़ौजी तौर-तरीक़ों से हल चाहने के लिए राज्य को झाड़ भी लगाई।

छत्तीसगढ़ सरकार ने आदेश को ताक पर रख दिया

केन्द्र और छत्तीसगढ़ की सरकारों ने तुरन्त ही आदेश को शून्य करने पर काम शुरू कर दिया। महीने-भर के अन्दर ही, 28 जुलाई, 2011 को छत्तीसगढ़ सरकार

ने छत्तीसगढ़ सहायक सशस्त्र पुलिस बल अध्यादेश जारी कर दिया। एसपीओ को नियमित करनेवाला और उनका भुगतान बढ़ाकर 7000 रुपए करनेवाला यह अध्यादेश 5 जुलाई, 2011 यानी फ़ैसले की तारीख़ से प्रभावी किया गया। रमन सिंह सरकार ने पूरे मामले को घुमाकर यूँ पेश किया कि अदालत ने बस एसपीओ के प्रशिक्षण और भुगतान में कमी पर आपत्ति की थी, जिसे इस अध्यादेश के ज़रिये ठीक कर दिया गया है। हक़ीक़त में, यह अध्यादेश—जो बाद में अधिनियम बना—खुल्लमखुल्ला कहता था कि माओवादियों के ख़िलाफ़ लड़ाई में सहायक सशस्त्र बल इस्तेमाल किए जाएँगे। यह वही काम था जिसे असंवैधानिक क़रार दिया गया था। अन्ततः, इस फ़ैसले से सबसे ज़्यादा लाभान्वित वही लोग हुए जिनके ख़िलाफ़ सबसे ज़्यादा आरोप लगे थे—एसपीओ—ज़्यादा भुगतान, बेहतर बन्दूक़ों और पहले से अधिक सुरक्षित रोज़गार के ज़रिये।

आदेश को नक्सल-विरोधी अभियानों को नुक़सान पहुँचानेवाला बताते हुए केन्द्र भी तेज़ी से हरकत में आया और 12 अगस्त को उसने एक पुनर्विचार याचिका दाख़िल की।[10] कहा गया कि जो मुद्दा है, वह 'सात एलडब्लूई (वामपंथी चरमपंथ प्रभावित) राज्यों के लिए हायर किए गए 28,566 एसपीओ के अधिकारों का है। केन्द्र आत्मरक्षा के लिए हथियार धारण करने के नागरिकों के अधिकार की रक्षा में बाक़ायदा खड़ा हुआ—उसके मुताबिक़ इस अधिकार से एसपीओ वंचित नहीं किए जा सकते थे। कोई ताज्जुब नहीं कि, इस अधिकार को भक्षक राज्य या पुलिसिया ज़्यादतियों से ख़ुद का बचाव कर रहे नागरिकों के लिए कभी मान्यता नहीं दी गई। आम तौर पर आदिवासियों को बतौर पिछड़ा लांछित करनेवाली केन्द्र सरकार ने बड़ी चालाकी से उनके अधिकारों की दुहाई दी, 'यह कहना कि साक्षरता के निम्न स्तर के कारण गाँववाले अपनी कम्युनिटी पुलिसिंग में हिस्सा नहीं ले सकते एक अभिजात्यवादी दृष्टि है।'

जस्टिस रेड्डी के रिटायर होने के बाद से, मुख्य न्यायाधीश अल्तमस कबीर के साथ जस्टिस निज्जर बैठ रहे थे। 18 नवम्बर, 2011 को अशोक देसाई और केन्द्र की ओर से पेश हुए तत्कालीन एडिशनल सॉलिसटर जनरल कोर्ट में इस बात पर राजी हुए कि सलवा जुडुम सम्बन्धी आदेश छत्तीसगढ़ तक सीमित होगा। जब हमने केवल छत्तीसगढ़ के सन्दर्भ में बहस की थी, तो उस वक़्त देसाई का तर्क था कि सभी राज्यों में एसपीओ के इस्तेमाल पर रोक पर ज़ोर देने से हम लम्बी और जटिल मुक़दमेबाज़ी में फँस जाएँगे। लाजिमी तौर पर, प्रेस ने इसे केन्द्र और छत्तीसगढ़ की बड़ी जीत के रूप में रिपोर्ट किया था।

फरवरी 2012 में एसपीओ ने, मार्च 2011 में ताड़मेटला पर हुए हमले की जाँच करने गई टीम पर हमला किया (जैसा कि आगे वर्णन किया गया है)। राज्य ने उन पर लगाम लगाने के लिए कितने अपर्याप्त क़दम उठाए थे, इसके लिए अब और किसी सबूत की ज़रूरत नहीं थी। एक महीने के बाद, मार्च 2012 में,

हमने अदालत की अवमानना याचिका दायर की। छत्तीसगढ़ सरकार की ओर से बार-बार स्थगन और सुनवाई में देरी की कोशिशों के बीच, जस्टिस निज्जर ने छत्तीसगढ़ से जवाब दाख़िल करने को कहा। लेकिन 2014 की गर्मियों में उनके रिटायर हो जाने के बाद, अवमानना की याचिका सुनवाई के लिए सूची में नहीं आ सकी। 2016 में जब हालात और बिगड़ गए, तो हमने मॉनिटरिंग कमेटी के लिए एक नई अर्जी लगाई।

सीबीआई जाँच

सीबीआई को अपनी प्राथमिक रिपोर्ट छह हफ़्ते में देनी थी, इसके बावजूद उसने गाँवों का दौरा छह महीने बाद जनवरी 2012 में जाकर किया। उसने अपनी जाँच का आधार पुलिस द्वारा दर्ज उन एफआईआर को बनाया, जो आगजनी का आरोप माओवादियों पर लगाती थीं, और जिनमें बलात्कार और हत्याओं का कोई ज़िक्र नहीं था। एसपीओ और जुडुम के नेता प्रभावित गाँवों तक किसी को भी जाने देने से रोकने के लिए जितनी दूर तक गए, यह तथ्य अपने आप में उन एफआईआर पर शुब्हा पैदा करने के लिए काफ़ी रहा है। अपने शुरुआती दौरे में, सीबीआई हेलीकॉप्टर पर सवार होकर चिन्तलनार गई, जहाँ वह सीआरपीएफ कैम्प में रुकी। एक दिन बाद स्थानीय पत्रकारों के साथ जब मैं वहाँ पहुँची, तो तिमापुरम और पुलनपाड के गाँववाले अपने बयान दर्ज कराने के लिए पहले ही चिन्तलनार पहुँच चुके थे। सीआरपीएफ कैम्प से 500 मीटर दूर एक छोटे से पंचायत भवन में सबकुछ सजाया गया। जब औरतें अपने बयान दर्ज करा रही थीं, एसपीओ आसपास ही टहल रहे थे, एक पेड़ के नीचे बैठकर उन्हें घूर रहे थे। इनमें कुछ वे एसपीओ भी शामिल थे जो हमले का हिस्सा रहे थे। लेकिन जो औरतें आई थीं—ज़्यादातर औरतें ही आई थीं, अपने बच्चों के साथ—उन्होंने डरने से इनकार कर दिया।

सीबीआई की टीम यह कहकर चली गई कि वे वापस आएँगे और गाँववालों के और बयान दर्ज करेंगे। लेकिन फरवरी 2012 में, जब टीम दोरनापाल में थी, उस पर एसपीओ ने हमला कर दिया। सहायक सशस्त्र बल के रूप में नई मिली अपनी हैसियत और बन्दूक़ों ने उनकी जुर्रत इतनी बढ़ा दी थी कि उनमें अपने वरिष्ठों का डर भी ख़त्म हो गया था। हालाँकि उन्हें वो बन्दूक़ें दी गई थीं जो नियमित बलों के लिए बेकार हो गई थीं। फौरी उकसावे की वजह उनके नेता कर्तम सूर्या का एक माओवादी धमाके में मारा जाना था। स्थानीय लोगों के मुताबिक़, सूर्या और डी.एस. मरावी, जिन्होंने ताड़मेटला पर पुलिसिया हमले की अगुवाई की थी, गाँववालों को उनके ख़िलाफ़ बयान दर्ज नहीं कराने के लिए धमकाने जा रहे थे। सूर्या तब तक पुलिस कांस्टेबल बन चुका था और किसी दूसरी जगह तैनात था।

एक अन्य एसपीओ नेता किचे नन्दा के साथ वह दोरनापाल आया था, ताकि वह 'अपने लड़कों' को जाँच के उत्पीड़न से बचा सके।

सीबीआई का हलफ़नामा पूरे दृश्य का चित्रात्मक वर्णन करता है :

> कुछ देर बाद ऑटोमेटिक बन्दूक़ों, हथगोलों वग़ैरह के साथ भारी ढंग से हथियारबन्द तत्कालीन एसपीओ (अभी सहायक पुलिस कांस्टेबल के रूप में ज़िला सहायक बल के सदस्य) टीम की ओर तेज़ी से बढ़े। उत्तेजित एसपीओ का मूड देखकर कुछ पुलिस अधिकारियों ने टीम को कमरों के भीतर जाने की सलाह दी जहाँ वे रुके हुए थे। अधिकारियों की टीम उन कमरों में से एक में छिप गई। बाद में, एसपीओ ने कमरों को घेर लिया और दरवाज़ों को पीटना शुरू कर दिया, उन्होंने दरवाज़े तोड़ने की भी कोशिश की जिन्हें सुरक्षित बनाने के लिए आलमारी, बेड वग़ैरह दरवाज़े से लगा दिए गए थे।

अधिकारियों ने फ़ौरन अपने वरिष्ठ अधिकारियों को सूचित किया। उन्हें आश्वासन मिला कि एसपी सुकमा इस मामले को सँभालेंगे। लेकिन एसपीओ को शान्त करने की कोशिश में दूसरे पुलिस अधिकारियों के साथ एसपी सुकमा भी 'बदसलूकी' और 'हाथापाई' के शिकार हुए। अन्त में जब उन्हें सीआरपीएफ द्वारा बचाकर अपने कैम्प ले जाया गया, तो कैम्प पर गोलीबारी की गई जो तक़रीबन दो घंटे तक चली, और सीआरपीएफ को जवाब में बड़ी संख्या में गोलियों के साथ तीन पैरा-बम भी दागने पड़े।[11]

इसके बाद, सीबीआई ने तय पाया कि उसके अधिकारियों का इलाक़े का दौरा करना महफ़ूज़ नहीं है। उसने स्थानीय प्रशासन के ज़रिये गाँववालों को जगदलपुर आने का सन्देशा भिजवाया। लेकिन प्रशासन ने इस सूचना को गाँववालों तक पहुँचाने के लिए कोई जहमत नहीं उठाई। इसके बनिस्बत नौकरशाही का रवैया जस्टिस टी. पी. शर्मा आयोग के प्रति ज़्यादा सहयोगपूर्ण था, जिसका गठन हमलों पर लीपापोती के लिए किया गया था। गाँववालों से जस्टिस शर्मा ने शत्रुतापूर्ण सवाल पूछे और मीडिया की मदद से यह दिखाने की कोशिश की गई कि मैं गवाहों को सिखा-पढ़ा रही हूँ।[12]

लेकिन कम-से-कम दो मौक़ों पर, जब सीबीआई ने गवाहों को बुलाने के लिए हमारी मदद माँगी, गाँववाले एक हफ़्ते की अपनी दिहाड़ी मज़दूरी छोड़कर आए। वे अपनी कहानी बयान करने और इंसाफ़ पाने के लिए उत्सुक थे। वे इतने बेताब थे कि उन्होंने आने-जाने में 187-187 किलोमीटर का सफ़र मवेशी ढोनेवाली पिकअप गाड़ियों में खड़े होकर तय किया, वह भी सबसे ख़राब रास्तों पर। दोरनापाल से चिन्तलनार तक की सड़क कम-से-कम आठ सीआरपीएफ कैम्पों से होकर गुज़रती है। हरेक कैम्प पर उन्हें रोका गया, चेकिंग की गई और उनके नाम नोट किए

गए। औरतें गर्मी, मच्छरों और तमाम छोटी-मोटी परेशानियों से जूझते हुए अपने दुधमुँहे बच्चों को लेकर आईं। भोजन और परिवहन की ज़िम्मेदारी स्थानीय प्रशासन की थी, जिसका मतलब था कि या तो उन्हें खाना नहीं दिया गया या फिर बेवक्त दिया गया। एक मामले में, हमने 10 घंटे गाड़ी चलाई, आगे जाने की अनुमति पाने के लिए सीआरपीएफ कैम्प पर एक घंटा इन्तज़ार किया, फिर शराब के नशे में धुत्त एक गवाह को एक शादी से अपने साथ लिया। उस पर पानी-वानी डालकर, ठीकठाक करके सुनवाई में ले गए। वहाँ पता चला कि स्टाफ के बीच सूचना को लेकर कोई ग़लतफ़हमी हो गई है, आख़िरकार उसे अपना बयान दर्ज कराए बिना अगली सुबह घर के लिए निकलना पड़ा।

गाँववालों को इतना लम्बा रास्ता तय कर फिर जगदलपुर आने की सांसत में डालने से हमारे साफ़ मना कर देने के बाद, नवम्बर 2015 में सीबीआई (जो अब तीसरी जाँच टीम बना चुकी थी) ने फिर चिन्तलनार जाने की कोशिश करने का फ़ैसला किया। इस बार भी छत्तीसगढ़ पुलिस ने उन्हें डराने में कोई कसर बाक़ी नहीं रखी—उन्हें शराब के नशे में चूर सुरक्षाकर्मी दिए, दावा किया कि माओवादी उनकी घात में निकले हुए हैं, और एक बार फिर रात के दरम्यान उनके दरवाज़े पीटे गए। लेकिन इस बार सीबीआई भाजपा-नियंत्रित थी और उसे एक भाजपा-शासित राज्य को बचाने की केन्द्र सरकार की मंशा के अनुरूप काम करना था, वह इसे मुद्दा बनाने को लेकर उत्साहित नहीं थी।

पुनश्च : (पोस्टस्क्रिप्ट) 2021

काफ़ी देरी के बाद अक्टूबर 2016 में सुप्रीम कोर्ट की एक नई बेंच के सामने सीबीआई ने ताड़मेटला और तिमापुरम में आग लगाने के आरोप में सात एसपीओ और स्वामी अग्निवेश पर हमले के आरोप में 26 लोगों पर आरोप तय किए। गाँवों में बलात्कार और हत्या को लेकर उनका कहना था कि जाँच अभी जारी है। ये अभियोग काफ़ी कमज़ोर था, बावजूद इसके आईजी कल्लूरी और उनके आदमियों का रवैया प्रतिशोधी है। कल्लूरी ने एक प्रेस कांफ्रेंस में स्वीकार किया कि 2011 में दंतेवाड़ा के एसएसपी के रूप में उन्होंने ऑपरेशन का निर्देश दिया था। उन्होंने सीबीआई पर झूठ बोलने का आरोप लगाया। इसके बाद पुलिस ने सात अलग-अलग जगहों पर 6 एक्टिविस्टों जिनमें एक मैं भी थी, का पुतला जलाया। इन पुतलों पर हम लोगों के चेहरे का कलर प्रिंट आउट लगाया गया था, जिससे कि जनता हमें पहचान सके। सलवा जुडुम के एक उत्तराधिकारी संगठन (जिसने ख़ुद का नाम अग्नि बताया) ने मनीष कुंजाम पर उस वक़्त हमला किया, जब वह सीबीआई के आरोपों को लेकर प्रेस कांफ्रेंस कर रहे थे।

आठ नवम्बर को मैं न्यूयॉर्क में थी तभी मेरे पास भारत में एक टीवी स्टूडियो से रात क़रीब 1 बजे फ़ोन आया कि मेरे और अन्य लोगों के ख़िलाफ़ लगे हत्या के आरोप के बारे में मुझे क्या कहना है। मेरे अलावा जेएनयू की इतिहासकार अर्चना प्रसाद, सीपीआई के सदस्य विनीत तिवारी और मंजू कवासी और छत्तीसगढ़ सीपीएम के नेता संजय पराटे, मंगला करमा जो नमा का निवासी था और जो हमें रास्ता दिखाने के लिए आया था, उसका भी नाम था। पुलिस की कहानी के मुताबिक़ मारे गए श्यामनाथ बघेल की पत्नी विमला बघेल बच्चे को जन्म देने के तुरन्त बाद 14 किलोमीटर चलकर थाने पहुँची थीं और उन्होंने ही विस्तार से बताया कि कैसे हममें से छह लोगों ने उनके पति की हत्या कर दी। पुलिस ने हमारे ख़िलाफ़ हत्या, दंगा, हथियार रखने और UAPA (गैरक़ानूनी गतिविधि रोकथाम क़ानून) के तहत मामला दर्ज किया।

हालाँकि, विमला ने एक टीवी पत्रकार से कहा कि वह इस शिकायत के बारे में कुछ नहीं जानती हैं। वह टीवी पत्रकार मामले की वास्तविकता को उजागर करने के लिए नामा तक पहुँचे थे। (इसके बाद पुलिस ने फ़ैसला किया कि अब वह और किसी इंटरव्यू का जोख़िम नहीं लेगी और पुलिस में विमला बघेल को नौकरी दे दी।)

इस इंटरव्यू और हमारे वकीलों, दोस्तों और साथियों के सहयोग से हमें सुप्रीम कोर्ट से राहत मिली। जजों ने छत्तीसगढ़ सरकार से ये आश्वासन माँगा कि हमें गिरफ़्तार नहीं किया जाएगा या संरक्षण के लिए अदालत के पास जाए बिना पूछताछ नहीं की जाएगी।

हमने अन्तिम बार छह महीना पहले नए निगरानी दल 'तंग्या दल' के गठन की जाँच करने के लिए इलाक़े का दौरा किया था। हमने बताया कि कैसे नक्सली और पुलिस दोनों ग्रामीणों को डरा-धमका रहे थे। ये आरोप बिल्कुल बकवास थे लेकिन इससे भाजपा और पुलिस का उद्देश्य पूरा हो गया। इससे एक शहरी नक्सली नेटवर्क की काली छाया के बारे में अफ़वाह फैलाने में मदद मिली। जेएनयू की अर्चना प्रसाद को फँसाकर उसका ख़ूब फ़ायदा उठाया गया और जेएनयू की दैत्य वाली छवि बनाई गई। जेएनयू पर उसकी वामपंथी राजनीति के कारण फरवरी 2016 से ही हमला हो रहा है। वर्ष 2019 में आख़िरकार ये आरोप वापस ले लिए गए और 2020 में एनएचआरसी ने ग़लत आरोपों के कारण हुई मानसिक यातना के एवज में हममें से प्रत्येक को एक-एक लाख रुपए का मुआवज़ा देने को कहा। हालाँकि, कल्लूरी के ख़िलाफ़ न तो भाजपा और न ही 2018 में राज्य की सत्ता में आई कांग्रेस की सरकार ने कोई कार्रवाई की।

अप्रैल 2017 में, चिन्तागुफा के पास घात लगाकर नक्सलियों द्वारा 25 पुलिसकर्मियों की हत्या के बाद तुरन्त बाद पुलिस ने पोडियम पांडा को गिरफ़्तार कर लिया। कई दिनों की अनिश्चितता के बाद (उस दौरान उनके परिवार और दोस्तों को नहीं पता था कि वह कहाँ हैं) उनकी पत्नी ने बन्दी प्रत्यक्षीकरण याचिका दायर

की। इसके बाद उन्हें छत्तीसगढ़ हाईकोर्ट के समक्ष पेश किया गया, जहाँ उनके बगल में पुलिस खड़ी थी। पुलिस के दबाव में पांडा ने कहा कि उन्होंने ख़ुद सरेंडर किया था। हमें बाद में पता चला कि उन्हें उलटा लटकाया गया था, आँखों पर पट्टी बाँधी गई थी और उन्हें तरह-तरह से प्रताड़ित किया गया था। दूसरी तरफ़, नक्सलियों ने उनकी पत्नी और भाई का अपहरण कर लिया। उन्हें 12 दिनों तक क़ब्ज़े में रखा और आरोप लगाया कि वे पुलिस की सहायता करते हैं। पांडा और मुये अब सुकमा में रहते हैं। पुलिस के लिए वे बड़ा खतरा नहीं हैं।

हमारे क़ानूनी करतब के कई किरदार अब इस दुनिया में नहीं हैं। हमारे वकील टीआर अंध्यारुजिना और अशोक देसाई और जस्टिस निज्जर का निधन हो चुका है। दो सालों (2016-18) के दौरान सुप्रीम कोर्ट ने हमारी याचिकाओं पर सैकड़ों बलात्कार और हत्या के मामलों को जाँच के लिए एनएचआरसी को दे दिया, लेकिन एनएचआरसी ने कुछ नहीं किया। जब दबाव डाला गया तो उन्होंने हर तरह का बहाना किया जैसे—हमने पीड़ितों को एनकाउंटर की जगह के बजाय गृह गाँव के द्वारा सूचीबद्ध किया। उन्होंने कहा कि अगर ग्रामीणों को कोई दिक़्क़त थी तो वे गूगल पर एनएचआरसी के विशेष प्रतिवेदन को खोज लेते और एनएचआरसी को ईमेल के ज़रिए शिकायत भेज देते। अक्टूबर 2018 में हमारे मामले की अन्तिम सुनवाई दोबारा शुरू हुई, लेकिन एक बार फिर जज रिटायर हो गए। तब से कुछ नहीं हो सका है। कांग्रेस की सरकार ने सलवा जुडुम के पीड़ितों के अभियोजन और पुनर्वास या फिर क़ैदियों की रिहाई के लिए एक टोकन कमेटी गठित करने सम्बन्धी कोर्ट के आदेश पर अमल के लिए कोई क़दम नहीं उठाया। यद्धपि, एक न्यायिक जाँच में सारकेगुड़ा में ग्रामीणों की हत्या के लिए सीआरपीएफ को दोषी पाए जाने के बावजूद आगे कोई क़दम नहीं उठाया गया।

आज 2021 की तारीख़ में भी जंग जारी है। 3 अप्रैल, 2021 को नक्सलियों द्वारा घात लगाकर किए गए एक हमले में 22 सुरक्षा बल और 9 नक्सली मारे गए। और अधिक कैम्प बने हैं और...और अधिक सुरक्षा बलों की तैनाती हुई है। सीआरपीएफ ने एक बस्तर बटालियन बनाया है, जो स्थानीय स्तर पर भर्ती की जाने वाली एसपीओ का 4.0 वर्जन, सशस्त्र सहायक बल (Armed Auxiliary Forces) और डिस्ट्रिक्ट रिज़र्व ग्रुप की तर्ज पर है।

सरकार सोचती है कि उसने नक्सलियों की रीढ़ तोड़ दी है और सम्भवत: ऐसा है भी, लेकिन इसने लोकतंत्र की भी रीढ़ तोड़ दी है।

उपसंहार

एक नया करार

उपन्यास *अटोनमेन्ट* (Atonement) में नायिका, वास्तव में जो कुछ भी हुआ है, उसके असहनीय दुख को सहन नहीं कर पाती है। इसलिए वह एक वैकल्पिक सुखद अन्त लिखने का फ़ैसला करती है।

उसी तरह मेरी दूसरी कहानी में मैं अपने चारों ओर बस्तर की जंगलों से भरी पहाड़ियों को देखती हूँ, जिसमें अर्धसैनिक बलों के किसी कैम्प के निशान नहीं हैं। यहाँ ज़ख़्मों को ढकते हुए जंगल फैलते जा रहे हैं।

सरकार बदलने के बाद एक तरह का समझौता हुआ और सामूहिक अपराध के लिए ज़िम्मेदार सभी लोगों को जेल में डाल दिया गया। एक नए संविधान ने सभी लोगों को यह तय करने का अधिकार दिया कि वे अपने संसाधनों का उपयोग कैसे करना चाहते हैं। वह नियम जिसके तहत सरकार पूरी भूमि के मालिक होने का दावा करती है, उसे हमेशा के लिए त्याग दिया गया।

मौजूदा बैलाडिला खदानों से मिलने वाली सभी रॉयल्टी और नगरनार के स्टील प्लांट से मिलने वाले सभी फ़ायदे एक निर्वाचित समिति को मिलते हैं। इस समिति का प्रबन्धन गाँव के बुज़ुर्गों और पूर्व आदिवासी माओवादी गुरिल्लों के साथ अन्य लोग करते हैं। इन पैसों से उन्होंने खेतों को समतल किया और तालाबों, स्कूलों, अस्पतालों आदि का निर्माण करवाया। इसके अलावा ग्रामीणों से राय-मशविरा करके बाक़ी सभी चीज़ों को जंगल के रूप में छोड़ दिया। इसके साथ ही लोगों ने छोटे-छोटे कुटीर उद्योगों की स्थापना की, ताकि वे जंगलों से एकत्रित होने वाली लघु वनोपज को बेचकर लाभ कमा सकें।

हर स्थिति में उन्हें अपने श्रम के लिए उचित मूल्य मिलता है और व्यापारी उन्हें धोखा देकर भारी मुनाफ़ा नहीं कमा पाते हैं। नई विधियों से की जा रही खेती ने कृषि को टिकाऊ बनाया है। साथ ही यह भी सुनिश्चित हो रहा है कि ग्रामीणों को खाने के लिए स्वस्थ जैविक अनाज मिल रहे हैं। हर पंचायत में प्राथमिक स्वास्थ्य केन्द्रों ने काम करना शुरू कर दिया है और बच्चों का पेट अब भूख से

मरोड़ नहीं खा रहा है। कोई भी भूमिहीन नहीं रह गया है, अब किसी को भी श्रम के लिए पलायन नहीं करना पड़ता है।

मेरी कहानी में मैं घने और सुगंधित जंगलों से गुज़रती हूँ और कोयल की आवाज़ सुन सकती हूँ। स्कूलों में गोंडी, धुर्वा, हिन्दी और अंग्रेजी में पढ़ाई होती है। बच्चों के पास स्पेनिश, अरबी या चीनी सीखने का विकल्प भी है। उनके पास अच्छी तरह से सुसज्जित रसायन विज्ञान प्रयोगशाला और बड़े खेल मैदान भी हैं।

स्कूल की परियोजनाओं में गोंडी फ़िल्में बनाना और सम्पादन करना, पारम्परिक गीतों को रिकॉर्ड करना और उनके जंगलों में उगने वाले पौधों को सूचीबद्ध करना शामिल है। आप्रवासी बच्चे स्कूल में स्थानीय भाषा भी सीखते हैं और आदिवासी संस्कृति को कमतर समझने के बजाय उस पर गर्व करते हैं।

उनमें से कुछ बड़े होकर, हिडमे और हदमा, मासा और देवे जैसे कुछ उपन्यासकार, वकील, राजनेता और वैज्ञानिक हैं। ये वैज्ञानिक जीवनरक्षक दवाओं का निर्माण करने के लिए जंगल के अपने ज्ञान का उपयोग करते हैं। लेकिन वे हमेशा अपने पहाड़ी देवी-देवताओं की पूजा करने के लिए अपने घर गाँव मंडई आते हैं। कहानी कुछ इस तरह चलती है...मैं पूर्णिमा की एक रात में मादिया ढोल की थाप पर दोस्त के साथ आशा और भविष्य के लिए महुआ का गिलास उठाकर जय जोहार कहती हूँ।

सन्दर्भ और टिप्पणियाँ

1. जले हुए चावल

1. आज़ादी के बाद बस्तर और कांकेर की पूर्व रियासतों को मिलाकर बस्तर ज़िला बना दिया गया था। 1998-99 में बस्तर ज़िले को बाँटकर उत्तरी बस्तर को कांकेर और दक्षिणी बस्तर में विभाजित कर दंतेवाड़ा बना दिया गया और बाद में उसे और छोटे-छोटे टुकड़ों में विभाजित करके बस्तर, कोंडागाँव, कांकेर, नारायणपुर, दंतेवाड़ा, बीजापुर और सुकमा ज़िला बना दिया गया। 2007 में दंतेवाडा से बीजापुर और 2012 में सुकमा ज़िला बनाया गया। जबकि 2000 में मध्यप्रदेश से अलग करके छत्तीसगढ़ राज्य की स्थापना हुई।
2. David French, *The British Way in Counter-Insurgency, 1945-1967* (New York: Oxford University Press, 2011); Daniel Marston and Carter Malkasian, eds, *Counterinsurgency in Modern Warfare* (Oxford: Osprey, 2008).
3. Ranajit Guha, *Elementary Aspects of Peasant Insurgency in Colonial India* (Delhi: Oxford University Press, 1983).
4. Aman Sharma, 'Govt to recruit 7350 men for paramilitary forces from Naxal affected districts', *Economic Times,* 12 April 2013; Rashmi Drolia, 'Chhattisgarh budget: Raman announces 4 new battalions in Bastar to fight rebels', *Times of India,* 9 March 2016; Diptiman Tiwary, 'Bastar: CRPF tribal battalion to counter Maoists threat in Bastar', *Indian Express,* 12 July 2016.
5. दूसरे बोअर युद्ध (1899-1902) के दौरान बिट्रिश बंदीगृह में बोअर लड़ाकुओं की तुलना में महिलाओं, बच्चों और अश्वेतों की अधिक संख्या में मौत हुई थी; वियतनाम में 1963 तक 8.5 मिलियन से अधिक लोगों को 7205 कैंपों में रखा गया था; अल्जीरिया में 1954-61 के दौरान 1.9 मिलियन से 2.3 मिलियन नागरिकों को फ्रेंच द्वारा वर्गीकृत कर दिया गया था; और केन्या के माऊ-माऊ विद्रोह को कुचलने के लिए दस लाख से अधिक लोगों को 854 गाँवों में बसाया गया था। नन्दिनी सुंदर का 'इंटरनिंग इनसर्जेंट पोपुलेशन', शीर्षक से लेख, *ईपीडब्लू* 46, नम्बर-6 (2011), पेज 47-57।
6. P. Sundarayya, *Telangana People's Struggle and Its Lessons* (New Delhi: Foundation Books, 1972); on the grouping of Koya villages, see pp. 187-9.
7. An army officer's reminiscences reproduced in Lalkhama, *A Mizo Civil Servant's Random Refections* (Ghaziabad: Express Print House, 2006).
8. Art. 14 of the Additional Protocol (II) to the Geneva Convention, relating to the protection of victims of non-international armed conflict, 8 June 1977,

https://treaties.un.org/doc/Publication/UNTS/ Volume%201125/volume-1125-I-17513-English.pdf

9. किताब में तेलगांना न लिखकर हर जगह मैंने आन्ध्र प्रदेश लिखा है क्योंकि जिस काल-अवधि की बात हो रही है उस समय वह तेलगांना नहीं बना था और आन्ध्र प्रदेश का ही हिस्सा था। इसके अलावा, खम्मम को तेलांगाना में शामिल किया गया है, जबकि प्रस्तावित पोलावरण परियोजना में शामिल सात मंडल अभी भी आन्ध्र प्रदेश में ही हैं। वे मूल रूप से वही भूभाग हैं जहाँ से छत्तीसगढ़ के ग्रामीण भाग गए थे। इसके लिए 2014 का आन्ध्र प्रदेश पुनगर्ठन अधिनियम, नम्बर-6 देखा जा सकता है। नक्शे में, आन्ध्र प्रदेश को दिखाया गया है जबकि इसमें 2014 से पहले की घटनाओं को दिखाया गया है।
10. Arshad Bhat, 'The case against village defence committees', *Greater Kashmir, 16 August 2013*; Anis Zargar, 'Should village defence committees in Kashmir be disbanded', DNA, 22 December 2015.
11. विक्टोरिया सैनफोर्ड की किताब, 'बुरीड सेक्रेट्स: ट्रूथ एंड ह्यूमन राइट्स इन ग्वाटेमाला' (न्यूयॉर्क : पालग्रेव मैकमिलन, 2003)। सैनफोर्ड सेना की इकाइयों के बारे में बताती हैं कि कैसे सवेरे-सवेरे सेना पूरे गाँव को घेर लेती थी, किस तरह नाबालिगों को सेना में भर्ती करके 'नागरिक गश्ती' के लिए भेजा जाता था और वे अपने ही गाँव के लोगों को जो पहाड़ियों पर छिपे हुए थे, किस तरह निशाना बनाते थे, उनके खाने-पीने के सामान को जला देते थे, पशु-पक्षियों को चुरा लेते थे जबकि खुद उनके पास खाने को अन्न नहीं होता था। उन्हें 'सामुदायिक आत्मसमर्पण' कराकर सेना नियंत्रित बसाहटों में रखा जाता था।
12. Ram Narayan Kumar and Amrik Singh, *Reduced to Ashes : The Insurgency and Human Rights in Punjab* (Kathmandu: South Asia Forum for Human Rights, 2003); Nanda Talukdar Foundation (NTF) and Human Rights Law Network (HRLN), *Secret Killings of Assam* (Guwahati and New Delhi: NTF & HRLN, 2009).
13. Sheikh Mushtaq, 'Much ado in Kashmir over Padma Shri for Mir', Reuters, 3 February 2010.
14. Rashmi Drolia, 'Mission 2016 : DRG force pressed into anti-Naxalite ops in Chhattisgarh', *Times of India,* 5 February 2016.
15. Amrita Rangasamy, 'And then there were none: A report from Srikakulam', *Economic and Political Weekly 8,* No. 46 (17 November, 1973), pp. 2041-2.
16. National Crime Records Bureau, 2013, http://ncrb.nic.in/PSI-2013/ CHAPTER-2.pdf.
17. Rashmi Drolia, 'Chhattisgarh budget: Raman announces 4 new battalions in Bastar to fight rebels'.
18. See, for instance, Judith Butler, *Frames of War: When Is Life Grievable?* (London: Verso, 2009).
19. *Indian Express* editorial, 7 January 1967.

2. कलेजे में लोहा

1. Letter to NHRC, 'Police atrocities on Madia (Gondi) adivasi women in Lohandiguda, Bastar', 28 March 2007, signed by Ramuram Maurya of the Prastavit Tata Steel Jan Adhikar Samiti and Bela Bhatia.
2. http://www.narendramodi.in/mous-signed-at-dantewada-in-the presence-of-prime-minister-shri-narendra-modi-9785.

3. Bilge Erten and José Antonio Ocampo, 'Super-cycles of commodity prices since the mid-nineteenth century', United Nations Department of Economic and Social Afairs, DESA working paper No. 110, February 2012. I am grateful to Gavin Capps for the reference.
4. Government of India, *Report of the High Level Committee on Socio economic, Health and Educational Status of Tribal Communities of India* (henceforth Xaxa Committee Report) (New Delhi : Ministry of Tribal Afairs, 2014), Table 8.12, p. 272.
5. खनिज सम्पदा से 19.23 फीसदी और 64.41 फीसदी कुल राजस्व की प्राप्ति होती है जिसमें पहला बिना टैक्स का मिला छत्तीसगढ़ राज्य का 2010-11 का राजस्व है। Performance Audit on 'Assessment, Levy and Collection of Major and Minor Mineral Receipts' of the Government of Chhattisgarh, conducted by the Comptroller and Auditor General, http://www.indiaenviornmentportal.org.in/files/file/chhattisgarh%20performance%20audit%20on%20mining.pdf.
6. सुप्रिया शर्मा, 'आयरन ओर माइन्स गोइंग फॉर रुपी 1 लाख इन छत्तीसगढ़?' टाइम्स ऑफ इंडिया, 2 अगस्त, 2010। वर्ष 2013 में छत्तीसगढ़ में 18 खनन को मंजूरी मिली जिसमें से 12 अकेले बस्तर ज़िले में हैं और राज्य में जो 21 प्रस्तावित खनन को मंजूरी मिली है, उसमें से 95 फीसदी निजी कम्पनियाँ हैं। 7 नवंबर, 2013 को छत्तीसगढ़ में प्राकृतिक संसाधनों को बचाने के लिए संघर्ष कर रहे छत्तीसगढ़ बचाओ आन्दोलन ने एम.बी. शाह कमीशन की बर्खास्तगी के ख़िलाफ़ आदिवासी मामलों के मंत्रालय को चिठ्ठी लिखी थी।
7. Federation of Indian Chambers of Commerce and Industry, Task Force Report on National Security and Terrorism (New Delhi: FICCI, 2009), http://www.fcci.com/SPdocument/20032/terrorism-report.pdf.
8. *Daily Chhattisgarh,* 13 September 2006, translated from Hindi by the moderators of CGNet.
9. National Environmental Engineering Research Institute, *Rapid Environmental Impact Assessment for Mining and Infrastructural Facilities at Raoghat, District Bastar, Chhattisgarh,* 2006.
10. उदाहरण के लिए ओडीशा के रायगढ़ जिले के मयकंच गांव में बाक्साइट खनन के लिए भूमि अधिग्रहण का विरोध कर रहे तीन लोगों की मौत पुलिस फायरिंग में हुई (2001); झारखंड के रांची जिले के तपकरा में कोयल कारो डैम का विरोध कर रहे नौ लोग पुलिस फायरिंग में मारे गए थे (2001); मणिपुर के चुराचांदपुर जिले में खुगा डैम का (2005) विरोध करते हुए तीन आदमी मारे गए; ओडीशा के कलिंगनगर (2006) में टाटा स्टील प्लांट का विरोध करते समय 12 लोग मारे गए; 2007 में पश्चिम बंगाल के नन्दीग्राम में स्पेशल इकॉनोमिक जोन (एसईजेड) के लिए ज़मीन अधिग्रहण करने के ख़िलाफ़ 15 लोग मारे गए थे।
11. रामभाऊ म्हालगी प्रबोधिनी (आरएमपी) 'डेवलपमेंट एंड इंटरनल सेक्यूरिटी इन छत्तीसगढ़ : इंपैक्ट ऑफ नक्सलाइट मुवमेंट : ए रिपोर्ट' (मुंबई, 2005-06) पेज-47। मैंने भी सतवास और आसपास के गाँवों के लोगों से साक्षात्कार किए थे। गुमरगुंडा का आश्रम वास्तव में दिव्य जीवन संघ है।
12. 'Final Report of the Lokayukt Committee on the Felling of Trees on Malik Makbuja and Other Government Land in Bastar District (M.P.)', (MP Lokayukta, March 1998), pp. 22, 31.
13. In 2009, the police-population ratio was 194.4 (sanctioned) and 138.16 (actual) policemen per 1,00,000 persons, going up to 268.92 (sanctioned) and 184.5 (actual) in 2013. The All-India average in 2013 was 181.47 (sanctioned) and

136.42 (actual). Answer to Rajya Sabha Starred Question No. 405 for 06 August 2014.

14. For police fgures, see: https://data.gov.in/catalog/all-india-and-state wise-actual-police-strength (accessed 21 June 2015); http://ncrb.gov. in/CD-CII2012/cii-2012/Chapter%2017.pdf (accessed 21 June, 2015).
15. MHA Annual Reports, 2014-15, 2015-16.
16. Aman Sharma, 'Bastar set to become the most militarized zone', *Economic Times,* 10 June 2014.
17. W.V. Grigson, *The Maria Gonds of Bastar* (Delhi: Oxfort University Press/Vanya Prakashan, 1938/1991), pp. 13-14.
18. Special correspondent, 'Rs. 50 crore a year to develop Naxal-hit and backward areas', *The Hindu,* 8 August 2010.
19. I am grateful to Farah Naqvi for relaying this conversation.
20. Ejaz Kaiser, '75,000 applications for 30 peon posts, officials cancel Exam', *Hindustan Times,* 24 August, 2015.
21. Earlier on http://bastar.nic.in.
22. Abhishek Bhalla, 'Meet the dogs that have instilled fear among Maoists in the red zone', *Mail Today,* 15 April 2016
23. Shale Horowitz and Deepti Sharma, 'Democracies fighting ethnic insurgencies: Evidence from India', *Studies in Conflict & Terrorism* 31 (2008), pp. 749-73; Anna Getmansky, 'You can't win if you don't fight: The role of regime type in counterinsurgency outbreaks and outcomes', *Journal of Conflict Resolution* 57 (2013), pp. 709-34; Jason Lyall, 'Do democracies make inferior counterinsurgents? Reassessing democracy's outcome on war outcomes and duration', *International Organization* 64 (Winter 2010), pp. 167-92.
24. 'Kishenji's dead, not the Maoist threat', *Hindustan Times,* 27 November, 2011.

3. 'क्योंकि मैं अमन चाहती हूँ'

1. माओवादी और दूसरे टिप्पणीकार भी 1967 में हुए नक्सलबाड़ी आन्दोलन को भारत में हुए माओवादी आन्दोलन के लिए बड़ी परिघटना के रूप में देखते हैं, इसके साथ-साथ, तेलंगाना सशस्त्र संघर्ष, तेभागा और वार्ली किसान आन्दोलन इससे पहले के बड़े सशस्त्र आन्दोलन रहे हैं। पार्टी के भीतर के 'दक्षिणपंथी रुझान' रखनेवाले पैरोकारों का सुझाव था कि तेलगांना आन्दोलन को रोक दिया जाना चाहिए क्योंकि हमारा सशस्त्र दस्ता भारतीय सेना की तरह सुसज्जित नहीं है और वे उनसे बुरी तरह मात खा जाएँगे, साथ ही, अगर हम भारत के ख़िलाफ़ लड़ते हैं तो बड़े किसानों का समर्थन भी हमसे छिन जाएगा। शुरू में पार्टी ने सशस्त्र संघर्ष को ख़त्म करने के बारे में निर्णय इस शर्त पर ले भी लिया कि अगर उनके क़ब्ज़े वाली ज़मीन पर उसी का हक़ बरक़रार रहे, गिरफ़्तार किए गए सभी किसानों के ख़िलाफ़ चल रहे मुक़दमे वापस ले लिए जाएँ और पार्टी पर लगाए गए प्रतिबंध को हटा दिया जाए। अन्ततः 1951 में पार्टी ने कांग्रेस की हठधर्मिता के आगे झुकते हुए आपसी मतभेद भुलाकर चुनाव लड़ने, सशस्त्र संधर्ष को रोक देने और हथियार सहित समर्पण करने का निर्णय लिया।

   1964 में चीन-सोवियत संघ की तरह भारतीय कम्युनिस्ट पार्टी (सीपीआई) का विभाजन हो गया और मार्क्सवादी कम्युनिस्ट पार्टी (माकपा) का गठन हुआ। मोटे तौर पर बात करें तो जो लोग तेलगांना के सशस्त्र संघर्ष का समर्थन कर रहे थे, वे सीपीएम के साथ चले आए

और बाद में 1968 में माओवादी ने सीपीएम में विभाजन करके आन्ध्र प्रदेश को-आर्डिनेशन कमिटी फोर कम्युनिस्ट रिवोल्यूशनरी का गठन कराकर पार्टी कैडर के बहुत बड़े हिस्से को अपने साथ शामिल कर लिया। आन्ध्र प्रदेश के माओवादियों में से कुछ ने बंगाल के चारू मजुमदार समूह के 1967 के माओवादी विद्रोह का समर्थन किया और बाद में को-आर्डिनेशन कमिटी फोर कम्युनिस्ट रिवोल्यूशनरी के साथ मिलकर 1969 में कम्युनिस्ट पार्टी ऑफ इंडिया (मार्क्सवादी-लेनिनवादी) सीपीआई (एमएल) का गठन किया। ख़ासकर श्रीकाकुलम सशस्त्र विद्रोह का जिस समूह ने नेतृत्व किया था वे चारू मजुमदार के साथ चले गए जबकि चन्द्र पुला रेड्डी, टी. नागी रेड्डी और डी. वेंकटेश्वरा राव ने दीर्घ संघर्ष चलाने पर बल दिया। उनका कहना था कि अभी भी हालात ऐसे नहीं हुए हैं कि हर जगह सशस्त्र संघर्ष शुरू करके लोगों की ज़रूरतों को पूरा किया जा सके। यह समूह खम्मम और वारंगल जिले में सक्रिय था।

इस बीच, सीपीआई (एमएल) कई अन्य राज्यों में काम करती रही जिसमें भूस्वामियों का ख़ात्मा, पुलिस दलों पर हमले के अलावा शहरी क्षेत्रों में युवाओं को संगठित करने का अभियान भी चला रही थी। 1972 में चारू मजुमदार के मरने के बाद आन्दोलन कई टुकडों में बिखर गया लेकिन 1974 में फिर से सीपीआई (एमएल) सेन्ट्रल ऑर्गनाइजेशन कमिटी के बैनर तले संगठित हुआ। उसमें दक्षिण देश जैसे संगठन भी थे जो कभी भी सीपीआई (एमएल) का हिस्सा नहीं रहा था, लेकिन बाद में वह माओइस्ट कम्युनिस्ट सेंटर (एमसीसी) बना जो बिहार तथा अन्य राज्यों में विभिन्न रूपों में वैचारिक समूहों के साथ परिवर्तित व संयोजित होकर काम करते रहे। For readings, see Sumanta Banerjee, *In the Wake of Naxalbari* (Calcutta: Subarnarekha, 1980); CPI (Maoist), 30 *Years of Naxalbari* (2000); Shanta Sinha, *Maoists in Andhra Pradesh* (New Delhi: Gyan Publishing House, 1989); P. Sundarayya, *Telangana People's Struggle;* N. Venugopal, *Understanding Maoists* (Kolkata: Setu Prakashan, 2013).

2. Christoph Von Fürer-Haimendorf, *Tribes of India: The Struggle for Survival,* Postscript, May 1981 (Delhi: Oxford University Press, 1991, 2nd impression), pp. 323-6.
3. Sundarayya, *Telangana People's Struggle,* pp. 198, 278-9, 372; V.P. Patel, 'Tribal Unrest and Adventures of Naxalites', in V.P. Patel, *Studies in Development Anthropology* (Madhusudan Nagar, Society for Anthropological and Archaeological Studies, 1986), pp. 30-1.
4. Patel, 'Tribal Unrest and Adventures of Naxalites', pp. 30-3.
5. पुलिस सुकमा जिले में आठ दस्तों का जिक्र करती है : कोन्टा सुकमा और बैलाडीला दलम (1984), मादेड़ और नेशनल पार्क दलम (1983), अबुझमाड़ दलम (1988), भमरागढ़ दलम, केशल दलम और इतापल्ली दलम। 15-30 लोगों के इस समूह में उसके नेता और आधे सदस्य आन्ध्र प्रदेश के होते थे। ए.एन. सिंह, नक्सलपंथी गतिविधियाँ सम्बन्धी टीप, साइक्लोस्टाइल कराया हुआ दस्तावेज भिलाई जोन के आई जी द्वारा 1992 में तैयार कराया गया था। इसके लिए जन जागरण अभियान का पुलिस नोट भी देखा जा सकता है।
6. Patel, 'Tribal Unrest and Adventures of Naxalites'. pp. 18-23, 34-5.
7. Grigson, *Maria Gonds of Bastar,* p. 32.
8. Nandini Sundar, *Subalterns and Sovereigns: An Anthropological History of Bastar,* 2nd edn. (Delhi: Oxford University Press, 2007), pp. 167-8.
9. Peddi Shankar was shot in the back by the police in 1980, becoming the 'first martyr' of the People's War in Dandakaranya.
10. P. Shankar, *Yeh Jungle Hamara Hai* (Delhi : New Vistas Publications, 2006), p. 16.

11. Cable from Mumbai to Washington, 11 January, 2010, https://wikileaks.org/plusd/cables/10MUMBAI12_a.html.
12. 'Should India ban iron ore export?' Zeebiz.com, 30 July, 2010.
13. Additional afdavit dated May 2015 of Centre for Public Interest Litigation in WP (Civil) 128 of 2015 (CPIL v. *Union of India and Ors.*).
14. 'I funded these leaders' campaigns, introduced those firms to Maoists', *Indian Express,* 24 January 2014.

4. माओवादी राज्य

1. MHA Annual Report, 2004-5, p. 44.
2. Rahul Bedi, 'Maoist insurgency spreads in India', *Jane's Intelligence Review,* 18 (7): 21-5.
3. Whatsapp release by Bastar police, 22 November 2015.
4. Amitav Ghosh, *Flood of Fire* (Gurgaon: Hamish Hamilton, 2015), p. 472.
5. CPI (Maoist), *New People's Power in Dandakaranya* (Calcutta: Biplabi Yug Publications, 2000), p. 7; Shankar, *Yeh Jungle Hamara Hai,* p. 9.
6. Madhu Ramnath, 'Tropical deciduous forests and the Adivasi: Indigenous traditions as response to leaf fall in Bastar, India', *Natural Resources Forum* 27 (2003), pp. 304-9.
7. CPI (Maoist), *New People's Power in Dandakaranya,* pp. 19-58.

5. एक 'शान्तिपूर्ण जन आन्दोलन'

1. 'Shun bullets, join ballots', Raman Singh tells Maoists, webIndia 123, 15 August 2007; *Times of India,* 2 May 2010.
2. एन एच आर सी के एनेक्सर जी-1-जी-8 तक, नक्सल इंसिडेंट्स सिन्स सलवा जुडुम वाज स्टार्टेड, शीर्षक से 26 मई, 2005-25 जून, 2005 तक, जी-1 मंथली रिटर्न्स फ्रॉम डीसी दंतेवाड़ा, 26 दिसंबर, 2002-25 दिसंबर, 2007। अगर किसी खास सन्दर्भ का जिक्र न आया हो तो ये पुलिस और अधिकारियों के सारे तथ्य उपर्युक्त एनेक्सर से ही लिए गए हैं, जो मुख्य दस्तावेज में उपलब्ध नहीं हैं लेकिन सुप्रीम कोर्ट के रिकार्ड रूम में मौजूद हैं। मुख्य रिपोर्ट एनएचआरसी के वेबसाइट पर मौजूद है : छत्तीसगढ़ इंक्वायरी रिपोर्ट। (On the remit from the Hon'ble Supreme Court of India in Writ Petition (Civil) No. 250/07 Nandini Sundar and Ors v. State of Chhattisgarh and Writ Petition (Criminal) No. 119/07 (Kartam Joga and Ors v. State of Chhattisgarh).
3. ये सशस्त्र सैन्य बल हैं जो किसी केन्द्र सरकार के अधीन न आकर विभिन्न राज्य सरकारों के अधीन आता है लेकिन उसे पूरे भारत में कहीं भी तैनात किया जा सकता है।
4. MHA Annual Report 2003-4, p. 44.
5. Police Note, 1991 : Details of Jan Jagran Abhiyan 1990. NHRC annexures, D2.
6. हर शाम के बाद नक्सलियों का राज, नवभारत, 8 दिसंबर, 1991।
7. On Baba Bihari Das, see Nandini Sundar, *Subalterns and Sovereigns,* pp. 234-43.
8. My interviews with villagers, 2005, 2009.
9. 'Salva Judum, Rising against Naxalism'. No official credit is provided for this film.

10. G. Manju Sainath, 'People's battle against People's War', *The Hindu,* 29 June 2005.
11. Shivanand Shukla, 'Maoists have made us refugees in our own land', *Pioneer,* 26 October 2005.
12. Shivanand Shukla, 'Tribal uprising against Maoists in Chhattisgarh', *Pioneer,* 29 June 2005.
13. 'Raipur mulls arming tribals against Naxals', *Asian Age,* 22 July 2005.
14. हालाँकि यह योजना कलेक्टर ने शुरू की थी। चूँकि राज्य स्तर पर विभिन्न विभागों के वरिष्ठ अधिकारियों को भी इसमें काम आवंटित किया जाता था, इलिए ऐसा सम्भव नहीं लगता है।
15. Brief memorandum on Jan Jagran Abhiyan (Salwa Judum), District South Bastar (Dantewada), January 2007.
16. Minutes of the 20th Coordination Centre meeting held on 31 March 2006, Vigyan Bhawan, New Delhi.
17. See Amit Jogi's record of the conversation with Bhopalpatnam villagers at http://naxalrevolution.blogspot.in/2013/05/mahendra-karmas annihilation-cpi-maoist.html.

6. डर और हिम्मत के बीच

1. इन गवाहियों का अनुवाद ओमप्रकाश, चारू और मैंने किया है जो 2007 में जमा किया गया था।
2. *'Being Neutral Is Our Biggest Crime': Government, Vigilante, and Naxalite Abuses in India's Chhattisgarh State* (New York: Human Rights Watch, 2008), p. 63.
3. NHRC annexures, D1.
4. 'आईएपीएल समूह की भारत के छत्तीसगढ़, ख़ासकर बस्तर में आदिवासियों के मानवाधिकार और दशा पर प्रारम्भिक अवलोकन और निष्कर्ष' (आईएपीएल, 2007)।

7. सबरी का दुख

1. 'Multisector assesment of IDP camps in Dantewada district of Chhattisgarh state', 19-24 June 2006 (UNICEF, 2006).
2. On numbers in camps see Chhattisgarh affidavit, 12 February 2011, para 6; for money spent, see Chhattisgarh affidavit, 30 May 2010, in WP 250/2007 (total summing up mine).
3. NHRC Annexure C, Documents related to visits to temporary relief camps in District Bijapur and Dantewada (CG). Calculations drawn from our Written Submissions for August 2010, in WP 250/2007.
4. S. Karimuddin, 'Birth rate plunges in Salwa Judum-hit South Bastar', *Hindustan Times,* 8 December, 2006.
5. Nitin Mahajan, 'Cops ran away, let Naxals mow down 55: Official probe' Indian Express, 1 September 2007.
6. CPI (Maoist), *Women Martyrs of the Indian Revolution* (nd, online pdf version).

8. सीमा पार शरण और वापसी

1. तेलगांना की जगह आन्ध्र प्रदेश का प्रयोग क्यों किया गया है इसके लिए अध्याय-1 का नोट-9 देखें।

2. आन्ध्र प्रदेश सरकार के महिला व बाल विकास कल्याण मंत्रालय के निदेशक को दिया गया ज्ञापन, 2009।
3. दोरनापाल थाना के 15 अप्रैल, 2006 का डेली डायरी का रिकार्ड बताता है कि चेरापल्ली गाँव में हुई रैली को पुलिस सुरक्षा मुहैया कराई गई थी, एनएचआरसी का एनेक्सर जी-1।
4. Pavan Dehat, 'Sukma encounter fake: Victim's kin', *The Hindu,* 5 November 2015.

9. एक 'अभियान' के बारे में नोट्स

1. Interviews, 22 October, 2009, 4 March 2010, 6 March 2010, 27 May 2010, 4 March 2011.
2. Communist Party of India (Maoist), Press statement on the Dantewada guerrilla attack, dated 8 April, 2010, *People's March* 11, No. 3 (March-April 2010), p. 42.
3. Dilip Kumar Mekala, 'Revisiting the horrors of Chintalnar massacre', *Force India,* 2012.
4. 'Dantewada's torture tapes', 2 April 2013, http://www.thefreelibrary. com/DANTEWADA'S+TORTURE+TAPES.-a0324484072; 'Mahendra Karma's annihilation' - CPI (Maoist) statement, 29 May 2013, http://naxalrevolution. blogspot.in/2013/05/mahendra-karmas annihilation-cpi-maoist.html.
5. Aman Sethi, 'Chhattisgarh villages torched in police rampage', *The Hindu,* 23 March 2011; Anil Mishra, '300 homes burnt in Bastar', *Rajasthan Patrika,* Raipur edition, 23 March 2011.
6. Supriya Sharma, 'In Dantewada, Collector & SP not on same page', *Times of India,* 24 March 2011.
7. Aman Sethi, 'Burning of villages: Chhattisgarh government blames it on Maoists', *The Hindu,* 29 March 2011; 'Tadmetla Kand done by Naxals: Gurudas Kamath' (Minister of State for Home), *Deshbandhu,* 13 April 2011.
8. Ejaz Kaiser, 'Absconding, but on duty', *Hindustan Times,* 29 March 2011.
9. Aman Sethi, 'Chhattisgarh Congress MLAs on way to arson site held, released', *The Hindu,* 30 March 2011.
10. Notarized affidavit by Swami Agnivesh, 1 April, 2011, in WP 250/2007; see also Joseph John, 'Agitated crowd attack Swami Agnivesh in Chhattisgarh', *Indian Express,* 26 March 2011.
11. एफआईआर नम्बर 0/2011, 27 मार्च, 2011. पी एस सुकमा। मरावी, जो ताड़मेटला और अन्य गाँवों पर हमले का नेतृत्व कर रहा था, ने अपने एफआईआर में आरोप लगाया था कि ये हमला माओवादियों ने किया था। यह स्वाभाविक था कि मरावी के पास ऐसा करने के अलावा कोई विकल्प ही नहीं था क्योंकि इस घटना के बहुत से गवाह थे।
12. Ashutosh Bhardwaj, '70% of Naxal surrenders are neither Naxals nor surrenders', *Indian Express,* 8 December 2014; Dipankar Ghose, 'Outsiders versus patriotic voices: The new lines in Bastar', Indian Express, 6 March 2016.
13. Fact-fnding reports by WSS, 'Rampant Looting and Sexual Violence by Security Forces in Villages in Bijapur, South Chhattisgarh, October 19/20-24, 2015'; 'The Violent Truth of Anti-Naxal Operations in South Chhattisgarh Border Villages of Sukma and Dantewada', January 2016.

10. सरकारी सैनिक

1. Cited in Neville Maxwell, *India's China War* (Harmondsworth: Penguin Books Ltd, 1970), p. 14.
2. Joseph John, 'Tribals see conspiracy in notice to Salwa Judum leader before election', *Indian Express,* 16 October 2008.
3. Chhattisgarh affidavit, 3 May 2011, para 10, in WP 250/2007.
4. In the country as a whole, according to home ministry figures, there were 70,046 SPOs, of which the bulk worked in Jammu and Kashmir (30,474). Union of India affidavit, 2 May 2011, in WP 250/2007.
5. Ashutosh Bhardwaj, 'The Hunted: Maoists who surrender want a family life, but nothing really changes for them', *Indian Express,* 5 January 2015.
6. NHRC annexure E-2.6, where the Chhattisgarh government has replied to a query from DIG NHRC.
7. Chattisgarh affidavit, 21 July, 2012, in WP (Civil) 250/2007.
8. Malini Subramaniam, 'The ghosts of Salwa Judum refuse to leave Chhattisgarh', Scroll.in, 8.8.2015.
9. Dipankar Ghose, 'Outsiders versus patriotic voices: The new lines in Bastar'; 'Learn who the Naxals really fear', *Dainik Rashtriya Ujala,* 5 February 2016.
10. PTI, 'District Reserve Group adds impetus to anti-Naxal operations in Chhattisgarh', *Economic Times,* 5 February 2016.
11. Pavan Dahat, 'Plans on for major anti-Maoist ofensive in Bastar', *The Hindu,* 28 November 2015.
12. This is, no doubt, what explains an internal Chhattisgarh police report that lists 325 encounters in 2006, 250 Naxalites killed but only 69 bodies recovered.
13. 'Mizo jawans abuse women', *Hindustan Times,* 24 November 2007.
14. Deeptiman Tiwary, 'Some states want Maoism to continue: CRPF chief ', *Times of India,* 28 November 2014.
15. http://mha1.nic.in/par2013/par2014-pdfs/rs-190214/2694.pdf
16. Nandini Sundar, 'The trophies of Operation Green Hunt', *Outlook,* 5 July, 2010; 'Slain Maoists bodies shifted to Chhattisgarh amidst protests', *The Hindu,* 18 April 2013; 'Commando's body lay in open for three days till journo fetched it', *Indian Express,* 26 April 2013; 'The Maoist who planted the bomb in the jawan's corpse was subsequently killed along with four children, in what locals alleged was a fake encounter.' Santosh Singh, 'Four children among 12 "Maoists" killed by CRPF, Jharkhand police', *Indian Express,* 10 June 2015; IANS, 'Bodies of martyred Chattisgarh cops ferried in garbage truck', *Hindustan Times,* 28 June 2011.

11. सुरक्षा या विकास?

1. Xaxa Committee Report, Table 5.40, p. 148, on poverty; Table 7.9, p. 211, on BMI.
2. Rs 542.16 crore was released for police station fortifcation in 2010-14.

3. SRE includes compensation to those killed on duty, rehabilitation of surrendered Naxalites, community policing, village defence committees and publicity material.
4. The special infrastructure scheme includes creating helipads, building roads in accessible areas, creating camping grounds, etc.
5. In January 2015, the central government allotted a further Rs 4000 crore for 1000 kilometres of roads in the Naxalite-afected regions of Chhattisgarh. 'Nitin Gadkari announces Rs 20,500 cr package for roads in Chhattisgarh', niticentral.com, 30 January, 2015.
6. Rs 9059 crore was released till 2015.
7. Kaveri Gill, Rajesh Bhattacharya and Snehashish Bhattacharya, *The Political Economy of Capitalism, 'Development' and Resistance: The State and Adivasis of Mainland India* (Oxfam, 2013).
8. Union of India affidavit, 26 October, 2010, in WP 250/2007, Annexure R1.
9. Aman Sharma, 'Fighting Maoists a national issue, but NDA asks state to meet the expenses', *Economics Times,* 27 November 2014.
10. Gautam Navlakha, 'Armed forces and livelihood and state power', kafla.org, 2 December, 2015.
11. Figures taken from Table T01-2217, 2011 census for Dantewada, T01-T03-2218. 2011 census. In Bastar division, the blocks and tehsils coincide.
12. Administrative districts in India started out as revenue collection units, hence the term Collector for the head of the district.
13. 'Naxals torch passenger bus in Chhattisgarh, none hurt', NDTV.com, 24 November, 2015.
14. Konta block had 194 primary schools for 241 villages; Bhairamgarh block had 127 primary schools for 218 villages; and Bijapur block had 45 primary schools for 95 villages. 2011 census.
15. In Usoor and Bhairamgarh blocks of Bijapur district, the literacy rates were as low as 30.73 per cent and 32.46 per cent respectively; while in Konta block, the literacy rate was 27.64 per cent. 2011 census.
16. *Pratiyogita Darpan,* November 2007, 2 (17): 770.
17. Ejaz Kaiser, 'Now Maoists writing kids textbooks', *Hindustan Times,* 22 October 2012.
18. 'Statistical Profle of Scheduled Tribes in India 2013' (Government of India, Ministry of Tribal Afairs, 2013), Tables 4.10-4.19, pp. 240-9.
19. Javed Iqbal, 'Cholera outbreak kills over 60 in Bastar', *New Indian Express,* 9 July 2010; Aman Sethi, 'Death stalks Dantewada', *The Hindu,* 9 October 2010.
20. Siddharth Ranjan Das, 'In this part of Chhattisgarh, medical help means a 10 km walk', NDTV.com, 19 September 2015.
21. Sanjib Kr. Baruah and Rajesh Ahuja, 'Narendra Modi govt cracks down on NGOs, prepares hitlist', *Hindustan Times,* 24 January 2015.
22. Suvojit Bagchi, 'Red Cross asked to stop work in Naxal-afected Bijapur', *The Hindu,* 14 June 2013.
23. MHA Annual Report 2014-15, p. 25.

12. लोकतंत्र का स्मृतिलोप

1. Girija Shivakumar, 'Attack shows Maoists don't have faith in democracy', *The Hindu,* 26 May 2013; 'Jairam Ramesh describes Maoist attack as holocaust', IANS, 26 May 2013.
2. Statement of the Dandakaranya Special Zonal Committee, 26 May 2013, http://naxalrevolution.blogspot.in/2013/05/mahendra-karmas annihilation-cpi-maoist.html.
3. V.I. Lenin, *'Left-Wing' Communism: An Infantile Disorder* (New York: International Publishers, 1940), pp. 41-2.
4. CPI (Maoist) spokesperson Comrade Abhay's interview on the 2014 Lok Sabha election, BannedTought.net, 24 March 2014.
5. Abhay, BannedTought.net.
6. Ashutosh Bhardwaj, 'Chhattisgarh Assembly polls: Democracy comes to Maoist heartland', *Indian Express,* 3 November 2013.
7. S.Y. Qureshi, *An Undocumented Wonder: The Making of the Great Indian Election* (New Delhi: Rupa, 2014), p. 3.
8. Suvojit Bagchi, 'Chhattisgarh seeks record number of central forces for polls', *The Hindu,* 3 October 2013.
9. Bhardwaj, 'Chhattisgarh assembly polls'.
10. PTI, 'Naxals worried over impressive voter turnout in Chhattisgarh', *Indian Express,* 2 May 2014.
11. '80 booths in Chhattisgarh's Bastar LS seat categorized as critical', *Times of India,* 8 April 2014.
12. Ejaz Kaiser and Rajesh Ahuja, 'Maoists kill 14 in two attacks in Chhattisgarh', *Hindustan Times,* 13 April 2014.
13. Azad, 'On the election boycott tactic of the Maoists', in *Maoists in India: Writings & Interviews by Azad* (Friends of Azad, 2009), p. 40.
14. 'Mining leases being doled out in the state ahead of elections: Congress', ibnlive.in.com, 7 August 2013.
15. Ashutosh Bhardwaj, 'Chhattisgarh govt pays for all TV news that is fit to buy', *Indian Express,* 7 December 2012.
16. Ashutosh Bhardwaj, 'Chattisgarh tapes: "We have to go up to 7 at least, he is expecting 10. We will bring him down"', *Indian Express,* 6 January 2016.
17. Tariq Tachil, *Elite Parties, Poor Voters: How Social Services Win Votes in India* (Cambridge: Cambridge University Press, 2014).
18. 'After Phase-1 we resorted to "cluster bombing", says Raman Singh', *The Hindu,* 22 December 2013.
19. Ajit Jogi, 'Time to call of the Salwa Judum', *Indian Express,* 30 June 2006.
20. Impressions based on an email from Sonia Gandhi to one of her ministers who had forwarded the ICI photos to her; interview with Rahul Gandhi at his behest; meetings with K.C. Deo, Mani Shankar Iyar, Jairam Ramesh, P. Chidambaram, Sriprakash Jaiswal and Shivraj Patil; newspaper statements by P.C. Kyndiah.

21. Ejaz Kaiser, 'Salwa Judum divides Congress in Chhattisgarh', *Hindustan Times,* 28 December 2006.

13. मानव अधिकार और संवाद की जरूरत

1. 'Chidambaram slams Maoist sympathizers', Times Now, 26 October 2009.
2. 'Chidambaram seeks bigger mandate, singles out activists for blame', *Times of India,* 18 May 2010.
3. Open Letter from the CPI to the President, 16 November 2005.
4. HRF press releases, August 2005 and May 2006.
5. The detailed report came out five months later. PUCL, Chhattisgarh and PUCL, Jharkhand, PUDR, Delhi, APDR, West Bengal, and IAPL, *When the State Makes War on Its Own People* (April 2006).
6. Independent Citizens Initiative, *War in the Heart of India* (July 2006).
7. Rambhau Mhalgi Prabodhini (RMP), *Development and Internal Security in Chhattisgarh: Impact of Naxalite Movement, A Report* (Mumbai, 2005-6).
8. The parallels with the military's human rights discourse in Colombia are striking, suggesting this is a global phenomenon. See Winnifred Tate, *Counting the Dead: The Culture and Politics of Human Rights Activism in Colombia* (Berkeley: University of California Press, 2007).
9. Ashutosh Bhardwaj, 'The Gandhian as a Maoist: Journalist Prafulla Jha fights back his sedition charges', *Indian Express,* 27 October 2013.
10. Nitin Mahajan, 'End Salwa Judum, kids to tell Kalam on state anniversary', *Indian Express,* 6 November 2006.
11. Gautam Navlakha and Ashish Gupta, 'The real divide in Bastar', *Economic and Political Weekly* 44, No. 33 (2009), pp. 20-3.

14. न्याय प्रक्रिया की कोशिश

1. Manan Kumar, 'Centre spares Naxalite "friends"', *Telegraph,* 11 April 2007.
2. B. Vijay Murty, 'Tribal, dalit officers are soft targets for Maoists', *Hindustan Times,* 2 July 2013.
3. Arun Janardhanan, 'With Che as hero, Alex Paul Menon roamed the badlands', *Times of India,* 24 April 2012.
4. G. Haragopal, 'Abduction of the District Collector of Sukma, Chhattisgarh', *Economic and Political Weekly* 47, Nos. 43 (2012), pp. 34-39; G. Haragopal, 'Malkangiri kidnap in Orissa: Negotiating peace', *Economic and Political Weekly* 46, Nos. 26 & 27 (2011), pp. 23-27; G. Haragopal, 'The Koyyur kidnap: Question of human rights', *Economic and Political Weekly* 4 December 1993, pp. 2650-2.
5. Sarva Dharma Sansad, PUCL, PUDR, *Of Human Bondage: An Account of Hostage Taking in Bastar: Report of the Team of Human Rights Activists who Secured the Release of Five Policemen-hostages in Chhattisgarh* (January-February 2011).
6. G. Haragopal, 'Malkangiri kidnap', p. 24.
7. Suvojit Bagchi, 'Justice deliverance slowing down in Chhattisgarh district, RTI reveals', *The Hindu,* 29 October 2013.

8. See *Of Human Bondage,* on the Narayanpur kidnappings of policemen.
9. K. Balagopal, 'Beyond violence and non-violence', kafla.org, 23 January 2009.
10. Ganapathi, General Secretary CPI (Maoist), 'Open reply to Independent Citizens Initiative on Dantewada', *Economic and Political Weekly* 6 January 2007, pp. 67-71.
11. See Balagopal, 'Beyond violence'.
12. Suhas Palshikar and Yogendra Yadav, 'The Week-CNN-IBN-CSDS poll inside India's war zone', *The Week,* 20 August 2010; Rupashree Nanda, 'State of the nation: Government preferred over Naxals', IBN Live, 9 August 2010; Times Insight Group, 'State worse for us than Naxals, say 58% in poll', *Times of India,* 28 September 2010.

15. प्रचार युद्ध

1. Herbert Gans, *Deciding What's News,* new ed. (Evanston: Northwestern University Press, 2004).
2. Shubhranshu Choudhary, 'The art of not writing', Inforchangeindia. org, 2009; Ashutosh Bhardwaj, 'Chhattisgarh govt pays for all TV news that is ft to buy'; Suvojit Bagchi, 'Whose journalism is it anyway', *The Hindu,* 28 January 2014; Sandeep Pai and Ejaz Kaiser, 'Auditor raps Chhattisgarh for paying for coverage', *Hindustan Times,* 30 January 2014.
3. It was later renamed CGNet Swara, training local reporters and ordinary villagers to relay news using mobile phones.
4. Sujeet Kumar, 'Pizza and Pepsi threaten Maoist fiefdom', IANS, 7 August 2005.
5. '"Scribes should be jailed for glorifing Maoists": BJP MP', IANS, 1 September 2005.
6. Rajendra Mohanty, 'Naxals versus the people', *Tehelka,* 24 September 2005.
7. This is based on a close study of articles that appeared on CGNet, and corroborated by compilations made between 2005 and 2007 from the English press by the Commonwealth Human Rights Initiative.
8. Somini Sengupta, 'India's unrelenting "People's War"', *New York Times,* 12 April 2006; Randeep Ramesh, 'Inside India's hidden war', *Guardian,* 9 May 2006; John Lancaster, 'India's ragtag band of Maoists takes root among rural poor', *Washington Post,* 13 May 2006; Jill McGivering, 'Displaced by India's red threat', BBC.co.uk, 30 June 2006; 'A spectre haunting India, *The Economist,* 17 August 2006.
9. Stuart Hall, et al., *Policing the Crises: Mugging, the State and Law and Order* (New York: Holmes & Meier Publishers, 1978).
10. For a range of ways in which the media distorts facts - using selective or even fctional reporting, dumbing down issues, etc. - see Malcolm Dean, *Democracy under Attack: How the Media Distort Policy and Politics* (Bristol: Policy Press, 2012).
11. Ashutosh Bhardwaj, 'Chhattisgarh govt pays for all TV news that is fit to buy'.
12. See Robin Jefrey, *India's Newspaper Revolution: Capitalism, Politics and the Indian Language* (New York: St. Martin's Press, 2000); Sevanti Ninan, *Headlines from the Heartland: Reinventing the Hindi Public Sphere* (New Delhi: Sage, 2007).

13. CPI (Maoist) spokesperson Comrade Abhay's interview on general elections, 2014. The interview was released to the media on 24 March 2014.
14. Chitrangada Choudhury, 'Arrested, tortured, jailed in South Bastar', *The Hoot,* 8 October 2015.
15. "Not a single journalist working without fear or pressure": Editors Guild on Bastar', Scroll.in, 29 March 2016; see also Furquan Amin Siddiqui, 'Pen or gun: Journos in Chhattisgarh stuck between cops and Maoists', *Hindustan Times,* 16 December 2015.
16. Smita Gupta, 'The shy peace hunter', *Outlook,* 15 May 2006; Maureen Mitra, 'Chhattisgarh tangle', *Down to Earth,* 31 October 06.
17. Michael Schudson, *The Sociology of News* (New York: W.W. Norton, 2003).
18. Devi Leena Bose, '"Reporting Dantewada": Televisual construction of Maoism', indianmedialogue.com, 27 December 2007 (reporting on the April 2010 attacks in which 76 CRPF and 8 Naxals were killed); Aritra Bhattacharya, 'Media does not hide its colour', *The Hoot,* 5 June 2013 (on the media coverage of the killing of Mahendra Karma).
19. Naveen Mishra, 'Power to defne: Framing of Naxalites in the Indian media', *Global Media Journal 6, No. 2, Mediterranean Edition* (Fall 2011), pp. 23-35; Pradip Ninan Tomas, 'The "Red Surge": Media framing of Maoist struggles in India', *International Communication Gazette* 76, No. 6 (2014), pp. 485-504.
20. Arundhati Roy, 'Walking with the comrades', *Outlook,* 29 March 2010. 21. Robert M. Entman, Steven Livingston and Jennie Kim, 'Doomed to repeat: Iraq News, 2002-2007', *American Behavioral Scientist* 52, No. 5 (2009), pp. 689-708.
22. 'Country will meet Maoist challenge by 2-3 years, says Chidambaram', rediff.com, 31 March 2010. 'Maoists looking at armed overthrow of state by 2050', *Times of India,* 6 March 2010
23. E.S. Herman and N. Chomsky, *Manufacturing Consent: The Political Economy of Mass Media,* new edn. (New York: Pantheon Books, 2002), pp. 37-86.
24. MHA Annual Report, 2014-15, p. 25; see also MHA Annual Report 2006, pp. 6-10, for expenditure on propaganda.

16. न्याय के लिए गुहार

1. Gerald N. Rosenberg, *The Hollow Hope: Can Courts Bring about Social Change?* (University of Chicago Press, 2008).
2. Nick Robinson, 'A court adrift', *Frontline,* 3 May 2013.
3. This is supported by an analysis of the media coverage of the Salwa Judum on google trends, an admittedly imperfect measure.
4. History of the Supreme Court, supremecourt.nic.in.
5. Status Paper on the Naxal Problem, Internal Security Division, MHA, 18 May 2006; Minutes of the 20th Coordination Centre meeting held on 31 March 2006 at Vigyan Bhawan, New Delhi.
6. Letter from Raghu, Program Officer in ActionAid, to the NHRC, 18 June 2008.
7. Shubhranshu Choudhary, 'A rustic version of police-Naxal encounter', *Daily Chhattisgarh,* 13 April 2007.

8. Nitin Mahajan, 'Autopsy confirms foul play, cops file FIR', *Indian Express,* 10 May 2007.

17. क़ानूनी मौत और सलवा जुडुम का पुनर्जन्म

1. यह याचिका वनवासी चेतना आश्रम (वीसीए) के हिमांशु कुमार और गोमपाड गाँव के कुछ ग्रामीणों द्वारा दायर की गई थी। छत्तीसगढ़ पुलिस ने गोमपाड के याचिकाकर्ताओं को कचहरी पहुँचने से पहले ही अगवा करके कस्टडी में डाल दिया था और जब वे कस्टडी में थे तो उसने ताकीद की कि उनके रिश्तेदारों की हत्या हुई थी लेकिन किसके द्वारा हत्या की गई थी, उसने नहीं बताया। गोमपाड का मामला लम्बे समय तक अटका रहा और लम्बे अन्तराल के बाद उसकी सुनवाई फिर से 2016 में हो पाई।
2. Paramita Chatterjee and Reshmi R. Dasgupta, 'Star lawyers get Rs. 5 lakh for 5 minute job', *Economic Times,* 31 October 2009.
3. Chhattisgarh affidavit, 25 April 2011.
4. Reply affidavit by Chhattisgarh in response to Swami Agnivesh's affidavit, 13 April 2011, in WP 250/2007.
5. कई दशकों से 'सीबीआई से जाँच' करवाने का मतलब निष्पक्ष व पारदर्शी जाँच-पड़ताल होता था जो सामान्यतया पुलिस नहीं करती थी। दुर्भाग्य से सीबीआई का व्यवहार इस मामले में इस बात को दर्शाता था कि अब वह संस्थान भी काम के बोझ से दबा हुआ है और इसका राजनीतिकरण होने के चलते ठीक से काम नहीं करता है।
6. See, for instance, Judith Resnik, 'Globalization(s), Privatization(s), Constitutionalization, and Statization: Icons and Experiences of Sovereignty in the 21st Century', *I•CON,* 11 No. 1 (2013), pp. 162-99.
7. Dhananjay Mahapatra, 'SC defangs SJ, anti-Naxal ops may be hit', *Times of India,* 6 July 11; Ejaz Kaiser, 'Post-SC order, Maoist threat looms over SPOs', *Hindustan Times,* 7 July 11; Supriya Sharma, 'SC ruling hit us like a storm, death threats to disarmed tribals', *Times of India,* 9 July 11.
8. Ejaz Kaiser, 'Chhattisgarh to seek review of Supreme Court's Salwa Judum order', *Hindustan Times,* 5 July 2011.
9. Bela Bhatia, 'Judging the judgement', *Economic and Political Weekly* 46, No. 30 (23 July 2011), pp. 14-16.
10. WP (Cr) 119/2007), *Union of India v. Kartam Joga & Ors.,* Application for modifcation/recall of the 5 July 2011 order.
11. CBI application for directions, 12 March 2012, in WP 250/2007.
12. 'गवाहों ने स्वीकारा, प्रोफेसर नन्दिनी ने जैसा बोलने कहा, वैसा ही दिया बयान', *जगदलपुर पत्रिका,* 15 जून, 2014; 'नन्दिनी सुन्दर माओवादियों के सीधे सम्पर्क में, विदेश से फंडिंग भी', *जगदलपुर पत्रिका,* 11 जुलाई 2014।

आभार

आज तक मैंने जितनी भी किताबें लिखी हैं या सम्पादन किया है, उनमें यह किताब लिखना सबसे मुश्किल काम इसलिए रहा क्योंकि इसमें मेरा बहुत कुछ दाँव पर लगा है। आंशिक रूप से ही सही, इसमें मैंने सबसे अधिक समय लगाया है। लोगों का आभार व्यक्त करना तो उससे भी कठिन है क्योंकि मित्रता, चिन्ता, स्नेह, प्रेम, नि:स्वार्थ भाव और प्रेरणा को मापने का कोई तरीक़ा या साधन भी नहीं है।

मैं मनीष कुंजाम, पोडियम पांडा, रामा सोदी, कर्तम जोगा और कम्युनिस्ट पार्टी ऑफ़ इंडिया (सीपीआई) के अन्य साथियों का जिनका मैंने नाम नहीं लिया है, उनकी दिल से आभारी हूँ, जिनके साथ मेरी लम्बी चर्चाएँ होती रही हैं। ख़ासकर मैं मनीष कुंजाम की अन्तर्दृष्टि, साहस और संघर्ष के दौरान भी उनके हँसने की क्षमता की प्रशंसक हूँ। मैं पोडियम पांडा का सर्दियों की सुबह में बातचीत करने के लिए शुक्रिया अदा करती हूँ जिन्होंने संकट में घिरे होने के बावजूद ख़ुद कभी हार नहीं मानी और मुझे 'एक समय में एक ही क़दम उठाने' की सलाह दी।

बस्तर में, अनेक लोगों ने मेरी तरह-तरह से मदद की है; मैं सुरक्षा की वजह से सबका नाम नहीं ले सकती हूँ। 1990 के दशक में जब मैं पहली बार एक शोधकर्ता के रूप में उस भूभाग में पहुँची थी, तब से वे सभी पुराने दोस्त हमेशा मेरे साथ रहे हैं।

माओवादी अपने क्षेत्र में निर्देशित दौरे पर मुझे कभी साथ नहीं ले गए जैसा कि वे पत्रकारों व लेखकों के साथ करते हैं। इसका कारण मुझे यह बताया गया कि मैं उनसे काफ़ी विकट सवाल पूछती हूँ। यद्यपि गाँव के मेरे अनेक दोस्तों ने माओवादियों के साथ अपने अनुभवों और पूर्व माओवादियों ने जिस उदारतापूर्वक अपने अनुभवों को साझा किया है, मैं उनकी आभारी हूँ। ख़ासकर मैं लंका पापी रेड्डी की आभारी हूँ जिन्होंने अपने पुराने अनुभवों को मेरे साथ साझा किया।

पिछले 10 वर्षों का एक सुखद अनुभव यह सीखना भी रहा है कि विभिन्न पेशों से जुड़े व्यक्ति किस तरह काम करते हैं। अशोक देसाई को यह जानने में

महारत हासिल है (अब भी) कि कब, क्या जवाब देना है, कैसे अपने विरोधियों से विनम्र रहते हुए भी अपनी बात कह देनी है। आपने हमारी बहुत मदद की है। नित्या रामकृष्णन हमारी मुक़दमे की रीढ़ रही हैं जिनके बिना कुछ नहीं हो सकता था, मैं उनका शुक्रिया अदा नहीं कर सकती हूँ क्योंकि यह करना नामुमकिन है। मैं टी. आर. अन्ध्यारुजिना की आभारी हूँ जिन्होंने 2007 में सलवा जुडुम मामले को अपने हाथों में लेना स्वीकार किया। एक दशक से सुमिता हजारिका, राहुल कृपलानी इस मामले में लगातार काम करते रहे हैं, मैं उनकी दिल से आभारी हूँ। आशीष चुघ और प्रज्ञा सिंह से मेरे ज्ञानचक्षु खुले कि जूनियर वकील कितनी मेहनत और कुशलता से काम करते हैं, सुहासिनी सेन से मिलने के बाद इस धारणा की एक बार फिर से पुष्टि हुई। मैं मेनका गुरुस्वामी को उनके काम और सहयोग के लिए शुक्रिया अदा करती हूँ। इसके अलावा मैं राजिन्दर सच्चर, कनक तिवारी, त्रिदीप पाइस, आर नितिन, सरीम नावेद, रिया साहनी, अनु ब्रिंदा, बिपिन अस्पतवार, शर्मा जी, शत्रु व पूरण की भी शुक्रगुजार हूँ। उज्ज्वल सिंह के सहयोग व मदद के बिना यह मुक़दमा दायर होना मुश्किल था। साथ ही, मुक़दमे के सहवादी रामचन्द्र गुहा और ई. ए. एस. सरमा की मैं दिल से शुक्रगुज़ार हूँ।

हिमांशु व वीना कुमार ने बहुत ही उदारता से आतिथ्य सत्कार निभाया। साथ ही, वनवासी चेतना आश्रम के कर्मचारियों का भी उनकी मदद के लिए आभार प्रकट करती हूँ। मैं एएसडीएस के गांधी बाबू और वेंकटेश के साथ-साथ उनके सभी कर्मचारियों, हैदराबाद एक्शन-एड के रघु और जी. राजशेखर, कोरापुट के शरण्या नायक और वारंगल के सुधाकर की भी आभारी हूँ।

कर्तम जोगा मामले में साक्ष्यों का अनुवाद करने में ओमप्रकाश ने बहुत मदद की थी। मैं आदित्य स्वरूप, संचिता बक्शी, श्रीदेवी पण्णिकर, कमल चौबे, प्रीति चौहान, विकास और प्रत्युष चन्द्रा द्वारा एनएचआरसी की बस्तर यात्रा के दौरान की गई मदद के लिए दिल से आभार प्रकट करती हूँ। सुशान्त पाणिग्रही ने एसपीओ से साक्षात्कार करने के लिए शोध में बहुत मदद की है।

मैं 2005 में गठित फैक्ट-फाइंडिंग टीम के अन्य सदस्यों व दिवंगत बी. जी. वर्गीज, ई. ए. एस. सरमा, रामचन्द्र गुहा, हरिवंश और इंडिपेडेंट सिटिजन इनिशिएटिव की फराह नकवी की आभारी हूँ। जे पी राव, अजय दांडेकर, कोपा कुंजाम, उज्ज्वल सिंह, चित्रा पद्मनाभन, सुरेश कुमार, प्रभात पट्टावी, राहुल कृपलानी, अर्चना प्रसाद, आराधना मरकम, मंजु कवासी और विनीत तिवारी कई यात्राओं में सहयात्री रहे हैं जिसका वर्णन इस किताब में है। मैं उन सभी की तहेदिल से आभारी हूँ, ख़ासकर छत्तीसगढ़ पुलिस की प्रताड़ना को बर्दाश्त करने के लिए। ख़ासकर मैं जे. पी. राव का आभार प्रकट करना चाहती हूँ जो वर्षों से लगातार इस पर ज़ोर देते रहे कि बस्तर के संकट के लिए कुछ न कुछ किया ही जाना चाहिए भले ही वह आन्तरिक

रूप से विस्थापित व्यक्तियों को राहत पहुँचाने की बात हो, छत्तीसगढ़ में शान्ति और न्याय के लिए अभियान (सीपीजेसी) चलाने की बात हो या फिर राष्ट्रीय बाल अधिकार संरक्षण आयोग (एनसीपीसीआर) से क़ानूनी सहायता माँगने की बात हो। उनकी शान्ति से मदद करनेवाली भूमिका बहुत ही महत्त्वपूर्ण रही है, फिर भी इस क्षेत्र की घटनाओं पर नज़र रखनेवालों की नज़र में वे नहीं आ पाते हैं।

शुभ्रांशु और स्मिता चौधरी ने सीजी-नेट के माध्यम से ख़ासकर सलवा जुडुम के शुरुआती दौर में महत्त्वपूर्ण भूमिका निभाई। उनके साथ-साथ मैं सीपीजेसी के विजयन, वाणी, रोहित व प्रवीण की भी आभारी हूँ जिन्होंने शान्ति पहल को आगे बढ़ाने में महत्त्वपूर्ण भूमिका निभाई। मैं मरहूम एस. आर. शंकरन, स्वर्गीय निर्मला देशपांडे, के. बी. सक्सेना, डी. बन्दोपाध्याय, स्वामी अग्निवेश, वी. एस. के. कृष्णा और मानवाधिकार मंच के वी.के.एस. कृष्णा और ह्यूमन राइट्स फोरम के अन्य सदस्यों सुधा भारद्वाज, राजेन्द्र सैल और छत्तीसगढ़ पीयूसीएल, कविता श्रीवास्तव, मालिनी सुब्रह्मनियम, शालिनी गेरा, ईशा खंडेलवाल, उषा रामनाथन, राधा कुमार, रवि नायर, हर्ष मन्दर, माजा दारूवाला और कॉमवेल्थ ह्यूमनराइट इनिशिएटिव के अलावा आइसीआरसी व एमएसएफ द्वारा तरह-तरह की मदद मुहैया कराने के लिए शुक्रगुजार हूँ। अगर मैं उन सभी लोगों का नाम लेने लगूँ जिन्होंने पिछले दस वर्षों में विभिन्न स्तरों पर मुझे प्रोत्साहित किया और मदद की है, तो मेरा काम कभी भी ख़त्म नहीं होगा। मैं उनके बारे में सिर्फ़ यह बताना चाहती हूँ कि यह मेरे लिए कितना अहम है कि हम न्याय की उस लड़ाई में साथ-साथ संघर्ष कर रहे थे।

मैं उन सभी लोगों की आभारी हूँ जिन्होंने मुझे गृहयुद्ध पर अपने विचार साझा करने के लिए आमंत्रित किया था, लेकिन मुक़दमेबाज़ी के चलते अन्तिम समय में यात्रा रद्द करनी पड़ी थी या समय पर लेख नहीं दे पाई जिसके चलते उन्हें असुविधा हुई। साथ ही मुझे अपने विद्यार्थियों से भी बहुत कुछ सीखने को मिला है।

मैं विभिन्न राजनीतिक दलों के नेताओं से संघर्ष को लेकर मिली हूँ उनमें ख़ासकर डी राजा और जयराम रमेश को इस मुद्दे पर उनकी चिन्ता को लेकर शुक्रिया अदा करना चाहती हूँ। मैं सुरक्षा प्रतिष्ठान से जुड़े कुछ वरीय अधिकारियों की भी आभारी हूँ जो मुझसे बातचीत करने के लिए तैयार हुए, उनमें पूर्व डीजीपी विश्वरंजन और रामनिवास, ए एन उपाध्याय, बिग्रेडियर बी के पोंवर, एम. के. नारायण और डी. एन. मित्रा शामिल हैं।

मैं इन सभी की आभारी हूँ जिन्होंने इस पुस्तक को या तो पूरी तरह या फिर आंशिक रूप से पढ़कर उपयोगी सुझाव दिए—अपर्णा सुन्दर, आंद्रे बेते, अनुराधा रॉय, अनुश्रुत रामकृष्णन अग्रवाल, कार्तिका वी. के., किरण भट्टी, बी. एस. के. कृष्णा, नित्या रामकृष्णन, जी. वी. के. प्रसाद, जी राजशेखर, राहुल कृपलानी, एस. सुन्दर, उज्ज्वल सिंह, एन. वेणुगोपाल, विक्रम सेठ और विनीत तिवारी। रामचन्द्र गुहा,

जावेद इकबाल, गीता गोपालकृष्णन, कावेरी गिल और सिद्धार्थ वरदराजन ने हिम्मत के साथ पूरी किताब पढ़ी।

मैं नन्दिनी मेहता की सम्पादकीय दृष्टि की आभारी हूँ जिसके चलते कई पुनरावृत्तियों को ख़त्म किया गया और पांडुलिपि को छोटा व सुगठित बनाया जा सका, चिकी सरकार को इसे छापने के लिए स्वीकार करने और जगरनॉट की पूरी टीम को इस पुस्तक पर काम करने के लिए आभार। मैं दीपांकर दीपक की नक़्शों पर मेहनत करने के लिए आभारी हूँ।

मैं काफ़ी सौभाग्यशाली रही हूँ कि मुझे ऐसे दोस्त मिले जिन्होंने अनेक तरह से मेरी मदद की है। ख़ासकर मैं अजय दांडेकर, एलेसेंड्रो मोनसुट्टी, अली अहमद, अमिता वभिसकर, कैरोल उपाध्याय, चित्तरूपा पालित, दिलीप सिमियन, जितेन्द्र कुमार, ज्योतिर्मय शर्मा, करेन हेबर्ट, कावेरी गिल, खुर्रम हुसैन, लौरा सायरे को धन्यवाद देना चाहती हूँ। किरण भट्टी, मधु सरीन, महेश रंगराजन, माइकल बुरावोय, निकोलस जॉल, नित्या रामकृष्णन, रीता बरारा, संघमित्रा मिश्रा, जी. राजशेखर, उज्ज्वल सिंह, राधिका सिंघा, शशि भूषण पाठक, सुजन विश्वनाथन और रवि वासुदेवन का आभार। ख़ासकर मैं कावेरी और किरण की आभारी हूँ जिन्होंने मुझे यह पुस्तक लिखने के लिए प्रेरित किया और मेरी सारी वेदनाओं और पीड़ाओं को सुना। रामचन्द्र गुहा जैसे विद्वान बहुत कम हैं जो व्यक्तिगत व बौद्धिक रूप से इतने उदार हैं। यह वर्णन करना बहुत ही मुश्किल काम है कि मैं उनकी किन-किन रूपों में ऋणी हूँ।

जून 2014 से जुलाई 2015 के बीच तीन गर्मियों और सर्दियों की छुट्टियों में तीन-चार हफ़्ते की छुट्टी में इस पुस्तक का अधिकांश भाग लिखा गया, हालाँकि मेरे पास 2006 से ही विभिन्न सेमिनारों में पढ़े गए अप्रकाशित लेख मौजूद थे। इस पुस्तक की योजना 2008 से बन रही थी। मेरी सास उषा वरदराजन की उदारता के बिना यह पुस्तक सम्भव ही नहीं थी अगर वह दिल्ली से बाहर दो सुन्दर घर उपलब्ध नहीं कराई होतीं। मेरी इच्छा थी कि किताब मेरे श्वसुर एम. वरदराजन के गुज़रने से पहले आ जाए लेकिन वैसा हो नहीं पाया। वह ऐसे श्वसुर थे जिनकी ख़्वाहिश सभी को होती है—उनकी कुछ भी अपेक्षा नहीं होती थी और हमेशा उदारता तथा प्रेम से सहयोग करने के लिए तैयार रहते थे।

मैं अपने माता-पिता पुष्पा व सुन्दर की दिल से आभारी हूँ, मैं जो कुछ भी करती हूँ उनके लिए उनके प्यार और सहयोग के लिए, ख़ासकर जब कभी मैं बस्तर की यात्रा पर जाती हूँ तो अपने अप्पा की चिन्ताओं को दूर करते रहने के लिए अपनी अम्मा की शुक्रगुजार हूँ। अपर्णा सुन्दर और टेरैंस मैकांगों का कई चीज़ों के अलावा रोजा व इलान जैसे बच्चों को गढ़ने के लिए आभारी हूँ। वे पूरे सुन्दर परिवार के लिए सबसे अविस्मरणीय चीज़ें हैं।

और हमेशा की तरह, पिछले 27 वर्षों से मेरे हमसफ़र व सबसे क़रीबी दोस्त सिद्धार्थ ने मेरे जुनून और चिन्ताओं का खामियाजा भुगता है। उनके काम करने का जुनून, एंबेसेडर कार, पुराने नक़्शे और सिगार की दीवानगी से अरुचि के बावजूद, हम एक साथ ज़िन्दगी का लुत्फ़ उठाते हैं। मुझे उन्हें धन्यवाद देने का इसके अलावा कोई कारगर तरीक़ा मालूम नहीं है।

टिप्पणी

इस विषय पर मैंने इन वर्षों में 35 भाषण और लगभग 50 लेख विभिन्न पत्र-पत्रिकाओं में लिखे हैं। अपनी तरफ़ से मैंने बहुत कोशिश की है कि दोहराव से बचा जाए, फिर भी हो सकता है कि इस किताब में कुछ दुहराव दिख जाए। यहाँ मैंने अपने लेखों—*जर्नल ऑफ़ पीजेंट स्टडीज, थर्ड वर्ल्ड क्वाटर्ली, वर्ल्ड डेवलपमेंट, मोर देन माओइज्म* और अपनी पुरानी किताब *गुंडा घुर की तलाश* में से बस्तर का इतिहास लिया है।

कई नाम, ख़ासकर गाँव व बलात्कार पीड़िताओं का नाम बदल दिया गया है। मैंने सिर्फ़ उन्हीं नामों को इसमें शामिल किया है जिनके बारे में सब लोग जानते हैं और जिन गाँवों का ज़िक्र बार-बार कहीं न कहीं होता रहा है (उदाहरण के लिए अध्याय 7 और 18)। इन मामलों में मैंने मृतक का नाम रहने दिया है लेकिन उन नामों को बदल दिया है जो ज़िन्दा हैं। मैंने सलवा जुडुम के नेताओं को वैसे ही रहने दिया है जबकि एसपीओ'ज का नाम बदल दिया है।

अनुक्रमणिका

अंबेली 102-104
अखिल भारतीय जाँच दल 284
अग्रवाल, प्रताप 267
अजय टी. जी. 242
अटामी, चैतराम 101, 137
अथाल्ये, डॉ. अनिल 261
अफ़ज़ल, मोहम्मद 284
अय्यर, मणिशंकर 250
आज़ाद (चेरुकुरी राजकुमार) 90, 270
आदिवासी 10, 21-23, 26, 30, 34, 38, 43-46, 48-52, 54, 58, 62, 65, 68, 74, 77, 80, 86, 91, 93, 107, 110, 116, 122, 130, 132, 134, 137, 152, 182, 186, 190-192, 194-196, 199, 213-214, 221-222, 227, 231, 237- 239, 241, 243, 250-251, 264, 270- 272, 274, 279, 282-283, 286, 292- 293, 299, 307, 312, 330-331, 334
आदिवासी इलाक़ों में शिक्षा 51
आदिवासी महासभा 43, 122, 251, 299
आदिवासी समाज 130, 222
आन्तरिक रूप से विस्थापित व्यक्ति (आईडीपी) 154, 157
आन्ध्र प्रदेश 15, 25, 31, 34, 36, 39, 42, 52, 56, 61, 66, 77, 92, 104, 112, 113, 119, 120, 145, 147, 149, 156, 157, 172, 178, 200, 244, 249, 252, 256, 260, 264, 269, 284, 305, 308, 310, 315, 333, 336, 338, 339
आन्ध्र प्रदेश सिविल लिबर्टीज कमेटी (एपीसीएलसी) 264
आप्टे, बाल 261
आर्ट ऑफ़ लिविंग 182
इंटरनेशनल एसोसिएशन ऑफ़ पीपुल्स लॉयर्स (आइएपीएल) 131
इंटरनेशनल कमिटी ऑफ़ द रेड क्रॉस (आइसीआरसी) 232
इंटेलिजेंस ब्यूरो 185
इंडिपेंडेंट सिटीजंस इनिशिएटिव (आइसीआइ) 24, 260, 348
इंडियन एक्सप्रेस 35, 193, 198, 245-246, 266, 282
इंडिया टुडे 215
इंडिया रिज़र्व बटालियन 213
इक़बाल, जावेद 350
इन्दुवार, फ्रांसिस 271
इन्द्रावती 19, 20, 23, 64, 77, 101, 119, 128, 132, 135, 141, 148, 212-213
इन्द्रावती नेशनल पार्क 64
उसेंडी, गुडसा 145, 294
उसेंडी, विक्रम 247
एकता परिषद 46
एकल विद्यालय 247
एकीकृत जनजातीय विकास एजेंसी (आईटीडीए) 264
एक्शन टेकन रिपोर्ट 315

एक्शन-एड 348
एर्राबोर कैम्प 116, 120, 141, 145, 267
एसपीओ 32-33, 50-51, 85, 99, 102- 103, 105, 107, 110, 113-114, 118-121, 123-125, 128-130, 134, 136, 138, 140- 146, 148, 151, 155, 161-164, 170-172, 176-182, 189, 192, 195-204, 208-209, 212, 216, 226, 229, 248, 255, 259, 261, 263, 270, 281, 284, 286, 287, 290, 297, 304- 305, 308-310, 312-315, 318-321, 323-327, 329, 348, 351
एसोसिएशन फॉर इंडियाज़ डेवलपमेंट (एआईडी) 264
एस्सार स्टील 269
ऑपरेशन ग्रीन हंट 10, 28, 35, 88, 125, 166-167, 192, 243, 250, 252-253, 266, 271-272, 281, 289, 307
ऑल इंडिया फैक्ट-फाइंडिंग टीम 24, 106, 110, 119, 129, 213, 255, 281, 348
ओडिशा 19, 25, 40, 62, 73-74, 77, 79, 90, 135, 143, 165, 176, 233, 237, 271, 272
कन्नाबीरन, कल्पना 255
करकेली गाँव 23, 102-104
कर्मा, महेन्द्र 298, 317
कलाम, एपीजे अब्दुल 267
कल्लूरी 164, 176, 181-182, 185, 193, 203-204, 210-211, 252-253, 286-287, 293, 318, 327-328
कल्लूरी, एस.आर.पी. 164, 193, 203
कश्मीर 32, 35, 215, 224, 241, 245
कश्यप, दिनेश 244
कश्यप, बलिराम 280
कांकेर 12, 22, 34-35, 39, 46, 50, 98-100, 127, 175, 279, 332
कांग्रेस पार्टी 240, 243, 247, 249
काउंटर-इन्सर्जेंसी 10, 24, 26-27, 30, 32-35, 50, 53, 55, 56, 76, 192, 215, 323
किस्ताराम 22, 6-66, 112-113, 153, 265
कुंजाम, मनीष 46, 117, 122, 131, 243, 247, 250-252, 255, 272, 296, 298, 309, 327, 347
कुरैशी, एस.वाई. 245
के. बालगोपाल 256, 269, 295
के. सी. देव 250
केदार कश्यप 107
केन्द्रीय अर्द्धसैनिक बल 173
केन्द्रीय औद्योगिक सुरक्षा बल (सीआईएसएफ) 258
केन्द्रीय रिज़र्व पुलिस बल (सीआरपीएफ) 28
कैम्पेन फॉर सर्वाइवल एंड डिग्निटी 56
कॉमनवेल्थ ह्यूमन राइट्स इनिशिएटिव 349, 308
कोंटा 8, 12, 39, 63-64, 66, 67, 84, 87, 91, 98, 100, 112-113, 116, 118, 123, 131-132, 134-135, 139-140, 143-144, 152, 155-156, 160, 172, 186, 192-195, 199-200, 202, 214, 224-226, 228-229, 232-233, 235, 237, 243, 248, 252-253, 264, 299, 304, 310
कोंडापल्ली सीतारामैया 59, 60
कोबरा (कमांडो बटालियन फॉर रेजोल्यूट एक्शन, सीआरपीएफ की एक इकाई) 52, 179, 181
खंडेलवाल, ईशा 349
खनिज-समृद्ध पहाड़ियाँ 25
खनिज-सम्पदा 262
खम्मम 15, 29, 78, 119, 152, 155, 158, 264, 313, 333, 336
गर्ग, अंकित 266
गर्ग, रुचिर 280
गांधी बाबू 264, 348
गांधी, राजीव 248
गांधी, राहुल 250
गांधी, सोनिया 250
गायत्री परिवार 44-45, 88, 140

गुजरात नरसंहार (2002) 27, 282
गुप्ता, स्मिता 288
गुहा, रामचन्द्र 24, 119-210, 260, 296- 297, 348-350
गेरा, शालिनी 349
गोट्टी कोया 153, 155, 156
गोदावरी इस्पात 75
गोम्पाड 172
गौतम, अवधेश 252
ग्रिग्सन, विल्फ्रेड 49
ग्रेहाउंड 52, 79, 165, 249
चासी मुलिया आदिवासी संघ 237
चिदंबरम, पी. 49, 237, 250, 258, 291
चेतना नाट्य मंच 77
चेरला रैली 298, 305
चेरापल्ली 159-161, 164, 339
चौधरी, महुआ 280
चौधरी, शुभ्रांशु 279-280
चौहान, विजय 182, 183
छठी अनुसूची 191, 222, 251, 253
छत्तीसगढ़ 8-9, 12, 19, 25, 28, 33-34, 40-42, 47-48, 52-53, 73-74, 77, 79, 92-93, 97-99, 101, 107, 110, 112-113, 115, 120, 122, 125, 132, 146, 149, 153-157, 159, 164, 176, 194, 201, 241, 249, 261, 264-267, 279, 305-307, 309-311, 313, 315, 317-321, 323-325, 327-329, 332-334, 337-338, 346, 348-349
छत्तीसगढ़ बचाओ आन्दोलन 334
जंगल वारफेयर कॉलेज 39, 50, 99
जगदलपुर 12, 19, 34, 38-39, 43, 48-49, 61, 102, 130, 138, 144, 159, 166, 168, 180, 212, 225, 252, 255, 266- 267, 270, 283, 286, 292, 318, 326-327, 346
जगदलपुर लीगल एड ग्रुप (जैगलैग) 130, 266
जन जागरण अभियान (जेजेए) 27, 71, 99, 100-103, 106-107, 110, 187, 251, 280, 336
जन जागरण सैनिक 101
जन नाट्य मंडली 60
जन स्वास्थ्य अभियान 308
जनजातीय विकास एजेंसी (आईटीडीए) 264
जनताना सरकार 9, 36, 68, 69, 70, 83, 84, 85, 89, 90, 236
जस्टिस टी. पी. शर्मा आयोग 320, 326
जस्टिस राजिन्दर सच्चर 316
जानु चिन्नालु 59
जायसवाल, दीपक 287
जायसवाल, श्रीप्रकाश 250
जेराल्ड रोसेनबर्ग 295
जैन, नेमीचन्द 285
जोगा, कर्तम 251-253, 296, 298-299, 304, 311, 320, 323, 347-348
जोगा, दुधि 296, 298, 311
जोगी, अजीत 143, 192, 248, 250
जोहार सेवा संगठन 263
झा, प्रफुल्ल 266
झाबुआ 54
झारखंड 25, 40, 52, 93, 99, 106, 204, 218, 271, 274, 281, 334
टाटा इंस्टीट्यूट ऑफ़ सोशल साइंसेज (टीआईएसएस-टिस) 310
टाटा स्टील प्लांट 39, 43, 72, 75, 86, 191, 251, 275, 280, 310, 318, 334
टी. आर. अन्ध्यारुजिना 297, 348
डुब्बा कन्नय्या 70
तहलका 290
ताकिलोड़ गाँव 101
ताड़मेंडरी 103, 105
ताड़मेटला घात 174
तेंदूपत्ता 192, 203
तेलंगाना 12, 19, 21, 25, 27, 29-31, 36, 59, 61, 77, 175, 264, 275, 335
तेलंगाना सशस्त्र संघर्ष 29, 59, 61, 335
तेलुगु देशम पार्टी 153
दंडकारण्य 7, 8, 13, 20, 61, 62, 64, 76,

77, 78, 83, 146, 294
दंडकारण्य आदिवासी किसान मज़दूर संगठन (डीएकेएमस) 77
दंडकारण्य स्पेशल ज़ोनल कमेटी (डीकेएसजेडसी) 77
दंतेवाड़ा 8, 12, 19, 24, 34, 36, 39, 42-43, 45, 54, 67, 79, 91, 101, 110, 114-115, 131-132, 147-148, 151, 155, 158, 173, 233, 235, 243, 251, 256-266, 268, 308, 310, 317-318, 327, 332, 337
दंतेवाड़ा के शहीद 173
दंतेवाड़ा समन्वय समिति (डीएसएस) 101
दत्त, शेखर 184, 262
दरभा 12, 74, 166, 167, 169, 292
दलम 62, 64-65, 69, 77, 81-82, 84-85, 87-88, 114, 117, 128, 132, 161, 164, 200, 236, 240, 243, 286, 336
दलित 51, 196, 249, 271
दांडेकर, अजय 170, 348, 350
दास, बाबा बिहारी 101
दिल्ली (1984) 27
दिव्य सेवा संघ 45
देवा, कलमा 64, 65
देवे, कॉमरेड 147
देसाई, अशोक 5, 299, 305, 306, 319, 324, 329, 347
दोरनापाल 15, 112-113, 117, 135-136, 139-140, 144, 162, 175, 181-182, 194, 200, 203, 214, 216, 224, 226, 233-234, 251, 290, 320, 325-326, 339
दोरला 21, 64-65, 80, 88-89, 116, 172
धुरवा 23, 35; 65, 89, 136, 168-169, 187
नकवी, फराह 119, 260, 348
नक्सलपीड़ित संघर्ष समिति 28
नक्सलबाड़ी के 30 साल 61
नक्सलवादी 284, 290, 292, 293
नगा इंडिया रिज़र्व बटालियन (आइआरबी) 213
नन्दा, किचे 144, 180, 202, 326
नवलखा, गौतम 224, 257
नाथ, रत्नेश्वर 46
नारायणपुर 12, 104, 224, 238, 272, 273, 332
नियोगी, शंकर गुहा 61, 265
नेल्सन मंडेला सेंटर ऑन पीस एंड कनफ्लिक्ट रेसोल्यूशन 269
नेशनल एलायंस ऑफ़ पीपुल्स मूवमेंट्स (एनएपीएम) 56
नेशनल रिमोट सेंसिंग एजेंसी 99
न्याय के लिए अभियान (सीपीजेसी) 269, 349
न्यायमूर्ति निज्जर 304, 317
न्यायमूर्ति बी. सुदर्शन रेड्डी 304, 317, 320-321, 324
न्यायमूर्ति राजेन्द्र बाबू 105, 192, 308, 309, 349
पटेल, नन्द कुमार 241
पटेल, बन्दी 100
पद्मनाभन, चित्रा 318, 348
पवार, मंटूराम 247
पांडा, पोडियम 57, 202, 253, 328, 347
पांडेय, सन्दीप 193
पांडेय, हेमचन्द्र 270
पाटकर, मेधा 193
पाटिल, शिवराज 250, 307
पाणिग्रही, सुशान्त 196, 348
पामभोई, राजेन्द्र 105, 192
पिल्लई, एन.आर.के. 285
पिल्लई, जी. के. 291
पिसदा, के. आर. 110, 112
पीपुल्स कमेटी अगेंस्ट पुलिस एट्रोसिटीज (पीसीपीए) 165
पीपुल्स लिबरेशन गुरिल्ला आर्मी (पीएलजीए) 77, 82, 146, 173, 174, 285
पीपुल्स लिबरेशन फ्रंट ऑफ़ इंडिया 25
पीपुल्स वार 25, 59, 60, 62, 66, 98, 99, 107
पीपुल्स वॉच 308

पीयूसीएल 24, 183, 202, 242, 260, 265-266, 269, 297, 316, 349
पुलिस उत्पीड़न विरोधी जन समिति (पीपुल्स कमिटी अगेंस्ट पुलिस एट्रोसिटीज (पीसीपीए) 274
पैकरा, कमलेश 283, 284
फ़ेडरेशन ऑफ़ इंडियन चैंबर्स ऑफ़ कॉमर्स एंड इंडस्ट्री (फ़िक्की) 42
बनर्जी, ममता 25, 244
बस्तर 8-0, 12, 19, 21-22, 24-25, 27- 28, 32, 35, 38, 40-41, 43, 45-46, 48-52, 54, 57-59, 61-63, 65-70, 76-79, 82, 91, 93, 97, 101, 107, 109, 115, 132, 135, 156, 166-167, 185, 187, 190-192, 205, 210-211, 215, 221, 224-225, 239, 241, 245- 248, 250-251, 260, 263, 267-268, 270, 275, 278-280, 283, 285-287, 292, 300, 304, 307, 311, 316, 318- 319, 329-330, 332, 334, 338, 347- 348, 350-351
बस्तर टूरिज़्म 52
बस्तर डिवीज़न जर्नलिस्ट्स एसोसिएशन 286
बस्तर डिवीज़नल समिति (डीवीसी) 285
बस्तर परिवहन संघ 68
बस्तर पुलिस 79, 210, 211
बस्तर बन्धु 101, 263
बस्तर संघर्ष समिति 28
बस्तर सम्भाग किसान संघर्ष समिति 267
बीजापुर 8, 12, 19, 21-23, 36, 48, 67, 70, 75, 98-102, 104-105, 107, 111-113, 116-117, 122, 124-125, 135, 137, 139, 144, 149-151, 158, 170, 184, 188, 201-202, 204, 210, 212, 224-225, 228, 232-233, 235, 240, 248, 250, 253, 255, 278, 283- 284, 304, 312-313, 332
बीजेपी 168, 248, 265
बुच, निर्मला 273
बैलाडिला 330
बोदली, रानी 105, 145-146, 200, 208, 305
बोधघाट पनबिजली परियोजना 39, 191
भट्टाचार्य, बुद्धदेव 165
भाटिया, बेला 256, 266
भारत-तिब्बत सीमा पुलिस (आईटीबीपी) 28, 224
भारती, विद्या 44
भारतीय कम्युनिस्ट पार्टी (सीपीआई) 22, 191, 335
भारतीय संविधान 5, 319
भारद्वाज, आशुतोष 245, 266
भारद्वाज, सुधा 202, 349
भूमकाल 24, 168, 190, 286, 293
भूमकाल दिवस 286
भैरमगढ़ 67, 70, 84, 100-101, 104, 107, 112, 114-115, 119, 135, 233, 235
भोपालपटनम 12, 61-62, 104, 117, 135, 233, 284
मंडावी, भीमा 244, 247
मंडावी, विक्रम 143, 200
मजुमदार, चारू 336
मलाया 29-31
माँ दंतेश्वरी स्वाभिमान मंच 193
माओवादी 7, 9-10, 14, 16, 22, 24-25, 28, 31-33, 35-37, 42, 44, 48, 50, 52-56, 58-59, 62-64, 66-71, 73-74, 76, 79, 83, 86-93, 97, 98, 100, 101-103, 105, 108-111, 115-116, 120, 124-125, 127, 136, 139-141, 145-149, 156, 160, 164, 166-169, 173, 174, 176, 179, 184-185, 188, 198, 200-204, 207, 210, 213-214, 217, 225-227, 230-231, 234-237, 241-244, 246, 249-251, 253, 258, 262, 267, 270, 272-276, 278-279, 281, 283, 285, 289, 291-294, 297, 305-306, 312, 316, 320, 325, 327, 330, 335-337, 347

मानवाधिकार 10, 24, 28, 35, 43, 50, 55- 56, 118-120, 183, 190, 193, 196, 213, 238, 251-252, 254-255, 258-263, 265-268, 273, 274, 280, 282, 291, 293, 305, 307, 316, 318-319, 338, 349
मार्क्सवादी-लेनिनवादी (एमएल) 25
मिज़ो रिज़र्व बटालियन 202
मुख्य न्यायाधीश अल्तमस कबीर 324
मुख्य न्यायाधीश बालाकृष्णन 307
मुये 254, 329
मेडिसिन सान्स फ्रंटियर्स (एमएसएफ) 124, 232, 234, 262, 269, 284, 316, 349
मेनन, एलेक्स पॉल 271, 273
मोदी, नरेन्द्र 248
यादव, सन्तोष 286
यूनिसेफ 234, 269
योजना आयोग 53, 235, 256, 260, 309
यौन दुर्व्यवहार 197, 238
रमेश, जयराम 237, 250, 349
राज्य खनिज विकास निगम (एनएमडीसी) 38- 39, 42, 79, 222
राठौर, ओ. पी. 109
रामभाऊ म्हालगी प्रबोधिनी (आरएमपी) 261, 334
राय, अरुंधति 289
रायतु कुली संघम 60
राव, जे. पी. 348
रावघाट 20, 39, 43, 48
राष्ट्रीय अनुसूचित जनजाति आयोग (एनसीएसटी) 254-255
राष्ट्रीय ग्रामीण रोज़गार गारंटी क़ानून (नरेगा) 138
राष्ट्रीय ग्रामीण स्वास्थ्य मिशन 224
राष्ट्रीय बाल अधिकार संरक्षण आयोग (एनसीपीसीआर) 256, 316 349
राष्ट्रीय महिला आयोग (एनसीडब्ल्यू) 255
राष्ट्रीय मानवाधिकार आयोग (एनएचआरसी) 252, 255, 260, 282, 307
राष्ट्रीय स्वयंसेवक संघ (आरएसएस) 44-45, 89, 137, 139, 231, 247, 260-261, 292
रॉय, अनुराधा 349
रिवोल्यूशनरी राइटर्स एसोसिएशन (विरासम) 60
रेडक्रॉस 316
रेड्डी, पटेल सुधाकर 90
रेड्डी, साई 284, 285
रोहतगी, मुकुल 306, 317
लिंगाराम, कोड़ोपी 74
वन अधिकार अधिनियम (एफआरए) 56
वनवासी कल्याण आश्रम 44, 230, 247
वनवासी चेतना आश्रम (वीसीए) 158, 263, 346
वनवासी चेतना आश्रम 143, 158, 263, 346, 348
वर्गीज, बी. जी. 260, 348
वर्द्धन, ए. बी. 298
विकीलीक्स 73
विजय, पी. 192, 194, 310
वियतनाम 9, 26, 29, 332
विश्व हिन्दू परिषद (वीएचपी) 37
वीमेन अगेंस्ट सेक्सुअल वायलेंस एंड स्टेट रिप्रेशन (डब्ल्यूएसएस) 188
व्यावसायिका मरियु संघिका अभिवृद्धि संस्था (एएसडीएस) 158, 264, 265, 348
शंकरन, एस. आर. 349
शर्मा, बी. डी. 254, 272
शर्मा, राहुल 306
शिक्षा का अधिकार क़ानून 229
शिवानन्द आश्रम 101
संघम 32, 60, 62, 64, 67, 70-71, 77, 80, 83-85, 89, 100-103, 105-108, 111-112, 114-115, 122, 126-127, 130, 146, 153-154, 161, 166, 168, 197-198, 200, 204, 236, 243, 268, 284, 286, 315
सन्तोषपुर 255, 312
समाज एकता मंच 267

समाज परिवर्तन समुदाय 46
सरकेगुडा 184, 185, 250
सरेंडर्ड यूनाइटेड लिबरेशन फ्रंट ऑफ़ असम 32
सर्व समाज 170
सर्वोच्च न्यायालय 248, 250, 252-253, 273, 287, 295, 296
सलवा जुडुम 8, 10, 15, 28, 30, 35-36, 43, 44-45, 47, 50, 56, 72-73, 81, 84, 88, 100-104, 106, 108-110, 112-122, 124-126, 128-129, 135, 137, 140, 142-143, 147, 157, 160-161, 165, 171, 182-184, 187, 192- 193, 195, 198, 200, 202, 206, 208-210, 229, 243-244, 248-251, 253, 255-256, 259-261, 263, 267, 280-283, 287-289, 293-299, 304- 307, 309- 315, 317-319, 321, 324, 327, 329, 346, 348-349, 351
सलवा जुडुम कैम्प 267
सामाजिक एकता मंच 28, 194, 195, 196
सामूहिक बलात्कार 28, 81, 130, 163, 188, 204, 255, 308
साल्वे, हरीश 317, 320
सिंह, उज्ज्वल 318, 348-350
सिंह, प्रज्ञा 297, 348
सिंह, प्रभात 287
सिंह, मनमोहन 25, 250
सिंह, ममता 308-309
सिंह, रमन 97, 107, 170, 182, 184, 191- 192, 246, 247, 248, 262, 272, 309, 324
सिंह, राजनाथ 291
सिटीजंस इनिशिएटिव फॉर पीस (सीआईपी) 269
सिन्हा, शान्ता 256
सिविक एक्शन प्लान 232, 237
सीआईएसएफ 216, 258
सीआरपीएफ 8, 28, 36, 47, 52, 64, 79, 80, 92, 102, 119, 124, 130, 136, 143, 146, 148, 155, 158, 164-167, 169-176, 180, 184-185, 187, 199, 201, 205-206, 212-217, 224, 226, 229, 231-232, 235, 237-239, 244, 252-253, 263, 275, 278-290, 294, 316, 325-327, 329
सीजी-नेट 237, 279, 281, 284
सीपीआई (एमएल) 25, 60, 152, 336
सीपीआई (माओवादी) 25, 33, 234, 258
सीबीआई 216, 325, 326, 327, 346
सीमा सुरक्षा बल (बीएसएफ) 28, 173, 214, 224
सूर्या फाउंडेशन 52, 261, 262
सूर्या, कर्तम 32
सेठी, अमन 181
सेन, बिनायक 265-266, 289
सैनी, धरमपाल 231
सैल, राजेन्द्र 349
सोडी, रामा 298
सोरी, सोनी 266
स्वामी अग्निवेश 182, 193, 270, 272, 320, 327, 349
हरगोपाल, जी. 272
हरिवंश 260, 348
हल्बा समाज 37
हैदराबाद एक्शन-एड 348
ह्यूमन राइट्स फोरम (एचआरएफ) 156, 260, 349
ह्यूमन शील्ड एक्सपेरिमेंट 158

व्यापक शोध पर आधारित, सनसनीखेज़ रहित और इस प्रकार बस्तर के आदिवासियों के 'अधिकारों को सुरक्षित करने के इरादे' से 2005 के बाद से वहाँ के आदिवासियों को सलवा जुडुम के गुंडों और माओवादियों के बीच फँसाते हुए राज्य द्वारा उन पर बरपाई गई हिंसा की यह कहानी और भी दर्दनाक है। नन्दिनी सुन्दर बताती हैं कि कैसे उनकी सदियों पुरानी संस्कृति की रक्षा करने वाली दुर्गमता को अब तोड़ दिया गया है और पूँजीवादी निवेश के लिए आकर्षक खनिज संसाधनों पर बैठे एक कमज़ोर समुदाय को उजाड़ने के लिए हत्या, विनाश और तबाही की एक सोची-समझी रणनीति इस इलाके के 'विकास' की रूपरेखा को आकार दे रही है। अकथनीय। भारतीय लोकतंत्र के छात्रों के लिए अपरिहार्य।

—गिरीश कर्नाड

गहरे ज्ञान और जुनून के साथ लिखी गई यह परेशान करने वाली किताब हमें हमारी आरामतलबी से उठाकर झकझोर देती है क्योंकि यह बस्तर में चल रहे युद्ध की क्रूर हक़ीक़तों को उजागर करती है। **—शर्मिला टैगोर**

यहाँ छत्तीसगढ़ के बस्तर के आदिवासियों के संघर्षों का राजनीतिक रूप से महत्वपूर्ण एक ऐसा सिलसिलेवार ब्यौरा पेश है, जो भारतीय राज्य के उस प्रमुख आख्यान को चुनौती देता है जिसका जोर सिर्फ माओवादी हिंसा पर होता है और जो इन आदिवासियों को उनकी ज़मीन से बेदख़ल करने तथा उन पर आतंक फैलाने के राज्य के दोष की अनदेखी करता है। गहन ज़मीनी कार्य के साथ-साथ एक मजबूत सैद्धांतिक विश्लेषण के संयोजन के जरिए नन्दिनी सुन्दर एक ऐसे उत्कृष्ट आलोचनात्मक विवरण के साथ सामने आई हैं जो इस मूल सिद्धांत को दोहराता है कि किसी भी राज्य को कभी भी मानवता के ख़िलाफ़ अपराधों से मुक्त नहीं किया जा सकता और बस्तर से सुरक्षा बलों की वापसी और वहाँ माओवादियों के साथ बातचीत शुरू करने की एक अनिवार्य ज़रूरत को रेखांकित करता है। यह किताब शिक्षाविदों और सामाजिक कार्यकर्ताओं, दोनों के लिए अनिवार्य है। **—सुमंत बनर्जी**

लोकतंत्र गृहयुद्ध के अभियोजन को कैसे प्रभावित करता है? नन्दिनी सुन्दर ने इस सवाल को छत्तीसगढ़ (भारत) में आतंकवाद-विरोधी अभियान—खनिज शोषण के लिए भूमि को ख़ाली करने के लिए एक हताश संघर्ष—की उल्लेखनीय विस्तारित नृवंशविज्ञान में असाधारण साहस और उत्कट दृढ़ संकल्प के साथ खँगाला। सुन्दर गरीब आदिवासी गाँववासियों से शुरू करके विस्तार से नक्सलियों द्वारा सहायता प्राप्त एवं प्रेरित तथा राज्य-प्रायोजित हथियारबंद गिरोह व विशेष पुलिस बल के अत्याचारों के कारण बढ़ती हिंसा के इतिहास के बारे में बताती हैं। भारतीय मीडिया और संसद की अनदेखी से आहत, उन्होंने और उनके सहयोगियों ने इस सवाल को लगातार उठाया और आखिरकार छत्तीसगढ़ राज्य के ख़िलाफ़ सुप्रीम कोर्ट में मुक़दमा जीत लिया। लेकिन, फिर भी, इसका कोई स्पष्ट प्रभाव नहीं दिखा। राज्य की हिंसा से लड़ने के अवसरों को बढ़ाकर लोकतांत्रिक संस्थाओं ने भले ही स्थिति में नरमी लाई हो, लेकिन उन्होंने इस गृहयुद्ध को बढ़ाया भी। एक ऐसे विषय, जिसे चन्द समाजवैज्ञानिकों ने ही छूने की हिम्मत की, की इतनी बारीक और दो दशकों से अधिक समय तक एक दुर्लभ एवं शानदार विवेचना।

—माइकल बुरावॉय, *बर्कली यूनिवर्सिटी*

'दवानल : माओवाद से जंग' जीवन्त, चुनौतीपूर्ण और सूचनात्मक कृति है—सम्बद्ध समाजशास्त्र एवं नृविज्ञान का एक उदाहरण। यह ग्रामीणों, विद्रोहियों और राज्य की कार्रवाइयों एवं निष्क्रियता के विभिन्न स्तरों के बीच तनाव, क़ानूनी व्यवस्था की गूढ़ जटिलताओं और निश्चित रूप से, इस सब की राजनीति का एक उत्कृष्ट लेखा-जोखा है...जंगल के लोगों और सम्मानजनक जीवन और आजीविका के लिए उनके संघर्ष के प्रति नन्दिनी सुन्दर की सहानुभूति दिल को छू लेने वाली है।

—अरी सीतास, *केप टाउन विश्वविद्यालय*

अगर इस दुनिया में कई स्थान बस्तर की तरह हैं, तो कुछ किताबें 'दावानल : माओवाद से जंग' की तरह हैं। यह सीमाओं और बेदख़ली पर लिखे गए एक शास्त्रीय ग्रंथ के तौर पर प्रतिध्वनित होती है। **—क्रिश्चियन लैंड**, *जर्नल ऑफ़ एग्रेरियन चेंज*

दक्षिणी छत्तीसगढ़ में संघर्ष पर सबसे महत्वपूर्ण अध्ययन। **—इंडिया टुडे**

यह किताब कई रातों तक आपकी नींद हराम रखेगी। **—इंडियन एक्सप्रेस**

[बस्तर में] संघर्ष की सबसे सन्तुलित पड़तालों में से एक। **—द टेलीग्राफ़**

किसी भी प्रकार की कोई अतिरंजना नहीं...एक सम्पूर्ण, अनवरत और अन्त में विश्वसनीय प्रयास।

—कारवां

भारत को अपने बारे में अच्छा महसूस कराने वाली संस्थाओं—इसके संसदीय लोकतंत्र, इसकी न्यायपालिका, इसके स्वतंत्र प्रेस, इसके जीवंत नागरिक समाज की एक तीखी आलोचना।

—द वायर

भले ही आप उनके विचारों से असहमत हों...फिर भी इस किताब को पढ़कर, उस युद्ध को लेकर आप दुखी हो जाएँगे, जो भारत ने बस्तर में अपने ही लोगों के ख़िलाफ़ शुरू किया है।

—बिज़नेस स्टैण्डर्ड

इस किताब की विद्वत्ता, उसकी स्वतंत्रता और इसमें कहने के साहस पर ख़ुश होना चाहिए।

—द ट्रिब्यून

छत्तीसगढ़ में ज़मीनी हक़ीक़त का एक सन्तुलित एवं तीक्ष्ण विवरण...बस्तर में संघर्ष की उत्पत्ति और उसकी प्रकृति में रुचि रखने वाले लोग इसे अवश्य पढ़ें। **—द हिंदू**

अत्यंत ईमानदारी और सहानुभूति की गहरी भावना के साथ लिखी गई सामयिक और आदिवासी-समर्थक पुस्तक।

—ओपन

'लोकतांत्रिक राष्ट्र निर्माण' की राजनीति की असलियत का एक सम्मोहक लेखा-जोखा।

—सेमिनार

नन्दिनी सुन्दर की इस किताब में भारत में ग्रामीण प्रशासन के घोटाले का एक असाधारण खुलासा है। इसमें राज्य की ज़्यादतियों का एक सिलसिलेवार विवरण और एक मानवविज्ञानी का यह विश्लेषण दर्ज है कि कोई संघर्ष कैसे ख़ुद को कायम रखता है और कैसे सिर्फ़ चन्द लोगों की भागीदारी के बूते भारत के लोकतंत्र की अहमियत को कम किया जाता है। नीति-निर्माताओं को इससे एक महत्त्वपूर्ण सबक़ यह लेना चाहिए कि वास्तव में सामाजिक संघर्षों का कोई सैन्य समाधान नहीं हो सकता। **—हिंदुस्तान टाइम्स**